GESTALTUNGSPREIS DER WÜSTENROT STIFTUNG

BAUEN FÜR KINDER

Die Autorenbeiträge in diesem Buch sind namentlich gekennzeichnet. Die Texte zu den Architekturbeispielen im Dokumentationsteil wurden von Astrid Braun verfasst.

Übersetzung des Texts 'Das Beispiel Finnland' von Mikael Merenmies, Berlin
Übersetzung des Texts 'Bauen für Kleinkinder in Frankreich' von Uli Nickel, Münster
Übersetzung des Texts 'Kinderkrippen und Vorschulen in Italien' von SDL Multilingual Services GmbH & Co. KG, Stuttgart

Das Logo des Gestaltungspreises wurde von Bernfried Bittorf entworfen.

© 2006 Wüstenrot Stiftung, Ludwigsburg
und Karl Krämer Verlag Stuttgart + Zürich
Alle Rechte vorbehalten. All rights reserved
Druck: Offizin Chr. Scheufele, Stuttgart
Printed in Germany

ISBN 3-7828-1521-1

Bauen für Kinder

Herausgegeben von der Wüstenrot Stiftung

Mit Beiträgen von

Alessandro Busà

Gert Kähler

Stefan Krämer

Christian Marquart

Susanne Mayer

Tarja Nurmi

Andrea Petmecky

Walter Stamm-Teske

Katrin Voermanek

Hille von Seggern

Ariane Wilson

Karl Krämer Verlag Stuttgart + Zürich

Wüstenrot Stiftung, Ludwigsburg

Inhalt

Vorwort
Wüstenrot Stiftung — 6

1 Bauen für Kinder in Deutschland

Vom Verschwinden der Kindheit
Susanne Mayer — 12

Erziehung zu was? – Geschichtliches und Gegenwärtiges zum Kindergarten
Gert Kähler — 24

Bauen für Kinder – aktuelle Beispiele und Entwicklungen
Katrin Voermanek — 46

Bauen für Kinder im Überblick
Stefan Krämer — 60

2 Funktion und Nutzung beim Bauen für Kinder

Von Bob und anderen Baumeistern: Psychologische Überlegungen zum Bauen für Kinder
Andrea Petmecky — 80

Von der Kindergartenarchitektur zur ersten Bildungseinrichtung: Die Familientagesstätte
Walter Stamm-Teske — 100

Freiräume für Kinder?!
Hille von Seggern — 108

Laudomia ist nicht weit. Bauen für Kinder heißt Bauen für alle
Christian Marquart — 124

3 Internationale Entwicklungen

Das Beispiel Finnland: Die Kleinen als Herausforderung
Tarja Nurmi   138

Bauen für Kleinkinder in Frankreich
Ariane Wilson   158

Kinderkrippen und Vorschulen in Italien
Der Weg zu einer modernen Architektur in einem Land,
das von einer fortschrittlichen Pädagogik geprägt ist
Alessandro Busà   200

4 Der Wettbewerb: Bauen für Kinder

Dokumentation des Gestaltungspreises der Wüstenrot Stiftung
Auslobung und regionale Verteilung der Wettbewerbsarbeiten   244
Die Kriterien des Wettbewerbs, Preissumme und Preisgericht   246

Gestaltungspreis   248
Auszeichnungen   256
Anerkennungen   280

Beispiele aktueller Bauten für Kinder in Deutschland   292

Anhang
Abbildungsnachweis   334
Autoren   336

Vorwort

Wüstenrot Stiftung

Kinder, ihre Lebenswelten, ihre Zukunfts- und Bildungschancen, die Perspektiven für ihre Familien und die Angebote für ihre außerfamiliäre Betreuung – diese Aufgaben und Fragestellungen sind in den letzten Jahren wieder auf den vorderen Plätzen der Agenda der öffentlichen Diskussion angekommen. Eher im Hintergrund geblieben ist dabei das Thema Bauen für Kinder, obwohl es ebenfalls einen wichtigen Teil der Rahmenbedingungen darstellt, unter denen Kinder in einer Gesellschaft aufwachsen. Die Wüstenrot Stiftung hat aus diesem Grund im Jahr 2004 ihren bundesweiten Gestaltungspreis dem Bauen für Kinder gewidmet. Die Auslobung dieses Preises erfolgt im zeitlichen Abstand von zwei Jahren und als Wettbewerbsthema wird jeweils eine wechselnde, aktuelle Aufgabe aus dem Bereich des Bauens und Wohnens ausgewählt. Nach der Zahl der Einsendungen und nach der Höhe des Preisgeldes gehört der Gestaltungspreis der Wüstenrot Stiftung zu den großen, etablierten Architekturwettbewerben in Deutschland.

Bei der Beurteilung der eingereichten Gebäude steht zunächst immer ein hoher Anspruch an die Qualität ihrer Gestaltung im Mittelpunkt, da mit diesen Wettbewerben ein Beitrag zur Entwicklung und zur Pflege der Baukultur in Deutschland geleistet werden soll. Zu den Besonderheiten der Gestaltungspreise der Wüstenrot Stiftung gehört darüber hinaus aber auch, dass nicht nur die Frage der Gestaltung, sondern außerdem noch weitere, ergänzende Aspekte der zumeist komplexen Aufgabenstellungen erfasst werden und in die Beurteilung durch ein unabhängiges und interdisziplinär zusammengesetztes Preisgericht einfließen.

Für den Gestaltungspreis Bauen für Kinder galt diese Zielsetzung einer erweiterten Bewertung der eingereichten Gebäude in besonderem Maße. Auf den ersten Blick wird das Bauen für Kinder oft für eine leicht lösbare Aufgabe gehalten. Tatsächlich jedoch ist das Entwerfen und Realisieren von Gebäuden für Kindertagesstätten, Vorschulen und ähnliche Einrichtungen aber nicht nur eine spannende, sondern zugleich auch eine anspruchsvolle Herausforderung. Denn zu den zentralen Vorgaben, die hierbei zu erfüllen sind, gehören neben der Gestaltung des Gebäudes selbst auch die Umsetzung des zugrunde liegenden pädagogischen Konzeptes und die sozialräumliche Integration in das umliegende Quartier.

Ungeachtet dieser Anforderungen fehlen in Deutschland auf das Bauen für Kinder ausgerichtete spezielle Ausbildungsangebote ebenso weit gehend wie es an einem systematischen Erfahrungsaustausch zwischen der Architektur und der Pädagogik mangelt. Beide Disziplinen sind aus unterschiedlicher Perspektive für die Strukturen einer kindgerechten Umwelt zuständig, und entsprechend schließt die Qualität der Gestaltung und der nutzergerechten Konzeption beim Bauen für Kinder wichtige Kriterien ein, die jeweils deutlich über die herkömmlich getrennten Aufgabenbereiche von Architekten und Pädagogen hinausgehen. Eine Herausforderung besteht beim Bauen für Kinder in diesem Sinne darin, dass Architekten und Planer bereit sein müssen, ungewohnte fachliche und räumliche Perspektiven einzunehmen:

- Fachlich ungewohnte Perspektiven, um die im Mittelpunkt stehenden pädagogischen Orientierungen in eine adäquate bauliche Gestaltung umsetzen zu können, obwohl sich diese pädagogischen Konzepte im Einklang mit den gesellschaftlichen Prozessen ihrerseits ebenfalls weiterentwickeln und verändern.
- Räumlich ungewohnte Perspektiven, um auf die spezifischen Anforderungen und Bedürfnisse von Kindern als Nutzer dieser Einrichtungen eingehen zu können. Darüber hinaus ist eine enge sozialräumliche Integration des Gebäudes in das umliegende Quartier erforderlich, die den jeweils unterschiedlichen Mobilitätsbedürfnissen und -fähigkeiten der Eltern, der Betreuungspersonen und der Kinder entspricht.

Angesichts dieser Anforderungen ist beim Bauen für Kinder der kommunikative Austausch zwischen allen Beteiligten von herausragender Bedeutung und der Qualität dieses Prozesses und seiner Ergebnisse ist deshalb besondere Aufmerksamkeit zu widmen.

Die demographischen Entwicklungen und die aktuelle finanzpolitische Situation vieler Kommunen führen dabei dazu, dass sich der Schwerpunkt des Bauens für Kinder heute wie auch in den kommenden Jahren nicht länger vorrangig auf den Neubau, sondern immer stärker auf die Umnutzung und auf die Revitalisierung vorhandener Bausubstanz konzentrieren wird. Einen deutlichen Ausbau des Angebotes wird es dabei vor allem im Bereich der Ganztagesbetreuung von Kindern geben.

Aufgrund der erfreulichen Resonanz, die die Gestaltungspreise der Wüstenrot Stiftung nicht nur bei der Präsentation ihrer Ergebnisse, sondern in Form einer regen Beteiligung bereits bei ihrer Auslobung hervorrufen, ist mit den Ergebnissen dieses Gestaltungspreises ein einmaliger, hervorragender Überblick zum aktuellen Bauen für Kinder in Deutschland entstanden. Die gesamte Bandbreite möglicher Neubau- und Revitalisierungsmaßnahmen sowohl im öffentlichen wie auch im privaten Sektor konnte erfasst werden. Dabei wurden zugleich die vielfältigen Aufgaben erkennbar, die aktuell bei Neubau, Modernisierung und Instandhaltung von Gebäuden für Kinder zu lösen sind.

Die wichtigsten Kriterien des Wettbewerbes waren:
1. Konzeption und Programm der Bauaufgabe,
2. Städtebauliche Aspekte und Rahmenbedingungen,
3. Architektur und Freiraum,
4. Wirtschaftlichkeit und Nachhaltigkeit,
5. Pädagogisches Konzept.

Bei den insgesamt 437 Gebäuden, die für den Wettbewerb eingereicht wurden, handelte es sich größtenteils um Kindergärten und Kindertagesstätten; zusätzlich waren auch Museen und Bibliotheken für Kinder sowie spezielle Behandlungseinrichtungen vertreten.

Die sieben Gebäude, deren Baumaßnahmen die ausgelobten Prämierungen erhielten, werden im zweiten Teil der vorliegenden Dokumentation mit Erläuterungen und Auszügen aus dem Protokoll der Preisgerichtssitzung ausführlich vorgestellt. Vergeben wurden der Gestaltungspreis der Wüstenrot Stiftung, vier Auszeichnungen und zwei Anerkennungen. Zusätzlich zu den prämierten Einsendungen hat die Wüstenrot Stiftung weitere 21 Gebäude aus den Wettbewerbsbeiträgen ausgewählt, die als ergänzende Beispiele für die Vielfalt der baulichen Lösungen gezeigt werden.

Für eine erweiterte Betrachtung der komplexen Aufgabe des aktuellen und des zukünftigen Bauens für Kinder wurde der Präsentation der Wettbewerbsergebnisse im ersten Teil der Dokumentation ein ergänzendes Spektrum von Fachbeiträgen vorangestellt (Kapitel 1-3). Diese Beiträge ermöglichen es, zusätzliche Perspektiven bei der Bewertung der jüngsten Leistungen des Bauens für Kinder in Deutschland einzunehmen, wozu auch ein Vergleich mit der Entwicklung und der aktuellen Situation in einigen ausgewählten europäischen (Nachbar-)Ländern gehört.

Im ersten Kapitel wird zunächst ein Überblick zur Geschichte und zur aktuellen Situation des Bauens für Kinder in Deutschland geschaffen. Dies schließt als Auftakt eine Beschreibung der gesellschaftlichen Hintergründe und Rahmenbedingungen rund um das Thema Kinder in Deutschland ein. Die rückläufigen Geburtenzahlen bestimmen bereits seit einigen Jahren die öffentliche Diskussion zum Thema Kinder in Deutschland. Auch wenn die Politik sich inzwischen um Konzepte für eine kinderfreundlichere Gestaltung unserer Umwelt und der Lebensbedingungen in Deutschland bemüht, so ist doch festzustellen, dass es auf der Ebene der Einstellungen und persönlichen Lebensentwürfe weiterhin eine deutliche Abkehr von der Selbstverständlichkeit gibt, mit der Kinder bislang in allen Bereichen unseres privaten Lebens vertreten waren.

Die Tatsache, dass aktuell in Deutschland immer weniger Kinder geboren werden, könnte Anlass geben, das Bauen für Kinder als eine wenig dringliche Aufgabe einzustufen. Das Gegenteil ist jedoch der Fall, denn gerade angesichts der gewandelten Lebensentwürfe gewinnen die Formen und die Qualität der Betreuung von Kindern maßgeblich an Gewicht, nicht zuletzt auch für die Entscheidung über die Vereinbarkeit von Kinderwunsch und Lebensplanung. Deshalb gehört das Bauen für Kinder sogar zu den wichtigsten Aufgaben überhaupt in unserer Gesellschaft.

Im zweiten Kapitel stehen die funktionalen Anforderungen und Nutzungsstrukturen der Gebäude für Kinder im Vordergrund. Mit dem Wandel der Aufgaben, die den Tageseinrichtungen für Kinder als zentrale Orte der frühkindlichen Förderung übertragen werden, verändern sich auch die Anforderungen an die räumliche Gestaltung dieser Gebäude. Neben der Betreuung und Erziehung der Kinder rückt in wachsendem Maße die frühkindliche Bildung als öffentliche Aufgabe und gemeinsam mit den Eltern zu bewältigende Herausforderung in den Vordergrund.

Dies geht einher mit Veränderungen der strukturellen Organisation der Tageseinrichtungen und dem Anspruch, im Rahmen einer weiter als bisher reichenden Erziehungspartnerschaft die Eltern der Kinder mit einzubeziehen und sie zugleich bei ihren eigenen Aufgaben zu unterstützen. Familientagesstätten, Bürgerzentren oder Quartierstreffs werden vor allem an urbanen Standorten in wachsendem Maß als Pilotprojekte den traditionellen solitären Einrichtungen, wie sie der klassische Kindergarten repräsentiert, zur Seite gestellt. Gleichwohl hat der Kindergarten vor allem in Westdeutschland seine gewohnte Vormachtstellung noch nicht verloren.

Im dritten Kapitel richtet sich ein neugieriger Blick auf die Entwicklungen beim Bauen für Kinder in einigen europäischen Nachbarländern. Ein systematischer Überblick ist aufgrund des damit verbundenen Aufwandes im Rahmen einer solchen Dokumentation nicht zu leisten. Deshalb wurden für einen exemplarischen Vergleich die Länder Finnland, Frankreich und Italien ausgewählt. Sie weisen teilweise erhebliche Unterschiede in den ihnen eigenen nationalen Entwicklungen beim Bauen für Kinder auf und können deshalb vielfältige Impulse und Anregungen für die Diskussion in Deutschland liefern.

Aus den ergänzenden Textbeiträgen in den ersten drei Kapiteln und aus der ausführlichen Präsentation der prämierten sowie der als Beispiele ausgewählten Gebäude im zweiten Teil der Dokumentation entsteht ein vielfältige Facetten beinhaltender Überblick zum Thema Bauen für Kinder in Deutschland.

Die Wüstenrot Stiftung dankt allen Beteiligten, die durch ihre Mitwirkung zum Entstehen dieses Überblicks beigetragen haben. Hierzu gehören zunächst einmal selbstverständlich alle Teilnehmer am Wettbewerb, deren Einsendungen erst die Grundlage für eine umfassende Übersicht zum aktuellen Schulbau in Deutschland der letzten Jahre geschaffen haben. Viele Realisierungen – mehr als in dieser Dokumentation gezeigt werden können – geben wichtige Impulse und belegen zugleich, welch beachtlicher gestalterischer Spielraum bei hoher Gestaltungsqualität in einem positiven Zusammenwirken von Bauherren und Entwurfsverfassern geschaffen werden kann.

Der herzliche Dank der Wüstenrot Stiftung gebührt in besonderem Maße den Mitgliedern des unabhängigen Preisgerichtes, die unter dem Vorsitz von Professor Walter Stamm-Teske ihre Aufgabe mit großem Engagement und überzeugender Sachkenntnis gelöst haben, sowie den Autoren dieser Publikation, die das thematische Spektrum der Wettbewerbsdokumentation um wichtige Aspekte erweitern und vertiefen.

Nicht minder herzlicher Dank gebührt des weiteren dem Architekturbüro 109, das die umfangreiche Vorprüfung der 437 Einsendungen souverän gemeistert hat, und dem Karl Krämer Verlag, der erneut in vertrauensvoller Zusammenarbeit bei der Organisation und Durchführung des Wettbewerbes und bei der Dokumentation der Ergebnisse mitgewirkt hat.

Die Ergebnisse des Wettbewerbes und die Beiträge in dieser Dokumentation zeigen, mit welchen aktuellen und zukünftigen Herausforderungen das Bauen für Kinder in Deutschland konfrontiert ist. Die Wüstenrot Stiftung hofft, durch diese Publikation und durch die über ihren Gestaltungspreis und die Präsentation seiner Ergebnisse geschaffene Diskussionsplattform ihrerseits Anregungen für die Bewältigung dieser für die Zukunft unserer Gesellschaft wichtigen Aufgabe geben zu können.

1

Bauen für Kinder in Deutschland

Vom Verschwinden der Kindheit

Susanne Mayer

Vor einem halben Jahrhundert, als ich ein Kind war, gab es ganz viele Kinder. Die Kinder waren überall im Dorf zu sehen, zum Beispiel gleich gegenüber unserem Haus. Ich brauchte nur auf die Küchenbank zu klettern und durchs Fenster runtergucken, da waren Kinder auf dem Schulhof gegenüber zu sehen, ein großes Gewimmel von vielen Kindern, mit viel Gerenne und Geschrei. Der Schulhof war flankiert von zwei Schulgebäuden, darin waren je zwei Räume, in denen sich jeweils zwei Klassen zusammendrängelten. Als ich in die erste Klasse kam, saßen die Kinder der zweiten Klasse neben uns, wir konnten schon hören und sehen, wo es hingehen sollte mit der Kindheit. Nachmittags saßen die großen Kinder auf dem Mäuerchen vor dem Schulhof und tratschten, abends waren da noch größere und knutschten.

Wir Kinder waren in unserer Familie nur zu zweit, es gab meine Schwester und mich. Aber im Hinterhaus wohnte eine Familie mit fünf Kindern, eine Tür weiter war meine Tante mit ihren Zwillingen eingezogen und noch eine Tür weiter, in unserem alten Hof, wohnten Bauern aus dem Osten mit vier Töchtern und vier Söhnen. Es gab in unserem Dorf eine Familie, die sieben Söhne hatte. Es gab auch zwei Familien, die je nur eine Tochter hatten, die wurden ein bisschen bedauert. Nur ein Kind! Es gab ein Paar ohne Kinder, das galt als traurig. Aber so traurig war es denn auch wieder nicht, denn eigentlich hatten sowieso alle Leute Kinder. Ehrlich gesagt, bestand das Problem mit Kindern in jener Zeit darin, dass Kinder zu schnell kamen; schon als kleines Mädchen wusste ich, was es bedeutete, wenn ich von meinem Beobachtungsposten auf der Küchenbank auf die Straße spinxte und eine Braut sah, die ein Empire-Kleid trug – die hatte dann gerade noch rechtzeitig die Kurve gekriegt, zum Altar.

An diese alten Zeiten in meinem Dorf musste ich neulich denken, als ich ein Dorf im Oderbruch besuchte und eine Mutter und ihren Achtjährigen auf den Spielplatz begleitete. Der Spielplatz sah nicht gut aus, die Tischtennisplatte war rissig, der Korbball defekt, das Fußball-Tor demoliert. Es war aber sowieso keiner da, mit dem der Sohn hätte Fußball spielen können. Im Dorf wohnen keine Jungs in seinem Alter, und auch von den Jungs in anderen Altersklassen gibt es nicht genug, als dass daraus eine Fußballmannschaft zu formen wäre. Wir trafen auf dem Spielplatz eine andere Mutter und ihre zwei kleinen Kinder, die trudelten ein wenig gelangweilt auf einer um sich selbst rotierenden Scheibe. Die beiden Mütter guckten auf ihre drei Kinder und kicherten und sagten: „Nu, da ist ja heute hier schon die komplette Dorfjugend versammelt." Das war ein bisschen übertrieben. Das Dorf hat immerhin einen Kindergarten. Aber die Schule ist geschlossen, auch die im Nachbarort hat längst zugemacht, die Kinder stehen um fünf Uhr morgens auf, um den Schulbus zu erwischen, der die Kinder einsammelt und zur Schule in der nächsten Stadt bringt, und weil er einen so weiten Bogen fahren muss und dann noch einmal, wird die erste kleine Kinderladung schon mal in der Schule abgegeben und wartet dann eine Stunde lang bis zum Schulanfang um halb acht, bis die Mitschüler nach und nach ankommen.

Nicht nur die Kinder und die Schulen sind rar geworden auf diesen Dörfern im Osten, verschwunden ist die Riege der Jugendlichen, die sich auch dort, so erinnerte sich die Mutter, in ihrer Jugend ganz wie in meiner Westjugend abends knutschend am Ortsausgang versammelte. Wenn man heutzutage abends ins Dorf fahre, sehe man niemanden mehr, sagt sie.

Können Sie sich erinnern, wie und wann das Verschwinden der Kinder einsetzte? Es kam jedenfalls nicht plötzlich, anders als das Wegzaubern der Kinder im Rattenfänger von Hameln sind uns die Kinder allmählich abhanden gekommen, sonst hätten wir es ja vielleicht bemerkt. Selbst ich, die ich seit Jahren über das Thema Kindheit schreibe, hatte nicht wirklich verstanden, welches Ausmaß der Rückgang der Kinderzahlen hatte. Erst vor zwei Jahren fiel es mir auf. Ich sah auf Tabellen, in denen die Zahl der Kinder in diesem Land für die letzten Jahrzehnte aufgelistet war. Ich konnte nicht glauben, was ich sah. Ich bat die Kollegen aus dem Wirtschaftsressort, mir Rechenhilfe zu geben. Ich telefonierte mit den Statistikern des Bundes. Konnte das sein? Seit den 70er Jahren des vergangenen Jahrhunderts sind den Deutschen sechs Millionen Kinder abhanden gekommen. Seit 1991 ist die Zahl der Paare mit Kindern im Westen Deutschlands um elf Prozent gesunken, im Osten um 33 Prozent. Die Zahl der Paare ohne Kinder aber ist im Westen um 18 Prozent gestiegen, im Osten um elf Prozent.

Wie schlecht ist die Lage? Pro 1 000 Einwohner werden 8,7 Babies geboren, damit haben wir eine der niedrigsten Geburtenraten Europas. In dieser Gesellschaft findet man den weltweit höchsten Anteil kinderloser Menschen. Nirgendwo in den Ländern der OECD finden sich so viele kinderlose Frauen des Jahrgangs 1960 wie in Deutschland. Von den Frauen des Jahrgangs 1950 waren gerade mal 15 Prozent kinderlos, unter den Frauen des Jahrgangs 1965 – die heute also 40 sind – zählen wir 30 Prozent kinderlose.

In der ersten Hälfte des Jahres 2004 sind die Geburtenzahlen noch einmal um zehn Prozent gefallen, das bedeutet, es wurden 70 000 Kinder weniger geboren als im gleichen Zeitraum des Vorjahres. Seit den 1960er Jahren fällt jede Generation um ein Drittel kleiner aus als die vorherige. Es gibt deshalb auch immer weniger Frauen, die überhaupt Kinder bekommen könnten, und diese Frauen bleiben immer öfter ohne Kinder oder haben nur ein Kind. In Schweden haben 30 Prozent der Frauen drei Kinder, bei uns nur zehn Prozent.

Deshalb ist also die Gruppe der Kinder in den beiden deutschen Ländern zusammen genommen seit den 1970er Jahren um mehr als sechs Millionen Kinder geschrumpft, deshalb wird die Zahl der Menschen, die Kinder in ihrem Leben erleben, immer kleiner, deshalb ist es möglich, dass erst kürzlich die Meldung in die Schlagzeilen kam, dass eine immer größere Gruppe junger Menschen sich schon gar keine Kinder mehr wünscht. Vielleicht ist das gar nicht so schlecht, oder wollen wir uns lieber vorstellen, dass eine Mehrheit der Kinderlosen sich ihr Leben lang nach Kindern sehnt, ohne diese Sehnsuchtskinder auch zu bekommen?

Verschwunden sind Kinder nicht nur aus dem Leben einzelner Bürger, die also ein Leben lang ohne eigene Kinder leben – und, so sagen uns die Statistiker – gerade zweimal im Jahr überhaupt noch 'Kindkontakt' haben –, sie verschwinden auch aus dem Leben der Familien, die sehr viel seltener mehrere Kinder haben, die Kinder verschwinden aus Stadtteilen, die plötzlich zu 'Yuppie-Hochburgen' werden, sie verschwinden aus den Parks, wo ihnen mit einem Mal die Zahl der herumtollenden Hunde überlegen ist, sie sind weg aus den S-Bahnen, wo die Älteren geruhsam rumsitzen, sie sind verschwunden aus den Konzertsälen, wo die Musiker vor Heeren von weißen Köpfen spielen.

Es gibt mittlerweile ganze Freundeskreise ohne Kinder. Ganze Abteilungen in Firmen arbeiten nur mit Kinderlosen, ganze Branchen wie Werbung, ja auch Redaktionen, ganze Verlage – kinderlos. In solchem Umfeld wird es natürlich immer schwerer für junge Leute, die Entscheidung für ein eigenes Kind zu treffen, es ist eine Entscheidung gegen den Trend, geradezu unnormal, was doch das normalste der Welt sein sollte, das Kinderhaben. Ganze Karrierezweige geben sich kinderlos: Unter den Professorinnen sind 80 Prozent ohne Kinder, unter den Managerinnen 60 Prozent. Lassen Sie die Riege unserer Politiker vor Ihrem inneren Auge Revue passieren – von Gerhard Schröder über Angela Merkel, Westerwelle, Joschka Fischer, Ute Vogt, Heide Simonis, Jürgen Trittin – alle kinderlos. Kinderlosigkeit hat sich zur Eintrittsqualifikation unserer Eliten entwickelt. Ganze Generationen wachsen so in eine Kinderlosigkeit hinein.

Welche Art von Gesellschaft ist es also, in die unsere jungen Leute hineinwachsen? Nun, bis 2080, innerhalb der Lebenszeit unserer Kinder, wird sich die Bevölkerung halbieren. Man stelle sich das so vor, schlug meine Kollegin Elisabeth Niehjahr behelfsmäßig vor, jedes Jahr würde jemand eine Stadt von 200 000 Einwohnern von der Karte wegradieren. Aber so einfach ist es ja nicht, so schnell und schmerzlos wird der Prozess nicht verlaufen, der gerne verharmlosend mit 'Schrumpfung' beschrieben wird. Wahrscheinlicher ist, unsere Kinder werden in Städten wohnen, in denen es geisterhaft leerstehende Straßenzüge gibt, stillgelegte Theater und Kinos, Badeanstalten, Schulen sowieso. Sie werden in ihrem Leben eine der dramatischsten Umwälzungen in diesem Land erleben, die sich seit der industriellen Revolution ereignet hat. Sie wird in ihrem Leben spürbar sein – im individuellen Leben der Familien, die versuchen, Kinder in einer zunehmend kindentleerten und kindentwöhnten Gesellschaft aufzuziehen. Es wird spürbar sein im individuellen Erleben, in der Lebensplanung dieser Kinder, für sie wird es immer ungewöhnlicher sein, Kinder zu haben. Es wird die Städte verändern und ganze Regionen; das Berliner Institut für Bevölkerungsfragen hat schon spöttisch angemerkt, wir sähen im Osten die besten Bedingungen für ein Vordringen der Füchse und Wölfe.

Es steht uns also eine dramatische Umwälzung der Gesellschaft bevor, vergleichbar vielleicht nur mit den Umwälzungen, die vor über 100 Jahren durch die industrielle Revolution angestoßen wurde, und die Folgen für unsere Gesellschaft werden dramatisch sein. Sie betreffen natürlich das Leben unserer Kinder selber, sie betreffen das Leben in den Kommunen insgesamt, das älter, greiser, stiller werden wird, und die Ausgaben für Kinder, die für eine wachsende Gruppe von Menschen schon heute nicht mehr selbstverständlich ist. In Hamburg erklärte jüngst die Mehrheit in einer kindentleerten Stadt, sie sei nicht mehr verantwortlich für die Schulbücher der Kinder; die lägen in der Verantwortung der Eltern, die also die kinderlose Mehrheit nicht mehr mit Wünschen nach Schulbüchern für Kinder belästigen sollen.

Die Folgen betreffen jeden Einzelnen, in der Freiheit seiner Lebensplanung, in der Kinder immer mehr Ausnahme werden, unnatürlich sozusagen die natürliche Fortpflanzung. Die Folgen für die Lebensführung des einzelnen Bürgers werden nicht gerne diskutiert, dies zu thematisieren, wäre ein Tabubruch. Wir haben uns daran gewöhnt, lauthals über die Einschränkungen zu diskutieren, die mit der Erziehung von Kindern in einer auf Kinder nicht wirklich eingestellten Gesellschaft einhergehen. Wir verschweigen aber gerne, welche Einschränkungen der Träume, welche Abstriche am Vertrauen in die eigene Lebensplanung, wie viele stillen, individuellen Tragödien diese Situation zeitigt, weil die jungen Leute ihren Kinderwunsch verschieben, in der vagen Hoffnung auf eine günstigere gesellschaftliche Konstellation, die natürlich nie eintreten wird, bis sie zu alt sind für Kinder. Erst wenn Kinderlosigkeit medizinisch erwiesen ist, regt sich in der Gesellschaft ein Mitgefühl – allerdings nicht so weit gehend, dass die Gemeinschaft derer, die sich nicht dafür einsetzt, dass die Möglichkeiten für Kinderhaben günstiger werden, nun für die Behandlung zahlen würde –; seit die Kostenübernahme durch die Krankenkassen eingeschränkt wurde, ist die Zahl der Geburten des Jahres 2005 noch einmal um 7000 Kinder gegenüber dem Vorjahr gefallen.

Die Folgen für die soziale Struktur der Gesellschaft sind dramatisch. Die Gesellschaft spaltet sich zunehmend in Familien, die sich darin verausgaben, unter ungünstigen Umständen Kinder großzuziehen, die das Einkommen eines Verdieners auf mehrere Köpfe verteilen müssen und zugleich jahrzehntelange Bildungswege finanzieren und zeitlich unterstützen, die nach den neuesten Reformplänen nun noch bis weit in die Erwachsenenzeit ihrer Kinder hinein für diese aufkommen müssen, sofern die Kinder arbeitslos werden, und Menschen, die ihre Zeit und ihr Einkommen für sich alleine nutzen können, die im Falle der Arbeitslosigkeit natürlich auf die Hilfe der Gemeinschaft zurückgreifen dürfen – auch auf die Hilfe derjenigen, deren Unterstützung sie verweigern, sollten die arbeitslos werden. Es ist auch eine Spaltung in die 'Haves' und die 'Have-nots'. Die Armutsberichte sprechen eine eigene Sprache, es sind die Kinder, die unter den Armen der Republik die größte Gruppe stellen, weil die Abgabenstrukturen von Steuern und Sozialabgaben Mehrpersonenhaushalte dramatisch benachteiligen. Der typische Sozialhilfeempfänger dieses Landes ist das Kind einer Alleinerziehenden, der eine unterentwickelte Bildungs- und Betreuungslandschaft die Möglichkeiten untergräbt, sich und ihre Kinder selber zu unterhalten. Es ist im Kern eine Krise der Solidarität, die doch die Basis sein müsste im so genannten Wohlfahrtsstaat.

Wer Kinder erzieht – keine leichte Aufgabe in einem Land, das kaum Krippen, Ganztagskindergärten und Ganztagsschulen kennt –, dessen Tätigkeit wird von den nun schon prekären Segnungen des Sozialstaates (Arbeitslosenabsicherung, Rente) weitgehend ausgegrenzt, was auf zukünftige Verteilungskonflikte hinausläuft. Beträgt heute, so der Sozialrichter Jürgen Borchert, der Anteil der Rentner, deren Renteneinkommen nicht durch die Einzahlungen eigener Kinder mitgetragen werden, gerade 20 Prozent, werden in drei Jahrzehnten 60 Prozent der Rentner keine eigenen Nachkommen haben, die ihren Unterhalt mit tragen, dafür aber, eben weil sie keine Kinder erziehen, besonders hohe Rentenansprüche. Ansprüche, die von einer immer kleineren Gruppe von Nachkommen anderer Menschen erfüllt werden sollen; der Demograph Herwig Birg rechnet uns vor, dass die Zahl der Erwerbspersonen in den kommenden 50 Jahren um 16 Millionen fallen wird, die Zahl der zu versorgenden Rentner und Pensionäre aber um zehn Millionen steigen wird. Allein die Pensionsansprüche werden von heute 22 Milliarden auf dann 90 Milliarden explodieren. Auch in einem Land, dessen mangelhafte Rechenkünste durch vielfältige Studien erwiesen sind, müsste man sich leicht ausrechnen können, dass dies nicht funktionieren kann.

Die sich abzeichnende Krise der Solidarität wird flankiert vom sinkenden Vertrauen der Bürger in die Politik, diese Probleme zu lösen; in Umfragen zeigen nur noch etwa zehn Prozent der Bürger die Bereitschaft, Politikern die Kompetenz zuzusprechen, die solche Probleme verlangen. Die Krisenstimmung der Bürger findet ihren Ausdruck in einer rechtsstaatlichen Krise, im Unwillen der Exekutive, den Geboten des Bundesverfassungsgerichtes Folge zu leisten und beispielsweise die Benachteiligung von Familien in den Renten und Sozialsystemen aufzuheben. Es ist über zehn Jahre her, dass die Richter in Karlsruhe urteilten, die Erziehungsleistung sei in den Sozialsystemen angemessen zu berücksichtigen, aber alle Reformen in dieser Hinsicht kommen widerwillig und sind in ihrem schmalen Umfang eher eine Verhöhnung, denn eine Anerkennung der Leistung von Eltern. Dies läuft, unter anderem, auf eine fortgesetzte Unterhöhlung des Rechtsbewusstsein hinaus. Gleichzeitig wird die Chance vertan, durch entsprechende deutliche Weichenstellung auch in den Sozialsystemen zu signalisieren, was wahr ist, nämlich dass keinerlei Sozialleistung möglich ist ohne eine Jugend, die sie nachhaltig erarbeitet. Die wahren Zusammenhänge werden so systematisch verschleiert statt hervorgehoben. Selbst die so genannte 'finanzielle Eigenverantwortung' durch Bildung von Kapitalreserven 'arbeitet' ja keinesfalls mit Geld allein, sondern dieses immer nur in Verbindung mit Menschen, die mit diesem Geld umgehen. Die wahren Zusammenhänge zwischen den Generationen werden so systematisch verschleiert, noch in dem hohlen Gerede, man müsse nun, in Rentenformeln oder sonst irgendwie, sich den Gegebenheiten einer alternden Gesellschaft anpassen. Als ginge das, ohne Kinder.

Fragen wir uns also, wann wir eigentlich anfingen, es für normal zu halten, was sich hier abspielt. Gab es einen Zeitpunkt, an dem wir aufhörten, es traurig zu finden, wenn jemand keine Kinder hatte? Wann drehte sich der Wind so, dass es irgendwie unschicklich schien, Menschen zu fragen, „Haben Sie auch Kinder?". Ab wann haben wir uns daran gewöhnt, Feste zu feiern ohne Kinder? Wann begannen die Frauenzeitungen Gourmetstrecken zu veröffentlichen für Weihnachtsfeiern, die exklusiv unter Erwachsenen stattfanden? Wir wissen, dass seit den 1960er Jahren vier Millionen Autos zusätzlich auf unseren Straßen erschienen – aber wann fing es an, dass wir der Meinung waren, Kinder gehörten nun wirklich nicht nach draußen in den öffentlichen Raum?

Wann fanden wir es selbstverständlich, dass in den Magazinen halbnackte junge Männer ganz nackte Babies vor ihre muskelgerippten Oberkörper hielten, wie seltene Trophäen. Oder dass langbeinige Models, deren magere Figuren jeden Gedanken an Mutterschaft ausdrücklich verneinten, mit Kleinkindern posierten, als seien es besonders exklusive Handtaschenmodelle? Ab wann fanden wir es selbstverständlich, dass ein Kind zum typischen Sozialhilfe-Empfänger dieser Republik avancierte? Hört jemand einen Schrei der Empörung, wenn der neueste Armutsbericht veröffentlicht wird, nun gerade noch auf Seite vier unten, ohne Kommentar?

Gab es ein Rumoren, als die Rentenreform durchgezogen wurde und nun für die Erziehung eines Kindes immerhin 78 Euro Rente zu erwarten waren (nur für Kinder, die nach 1991 geboren wurden)? Hat jemand so etwas wie ein ungläubiges Lachen gehört, als vorgeschlagen wurde, in der Pflegeversicherung für Eltern den Mehrwert der Kindererziehung mit 2,40 Euro Gutschrift pro Monat anzusetzen, 2,40 Euro als Ausgleich für die Mühen der Erziehung von Kindern? Gab es Proteste, als die Steuerreform gelobt wurde, die einem alleinstehenden Verdiener von Brutto 40 000 Euro im Jahr satte 553 Euro bescherte, Alleinerziehenden und einem Kind bei gleichem Einkommen für zwei gerade mal 61 Euro pro Kopf? Finden wir es wirklich normal, dass unter Harz IV für ein Kind 100 Euro weniger ausgezahlt werden als für ein erwachsenes Mitglied der Familie, dass also einem Ehepaar 100 Euro mehr zugestanden werden als einer anderen zweiköpfigen Familienform, der einer Alleinerziehenden mit ihrem Kind? Dass Eltern nun verantwortlich zeichnen sollen für den Unterhalt ihrer erwachsenen Kinder, sich also die Gruppe der Nicht-Eltern weiter entlastet von der sozialstaatlichen Fürsorge für diese jungen Bürger – die, wären sie nicht arbeitslos, selbstverständlich zur Unterstützung auch von arbeitslosen Nicht-Eltern herangezogen werden? Gab es einen Aufstand, als, beispielsweise in Hamburg, beschlossen wurde, Lücken im Etat für Kultur und Bildung durch eine Extra-Abgabe aufzufüllen, die bei Eltern über Schulkinderköpfe erhoben wird? Keine Aufstände. Kaum Proteste. Business as usual. Wieso? Meine These wäre, dass Kinder nur deshalb aus unserer Welt verschwinden, weil wir sie längst aus unserem Denken eliminiert haben.

Schauen wir uns um, blicken wir darauf, wie wir unsere Wohnorte konstruiert haben – ohne jede Rücksicht auf die Kinder, unsere Wohnorte sind das Gegenteil dessen, was man als Brutorte bezeichnen könnte. Unter diesem Gesichtspunkt sind unsere Städte evolutionärer Unsinn. Wir haben sie gebaut, als wäre uns jeder Brutpflegeinstinkt abhanden gekommen. In unseren Wohnorten gelten Kinder als Störfaktoren – des Verkehrs. In der Zeit, in der sechs Millionen Kinder aus unserer Mitte verschwunden sind, haben sich dort zusätzliche 40 Millionen Autos breit gemacht. In meiner Kindheit, als man vor allem Kinder sah, wenn man aus dem Fenster blickte, kamen pro Hektar Stadtfläche gerade mal fünf Autos auf zehn Kinder, heute dagegen kommen 20 Autos auf fünf Kinder. Statistisch gesehen haben wir einem Auto 400.500 asphaltierte Quadratmeter zur Verfügung gestellt, den Kindern zwei Quadratmeter autofreien Raum, weshalb die englische Kinderrechtsbewegung davon spricht, es sei 'Spatial Equality' herzustellen. Kinder können meist nur mit Hilfe von Erwachsenen – und Autos – den öffentlichen Raum durchqueren, weshalb Eltern etwa ein Viertel der Zeit, die sie überhaupt für ihre Kinder haben, Transportzwecken unterordnen müssen. Der Rest von Kinderbewegung ist die extra zu kaufende Stunde Kinderturnen, natürliche Bewegung umgewandelt als Event, oder Verkehrserziehung, als seien etwa Kinder und nicht die Erwachsenen die Verursacher von Unfällen! Selten kann man so gut wie an diesem Beispiel sehen, wie die Erwachsenenwelt versucht, sich ihrer Verantwortung zu entledigen, ja sie sogar auf die Kinder abschiebt, deren Schutz naturgemäß ihr innerstes Anliegen sein müsste.

Betrachten wir die Regularien der Arbeitswelt, in der Kinder nicht vorzukommen haben, es sei denn, als 'versicherungsfremder Faktor' oder Arbeitsbelastung. Welche Vision haben wir denn entwickelt, die der Tatsache Rechnung trägt, dass Arbeit nicht um ihrer selbst willen lohnt, sondern für die meisten Menschen doch nur Mittel zu dem Zweck ist, sich und die Ihren am Leben zu erhalten – wobei heute wie schon immer am Arbeitsplatz gerne so zu tun ist, als gäbe es gar keine anderen Menschen und Aufgaben, die Anspruch auf unsere Aufmerksamkeit haben, im Kern ist das immer auch ein mentaler Verrat an unseren Kindern. Ein Verleugnen unserer ureigensten Aufgabe, unserer Liebe zu unseren Kindern. Auch das bleibt nicht ohne Folgen, in uns und außerhalb.

Ähnlich die Konstruktion des Sozialstaates – wie konnten uns Kinder nur ausgerechnet hier aus dem Blick geraten. Bei allem Gerede um die Notwendigkeit von 'Familienförderung' ist es ja letztlich so, dass unser Konzept des Sozialstaates, in der Konstruktion so genannter Leistungen (deren Erbringung in der Regel zur Voraussetzung hat, dass keine Arbeit am Kind erbracht wird) und Ansprüche (deren Grundlage der Verzicht auf Familienarbeit ist), suggeriert, Kinder seien in diesem System überflüssig. Als seien Kinder zu ersetzen durch das, was man nun statt Generationenzusammenhang also Rente nennt oder Krankenversicherung, was neuerdings als 'Eigenvorsorge' und 'Eigenverantwortung' so in die Schlagzeilen tritt –, und könne man das, alleine für sich sorgen, eine Größenphantasie von Eigenmächtigkeit, in der verdrängt wird, dass Zusammenhang der Solidarität letztlich nur über die Generationen hergestellt werden kann.

Das Verschwinden der Kinder in unserem Kopf, das als Mentalitätsgeschichte erzählbar ist, zeigt sich nicht zuletzt in der Erziehung unserer Kinder, in der Art und Weise, wie wir ihnen deutlich machen, was im Leben wichtig ist, wofür es sich lohnt zu leben. Strebsam sein! Sich rühren, flexibel sein, zielstrebig, das fördern wir, wohl auch Aufrichtigkeit und Manieren – aber das Bewusstsein, das Kinder zu einem erfüllten Leben gehören? Ist es etwa üblich zu sagen: Pass auf, dass Du Kinder rechtzeitig einplanst? Flüstern wir noch, wie es einst unsere Mütter taten, wenn sie über die Liebe ihre Andeutungen machten: „Pass auf, ob er/sie es ernst meint!" Erwarten die Älteren überhaupt noch Enkel? Trauen sie sich, ihre Wünsche zu äußern? Oder ist es nicht so, dass spätestens seit der so genannten Revolution der 68er uns Kinder hauptsächlich als Belastung präsent sind, als Verführung, in eine Falle zu tappen, in der sich alles verfängt, wofür man ansonsten gearbeitet hat? Betrachten wir sie nicht allzu oft als hoch komplizierte Erziehungsaufgabe, haben wir nicht irgendwie aus dem Auge verloren, wie viel Glück das Leben mit Kindern bedeuten kann, eine andere Art von Glück vielleicht, wenn auch ein nicht geringeres als das, was im Zusammenleben der Paare zu erfahren ist, das allgegenwärtig gesucht, beschworen, gefeiert wird.

Reden wir über Mentalitätsgeschichte, dürfen wir nicht verschweigen, dass auch die Frauenbewegung in Deutschland einen deutschen Sonderweg eingeschlagen hat. Sie war zu beschäftigt mit der Abwehr ungewollter Schwangerschaft und dem drohenden Verbot des Schwangerschaftsabbruchs, um überhaupt zu bemerken, wie drastisch die Schwangerschaften insgesamt zurückgegangen waren. Der Traum der deutschen Frauenbewegung war eine durch Kinder unbelastet durchs Leben schreitende berufstätige Frau. Dass Emanzipation irgendwie durch Kinder verhindert werden könnte, auf diesen Gedanken sind die Skandinavierinnen oder die Französinnen jedenfalls nicht gekommen, dort ist heute ein Trend zum Drittkind zu bemerken, gerade unter hoch qualifizierten Frauen. Aus unserer Vision der beruflich arrivierten Frau dagegen ist das Kind sozusagen vollständig verschwunden. Von den Französinnen aber hören wir, dass dort gerade unter beruflich ambitionierten Frauen die Mutterschaft als besondere Qualifikation zählt – sie beweist zum Beispiel Belastbarkeit, sie zeigt an, dass die Kandidatin das Bild einer modernen, hochkompetenten Frau erfüllt.

In Frankreich sind denn auch 30 Prozent der Professoren weiblich, bei uns gerade knapp fünf Prozent – und die sind beinahe ausschließlich kinderlos. Während wir die best qualifizierte Frauengeneration aller Zeiten haben, ist die Vision qualifizierter Mutterschaft aus den Köpfen verschwunden, dort steht Muttersein für so etwas wie geistige Beschränkung. Und gleichzeitig gilt es geradezu als beschränkt, über die Aufgaben von Elternschaft zu reden, nichts ist beim gesellschaftlichen Small Talk anstößiger, als über die Kinder zu reden, über Diäten, Schulprobleme, Sorgen, Freuden – während wir den Erzählungen aus der Welt der Medizin, der Kfz-Technik und anderer Berufsfelder mit Andacht lauschen.

Verschwunden ist die Vorstellung, dass Kinder auf eine existenzielle Weise zum Leben gehören, dem individuellen wie dem gesellschaftlichen – und damit ist auch etwas von der Würde verschwunden, die Kindern zukommt. Kinder sind Menschen, die als irgendwie verzichtbar gelten. „Kinder, nö, das muss ich nicht haben!" so etwas zu sagen ist geradezu cool. Oder: Mit Kindern habe ich es nicht. Oder: Kinder mag ich nicht. Über Kinder dürfen Erwachsene herziehen, wie über Ausländer oder Juden glücklicherweise schon lange nicht mehr – über ihre angebliche Unerzogenheit, ihre angebliche Markenversessenheit, ihre Konsumwut, ihre Leibesfülle – alles Dinge, die natürlich erst recht in der Welt der Erwachsenen zu bemängeln wären. So abfällig wie über Kinder aber darf man sich eben überhaupt nur über Kinder äußern, sonst nur noch über Mütter.

Verschwunden ist unsere Vorstellung davon, was Kinder eigentlich sind, wie Kindheit auszusehen hätte – die betreiben wir gerne als Schrumpfvision. Wir sehen eine Mutter mit einem Kind zum Einkaufen ziehen, wir sehen eine Mutter auf der Spielplatzbank, den Blick auf ihr Kind, und wir finden das idyllisch. Mütter reden so gerne davon, dass sie die Kinder ja nicht bekommen haben, um sie an andere Menschen abzugeben, als seien ihre Kinder ein Besitz. Sie wollten selber erleben, was mit den Kindern passiert, gerne den ganzen Tag, als seien Kinder eine Art von Non-Stopp-Event, das ihnen zusteht. Sie sagen gerne, dass sie die Kinder noch bei sich behalten möchten, statt dem Stress der Kinderhorde in einer Krippe oder einem Kindergarten auszusetzen – und vergessen, dass es einmal natürlich war, dass Kinder ihre Zeit mit Kindern verbringen. Mit Geschwistern zum Beispiel. Hartmut von Hentig, der große Pädagoge, der Älteste von fünf Geschwistern, meinte einmal, das Recht auf Geschwister sei aufzunehmen in die Rechte der Kinder. Jutta Limbach, ehemalige Verfassungsrichterin und vielfache Mutter, hat daran erinnert, dass Kinder, in der Kindergruppe, sich auch gegenseitig erziehen, und so die Eltern entlasten – hat es jemand gehört? Eine große Kinderschar gilt heute schon als nicht mehr bewältigbar, noch nicht mal als Luxus vergangener Zeiten, sondern schon für die Kinder selber eine Zumutung. Dafür ist die Mutter zur alleinigen Garantin des Kinderglücks avanciert, unverzichtbar als Hausaufgabenhilfe und Transporteuse. Und wie hysterisch gleich alle Anklagen sich dann natürlich gegen die Mutter richten, wenn irgendetwas schief gelaufen scheint!

Ausgelöscht in unseren Köpfen das Wissen, dass es so etwas gibt wie Kinderkultur. Damit sind keineswegs die Kultur-Events gemeint, die heute kostspielig und kostenträchtig besonders in den Metropolen ausgerichtet werden. Kinderkultur also nicht als Babytreff oder Kinderoper, als Geburtstags-Event im Museum, sondern etwas, das in der Autonomie der Kinder selber liegt, was es sozusagen kostenlos gibt. Kinderkultur als etwas, was Kinder selber entwickeln, wenn sie unter ihresgleichen sind und einmal unbeobachtet vom sozialpädagogischen oder elterlichen Blick ihre eigene kleine Regelwelt errichten. Sie ziehen dann beispielsweise als Kinderbanden des Viertels umeinander herum und inszenieren ihre eigene Welt, also davon wissen wir meist nur noch aus der Literatur.

Wie die Kinder vom Zentrum unserer Aufmerksamkeit an den Rand gedrängt werden, merken wir noch daran, wie wir über die Bildung reden, in den Schulen. „Der Stoff muss durch!" heißt es da gerne, und wie deutlich hört man da, dass die Kinder ein Hindernis sind für den Weg des Stoffes durch die Schule! Immer besteht der Verdacht, das eine oder andere Kind gehöre gar nicht in die Schule, wenigstens nicht in diese. Die Drohung, man werde es aussortieren, aus der Schule, aus seinen Freundschaften, ist immer gegenwärtig – weil sie so viel leichter zu handhaben ist als die Erkenntnis, was Kinder denn brauchen, in der Schule, so viel einfacher ist als die Erfüllung der eigentlichen pädagogischen Aufgabe, die Kinder in die Mitte der Aufmerksamkeit der Schule zu stellen, also das gilt als Phantasie einer leider, leider nicht durchführbaren Reformpädagogik. Verschwunden aus unseren Köpfen die Einsicht, was die Kinder sind, hinsichtlich der Bildung, 'hochtourige Lerner', wie Donata Elschenbroich, die wunderbare Kinderforscherin, es nennt, vergessen, dass es eigentlich die Kinder sind, die es hungrig zur Bildung drängt, wenn wir sie nicht bedrängen oder wegdrängen mit unseren verqueren Vorstellungen über zu formende Kinder. Aus dem Blick das Bild vom kompetenten Kind. Aber mit welcher Gier, so möchte man es sagen, mit welcher Unersättlichkeit wird die Diskussion um die in der Schule versagenden Kinder geführt!

Für das Verschwinden der Kinder zahlen ausgerechnet die Eltern, also Leute mit Kindern, einen hohen Preis. Es ist dieses Bemühen, im ungeeigneten Umfeld sich durchzuschlagen. Keine Krippen, weshalb Eltern nicht selten darauf verzichten müssen, den Unterhalt für sich und ihre Kinder zu verdienen. Ein Kindergartensystem, dem die Kinder zu viele sind, in dem hunderte von Kindern auf Wartelisten gesetzt werden, als seien sie unerwünscht, als wolle man sie sich vom Leibe halten, jedenfalls nicht willkommen heißen in den Institutionen, die doch für Kinder geschaffen worden sind. Das ist das

Wohnumfeld, in dem die Kinder in ständiger Gefahr sind. Das Bildungssystem, an dem ausgerechnet die zu Bildenden ständig zu scheitern drohen. Wie viel Stress, wie viel Abschreckungseffekt so erzeugt wird! Ein kinderblindes Sozialstaatssystem erzeugt die irrige Vorstellung, es seien ausgerechnet die Eltern, die da Schmarotzer wären, Kindergeldempfänger, förderungsbedürftig, die Familie als Problemkind! Wie weit weg diese Sicht davon ist, dass Familien zumeist als kraftstrotzende Kompetenzzentren wirken, noch in dieser kindvergessenen Welt mit erstaunlicher Verve ihre hochkomplexe Aufgabe bewältigen. Wie geschickt sie oft die vielen Aufgaben jonglieren, wie selten ihnen insgesamt doch einer der Bälle zu Boden geht. Wie wenig wir verstehen von dieser Kraft. Oder auch dem Glück, dass damit verbunden ist.

Eltern zu sein, der Philosoph Dieter Thomä nennt es „betrachtendes Glück, diese Sternstunden". Verschwunden für viele die Erfahrung, wie lustig es sein kann mit Kindern, wie man lachen muss, wenn das Kind sagt: Mama, wachsen eigentlich auch die Möbel? Was es bedeutet, auf Kinder zu schauen, verdrängt, jene existenzielle Erfahrung des Menschseins. „Siehst Du die Kinder, schaust Du Gott bei der Arbeit zu" hat Luther gesagt. Die Kinderlosigkeit an sich bewirkt nicht nur eine Verdrängung der Erfahrung des Lebens mit Kindern, sondern auch eine Blindheit gegenüber den Aufgaben des Menschseins, oder, um noch einmal Hartmut von Hentig zu zitieren: „Wir haben das falsche Leben, weil wir versuchen, es ohne Kinder zu leben. Weil wir immerzu auf das Erwachsensein starren. Die Kinderlosigkeit ist schädlich – für die wenigen Kinder, denen die anderen Kinder fehlen, aber vor allem für uns. Besonders schädlich ist sie für eine Gesellschaft, die sich auf Kinderlosigkeit einrichtet, die nur an ihren Erwerb und an ihre eigenen Sicherheiten denkt. Die Kinderlosigkeit bringt eine moralische Verwahrlosung mit sich, die niemand so nennen würde, wie ich es jetzt tue [...] Die Verarmung ist moralisch, emotional, philosophisch. Ich glaube, wir denken falsch über die Welt, wenn wir nicht genötigt sind, über nachfolgende Generationen zu denken [...]" (DIE ZEIT, November 2003)

Das Verschwinden der Kinder aus unserer Wahrnehmung bewirkt also partielle Blindheit. Wir sehen nicht einmal mehr die fundamentalen Schwierigkeiten, vor denen wir stehen, wir befinden uns in partieller Blindheit auch uns selbst gegenüber. Augenscheinlich wird das zum Beispiel in der so genannten Demographiedebatte. Wenn wir darüber reden, dass wir uns an die Alterung der Gesellschaft anzupassen haben. Was aber ist denn Alterung? Nichts anderes als Kinderarmut! Aber wir vermeiden selbst den Begriff. Wir reden lieber kryptisch vom Methusalem-Komplex und beschäftigen uns so wiederum nur mit uns selbst.

Politisch ist es ein Desaster. Wir kämpfen um die falschen Dinge. Wir streiten um die Höhe der Krankenkassenbeiträge, aber ohne zu fragen, wie die denn überhaupt in der Lage sein können, eine immer stärker anwachsende Gruppe von krankheitsanfälligen älteren Menschen zu versorgen. Oder: Wir kämpfen vielleicht um die richtigen, aber ohne sie in eine angemessene Ordnung zu bringen. Der Naturschutz, das Dosenpfand, die Arbeitsplätze, die Energiefrage – alles wichtige Anliegen. Aber ohne Wert durchgekämpft, sollte es uns an der Jugend fehlen.

Die mangelhafte Wahrnehmung gibt Rätsel auf. Man möchte es als einen PISA-Test der eigenen Art empfinden. Oder muss es als das benennen, was es ist: ein Versagen unserer Eliten.

Welchen Sinn denn hätten etwa Reformen, die auf demographisch erzeugte Probleme eingehen – wenn sie diese nicht in den Mittelpunkt dieser Reformen stellen, wie der Verfassungsrichter di Fabio anmahnte? Erst wenn sie in dieses Zentrum gerückt werden, hätten wir möglicherweise eine Chance, die Probleme zu lösen. Es ist also in vielerlei Hinsicht eine Frage der Wahrnehmung. Das Verdrängte wäre zuerst sichtbar zu machen.

Man müsste Kinder reintegrieren, in die Wahrnehmung der Erwachsenen, die ihre ureigenste Aufgabe, die Aufzucht zukünftiger Generationen, aus dem Blick verloren haben.

Bedingung für die veränderte Blickrichtung wäre, uns selber aus dem Zentrum dieser Wahrnehmung herauszunehmen. Denn es geht, mit dem Blick auf das gesellschaftliche Ganze, weniger um unsere Rente, unsere Gesundheit, unsere Ansprüche als um das, was unsere Kinder zu erwarten hätten vom Leben – außer unsere Ansprüche zu befriedigen. Es geht um ihre Lebenschancen. Wenn wir Kinder ins Zentrum rücken, ist dies nicht nur ein überfälliger Akt der Selbstbescheidung, sondern hat Konsequenzen für die Verfügung über Ressourcen – die von Geld, Zeit, Energie, Raum. Die Erwachsenen werden lernen müssen, diese Ressourcen mit den Kindern zu teilen. Also das vorzuleben, was wir auf jedem Kindergeburtstag zelebrieren, wenn es um die Torte geht.

Wie das aussehen könnte, möchte ich mit einem Begriff belegen, der in Zürich für die Feier des Geburtstages der ETH erfunden wurde – es geht um eine Aktion 'Luftschloss'. Mein Luftschloss, in dem die Leben von Kindern und Erwachsenen zusammenspielen, ist viel großartiger als es die üblichen Projekte vorsehen, in denen es vielleicht um den Austausch des Sandes in der Spielgruppe des Kindergartens geht oder den Milchverkauf durch Mütter in der Pause der Grundschule, Projekte als Beschäftigungspolitik für Eltern, die sowieso längst am Rande ihrer Möglichkeiten navigieren. Läge der Sandkasten vor meinem Luftschloss, wären dafür nicht die sowieso schon hoch belasteten Eltern zuständig, sondern beispielsweise die fitten Frührentner. Oder eine Delegation bodygestylter Jungmanager käme aus dem nächsten Fitness-Center angerückt, um sich mal im Umgang mit Schaufel und Schubkarre zu üben statt an Maschinen.

Das Luftschloss läge in einer Stadtlandschaft, zu deren Gestaltung die renommierten Architekten der Stadt in einen Wettbewerb miteinander getreten wären. Wie gerne würde man doch wissen, was ihnen einfiele an Ideen für eine Stadt, in der die Generationen gut miteinander zusammenleben und auch die Menschen, die ohne Kinder sind und die, die mit Kindern leben. Der Einfallsreichtum der besten Architekten wird üblicherweise nur abgefragt, wenn Hamburg eine Elbphilharmonie bauen möchte oder ein gigantisches neues Shopping Centre, wenn Barcelona ein neues Museum will oder Tokio eine elegante Prada-Zentrale. Stararchitekten sind grandios in der Planung einzelner Schmuckstücke, Denkmäler ihrer selbst – aber wenn Genies Städte planen, geht leicht etwas schief. Wir erinnern uns an Brasilia, die tote neue Hauptstadt des neuen Staates. An Astana in Kasachstan, wo bombastische Hochhausskulpturen zeigen, dass jedes Gefühl für die Menschen verloren ist. Sie kennen Godzilla, den Film, in dem sich ein japanischer Traum über gigantische Stadträume in den Alptraum verwandelt, in ein alles zerstörendes Unwesen. Vielleicht haben Sie Bilder von Sun City gesehen, in Amerika, wo nur Senioren wohnen, unter heißer Sonne, fern jeder Jugend – vielleicht haben Sie sich, wie ich mich, entschlossen, so nie wohnen zu wollen.

Wie aber sehen Visionen einer Stadt aus, in der sich mit unseren Kindern gut leben ließe? Wo sie toben können, ohne in Lebensgefahr zu sein, wo sie gefördert werden nach Kräften und mit größter Aufmerksamkeit und Liebe, nicht zu vergessen: mit Professionalität? Wo sie eine Umwelt vorfinden, die an sich schon anregend ist und vielfältige Möglichkeiten bietet, das Leben zu entdecken – auch ohne unter ständiger Observation zu sein, durch elterliche oder sozialpädagogisch geschulte Blicke?

Mir schwebt ein Wettbewerb international renommierter Planer vor, zum Nachdenken über die Kinderstädte der Zukunft. Vielleicht lassen sie sich inspirieren von dem legendären Burle Marx, der auf der Plaza Republica del Peru in Buenos Aires eine spiralförmige Spielplattform errichtete, um die Kinder aus dem stinkenden Verkehr herauszuheben? Vielleicht orientieren sie sich an einer Idee von Hamburger Stadtarchitekten, die vorschlugen, die eine oder andere Kreuzung ganz für Autos zu sperren – schon wäre eine abgasfreie riesige Spielfläche für Skater oder Kicker entstanden! Vorbilder könnten sein die Community Gardens in London, in denen Menschen aller Herkunft gemeinsam die Ödflächen zwischen den Hochhäusern in paradiesische, gemeinsam bewirtschaftete Gärten verwandelt haben. Eine Ressource für planerische Kühnheit die sozialen Gärten von Leberecht Migge, kleine Gärten zum Nutzen für Naschkatzen und Spiele. Oder die neuen Vororte von Freiburg, in denen die Wege so organisiert sind, dass Autos nicht gebraucht werden, oder wenigstens die breiten Bürgerstraßen in Osloer Wohnvierteln, wo alle Kinder auf der Straße spielen können, weil Autos dort nur rollen dürfen. Man könnte sich Inspiration holen bei Hugo Kükelhaus, der einst in der Schweiz die schönsten Schulen baute, in denen Wasserläufe durch die Pausenhalle flossen, in kostbaren Strudeln und alle Sinne durch den Lichteinfall, die Bodengestaltung, die Materialien angeregt wurden.

Es gibt also viele Beispiele, nicht zuletzt in uns selber, wir brauchen nur die Augen zu schließen und in uns hinein zu blicken, in unsere Sehnsüchte und Hoffnungen, die Erinnerungen betrachten, die wir von Landschaften haben, in denen es uns als Kindern gut ging (– oder eben nicht), schon sehen wir, wie eine Welt aussieht, in der es Kindern gut geht – wo sie sicher sind, sich bewegen können, die Freiheit haben, mit ihren Freunden herumzustreifen, wo sie eigene Erfahrungen machen können, miteinander, mit der Natur. Das Wissen, wie es Kindern gut geht, ist ein hebbarer Schatz, man möchte es als instinktives Wissen bezeichnen, es ist genetisch verankert. Es wäre eine Landschaft, in der nicht nur Kinder, sondern auch Erwachsene ein schönes Leben hätten, nicht zuletzt mit Kindern, den eigenen oder denen anderer Leute, vielleicht wäre diese Unterscheidung in einem gemeinschaftlichen Lebensentwurf nicht mehr so wichtig.

Große Visionen können Mut machen – oder einschüchtern, im Sinne: Das schaffen wir nie. Es wäre schon viel geholfen, wenn wir die einzelnen Stadtteile, in denen wir wohnen, mit Expertenrat begleitet danach untersuchen würden, welche Maßnahmen uns dem Ziel näher bringen. So wären zum Beispiel Vorschläge zu unterbreiten, wie und wo der öffentliche Raum den Kindern zurückerstattet werden könnte – zum Beispiel mit einer Spielstraße im Viertel, die zunächst vielleicht nur jeden ersten Samstag des Monats betrieben wird, wie der Verkehrsclub Deutschland rät. Man könnte sondieren, ob vor dem Rathaus Platz für eine Halfpipe ist, auf der bald jede Menge Kinder zu sehen sein werden, schon als Symbol dafür, dass man sie um sich haben will und dass es noch welche gibt. Zwei meiner Lieblingsbilder in einer Dokumentation über kindgerechte Stadtumwandlung in Süddeutschland zeigen die Hauptstraße von Balingen, einmal voller Verkehr – und dann nach der Sperrung für Autos, dort fließt nun ein Bach, wo vorher sich die Autos entlang quälten, und darin spielen Kinder. Soviel umzusetzen muss man sich schon trauen.

Die Frage also wäre: Wie viel traut man sich? Und: Welches Prestigeprojekt könnte viel beachtet geopfert werden, für die Kinder? Wie viel will man sich vornehmen? Das könnte auf einer großen Wandzeitung am Rathaus dokumentiert werden, ein anderes Wort wäre – versprochen, und gleich dazu müsste zu lesen sein auf dieser Wandzeitung, in welcher Zeit man welches Ziel erreichen will und wie weit man mit diesen Plänen schon gekommen ist – das wäre interessanter Lesestoff für Bürger jeden Alters! Und ein Blickfang inmitten der Kommune, der helfen würde, die Frage nach den Kindern wieder in unserer Wahrnehmung zu etablieren.

Ohne fest umrissene Ziele geht nichts. Ziele müssen überschaubar und ihr Erreichen muss nachprüfbar sein. Kinderfreundlichkeit kommt nicht ohne Verbindlichkeit aus. Sie muss in Gesetzen verankert werden – am besten zusammen mit dem Amt eines Ombudsmanns für Kinder, dem sämtliche Vorhaben, die Kinder betreffen, zur Prüfung vorgelegt werden. Das schult schon in der Entwicklung von Vorhaben den Blick für Kinderfreundlichkeit, wenn man weiß, da guckt dann einer drauf und stellt vielleicht Fragen. Kinder so aus dem allmählichen Verschwinden zurückzugewinnen für unsere Wahrnehmung ist natürlich nicht nur Sache von Kinderbeauftragten, sondern von uns allen. Bürgermeister müssen sich zu dieser Aufgabe bekennen und sie für alle deutlich ganz nach oben auf ihre Agenda setzen – mit jener Entschlusskraft und Zuverlässigkeit, mit der sie auch von ihren Bürgern erwarten, dass sie sich für Kinder entscheiden.

Von Erziehern und Lehrern wäre zu erwarten, dass sie es sich zur Ehre gereichen lassen, Kinder so zu bilden, wie es internationalem Niveau entspricht, weniger wäre fahrlässig. Versprechen Sie gerade den schwächeren Schülern, dass sie nie aus ihrer Schule verschwinden müssen, weil es ja immerhin ihre, der Kinder, Schule ist.

Eltern sollten sich klar machen, dass sie die Interessen ihrer Kinder vertreten müssen, selbstbewusst, in Kindergärten und Schulen, in der Gemeinde, gegenüber der Politik. Und dass es nicht weiterführt, sich nur für das eigene Kind einzusetzen, weil auch ihr eigenes Kind darauf angewiesen, ist in einer Gesellschaft zu leben, die auf Solidarität beruht. Sich alleine durchbringen geht gar nicht, wenn alle anderen rechts und links aus unserer Wahrnehmung und den sozialen Netzen fallen – das ist nicht zuletzt den Kindern zu vermitteln.

Noch dies zum Schluss – wenn Sie das Augenmerk auf diese schon beinahe von der Agenda verschwundenen Anliegen der Kinder lenken wollen, tun Sie es bitte laut, frech, ohne falsche Scham. Man soll Sie ja hören.

Erziehung zu was?
Geschichtliches und Gegenwärtiges zum Kindergarten

Gert Kähler

Kinder sind lernfähig. Müssen sie eigentlich lernen?

„Wer gewöhnt ist, Kinder aufmerksam zu beobachten, wird wissen, dass gerade in den allerersten Jahren dem Kind viel Gutes oder Schlechtes beigebracht wird oder das Kleinkind sich selbst Gutes oder Schlechtes aneignet. So wird sein Gemüt und Wesen schon zu einem großen Teil richtig oder falsch geformt, ehe es das zweite Lebensjahr erreicht, viele dauernde Eindrücke werden am Ende des ersten Jahres oder sogar schon nach den ersten sechs Monaten haften bleiben. Daher werden die Kinder, deren Eltern überhaupt nicht oder schlecht erzogen wurden, in der Entwicklung ihres Charakters in den Kindheits- und Jugendjahren wesentlich geschädigt."[1] Heißt mit anderen Worten: Gute Eltern erziehen ihre Kinder gut, schlechte oder selbst schlecht erzogene erziehen ihre Kinder schlecht. Was 'gut' oder 'schlecht' ist, bestimmt eine von außen kommende Instanz. Logische Folge, die auch der zitierte Autor zieht: Diese INSTANZ tut das DAS RICHTIGE, weil sie weiß, was DAS RICHTIGE ist; sie formt die Kinder nach diesem Bilde.

Die Sätze wurden um 1800 herum formuliert. Sie könnten, im Zeichen von PISA-Studien, noch heute so gesagt werden, wobei allenfalls die Rücksicht auf die political correctness verhindert, dass man laut ausspricht, es könne 'schlechte' Eltern geben. Denn die kommen aus einer, je nach Betrachter, niedrigeren gesellschaftlichen Schicht; das zu sagen, ist heute nicht opportun, da wir doch um jedes geborene Kind dankbar sein müssen, das uns später die Rente sichert. Aber da der Staat, da die Gesellschaft eben diese Renten(-zahler) braucht, braucht man auch ausgebildete Werktätige. Sie, die Gesellschaft kann es sich heute nicht mehr leisten, zukünftiges menschliches Potenzial nicht auszuschöpfen; also muss der Staat her, der die Unwägbarkeiten einer Erziehung durch die Eltern auszugleichen vermag: durch Kindergärten und Vorschulen, letztlich durch das gesamte Bildungssystem.

Nicht zufällig wird gerade diese Diskussion zur Zeit besonders intensiv geführt: Englisch schon mit drei Jahren? Integralgleichungen mit sechs? Selbst die Kinderuniversität gibt es inzwischen, höchst erfolgreich, wenn ihr Besuch auch nicht Pflicht ist – noch nicht... Aus der unstrittigen Tatsache, dass Kinder schon früh überaus lernfähig sind, schließt die Gesellschaft, sie müssten auch lernen – und zwar am besten das, was sie, die Gesellschaft für notwendig hält. Dass sich das mit dem deckt, was die Kinder wollen, wäre reiner Zufall; ob sie's brauchen, für das oft zitierte vita, für das wir bekanntlich discimussen – man kann es nur wünschen.

Die staatlich gelenkte Erziehung vor der eigentlichen Schulpflicht als Ausrichtung auf die Bedürfnisse der Gesellschaft: Wie jede staatliche Bildungseinrichtung hat auch die Organisation des vorschulischen Kinderdaseins dieses Ziel. Sicher: Man nennt es nicht so direkt. Es gilt nicht als nett, weil zu sehr auf schnöde Zwecke ausgerichtet – „Förderung von Bildungsreserven zum Besten des Kindes" klingt immerhin so, als habe

1 Robert Owen, um 1810; zitiert nach: Edith Barow-Bernstorff u.a. (Hg.): Beiträge zur Geschichte der Vorschulerziehung. Berlin 1977, S. 323

man die Kinder gefragt. Aber es ändert nichts an der Sache selbst: Gleich, wer eine Bildungseinrichtung trägt, er verfolgt damit bestimmte Ziele – und sei es das der Befreiung der Kinder aus den Zwängen der jeweils bestehenden Gesellschaft. Auch diese 'Befreiung' soll schließlich zu einer neuen Lebensform, zu einer befreiten Gesellschaft führen, die man selbst, der oder die 'Erwachsene' (woraus erwachsen, notabene?) so schmerzlich vermisst. Deshalb wird sie den zukünftigen 'Gesellschaftern' zugemutet, über deren Köpfe hinweg. Hat jemals jemand die Kinder gefragt, ob sie 'befreit' werden wollen? Jede Form der 'antiautoritären Erziehung', und die der 1960er Jahre war nicht die erste, muss sich fragen lassen, ob die Kinder die 'Autoritäten' nicht viel lieber gehabt hätten (und umgekehrt!) – oder, wie in einem wunderbaren Titel über einem Beitrag über Kindergärten zu lesen stand: „Gabriele, müssen wir heute wieder spielen, was wir wollen?".[2]

2 *Danke, Wolfgang Bachmann!*

Gefragt hat die Kinder keiner, und Überzeugungstätern wie Robert Owen, Sozialreformer und Verfasser der eingangs zitierten Sätze, wäre das auch nicht in den Sinn gekommen – gerade Sozialreformer wissen immer am genauesten, was der Gesellschaft fehlt. Und müssen daher die Betroffenen nicht eigens fragen. Staatliche Erziehung ist immer die Erziehung zu den Idealen der jeweiligen Gesellschaft und ihrer herrschenden Schicht, 'Reformpädagogik' ist immer der Versuch, eine neue Gesellschaft über die Erziehung der Kinder zu verwirklichen, und die individuelle Erziehung durch die Eltern wird immer die zu deren individuellen Idealen sein – und deren psychische Prägungen reproduzieren.

Das alles entbindet jedoch nicht von der Pflicht, aus den vielfältigen Versuchen Schlüsse zu ziehen und auf die heutige Zeit zu projizieren, die im Verlaufe der letzten, grob zweihundert Jahre gemacht wurden, um die lieben Kleinen unterzubringen und ihnen etwas Rechtes beizubringen – und sei es auch nur, wie man 'richtig' spielt. Dazu dient der folgende, unvollständige Überblick. Einige längere Originalzitate zeigen am besten, welche Ziele die Initiatoren verfolgten. Dabei reden wir von den ersten sechs bis sieben Lebensjahren, bis die Kinder in die 'richtige' Schule kommen – von der Antike an hat sich diese Einteilung bis hin zu Rudolf Steiners Anthroposophie mit den siebenjährigen Lebensabschnitten weitgehend gehalten: Bis zu diesem Alter wurden die Kinder in der Regel im Hause versorgt, von der mütterlichen weiblichen Seite (das konnte auch die Amme sein), danach fing der sprichwörtliche 'Ernst des Lebens' an, der eher durch die väterliche männliche Seite repräsentiert wurde – eine Einteilung, die die gesellschaftliche Stellung der Frau, dem Manne untertan und an das Haus gebunden, reflektiert: „Und drinnen waltet/ Die züchtige Hausfrau/ Die Mutter der Kinder/ Und herrschet weise/ Im häuslichen Kreise," heißt es in Schillers Lied von der Glocke (und müsste nach dem Erreichen des siebenten Lebensjahres weiter heißen „und draußen züchtigt der waltende Hausherr/ der Vater der Kinder/ und beherrschet weise/ die Ausbildungskreise...").

Dieser Zeitabschnitt, die ersten sechs, sieben Lebensjahre, werden unterteilt in die Zeit, da die Mutter das Kind noch stillt, und die, da es schon eine weitere Stufe der Selbstständigkeit erreicht hat, nachdem es laufen gelernt hat. Vom 'Kindergarten' gleich welcher Art – der Begriff meint hier zunächst eine abstrakte Einrichtung für die Vorschulkinder – sprach und spricht man also im Alter von drei bis sechs oder sieben Jahren, einer Grauzone zwischen familiärer Betreuung, Aufbewahrung außerhalb der Familie und staatlicher Erziehung.

Die Unterbringung der Kinder in einer bestimmten 'pädagogischen Anstalt', war eine Entwicklung, die es erst seit der Aufklärung und der Industrialisierung gab – seit der Aufklärung, weil man das Kind als ein Wesen sui generis erkannte, nicht nur als einen etwas zu klein geratenen Erwachsenen, als welcher er noch auf den mittelalterlichen Bildern erscheint; seit der Industrialisierung deshalb, weil die Arbeit jetzt nicht mehr im Hause geleistet wurde, sondern Manufaktur und Fabrik die Eltern zwangen, außer Haus zu arbeiten, womit sich die Frage der Unterbringung der Kinder erhob. Es gingen also, ebenso wie Aufklärung und Industrialisierung, auch die Anschauung über das Kind wie die praktische Notwendigkeit einer neuen Situation parallel; die vorgeschlagenen oder realisierten Einrichtungen reflektierten beides: Sie waren immer 'Aufbewahrungsort' für Kinder, die meistens darüber hinaus 'zu etwas' erzogen werden sollten.

In den Jahrhunderten zuvor war es dagegen noch so, wie es Philippe Ariès in seiner großen Untersuchung beschreibt: „Im Mittelalter und am Anfang der Neuzeit – in den unteren Schichten auch noch viel länger – waren die Kinder mit den Erwachsenen vermischt, sobald man ihnen zutraute, dass sie ohne die Hilfe der Mutter oder der Amme auskommen konnten, das heißt wenige Jahre nach einer spät erfolgten Entwöhnung, also mit etwa sieben Jahren. In diesem Augenblick traten sie übergangslos in die große Gemeinschaft der Menschen ein [...]. Innerhalb dieser sehr intensiven, in hohem Maße kollektiven Lebensformen, gab es keinen Raum für einen privaten Sektor. Die Familie erfüllte eine Funktion – sie sorgte für den Fortbestand des Lebens, der Besitztümer und der Namen –, für das Gefühls- und Geistesleben spielte sie jedoch keine große Rolle. [...] Diese mittelalterliche Zivilisation hatte die paideia der Alten vergessen und wusste noch nichts von der Erziehung der Modernen. Dies ist das wesentliche Faktum: Sie hatte keine Vorstellung von Erziehung."[3]

3 Philippe Ariès: Geschichte der Kindheit. München, 1994 11, S. 559

Rousseau und das 'gute Kind'

Das neue Wesen, das da vor den 'Erwachsenen' stand, war auf der einen, der aufklärerischen Seite ein Ideal – der „edle Wilde" und das „unschuldige, von Natur aus gute Kind" trafen sich, wie es Jean Jacques Rousseau (1712-1768) beschreibt, und nur die böse Gesellschaft, die Erziehung verbildete es. Ein schönes Bild, ein Ideal, das allerdings mit der Realität wenig zu tun hatte: Das gemeine Volk, die Landbevölkerung, die Armen in den Städten lebten in unsäglichen Behausungen und Bedingungen; ihre Kinder wuchsen mit darin auf, sofern sie nicht rechtzeitig starben. Das war kein Ort einer verfeinerten Gesellschaft, wie sie Rousseau vor Augen stand, nicht die Rokoko-Gesellschaft mit ihrem höfischen Zeremoniell, gegen die er polemisierte: Das war krude Not und Existenzsicherung, wie sie mindestens die Hälfte der Bevölkerung erfahren musste.

Deren Kindern hätte man in der Tat gewünscht, sie könnten eine Einrichtung besuchen, die sie von den nackten Zwängen des Überlebenmüssens befreit hätte, die ihnen eine Chance geboten hätte. Tatsächlich waren die Zustände auch in den Schuleinrichtungen nicht so, dass man sie hätte als Institute der Volksbildung empfehlen können. So beschreibt K. H. Neumann im Jahr 1811 die Situation des Landschulwesens in der preußi-

Karikatur eines Schulunterrichtes, 1825: Die Lehrersfamilie befindet sich in der Schulstube, weil ihre Wohnung zur solchen gemacht wurde, der Lehrer denkt bereits während des Unterrichtes an seinen Nebenerwerb als Schuster. Kleinkinder und größere sitzen munter durcheinander.

schen Monarchie: „Überall entweihten verdorbene Schneider, Garnweber, Tischler und abgedankte Soldaten das heilige Geschäft der Erziehung, die Bildung des Volks war in den Händen unwissender, roher, kraftloser, unsittlicher, halbverhungerter Menschen, die Schulen waren zum Teil wirkliche Kerker und Zuchthäuser. Überall herrschte Unordnung und Willkür, Sklavensinn und Widerwille, Buchstaben und Formelwesen, Geistlosigkeit und Schlendrian, Unwissenheit und Stumpfsinn, Erbitterung und Feindschaft unter Lehrern, Eltern und Kindern. Damit die Kinder lesen und den Katechismus auswendig und einige Wenige ein paar Buchstabenreihen abmalen lernten: dazu sollten die Kleinen 7 bis 8 Stunden in engen, dunklen und ungesunden Höhlen zusammengepreßt und oft grausam gemißhandelt werden. [...] War es bei diesen Umständen ein Wunder, dass die Masse des Volks in dem gepriesenen Zeitalter der Aufklärung wenig oder gar keine Fortschritte in seiner Bildung machte?"[4] Nein, das war es gewiss nicht, und die Verhältnisse sind sicher richtig und deutlich beschrieben, wenn auch die Lage in den Städten um weniges besser war.

Aber zu diesem Zeitpunkt, um 1810, gab es auf der anderen Seite auch schon eine Reihe von Bestrebungen, die Situation zu verbessern – nicht nur in den Schulen, sondern auch für die kleinen Kinder.

Bevor wir uns ein wenig mit diesen Bemühungen befassen, muss aber noch auf einen Punkt hingewiesen werden, der auf das allgemeine Schulwesen ebenfalls zutrifft: Es gab bis auf ganz wenige Ausnahmen weder bei den Schulen noch bei den Frühformen der Kindergärten und Bewahranstalten Hinweise der Pädagogen darauf, wie die gebaute Umgebung der Institutionen auszusehen habe. Es gab keine Anforderungen an die Architektur. Das, was wir spätestens seit dem Ende des 19. Jahrhunderts kennen, eine distinkte Architektur für Schulen, die einer bestimmten Pädagogik gemäß sein soll und diese nach außen ausdrückt, das gab es zuvor nicht, schon deshalb, weil man kaum Schulen baute – für diese reichten vorhandene Räume aus. Das gilt auch für entsprechende vorschulische Einrichtungen, wohl sogar in noch stärkerem Maße: Ein Waldorf-Kindergarten heute oder die Vielfalt der Architekturen auch staatlicher Kindergärten mit ihrem deutlichen Bemühen um das Wohl des Kindes war damals undenkbar. Das deutet nicht auf mangelnde Fantasie der Architekten, sondern darauf, was diese Einrichtungen der Gesellschaft wert waren.

4 Zitiert nach: Peter Brandt: Preußen. Zur Sozialgeschichte eines Staates. Reinbek, 1981, S. 166

Campanella, Owen, Godin: Utopien für eine neue Gesellschaft

Die Abweichungen von dieser Regel wurden von sozialutopischen Denkern formuliert, die begriffen, dass den Kindern eine zentrale Rolle bei der Perspektive hin zu einer besseren Welt zukam; es haftet ihnen aus heutiger Sicht immer ein Hauch des Totalitären an: Der Kampf um eine bessere Welt musste alle Teile der Gesellschaft umfassen; die neue Freiheit, die beschworen wurde, begann immer mit der Unfreiheit, dass alle Mitglieder der Gesellschaft ihr folgen mussten.

Schon Tommaso Campanellas (1568-1639) „Sonnenstaat", 1620 zuerst in Italien, 1623 in Deutschland erschienen, zwingt die Kinder – selbstverständlich zu ihrem Besten! – unter ein ganzheitliches Regiment, das dem erzieherischen Einfluss der Eltern wenig Raum lässt: „Die schwanger Gewordenen sollen sich vierzehn Tage lang möglichst wenig bewegen; danach gehen sie zu leichter Beschäftigung über, um auf die Leibesfrucht heilsam einzuwirken und ihr die Nahrungswege zu öffnen. [...] Sie essen nur das, was ihnen der Arzt als besonders zuträglich empfiehlt. Sobald sie geboren haben, stillen sie ihr Kind selbst und erziehen es in gemeinschaftlichen, für diesen Zweck bestimmten Gebäuden. Sie geben dem Kind zwei Jahre und auch noch länger die Brust, wenn es der Arzt verordnet. Das entwöhnte Kind wird sodann, wenn es ein Mädchen ist, der Fürsorge der vom Magistrat bestellten Wärterinnen, wenn es ein Knabe ist, den betreffenden Pflegern übergeben. [...]

Alle werden ohne Unterschied in sämtlichen Künsten unterrichtet. Nach Ablauf des ersten und noch vor Beginn des dritten Jahres fangen die Kinder an, die Sprache und das Alphabet an den Wänden zu lernen, indem sie dabei auf und ab gehen. Die Kinder werden in vier Gruppen eingeteilt, und vier gelehrte Greise [...] sind ihre Lehrer. Nach einiger Zeit wird die Jugend im Turnen, Wettlauf und Diskuswerfen geübt, wodurch alle Glieder gleichmäßig gekräftigt werden sollen. Bis zum siebten Lebensjahr gehen die Kinder stets barfuß und ohne Kopfbedeckung [...]"[5] – in Italien und in einem 'Sonnenstaat' wohl keine besondere Härte. Dennoch: Im Sozialismus oder im Faschismus des 20. Jahrhunderts waren die Inhalte andere, aber es galt auch dort, die Kinder möglichst bald dem individuellen Einfluss der Eltern zu entziehen.

Und die heutige Diskussion um eine vorgezogene Schulpflicht droht im Falle ihrer Realisierung immerhin auch mit staatlichen Zwangsmaßnahmen: Die Themen sind bis heute die gleichen geblieben. Frühzeitige Ausschöpfung der Bildungsreserven, frühzeitiges Lernen, viel Sport – das bestimmt die heutige Auseinandersetzung über die vorschulische Erziehung immer noch, wenn auch das Ziel keine umfassend neue Gesellschaft ist, sondern eher das Florieren der Wirtschaft. Selbst wenn aber der unmittelbare Zwang in einer totalitären Utopie wegfällt, bleibt heute der indirekte Zwang der Gesellschaft – wobei der direkte, eine verpflichtende Vorschule für alle Kinder, immerhin auch noch diskutiert wird.

Campanella beschreibt seine ideale Gesellschaft, ohne auf architektonisch-praktische Fragen einzugehen. Das war bei Robert Owen (1771-1858) anders, der an verschiedenen Orten in den USA und in Großbritannien seine Utopie real werden ließ. In New Lanark in Schottland richtete er eine Textilfabrik als ganzheitliche kleine Stadt ein, in der die Arbeiterfamilien wohnen konnten. Für die Kinder wurden bis 1816 eine Schule und ein 'New Institute' eingerichtet, eine Art Volkshaus. Das war der architektonische Rahmen, der zeigt, wie Ernst es Owen mit den Kindern war – so ernst, dass er ein eigenes Haus für sie errichten ließ. Seine eigentliche 'Revolution' war aber, dass er die Kinder des Proletariats überhaupt als eigenständige Wesen wahrnam. Deren übliches Schicksal in den sich entwickelnden Industrien des Landes war eher das einer Ware, mit deren Hilfe billig produziert werden konnte; Kinderarbeit – Kinderarbeit des Proletariats,

5 T. Campanella: Der Sonnenstaat (1629), zitiert nach: Edith Barow-Bernstorff, a.a.O, S. 48 f

New Lanark um 1820: Der abgeknickte Bau am Fluss ist die Fabrik, dahinter die recht eintönigen Wohnblöcke. Das 'Institute for the Formation of Character' liegt verdeckt rechts am schön geschmückten zentralen Platz

wohlgemerkt; die Kinder von Adel und Bürgertum betraf das nicht! – bedeutete in jenen Jahren Arbeitszeiten bis zu 70 Wochenstunden; zu deren Verteidigung argumentierten die Unternehmer in einer Anhörung vor dem Parlament im Jahr 1816 zynischerweise mit einer Art 'Bildungsauftrag': Arbeiterkinder seien gesünder, intelligenter und moralischer als andere Kinder; nichts wäre der Moral dienlicher als „die Gewöhnung an den Gehorsam, den Fleiß und die Pünktlichkeit"[6].

Gegen diese Position trat Owen (übrigens auch bei der gleichen Parlamentsanhörung) an, auf praktische Weise. Er richtete 1809 eine 'Infant School' ein, in der alle Kinder aufgenommen wurden, sobald sie laufen konnten; bei schlechtem Wetter sollten sie in seinem 'Institute' spielen können. Der Schulraum stellt sich als großer, heller Saal dar, in dem die Kinder in ihrer 'Schuluniform' unter Aufsicht spielen; die Wandfriese mit den Abbildungen von Tieren dienten der angestrebten Wissensvermittlung. Diese konnte von den proletarischen Eltern nicht geleistet werden; und so haftet dem vermeintlichen Zwang zur Erziehung aus heutiger Sicht immer eine gewisse Ambivalenz an: Es war Zwang zur Erziehung – in diesem lag aber auch eine Chance für die Kinder, die sie anders nicht hatten: „Das Kind wird der falschen Behandlung seiner noch nicht erzogenen und ungebildeten Eltern entzogen, soweit dies gegenwärtig möglich ist. Die Eltern werden vor dem Zeitverlust bewahrt, und es werden ihnen Angst und Sorge genommen, die jetzt daraus entstehen, dass sie die Kinder von der Zeit des Laufenlernens bis zum Schulanfang beaufsichtigen müssen. Das Kind wird an einem sicheren Ort untergebracht, wo es sich zusammen mit seinen zukünftigen Schulkameraden die besten Gewohnheiten und Prinzipien erwirbt, während es zu den Mahlzeiten und zum Schlafen in die Obhut der Eltern zurückkehrt, wobei durch die zeitweilige Trennung die gegenseitige Zuneigung wahrscheinlich stärker werden dürfte."[7]

6 Zitiert nach: Franziska Bollerey: Paradies oder Hölle auf Erden. Der Architekt 7/96, S. 413

7 Aus Owens Autobiografie, zitiert nach: Edith Barow-Bernstorff, a.a.O., S. 233

Unterrichtsraum des 'Institute' – in diesem Fall scheinen die Schülerinnen schon etwas älter zu sein, als es die kindlichen Tierdarstellungen vermuten lassen, die als Lerntafeln zu verstehen sind (um 1820)

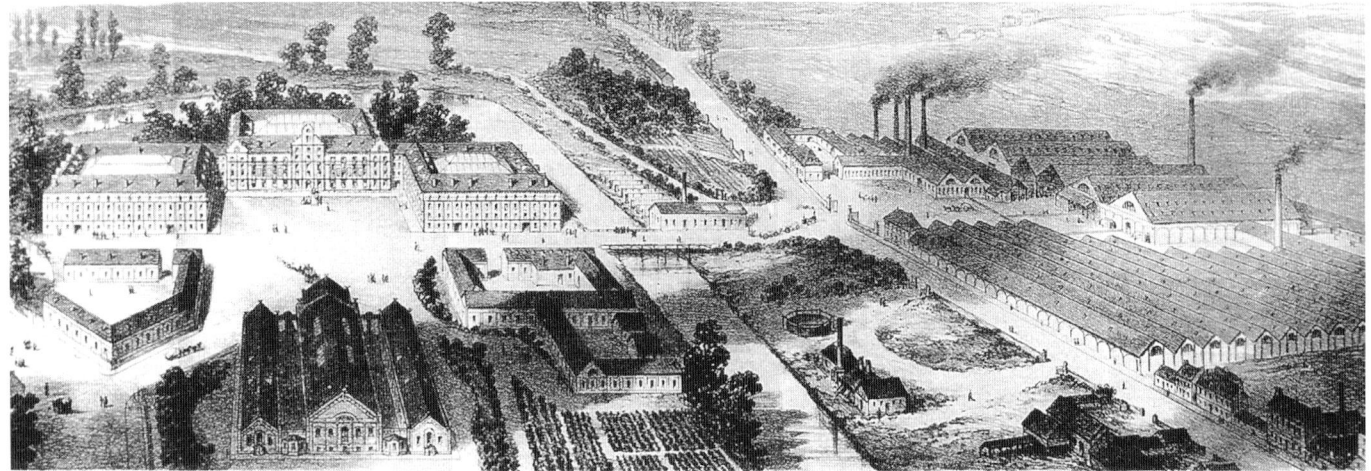

Die Familistère in Guise: Rechts liegt die Fabrik, auf der anderen Flussseite die Wohnanlage mit dem schlossähnlichen Zentralbau. In dessen Achse im Vordergrund liegt das Theater mit den links und rechts angefügten Schulen

Innenraum mit Kinderkrippe, Kindergarten und Vorschule in der Familistère, um 1870

8 Zur Familistère und ihre Entwicklung bis heute siehe auch Rudolf Stumberger: Familistère Godin in Guise. Bauwelt 27-28/04, S. 13 ff

Die Frage, ob Sozialutopisten wie Robert Owen gescheitert sind, ist schwer zu entscheiden. Gescheitert sicherlich an ihren eigenen Zielen – es gab keine neue Gesellschaft. Die Anstöße aber wirkten, das Beispiel konnte Schule machen – ganz buchstäblich. Insofern war das Wirken gerade der praktisch handelnden Theoretiker, das Handeln derer, die ihre Ideale vorlebten, besonders wichtig: Es konnte überprüft werden.

Das gilt auch für den Ofenfabrikanten Jean Baptist Andrè Godin (1808-1893), der zwischen 1855 und 1885 in Nordfrankreich eine noch heute teilweise existierende 'Familistère' realisierte, die auf Ideen von Charles Fourier (1772-1837) basierte, die dieser etwa fünfzig Jahre zuvor entwickelt und veröffentlicht hatte. Fourier wie auch Owen und Godin ging es als Ziel um eine „universelle Harmonie" des einzelnen in der Gesellschaft, einen schwärmerischen Sozialismus, wie er noch einmal nach dem Ersten Weltkrieg populär wurde, als Bruno Taut von einem „Sozialismus im unpolitischen, überpolitischen Sinne" sprach. Die Konzepte Owens oder Fouriers waren ausgelöst durch eine Situation, in der das Ideengut der Aufklärung auf den real existierenden Kapitalismus der frühen Industrialisierung stieß.

Godin selbst war 'Kapitalist'; anders als Fourier saß er nicht in einem Pariser Café, um auf jemanden zu warten, der seine Visionen realisierte. Er besaß eine Fabrik für Öfen, für die er Arbeiter brauchte, und schuf für diese ein umfassendes Versorgungssystem einschließlich einer Krankenversicherung. Und er baute die Gebäude von der halböffentlichen, halbgemeinschaftlichen Wohnung bis zum Kinder-Haus selbst, wobei er das höchst komplexe, bis in Details ausgearbeitete System des Lebens, das Fourier entwickelt hatte – bis zum 7. Lebensjahr hatte der bereits fünf Entwicklungsschritte des Kindes ausgemacht –, auf ein pragmatisches Maß zurück schnitt. Dennoch blieb auch er einem Denken verhaftet, das auf eine umfassende Erziehung der Kinder ausgerichtet war (Education intégrale), die von der Säuglingsstation über die Kinderkrippe bis zu einer Vorschule für die Vier- bis Sechsjährigen ging, bevor sie in die eigentliche Schule kamen.

Da es um die Kinder seiner Fabrikarbeiter ging, also derer, die bei ihm in Lohn und Brot standen, und damit tagsüber aus dem Haus waren, gab es für einen sozial verantwortlich handelnden Unternehmer allerdings auch keine andere Lösung, als eine Vollzeitbetreuung sicherzustellen. Dennoch: Der finanzielle Aufwand für Betreuung und Unterrichtung, vom Personal bis zu den Bauten, übertraf das Maß dessen, was andere – vor allem der Staat – für diese Aufgaben ausgaben, um ein Mehrfaches: Und in Guise, dem Ort der Familistère, war deren Nutzung unentgeltlich (was sich dann relativiert, wenn Mieten, Lohn, Nahrungsmittel und Bildungseinrichtungen ein Gesamtsystem bilden).[8]

Kindergarten für Kinder bis 4 Jahren in der Familistère (Pouponnat), Foto 1887

Der Abbildung kann man einige interessante Details entnehmen: So stehen zwar die Krippen der Kleinsten in Reih' und Glied und reflektieren bestimmte Ordnungsvorstellungen. Interessanter ist aber, dass die Gruppengrößen und das Verhältnis von Betreuern und Kindern moderat zu sein scheinen – um 1870! Auch gibt es keine räumliche Trennung zwischen den Gruppen – das überwindet die starre Systematik eines Fourier, dürfte in akustischer Hinsicht jedoch problematisch gewesen sein. Und es fehlt etwas, ohne das kein heutiger Kindergarten auskommt: Es gibt keinerlei von den Kindern gemalten oder gebastelten Schmuck – allerdings, außer der Zentraluhr – auch keinen anderen.

Kinder aufbewahren

Die Frage, die Godin so elegant und engagiert gelöst hatte, nämlich die, wie und wo die Kinder der Familien untergebracht werden konnten, deren Eltern arbeiten mussten, beschäftigte im Verlauf des 19. Jahrhunderts in zunehmendem Maße engagierte Privatpersonen, aber auch den Staat selbst. Mir selbst ist noch der Begriff der 'Kinderbewahranstalt' vertraut, der genau das aussagt: Es werden Kinder, die noch nicht zur Schule gehen, aufbewahrt wie in einem Leihhaus – und zwar in einer 'Anstalt', welcher Begriff von vornherein Strenge und Disziplin suggeriert.

Das Problem war klar: War für die Landbevölkerung noch eine gewisse Einheit von Wohnort und Arbeitsort gegeben, eine familiäre Kontinuität, in der jeder, vom Kind bis zu den Alten, seine Aufgabe hatte, aber alle eine, wenn auch weitläufige räumliche Einheit bildeten, so war die Lage in den schnell wachsenden Industriestädten völlig anders: Dort ging das Proletariat – und nur dieses betraf das, weil die anderen Schichten das Problem entweder durch die Mutter im Hause oder durch eigens angestelltes Personal lösten – zum Arbeiten in die Fabrik und war damit zehn, zwölf Stunden aus dem Haus. Was machte man während dieser Zeit mit den kleinen Kindern, besonders dann, wenn es keine älteren gab, die zum Aufpassen verpflichtet werden konnten? Das war die Aufgabe; aber bei allen Ansätzen, die im folgenden diskutiert werden, muss man sich klar machen, dass es eine auch nur einigermaßen flächendeckende und damit den eigentlichen Bedarf deckende Lösung nicht gab; erst um 1840 herum gab es in den meisten größeren Industriestädten in Deutschland Kleinkinderbewahranstalten, die aber zahlenmäßig auch nur einen kleinen Teil des Bedarfs abdeckten.

Diskutiert wurde das Problem allerdings spätestens, seit Johann Heinrich Pestalozzi (1746-1827) in der Schweiz gerade für diese Klientel, die Armen, seine „Erziehungsanstalt für arme Kinder" eingerichtet hatte, die aber schon 1780 schließen musste – aus

Heinrich Pestalozzi begrüßt 'seine' Waisenkinder

Mangel an finanzieller Unterstützung. Pestalozzis Bedeutung liegt sicher in seinen Schriften – er wurde sogar zum Ehrenbürger der neuen Republik in Frankreich ernannt. Aber auch in seiner praktischen Umsetzung an dem von ihm eingerichteten 'Neuhof' kam die soziale Komponente zum Ausdruck und eine insofern pragmatische Einstellung, als er eben nicht von einem neuen Gesellschaftsmodell ausging, das nur durch die gemeinsame Erziehung der Kinder erreicht werden könnte; die Kinder sollten im Gegenteil in der Familie aufwachsen, an die sich einige seiner Schriften direkt wendeten.[9] Pestalozzi war von der Bildbarkeit jedes Kindes – ganz in der Folge Rousseaus – überzeugt, wobei die Erziehung selbst durchaus auf strenge Ordnungsvorstellungen bedacht war. Trotz des eigenen praktischen Misserfolges propagierte er unermüdlich Einrichtungen, „wohin arme Mütter, die die Notdurft des Lebens von der Seite ihrer Kinder wegreißt, [...] ihre noch nicht schulfähigen Kinder bringen und wo sie sie den Tag über besorgen lassen könnten. [...] eine solche Not- und Hilfskinderstube für die armen Leute" würde „[...] kaum den zehnten Teil soviel kosten, als ein mit einigen Pferdezügen wohlbestellter herrschaftlicher Stall und kaum soviel, als eine gut besetzte Jagdmeute selber einen halbarmen Edelmann kostet."[10]

Die städtischen oder staatlichen Institutionen dagegen waren zunächst ausschließlich auf die Perpetuierung der sich formenden bürgerlichen Klassengesellschaft des 19. Jahrhunderts ausgerichtet: Bewahranstalten für die Kinder der Arbeiter, keine Vorschulen, in denen etwas gelernt werden konnte. So heißt es in bayrischen Richtlinien von 1839 dazu: „Der Ertheilung eines eigentlichen Unterrichtes haben sich die Pfleger und Aufseher dieser Anstalten gänzlich und strenge zu enthalten. Die Kinder sollen weder lesen noch schreiben lernen, weder mit Rechnen, noch mit sonst einem für die Schule gehörigen Lehrgegenstande anhaltend beschäftigt werden"[11] – das Risiko, dass Bildung zum Aufruhr gegen die sozialen Bedingungen führen könnte, war zu groß.

In den bürgerlichen Kreisen dagegen gab es mit den 'Klippschulen' sogar einen gezielten vorschulischen Unterricht, und in Kreisen des Adels wurde diese Aufgabe vom 'Hofmeister', dem Hauslehrer, übernommen. Ob dieser Unterricht allerdings besser als die folgende Schule war oder gar den kleinen Kindern angemessen, mag füglich bezweifelt werden; Friedrich Hebbel schrieb über seine Klippschule um 1820: „Eine alte Jungfer, Susanna mit Namen, [...] stand ihr vor. Wir Kinder wurden in dem geräumigen Saal, der zur Schulstube diente und ziemlich finster war, an den Wänden herumgepflanzt, die Knaben an der einen Seite, die Mädchen auf der andern. Susannas Tisch, mit Schulbüchern beladen, stand in der Mitte, und sie selbst saß, ihre weiße tönerne Pfeife im

9 Das bekannteste Buch ist wohl: Lienhardt und Gertrud. 1781

10 Johann Heinrich Pestalozzi, zitiert nach: Edith Barow-Bernstorff a.a.O., S. 114

11 Zitiert nach: Jürgen Schäfer: Geschichte der Vorschulerziehung. Frankfurt a. M., u. a. 1987, S. 57

Munde und eine Tasse Tee vor sich, in einem respekteinflößenden, urväterlichen Lehnstuhl dahinter. Vor ihr lag ein langes Lineal, das aber nicht zum Linienziehen, sondern zu unserer Abstrafung benutzt wurde, wenn wir mit Stirnerunzeln und Räuspern nicht länger im Zaum zu halten waren; eine Tüte voll Rosinen, zur Belohnung außerordentlicher Tugenden bestimmt, lag daneben [...]; wir lernten daher Kants kategorischen Imperativ zeitig genug kennen. An den Tisch wurde groß und klein von Zeit zu Zeit herangerufen, die vorgerückteren Schüler zum Schreibunterricht, der Troß, um seine Lektion aufzusagen und, wie es nun kam, Schläge auf die Finger mit dem Lineal oder Rosinen in Empfang zu nehmen."[12]

Diese Auseinandersetzung, die zwischen dem direkten Verbot geführt wurde, den Kindern etwas beizubringen außer Ordnung und Pünktlichkeit, und einer vorschulischen Erziehung mit einem dezidierten Bildungsprogramm (zu einer Zeit, wohlgemerkt, in der die schulische Erziehung selbst durchaus noch sehr im Argen lag!), prägte die verschiedenen Ansätze – von den 'Strickschulen' des Pfarrers Johann Friedrich Oberlin (1740-1826) noch im 18. Jahrhundert bis zu den Kinderbewahranstalten im 19. Jahrhundert. Oberlin hatte sogar den finanziellen Nutzen im Sinn – nicht für sich –, wenn er seine Strickschulen begründete: „Denn 1. laufen die Kinder herum, bis sie groß genug sind, den Eltern zu helfen. Ob sie schon keine Bosheit ausüben, so lernen sie doch den Müßiggang und viele Unart. [...] Durch diese Anstalt aber [...] haben wir folgende Vorteile zu hoffen: 1. kommen die Kinder von den Straßen; 2. werden sie nach und nach zur Arbeit gewöhnt; 3. kommen sie unter eine gute Aufsicht; 4. lernen sie dadurch Französisch, welches ein gar wichtiger Punkt ist; 5. werden sie fleißiger zur Schule zu gehen gemacht; denn je mehr ein Kind herumlaufen darf, je weniger ist es zum Lernen zu bringen; 6. verdienen die Kinder dadurch, wo nicht viel, doch wenig. Ein treuer Haushalter aber verachtet nichts; 7. sollte das Stricken in Aufnahme kommen, so würde manches Geld im Lande bleiben und manche verlorene Zeit nützlich angewendet werden."[13]

Aber es ist noch einmal zu wiederholen: Bis zum Ende des 19. Jahrhunderts blieben die staatlichen oder privaten Bestrebungen auch nur des Aufbewahrens der Kinder zahlenmäßig gering und örtlich begrenzt. Die tatsächlichen Probleme des Aufwachsens der Kinder wurden auch nicht ansatzweise gelöst; Kindersterblichkeit und Kinderkrankheiten waren in den neuen, dicht bebauten Quartieren der schnell wachsenden Städte die Regel (die Kindersterblichkeit war in den früheren Zeiten ebenfalls hoch; aber im 19. Jahrhundert gab es dezidiert mit der Großstadt und den sozialen Verhältnissen zusam-

12 Friedrich Hebbel 1855, in der Klippschule, aus: Martin Gregor-Dellin (Hg.): Deutsche Schulzeit. München, 1979, S. 109

13 Johann Friedrich Oberlin; zitiert nach: J. Gehring: Die evangelische Kinderpflege. Langensalza, 1929, S. 22

Kleinkinderbewahranstalt um 1840, geleitet von Diakonissen, deren Ausbildung für soziale Arbeit in den Gemeinden von dem evangelischen Pfarrer Theodor Fliedner initiiert worden war

menhängende Krankheiten). Häufig wurden selbst kleine Kinder einfach aus der Not der Eltern heraus, arbeiten zu müssen, zu Hause unbeaufsichtigt gelassen; berüchtigt wurde der kleine Schnuller, dessen Stoffummantelung in Schnaps getränkt wurde.

Nur so kann man – einhundert Jahre nach den Strickschulen Pfarrer Oberlins – verstehen, was noch 1875 von Bertha von Marenholtz-Bülow festgestellt wurde, die die Arbeit von so genannten 'Volkskindergärten' untersuchte (wobei das Wort 'Volk' ein Synonym für die Arbeiterklasse war): „Die Hände und Finger dieser, ohne alle Pflege und Erziehung aufgewachsenen Kinder sind meist so steif und ungelenk, dass sie oft mehr als der dreifachen Zeit wie die anderen Kinder bedürfen, um die ersten Anfänge der Kindergartenbeschäftigungen auszuführen. Einige dieser kleinen Wilden, welche ich darin unterwies, waren blödsinnig. Den Ball, den man ihnen in die Hand gab, hielten sie nicht einmal fest; wochenlang zerrissen sie stets die Streifen Papier, die zum Flechten dienen sollten, und die sämtlichen Gegenstände, die man ihnen gab, wurden in den Mund gesteckt. Dabei waren sie anfangs kaum aus einem halbschlafenden Zustande zu erwecken, der es unmöglich machte, ihre Aufmerksamkeit länger als wenige Minuten zu fesseln. Im Freien, bei den Bewegungsspielen, setzten sie sich meist zur Erde und wollten dann nicht wieder aufstehen, verfielen auch oft nach kurzer Beschäftigung wirklich in Schlaf. [...] Eingezogene Erkundigungen erklärten diesen unnatürlichen Zustand

Es gab auch Mitte des 19. Jahrhunderts schon 'Betriebskindergärten', wie hier die Kinderpflegeanstalt der mechanischen Weberei in Linden/ Hannover (1874)

dadurch, dass die Kinder von den Müttern für die Tageszeit eingeschlossen waren, während diese zur Arbeit gingen. Wohl mit einigen Nahrungsmitteln versehen, aber ohne Mittel zur Beschäftigung gelassen, hatten sie fast immer geschlafen."[14]

Die 'Volks'kindergärten sollten zum einen etwas Besseres sein als die Bewahranstalten; sie richteten sich vorwiegend an das Proletariat. Sie bedienten sich nun des Begriffs des 'Kindergartens', der einen ganz anderen Ansatz als den des Bewahrens verfolgte.

14 Bertha von Marenholtz-Bülow 1875, zitiert nach: Wilma Grossmann: Kindergarten; Eine historisch-systematische Einführung in seine Entwicklung und Pädagogik. Weinheim /Basel, 1987, S. 31

Fröbel und die Erfindung des Kindergartens

„Der Kindergarten [...] fordert also notwendig einen Garten und in diesem notwendig Gärten für die Kinder. Dieser Garten der Kinder hat aber außer dem allgemeinen Zwecke das Verhältnis des Besonderen zum Allgemeinen, des Gliedes zum Ganzen, gleichsam des Kindes zur Familie, des Bürgers zur Gemeinde darzustellen, im Wesentli-

Frühe Fotos dokumentieren am besten die Wohnsituation und die Not der Kinder in den Wohnquartieren der Arbeiter: Hier spielen die Kinder 'Schule' in einem alten Wohnviertel Hamburgs

chen nicht bloß entwickelnd, erziehend und belehrend über Verhältnisse, sondern auch über Dinge, und hier namentlich über Gewächse und Pflanzen, zu sein."[15] So beschreibt Friedrich Fröbel (1782-1852) die Gärten seiner Kindergruppen für Drei- bis Sechsjährige und begründet den Begriff, der bis heute für viele der institutionalisierten Einrichtungen für Kinder dieses Alters steht: der Kindergarten. Fröbel hat diesen Begriff gefunden, der dann international bekannt wurde und selbst in den Sprachgebrauch der angelsächsischen Länder eingegangen ist.

Der Kinder-Garten hat allerdings noch einen übertragenen Sinn, der vielleicht nicht von Fröbel gemeint, aber von ihm gebilligt worden wäre: Nämlich das 'Pflanzen' von Kindern als kleine Schösslinge, ihre Pflege und Hege durch einen verständigen Gärtner, damit aus ihnen schöne, gerade, gut gewachsene Bäume werden – eine Art Baumschule für Kinder. Fröbel steht in der idealistischen Tradition der Aufklärung, der Tradition Rousseaus, die davon ausgeht, dass das Kind von Natur aus 'gut' ist. Die Erziehungsprinzipien, die er entwickelte und theoretisch begründete, zielen auf die Harmonie zwischen „Individuum, Gott, der Natur und der Gesellschaft".[16] Der Weg zu dieser Harmonie wird nach Fröbel über das sinnvoll gesteuerte kindliche Spiel erreicht; seine Kinder-

15 Friedrich Fröbel: Die Gärten der Kinder im Kindergarten. Zitiert nach: Wilma Grossmann, a.a.O., S. 28

16 Wilma Grossmann, a.a.O., S. 23

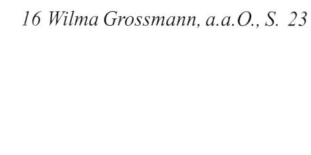

Der Garten im ersten deutschen Kindergarten, der von Fröbel gegründet wurde

Erziehung zu was? – Geschichtliches und Gegenwärtiges zum Kindergarten

Spiele im Kreis – nicht nur in Fröbels Kindergärten, aber von ihm gefördert – waren immer beliebt (1874)

17 Friedrich Fröbel 1844, zitiert nach: Wilma Grossmann, a.a.O., S. 25

18 A. M. Vogt: Le Corbusier, der edle Wilde; Zur Archäologie der Moderne. Braunschweig/ Wiesbaden, 1996

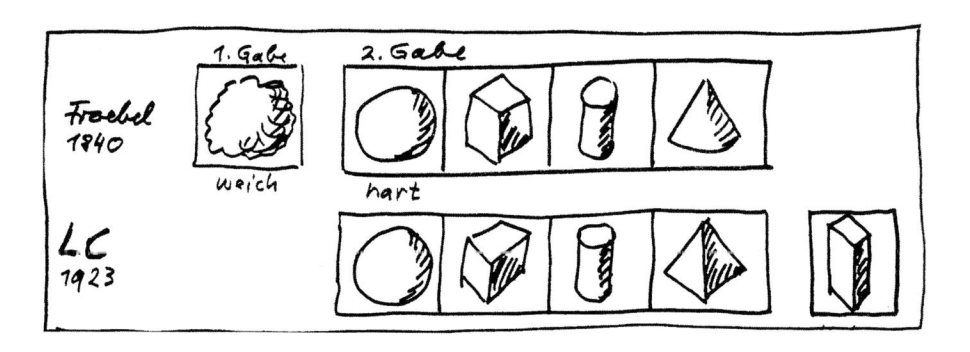

Fröbels 'Gaben' und eine Zeichnung von Le Corbusier im Vergleich, von A. M. Volgt nachgezeichnet

gärten sind also dezidiert keine Vorschulen, in denen Wissen erlangt wird, sondern Spielorte, in denen nach einem vorgegebenen System mit Hilfe von „Gaben" die Entwicklung des Kindes gefördert wird. So bekommen die ursprüngliche Beziehung zwischen Mutter und Kind und das spätere Spielzeug als „Gaben" im Kindergarten einen durchaus pädagogisch intendierten Sinn:

„In jedem, was die Mutter thut,
Ein hoher Sinn stets wirkend ruht;
Selbst wenn sie ‚Bautz–fall–nieder' spielet,
Ihr Sinn ein höh'res Ziel erzielet.
So stets in allem was sie schafft:
Nur stärken will sie Geist und Kraft,
dass wenn ihr Kindchen einst auch gleite,
Es sorgsam auch das Fallen meide"[17]

„Hoppe, Hoppe, Reiter" als pädagogische Einrichtung

Die „Gaben" nun sind der Teil der Fröbelschen Pädagogik, der für die Architekten der interessanteste ist – zum einen deswegen, weil sie die Unmittelbarkeit und reinen geometrischen Formen der Bauklötze des Kinderspiels haben, mit denen wir alle aufgewachsen, wenn auch, zum Glück, nicht alle Architekten geworden sind. Zum anderen aber, weil mindestens zwei der großen Architekten des 20. Jahrhunderts, Frank Lloyd Wright und Le Corbusier, mit der Fröbelschen Pädagogik aufgewachsen sind und sich ausdrücklich darauf beziehen.

Der Schweizer Bauhistoriker Adolf Max Vogt hat diesen und andere Einflüsse bei Le Corbusier untersucht und kommt in einem brillanten gedanklichen Bogen zu dem Schluss, die Villa Savoye sei so etwas wie die „Urhütte" der Moderne.[18] Er, Le Corbusier, erkenne die Geometrie der reinen Körper durch seine Erziehung im Fröbel-Kindergarten als Ur-Formen; er kenne das Wohnen über dem Wasser in Pfahlbauten als Lebensraum des „edlen Wilden"; und er wisse durch die Lektüre Rousseaus, dass der Mensch wieder zum Ursprung, zur Unschuld zurückkehren muss – und hat nun alle Mittel in der Hand, dieses zu verwirklichen: in seiner Architektur. Der Beleg: Le Corbusier bildet die „Gaben" im ersten Band seines 'Oeuvre Complête' ab.

Für unsere Untersuchung von Vor- und Frühformen des heutigen Kindergartens und deren pädagogische Intentionen ist die Vogtsche Untersuchung marginal. Aber sie zeigt an einem Beispiel, wie groß der Einfluss Fröbels war und ist. Dabei darf man nicht verkennen, dass die tatsächliche Wirkung der seit 1837 eingerichteten Kindergärten sich auf die Familien beschränkte, die dafür zahlen konnten und nicht darauf angewiesen waren, ihre Kinder den ganzen Tag versorgen zu lassen. Die Kindergärten waren also für die Arbeiterfamilien kaum geeignet.

Andererseits liegt die Bedeutung der Fröbelschen Pädagogik darin, einen ganzheitlichen, vom Kind ausgehenden Ansatz zu finden, der das Spiel als zentrales Element anerkennt. Die Kinder sollten von eigens ausgebildeten Kindergärtnerinnen betreut werden, was ein wichtiger Schritt hin zur Professionalisierung der Kinderbetreuung war. So kommt selbst das Lexikon aus dem Jahr 1896 zu einem positiven Ergebnis – trotz allem: „In der Ausführung seiner Pläne findet sich bei Fröbel manches Seltsame und Schiefe. Dennoch hat das Unternehmen einen gesunden Kern und verdient nicht die Feindseligkeit der Regierungen noch die Abneigung der Lehrer und Erzieher, der es vielfach begegnete"[19] – zwischen 1851 und 1860 hatte die preußische Regierung die Kindergärten sogar aus politischen Gründen verboten...

Die Zahl der Kindergärten nahm nach der Wiederzulassung schnell zu. Der Staat – auch das 1871 geeinte Deutsche Reich – betrachtete sie als sinnvolle Einrichtungen, ohne sie in ein staatliches Schulsystem einzubauen; Träger waren in der Regel private Vereine und konfessionelle Einrichtungen.

19 *Meyers Konversations-Lexikon, 10. Bd., Leipzig und Wien, 1896*

Staatszucht und Reform, und wieder Staatszucht

Das allgemeine Schulsystem war um 1900 konsolidiert insofern, als eine achtjährige Schulpflicht für alle durchgesetzt war. Das System selbst allerdings reflektierte die gesellschaftliche Schichtung und war stark vom Einkommen der Eltern abhängig; Schulgeldfreiheit gab es nur in der Volksschule. Die gleiche Anschauung darüber, wozu die Schule diene, galt auch im Hinblick auf die Vorschulen: „In erster Linie wird die Schule durch Pflege der Gottesfurcht und der Liebe zum Vaterlande die Grundlage für eine gesunde Auffassung auch der staatlichen und gesellschaftlichen Verhältnisse zu legen haben. [...] Sie muß bestrebt sein, schon der Jugend die Ueberzeugung zu verschaffen, dass die Lehren der Sozialdemokratie nicht nur den göttlichen Geboten und der christlichen Sittenlehre widersprechen, sondern in Wirklichkeit unausführbar und in ihren Konsequenzen dem Einzelnen und dem Ganzen gleich verderblich sind"[20] hatte Kaiser Wilhelm II. per Dekret verordnet.

Auf der anderen Seite – Folge der immer stärker wirkenden gesellschaftlichen Gegensätze – gab es eine Reformbewegung, die auch die Kindergärten erfasste. Deren tatsächliche Erfolge waren bei Schule wie Kindergarten im Kaiserreich nicht groß; aber die Folgen in der Weimarer Republik und bis heute waren beträchtlich. Im übrigen liefen sie anderen lebensreformerischen, teils schwärmerischen Tendenzen in der Gesellschaft parallel; Jugendbewegung, Wandervogel, Frauenbewegung – alle diese unterschiedlichen, auch ideologisch keineswegs einheitlichen Bestrebungen zielten auf eine stärkere Loslösung aus zunehmend als beengend empfundenen Zwängen, auf Emanzipation. Der Spagat zwischen Modernität und wilhelminischer Klassengesellschaft wurde zu groß – in der Architektur war er emblematisch ablesbar zwischen der unglaublich modernen Jahrhunderthalle in Breslau von Max Berg und dem monumental-gestrigen Völkerschlachtdenkmal von Bruno Schmitz in Leipzig – beide feierten den gleichen historischen Anlass!

Für die Kinder brachte die schwedische Lehrerin Ellen Key die Hoffnungen exakt im Jahr 1900 auf den Begriff, in dem sie ihr Buch „Das Jahrhundert des Kindes" veröffentlichte. Die Ideen darin, das Konzept einer „Erziehung vom Kinde her" waren zwar nicht eigentlich neu. Aber sie stießen gerade in Deutschland auf eine Situation, in der sich zunehmend das Gegenteil durchgesetzt hatte, vor allem in der Schule, die der staatlichen Kontrolle unterlag. Dort wurde die andauernde Auseinandersetzung zwischen der Individualität der Kinder und einem kanonischen Wissen einseitig zugunsten des formalen

20 *Zitiert nach: B. Michael/ H.-H. Schepp (Hg.): Politik und Schule von der Französischen Revolution bis zur Gegenwart, Bd. 1. Frankfurt am Main, 1973, S. 409*

Wie eine kleine Erwachsene ist das kleine Mädchen gekleidet, das mit seiner Kinderfrau geht; der Junge läuft barfuß – allerdings sieht er auch frecher aus (um 1910)

Kanons gelöst (man lese die Beschreibung Thomas Manns über den Schulbesuch des kleinen Hanno Buddenbrook noch einmal nach, um zu ermessen, wie sehr jede Abweichung von einer künstlichen Norm zur Quälerei wurde!). Die Fröbelschen Ideen, die von Key abgelehnt wurden, waren dem gegenüber keineswegs auf Wissensnormen ausgerichtet, aber wenn man noch einmal des Bild des Gartens bemüht: Die Stecklinge standen bei ihm doch wohl in einer Reihe und wurden nach gleichen Prinzipien behandelt. Das war, keine Frage, wesentlich besser als das, was in der allgemein bildenden Schule geschah, wurde von Key dennoch erbittert bekämpft; ihre Vorstellungen von der Individualität der Kinder und deren Förderung gingen weit darüber hinaus.

Die tatsächlichen Veränderungen in der vorschulischen Erziehung vor dem Ersten Weltkrieg waren dennoch gering; im Gegenteil wurde die nationalistische Komponente besonders in den staatlichen Anstalten betont – besonders nach Kriegsbeginn 1914. Die Weimarer Republik schien – auch hier parallel zum allgemein bildenden Schulsystem – die große Wende zu bringen. Die Einführung einer vierjährigen Grundschule für alle Kinder war ein erster Ansatz, die gesellschaftlichen Schichten durchlässig zu machen; sie waren ein Stück sozialdemokratischer Gesellschaftspolitik. Konsequent forderte die Sozialdemokratie, auch eine Kindergartenpflicht und deren Einbindung in das Schulsystem für alle einzuführen. Das scheiterte nicht zuletzt an den wirtschaftlichen Gegebenheiten, denn dann hätte der Staat auch deren Finanzierung vollständig übernehmen müssen.

Die kirchlichen und freien Wohlfahrtsverbände, die die Träger der vorschulischen Einrichtungen waren, konnten hingegen privates Kapital und ehrenamtliche Arbeit erbringen, wie es dem Staat nicht möglich gewesen wäre. In einer Reichsschulkonferenz im Jahr 1920, deren Ergebnisse zwei Jahre später in das Jugendwohlfahrtsgesetz eingingen und an der alle wichtigen Beteiligten teilnahmen (von den fünfzehn Ausschussmitgliedern, die sich mit der vorschulischen Erziehung befassten, waren allerdings allein acht aus den Kirchen), wurde als Ergebnis festgehalten:

„1. Recht und Pflicht der Erziehung der Kinder im vorschulischen Alter liegen grundsätzlich bei der Familie.

2. Der Kindergarten hat seinem Wesen und seiner Bestimmung nach eine wertvolle Ergänzung der Familienerziehung zu leisten.

3. Für Eltern, die ihre Kinder in den Kindergarten schicken wollen, muß die Möglichkeit dazu geboten werden.

4. Soweit die freie Wohlfahrtspflege dem Bedürfnis nach Kindergärten nicht ausreichend zu entsprechen vermag, haben Staat und Gemeinde Kindergärten einzurichten.

5. Leiterin und Erzieherinnen müssen entsprechend ausgebildet sein.

6. Die Einrichtungen der freien Wohlfahrtspflege sind den öffentlichen grundsätzlich gleichzuachten.

7. Die Überwachung übt der Staat aus. Erfahrene Jugendleiterinnen sind hinzuzuziehen.

8. Wenn die sittliche, geistige und körperliche Entwicklung eines Kindes gefährdet ist, muß der Besuch eines Kindergartens verbindlich gemacht werden.

9. Kinder, die zwar schulpflichtig, aber nicht schulfähig sind, sollen einer Vorklasse nach Möglichkeit zugeführt werden. Die Vorklasse ist Teil der Volksschule."[21]

21 Empfehlungen der Reichsschulkonferenz 1920, zitiert nach: Wilma Grossmann, a.a.O., S. 38 f

Im Ergebnis war damit der Gedanke einer staatlichen Erziehung zu gesellschaftlicher Gleichheit erledigt, wie er von der SPD getragen wurde; der Staat konnte nur noch eingreifen, wenn die Verbände keine eigenen Einrichtungen vorhielten – er wurde somit zur Reparaturwerkstatt eines nicht programmatisch koordinierten Systems, das er nicht entwickelt, und auf das er wenig Einfluss hatte. Das soll nicht bedeuten, dass die Arbeit der Wohlfahrtsverbände in den Kindergärten und -krippen nicht gut gewesen wäre; aber das

Reichsjugendwohlfahrtsgesetz von 1922 setzte keinen pädagogischen Ansatz, sondern betonte den traditionellen der Bewahrung der Kinder.

Jenseits des staatlich-offiziellen Schulsystems der Weimarer Republik konnten sich auf vielen Feldern die vor dem Krieg bereits entwickelten Vorstellungen der 'Reformpädagogik' entfalten. 1919 wurde in Stuttgart die erste Waldorfschule von Rudolf Steiner (1861-1925) gegründet – für die Beschäftigten einer Zigarettenfabrik. Das bereits vor dem Krieg existierende Landschulheim Salem wurde von Kurt Hahn zur vollständigen Schule ausgebaut, mit großem Einfluss auf andere Gründungen. Lebensgemeinschaftsschulen, aber auch Abiturientenkurse für Arbeiter in den großen Städten gab es. Die Landschulheimbewegung wurde gestärkt; die Reformpädagogik war ein Thema, das diskutiert wurde. Auch die großen psychoanalytischen Erkenntnisse über die Bedeutung der Kindheit wurden während dieser Jahre gewonnen.

In die Zeit der 1920er Jahre fiel auch die Entwicklung von zwei der heute vermutlich einflussreichsten vorschulischen Konzepte der Kindererziehung außerhalb der Familie (und des Staates): das der Anthroposophen und das der italienischen Kinderärztin und Pädagogin Maria Montessori (1859-1933). Beide waren deutlich sozial geprägt – Fabrikarbeiter in Stuttgart und ein Armenviertel in Rom waren die ersten Nutznießer. Das erste Montessori-Kinderhaus in Deutschland wurde 1919 in Berlin eingerichtet. Ihr Ziel war die Erziehung der Kinder zu größtmöglicher Selbstständigkeit und Selbstverantwortung. Das Spielzeug, das sie entwickelte, wird heute auch in vielen Kindergärten verwendet, die nicht dezidiert nach ihrer Methode arbeiten.

Im Unterschied zu Steiner waren bei den Montessori-Kindergärten keine architektonischen Ausdrucksformen mit der Pädagogik verbunden. Der abgebildete Kindergarten in Hamburg-Altona zeigt die gleiche strenge Architektur, die auch in den Schulbauten jener Jahre in Hamburg gebaut wurde – eine qualitätvolle Architektur, aber nichts, was eine besondere, andere Pädagogik ausdrückte oder gar nach heutigen Vorstellungen 'kindgerecht' wäre.

Beide, die Kindergärten Steiners und die Montessoris, wurden 1934 verboten – den Nationalsozialisten war alles suspekt, was sich nicht unter die Doktrin des Führerkultes beugte. Dennoch ging die Gleichschaltung der Jugend- und Wohlfahrtsverbände in der

Ein Montessori-Kinderhaus, als Teil einer Wohnsiedlung der 1920er Jahre (Altona 1929). Auch innen verrät außer den kleinen Möbeln nichts, dass es sich um einen Kindergarten handelt – und gar einen Montessori- Kindergarten!

Erziehung zu was? – Geschichtliches und Gegenwärtiges zum Kindergarten

Nationalsozialistischen Volkswohlfahrt (NSV), die in den folgenden Jahren die Kindergärten übernahm, relativ langsam voran – nicht nur wegen der unübersichtlichen Struktur des Kindergartenwesens, sondern vielleicht auch deshalb, weil man den Einfluss dort als begrenzt ansah (schon wegen der immer noch relativ geringen Zahl von Kindergärten überhaupt).

Jetzt stand nicht mehr eine Perspektive 'vom Kinde' aus zur Diskussion, sondern eine – auch schon im Kindergarten – paramilitärische Organisation, die Ordnung und Gehorsam forderte. Nicht die Entfaltung der kindlichen Emotionalität oder seines Intellektes, sondern die 'Heranzüchtung kerngesunder Körper' stand im Vordergrund; die verschiedenen, aufeinander aufbauenden Jugendorganisationen sollten sie fördern. Dabei darf man nicht unterschätzen, dass diese für Kinder, die dort erzogen wurden, durchaus attraktiv war: Lagerfeuer, Führerprinzip, gemeinsame Kleidung und Identifikationsabzeichen sind durchaus verführerisch – wozu verführend, zeigt ein Bericht aus dem Jahr 1940: „Rasch hat die Tante mit ihnen [den Kindern] die Uniform gearbeitet. Dann gehts hinaus auf den ‚Kasernenhof' zum Exerzieren. In Rolf erkennt man jetzt schon die Führernatur. Er schreitet als Hauptmann die Front ab [...]. Jetzt spielen sie nicht mehr Soldaten, jetzt sind sie Soldaten. Im Zimmer bauen indessen einige Jungen mit ihrer Tante Artilleriestellung. Bausteine werden im Halbkreis zu einem Wall aufgeschichtet. [...] In der Stellung laden die Soldaten die einfach gestalteten Kanonen mit Papierkugeln. Ein Dorf unweit der Stellung wird beschossen. Einzelne Häuser sind bereits zusammengefallen. Auf einem anderen Tisch entsteht ein Flugzeugplatz. In großen Hallen warten einige Faltflugzeuge auf den Start. Soldaten kommen aus der Kaserne, um die Flugzeuge zum Feindflug startbereit zu machen. [...] Diese Beschäftigungen sind gut und schön, einmal weil sie wenig Material beanspruchen, und dann in der Hauptsache, weil sie dem Kinde das große Erleben, den Krieg an der Front und in der Heimat veranschaulichen."[22]

Plakatmontage 1937, in der die Vorzüge der Kindererziehung im Dritten Reich gepriesen werden

22 Zabel: Unsere Kinder erleben den Krieg (1940), zitiert nach: Wilma Grossmann, a.a.O., S. 66

Bundesrepublik und DDR

„So viel Anfang war nie" hieß eine viel zitierte Bestandsaufnahme über die Jahre 1945 bis 1949 – darin kamen Kindergärten nicht vor. Die Nation, zunächst vier-, dann drei-, dann zweigeteilt, hatte andere Sorgen. Der zentrale Unterschied zwischen Ost und West nach der Gründung beider deutscher Staaten war dennoch sofort auszumachen. In der Bundesrepublik wurde das System der Weimarer Republik mit der privaten Trägerschaft der Kindergärten durch die Kirchen und freien Wohlfahrtsverbände wiederhergestellt. In der DDR wurden die Kindergärten in ein allgemeines Schulsystem eingebunden.

Das hatte Folgen: Die konservative Regierung Adenauers hatte einen Familienminister, aber keinen 'Kindergarten-Minister'. Will sagen: Die Familie wurde als der originäre Ort der Erziehung gesehen, die Frauen wurden in ihr '3-K-Reich' aus Kindern, Küche, Kirche verbannt, zumindest wurden sie nicht gerade aufgefordert, sich daraus zu befreien. Die Folge war, dass bis in die 1960er Jahre hinein nur für etwa ein Drittel der Kinder Plätze in Kindergärten oder -krippen angeboten werden konnten – Zeichen dafür, dass es weniger um Bildung als ums Bewahren ging.

Erst die bildungspolitische Diskussion seit Mitte der 1960er Jahre – 1964 hatte Georg Picht das Wort von der drohenden 'Bildungskatastrophe'" geprägt, wenige Jahre später folgte der politische Wechsel zur sozialliberalen Regierung – änderte das: „Die pädagogische Praxis des heutigen Kindergartens entspricht der Theorie des selbsttätig reifenden Kindes. Man wartet darauf, was das Kind in seiner Entwicklung selbsttätig hervorbringt, um dann das herangereifte Vermögen zu stärken und zu fördern. Die an diesen pädagogischen Leitgedanken orientierten Spiele und Tätigkeiten der heutigen Kinder-

Die Einheit von Politik und Sozialpolitik (nach dem 8. Parteitag der SED programmatisch hervorgehoben) war allgegenwärtig

gärten bedeuten durchaus eine Bereicherung der Lebenswelt der Kinder. Der pädagogische Erfolg bleibt jedoch meist hinter dem zurück, was von einer modernen Kleinkindpädagogik im Kindergarten erwartet wird und nach neueren Forschungen auch erwartet werden darf" hieß es im Deutschen Bildungsrat 1970[23] – eine wohlwollende Formulierung.

Anders in der DDR: Von Westdeutschland argwöhnisch beäugt als 'ideologische Vereinnahmung der Kinder' (die es auch war – wie jede staatliche Kindergartenpädagogik), wurde dort in den Betrieben und den neuen Städten ein flächendeckendes System von ganztägig geöffneten Kindergärten aufgebaut, das heute von vielen sehnsüchtig zurückgewünscht wird, zumindest was den Betreuungsaufwand betrifft. Es war in das Bildungssystem voll integriert und unterstand wie die Schule dem Ministerium für Volksbildung. Die Ideologie, die Erziehung zur „sozialistischen Moral", war immer präsent; auf der anderen Seite stand die Aufgabe, die Kinder zur Schulreife hinzuführen – der Kindergarten war Vorschule geworden: „Es war die Aufgabe des Kindergartens,'alle Kinder fürsorglich zu betreuen, sozialistisch zu erziehen und gut auf die Schule vorzubereiten'."[24]

Das Kindergarten-Sorglos-Paket einer Betreuung außerhalb der Familie endete für die DDR mit der Wende; vor allem die Betriebskindergärten wurden abgewickelt, aber auch viele andere, zumal die demographische Entwicklung neue Schwerpunkte setzte.

In der Bundesrepublik hatte es bereits Jahre vorher eine veritable Revolution der Kindererziehung gegeben, die unter dem Schlagwort der 'antiautoritären Erziehung' lief. Sie führte auch zu neuen Bauformen des Kindergartens (wenn auch meist keine Neu-Bauformen): dem Kinderladen. Was klingt wie eine Stärkung des Einzelhandels, war ein Ergebnis des Protestes der bundesdeutschen Studenten gegen Notstandsgesetze, Vietnamkrieg und jede Form von Autorität – „Unter den Talaren/ Muff von tausend Jahren" – das ließ sich auf jede Form staatlicher Uniformierung ausdehnen. Ein praktisches Problem kam hinzu: Die Studentinnen, die von den studentischen Meinungsführern keineswegs als besonders gleichberechtigt akzeptiert waren, sahen sich bei aller vermeintlichen Emanzipation auf ihre traditionelle Rolle als Mütter zurückgesetzt und ergriffen die Initiative – eine vollständig privat organisierte. Sie sollte wie andere alternative Lebensformen – die Kommunen, die 'Kritischen Universitäten' – der eigenen wie der Befreiung der Kinder aus erstarrten Institutionen und gesellschaftlichen Zwängen dienen.

Die 'antiautoritären Kinderläden', deren erster 1968 in Berlin gegründet wurde, hatten ihren Namen daher, weil sie leer stehende kleine 'Tante-Emma-Läden' mieteten und dort die Kindergruppen einrichteten. Entsprechend ihrem Credo, gegen die etablierten Institutionen zu arbeiten, wurde dort – von der Einrichtung bis zu den pädagogischen Prinzipien – alles selbst organisiert, nachdem es in langen Diskussionen entwickelt worden war. So hieß es in den Richtlinien eines Berliner Kinderladens:

„1. Zur Mitarbeit im Kinderladen verpflichten sich beide Eltern, insbesondere betreut ein Elternteil oder eine Bezugsperson einmal in der Woche die Kinder mit.
[...]
3. Zur Mitarbeit gehört auch die Teilnahme an der wöchentlichen Arbeitsbesprechung.
[...]
Die Aufnahme eines Kindes in die Kinderladengruppe setzt voraus:
1. Die Eltern des Kindes müssen zunächst an vier Arbeitsbesprechungen teilgenommen haben.
2. Die Eltern zahlen für die von den anderen Eltern geleistete Vorarbeit eine Aufnahmegebühr in Höhe eines Monatsbeitrages.
3. Sie akzeptieren die theoretische Arbeitsgrundlage der Gruppe und nehmen an der theoretischen Schulung der Gruppe teil. [...][25]

23 Zitiert nach: Wilma Grossmann a.a.O., S. 87

Typenbau zwischen Plattenbauten: Kindertagesstätte 'Bummi' in Halle-Neustadt 1966. Die Lage der Kindergärten im Betrieb oder der Siedlung war ideal – die Mutter, die die Kinder betreute und arbeitete, war dennoch gestresst

24 Wilma Grossmann, a.a.O., S. 250, mit Bezug auf eine „inhaltliche Orientierung des Ministeriums aus dem Jahr 1985"

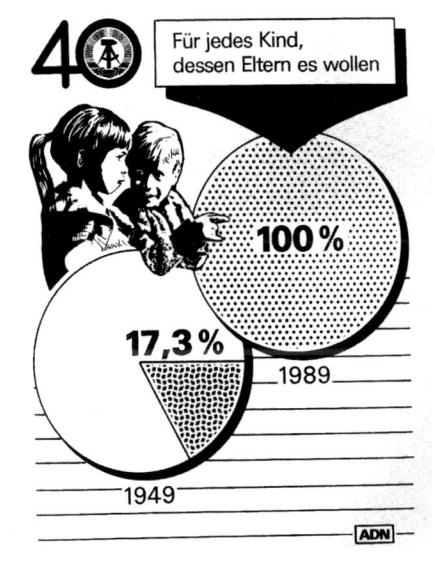

Für jedes Kind ein Kindergartenplatz im Jahre 1989!

25 Satzung eines Kinderladens in Berlin, zitiert nach: Wilma Grossmann, a.a.O., S. 92

Kinderladen in Berlin 1981

Die Geschichten aus den Kinderläden sind so zahlreich wie die Läden selbst; je nach der Zusammensetzung der Eltern wurden eigene Schwerpunkte gesetzt. Das einzige, was es praktisch nicht gab, war die Öffnung der Kinderläden für das ersehnte Proletariat – das hatte andere Sorgen, zum Diskutieren keine Zeit und lehnte die langhaarigen Studenten ohnehin ab.

Die 'Befreiung' der Kinder ist im Ergebnis sicherlich ambivalent zu bewerten. Aber auf der positiven Seite steht, dass der Einfluss der freien Gruppen auf die traditionellen Kindergärten erheblich war – jeder Kindergarten musste sich mit den Ideen der anderen auseinandersetzen und Folgerungen ziehen.

Kindgerechte Architektur?

Bleibt noch ein Punkt, der zwar auch in einem anderen Beitrag behandelt wird, ohne dessen Erwähnung dieser Überblick aber unvollständig wäre – er wurde oben bereits als offene Frage behandelt: Die Frage nämlich nach den baulichen Konsequenzen.

Historisch – das wurde schon deutlich – gab es bis in die zweite Hälfte des 20. Jahrhunderts keine eigenständige Kindergarten-Architektur, verstanden als ein Bautypus, der für diesen Zweck eigens geplant und in einer eigenständigen Architektursprache verwirklicht würde. Es gab, auch aus den Abbildungen zu sehen, zwar in Einzelfällen eigene Bauten für die Kinder, aber Anforderungen an die Architektur wurden weder theoretisch behandelt, noch hat sich ein bestimmter Typus herausgebildet. Bis zu der Zeit, da Kindergärten in großer Zahl gebraucht wurden, wurde genommen, was sich an Räumen anbot; die Ausschmückung im Inneren war das Äußerste, um eine 'kindgerechte' Umgebung herzustellen: Kindermöbel, Spielsachen. Erst die Waldorf-Kindergärten forderten auch architektonische Konsequenzen; sie gingen – zu Recht – davon aus, dass die gebaute Umgebung einen Einfluss auf die Kinder hat.

Bemerkenswert ist vor allem, dass in den 1920er Jahren, in denen sich die klassische Moderne in der Architektur entwickelte – die Architektur von Gropius, Mies van der Rohe, der Brüder Taut, Hans Scharouns und anderer –, der Kindergarten als Bauaufgabe praktisch keine Rolle spielte. Das mag an mangelnden Aufträgen für diese Aufgabe gelegen haben, wiewohl auch nur sehr wenige Entwürfe dafür bekannt sind. Der entscheidende Grund war aber vermutlich einfach der, dass der Kindergarten nicht als Chance begriffen wurde, die neue, vermeintlich soziale und von den Bedürfnissen der Menschen ausgehende Architektur beispielhaft zu verwirklichen. Darauf deuten die wenigen Beispiele hin, bei denen die moderne Architektur auf die Aufgabe traf.

Walter Gropius, Adolf Meyer: Projekt Friedrich-Fröbel-Haus, Bad Liebenstein 1924

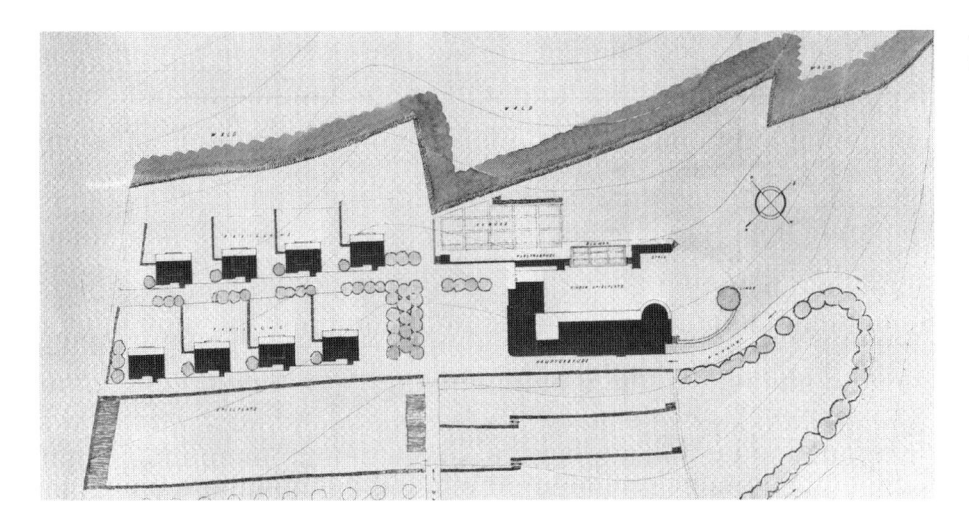

Walter Gropius und Adolf Meyer entwarfen 1924 ein 'Friedrich-Fröbel-Haus' in Bad Liebenstein, das – zum 75. Todestag des Pädagogen – einen hohen Stellenwert besaß: Ein „Nationaldenkmal für den großen Kinderfreund und Menschheitserzieher" sollte entstehen.[26] Im Lageplan ist der langgestreckte Hauptbau zu sehen, der von acht freistehenden Pavillons für die Kindergruppen begleitet wird, in „denen jeweils 10 bis 12 erholungsbedürftige Kinder mit einer Kindergärtnerin zu einer ‚Familie' zusammengeführt werden konnten. [...] Sämtliche Räume der Gesamtanlage, besonders aber die der Kinder sollen farbig ausgemalt werden. Alle Mittel zur heiteren Belebung, die auf die schöpferischen Kräfte im Kinde fordernd einwirken, Farbe, Licht und liebevolle Details sollten mit besonderer Sorgfalt in die Planung einbezogen werden", so die Architekten.[27] Die Grundrisse dieser Pavillons setzten sich schlicht aus einfachen, rechteckigen Räumen zusammen – sie hätten für eine Schule, ein Hotel oder auch für die ja auch farbig gestalteten Wohnhäuser Gropius' nicht anders ausgesehen – eine eigenständige Kindergarten-Architektur ist nicht zu erkennen.

Das gilt auch für das Montessori-Kinderhaus in Frankfurt am Main, das von Ferdinand Kramer 1928 entworfen wurde – die perspektivische Skizze zeigt nichts, was auf fröhliches Kinderleben hindeutete: Ein Systembau, bevor der Systembau überhaupt erfunden war. Und im Kindergarten in der Bruchfeldstraße in Frankfurt, ebenfalls von Kramer 1928 eingerichtet, scheint man auch 'im System' schlafen zu müssen. Diese Haltung war durchaus typisch für die 1920er Jahre und keineswegs der Moderne vorbe-

26 Winfried Nerdinger: Der Architekt Walter Gropius. Berlin, 1985, S. 66

27 Winfried Nerdinger, ebd.

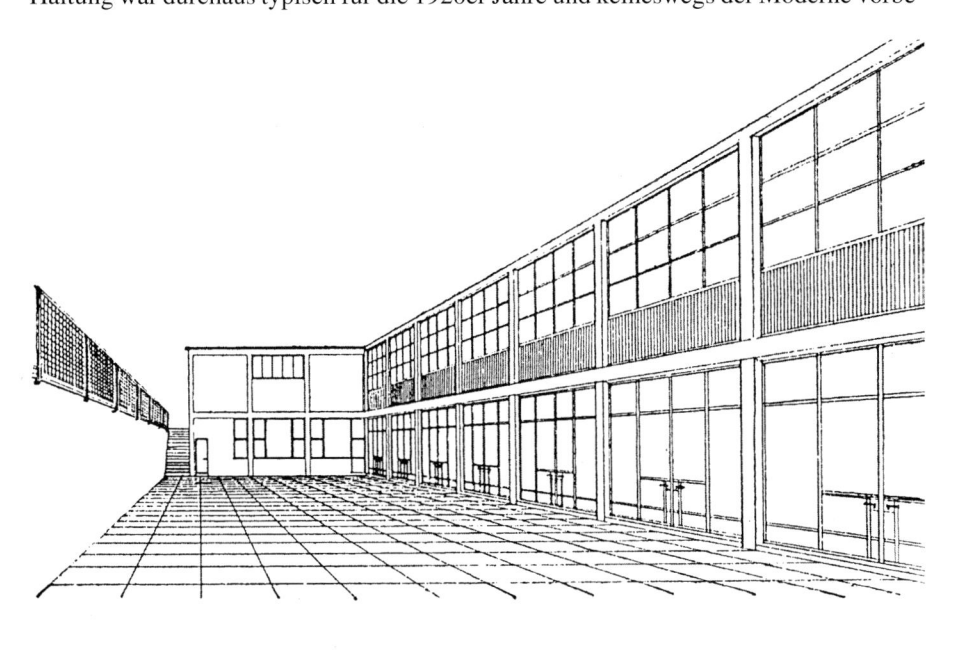

Ferdinand Kramer: Entwurf Montessori-Kinderhaus, Frankfurt/Main 1928

Erziehung zu was? – Geschichtliches und Gegenwärtiges zum Kindergarten

Ferdinand Kramer: Inneneinrichtung Kindergarten
Bruchfeldstraße, Frankfurt/ Main 1928

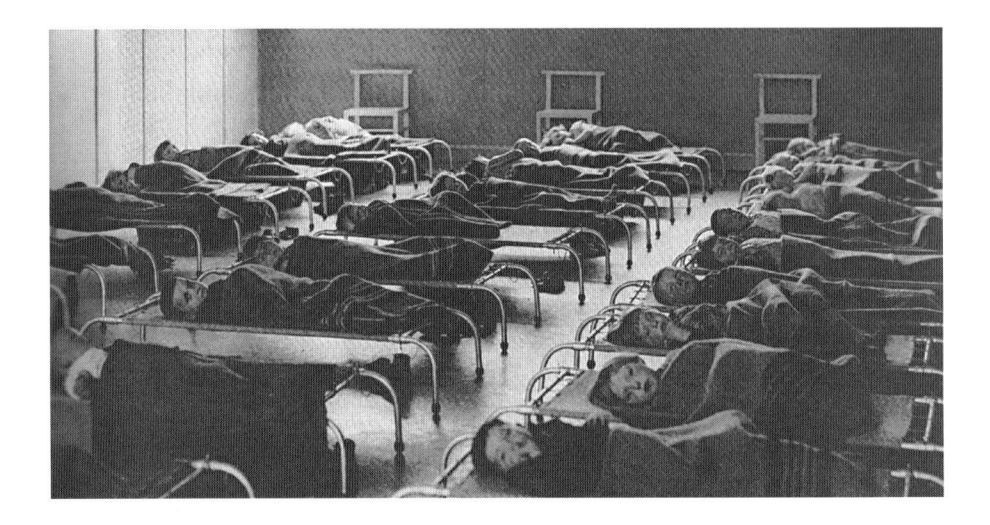

halten; diese zeigt aber auch keine noch so geringe Abweichung vom strengen Programm, das ein anderes Denken verriete.

Die Beispiele führen zu einer zentralen Frage, die nur vordergründig einfach zu beantworten ist: Wenn man als Erkenntnis des viel zitierten 'Jahrhunderts des Kindes' dessen Recht auf Eigenständigkeit zugrunde legt, dann stellt sich – neben der Frage, wie denn eine für dieses zu bauende 'kindgerechte Umgebung' auszusehen habe – eine noch grundsätzlichere, nämlich die, ob man überhaupt 'kindgerecht' bauen solle, wenn doch der Besuch des Kindergartens als Teilstück auf dem Weg zum Erwachsenen gesehen wird? Die Frage ist so alt wie der erste, allein für Kinder errichtete Bau: Soll der Architekt so bauen, wie es den Kindern gemäß ist (sofern er überhaupt in der Lage ist, das herauszufinden) oder vielmehr so, wie es zur Einübung in die Gesellschaft der Erwachsenen dienlich ist? Eher Hundertwasser, Behnisch, Waldorf oder lieber quadratisch, praktisch gut? Lassen wir die Frage beiseite, ob Letzteres für die Erwachsenen gut ist; zumindest entspricht es einer pragmatischen Logik.

Dennoch bleibt die Frage, ob es überhaupt ein 'kind-gerechtes' Ambiente gibt. Heißt 'kindgerecht': Dem jeweiligen Alter des Kindes gerecht oder den Zielen des Kindergartens entsprechend? Nicht nur der sich schnell verändernde, altersentsprechende Charakter der Kinder lässt die Frage durchaus zu. Auch die Tatsache, dass das Bauen für Kinder letztlich der Reproduktion der Gesellschaft dient, lässt die einfache Antwort im Halse stecken bleiben: Ja, klar – kindgerecht, selbstverständlich! Das sagt sich so leicht; aber beraubt man das Kind damit nicht der Chance zu wachsen, über das Kindgerechte hinaus zu gelangen, wenn man es nur seinem Alter entsprechend behandelt? Müsste man ihm nicht gleich das Ziel – auch baulich – vorstellen, zu dem es hingelangen soll: Die Erwachsenenwelt?

Wenn das Kind allerdings am besten (und erfolgreichsten für die Erwachsenenwelt) zu dieser gelangt, wenn es in seiner jeweiligen Entwicklungsstufe ein entsprechendes Ambiente vorfindet – dann also doch lieber schief als gerade, lieber verspielt als ordentlich? Und wieder dagegen und am Beispiel gefragt: Ein 'ordentlicher' Esstisch, vier Beine und eine Platte, wird für das Kind durch seine Fantasie Haus, Höhle, Burg, wogegen die von Architekt oder Spielzeugindustrie angebotenen, fertigen Haus, Höhle, Burg diese Fantasie beschneiden? Der Kindergarten als Burg, als gestrandetes Schiff – sind das Bilder, die die Erwachsenen in die Kinderwelt projizieren oder sind die Kinder froh über diese Identifikationsmöglichkeiten? Und: Wenn Friedensreich Hundertwasser die Fassade einer Müllentsorgungsanlage, ein Hotel und einen Kindergarten mit den gleichen güldenen Zwiebeltürmchen, Säulchen und Fliesen dekoriert: steckt dann dahinter eine besondere Einfühlung in die Welt der Kinder oder ein formales Konzept, das allem übergestülpt wird? Oder meint der Künstler gar, wir alle müssten wieder zu Kindern werden?

Bei der Betrachtung der in den Fachzeitschriften veröffentlichten Kindergärten der letzten Jahre oder auch der in diesem Buch veröffentlichten und prämierten beschleicht einen ein merkwürdiges Gefühl: Wenn sie von einem der renommierten Architekten kommen, denen mit einer eigenen 'Handschrift', dann erkennt man die auch bei den Kindergärten wieder – von Kollhoff bis Behnisch, von Peichl bis Bolles-Wilson. Ist das nun gut? Ist es schlecht? Ist es kindgerecht? Oder ist es nur der Blick des Architekturkritikers?

Die Frage, ob rund oder eckig, ob emotional oder rational, ob kindgerecht oder erwachsenengerecht (wenn alles kindgerecht gebaut wird, was ist dann mit den erwachsenen Kindergärtnerinnen?), sie ist offenbar völlig ungelöst. Manuel Cuadra[28] vermutet immerhin einen „gesellschaftlichen Konsens" in diesen Fragen: „Eigentlich ist es gesellschaftlicher Konsens, den Kindern eine familienähnliche Betreuung in einer gesunden Umgebung zukommen zu lassen. Ruhe und Geborgenheit sollen die Kinder haben, in der sie als Einzelne und in der Gemeinschaft gefühlsmäßig gedeihen können. Die Architektur soll – zumindest aus Sicht der Architekten – nicht nur Platz schaffen, sondern einen Sinn für Raum, für Formen und Bedeutungen, für Strukturen und Materialien, für Farben und Texturen wecken und damit die Wahrnehmung und die Fantasie der Kinder stimulieren."[29]

Dem steht die Kritik eines der bekanntesten Architekten für anthroposophische Kindergartenbauten entgegen: „Aus der Zivilisations-, Denk- und Erlebniswelt der Erwachsenen entstehen Gebäude, die sich nahtlos in die übliche Rasterung einpassen"[30] – das wären dann die, deren Architekten man auf Anhieb erkennt?

Die Waldorf-Pädagogen und Architekten wissen, was nötig ist: „Alles soll kleinteilig sein, auf den kindlichen Maßstab zugeschnitten; möglichst viele individuelle Situationen, lebendige und anspruchsvolle Formen sind gefordert. Das alles wird mit einfachsten Mitteln und Materialien gemacht. Die Wände schlicht gemauert, die Steine soll man sehen. Holz von einfachster Art. Alles möglichst rustikal, auch wenn dem Erwachsenen zu primitiv. Nicht ästhetisch. nicht ausgeklügelt, nicht zu fertig. Wand, Decke, Fenster, Tür, Abzug über dem Herd und so weiter sollten möglichst elementar zum Ausdruck kommen."[31] Wenn das richtig ist, wären viele der hier gezeigten Beispiele – auch der prämierten – falsch. Ist es richtig? Und ist es die einzige Wahrheit?

Wenn man die Vielfalt der in diesem Buch gezeigten Beispiele betrachtet, dann kommt man im Hinblick auf die gestellten Fragen zu dem Schluss: Nichts Genaues weiß man nicht. Jeder der Architekten ist sicherlich davon überzeugt, seine imaginierte und gebaute Kinderwelt sei eine von den Kindern auch so erlebte Kinderwelt. Daraus folgt: Entweder irren sich die meisten mit dieser Annahme – oder sie haben Recht: Dann kommen die Kinder mit vielen gebauten Umwelten zurecht. Dann sind nur noch genügend Fläche und differenzierte Raumgrößen wichtig, verbunden mit ein paar farbig bemalten Flächen und kleinen Stühlen und Tischen.

Es ist an der Zeit, für diese unglaublich wichtige Bauaufgabe etwas Genaueres zu erfahren. Mein Verdacht ist: Es gibt nicht nur eine Wahrheit zwischen Rationalität und Waldorf. Denn es gibt zwar eindeutige Kindesalter, aber innerhalb dieser eine unendliche Vielfalt. Reagiert ein türkischstämmiges Kind auf 'Waldorf' genauso wie ein bürgerliches deutsches? Welche Rolle spielen die unterschiedlichen sozialen Herkunftsmilieus? Die Architekturpsychologen, die das untersuchen könnten, stehen bereit (leider lassen sich die Architekten ungern von ihnen etwas sagen).

Aber zu fürchten ist: Ihre Antwort wird auch nicht eindeutig sein.

---

28 Cuadra hat auch im Auftrag der Architektenkammer Hessen ein Buch zum Thema mit vielen Beispielen verfasst: M. Cuadra: Der Kindergarten. Berlin, 1996

29 Manuel Cuadra: Der steinige Weg zur Architektur. In: Der Architekt 7/96, S. 421

30 Werner Seyfert: Kindergärten bauen. In: Bauwelt 38/76, S. 1196

31 Werner Seyfert, a.a.O., S. 1200

Bauen für Kinder – aktuelle Beispiele und Entwicklungen

Katrin Voermanek

Muss ein Architekt heute noch dafür gelobt werden, wenn er beim Planen und Bauen für Kinder die Attribute 'hell' und 'freundlich' im Kopf hat, wenn er auf Spindeltreppen verzichtet und an niedrige Fensterbrüstungen denkt? Zum Glück lässt sich diese Frage mit einem entschiedenen 'Nein' beantworten. Es wäre fast bedauerlich, wenn erwähnenswerte aktuelle Tendenzen im Bauen für Kinder noch etwas mit solchen Selbstverständlichkeiten zu tun hätten. Es ist für die meisten Architekten längst Ehrensache, bei Bauaufgaben dieser Art für ausreichend Licht, Luft und Sonne zu sorgen, Gefahrenquellen zu vermeiden und bei der Planung von sanitären Anlagen, Handläufen und Blickbeziehungen an die geringere Körpergröße ihrer zukünftigen Nutzer zu denken.

Auch auf andere kindergartenspezifische Themen lassen sich Architekten ein: Sie machen sich über unterschiedliche Lehr- und Lernkonzepte kundig, sie finden Grundrisslösungen, die der zunehmenden Aufhebung der strengen Trennung zwischen Gruppen und Altersstufen gerecht werden; sie sorgen für mehr innenräumliche Flexibilität und zusammenschaltbare Räume; sie stellen ein ausgewogenes Gleichgewicht zwischen Bereichen her, die Bewegungsdrang auf der einen und Rückzugsbedürfnisse auf der anderen Seite bedienen.

Jenseits dieser 'inneren Notwendigkeiten' gibt es zwei äußere Faktoren, die entscheidend darauf einwirken, wie ein Kindergarten am Ende aussieht, welches Bild er vermittelt. Es ist zum einen der bauliche Kontext, mit dem ein Umgang gefunden werden muss. Freiheiten oder Restriktionen ergeben sich zum Beispiel daraus, ob das Gebäude auf der 'grünen Wiese' oder im hochverdichteten innerstädtischen Umfeld entsteht, ob es sich um einen Neubau oder die Umnutzung einer bestehender Einrichtung handelt.

Spielwelt oder Lehranstalt?

Großen Einfluss hat zum anderen aber auch die grundsätzliche Auffassung, die Betreiber und/oder Architekten von einem Kindergarten, einer Tagesstätte oder vergleichbaren Einrichtungen haben. Es handelt sich bei diesen Häusern um den ersten intensiven 'außerhäuslichen Architekturkontakt', das erste öffentliche Gebäude, das sich ein Kind aneignen darf und muss. Also stellt sich die Frage, was in dieser Situation angemessen ist – ein nach draußen verlagertes 'Riesen-Kinderzimmer' oder ein Ort des erkennbaren Eintritts in eine langjährige Ausbildungszeit, an dem Kinder schon einmal einen Vorgeschmack auf den Ernst des Lebens bekommen.

Mit welchem äußeren Bild trifft der Architekt in diesem Spannungsfeld den richtigen Ton? Hat er seinen Job gut gemacht, wenn er möglichst viele in Primärfarben gehaltene Törchen und Türmchen an einem Kindergarten anbringt, um unseren Kleinsten eine lustige Vormittags-Spielwelt zu erschaffen – wenn er also Gefahr läuft, kindgerecht mit kindisch zu verwechseln? Oder ist es besser, ein funktionales Haus für kleine Erwachsene zu bauen, die heutzutage ja ohnehin nichts dringender brauchen als Disziplin, damit sie schon früh lernen, ihren straffen Terminplan mit Sport, Musikunterricht und gesellschaftlichen Ereignissen zu bewältigen. Dann würde also ein Motto zugrunde liegen, das (frei nach der Bauwelt zitiert) in etwa lautet: „Das Leben wird härter. Die Architektur wird es auch." Auf der Suche nach der Wahrheit zwischen diesen Extremen ist auch ein Blick auf die Kluft zwischen so genannter 'Laien'- und 'Expertenmeinung' empfehlenswert. Denn beide liegen erfahrungsgemäß recht weit auseinander: Architekten reagieren immer allergisch auf die kitschige Farb- und Formenwelt eines Friedensreich Hundertwasser, der ja nicht nur Wohnhäuser, Heizkraftwerke und Bahnhöfe mit Mosaiksteinchen, Zwiebeltürmen und bauchigen Stützen ausgestattet hat, sondern auch eine Kindertagesstätte. Sie wurde 1995 in Frankfurt am Main eröffnet und erfreut sich bei ihren Nutzern großer Beliebtheit.

Eine vermutlich ähnlich allergische Reaktion wäre Eltern (ohne beruflichen Architekturbezug) nicht zu verübeln, wenn sie ein völlig anders gelagertes Beispiel zum ersten Mal sehen und sich ihre Kinder darin vorstellen, nämlich die 1994 eröffnete 'Neue Welt' von Adolf Krischanitz. Es handelt sich hierbei um eine Schule mit Kindergarten, die durch eine Privatinitiative für Emigrantenkinder im Wiener Prater errichtet wurde. Auch wenn das Beispiel geografisch etwas aus dem Rahmen fällt, repräsentiert es die große Gruppe betont streng und reduziert angelegter Bautypen auf sehr anschauliche Weise und soll deswegen in dieser Übersicht seinen Platz finden. Das Bild des Hauses bestimmen harte Kanten, Sichtbeton und schwarzer (!) Putz. Von der Architekturwelt gefeiert und 1997 mit einer Adolf-Loos-Medaille dekoriert, ist und bleibt der Bau für Nicht-Architekten alles andere als leichte Kost.

'Neue Welt', Schule mit Kindergarten im Wiener Prater. Architekt: Adolf Krischanitz, 1994

Zwischen den Extremen

Zwei etwas weniger polarisierende Beispiele aus den letzten Jahren bestätigen die unterschiedlichen Ansätze, lassen sie aber zumindest ein Stückchen näher aneinander rücken: 1999 wurde in Berlin die offizielle Bundestags-Kindertagesstätte im Spreebogen eröffnet. Den entsprechenden Wettbewerb hatte zwei Jahre zuvor der Wiener Architekt Gustav Peichl gewonnen.

Der Bau für knapp 180 Kinder ist eingeschossig organisiert und fächert sich im Grundriss zu mehreren Flügeln auf. Das Gründach ist fast vollständig begehbar. Mit seiner leuchtend hellblauen Fassade, zwei aus dem Dach herausragenden dreieckigen Treppenhausaufbauten und zwei aufgesetzten, ebenfalls in Blechverkleidung eingeschlagenen Halbkugeln steht der zeichenhafte Bau zwischen der staatstragenden, überwiegend in Sichtbeton ausgeführten Architektur des Regierungsviertels. Hier gibt er sich eindeutig als „für Kinder gebaut" zu erkennen und ist beim besten Willen nicht zu übersehen. Dem Haus ein solches „eigenständiges Erscheinungsbild" zu verleihen, war erklärtes Ziel der Architekten.

Kindertagesstätte des Deutschen Bundestages im Spreebogen, Otto von Bismarck-Allee, Berlin-Mitte. Architekten: Peichl & Weber, Wien, 1999

Wesentlich 'erwachsener' und zudem noch gut getarnt kommt dagegen die etwas später, im Jahr 2001 fertiggestellte Kindertagesstätte auf den Leibniz-Kolonnaden in Berlin-Charlottenburg daher. Mit dem zweigeteilten Bürohaus-Ensemble gelang es dem Architekten Hans Kollhoff, dem dicht bebauten Stadtquartier an unerwarteter Stelle Weite und Aufenthaltsqualität abzutrotzen. Die strenge städtebauliche Figur und vor allem die Anforderungen der Mieter der exklusiven Ladenflächen brachten es jedoch mit sich, dass die zum vorgegebenen Programm gehörende Kindertagesstätte weder als kleiner Solitär im Ensemble, noch im Erdgeschoss der Bebauung platziert werden konnte. Nun ist sie eben oben auf dem Dach, die Kinder fahren jeden Morgen mit einem Aufzug hoch zum Spielen und draußen schützen sie Fangzäune vor dem Sturz in die Tiefe.

Katrin Voermanek

Kindertagesstätte auf den Leibniz-Kolonnaden in Berlin-Charlottenburg. Architekt: Hans Kollhoff, 2001

Fühl Dich wie zuhause...

Einen Kindergarten, der sich in seiner äußeren Erscheinung wie in seiner inneren Organisation ganz bewusst an bekannte Prinzipien aus dem Wohnbau anlehnt, haben Albert Speer und Partner aus Frankfurt am Main im Jahr 2004 in Eschborn gebaut. Es handelt sich bei dieser Stadt um einen der eher wohlhabenden Orte im Main-Taunus-Kreis nahe Frankfurt, daher wurden die optischen Anleihen nicht etwa beim Geschosswohnungsbau des zweiten Förderwegs gemacht, sondern beim gewiss wesentlich vertrauteren Villentypus. Der Wunsch nach einer Umgebung, in der Kinder nichts betont anderes vorfinden als zu Hause auch, wurde von den Nutzern an die Architekten herangetragen. Jede der vier Gruppen sollte eine eigene 'Einheit' von Funktionsbereichen bekommen und für diese – von Fragen der Gestaltung bis hin zum Aufräumen – selbst zuständig sein. Dementsprechend gehören zu einem Gruppenraum neben einer Rückzugszone und einem Abstellraum immer jeweils ein Bad und eine eigene Küche, in der die Kinder auf kleinen Podesten auch mitarbeiten können. Die Zusammenhänge, Ausstattung und Größenordnung der Räume entsprechen also in hohem Maße dem von zu Hause Ge-

Kindergarten in Eschborn. Architekten: Albert Speer und Partner, 2004

Bauen für Kinder – aktuelle Beispiele und Entwicklungen

Kindergarten in Eschborn. Architekten: Albert Speer und Partner, 2004

wohnten. Es passt zu dieser Idee, dass im zweigeschossigen Kindergarten das Treppensteigen zum Alltag gehört – auch das wirkliche Leben spielt sich nicht nur ebenerdig ab. Da die meisten Kinder zu Hause auch mit Treppen zu tun haben, kann es demnach kaum schaden, dass sie im Kindergarten ausreichend Gelegenheit zum Üben haben.

Trotz der großen Baumasse und der Tiefe der Grundrisse sollten alle Bereiche gleichermaßen hell und freundlich wirken. Also wurden die Volumen so angeordnet, dass auch in den oberen Räumen eine seitliche Belichtung möglich ist. Zusätzlich wurden in die Südfassade Lichtlenksysteme integriert, die das direkte Sonnenlicht nach innen weiterleiten. Zwischen den oberen Gruppenbereichen entstand eine Dachterrasse, die teilweise extensiv begrünt ist.

Die Konsequenz, mit der in diesem Beispiel die Wohnhaus-Analogie durchgehalten wurde, ist geradezu verblüffend – die Aufnahme vom Sonnendeck würde dem kritischen Blick eines jeden Wohnmagazin-Redakteurs jedenfalls ganz sicher standhalten.

Das Beste draus machen

Ganz anders war die Ausgangslage beim 2003 wiedereröffneten Kindergarten Allerheiligen in München-Schwabing. Dieser typische Bau aus den 1970er Jahren war von seiner Zeit überholt worden: Modernen pädagogischen Konzepten konnte er längst nicht mehr gerecht werden, ebenso wenig den Anforderungen des bayerischen Kindergartengesetzes. Das Gebäude war nicht ausreichend belichtet, vorgeschriebene Fluchtwege aus den einzelnen Räumen fehlten. Dem Büro Ursula Schmid Architekten stand es aber nicht frei, hier einfach das Alte durch etwas Neues zu ersetzen. Stattdessen galt es, aus dem Vorhandenen das Beste zu machen – eine exemplarische 'Bauen im Bestand'-Aufgabe also. Umbauten und Umnutzungen dieser Art haben reinen Neubauten in der Häufigkeit längst den Rang abgelaufen und stehen ihnen, wie auch die im Gestaltungspreis prämierten Ergebnisse zeigen, in der Qualität oftmals in nichts nach.

Bei diesem Projekt ging es darum, die Raumaufteilung, Infrastruktur und Ausstattung im Zuge einer Generalsanierung zu erneuern. Die Architekten haben die Chance genutzt, um Licht in die 'dunkle und introvertierte Angelegenheit' zu bringen und den Bau mehr als bisher nach außen zu öffnen. Das typische 1970er-Jahre-Erscheinungsbild wurde in Form, Farbe und Gestaltung beibehalten, dort wo es nötig war aber erweitert

Katrin Voermanek

oder neu interpretiert. So ergänzen heute zwei kleine neue Baukörper, ein Eingangsportal und ein Geräte- und Müllhaus das ursprüngliche Gebäude. Der Haupteingang wurde weg von der Straße an einen Fußweg verlegt, der direkt an einen Park grenzt. Dadurch entstand eine Blickachse vom Spielbereich des Kindergartens zum nahe gelegenen Spielplatz. Mit der beidseitigen Erweiterung des Weges wurde eine Zone geschaffen, die zwischen halböffentlichem und öffentlichem Raum vermittelt. Um auf ihre Eltern wartende Kinder, Geschwister oder auch Kinder aus der Nachbarschaft zum Verweilen und zum Mitspielen einzuladen, hat der Künstler Albert Weiss an dieser Stelle ein 'Himmel & Hölle'-Spiel auf den Boden aufgebracht – der Kindergarten tritt heute also ganz bewusst in Kontakt mit seiner direkten Umgebung und wirkt nicht mehr so abgeschottet wie in seiner Ursprungsform.

Im Inneren sollte vor allem der zuvor dunkle Flurbereich von einem reinen Erschließungs- zum Aufenthaltsbereich aufgewertet werden. Er bekam Oberlichter, außerdem wurden die Wandflächen zu den Gruppenräumen im Bereich der Spielgalerien geöffnet, um Sichtbezüge zu schaffen und noch mehr Tageslicht hereinzuholen. Im Zentrum der Gruppenräume ist heute ein zusätzlicher Raum angeordnet, der ganz nach Be-

Kindergarten Allerheiligen, München-Schwabing.
Ursula Schmid Architekten, Umbau 2003

darf als Bastel- oder Esszimmer genutzt wird und ebenfalls über einen direkten Zugang zum Spielbereich im Freien verfügt. All diese Maßnahmen haben die Entwicklung hin zum Prinzip der 'offenen Gruppe' unterstützt, bei dem sich die Kinder eigenständig und frei im Haus bewegen, ohne nur auf ihren eigenen Gruppenraum fixiert zu sein.

Im Bereich der zuvor überdimensionierten Waschräume und WCs, die von vier Anlagen auf zwei reduziert werden konnten, wurde die Fassade großflächig geöffnet. Hier entstanden zusätzliche Intensivräume, die je nach Bedarf zum Arbeiten in der Kleingruppe, als Malraum oder auch als Schlafraum für die 'Ganztagskinder' zur Verfügung stehen. Der Personalbereich wurde ebenfalls den Anforderungen angepasst: Aus einem im Ursprungsbau beengten Büro, das gleichzeitig als Aufenthaltsraum und Garderobe herhalten musste, wurden zwei getrennte Bereiche, nämlich ein großzügiger Aufenthaltsraum für das Personal und ein separates Büro für die Kindergartenleitung mit Blickbezug zum Eingang. Auch der im Untergeschoss gelegene Mehrzweckraum entsprach nicht den baulichen Vorschriften. Hier legten die Architekten die Bodenplatte um 60 Zentimeter tiefer, öffneten die Fassade und sorgten für Tageslichteinfall über einen vorgelagerten Lichtgraben, in dem auch die Fluchttreppen angeordnet sind.

Mit teilweise deutlichen, teilweise aber auch 'chirurgischen' Eingriffen ist hier einer vermeintlich überkommenen Struktur aus längst vergangener Zeit neues Leben eingehaucht worden – eine echte Perspektive für die vielen vergleichbaren Kindergärten, die vor 30 bis 35 Jahren in standardisierter Bauweise republikweit wie die Pilze aus dem Boden schossen und heute niemanden mehr so richtig glücklich machen.

Holz – das ideale Material

Schon die Frankfurter Kindertagesstätte deutet auf etwas hin, was man als die offenbar ideale Materialwahl im Bauen für Kinder bezeichnen könnte. Vermutlich liegen nirgendwo wissenschaftlich fundierte Zahlen über die Verwendung unterschiedlicher Baustoffe in diesem Bereich vor. Aber es erfordert nicht viel Wagemut zu behaupten, dass Holz mit großem Vorsprung vor Stein, Beton und Stahl liegt. Schnell sind Eigenschaften und Anmutungen aufgezählt, die ein solches Übergewicht rechtfertigen: Es ist ein natürliches Material, ursprünglich, lebendig und warm; es kann ansehnlich altern, es eignet sich für Konstruktion und Fassade, für innen und außen, in allen erdenklichen Formaten von der kleinen Schindel bis zur großflächigen Tafel; es kann in ganz unterschiedlichen Oberflächenqualitäten eingesetzt werden, geschliffen und rau, naturbelassen oder farbig lasiert, es ist eher kostengünstig als luxuriös, es lässt sich auch bei energieoptimierten Bauweisen verwenden – kurz: es ist aus vielen Gründen oft die erste Wahl.

Der Bildhauer Oliver Kruse hat mit der 'Kinderinsel Hombroich' im Jahr 1999 einen Holzbau reinster Ausprägung geschaffen. Das pädagogische Konzept der Kindertagesstätte ist aus der Grundidee der Museumsinsel Hombroich abgeleitet: „Die Stiftung Insel Hombroich ist eine wunderbare Insel der Natur in der waldarmen, zersiedelten und durchpflügten Landschaft zwischen Düsseldorf, Neuss und Köln. Auf fast 500 000 Quadratmetern Landschaftsschutzgebiet, Park, Wald und Auenlandschaft verbinden sich Natur, Architektur und Kunst auf einmalige Weise. Unsere grundlegende Idee ist es, einer kleinen Gruppe von Kindern im Alter von drei bis sechs Jahren das Areal der Stiftung Insel Hombroich als Aktionsraum anzubieten. Wir bieten hier Kindern Gelegenheit, Natur zu erkunden und zu erleben, wie es in der Stadt selten möglich ist."

Kinderinsel Hombroich. Bildhauer Oliver Kruse, 1999

Weiter heißt es in der Selbstdarstellung, das Motto von Hombroich – also „Kunst parallel zur Natur" – würde bedeuten, Kunst in Dialog mit den Gestaltkräften der Natur treten zu lassen. Dementsprechend könnten die Kinder die Exponate des Museums im Park wie in den Gebäuden genauso selbstverständlich erleben und erforschen wie die Natur selbst. „Besuche in den Ateliers, bei den Musikern und in den Werkstätten, Besuche beim Bauern in der Nachbarschaft, beim Insel-Imker, Rundgänge mit dem Gärtner etc. sind Möglichkeiten, die wunderbar von Kindern genutzt werden können."

Der Ansturm auf die 20 Plätze der 'Kinderinsel' dürfte allein schon wegen dieser Verheißungen groß sein. Aber auch der Bau selbst macht die Einrichtung zu einem besonderen Ort. Es handelt sich um eine Skelettkonstruktion aus Leimbindern, die mit Dreischichtplatten aus Douglasie ausgefacht ist. Das Holz prägt Raum und Atmosphäre – sogar die Möbel wurden eigens vom Künstler für den Kindergarten maßgefertigt. Geschützt von weit überstehenden Dächern entstanden in zwei versetzten, über eine verglaste Fuge miteinander verbundenen Quadern klare, wohlproportionierte Räume. Wilfried Wang, Architekt und früherer Direktor des Frankfurter Architekturmuseums, hat in einem begeisterten Text das in der Raumbeziehung ausgesprochene Verhältnis von „dienenden und bedienenden Räumen" sowie die von Kruse vorgenommene Überlagerung geschlossener und offener Baukörper gelobt. Einmal mehr sei die Möglichkeit der Herstellung von unendlich vielen Formen und Räumen durch ein einziges Material bewiesen, selbst wenn dieses zu unterschiedlichen tektonischen Elementen, in diesem Fall Leimbinder und Platten, verarbeitet würde.

Bunt ist nicht gleich farbig

Kindergärten ohne Holz gibt es fast so selten wie Kindergärten, bei denen an keiner Stelle Farbe ins Spiel kommt. Selbst das zu Beginn erwähnte Beispiel, das sich von außen schwarz, ernst und zugeknöpft gibt, setzt im Inneren auf farbenfrohe Frische, die der renommierte Künstler Helmut Federle aus Grün- und Gelbtönen komponiert hat.

Eine außen und innen rote – und zwar nicht dekorativ angemalte, sondern im Entwurf durch und durch rot gedachte – Tagesstätte für 100 Kinder entstand im Jahr 2000 in Habichtshorst-Biesdorf an der östlichen Peripherie Berlins. Der langgestreckte, zweigeschossige Baukörper fügt sich in das strenge städtebauliche Rahmenwerk des neuen Stadtteils ein. Auf einem sehr schmalen Grundstück innerhalb eines Grünzuges hat die

Kindertagesstätte Biesdorf, Berlin. Carola Schäfers Architekten, 2000

Bauen für Kinder – aktuelle Beispiele und Entwicklungen

Architektin Carola Schäfers das Haus mit einer Plattenfläche umgeben, die sich im Süden zu einer Terrasse, an der Nordfassade zu einem Vorplatz aufweitet. Von hier aus wird das Gebäude über einen Gebäudeeinschnitt erschlossen.

Drinnen ermöglichen zweiflügelige Türen das Zusammenschalten mehrerer Gruppenräume. Wesentlicher Bestandteil der Gesamtkonzeption sind Einbauschränke, die den zur Verfügung stehenden Raum als Spielfläche freihalten. Sie sind in die Holz-Glas-Fassaden und die U-förmigen Flurwandelemente integriert.

In den Fassaden wechseln sich geputzte Wandflächen mit geschosshohen Holz-Glas-Elementen ab, und Gesimsbänder aus Sichtbeton sorgen für eine horizontale Gliederung. Das kräftige, warme Rot der Fassaden verleiht der Kindertagesstätte eine deutliche, aber keineswegs aufgeregte Signalwirkung im Quartier und kennzeichnet es bewusst als öffentliches Gebäude. Die Rottöne setzen sich auch im Inneren des Gebäudes bei Einbauten, Fenster und Türen fort. Der Architektin war es wichtig, nicht zu viele und schon gar keine 'lauten' Farben zu verwenden. So stiftet die Ton in Ton gehaltene Farbpalette Identifikation mit dem Gebäude, tritt aber nicht in Konkurrenz zu dem, was durch die Kinder selbst, ihre Spielsachen und Bilder in die Räume hereingebracht wird.

Modular und erweiterbar bauen

Immer noch aktuell unter den beherrschenden Themen im Bauen für Kinder ist die Suche nach einem gangbaren Weg in der Vorfertigung und bei modularen Bauweisen. Die Hamburger Architekten Dinse Feest Zurl haben sich im Rahmen eines Wettbewerbs intensiv mit dieser Fragestellung beschäftigt. Auf den Gewinn dieses Auswahlverfahrens (bei dem es noch um die geplante Errichtung von zehn Kindergärten dieser Art ging) folgten allerdings ernüchternde Erkenntnissen über die begrenzte Umsetzbarkeit modularer Visionen.

Bereits in ihrem Wettbewerbsentwurf hatten die Architekten eine komplett serienmäßige Herstellung von Kindergärten in Frage gestellt. Unter Berücksichtigung der jeweils unterschiedlichen Bedingungen eines Ortes, seines städtebaulichen Kontextes und eines daraus zu Recht abgeleiteten Anspruchs an eine gewisse Einzigartigkeit jeder Bauaufgabe wollten sie sich eher auf die Vorfertigung einzelner Komponenten und auf die technische Optimierung und Standardisierung der Bauteilverbindungen beschränken.

Kindertagesstätte 'Koboldwiesen' in Hamburg-Rahlstedt, Bei den Boltwiesen 1. Architekten: Dinse Feest Zurl, 2003

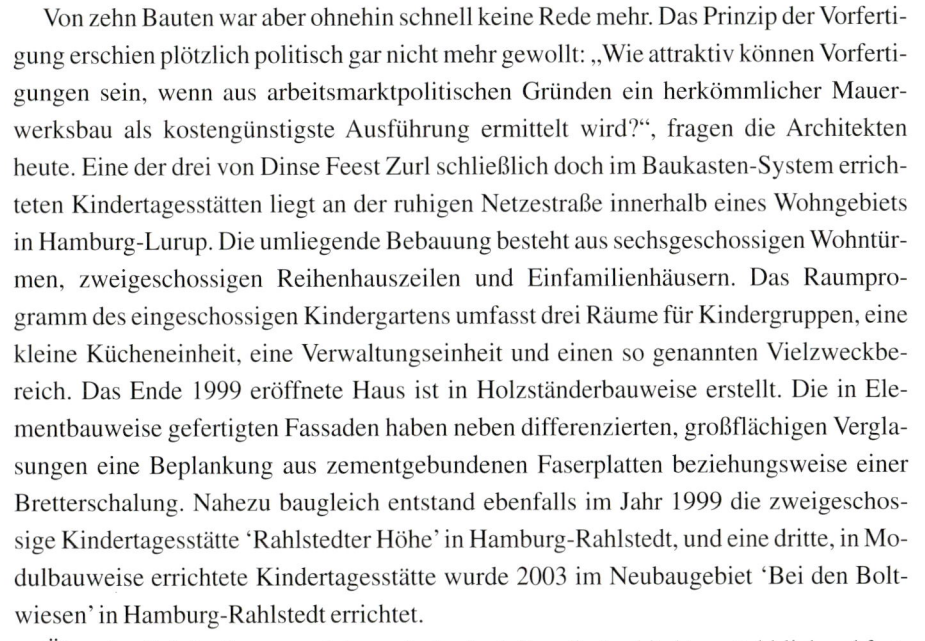

Von zehn Bauten war aber ohnehin schnell keine Rede mehr. Das Prinzip der Vorfertigung erschien plötzlich politisch gar nicht mehr gewollt: „Wie attraktiv können Vorfertigungen sein, wenn aus arbeitsmarktpolitischen Gründen ein herkömmlicher Mauerwerksbau als kostengünstigste Ausführung ermittelt wird?", fragen die Architekten heute. Eine der drei von Dinse Feest Zurl schließlich doch im Baukasten-System errichteten Kindertagesstätten liegt an der ruhigen Netzestraße innerhalb eines Wohngebiets in Hamburg-Lurup. Die umliegende Bebauung besteht aus sechsgeschossigen Wohntürmen, zweigeschossigen Reihenhauszeilen und Einfamilienhäusern. Das Raumprogramm des eingeschossigen Kindergartens umfasst drei Räume für Kindergruppen, eine kleine Kücheneinheit, eine Verwaltungseinheit und einen so genannten Vielzweckbereich. Das Ende 1999 eröffnete Haus ist in Holzständerbauweise erstellt. Die in Elementbauweise gefertigten Fassaden haben neben differenzierten, großflächigen Verglasungen eine Beplankung aus zementgebundenen Faserplatten beziehungsweise einer Bretterschalung. Nahezu baugleich entstand ebenfalls im Jahr 1999 die zweigeschossige Kindertagesstätte 'Rahlstedter Höhe' in Hamburg-Rahlstedt, und eine dritte, in Modulbauweise errichtete Kindertagesstätte wurde 2003 im Neubaugebiet 'Bei den Boltwiesen' in Hamburg-Rahlstedt errichtet.

Über den Erfolg dieses modularen Anlaufs stellen die Architekten rückblickend fest: „Serienfertigung hat in erster Linie etwas mit Stückzahl zu tun – die Bilanz wäre im vorliegenden Fall also mehr als dürftig." Wenn der Wunsch nach individuellen architektonischen Produkten die Chancen industrieller Serienfertigung einschränke, könne sich diese auch ökonomisch gegenüber der konventionellen Herstellung vor Ort nicht überzeugend durchsetzen. Erst eine konsequente und kontinuierliche Anwendung der Serie, verbunden mit den daraus resultierenden Erfahrungen, führe langfristig zu einer Senkung der Kosten und gebe den Spielraum für eine auch städtebaulich dem jeweiligen Ort angemessene Lösung. Insgesamt, so Johann Zurl, habe der Grundgedanke der Kostenminimierung auch beim Bauen für Kinder nach wie vor oberste Priorität. Hier präge nicht selten die Idee vom günstigen Massenprodukt einer Baumarktkette das Bild. Doch „ein solches Massenprodukt ist eben lange noch kein Haus".

Oben und links: Zweigeschossige Kindertagesstätte 'Rahlstedter Höhe' in Hamburg-Rahlstedt, Nienhagener Straße 156.
Unten: Innenaufnahme der nahezu baugleichen, eingeschossigen Kindertagesstätte in Hamburg-Lurup, Netzestraße 72a.
Architekten: Dinse Feest Zurl, 1999

Bauen im Niedrigenergie-Standard

Seit der verbindlichen Einführung des Niedrigenergie-Standards im Jahr 1995 sind vermehrt auch Kindergärten entstanden, die sich mit dem Attribut schmücken dürfen, 'gemäß' oder sogar 'über' den Anforderungen dieses Standards errichtet worden zu sein. Im Wesentlichen ist die in zwei Größenordnungen bemessene Unterschreitung der Vorgaben der Wärmeschutzverordnung durch eine kompakte Bauform und eine besonders hochwertige Dämmung der Außenwände und des Daches eines Gebäudes zu erreichen.

Eines dieser Beispiele steht in Hosena, einem Ortsteil von Senftenberg in Brandenburg. Das junge, in Senftenberg und Dresden ansässige Büro Zinnober Architektur hat den Bau im Jahr 2004 fertiggestellt. Da das Angebot an Kindergarten- und Krippenplätzen in der Gemeinde erweitert werden sollte, fiel der Beschluss, den alten Kindergarten zu ersetzen, und zwar durch einen Neubau auf einem Grundstück direkt am alten Dorfplatz. Heute stehen dort zehn Krippen- und 50 Kindergartenplätze zur Verfügung.

Um mit ihrem Gebäude im dörflichen Kontext ein möglichst homogenes und körperhaftes Bild zu zeichnen, haben die Architekten Wand und Dach wie eine einheitliche, das gesamte Volumen umschließende Hülle behandelt. Einschnitte in der mit einer Lärchenschalung versehenen Fassade kennzeichnen die Lage der Gruppenräume und des Spielflures. Im gefalteten Dach sorgen Öffnungen und Gauben für eine zusätzliche Belichtung und Belüftung der Innenräume.

Am Eingang knickt die Fassade nach innen und lädt zum Betreten des Erschließungsflures ein. Er ist so dimensioniert, dass er auch als Spiel- und Bastelbereich genutzt werden kann. An ihm entlang reihen sich die Gruppenräume auf, die alle nach Süden orientiert sind und einen eigenen, direkten Zugang zum Freibereich haben. Zwei der Räume können über eine Falt-Schiebewand zu einer größeren Einheit zusammengeschaltet werden.

Mit einigen einfachen Maßnahmen haben die Architekten Bewusstsein für die Nachhaltigkeit ihres Bauvorhabens an den Tag gelegt. Durch den Nachweis, dass dadurch keine erhöhten Kosten entstehen, sondern vielmehr ein wirtschaftlicher Unterhalt sichergestellt ist, konnten sie auch ihre Bauherrschaft überzeugen. Das Gebäude ist eine Holzkonstruktion, bei der die Wandelemente als hochdämmende, diffusionsoffene Holztafeln ausgeführt sind. Die Außenfassaden sind mit einer hinterlüfteten Holzver-

Kindergarten in Senftenberg. Architekten: Zinnober Architektur, 2004

Katrin Voermanek

schalung aus unbehandelten, gespundeten Lärchenbrettern verkleidet und ebenso wie das Dach mit einer 20 Zentimeter starken Isofloc-Dämmung versehen. Die Wärmeversorgung des Hauses erfolgt über einen Gasbrennwertkessel. Außerdem wird das anfallende Regenwasser mit Hilfe eines Rückstaubehälters und einer offenen Sickerfläche auf dem Grundstück versickert.

Partizipation – an den Nutzer denken

Ein letztes Beispiel in diesem aktuellen Überblick fällt im Vergleich mit den Architekturbüros, die im harten Wettbewerb des freien Marktes stehen, ein wenig aus dem Rahmen. Denn die 'Baupiloten' sind kein Büro im herkömmlichen Sinne. Sie realisieren Bauvorhaben als konkrete Entwurfsprojekte im Rahmen ihres Architekturstudiums an der Technischen Universität Berlin unter der Anleitung und Supervision der freien Architekten Susanne Hofmann und Martin Janekovic. Die Baupiloten wurden als Studienreformprojekt eingerichtet, um die Integration von Realisierungsprojekten in die Regellehre zu untersuchen. Sie müssen Projekte akquirieren wie jeder andere Architekt als Auftragnehmer auch. Aber bei der Kalkulation von Baupiloten-Entwürfen ist natürlich der Enthusiasmus und der persönliche Einsatz der mitarbeitenden Studenten anders zu berechnen als der eines mit Diplom ausgestatteten, bezahlten Arbeitnehmers.

Die Baupiloten haben bereits den Umbau einer Grundschule in Berlin durchgeführt, und gerade im Bauen für Kinder zeigt sich der Wert und die Alleinstellung ihres Ansatzes, bei dem Partizipation besonders groß geschrieben wird. In diesem Fall steht der Begriff nicht für zwei, drei informelle Gespräche mit Erzieherinnen – sondern für eine ganz konkrete Entwurfsarbeit gemeinsam mit den Nutzern, also den Kindern.

Im Sommer 2005 wurde der Umbau der Kindertagesstätte 'Traumbaum' in Berlin-Kreuzberg vollendet. Der Bau war im Jahr 1990 im Rahmen der Internationalen Bauausstellung von dem Architekten Peter Brinkert realisiert worden. Der radial organisierte, zweigeschossige Mauerwerksbau liegt an einem breiten, autofreien Weg und öffnet sich nach Süden zu einem großen, begrünten Spielplatz. Die einzelnen Gruppenräume werden über ein helles Atrium und tiefe, konisch zulaufende Flure erschlossen. Die Baupiloten wurden beauftragt, den Atriumsbereich und Flure der Kindertagesstätte zu beleben. Letztlich sollte der Umbau dazu beitragen, die Lebensqualität in einem problematischen Kiez zu verbessern, indem er die Kindertagesstätte zu einem Ort der Identifikation und des Rückhalts macht.

Umbau der Kindertagesstätte 'Traumbaum' in Berlin-Kreuzberg. Architekten: Baupiloten, 2005

Zunächst wurden die Kinder im Alter von zwei bis elf Jahren von den Baupiloten eingeladen, unter Anleitung der Erzieherinnen ihre fantastischen Vorstellungen von einem Traumbaum zu malen und zu basteln. Die Baupiloten beobachteten die Kinder über mehrere Tage: Wie verhalten sie sich? Welches sind ihre Eigenarten? Wie sitzen, spielen und kommunizieren sie? Wie ist ihr Tagesablauf strukturiert? Die Zeichnungen und Wünsche der Kinder von Traumbäumen dienten den Baupiloten als Inspiration, ihrerseits einen ganz realen Traumbaum zu erschaffen. Auch in den weiteren Entwurfsprozess wurden die Kinder involviert: In mehreren Präsentationen hatten nicht nur die Erzieherinnen, sondern auch die Kinder Gelegenheit, die Entwürfe zu kommentieren, ihre Vorlieben zu zeigen und schließlich ihre Favoriten auszuwählen

Die Baupiloten entwarfen Einbauten, die einem Baum ähnlich sind und wie er Schutz und Rückzugsmöglichkeiten bieten. Heute macht der Baum schon am Eingang der Kindertagesstätte in 14 Sprachen auf sich aufmerksam. Hier und in den neu gestalteten Bereichen des Erd- und Obergeschosses setzen helle und leuchtende Farben deutliche Akzente, die durch die Reflexionen von so genannten 'Sonnenlichtblättern' unterstützt

Umbau der Kindertagesstätte 'Traumbaum' in Berlin-Kreuzberg. Architekten: Baupiloten, 2005

werden. Diese Blätter bringen je nach Tages- und Jahreszeit unterschiedliches Licht aus dem Atrium in die dunklen Erdgeschossflure. Der flache Sonnenstand des Winters bewirkt durch die Blätter ein 'Winterglitzern', die hoch stehende Sonne des Sommers erzeugt ein 'Sommerleuchten'. Das Licht des Herbstes und des Frühjahrs wiederum hinterlassen ein 'Herbst- oder Frühlingsfunkeln'.

Die verwinkelte Welt des Baumstamms aus schrägen Gipskartonwänden umschließt die Kinder von allen Seiten und soll ihnen ein Gefühl der Geborgenheit geben. Aus dem Stamm wachsen 'Traumblüten', in die sie sich zurückziehen können. Über Körben aus Stahlrohr sind nicht brennbare Textilien gespannt. Farbig hinterleuchtet changieren sie in Farbtönen von Grün über Blau und Gelb hin zu Orange und Rot. Der Traumbaum wirkt, angeregt durch die Wünsche der Kinder, wie ein Realität gewordenes Fabelwesen. Er kann leuchten, sich bewegen, Geräusche machen, und es gibt ein 'Blütentele-

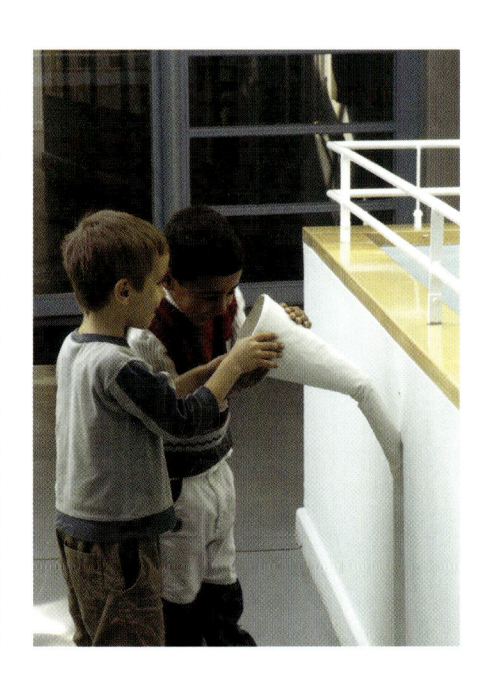

Katrin Voermanek

fon', das geheimnisvolle Nachrichten übermittelt. Mit all diesen 'Fähigkeiten' soll der Traumbaum den Kindern ganz selbstverständlich dabei helfen, über ihre vielfältigen kulturellen Lebenshintergründe hinweg zusammenzufinden und in Gruppen miteinander zu spielen.

Was steht nun am Ende eines solchen, von einer intensiven Beschäftigung mit kleinen Nutzern geprägten Prozesses? Eher der Gegenentwurf zu einem strengen und neutralen Hintergrund, vor dem die Kinder dann selbst als 'Farbtupfer' und Gestalter auftreten. Hier schlagen die Architekten geradezu poetische Töne an, das Ergebnis fällt verspielt, bunt und üppig aus – und die Akzeptanz unter Kindern und Erziehern ist offenbar extrem hoch.

Erfolgsrezepte?

Diese Zusammenstellung aktueller, zum Teil bekannter, zum Teil aber von der breiten Öffentlichkeit noch zu entdeckender Beispiele zeigt vor allem eines: Auch beim Bauen für Kinder ist die Welt in den letzten Jahren nicht neu erfunden worden. Vorhandene und bewährte Entwicklungen werden fortgeschrieben und mit immer wieder erfreulichen Ergebnissen neu variiert. Äußere Zwänge – und die sind im Kindergartenbau nicht zuletzt immer finanzieller Natur – fordern von allen Seiten Kompromissbereitschaft.

Vielleicht ist es beruhigend, dass es das 'ideale Haus' für Kinder ohnehin nicht geben kann. Würde man Kinder, Erzieher, Eltern, Architekten und die Träger solcher Einrichtungen getrennt voneinander befragen, käme ein buntes und an vielen Stellen hoffnungslos unvereinbares Sammelsurium von Ideen dazu heraus, was aus der jeweiligen Sicht als 'ideal' einzustufen ist. Eine Annäherung dieser unterschiedlichen Standpunkte, also gute und angemessene Lösungen, entstehen nicht, wenn sich eine beteiligte Partei auf ganzer Linie zu Ungunsten einer anderen durch- oder gar über sie hinwegsetzt. Auch nicht durch missionarischen Eifer, das Orakeln über die Befindlichkeit des jeweiligen Gegenübers, durch die Zuhilfenahme von Handbüchern oder die Anwendung von Standardrezepten. Der Schlüssel kann nur im Dialog liegen, in der Aufmerksamkeit für das, was einem begegnet, und in der Bereitschaft, immer wieder aufs Neue voneinander zu lernen.

Bauen für Kinder im Überblick

Stefan Krämer

„Ohne Kinder sind die Städte nicht zukunftsfähig"
„Den Straßenraum für die Kleinen erobern"
„Stuttgart hat ein Herz für Kinder"[1]

1 Überschriften aus Zeitungsbeiträgen 2004/2005

Kein Zweifel: Das Thema Kinder hat in jüngster Zeit an Gewicht und an Präsenz in der öffentlichen Diskussion gewonnen. Es eignet sich für Überschriften in den Medien und es liefert wieder Impulse für politische Wahlkämpfe, obwohl sich alle Beteiligten in ansonsten seltener Übereinstimmung für mehr Kinder und für eine jeweils noch kinder- und familienfreundlichere Politik aussprechen.

„Wie hat es denn dann eigentlich überhaupt soweit kommen können?" ist man angesichts der Wellen öffentlicher Solidaritätsbezeugungen versucht zu fragen. Die Antwort ist vergleichsweise einfach. Auslöser für die Wiederentdeckung der vielen politischen und medialen Herzen für Kinder sind in den seltensten Fällen die Kinder selbst. Es sind auch nicht ihr Lachen oder ihre Lebendigkeit, die in der Öffentlichkeit schmerzlich vermisst würden, nun da die verkehrs- und wirtschaftsbezogenen Funktionsanforderungen eines modernen Industriestaates den Charakter unserer Städte prägen. Die Antriebskraft für die Wiederentdeckung der Kinderfreundlichkeit resultiert statt dessen vor allem aus den Folgen, die mit den rückläufigen Geburtenraten verbunden sind. Erst jetzt, da deren gesellschaftspolitische und sozialstrukturelle Auswirkungen nach und nach in das öffentliche Bewusstsein vordringen, gilt die Verbesserung der Rahmenbedingungen für Kinder und für Familien gleichermaßen als aktuelle Aufgabe und als wichtige Investition in die Zukunft Deutschlands: „Familienfreundlichkeit ist der Standortfaktor der Zukunft".[2]

2 Überschrift einer Pressemitteilung des Bundesministeriums für Familie, Senioren, Frauen und Jugend anlässlich der Vorstellung des Familienatlas 2005 am 20. Januar 2005 in Berlin

Das Bauen für Kinder ist bisher nicht zu einem signifikanten Bestandteil dieser öffentlichen Debatte geworden. Zumindest für Kinder im Alter von bis zu sechs Jahren ist ein auf die Bedürfnisse und die Lebenswelten von Kindern ausgerichtetes Bauen nahezu ausschließlich bei den verschiedenen Formen an Tageseinrichtungen zu beobachten, in denen Kinder außerhalb ihrer Familien betreut werden. Solche Einrichtungen ergeben nebeneinander gestellt entweder die einzelnen Glieder einer Betreuungskette, die am Alter der Kinder ausgerichtet wird und die von den Krippen (für Kinder unter drei Jahren) über die Kindergärten (für Kinder von drei bis sechs Jahren) bis zu den Horten (für schulpflichtige Kinder) reicht. Oder sie werden als Mischformen aus diesen Angeboten, als so genannte Kombi-Einrichtungen, konzipiert und geführt.[3]

3 In der amtlichen Statistik werden die Tageseinrichtungen für Kinder oft unter dem Sammelbegriff der Kindertagesbetreuung zusammengefasst, obwohl die Betreuung neben der Bildung und der Erziehung eigentlich nur einen Schwerpunkt des aktuellen Aufgabenspektrums der Einrichtungen darstellt, worüber weitgehend öffentlicher Konsens besteht. Im Folgenden werden aufgrund der zahlreichen Rückgriffe auf Daten aus der amtlichen Statistik die Sammelbegriffe Tageseinrichtungen für Kinder und Kindertagesbetreuung synonym verwendet.

Andere kinderorientierte Gebäudeplanungen sind ebenso selten wie kinderspezifische Freiflächenplanungen, die über die obligatorischen Quartiersspielplätze in Wohngebieten und die meist ebenso lieb- wie leblosen Schaukel-Sandkasten-Ecken bei Mehrfamilienhäusern hinausgehen. Sogar die Außenraumgestaltungen der Kindertagesstätten entstehen häufig nicht auf der Basis von Fachkonzepten, sondern werden in gemeinsamen Initiativen von Erzieher/innen und Eltern geschaffen. Aus einem anderen Blickwinkel heraus betrachtet sind solche gemeinschaftlichen Aktionen sowohl wünschens-

als auch anerkennenswert, beispielsweise wenn dadurch der Aufbau einer integrativen Erziehungspartnerschaft von Eltern und Erzieher/innen unterstützt werden kann. Eine fachkompetente Planung der Außenraumgestaltungen und eine qualifizierte Begleitung bei ihrer Umsetzung können solche Gemeinschaftsprojekte jedoch nicht ersetzen.[4]

4 Vgl. hierzu den Beitrag von Hille von Seggern

Die Kindertagesbetreuung in Deutschland

Angesichts der bisherigen Schwerpunkte beim Bauen für Kinder stehen im nachfolgenden Überblick konsequenterweise die unterschiedlichen Formen und Schwerpunkte der Kindertagesbetreuung in Deutschland im Vordergrund. Ein bundeseinheitliches Bild ist dabei nicht zu gewinnen, denn Ost- und Westdeutschland[5] wachsen auch auf diesem Sektor nur langsam und nur partiell zusammen. Die Entwicklungstrends tragen hierbei allerdings ansonsten ungewohnte Vorzeichen: Während in Ostdeutschland nach zahlreichen Schließungen und Leistungseinschränkungen immer noch eine hohe Angebotsdichte in der Kindertagesbetreuung vorhanden ist, bleibt die Versorgungsquote in Westdeutschland im Vergleich hierzu trotz erheblicher Anstrengungen deutlich zurück.

5 Westdeutschland = Früheres Bundesgebiet ohne Westberlin. Ostdeutschland = Neue Bundesländer, in den statistischen Auswertungen aufgrund der Zuordnungsproblematik in der Regel ohne Berlin. Die in den nachfolgenden Auswertungen genannten Daten für 1990/1991 wurden in Westdeutschland zum 31.12.1990 und in Ostdeutschland zum 31.12.1991 erhoben.

In der fachlichen und in der öffentlichen Diskussion werden die unübersehbaren Lücken in der westdeutschen Versorgungspalette als eine der möglichen Ursachen für die niedrige Geburtenrate in Deutschland benannt.[6] Insbesondere Frauen, die viel Zeit und Aufwand in ihre Ausbildung – beispielsweise in Form eines Studiums – und in einen eigenen Berufsweg investiert haben, scheinen auf Schwierigkeiten bei der Vereinbarkeit von Kinderwunsch und Erwerbstätigkeit häufig zunächst mit einer Verschiebung und später mit einer endgültigen Aufgabe der eigenen Familienpläne zu reagieren. Der besonders hohe Anteil an beruflich hoch qualifizierten Frauen, die in Westdeutschland kinderlos bleiben, ist hierfür ein deutliches Zeichen, was sich in weiterführenden Analysen zu den Hintergründen für die dauerhafte Kinderlosigkeit von Frauen auch bestätigt. Diese Analysen zeigen, dass die Erklärungskraft von anderen wichtigen Faktoren wie beispielsweise das Bildungsniveau oder die Erwerbsorientierung der Frauen nur dann richtig eingeschätzt werden kann, wenn zusätzlich auch infrastrukturelle Rahmenbedingungen wie beispielsweise die Angebote zur Kinderbetreuung oder die Arbeitsmarktlage mit betrachtet werden. Dies gilt insbesondere auch für die Erklärung der weiterhin beobachtbaren Ost-West-Unterschiede.[7]

6 Vgl. für einen Blick auf weitere mögliche Ursachen: Heike Lipinski/ Erich Stutzer: Wollen die Deutschen keine Kinder? Sechs Gründe für die anhaltend niedrigen Geburtenraten. Statistisches Monatsheft Baden-Württemberg 6/2004

Allerdings kann eine Ausweitung der Angebote zur Kindertagesbetreuung nur eines der vielen Probleme lösen, die mit der Vereinbarkeit von Beruf und Familie in Deutschland für viele Frauen (und Männer) verbunden sind. Die gesellschaftlichen Hintergründe – darunter auch Einstellungen, Werte und Stimmungsbilder – sind wesentlich umfassender und reichen weit über das Feld der Kindertagesbetreuung hinaus.[8] Beispiele aus anderen Ländern wie Frankreich, Schweden oder Finnland zeigen, dass es in

7 Vgl. hierzu: Klaus-Jürgen Duschek/ Heike Wirth: Kinderlosigkeit von Frauen im Spiegel des Mikrozensus; Eine Kohortenanalyse der Mikrozensen 1987 bis 2003. In: Statistisches Bundesamt (Hg.): Wirtschaft und Statistik 8/2005, S. 800-820

8 Vgl. hierzu auch den Beitrag von Susanne Mayer

Deutschland auf dem Gebiet der Unterstützung von gleichzeitiger Erwerbstätigkeit und Familiengründung einen erheblichen Nachholbedarf gibt, der durch Versäumnisse in den letzten Jahrzehnten entstanden ist.[9]

Entgegen einer in der politischen Diskussion regelmäßig geäußerten Einschätzung lassen sich diese Versäumnisse nur teilweise der allgemeinen steuerlichen Belastung von Familien in Deutschland zuweisen. Dies zeigt ein Vergleich mit Frankreich, das sich aufgrund seiner hohen Geburtenrate den Ruf einer mustergültigen Unterstützung von Familien erworben hat und deshalb auf diesem Gebiet gerne als Vorbild betrachtet wird. So werden in Deutschland beispielsweise Alleinerziehende und Familien mit einem oder zwei Kindern bei niedrigem Einkommen stärker entlastet als in Frankreich, wo nur Familien mit drei und mehr Kindern und mit überdurchschnittlich hohen Einkommen steuerlich stärker entlastet werden als ihre Vergleichsgruppe in Deutschland.[10]

Der auf den ersten Blick eher überraschende Unterschied verdeutlicht die andere, vorrangig familienpolitische Ausrichtung der steuerlichen Regelungen in Frankreich. Steuerliche Entlastungen stellen dort nur einen Baustein des Gesamtkonzeptes, das vor allem auf die Unterstützung von berufstätigen Eltern bei der Kindererziehung ausgerichtet ist. Konsequenterweise profitieren von dieser Ausrichtung vor allem diejenigen Familien, in denen beide Elternteile berufstätig sind. Die Bundesregierung verweist in diesem Zusammenhang darauf, dass die Familienförderung in Deutschland in Summe und Pro-Kopf-Relation nicht hinter anderen Ländern wie Frankreich, den Niederlanden, Kanada oder Schweden zurückbleibe. „Allerdings liegt das Schwergewicht anderswo nicht bei den finanziellen Transfers wie bei uns, sondern im Bereich Betreuung und Bildung."[11] In Deutschland besteht ein vorrangiges familienpolitisches Ziel darin, Familien mit geringem Einkommen zu unterstützen, um deren Existenzsicherung in so genannten besonderen Lebenslagen zu gewährleisten. Steuerliche Entlastungen sollen zumindest einen Teil der Einkommensverluste ausgleichen, die aus der Reduzierung oder Aufgabe der Berufstätigkeit eines Elternteiles entstehen. Die zentrale Bedeutung der Erwerbstätigkeit für das Hauhaltseinkommen der Familien zeigt sich daran, dass das Armutsrisiko von Familien mit Kindern in engem Zusammenhang mit dem Alter des jüngsten Kindes steht. Je älter das jüngste Kind ist, desto stärker nimmt die Erwerbsbeteiligung der Familienhaushalte wieder zu und das Armutsrisiko sinkt wieder.[12]

Die Ausrichtung der steuerlichen Entlastungen kommt in Deutschland neben den Familien mit geringem Einkommen vor allem der hier weiter wachsenden Zahl an Alleinerziehenden zu gute. Die Entlastungen stellen deshalb eine wichtige Maßnahme zur Bekämpfung der steigenden Kinderarmutsquote dar. Allerdings reichen sie nicht aus, die mit einer Aufgabe oder Einschränkung der Erwerbstätigkeit verbundenen tatsächlichen Einkommensverluste auszugleichen.[13]

Von entscheidender Bedeutung ist deshalb, zusätzlich auch Maßnahmen für eine Unterstützung der Berufstätigkeit von Alleinerziehenden und von beiden Elternteilen in einer Familie zu ergreifen. Dies hat auch die Bundesregierung als Ziel erkannt: „Die Vereinbarkeit von Familie und Beruf bleibt ein großes Reformvorhaben dieser Legislaturperiode. [...] Es geht um ein neues Verständnis des Sozialstaates, in dessen Mittelpunkt nicht finanzielle Transferleistungen, sondern die Möglichkeiten stehen, an Bildungschancen wie am Erwerbsleben teilnehmen zu können."[14] Aktuell wird zur Realisierung dieser neuen Schwerpunkte eine Ergänzung der vorhandenen förderpolitischen Regelungen durch eine Intensivierung der Kooperation zwischen Politik und Unternehmen angestrebt. Unter dem Begriff so genannter Work-Life-Balance-Modelle werden Beispiele und Konzepte gesammelt und zur Nachahmung empfohlen, in denen unterschiedliche Unterstützungsangebote für eine bessere Vereinbarkeit von Familie und Beruf häufig eine zentrale Rolle spielen. Die ökonomischen Effekte solcher Konzepte

---

9 Vgl. hierzu: Steffen Kröhnert/ Nienke van Olst/ Reiner Klingholz: Emanzipation oder Kindergeld? Wie sich die unterschiedlichen Kinderzahlen in den Ländern Europas erklären. Berlin-Institut für Bevölkerung und Entwicklung (Hg.), DEMOS 11, 2004

10 Vgl. hierzu: Katharina Wrohlich/ Fabien Dell/ Alexandre Baclet: Steuerliche Familienförderung in Frankreich und Deutschland. In: DIW-Wochenbericht 33/2005, S. 479-486

11 Aus: Renate Schmidt, Bundesministerin für Familie, Senioren, Frauen und Jugend: Zur Situation der Familien in Deutschland, . In: Ilse Wehrmann (Hg.): Kindergärten und ihre Zukunft. Weinheim, 2004, S. 35-45

12 Vgl. hierzu: Markus Grabka/ Peter Krause: Einkommen und Armut von Familien und älteren Menschen. In: DIW-Wochenbericht 9/2005, S.155-162

13 Vgl. hierzu: Bundesministerium für Familie, Senioren, Frauen und Jugend (Hg.): Zwölfter Kinder- und Jugendbericht. Berlin, 2005 (Kap. 1.3). Zu den Auswirkungen der neuen Regelungen zur Grundsicherung für Arbeitssuchende – Arbeitslosengeld II, auch Hartz IV genannt, enthalten im SGB II – vgl.: Expertise Kinder und Hartz IV: Eine erste Bilanz der Auswirkungen des SGB II. Der Paritätische Wohlfahrtsverband (Hg.), Berlin 2005. Danach müssen Kinder „derzeit eindeutig als Verlierer von Hartz IV angesehen werden".

14 Aus: Renate Schmidt, Bundesministerin für Familie, Senioren, Frauen und Jugend: Zur Situation der Familien in Deutschland. In: Ilse Wehrmann (Hg.): Kindergärten und ihre Zukunft. Weinheim, 2004, S. 35-45

und Modelle können beachtlich sein. Sie entstehen auf mehreren Ebenen, denn die damit verbundenen wirtschaftlichen Vorteile ergeben sich nicht nur aus volkswirtschaftlicher Perspektive, sondern auch für die beteiligten Unternehmen selbst. Zusammen mit den Vorteilen für die berufstätigen Eltern wächst auf diese Weise ein gesamtgesellschaftlicher Nutzen in Form der nicht nur bei Ökonomen besonders beliebten mehrfachen Win-Situation. Work-Life-Balance-Modelle können deshalb mehr sein als übergeordnete Gedankenspiele vor dem Hintergrund schwieriger finanzpolitischer Rahmenbedingungen, zumal sie in einer Reihe von Beispielen bereits ihre Eignung für eine konkrete Umsetzung in der Unternehmenspraxis bewiesen haben.[15]

Einrichtungen und Versorgungsquoten (Platz-Kind-Relationen)
Zum Stichtag der letzten Sonderauszählung des Statistischen Bundesamtes am 31. Dezember 2002 gab es in Deutschland insgesamt 47 279 Einrichtungen zur Kindertagesbetreuung.[16] Die Mehrzahl dieser Einrichtungen (36 702 = 77,6 Prozent) befindet sich in Westdeutschland. In Ostdeutschland (ohne Berlin) gibt es 8 543 (18,1 Prozent) Einrichtungen und in Berlin 2 034 (4,3 Prozent). Die zu Berlin gehörenden Einrichtungen sind in den für Ost- und Westdeutschland getrennten Auszählungen des Statistischen Bundesamtes nicht enthalten, da sie sich vor allem rückwirkend nicht eindeutig zuordnen lassen.

Die Zahl der Einrichtungen ist von geringer Aussagekraft, auch weil die Einrichtungen unterschiedlicher Größe sind und unterschiedlich viele Plätze anbieten. Ein wichtiger Indikator für die Bedarfsdeckung und die Versorgungsquote ist statt dessen das Verhältnis zwischen der Anzahl der angebotenen Plätze und der Anzahl der Kinder, die sich in der entsprechenden Altersgruppe befindet. Diese Maßzahl wird als Platz-Kind-Relation bezeichnet. Ihre höhere Aussagekraft zeigt sich besonders deutlich, sobald man die Entwicklung in Ost- und in Westdeutschland seit der Wiedervereinigung betrachtet.

In Ostdeutschland (ohne Berlin) wurden Ende 2002 insgesamt 9 243 Einrichtungen weniger gezählt als Ende des Jahres 1991. Dies entspricht einer Abnahme der Zahl der Einrichtungen um mehr als die Hälfte (52,5 Prozent). Zum größten Teil ist dieser Rückgang auf den massiven Einbruch bei den Geburtenziffern in den 1990er Jahren und die gleichzeitige Abwanderung vieler junger Menschen nach Westdeutschland zurückzuführen. Deshalb konnte der Vollversorgungsanspruch aus DDR-Zeiten trotz des reduzierten Angebotes zumindest bei den Kindergartenkindern (drei bis sechs Jahre) gehalten werden. Ende 2002 betrug die Platz-Kind-Relation in Ostdeutschland für diese Altersgruppe 105 Prozent, das heißt für 100 Kinder dieses Alters standen 105 Plätze zur Verfügung. Bei den Krippenkindern (unter drei Jahren) lag die Platz-Kind-Relation immerhin bei 37 Prozent, was nicht nur im Vergleich mit Westdeutschland, sondern auch international einen hohen Wert darstellt.[17]

In Westdeutschland wurde die Zahl der Einrichtungen in den 1990er Jahren – nach der Einführung des Rechtsanspruches auf einen Kindergartenplatz für Kinder ab dem dritten Geburtstag bis zum Wechsel in die Grundschule – deutlich erhöht. Von Ende 1990 bis Ende 2002 entstanden insgesamt 7 177 zusätzliche Einrichtungen für die Kindertagesbetreuung, was einem Zuwachs von 24,3 Prozent entspricht. Seit Ende der 1990er Jahre hat sich dabei allerdings die Gesamtzahl der angebotenen Plätze kaum noch verändert, ebenso wenig die Platz-Kind-Relationen. Ende 2002 standen für 88 Prozent der Kinder im Alter von drei bis sechs Jahren ein Kindergartenplatz zur Verfügung. Dieser Wert liegt deutlich unter der Versorgungsquote in Ostdeutschland. Dennoch kann er als nahezu bedarfsgerecht eingestuft werden, da die Neigung zur Inanspruchnahme der angebotenen Kindergartenplätze in Westdeutschland geringer ausgeprägt ist als in Ostdeutschland.[18] Nach den Ergebnissen des Mikrozensus 2002 – einer repräsentativen

15 Vgl. hierzu sowie für Fallbeispiele aus deutschen Unternehmen: Work-Life-Balance – Motor für wirtschaftliches Wachstum und gesellschaftliche Stabilität. Prognos AG, Berlin 2005

16 Aus: Statistisches Bundesamt (Hg.): Kindertagesbetreuung in Deutschland – Einrichtungen, Plätze, Personal und Kosten 1990 bis 2002. Wiesbaden, 2004

17 Die Versorgungsquote bei den Krippenkindern ist in Ostdeutschland allerdings nach der Wiedervereinigung dennoch etwas gesunken, da sich nur im Kindergarten- und im Hortbereich der Abbau der Plätze und der Geburtenrückgang vollständig gegenseitig kompensieren konnten.

18 Zu Unterschieden und Einflussfaktoren vgl. den zwölften Kinder- und Jugendbericht. Bundesministerium für Familie, Senioren, Frauen und Jugend (Hg.), Berlin 2005 (Kap. 5.3.3.2)

19 Aus: Statistisches Bundesamt (Hg.): Kindertagesbetreuung in Deutschland; Einrichtungen, Plätze, Personal und Kosten 1990 bis 2002. Wiesbaden, 2004

20 Vgl. hierzu: OECD Early Childhood Policy Review 2002-2004; Hintergrundbericht Deutschland. München, 2004

Stichprobe von einem Prozent aller Haushalte in Deutschland – besuchen in Westdeutschland rund 82 Prozent aller Kinder der Altersgruppe von drei bis sechs Jahren einen Kindergarten. Die Auslastung der Kindergärten erreichte zum gleichen Zeitpunkt nur noch rund 95 Prozent, nachdem sie Mitte der 1990er Jahre noch bei 100 Prozent lag.

Wesentlich schlechter ist die Versorgungsquote in Westdeutschland bei den Krippenkindern (unter drei Jahre). Hier stehen nur für drei Prozent dieser Kinder überhaupt Plätze zur Verfügung.[19] Ein Grund hierfür dürfte die in der früheren Bundesrepublik weit verbreitete Überzeugung sein, dass die frühkindliche Sozialisation in der alleinigen Verantwortung der Eltern liegen sollte. Sie wurde deshalb weitgehend als Privatsache eingeschätzt und Krippen entstanden eher als Entlastungshilfe für Notsituationen und nicht zur Unterstützung der Berufstätigkeit der Mütter. Ihre Zahl und ihre Verbreitung blieben gering, weshalb in Westdeutschland der Anschluss an die in anderen Ländern Westeuropas stärker auf berufstätige Mütter ausgerichteten Entwicklungen verloren ging.[20]

Einrichtungen und Plätze 1990/1991 bis 2002

	Gesamt	Ostdeutschland (ohne Berlin)	Westdeutschland (1990 ohne W-Berlin)
Zahl der Einrichtungen			
1990/1991	50 668	17 974	29 525
1994	46 623	11 588	32 998
1998	48 203	9 108	37 023
2002	47 279	8 543	36 702
Zahl der Krippenplätze			
1990/1991	293 432	226 581	26 388
1994	150 753	90 923	35 025
1998	166 927	94 623	44 334
2002	190 395	108 944	50 775
Zahl der Kindergartenplätze			
1990/1991	2 313 864	653 367	1 556 921
1994	2 471 688	503 650	1 879 832
1998	2 486 780	308 808	2 104 854
2002	2 507 744	341 328	2 088 176

Quelle: Kindertagesbetreuung in Deutschland, Statistisches Bundesamt (Hg.), Wiesbaden 2004

21 In Österreich liegt die aktuelle Versorgungsquote beispielsweise bei rund zehn Prozent, der Bedarf wird auf der Basis von Schätzungen bei 16 Prozent vermutet. Aus: Österreichisches Institut für Familienforschung (Hg.): Kinderbetreuung am Prüfstand. Beitrag in beziehungsweise 03/2005. Wien, 2005

22 Vgl. hierzu: Katharina Spieß/ Katharina Wrohlich: Wie viele Kinderbetreuungsplätze fehlen in Deutschland? In: DIW-Wochenbericht 14/2005, S. 223-227

Seit einigen Jahren wird das Angebot zur Tagesbetreuung von Kleinkindern in Westdeutschland auch von politischer Seite als unzureichend betrachtet. Mit dem so genannten Tagesbetreuungsausbaugesetz (TAG) soll deshalb bis Ende 2011 für die Krippenkinder eine als bedarfsgerecht eingeschätzte Versorgungsquote von rund 20 Prozent erreicht werden.[21] Da dieser Wert in Ostdeutschland trotz der Angebotseinschränkungen auch heute noch deutlich übertroffen wird, konzentrieren sich die Ausbaupläne nach dem TAG auf Westdeutschland. Andere Berechnungen, die anstelle von Makroeinschätzungen auf der Basis individueller Daten auch den Wunsch nach einer frühzeitigeren Wiederaufnahme der Erwerbstätigkeit nach Geburt der Kinder sowie nach einer Erweiterung der Erwerbstätigkeit bei geringfügig beschäftigten Müttern zu berücksichtigen versuchen, ergeben noch deutlich höhere Quoten für eine bedarfsgerechte Versorgung.[22]

Auch bei den Hortplätzen für schulpflichtige Kinder sind die Platz-Kind-Relationen in Ostdeutschland (41 Prozent ohne Berlin, Berlin 24 Prozent) deutlich höher als in

Westdeutschland (5 Prozent). Eine auffällige Ausnahme bildet Thüringen, das bei den Hortplätzen mit nur drei Prozent gemeinsam mit Baden-Württemberg, Niedersachsen und Rheinland-Pfalz den niedrigsten Wert aller Bundesländer ausweist. Thüringens Nachbarland Sachsen verfügt mit 55 Prozent über die höchste Versorgungsquote aller Bundesländer. Den höchsten Wert in Westdeutschland hat Hamburg (18 Prozent) unter den Stadtstaaten, während Hessen mit sieben Prozent unter den westdeutschen Flächenländern vorne liegt.

Ein Nachteil der Platz-Kind-Relationen als Indikatoren für die Angebotsdichte in der Kindertagesbetreuung liegt darin, dass diese Relationen als Makrodaten berechnet werden. Sie können deshalb keine Informationen darüber enthalten, ob das lokale Angebot vor Ort auch tatsächlich dem allgemeinen Bedarf oder den Bedürfnissen der Eltern entspricht. Die Nachfrage nach Angeboten zur Kindertagesbetreuung ist beispielsweise in hohem Maße entfernungssensibel, das heißt für Eltern ist die kleinräumige Angebotsstruktur – die Nähe und die Lage zur eigenen Wohnung, zum Arbeitsplatz oder auch zu den Großeltern der Kinder – von großer Bedeutung. Eventuelle Defizite im eigenen Einzugsbereich können deshalb nicht durch Angebotsüberhänge in anderen Orten kompensiert werden. In den übergeordneten Berechnungen der Platz-Kind-Relationen gleichen sich solche Differenzen jedoch aus.

Öffnungszeiten

Eine weitere Einschränkung der Aussagekraft der Platz-Kind-Relationen wird deutlich, sobald auch die Öffnungszeiten der Einrichtungen mit berücksichtigt werden. Vor allem berufstätige Eltern sind auf flexible und ausreichend lange Öffnungszeiten angewiesen.[23] Auch unter diesem Aspekt sind nach wie vor große Unterschiede zwischen Ost- und Westdeutschland zu verzeichnen: Der Anteil der Ganztagesplätze ist in den östlichen Bundesländern bei allen Angebotsformen deutlich höher als in Westdeutschland, denn zu DDR-Zeiten waren hier Ganztagesplätze die Regel. „Nach wie vor sind Kinderbetreuungsangebote, die in der DDR wie in keinem anderen Staat der Welt ausgebaut waren, […] in den östlichen Bundesländern in erheblich höherem Maße vorhanden als im Westen. Zudem ist dort auch im Kindergartenalter das Angebot an Ganztagesplätzen nahezu die Regel, in Westdeutschland hingegen immer noch die Ausnahme."[24] Selbst die

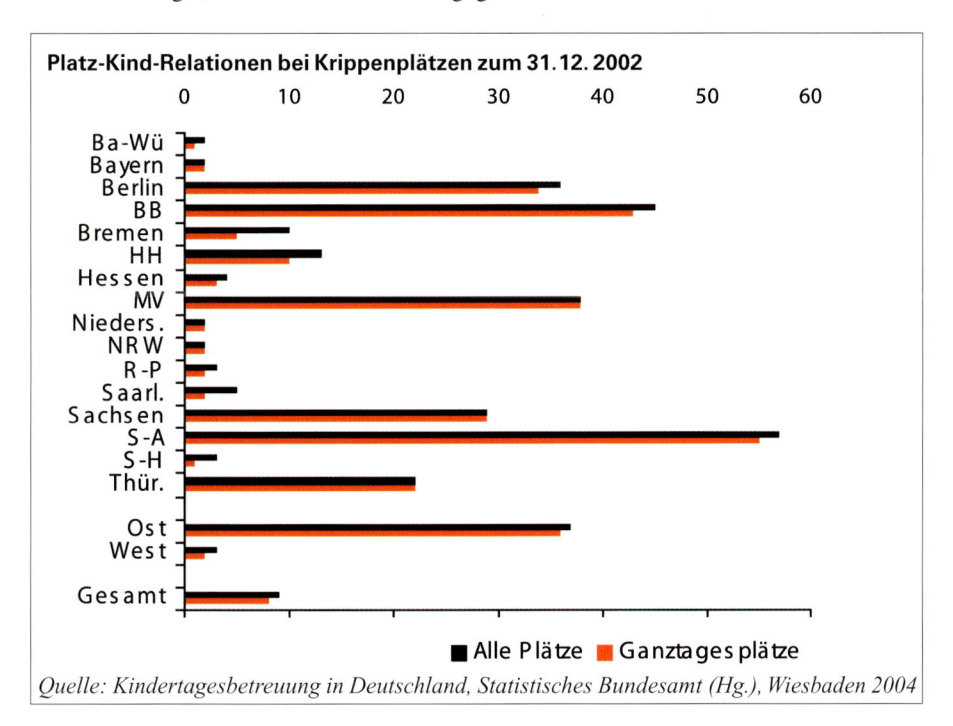

[23] *Besonders selten sind längere Öffnungszeiten nach einer Studie des Deutschen Industrie- und Handelskammertages (DIHK) bis nach 18:00 Uhr und an Samstagen sowie eine durchgehende Betreuung in der Zeit der Schulferien. Vgl.: DIHK (Hg.): Zukunftsfaktor Kinderbetreuung – mehr Freiraum für Beruf und Familie. Berlin, 2005*

[24] *Aus: Bundesministerium für Familie, Senioren, Frauen und Jugend (Hg.): Zwölfter Kinder- und Jugendbericht. Berlin, 2005, S. 12*

Platz-Kind-Relationen bei Krippenplätzen zum 31.12.2002

■ Alle Plätze   ■ Ganztagesplätze

Quelle: Kindertagesbetreuung in Deutschland, Statistisches Bundesamt (Hg.), Wiesbaden 2004

Stadtstaaten Hamburg und Bremen, die aus westdeutscher Perspektive einen überdurchschnittlich hohen Anteil an Ganztagesplätzen aufweisen, liegen deutlich unter dem Niveau der ostdeutschen Flächenländer. Die größten Unterschiede in den Anteilen der Ganztagesplätze zeigen sich bei den Kindergartenplätzen, also bei Kindern der Altersgruppe von drei bis sechs Jahren. Die Krippenplätze dagegen werden auch in Westdeutschland – soweit sie denn überhaupt angeboten werden – nahezu vollständig als Ganztagesplätze zur Verfügung gestellt.

Den geringsten Anteil an Ganztagesplätzen bei den Kindergärten weist Baden-Württemberg auf. Bei der allgemeinen Platz-Kind-Relation bietet es mit 104 Prozent insgesamt eine sehr gute Versorgungsquote, bei der Ganztagesplatz-Kind-Relation handelt es sich mit nur 7 Prozent um den niedrigsten Wert aller Bundesländer. Ursächlich hierfür ist vor allem die in Baden-Württemberg bei den Kindergärten vorherrschende Angebotsform an Vor- und Nachmittagsplätzen ohne Mittagessen. Die Kindergärten sind in diesen Fällen mehrheitlich noch so konzipiert, dass die Kinder mittags nach Hause gehen und die Gelegenheit haben, am Nachmittag wieder zu kommen.

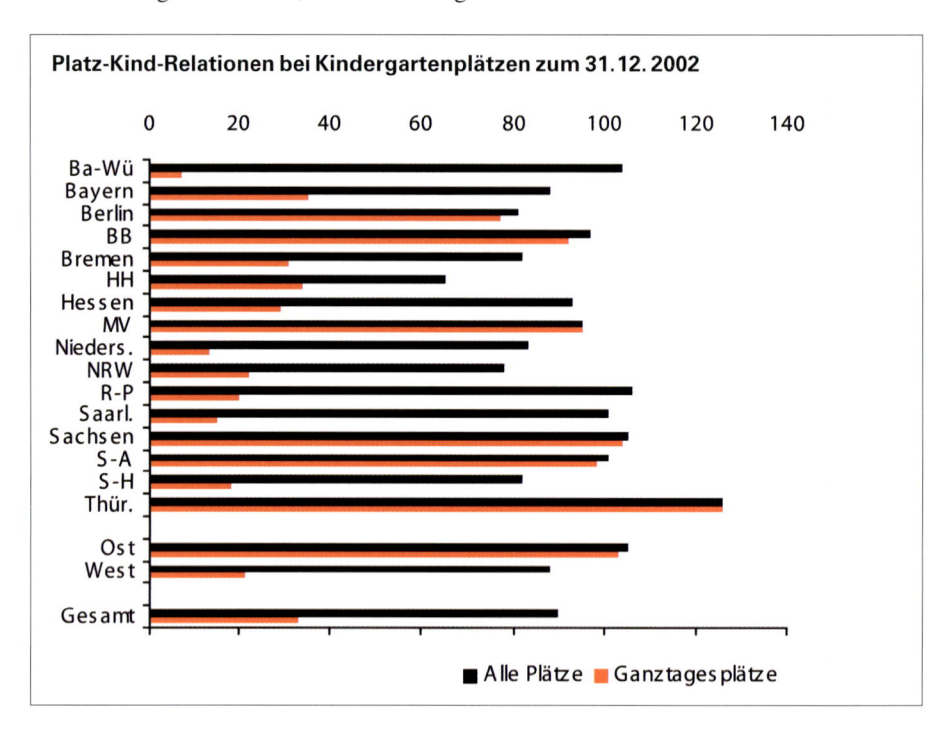

Platz-Kind-Relationen bei Kindergartenplätzen zum 31.12.2002

■ Alle Plätze ■ Ganztagesplätze

25 Bei alleiniger Erwerbstätigkeit des Mannes auch 'männliches Ernährer-Modell' oder 'Hausfrauen-Modell' genannt. In der DDR gehörte die Erziehung zu einem sozialistischen Menschen zu den Hauptaufgaben der Kinderbetreuung. Ergänzend wurde aber bereits in den 1950er Jahren die Eingliederung der Frauen in das wirtschaftliche, kulturelle, öffentliche Leben und die Sicherung einer wirklichen Gleichberechtigung als wichtige Aufgabe der Kinderbetreuung formuliert. Vgl. hierzu: Manfred Berger, Ein Beitrag zur Geschichte des Kindergartens in der sowjetisch besetzten Zone Deutschlands und in der DDR (1945-1990). In: Martin Textor (Hg.): Kindergartenpädagogik – Online-Handbuch. www.kindergartenpaedagogik.de

26 In einer Umfrage der Initiative 'perspektive deutschland' gaben 72 Prozent aller berufstätigen Mütter im Alter von 20 bis 39 Jahren an, dass sie mehr arbeiten würden, wenn nur die Kinderbetreuung besser wäre. Projektbericht 2003/2004, perspektive deutschland, S. 47, www.perspektive-deutschland.de

Der niedrige Anteil der Ganztagesplätze bei den Kindergärten in Westdeutschland und insbesondere die fehlende Betreuung über die Mittagszeit hinweg ist auch ein Ergebnis der langjährigen Orientierung am so genannten '1,5 Ernährer-Modell'[25]. Dieses Modell legt als Regelfall einen vollzeiterwerbstätigen Vater und eine höchstens teilzeitbeschäftigte Mutter zugrunde. Kritiker dieses Modells verweisen darauf, dass dessen Umsetzung in vielen Familien vor allem für die Frauen eher als Ergebnis einer Anpassung an vorhandene Gegebenheiten und Angebotsengpässe betrachtet werden muss, als dass es tatsächlich die bevorzugte Lebensform darstellen würde.[26]

Tatsächlich gibt es besonders große Unterschiede in der Erwerbstätigenquote zwischen den Frauen in Ost- und in Westdeutschland bei Müttern mit kleinen Kindern sowie bei vollerwerbstätigen Müttern mit einer Wochenarbeitszeit von 36 Stunden oder mehr. Der Hauptunterschied wird dabei durch den unterschiedlich hohen Anteil der vorübergehend beurlaubten Mütter (vor allem Erziehungsurlaub) verursacht. Bei einer Interpretation dieser nur auf Makro-Ebene verfügbaren Daten müssen allerdings weitere Faktoren berücksichtigt werden, denn in den differenzierenden Quoten spiegelt sich auch die in Ost- und Westdeutschland immer noch unterschiedlich stark ausgeprägte Neigung zur Inanspruchnahme der Angebote zur Fremdbetreuung von Kindern ebenso wider wie die vor allem zu DDR-Zeiten dort wesentlich höhere Vollerwerbstätigenquote der Frauen.

Erwerbstätigkeitsquote 2001 von Müttern nach Alter des jüngsten Kindes			
	Erwerbstätigenquote incl. vorübergehend Beurlaubte	Darunter ohne vorübergehend Beurlaubte	Darunter 36 Stunden pro Woche und mehr
Gesamt			
Unter 3 Jahren	48,6	31,0	10,7
3 bis 5 Jahre	58,7	57,4	14,4
6 bis 14 Jahre	70,5	70,0	23,1
15 Jahre und mehr	66,9	66,7	31,1
Zusammen	64,0	60,6	22,7
Östliche Bundesländer			
Unter 3 Jahren	53,2	40,8	22,8
3 bis 5 Jahre	65,8	65,8	36,2
6 bis 14 Jahre	76,0	75,5	49,5
15 Jahre und mehr	72,9	72,9	51,9
Zusammen	71,0	69,4	46,1
Westliche Bundesländer			
unter 3 Jahren	47,9	29,5	8,8
3 bis 5 Jahre	57,6	56,1	11,0
6 bis 14 Jahre	69,1	68,6	16,7
15 Jahre und mehr	65,1	64,8	24,8
Zusammen	62,3	58,5	17,2

Quelle: OECD Early Childhood Policy Review – Hintergrundbericht Deutschland. 2004

Formen und Träger der Kindertagesbetreuung

Unter den Einrichtungsarten herrscht in Deutschland bei der Kindertagesbetreuung der klassische Kindergarten vor, den Kinder in der Regel ab dem Alter von drei Jahren bis zu ihrem Schuleintritt besuchen. Ende 2002 betrug der Anteil der Kindergärten an allen Einrichtungen trotz rückläufiger Tendenz deutschlandweit immer noch 59 Prozent (1990/1991: 66 Prozent). Der Rückgang ist darauf zurückzuführen, dass inzwischen immer mehr Einrichtungen als Kombi-Einrichtungen bestehen, in denen Kinder verschiedener Altersstufen in unterschiedlicher Zusammensetzung betreut werden. Der Anteil dieser Kombi-Einrichtungen betrug Ende 2002 bereits 32 Prozent (1990/1991: 11 Prozent) und lag damit deutlich vor dem Anteil der Horte (7,3 Prozent) und der Kinderkrippen (1,7 Prozent).

Es ist allerdings auch hier wieder zwischen Ost- und Westdeutschland zu unterscheiden, denn der klassische Kindergarten behält seine Vormachtstellung aufgrund seiner unumstrittenen Dominanz in Westdeutschland. Ende 2002 lag der Anteil der Kindergärten an allen Einrichtungsformen hier bei 74 Prozent (1990: 83 Prozent), während der

Anteil der Kombi-Einrichtungen bei wachsender Tendenz erst 19 Prozent erreichte. Viel mehr an Gewicht haben die Kombi-Einrichtungen bereits in Ostdeutschland gewonnen, wo ihr Anteil bis Ende 2002 bereits auf 80 Prozent angewachsen ist. Ein großer Anteil dieses (relativen) Zuwachses geht auf die Auflösung der anderen Angebote zurück, wie an dem nahezu vollständigen Abbau solitärer Kinderkrippen und Kindergärten abzulesen ist.

Art der Einrichtungen 1990/1991 bis 2002			
	Gesamt	Ostdeutschland (ohne Berlin)	Westdeutschland (1990 ohne W-Berlin)
Krippen			
1990/1991	5 624	4 085	766
1994	856	278	546
1998	693	104	578
2002	798	91	687
Kindergärten			
1990/1991	33 236	7 449	24 359
1994	29 757	2 316	27 036
1998	30 117	593	29 242
2002	27 830	447	27 158
Horte			
1990/1991	6 130	2 708	2 821
1994	3 657	1 882	1 619
1998	3 762	1 580	5 236
2002	3 469	1 226	6 823
Kombi-Einrichtungen			
1990/1991	5 678	3 732	1 579
1994	12 353	7 112	3 797
1998	13 631	6 831	5 236
2002	15 182	6 779	6 823

Quelle: Kindertagesbetreuung in Deutschland, Statistisches Bundesamt (Hg.), Wiesbaden 2004

Unter den Kombi-Einrichtungen gibt es Einrichtungen mit alterseinheitlichen Gruppen (Krippen- und Kindergartenkinder in getrennten Gruppen), Einrichtungen mit ausschließlich altersgemischten Gruppen und Einrichtungen mit sowohl alterseinheitlichen als auch altersgemischten Gruppen.

In Westdeutschland wird der Zuwachs des Anteils der Kombi-Einrichtungen vor allem durch den Anstieg der beiden Formen mit altersgemischten Gruppen getragen, während der Zuwachs bei Kombi-Einrichtungen mit ausschließlich altersgetrennten Gruppen sehr gering ausgefallen ist. Einige Bundesländer fördern die Einrichtung von altersgemischten Gruppen mit höheren finanziellen Zuschüssen in der Absicht, Kindern, die ohne oder nur mit einem Geschwister aufwachsen, auf diese Weise spezifische Sozialisationserfahrungen zu erleichtern.

In Ostdeutschland haben die Kombi-Einrichtungen mit alterseinheitlichen Gruppen einen höheren Anteil als in Westdeutschland. Dies ist vermutlich auch darauf zurückzuführen, dass sie aus der Zusammenlegung vorher getrennter Einrichtungen entstanden sind (Auflösung von Kinderkrippen und Kindergärten, s. o.). Dabei blieb die ursprüngliche Alterstrennung erhalten. Sowohl Kinderkrippen als auch Kindergärten spielen Ende 2002 im Verhältnis zu den Kombi-Einrichtungen in Ostdeutschland quantitativ nur noch eine untergeordnete Rolle.[27]

Die Mehrheit der Kindertageseinrichtungen in Deutschland befand sich Ende 2002 in freier Trägerschaft (60 Prozent), vor allem der Kirchen und freier gemeinnütziger Organisationen. Unter den öffentlichen Trägern (40 Prozent) dominieren die Kommunen deutlich. In Westdeutschland ist der Anteil der Einrichtungen in freier Trägerschaft mit 64 Prozent aller Kindertageseinrichtungen höher als in Ostdeutschland (40 Prozent). Die Tendenz in Westdeutschland ist dabei rückläufig (1990: 67 Prozent), durch den Anstieg in Ostdeutschland (1991: 4 Prozent) jedoch insgesamt wachsend. Die Mehrzahl der Einrichtungen in freier Trägerschaft kann in Ost- wie auch in Westdeutschland den Verbänden der freien Wohlfahrtspflege zugeordnet werden, worunter der Anteil der konfessionellen Spitzenverbände in Westdeutschland deutlich höher ist als in Ostdeutschland.[28]

Sonderformen

In den letzten Jahren hat sich die Anzahl der Einrichtungen, in denen behinderte Kinder betreut werden, deutlich erhöht. Ende 2002 gibt es in Deutschland insgesamt 10 100 Einrichtungen mit Plätzen für behinderte Kinder, das sind 20,7 Prozent aller Kindertagesstätten. Die überwiegende Mehrheit davon wird als integrative Einrichtungen betrieben, das heißt behinderte und nicht behinderte Kinder werden gemeinsam betreut. Zum Jahresende 1994 gab es erst 5 426 Einrichtungen mit Plätzen für behinderte Kinder, was einem Anteil von 10,4 Prozent an allen Einrichtungen entsprach. Der Zuwachs an integrativen Einrichtungen hat in Ost- und in Westdeutschland in vergleichbarem Umfang stattgefunden.[29]

Eine Sonderform bilden die therapeutischen Einrichtungen für Kinder, zu deren Anzahl und Verbreitung keine gesicherten Daten bekannt sind. Ihre Anzahl hat in den letzten Jahren offenbar zugenommen, ebenso wie ihre Bedeutung als Indikator für die Zunahme der damit verbundenen gesellschaftlichen Ursachen und Probleme. Als ein Beispiel hierfür kann die entwicklungstherapeutische Einrichtung Salberghaus der Katholischen Jugendfürsorge der Erzdiözese München und Freising e. V. in Putzbrunn genannt werden. Dabei handelt es sich um ein überwiegend als Übergangseinrichtung konzipiertes Haus mit mehreren stationären und teilstationären Hilfsangeboten:[30]

- Ein entwicklungstherapeutisches Heim für Kleinkinder im Alter von bis zu vier Jahren, die maximal bis zu ihrer Einschulung betreut werden. Aufgenommen werden insbesondere Kinder aus Multiproblem-Familien, vorwiegend mit Entwicklungsstörungen, Deprivationssyndromen, milieureaktiven Verhaltensweisen und emotionalen Störungen.
- Eine Notaufnahmegruppe für Kinder aus extrem schwierigen Verhältnissen (schwerwiegende Vernachlässigung, sexueller Missbrauch, Gewalttätigkeit, Drogenmissbrauch, Alkoholismus und psychische Störungen). Diese Kinder werden bis zu zehn Wochen in der Notaufnahmegruppe betreut, während zeitgleich nach einer dauerhaften Betreuungslösung gesucht wird.
- Eine heilpädagogische Tagesstätte für Kinder mit Verhaltensauffälligkeiten und Entwicklungsstörungen (keine körperlichen oder geistigen Behinderungen), die in enger Verbindung mit den Eltern geführt wird.
- Familienwohngruppen (Säuglinge und Kleinkinder bis sechs Jahren) für Kinder mit verzögerter Entwicklung und Verhaltensstörungen, für die eine Rückkehr in die Herkunftsfamilie unrealistisch ist (Betreuung bis zum Alter von zehn Jahren).

27 Aus: Statistisches Bundesamt (Hg.): Kindertagesbetreuung in Deutschland; Einrichtungen, Plätze, Personal und Kosten 1990 bis 2002. Wiesbaden, 2004

28 Aus: Statistisches Bundesamt (Hg.): Kindertagesbetreuung in Deutschland; Einrichtungen, Plätze, Personal und Kosten 1990 bis 2002. Wiesbaden, 2004

29 Ob mit dem heutigen Angebot eine Bedarfsdeckung erreicht wird, ist allerdings nur sehr schwer zu beurteilen. Aktuelle Zahlen für eine spezifische Platz-Kind-Relation liegen nicht flächendeckend vor.

30 Alle Angaben aus den zum Gestaltungspreis Bauen für Kinder eingereichten Unterlagen.

Der Bedarf an solchen Angeboten wird als weiterhin steigend betrachtet, vor allem aufgrund der gesellschaftlichen Hintergründe und Entwicklungen, die diesen Bedarf hervorrufen.

Eine andere eigenständige Angebotsform bilden die betrieblichen oder betrieblich unterstützten Kindertagesstätten. Diese Einrichtungen zeichnen sich durch überdurchschnittlich flexible und lange Öffnungszeiten aus, teilweise mit Angeboten für Wochenend- und Nachtbetreuung. Sie dienen vorrangig dem Ziel, in unterschiedlichen Branchen jeweils maßgeschneiderte Angebote zu ermöglichen, die in idealer Weise auf individuelle Arbeitszeitmodelle und unternehmensspezifische Arbeitsprozesse abgestimmt sind.[31] Die Anzahl der Tageseinrichtungen für Kinder von Betriebsangehörigen ist in Deutschland generell rückläufig, was angesichts der schlechteren Versorgungsstruktur in Westdeutschland und ihrer Bedeutung in Zusammenhang mit den bereits genannten Work-Life-Balance-Konzepten überrascht. In Westdeutschland gibt es Ende 2002 noch 235 derartige Einrichtungen, die höchste Anzahl wurde 1998 mit 279 Einrichtungen erreicht. In Ostdeutschland gibt es Ende 2002 insgesamt 69 Tageseinrichtungen für Betriebsangehörige (1998: 63). Möglicherweise steht in den kommenden Jahren eine Trendwende an, denn im Rahmen des Tagesbetreuungsausbaugesetzes (TAG) sollen die Kommunen zukünftig zur finanziellen Unterstützung betrieblicher Träger von Tageseinrichtungen für Kinder verpflichtet sein, was bisher nur als freiwillige Leistung erfolgte.

Zwischen Ost- und Westdeutschland unterschiedlich verlaufen ist die Entwicklung bei den Kindertageseinrichtungen, die von Elterninitiativen betrieben werden. In Westdeutschland geht die Anzahl der Einrichtungen seit 1998 wieder zurück und Ende 2002 gibt es hier noch 2 365 Einrichtungen (1994: 2 418, 1998: 2 966). In Ostdeutschland ist die Anzahl der von Elterninitiativen getragenen Kindertageseinrichtungen in den letzten Jahren kontinuierlich angestiegen, allerdings auf einem insgesamt niedrigeren Niveau (1994: 108, 1998: 187, 2002: 270). Der Anteil der von Elterninitiativen getragenen Einrichtungen beträgt Ende 2002 in Westdeutschland 6,4 Prozent an allen Einrichtungen und in Ostdeutschland 3,2 Prozent.[32]

Bautätigkeit

Die beschriebenen Entwicklungen bei der Zahl der Tageseinrichtungen für Kinder lassen erwarten, dass es in den letzten Jahren einen deutlichen Rückgang der Neubautätigkeit auf diesem Sektor gegeben haben müsste. Die Einführung des Rechtsanspruches auf einen Kindergartenplatz in Westdeutschland führte in den 1990er Jahren zunächst zu zahlreichen Neubauten. Sie waren erforderlich, um die unzureichenden Platz-Kind-Relationen zu verbessern. Angesichts der inzwischen erreichten Versorgungsquoten steht das klassische Kindergartenangebot heute nicht mehr im Zentrum der Bautätigkeit. Insbesondere der Neubau von Kindergärten dürfte sich überwiegend auf Ersatz- oder Ergänzungsbauten sowie eine Erweiterung des Krippenangebotes begrenzen und in geringerem Umfang durch den Neubau von Kindergärten in neu entstandenen Baugebieten ergänzt werden. In Ostdeutschland war ein vergleichbarer Ausbau in der Zeit ab 1991 auf Grund der vorhandenen Einrichtungen beziehungsweise der Schließung von mehr als 9 000 Einrichtungen nicht nötig.

Erkennbar werden diese Entwicklungen an der so genannten Investitionsquote im Bereich der öffentlichen Jugendhilfe. Darunter werden die Investitionen erfasst, die in den Erhalt bestehender und in den Aufbau neuer Einrichtungen fließen. Der Anteil der Investitionsausgaben an den reinen Ausgaben der öffentlichen Jugendhilfe sank in

---

31 Vgl. hierzu: Bundesministerium für Familie, Senioren, Frauen und Jugend / Deutscher Industrie- und Handelskammertag (Hg.): Kosten betrieblicher und betrieblich unterstützter Kinderbetreuung; Leitfaden für die Unternehmenspraxis. Berlin, 2005

32 Aus: Statistisches Bundesamt (Hg.): Kindertagesbetreuung in Deutschland; Einrichtungen, Plätze, Personal und Kosten 1990 bis 2002. Wiesbaden, 2004

Investitionsquote 1992 bis 2002 in Deutschland
Anteil der Investitionen an den reinen Ausgaben der öffentlichen Jugendhilfe für Kindertagesbetreuung in Prozent

Quelle: Kindertagesbetreuung in Deutschland, Statistisches Bundesamt (Hg.), Wiesbaden 2004

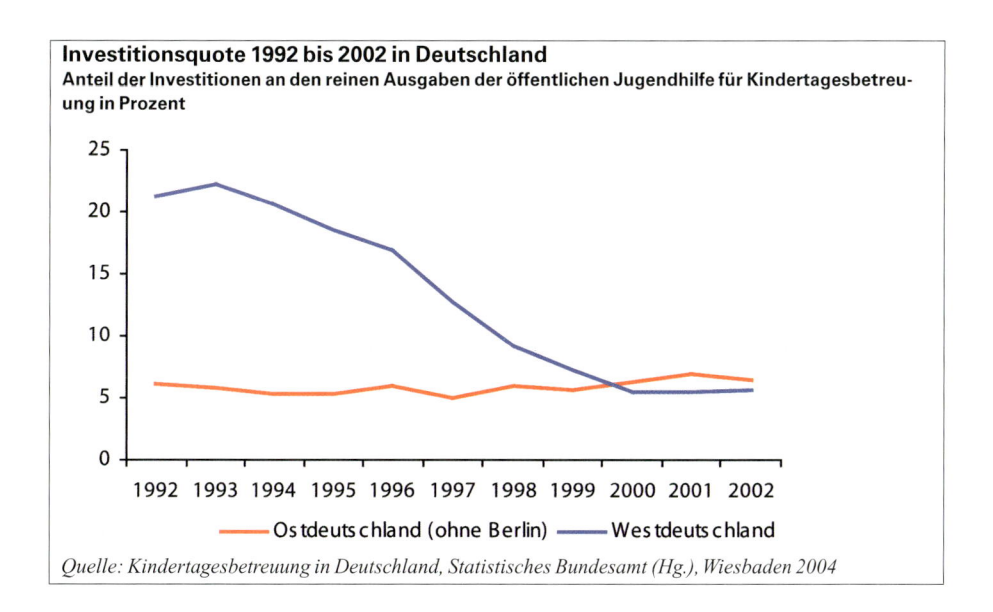

Westdeutschland von mehr als 20 Prozent zu Beginn der 1990er Jahre auf 5,7 Prozent im Jahr 2002. In Ostdeutschland schwankte die Investitionsquote im gleichen Zeitraum relativ gering zwischen 6,1 Prozent (1992) und 6,4 Prozent (2002).

In den nachfolgenden Schaubildern wird jeweils die Anzahl der entstandenen Gebäude für Kinder und Jugendliche getrennt nach den einzelnen Bundesländern dargestellt. Jedes Schaubild enthält einerseits die Anzahl der Gebäude für Kinder und Jugendliche insgesamt (alle Baumaßnahmen, darunter Neubau und Umbau) und andererseits die Anzahl der Neubauten, die sich darunter befinden. Eine Unterscheidung zwischen den Baumaßnahmen für Kinder und den Baumaßnahmen für Jugendliche ist in der amtlichen Statistik leider nicht möglich. Die absolute Anzahl der Baumaßnahmen für Kindertageseinrichtungen ist deshalb nicht ablesbar, der Gesamttrend dürfte dennoch verlässlich erkennbar werden. Vorgesehen war über eine Sonderauszählung der statistischen Landesämter die Darstellung des Jahres 1985 als Ausgangspunkt und der Jahre 1990 bis 2004 als Zeitreihe. Für die neuen Bundesländer sind die Daten jedoch erst ab Anfang der 1990er Jahre verfügbar, weshalb die Zahlenreihen hier kürzer ausfallen und ein Vergleich mit der Situation zu DDR-Zeiten nicht möglich ist.

Baumaßnahmen für Kinder und Jugendliche in den einzelnen Bundesländern
(Anzahl Gebäude insgesamt und Neubauten, Jahreszahlen wie angegeben)

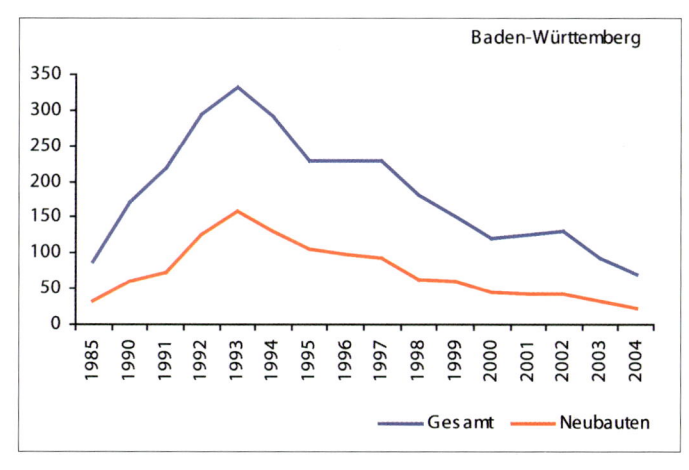

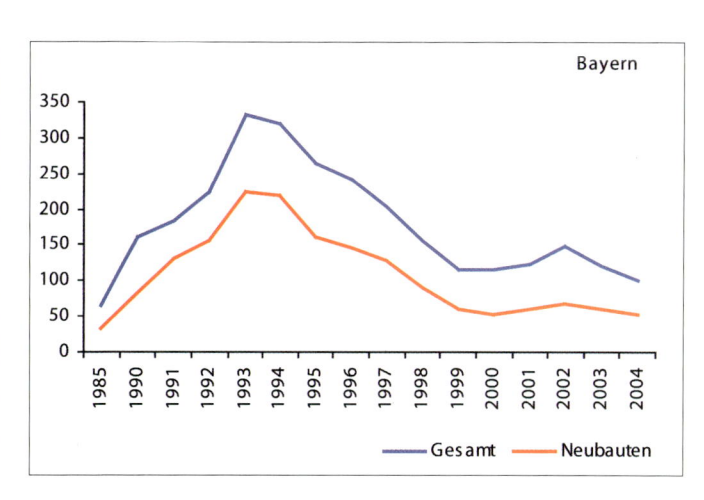

Quelle: Auszählungen der statistischen Landesämter, eigene Berechnungen

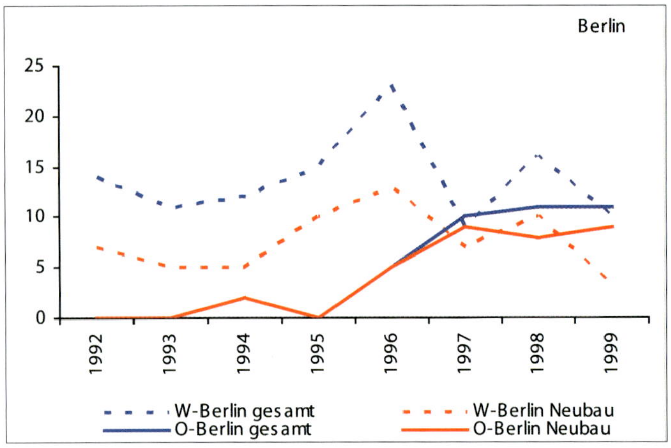
Berlin
25
20
15
10
5
0
1992
1993
1994
1995
1996
1997
1998
1999
W-Berlin gesamt
W-Berlin Neubau
O-Berlin gesamt
O-Berlin Neubau

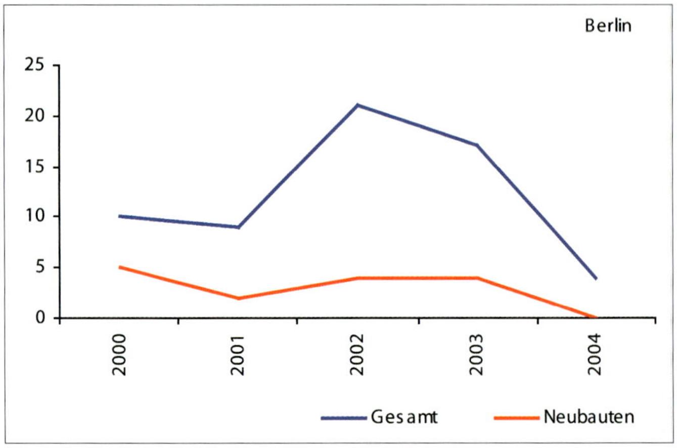
Berlin
25
20
15
10
5
0
2000
2001
2002
2003
2004
Gesamt
Neubauten

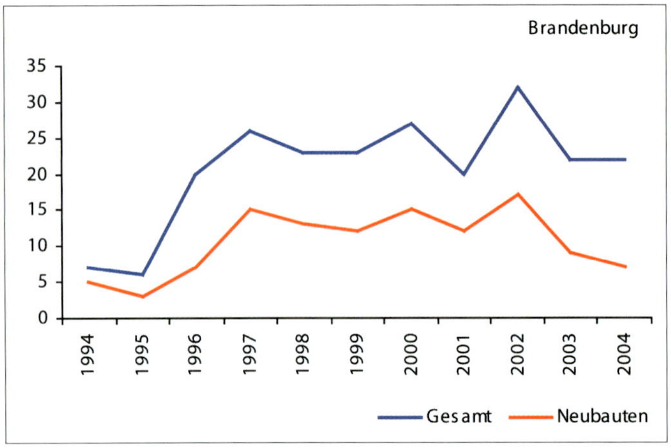
Brandenburg
35
30
25
20
15
10
5
0
1994
1995
1996
1997
1998
1999
2000
2001
2002
2003
2004
Gesamt
Neubauten

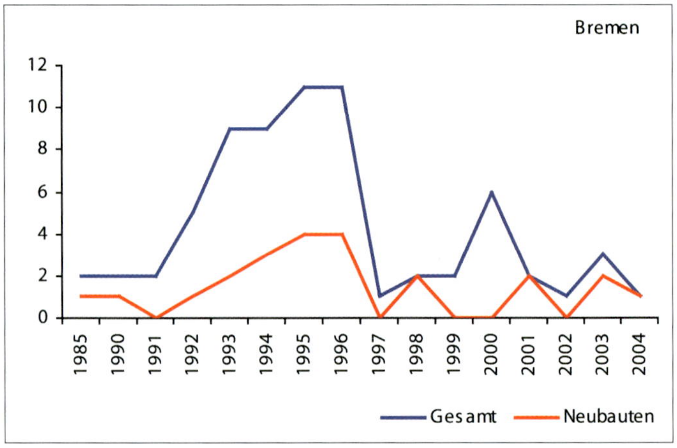
Bremen
12
10
8
6
4
2
0
1985
1990
1991
1992
1993
1994
1995
1996
1997
1998
1999
2000
2001
2002
2003
2004
Gesamt
Neubauten

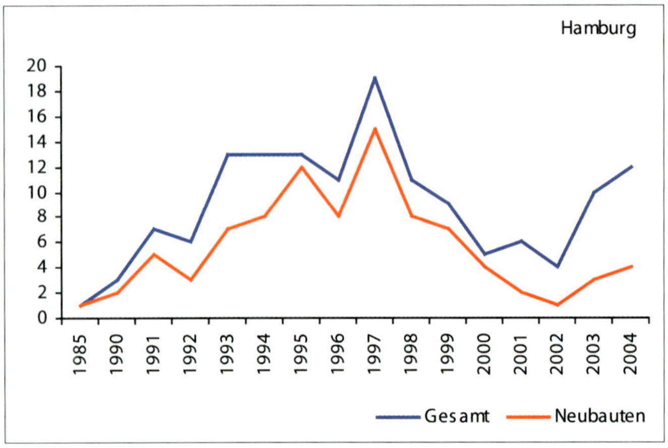
Hamburg
20
18
16
14
12
10
8
6
4
2
0
1985
1990
1991
1992
1993
1994
1995
1996
1997
1998
1999
2000
2001
2002
2003
2004
Gesamt
Neubauten

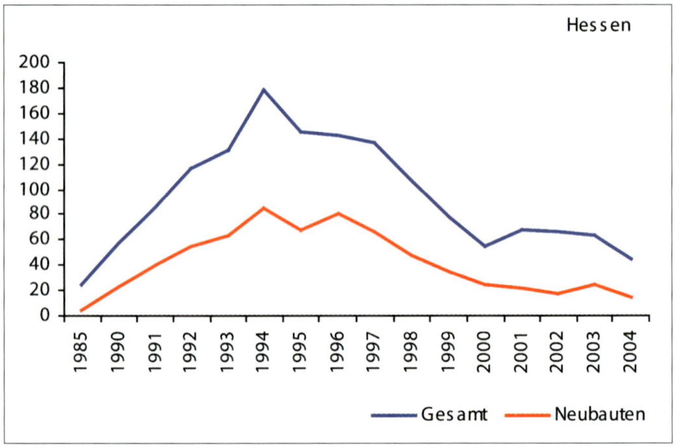
Hessen
200
180
160
140
120
100
80
60
40
20
0
1985
1990
1991
1992
1993
1994
1995
1996
1997
1998
1999
2000
2001
2002
2003
2004
Gesamt
Neubauten

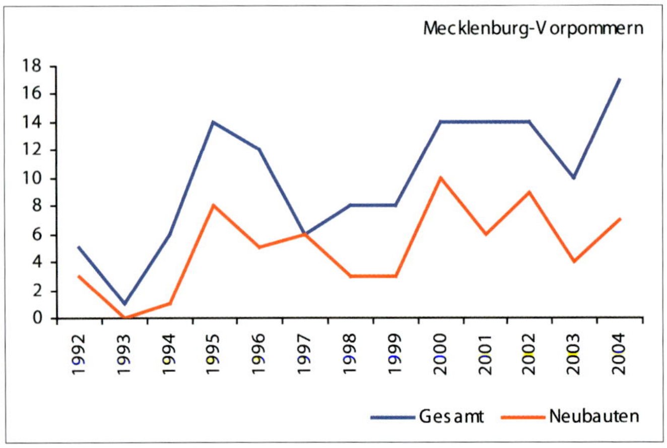
Mecklenburg-Vorpommern
18
16
14
12
10
8
6
4
2
0
1992
1993
1994
1995
1996
1997
1998
1999
2000
2001
2002
2003
2004
Gesamt
Neubauten

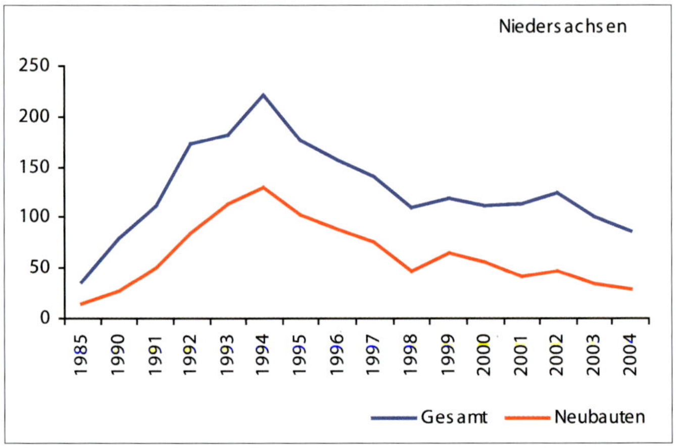
Niedersachsen
250
200
150
100
50
0
1985
1990
1991
1992
1993
1994
1995
1996
1997
1998
1999
2000
2001
2002
2003
2004
Gesamt
Neubauten

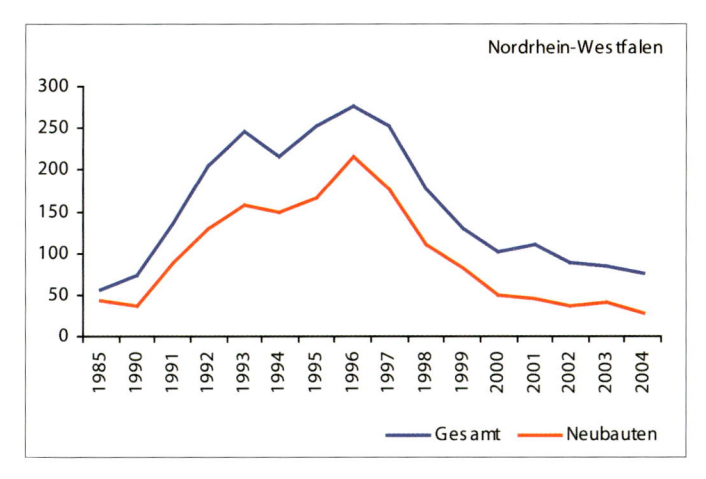

Bauen für Kinder im Überblick

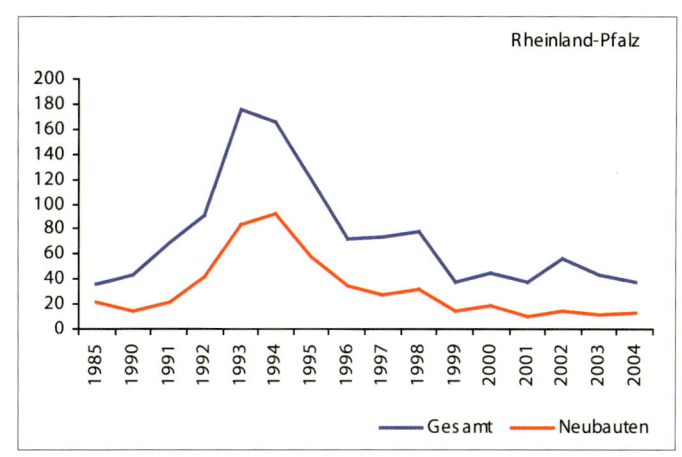

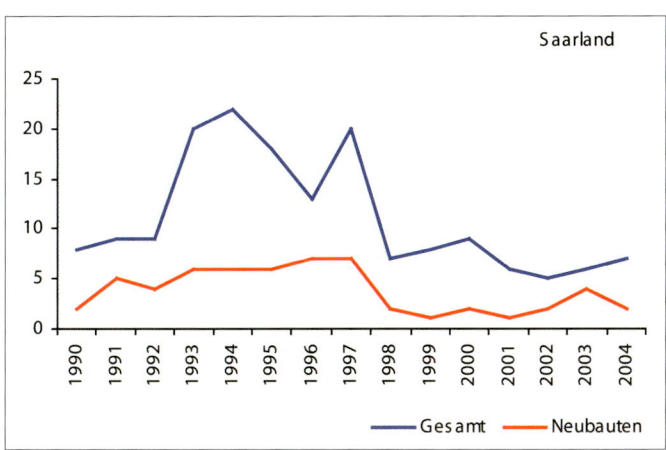

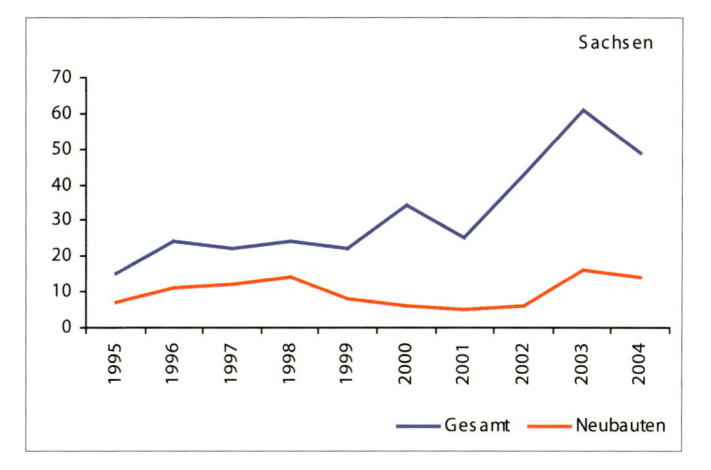

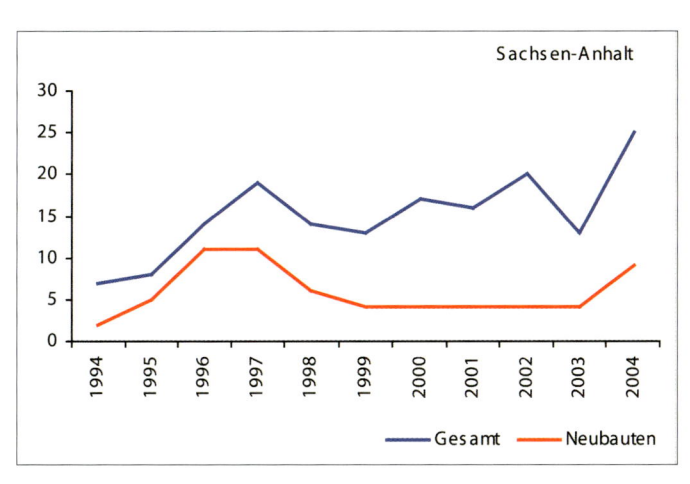

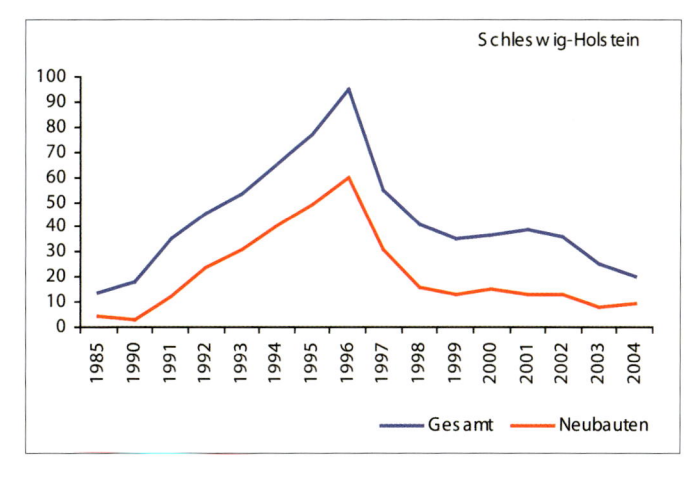

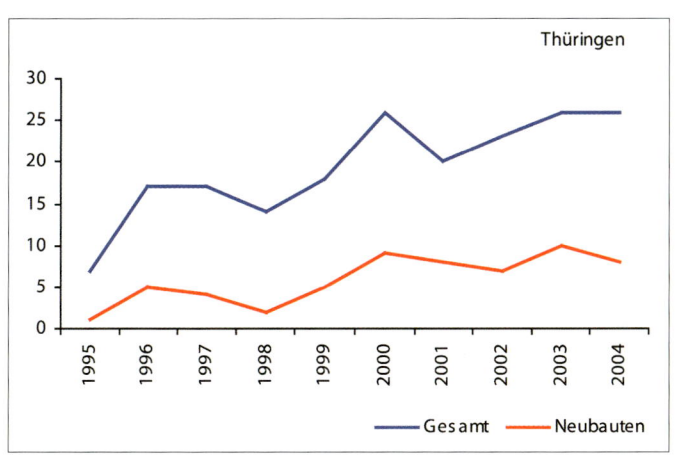

Deutlich zu erkennen ist bei den Ländern des früheren Bundesgebietes, dass die Anzahl der gesamten Baumaßnahmen stark von der Anzahl der Neubauten bestimmt wird. Ebenso deutlich erkennbar ist der mit der Einführung des Rechtsanspruches auf einen Kindergartenplatz verbundene Bauboom Anfang bis Mitte der 1990er Jahre sowie der anschließende Rückgang der Bautätigkeit. Am leichtesten nachvollziehbar sind beide Zusammenhänge an der Entwicklung in den Flächenländern, vor allem Baden-Württemberg, Bayern, Hessen, Niedersachsen, Nordrhein-Westfalen und Rheinland-Pfalz. In den Stadtstaaten Bremen und Hamburg folgt die Entwicklung den gleichen Mustern, allerdings vor allem in Hamburg mit einer zeitlichen Verzögerung von zwei bis drei Jahren. Die Entwicklung in Berlin verläuft in den 1990er Jahren entsprechend den unterschiedlichen Ausgangssituationen in Ost- und Westberlin uneinheitlich mit wechselnden Schwerpunkten. In den neuen Bundesländern gibt es wie erwartet keinen dominanten Anteil der Neubauten an allen Baumaßnahmen für Kinder und Jugendliche. Hier steht eine wechselseitige Beeinflussung von Bestands- und Neubaumaßnahmen im Vordergrund, die insgesamt ein eher uneinheitliches Bild zeigt.

Veränderte Bildungsaufgaben

Tageseinrichtungen für Kinder werden in Deutschland zunehmend als Institutionen betrachtet, deren wichtigste Aufgabe es ist, möglichst allen Kindern vielfältige Chancen für ihr Aufwachsen und für ihre Zukunft zu vermitteln. Sie gelten nach diesem Verständnis nicht mehr vorrangig als Notlösung zum Schutz hilfsbedürftiger Kinder oder als staatliches Angebot zur Betreuung vor allem der Kinder von erwerbstätigen Müttern, auch wenn die Unterstützung der Vereinbarkeit von Familie und Beruf noch weiter ausgebaut werden soll. Allerdings ist die Auffassung, dass Tageseinrichtungen für Kinder ihre Ziele und ihre Praxis an den kindlichen Bildungsprozessen auszurichten haben, noch immer nicht völlig unumstritten.[33]

Ein wesentlicher Hintergrund dafür, Kindertagesstätten stärker als bisher vor allem als Bildungsinstitutionen zu betrachten, ist das Bestreben, Bildung und Erziehung mit der Betreuung im Gesamtkonzept einer frühkindlichen Förderung zusammenzufassen. Die positiven Sozialisationsfunktionen der Einrichtungen werden inzwischen grundsätzlich anerkannt, und bei familien-, bevölkerungs-, arbeitsmarkt- und bildungspolitischen Aufgaben und Zielen wird ihnen inzwischen sogar eine Schlüsselposition eingeräumt. Bei Kindern aus benachteiligten Familien soll die frühpädagogische Förderung außerdem positive Auswirkungen auf die spätere Schullaufbahn erzielen und zur Verwirklichung von mehr Chancengleichheit beitragen.[34]

Die frühkindliche Entwicklung wird aus fachlicher Perspektive seit einigen Jahren überwiegend als Transaktionsprozess verstanden, der in Form einer dynamischen Interaktion zwischen den individuellen Merkmalen des einzelnen Kindes (genetische Ausstattung, Verhaltensstile, Temperament) und seiner Umwelt, vor allem den sozialen Interaktionen mit dieser Umwelt, vonstatten geht. Die Art des Zusammenspiels der biologischen und der lebensweltlichen Bedingungen wird als entscheidend für die Entstehung, den Verlauf und die Ergebnisse kindlicher Bildungsprozesse betrachtet. Bildung wird in diesem Sinne auch als ko-konstruktiver Prozess beschrieben, an dem das Kind und die wichtigsten erwachsenen Bezugspersonen seiner Lebenswelt beteiligt sind.[35]

Die Konsequenzen aus diesem heute geltenden Verständnis der frühkindlichen Entwicklung sind klar: Bereits kleine Kinder bedürfen vielfältiger Anregungen aus ihrer Umgebung und aus der Interaktion mit ihren Bezugspersonen – und haben auch ein Anrecht darauf. Diese Anregungen sollen das Kind zur Exploration und zur Auseinander-

---

33 Vgl. hierzu: Richard Münchmeier: *Erziehung und Bildung für die Zukunft*. In: Ilse Wehrmann (Hg.): *Kindergärten und ihre Zukunft*. Weinheim, 2004, S. 98-110

34 Vgl. hierzu: *OECD Early Childhood Policy Review 2002-2004; Hintergrundbericht Deutschland*. München, 2004

35 Vgl. hierzu: Bundesministerium für Familie, Senioren, Frauen und Jugend (Hg.): *Zwölfter Kinder- und Jugendbericht*. Berlin, 2005

setzung mit seiner kulturellen, materiellen und sozialen Umwelt ermutigen und es dabei fördernd begleiten. Obwohl die Familie auch weiterhin als Hauptort für die Vermittlung von Bildung betrachtet wird, geht man davon aus, dass bereits in der Kleinkindphase, spätestens jedoch ab dem dritten Lebensjahr, neue Bildungsgelegenheiten erforderlich sind, die den familiären Rahmen erweitern und ergänzen: „Auch wenn keine einzige Mutter, kein einziger Vater erwerbstätig wäre, bräuchte es Kinderbetreuung. […] Die Startchancen in den ersten sechs Lebensjahren eines Menschen entscheiden über den späteren Lebensweg und die Lebenskarrieren von Menschen. […] Kindereinrichtungen sind ein Ort, an dem Schlüsselqualifikationen gelernt werden können."[36]

Die frühe Kindheit wird als eine eigenständige Phase vielfältiger Entwicklungs- und Bildungsprozesse anerkannt. Diese Bildungsprozesse reichen weit über den Charakter einer reinen Vorbereitungszeit für die Schule hinaus und verlaufen individuell verschieden. Kindliche Bildung darf deshalb nicht erst mit dem Eintritt in die Vorschule oder Schule beginnen, sondern es ist bereits eine zentrale Aufgabe des Kindergartens, vielfältige Bildung zu ermöglichen, zu initiieren, zu unterstützen, zu erweitern oder herauszufordern.[37] Ein wesentlicher Vorteil des Bildungsortes Kindergarten „[…] liegt in der unendlich größeren Variabilität und Wahrscheinlichkeit, Kindern ein breites und vielfältiges, ein kognitives, emotionales und soziales Anregungsmilieu für neue, alternative Erfahrungen zu bieten, das in aller Regel herkömmliche Elternhäuser so, also in dieser Vielfalt, nicht ohne Weiteres bieten können."[38]

Es ist naheliegend, das innerhalb einer Familie nur das an Bildungschancen und Bildungsgelegenheiten weitergegeben werden kann, was zu den verfügbaren sozialen und kulturellen Ressourcen dieser Familie gehört. Entsprechend ihrem jeweiligen Familienhintergrund stehen Kindern deshalb unterschiedliche Chancen auf Entwicklung und Bildung zur Verfügung. Zu den Kindern, die von erschwerten Entwicklungs- und Bildungsbedingungen betroffen sind, zählen – empirisch gesehen – Kinder, die unter Armutsbedingungen aufwachsen, Kinder, die einen Migrationshintergrund haben, oder Kinder, die mit Behinderungen leben müssen. Aufgrund des gewandelten Verständnisses der Entwicklungs- und Bildungsprozesse in früher Kindheit wird die Sicherung und Optimierung der Qualität der frühkindlichen Bildungswelten heute als gesellschaftliche Aufgabe und große Herausforderung verstanden. Dies schließt die Unterstützung der in einer Familie vorhandenen Bildungschancen ebenso ein wie die Kindertageseinrichtungen und sonstigen Erfahrensräume und Lernwelten. Für die verschiedenen Formen der Kinderbetreuungseinrichtungen bedeutet dies vor allem, stabile Beziehungen und eine anregungsreiche Umwelt sicherzustellen.

In den letzten Jahren ist der Anteil von Kindern, die Deutsch nicht als Muttersprache sprechen, in den Kindertageseinrichtungen stark angestiegen. Dies erfordert neben einer intensiven Begleitung der sozialen Integration auch eine gesonderte Ausrichtung der frühkindlichen Bildungskonzepte. Zum einen, um die in dieser Phase der kindlichen Entwicklung verfügbaren Kompetenzfenster beim Spracherwerb zu nutzen und zum anderen, um den späteren Übergang zu Vorschule und Schule bereits frühzeitig zu unterstützen. Schwerpunkte bei Kommunikation und Sprachentwicklung sowie die Öffnung gegenüber Formen und Inhalten eines interkulturellen Lernens sollten zu diesen Konzepten gehören.

Die Vorbereitung auf die Schule muss dabei nicht zwangsläufig mit schulischen Methoden erfolgen, zumal die Bildung im Kindergarten sich wesentlich von schulischer Bildung unterscheidet.[39] Aus diesem Grund stellt die Gestaltung des Übergangs in die Schule eine wichtige pädagogische Schnittstelle dar; sie ist für die späteren Lern- und Entwicklungschancen im schulischen Bildungssystem von grundlegender Bedeutung.[40] Die Anerkennung der frühen Kindheit als eigenständige Entwicklungsphase und der

36 Aus: Renate Schmidt, Bundesministerin für Familie, Senioren, Frauen und Jugend: Zur Situation der Familien in Deutschland. In: Ilse Wehrmann (Hg.): Kindergärten und ihre Zukunft. Weinheim, 2004, S. 35-45

37 Vgl. hierzu: Ilse Wehrmann: In Zukunft nur mit Kindern! In: Ilse Wehrmann (Hg.): Kindergärten und ihre Zukunft. Weinheim, 2004, S. 27-34

38 Thomas Rauschenbach: Bildung für alle Kinder – Zur Neubestimmung des Bildungsauftrages in Kindertageseinrichtungen. In: Ilse Wehrmann (Hg.): Kindergärten und ihre Zukunft. Weinheim, 2004, S. 111-122

39 Donata Elschenbroich: Verwandelt Kindergärten in Labors, Ateliers, Wälder. In: Ilse Wehrmann (Hg.): Kindergärten und ihre Zukunft. Weinheim, 2004, S. 94-97

40 Ilse Wehrmann: In Zukunft nur mit Kindern! In: Ilse Wehrmann (Hg.): Kindergärten und ihre Zukunft. Weinheim, 2004, S. 27-34

Kindertageseinrichtungen als Bildungsinstitutionen mit zentraler Bedeutung für den Erfolg frühkindlicher Förderung verändert aber auch die Ansprüche an die Struktur und die Qualität der räumlichen Gestaltung. Ein Vorteil der Kindertageseinrichtungen ist, dass die große Vielfalt der emotionalen, kognitiven und sozialen Anreize in Lernwelten entsteht, die wesentlich sozialintegrativer sind als dies im Schulsystem anschließend noch möglich ist. Die individuell optimale Förderung des einzelnen Kindes setzt allerdings voraus, dass Bildungsprozesse in kleinen, persönlichen Gruppen und Interaktionssituationen stattfinden können und nicht in großen, undifferenzierten Gruppen. Hierfür muss die räumliche Gestaltung adäquate, unterstützende Rahmenbedingungen schaffen.

Einen weiteren wichtigen Ansatzpunkt für eine Qualitätssicherung und gezielte Weiterentwicklung liefert die Ausbildung des Personals. Dies gilt sowohl auf der Ebene der Basisqualifikation als auch unter dem Gesichtspunkt einer ständigen Weiterbildung und Auseinandersetzung mit neuen Forschungserkenntnissen. Ebenso wie die Qualität und Anregungsvielfalt der räumlichen Gestaltung gehört auch das Qualifikationsprofil der Fachkräfte zu den zentralen Bausteinen der außerfamiliären Lebenswelt der Kinder. Nur in dieser Lebenswelt besteht die Möglichkeit, Kindern aus sozial benachteiligten Familien mit eingeschränkten sozialen, kulturellen und ökonomischen Ressourcen ergänzende Chancen auf Bildung und Entwicklung zu bieten.

Fazit

Die Ergebnisse dieses Überblicks zum Bauen für Kinder in Deutschland, der sich im wesentlichen auf das Bauen von Kindertageseinrichtungen beschränkt, lassen sich in einigen Punkten zusammenfassen.

Anhaltende Unterschiede zwischen West- und Ostdeutschland in der Struktur und im Umfang der Angebotspalette der Kindertagesbetreuung
Aufgabe, Organisationsform und innere Struktur der Kindertagesstätten in Deutschland haben sich in den letzten Jahren verändert und werden sich noch weiter verändern. Aktuell sind die Verfügbarkeit an Plätzen und die angebotenen Öffnungszeiten in Ostdeutschland immer noch wesentlich umfangreicher als in Westdeutschland. Nur im Osten erreicht Deutschland bei den Angeboten zur Kindertagesbetreuung das Niveau seiner westeuropäischen Nachbarn. Zwar werden in Westdeutschland die Rahmenbedingungen seit einigen Jahren kontinuierlich verbessert, doch erweisen sich die Versäumnisse der Vergangenheit als zu umfassend für eine kurzfristige Angleichung zwischen den alten und den neuen Bundesländern.

Baumaßnahmen zukünftig vor allem im Bestand
Die Zahlen zur Entwicklung sind eindeutig: Sowohl in Ost- wie auch in Westdeutschland stehen angesichts der rückläufigen Kinderzahlen die Maßnahmen im Bestand aktuell und in Zukunft im Vordergrund. Diese Situation folgt in Westdeutschland auf eine Phase intensiver Neubautätigkeit, ausgelöst durch die Einführung des Rechtsanspruches auf einen Kindergartenplatz zu Beginn der 1990er Jahre, der eine deutliche Angebotserweiterung erforderte. In Ostdeutschland wurde dagegen zu gleicher Zeit bereits die Anzahl der Einrichtungen und der in ihnen angebotenen Plätze an die zurückgehenden Kinderzahlen angepasst, ohne den Vorsprung gegenüber den früheren Bundesländern bei der Angebotsdichte zu verlieren.

Vereinbarkeit von Familie und Beruf als Zukunftsthema
Blickt man in die west- und nordeuropäischen Nachbarländer, so scheint dort die Unterstützung der Eltern bei der Vereinbarkeit von Familie und Beruf stärker im Vordergrund zu stehen als in Deutschland. Inzwischen gehört diese Unterstützung auch in Deutschland zu den erklärten Zielen der Politik. Als ungewöhnlich hoch zeigt sich nach einer OECD-Studie aus dem Jahr 2002 in Deutschland der Eigenanteil der Eltern an den Ausgaben für die Kindertagesbetreuung: Während hierzulande circa 25 Prozent der Ausgaben für Kindergärten und -krippen privat finanziert werden, sind es beispielsweise in Österreich 24, in Norwegen 17, in Italien elf, in Finnland neun und in Frankreich vier Prozent. In Schweden werden diese Ausgaben sogar vollständig von öffentlicher Seite getragen.[41]

41 Aus: Informationsdienst des Instituts der deutschen Wirtschaft (Hg.): iwd 47/2005. Köln, 2005

Neue Aufgaben der frühkindlichen Förderung: Bildung (Spracherziehung), Chancengleichheit, Ernährung, Bewegung
In Deutschland wird der beabsichtigte weitere Ausbau zu einem bedarfsgerechten Versorgungsangebot inzwischen durch die Zielsetzung ergänzt, in den Kindertagesstätten zukünftig eine bessere Grundlage für einen Ausgleich der Chancen aller Kinder zu schaffen. Neue Bildungskonzepte, die Anerkennung der frühen Kindheit als eigenständige Entwicklungsphase und die intensivere Beschäftigung mit der pädagogischen Schnittstelle zur nachfolgenden zentralen Bildungseinrichtung Schule tragen zu den Erfolgschancen dieses Vorhabens bei. Das Konzept einer umfassenden frühkindlichen Förderung schließt in vielen Kindertagesstätten die Auseinandersetzung mit den veränderten Lebenswelten der Kinder ein. Mangelnde Bewegung der Kinder und ein fehlendes Bewusstsein für gesunde Ernährung sind zwei Themen, die in den letzten Jahren in das Aufgabenfeld der Kindertagesstätten aufgenommen wurden. Entsprechend wird in vielen Einrichtungen auch aus pädagogischen Gründen wieder viel Wert auf ein gemeinsames Mittagessen gelegt. Einfache, aber wichtige Bausteine einer gesunden Ernährung – beispielsweise Obst als Zwischenmahlzeit – können heutzutage nicht mehr als fester Bestandteil familiärer Erziehung vorausgesetzt werden. Gezielte Bewegungsprogramme für drinnen und draußen ergänzen das Thema Ernährung zu Konzepten, mit denen auf die Beobachtung des deutlich ansteigenden Anteils übergewichtiger Kinder reagiert wird.[42] Als Bündnis verschiedener gesellschaftlicher Akteure (unter anderem Bundesverbraucherministerium, Bundeselternrat, Bundesverband der Innungskrankenkassen) wurde im Juni 2004 die Plattform Ernährung und Bewegung gegründet. Ihr Ziel ist es, eine Gesamtstrategie zu entwickeln, „[…] mit der dem bedrohlichen Anstieg von Übergewicht bei Kindern und Jugendlichen effektiver als bisher begegnet werden kann."[43]

42 Bei den Schuleingangsuntersuchungen 2003/ 2004 waren beispielsweise in Bayern 9,3 Prozent der Kinder übergewichtig. Die Prävalenz von Kindern aus Familien mit niedrigem Sozialstatus ist dabei deutlich höher als bei Kindern aus Familien mit höherem Sozialstatus. Außerdem spielen auch kulturell geprägte Ess- und Freizeitgewohnheiten eine Rolle, weshalb Kinder aus Migrantenfamilien ebenfalls überproportional betroffen sind. Aus: Bayerisches Landesamt für Gesundheit und Lebensmittelsicherheit (Hg.): Gesundheitsmonitor Bayern 2/2004. Erlangen, 2005

43 Vgl. Pressemitteilung 158 vom 25. Juni 2004 des Bundesministeriums für Verbraucherschutz, Ernährung und Landwirtschaft (BMVEL), Berlin, 2004

Räumliche Anforderungen: Variabilität, Nutzungsvielfalt, Anregung, Zukunftsöffnung
Für die räumliche Struktur der Kindertagesstätten bedeuten die neuen Aufgabenschwerpunkte vor allem, dass Flexibilität in Aufteilung und Nutzung, variable Zonierungen und eine anregende Umgebungsvielfalt zu den zentralen Anforderungen gehören. Die Ergebnisse des Gestaltungspreises Bauen für Kinder haben gezeigt, dass dies sowohl bei Neubauten als auch bei Umbau und Sanierung bestehender Gebäude erreicht werden kann. Aus den internationalen Überblicken lassen sich zusätzliche Anregungen gewinnen, beispielsweise aus den Hinweisen zu den architektonischen Besonderheiten und räumlichen Strukturen von Gebäuden für Kinder in Frankreich im Beitrag von Ariane Wilson oder aus der Darstellung der Rolle der Architektur in den italienischen Pädagogikmodellen im Beitrag von Alessandro Busà. Die Beteiligten in Deutschland sollten deshalb gerüstet sein für die mit dem Ausbau der Angebotsvielfalt und deren konzeptioneller Weiterentwicklung verbundenen Herausforderungen der kommenden Jahre.

2

Funktion und Nutzung beim Bauen für Kinder

Von Bob[1] und anderen Baumeistern: Psychologische Überlegungen zum Bauen für Kinder

Andrea Petmecky

1 Bob, der Baumeister, ist eine Zeichentrickfigur des britischen Fernsehsenders BBC, die seit 1999 weltweite Erfolge feiert.

Kennen Sie Bob? Bob, der Baumeister hat Segelohren, trägt einen gelben Helm auf dem Kopf, ein orange-gelb kariertes Hemd am Leib und ist, nun ja, eher hässlich. Um den Bauch baumelt ein Gürtel mit verschiedenen Werkzeugen, und sein Leitmotto ist „Yo, wir schaffen das!". Gemeinsam mit seinen Kollegen ist Bob überaus beliebt und dürfte aktuell der Star in bundesdeutschen Kinderzimmern sein. Allerdings ist er, wie man aus seinem Titel schließen könnte, nicht direkt als Architekt tätig, sondern beschränkt sich auf die handwerklichen Tätigkeiten auf Baustellen. Dennoch kann Bob im weitesten Sinne als Architekt, genauer als ein Architekt von Wissen gelten: Seine Macher bemühen sich (neben ihren finanziellen Absichten), Kindern Werkzeuge, Baumaschinen und Materialien näher zu bringen.

Der Siegeszug von Bob, dem Baumeister, zeigt ein großes Interesse kindlicher Architektur-Rezipienten fürs Bauen und Gestalten von Umwelt. Und die Architekten? Sie zeigen, unabhängig von Bob und seinen Kollegen, seit geraumer Zeit ein ebenso großes Interesse am Bauen für Kinder. Seit den 1990er Jahren ist eine zunehmende Vielfalt bei der Umsetzung der Bauaufgabe Kindergarten zu beobachten: Auf der einen Seite gibt es nach wie vor einen Trend zur Vereinheitlichung, bei dem eine eingeschossige Bungalowbauweise überwiegt und/oder ein Entwurf von einer Kommune gleich mehrfach realisiert wird – eine Vorgehensweise, die vor dem Hintergrund leerer Kassen in Städten und Gemeinden sogar verständlich ist. Parallel dazu ist aber auch ein neuer Pluralismus bei der Architektur von Kindertagesstätten zu beobachten, in dessen Rahmen interessante Einzelentwürfe entstehen, die von der architektonischen Fachöffentlichkeit als (qualitätvolle) Architektur wahrgenommen und diskutiert werden. Davon zeugen entsprechende Präsentationen beim 'Tag der Architektur' ebenso wie der im Jahr 2004 von der Wüstenrot Stiftung ausgelobte Gestaltungspreis.

Bauen für Kinder – (k)ein Kinderspiel?

Bisweilen jedoch wird die individuelle Umsetzung der Bauaufgabe Kindergarten auch – und gerade – von Architekten kritisiert. Dies geschieht beispielsweise, wenn den Nutzern nur vermeintlich kindgerechte, tatsächlich eher kindisch und klischeehaft anmutende Gebäude mit einer festgelegten Symbolik zur Verfügung gestellt werden, die keinen Raum für eigene Deutungen lassen.[2] Für Kinder zu bauen ist also schwieriger, als es erscheint. Auf den ersten Blick ist man geneigt zu glauben, das wäre doch ganz einfach – die Kinder wollten schließlich spielen und wenn das ganze dann noch bunt sei, wäre die Aufgabe gelöst. Ganz so einfach ist es jedoch nicht! Die Realisierung einer Kindertagesstätte stellt Architekten vor verschiedene Schwierigkeiten, die trotz bester Absichten eine optimale Gestaltung erschweren können:

2 M. Dudek: Kindergarten architecture; Space for the imagination. Spool Press, London, 2000, S. 92

- Wie auch bei anderen Bauaufgaben sind bei Kindertagesstätten Auftraggeber und Nutzer der Einrichtungen nicht identisch: Während der Auftraggeber (meist der Träger der Einrichtung) den Planer mit dem Entwurf beauftragt und die Entwürfe mehr oder weniger ausführlich mit ihm diskutiert, werden die Nutzer der Einrichtungen in der Regel erst nach Fertigstellung mit dem Gebäude konfrontiert, was zu Unzufriedenheit führen kann. Die Aneignung des Gebäudes wird erschwert.
- Für den Architekten gilt es, die finanziellen und politischen Rahmenbedingungen, die ideologischen und ästhetischen Ansprüche des Trägers beziehungsweise Bauherren, die städtebaulichen und rechtlichen Bestimmungen sowie die Bedürfnisse der Nutzer gegeneinander abzuwägen und die unterschiedlichen Anforderungen möglichst optimal zu integrieren.
- Erschwerend kommt hinzu, dass die Nutzer einer Kindertagseinrichtung keine homogene Gruppe sind. Sie setzen sich aus pädagogischen und hauswirtschaftlichen Mitarbeitern, den Kindern und ihren Eltern zusammen und unterliegen einer natürlichen Fluktuation. Jede der genannten Nutzergruppen hat eigene Anforderungen und Bedürfnisse, die es zu berücksichtigen gilt.
- Darüber hinaus wird vom Planer erwartet, dass er sowohl pädagogische als auch (entwicklungs-)psychologische Kriterien im Raumprogramm berücksichtigt, obgleich er in diesen Fachbereichen zu den Laien gehört.

Die skizzierten Schwierigkeiten unterstreichen die Bedeutung einer Kommunikation zwischen den Beteiligten. Der Dialog zwischen Architekten, Pädagogen, Eltern und schließlich den Kindern (wobei die Letztgenannten die anspruchsvollste Nutzergruppe darstellen dürften) ist wichtig, um die Bedürfnisse der Nutzer zu klären. Entscheidend für einen gelungenen Dialog ist, dass sich die Beteiligten ihre unterschiedlichen Perspektiven bewusst machen (und idealerweise als Bereicherung empfinden), um die Kommunikation nicht von vornherein durch überhöhte Erwartungen zu belasten. Psychologen als Berater können diesen interdisziplinären, komplexen Prozess strukturieren und zwischen den Beteiligten vermitteln.

Worin liegt der Nutzen einer psychologischen Beratung beim Bauen für Kinder?

Gerade bei der Gestaltung von Umwelten für Kinder kann die Zusammenarbeit mit einem Psychologen hilfreich sein, um bestimmte Gefahren, die sich unter anderem aus dem Alter der Hauptnutzergruppe ergeben, zu vermeiden. Bereits im Planungsprozess können Psychologen entwicklungspsychologische Kenntnisse über die relevante Altersgruppe beisteuern. Bisherige Erfahrungen beim Bauen für Kinder können aus einer psychologischen Perspektive ausgewertet werden und ebenfalls in die Planung einfließen. Nach Fertigstellung des Gebäudes bietet eine Gebäudeevaluation (Post-Occu-

[3] Vgl. W. F. E. Preise: Built environment evaluation; Conceptual basis, benefits and uses. Journal of Architectural and Planning Research, 11, 2, 1994, S. 91-107

[4] R. Rambow/ H. Rambow: Wieso, weshalb, warum? Wer nicht fragt, bleibt dumm. Der Architekt 7/1996, S. 435-437

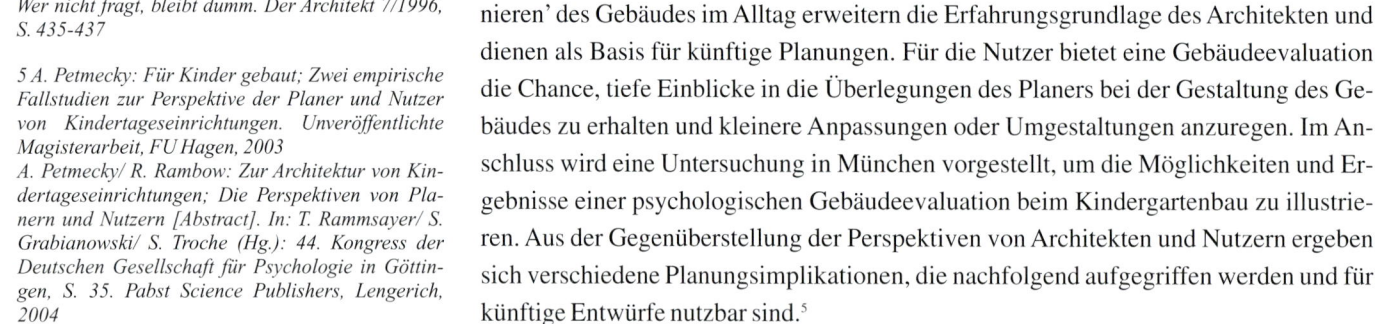

[5] A. Petmecky: Für Kinder gebaut; Zwei empirische Fallstudien zur Perspektive der Planer und Nutzer von Kindertageseinrichtungen. Unveröffentlichte Magisterarbeit, FU Hagen, 2003
A. Petmecky/ R. Rambow: Zur Architektur von Kindertageseinrichtungen; Die Perspektiven von Planern und Nutzern [Abstract]. In: T. Rammsayer/ S. Grabianowski/ S. Troche (Hg.): 44. Kongress der Deutschen Gesellschaft für Psychologie in Göttingen, S. 35. Pabst Science Publishers, Lengerich, 2004

pancy Evaluation,[3] die Gelegenheit, über ökonomische, technische und ästhetische Gesichtspunkte hinaus die Wahrnehmung der Nutzer in die Bewertung einfließen zu lassen. Durch ein breites sozialwissenschaftliches Methodenrepertoire ist es möglich, die Eindrücke der Nutzer differenziert zu erheben. Ein von Psychologen begleiteter Gebäuderundgang mit dem Architekt und den Nutzern nach Ingebrauchnahme erhöht das gegenseitige Verständnis für die Arbeit des anderen und bietet vielfältige Lernerfahrungen für alle Beteiligten.

Empirische Forschung und nutzerorientierte Evaluation in der Architektur sind notwendig, weil Gebäude zum Teil ganz anders genutzt werden als vom Architekten geplant.[4] Die ästhetische Wahrnehmung der Nutzer und ihre Erkenntnisse zum 'Funktionieren' des Gebäudes im Alltag erweitern die Erfahrungsgrundlage des Architekten und dienen als Basis für künftige Planungen. Für die Nutzer bietet eine Gebäudeevaluation die Chance, tiefe Einblicke in die Überlegungen des Planers bei der Gestaltung des Gebäudes zu erhalten und kleinere Anpassungen oder Umgestaltungen anzuregen. Im Anschluss wird eine Untersuchung in München vorgestellt, um die Möglichkeiten und Ergebnisse einer psychologischen Gebäudeevaluation beim Kindergartenbau zu illustrieren. Aus der Gegenüberstellung der Perspektiven von Architekten und Nutzern ergeben sich verschiedene Planungsimplikationen, die nachfolgend aufgegriffen werden und für künftige Entwürfe nutzbar sind.[5]

Kindgerechte Baukunst beim Bauen für Kinder

Die Evaluation wurde in zwei Kindertageseinrichtungen der Inneren Mission München durchgeführt, der Kindertagesstätte Messestadt-Riem und der Kindertagesstätte Gabrielenstraße in München-Neuhausen. Die Kindertagesstätte der Messestadt Riem liegt im Osten Münchens und wurde von Herbert Meyer-Sternberg entworfen. Die im Jahr 2000 fertiggestellte und im April 2001 in Betrieb genommene Einrichtung ist zum Teil zweigeschossig und weist die Form eines U auf. Dadurch ist in dem nach Osten offenen Bereich ein begrünter Innenhof entstanden. Die Gruppenräume befinden sich wie die zwei Nebenräume und die Sanitäranlagen in den beiden ostwärts gerichteten, eingeschossigen Flügeln. Alle Gruppen- und Nebenräume besitzen zur Südseite jeweils vorgelagerte, überdachte Terrassen. In der großzügigen, über zwei Geschosse angelegten zentralen Halle, die das Gebäude in Nord-Süd-Richtung erschließt, fügt sich das Dunkelrot, mit dem das Gebäude im Außenbereich überwiegend verschalt ist, harmonisch in eine Kombination aus Holz, Sichtbeton und einer großflächigen Verglasung zum Südbereich des Gebäudes sowie zum Innenhof ein. Der im hinteren Bereich der Halle befindliche Mehrzweckraum kann durch verglaste Schiebetüren für Veranstaltungen erweitert werden.

Kindertagesstätte München-Riem. Architekt: Herbert Meyer-Sternberg, 2000

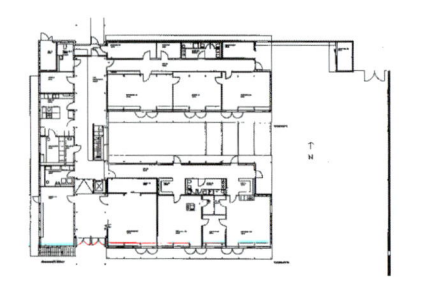

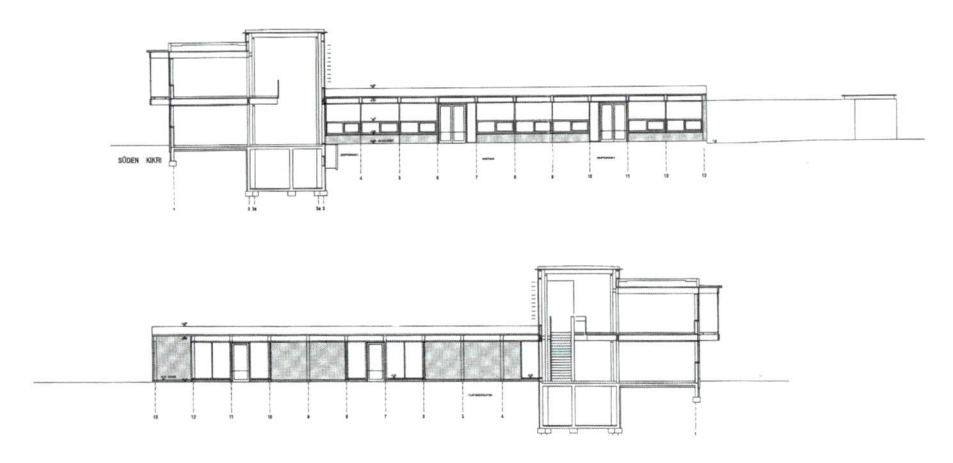

Das holzverkleidete Vordach wird von zwei stählernen Säulen getragen, die sich im Innenbereich der Halle wiederholen. In vier altersgemischten Gruppen (Krippe und Kindergarten gemischt) wurden zum Zeitpunkt der Untersuchung 72 Kinder betreut. Zusätzlich wurden 25 Grundschulkinder im Obergeschoss des westwärts gerichteten Gebäudeteils betreut.

Im Innenhof einer gemischten Blockrandbebauung der 1990er Jahre in München-Neuhausen befindet sich die zweite Kindertagesstätte, die von Rüdiger Merz entworfen und im Jahr 2000 fertiggestellt wurde. In der aufgrund der besonderen Lage und den sich daraus ergebenden Lichtverhältnissen dreigeschossig konzipierten Einrichtung werden im leicht erhöht liegenden Erdgeschoss 75 Kindergartenkinder und im Obergeschoss 36 Krippenkinder betreut. Die Räume in den drei Geschossen gruppieren sich um einen im Inneren des Gebäudes liegenden Lichtschacht: Dieser reicht offen über alle drei Geschosse und schließt auf dem Dach mit einer Glasabdeckung ab. Von dem an diesen Lichtschacht angrenzenden Flurbereich mit den Garderoben der Kinder werden die Gruppen- und Personalräume sowie der Sanitärbereich betreten. Großzügige, über Eck verglaste Räume versorgen die Gruppen- und Personalräume mit Tageslicht und dominieren die Fassade im Außenbereich. Der übrige Baukörper ist überwiegend mit Lärchenholz verschalt. Die Fensterumrahmungen sind in blauem Kunststoff ausgeführt. Charakteristische Entwurfselemente sind neben dem Lichtschacht die außenliegenden Treppenanlagen, die den quadratischen Grundriss des Gebäudes diagonal durchtrennen: Im Eingangsbereich wurden diese als geschlossenes Treppenhaus ausgeführt, während im hinteren Bereich des Gebäudes die Treppen als offene Nottreppenkonstruktion aus Stahl realisiert wurden. Über diese Treppen gelangt man von jedem Geschoss in den Garten der Einrichtung. Auf dem Dach befindet sich ein ergänzender Spiel- und Aufenthaltsbereich, der im Sommer auch von den Mitarbeiterinnen für Mittagspausen und Teambesprechungen genutzt wird. Im Rahmen eines Kunstprojektes wurden außerdem zwei Sonnenspiegel auf dem Dach des Hauses installiert, die von einem Solarmotor angetrieben werden und die eingefangenen Sonnenstrahlen in den Lichtschacht des Gebäudes leiten.

Die Architekten und Nutzer dieser beiden Kindertagesstätten waren die Beteiligten bei einer empirischen Untersuchung. Ihre Perspektiven wurden durch ein multi-methodales Vorgehen erhoben: Bei der überwiegend qualitativ ausgerichteten Untersuchung wurden die Architekten in einem offenen Leitfadeninterview befragt, während die Erzieherinnen in einer schriftlichen Befragung Auskunft über ihre Einschätzung der Architektur gaben. Mit den Leiterinnen der Kindertagesstätten wurde darüber hinaus ein so genanntes Touring-Interview durchgeführt: Bei einem Rundgang durch die Einrichtung wurden die Leiterinnen animiert, ihre Erfahrungen und Emotionen zu den verschiedenen Orten und Bereichen zu äußern. Die Kinder wurden systematisch über einen längeren Zeitraum beobachtet und in einer kurzen Befragung zu verschiedenen Gestaltungsaspekten interviewt. Die verschiedenen Untersuchungsmethoden zielten darauf ab, die Perspektiven der Architekten und Nutzer zur Architektur der Einrichtung zu erheben und Unterschiede herauszufiltern.

Kindertagesstätte München-Neuhausen. Architekt: Rüdiger Merz, 2000

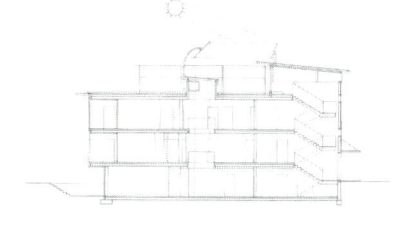

Warum und worin unterscheiden sich die Perspektiven von Architekten und Nutzern?

Untersuchungen zur Experten-Laien-Kommunikation in der Architektur identifizieren zwischen Architekten (Experten) und Nicht-Architekten (Laien) verschiedene Verständigungsschwierigkeiten, die auf Unterschiede in der Perspektive zurückzuführen sind [6].

6 Vgl. R. Rambow: Experten-Laien-Kommunikation in der Architektur. Waxmann, New York, 2000

Zentrales Element der Kindertagesstätte München-Riem ist die großzügige Eingangshalle.

Lichthof in der Kindertagesstätte München-Neuhausen

Erwartungsgemäß unterschieden sich die Perspektiven der Beteiligten in der Untersuchung in München ebenfalls in mehrerer Hinsicht. Raumwahrnehmung und das Verständnis sowie die Interpretation von Architektur differierten in Abhängigkeit vom fachlichen und beruflichen Hintergrund der Beteiligten: Die Architekten sind aufgrund ihres Studiums und der Berufserfahrung täglich mit Architektur konfrontiert. Sie verfügen über ein umfangreiches Wissen auf diesem Gebiet (zum Beispiel über konstruktive Zusammenhänge, Materialität) und haben im Laufe ihrer Ausbildung spezifische Fähigkeiten erworben. Diese Kenntnisse und Fähigkeiten unterscheiden sie von den Laien und sind für ihre spezifische, sehr differenzierte Perspektive verantwortlich. Aufgrund dieser Unterschiede ist auch die Wahrnehmung der Architektur durch Experten anders als die Architekturwahrnehmung der Laien (hier: die Erzieherinnen und Kinder). Natürlich nehmen auch die Erzieherinnen die gebaute Umwelt wahr, ihre Betrachtung hat jedoch einen anderen Fokus: Für sie stehen insbesondere Alltagserfahrungen als Nutzer (also: Wie funktioniert die Einrichtung bei der täglichen Arbeit?) und die Wahrnehmung bestimmter (architektonischer) Einzelelemente im Mittelpunkt („Die Waschräume sind zu eng und dunkel"). Demgegenüber ist für die Sichtweise der Planer kennzeichnend, dass Architektur als Ganzes wahrgenommen wird und Ästhetik, künstlerisch-gestalterischer Ausdruck sowie die Formensprache des Gebäudes eine wichtige Rolle spielen.

Einige der aus Planersicht zentralen Aspekte der Architektur wurden in der Studie von den pädagogischen Mitarbeiterinnen gar nicht beziehungsweise in einem anderen Zusammenhang wahrgenommen. Die zentrale, zweigeschossige Halle der Einrichtung in Riem wurde von den Mitarbeiterinnen überwiegend negativ wahrgenommen: Sichtbeton und der als überzogen empfundene Maßstab wurden stark kritisiert. Das durch die Halle ermöglichte fließende Raumerleben spielte bei der Einschätzung durch die Erzieherinnen ebenso wenig eine Rolle wie die Sichtbeziehungen zwischen den Ebenen. Gerade diese Halle ist jedoch aus der Sicht des Architekten der zentrale Aspekt des Entwurfs. In der Einrichtung in Neuhausen wurde deutlich, dass den Erzieherinnen bestimmte funktional-konstruktive Zusammenhänge zwischen der architektonischen Gestaltung und den thermischen Bedingungen nicht bewusst sind. Obwohl die Helligkeit der großflächig verglasten Gruppenräume der Einrichtung nachdrücklich begrüßt wurde, wurden die hohen Temperaturen bei starker Sonneneinstrahlung beklagt. Die Transparenz in den Gruppenräumen und die Sichtbeziehungen zum Umfeld werden, wie eine intensive Bemalung der Fensterfronten zeigt, eher abgelehnt. Der offene, über mehrere Geschosse reichende Flurbereich, der durch den Lichtschacht überwiegend natürlich beleuchtet werden kann und für den Planer im Mittelpunkt des Entwurfs steht, wurde von den pädagogischen Mitarbeiterinnen zwar grundsätzlich ob seiner Helligkeit gelobt. Die schlechte Akustik im Flurbereich und das Sicherheitsrisiko für die betreuten Kinder wurden jedoch kritisiert. Als problematisch erwiesen sich die Holzstäbe, die den Lichtschacht begrenzen: Nach Auffassung der Erzieherinnen verführen diese Holzstäbe aufgrund ihrer Ähnlichkeit mit Sprossenwänden die Kinder zum Turnen und Klettern.

Die Rekonstruktion der kindlichen Perspektive stellte sich schwieriger dar als bei den erwachsenen Nutzern: Die Kinder geben in der Befragung ganz überwiegend den eigenen Gruppenraum beziehungsweise Teile des Gruppenraumes als Lieblingsplatz an. Dieses Ergebnis ist insofern bemerkenswert, als in beiden Einrichtungen sowohl vielfältig nutzbare Nebenräume vorhanden sind als auch die Verkehrsflächen bewusst als Spiel- und Aufenthaltsflächen konzipiert sind. Darüber hinaus ergab die Kinderbefragung nur wenige Hinweise auf die Wahrnehmung und Bewertung der Architektur. Nicht befriedigend war die direkte Abfrage kindlicher Bedürfnisse und Wünsche zur Gestaltung des Kindergartens. Die Kinder äußerten lediglich Wünsche, die sich auf materielle Bedürfnisse (sprich: Spielzeug) und Aktivitäten („öfter Rausgehen") bezogen. Die architektonische Gestaltung wie Materialität, Form- oder Farbgebung wurden von den Kindern nicht angesprochen. Über die Gründe dieser Nichtbeachtung kann hier nur spekuliert werden: Möglicherweise fehlte den Kindern eine bewusste Auseinandersetzung mit gebauter Umwelt, bei der Architektur, unterstützt durch die soziale Umwelt, erfahrbar und erlebbar gemacht wird. Verschiedene Anknüpfungspunkte für eine speziell an Kinder gerichtete Architekturvermittlung werden weiter unten aufgezeigt.

Trotz der hier gebotenen Kürze der Darstellung machen die Ergebnisse deutlich, dass verschiedene Aspekte beim Bau von Kindertageseinrichtungen eine besondere Aufmerksamkeit bei der Planung verlangen. Neben den erörterten Punkten Materialität, Ästhetik, Akustik und Sicherheit gehört auch die Größe der Räume dazu. Während sich die Erzieherinnen mehr und größere Räume wünschen, verweisen die Architekten auf die Baukosten und die begrenzte Grundfläche. Grundsätzlich jedoch stimmten sie den Erzieherinnen zu, was die Bedeutung von ausreichend Platz anbelangt. Die Ergebnisse der Beobachtung in den Kindertagesstätten vermitteln jedoch, dass längst nicht alle zur Verfügung stehenden Räume von den Erzieherinnen intensiv und regelmäßig genutzt werden. Auch am Punkt Kindgerechtheit und Sicherheit scheiden sich die Meinungen von Erzieherinnen und Architekten: Für die Erzieherinnen zeichnet sich eine kindgerechte Einrichtung insbesondere dadurch aus, dass möglichst alle denkbaren Gefahren ausgeschaltet werden. Demgegenüber waren die Architekten der Ansicht, dass eine künstliche Kinderwelt, die Kinder keine eigenen Erfahrungen ermöglicht, kaum als kindgerecht und entwicklungsförderlich zu bezeichnen ist.

Für die Nutzer haben die hier exemplarisch genannten Gesichtspunkte eine große Relevanz für die Wahrnehmung des Gebäudes. Ihre Wahrnehmung wiederum ist Grundlage für eine tatsächliche Aneignung der Einrichtung und ihren Gebrauch im Alltag. Diese Abhängigkeit unterstreicht die Bedeutung der Architektur von Kindertagesstätten für ihre Nutzer.

Ist die Architektur des Kindergartens denn wirklich so wichtig?

Um es gleich vorwegzunehmen: Ja! Denn die räumlich-materiale Umwelt beziehungsweise Architektur von Kindertageseinrichtungen beeinflusst in vielfältiger Weise das Erleben und Verhalten der Nutzer – bei Kindern wie Erwachsenen.

Einfluss auf das körperliche Befinden
Architektur beeinflusst direkt oder indirekt die körperliche Befindlichkeit der Nutzer: Beheizung, Belüftung oder Beleuchtung sind langfristig relevante Faktoren für die Gesundheit der Nutzer. Aber auch die Verwendung nicht toxischer, unbelasteter Materialien sowie die Vermeidung von (Unfall-)Gefahren sollten selbstverständlich sein, um negative körperliche Einwirkungen zu vermeiden. Kopfschmerzen, trockene Augen, Allergien oder Unfälle können auch Folgen einer nicht optimalen Architektur und Gestaltung sein.

Einfluss auf das seelische Befinden
Der Architekt ist verantwortlich für die Belichtung, Akustik und die Farbgestaltung in der Kindertagesstätte. Eine unzureichende Tagesbelichtung, dunkle Farben oder eine schlechte akustische Dämmung beeinflussen neben dem körperlichen auch das seelische Befinden der Nutzer und wirken auf ihr psycho-emotionales Gleichgewicht. Eine nicht regulierbare Belichtung oder ein hoher Schallpegel werden zu einer Belastung für die Nutzer und können als Folge mangelnder Kontrolle Stress auslösen.

Einfluss auf Aktivitäten
Die Gestaltung der Einrichtung im Innen- und Außenbereich sollte die verschiedenen Bedürfnisse der Nutzer erfüllen und vielfältige Aktivitäten ermöglichen. Eine mangelhafte Passung zwischen den Nutzerbedürfnissen und der räumlich-materialen Umwelt wirkt sich direkt auf die Aktivitäten in der Tagesstätte aus. Fehlt ein ruhiger Raum für die Kinder, können sich weder Kleingruppen zum konzentrierten Arbeiten noch kranke Kinder aus der Gruppe zurückziehen. Zwar sind die Nutzer in der Regel in der Lage, diesen Mangel durch eine Anpassung an die vorhandenen Umweltbedingungen zu kompensieren, aber derartige Kompromisse führen fast immer zu einem Mangel an Erlebnisqualität.

Symbolgehalt von Architektur
Die Architektur einer Kindertageseinrichtung vermittelt Atmosphäre und eine gewisse Werthaltung. Bestimmte funktionale und gesetzliche Anforderungen, die an die Gestaltung einer Kindertageseinrichtung gestellt werden, haben ohne Frage eine Existenzberechtigung. Wichtig ist aber darüber hinaus auch die Beachtung der Wertschätzung, die über den Symbolgehalt von Architektur transportiert wird: Helle, großzügige Räume, gestaltet mit verschiedenen Materialien und Farben drücken Achtung und einen gewissen Respekt für die Nutzer aus und sind wichtig für die kognitive und emotionale Entwicklung der Kinder.

Gelegenheit zur Aneignung und (Um)Gestaltung
Für alle Nutzergruppen sollte die Tagesstätte Gelegenheit zur Aneignung bieten, da Aneignung Grundlage ist für eine Identifikation mit der Einrichtung. Gleichzeitig erhöht die Aneignung die Zufriedenheit der Nutzer. Farbkonzepte zum Beispiel, die den verschiedenen Gruppen jeweils eine bestimmte Farbe zuordnen, unterstützen die Aneignung der Einrichtung als Teil des Selbst. Auch Gelegenheiten zu kleineren Umgestaltungen oder die Ausstellung eigener Arbeitsergebnisse unterstützen diese aktive Auseinandersetzung und den Aufbau einer Beziehung zum gebauten Raum.

Die Verantwortung des Architekten – insbesondere für die kindlichen Nutzer – ist kaum zu überschätzen: Kinder haben, im Gegensatz zu den erwachsenen Nutzern, kaum einen Einfluss auf die gestaltete Umwelt im Kindergarten. Die Kompensation einer nicht optimalen Gestaltung ist für Kinder nur eingeschränkt möglich, weil entsprechende Fähig- und Fertigkeiten im Kindergartenalter erst entwickelt werden.

Welche Entwicklungsaufgaben sind im Kindergarten relevant?

Gerade die ersten Lebensjahre sind für die Entwicklung des Individuums von besonderer Bedeutung.[7] Insbesondere in diesen ersten Jahren findet eine intensive Exploration der räumlich-materialen Umwelt statt, die konstituierend für künftige Lernerfahrungen ist. Beide Aspekte, die Bedeutung des Kindergartenalters in der Entwicklung wie auch die Rolle der Umwelt, heben die Bedeutung der Architektur des Kindergartens für die Entwicklung und Sozialisation von Kindern hervor: Entwicklung findet eben nicht im luftleeren Raum statt, sondern wird von der räumlich-materialen und sozialen Umwelt entscheidend beeinflusst.

Die räumlich-materiale Umwelt ist für die verschiedenen Entwicklungsaufgaben gleich mehrfach relevant: Sie stellt den Rahmen bereit, in dem Entwicklung stattfindet. Weiterhin binden Kinder ihre Umwelt zunehmend in eine direkte Interaktion ein (zum

7 A. R. Olds: Child Care Design Guide. McGraw-Hill, New York, 2001, S. 8

Beispiel die 'Entdeckung' des Waschraums als Wasserspielbereich, häufig zum Leidwesen der Erzieherinnen). Und schließlich bietet eine abwechslungsreiche Gestaltung zahlreiche Gelegenheiten zur Förderung der kognitiven Entwicklung.

Die verschiedenen Entwicklungsaufgaben im Kindergartenalter beziehen sich im wesentlichen auf die Hauptaufgaben der sozio-emotionalen, kognitiven und motorischen Entwicklung.[8] Da sie für die Gestaltung einer Kindertagesstätte eine Reihe von Konsequenzen haben, lohnt eine genauere Betrachtung dieser drei Hauptentwicklungsaufgaben.

[8] C. S. Weinstein: Designing Preschool Classrooms to support development; Research and Reflection. In: C. S. Weinstein/ T. G. David (Eds.): Spaces for Children; The Built Environment and Child Development. Plenum Press, New York 1987, S. 159-185

Sozio-emotionale Entwicklung
Die Entwicklung von Selbstwertgefühl, Selbstkontrolle sowie Interaktion mit anderen sind der sozio-emotionalen Entwicklung im Kindergartenalter zuzuordnen.

- *Selbstwertgefühl*: Das Selbstwertgefühl entwickelt sich durch die Interaktion mit der sozialen und materialen Umwelt. Es basiert im Wesentlichen auf dem Erleben von Identität (das Kind als eigenständiges Individuum in Abgrenzung zu anderen Menschen) und Kompetenz: Eine durchschaubare Materialaufbewahrung, eine nachvollziehbare Gestaltung sowie Ausstattungselemente, die auch von den Kindern selbst bedient werden können, fördern das Kompetenzerleben. Das Erforschen und Manipulieren der räumlich-materialen Umwelt, angefangen beim Krabbeln des Säuglings bis hin zum Bauen von Baumhäusern, dient der Auseinandersetzung mit den spezifischen räumlichen Anforderungen der Umwelt. Nebenbei fördert die Exploration auch die sinnliche Wahrnehmung der Kinder (zum Beispiel durch verschiedene Bodenbeläge, differenzierte Wandgestaltung et cetera). Die Kindertagesstätte bietet den Kindern eine Chance, den eigenen Handlungsraum schrittweise zu erweitern und neue Herausforderungen aufzusuchen. Eine freundliche, einladende Gestaltung ist dafür eine wichtige Voraussetzung. Räume mit einer abwechslungsreichen sensorischen Gestaltung besitzen ein unterschiedliches Stimulationsniveau und können so für ein Empfinden von Sicherheit und Geborgenheit sorgen. Unterschiedlich gestaltete Räume befriedigen die zeitlich und interpersonal verschiedenen Bedürfnisse der Kinder: Je nach Stimmung kann so ein Mehrzweck- oder Bewegungsraum zum Toben einladen oder ein kleiner, verdunkelter Nebenraum einen Rückzug aus der Gruppe ermöglichen. Ein Grundvertrauen in die Umgebung ist notwendig für weitere Entwicklungsschritte, die bei erfolgreicher Bewältigung das Selbstwertgefühl der Kinder stärken.

- *Selbst- und Umweltkontrolle*: Im Kindergarten erleben Kinder eine wachsende Kontrolle und eine zunehmende Selbstregulierung ihres Verhaltens: Sie erfahren, dass sie immer mehr Tätigkeiten alleine ausüben können (und dürfen!). Der speziellere Begriff der Umweltkontrolle bezeichnet dabei das Ausmaß, mit dem ein Nutzer die räumlich-materialen, sozialen oder organisatorischen Aspekte seiner Umwelt gemäß eigener Wünsche und Bedürfnisse beeinflussen oder gestalten kann. Auch die 'Verstehbarkeit' von Umwelt, beispielsweise was die Überschaubarkeit und Anordnung der Räume oder die Orientierung in der Einrichtung angeht, ist eine Form der Umweltkontrolle. Eine Umwelt, die nicht zu beeinflussen oder zu verstehen ist, führt zum Kontrollverlust. Dieser wird als belastend empfunden und ist eine spezielle Form von Umweltstress. Kontrollerfahrungen in der frühen Kindheit durch responsive Umwelten (das sind Umwelten, die ein Handlungsergebnis unmittelbar erkennen lassen) unterstützen nach Fischer und Stephan[9] den Aufbau stabiler Erwartungen, Einfluss auf die Umwelt ausüben zu können. Für künftige Lernprozesse sind diese so

[9] M. Fischer/ E. Stephan: Kontrolle und Kontrollverlust. In: L. Kruse/ C. F. Graumann/ E. D. Lantermann (Hg.): Ökologische Psychologie; Ein Handbuch in Schlüsselbegriffen. Psychologie Verlags Union, Weinheim, 1996, S. 168

10 I. Altman: The environment and social behavior; Privacy, personal space, territoriality and crowding. Brooks/Cole, Monterey, CA, 1975

Der Flur der Kindertagesstätte München-Riem ist bewusst als Spiel- und Kommunikationsort gestaltet

genannten internalen Kontrollüberzeugungen und Selbstwirksamkeitserwartungen von entscheidender Bedeutung.

- *Interaktion und Kommunikation*: Für Kinder im Kindergarten ist das Spielen mit Gleichaltrigen die Hauptattraktion. Gleichzeitig ist die Entfaltung eines angemessenen Sozialverhaltens eine wichtige Entwicklungsaufgabe im Kindergartenalter. In Anbetracht der rückläufigen Geburtenraten gibt es zunehmend Ein-Kind-Familien, und auch die Nachbarschaft ist längst kein Garant mehr für Kontakte zu Gleichaltrigen. Für viele Kinder entsteht somit erst mit dem Eintritt in eine Kindertageseinrichtung ein regelmäßiger Kontakt zu Gleich- und Ähnlichaltrigen. Die Fähigkeit, mit anderen Kindern zu kommunizieren, zu spielen und zu kooperieren wird schrittweise erlernt. Deshalb ist es gerade für jüngere Kinder wichtig, ruhige Räume bei der Gestaltung zu bedenken, damit sie sich bei Bedarf aus dem Gruppengeschehen zurückziehen können. Eng verbunden mit der Interaktion ist das Erleben von Privatheit. Privatheit, definiert als Kontrolle über interpersonale Grenzen und Beziehungen,[10] ist eben nicht nur Alleinsein, sondern auch ungestörtes Zusammensein und Kommunikation: Das gilt sowohl für die Kinder als auch für die Erzieherinnen. Die Gelegenheit zum Rückzug von den Stimulationen in der Gruppe beziehungsweise zum ruhigen Spiel in Kleingruppen ist für die Privatheit der Nutzer ebenso wichtig wie ein Platz für gemeinsame Aktivitäten. Der Flurbereich bietet sich, wie in der Einrichtung München-Riem, als Ort der Kommunikation und des gemeinsamen Spiels an. Eine (konfliktfreie) Interaktion im Kindergarten kann durch eine deutliche Differenzierung des Raumes in unterschiedliche Aktivitätsbereiche unterstützt werden. Diese Unterteilung wird zwar grundsätzlich durch die Erzieherinnen vorgenommen, aber auch von der Architektur durch das Raumprogramm und die Form der Räume beeinflusst. Beispielsweise können Nischen oder der Raum unter einer Treppe ideale Rückzugsräume sein, wenn sie entsprechend gestaltet sind.

Kognitive Entwicklung
Auch die kognitive Entwicklung der Kinder macht im Kindergartenalter bedeutende Entwicklungsschritte, was sich unter anderem im logischen Denken, der Kreativität und Problemlösungskompetenz sowie der Aufmerksamkeitsspanne der Kinder zeigt.

- *Logisches Denken*: Im Kindergartenalter erfreuen sich Kinder zunehmend daran, Gegenstände zu kategorisieren, sie zueinander in Beziehung zu setzen oder zu sortieren. Die Architektur kann dies durch verschiedene Materialerfahrungen im Innen- und Außenbereich unterstützen (Kontraste wie hart/weich, rau/glatt, Holz/Metall). Auch verschiedene Formen von Türen, Fenstern oder Räumen laden zum Kategorisieren ein. Zusätzlich fördert die korrekte Benennung der Farben, Formen und Materialien die sprachliche Entwicklung der kindlichen Nutzer.

- *Kreativität und Problemlösungskompetenz*: Ein freies Spiel sowie Materialien und Gestaltungen, die vielfältige Verwendungsmöglichkeiten offen lassen, fördern die Kreativität und Problemlösungsfähigkeiten der Kinder. Voraussetzung dafür, dass Kinder die vielfältigen Nutzungsmöglichkeiten der räumlich-materialen Umwelt entdecken können, ist genügend nutzungsoffener Raum, der flexibel gestaltbar ist. Wichtig ist, den Kindern Gelegenheit zur selbst gesteuerten Aneignung der räumlichen und materialen Umwelt zu bieten. Nur so können sie neben der üblichen Verwendung auch ungewöhnliche Nutzungsmöglichkeiten entdecken und vielfältige Problemlösungskompetenzen entwickeln.

- *Aufmerksamkeitsspanne*: Auch die Aufmerksamkeitsspanne von Kindergartenkindern kann durch eine entsprechende Gestaltung der Räume erhöht werden. Raumprogramme, die eine akustische und visuelle Abschirmung zwischen verschiedenen Aktivitätsbereichen und eine sinnvolle Anordnung dieser Bereiche berücksichtigen (keine Kuschelecke neben der Turnhalle!), unterstützen dies. Dieser Aspekt ist für das konzentrierte Arbeiten in Kleingruppen oder die intensive, individuelle Auseinandersetzung mit einem Objekt relevant.

Motorische Entwicklung
Auf den Zusammenhang zwischen Motorik und Kognition verwies bereits Zimmer (1981). Die bisher geschilderten Entwicklungsaufgaben deuten an, dass die motorische Entwicklung eng verknüpft ist mit der sozio-emotionalen und kognitiven Entwicklung. Die Entwicklung sowohl der Grobmotorik (zum Beispiel laufen, springen, hüpfen, balancieren) als auch der Feinmotorik (malen, Schuhe binden, anziehen) setzt sich im Kindergarten fort. Zur Förderung der Grobmotorik durch bewegungsintensive Aktivitäten sind vor allem der Außenbereich sowie der Mehrzweckraum bei schlechtem Wetter von Bedeutung. Für die feinmotorische Entwicklung sollte ein Bereich zum Malen und Werken bereitstehen. Neben diesen raumprogrammatisch relevanten Aspekten ist auch die bereits erörterte Responsivität der Ausstattung bedeutend für die Entwicklung der Grob- und Feinmotorik.

Auch die Erwachsenen nicht vergessen!

Die Gestaltung von Bauten für Kinder verführt manchen Architekten dazu, die Planungsperspektive zu sehr auf die kindlichen Nutzer zu beschränken: Neben den Kindern gehören aber auch Erzieherinnen, hauswirtschaftliche Mitarbeiter (Küchenangestellte, Reinigungskräfte, Hausmeister), Eltern sowie weitere (pädagogische) Fachkräfte (Bewegungstherapeuten, Logopädinnen etc.) zu den Nutzern der Einrichtung. Einige von ihnen verbringen einen erheblichen Teil des Tages in den Einrichtungen und haben jeweils unterschiedliche Wünsche an die Gestaltung. Diese Bedürfnisse dürfen bei der Planung nicht vergessen werden. Rückzugsräume mit Mobiliar für Erwachsene, eigene Waschräume und Toiletten, abschließbare Schränke für Material und persönliche Gegenstände, Arbeitsplätze zum Vor- und Nachbereiten der pädagogischen Arbeit sowie ein Raum für Besprechungen sollten zum Standard gehören.

Entdeckung von Architektur und gebauter Umwelt

Die aktuellen Diskussionen um den Kindergarten, die lange nur im Schatten der verschiedenen Bildungsvergleichsstudien wie PISA, IGLU oder TIMSS geführt und spätestens seit der OECD-Studie aus dem September 2004 [11] auf den Elementarbereich ausgeweitet wurden, betreffen auch die räumlich-materiale Gestaltung von Kindertagesstätten. Die Relevanz der Umwelt für die Entwicklung von Kindern, wie sie in den vorangegangenen Abschnitten erörtert wurde, wird zunehmend auch von politischer Seite erkannt: Im gemeinsamen Rahmenplan der Kultusministerkonferenz zur Bildung in vorschulischen Einrichtungen werden räumlich-materiale Aspekte und ihre Bedeutung für die Gestaltung der pädagogischen Arbeit besonders hervorgehoben.[12]

Trotz dieser zunehmenden Sensibilisierung für die Bedeutung der Architektur in Kindertageseinrichtungen stellt sich die Kommunikation der am Bau Beteiligten bisweilen

11 Bundesministerium für Bildung und Forschung (Hg.): OECD-Veröffentlichung „Bildung auf einen Blick"; Wesentliche Aussagen in der Ausgabe 2004. Verfügbar unter: www.bmbf.de/pub/bildung_auf_einen_blick_wesentliche_aussagen.pdf [15.2.2005], 2004

12 Kultusministerkonferenz (Hg.): Gemeinsamer Rahmen der Länder für die frühe Bildung in Kindertageseinrichtungen; Beschluss der Jugendministerkonferenz vom 13./14.5.2004; Beschluss der Kultusministerkonferenz vom 3./4.6.2004. Verfügbar unter: http://www.kindergartenpaedagogik.de/ 1132.html [6.3.2004]

13 A. von der Beek: Architektur für Kinder – Was Pädagogen von Architekten beim Bau von Kindertagesstätten erwarten. Architektur + Wettbewerbe 152/1992, S. 20-21, Karl Krämer Verlag, Stuttgart

14 H. Gralle/ C. Port: Bauten für Kinder. Ein Leitfaden zur Kindergartenplanung. Kohlhammer, Stuttgart, 2002, S. 92

schwierig dar: Pädagogen kritisieren ein mangelndes Bewusstsein von Architekten für Funktionalität und Bedürfnisgerechtheit[13] und werfen den Planern eine mangelnde Praxistauglichkeit realisierter Einrichtungen vor. Die komplexe Bedeutung von Architektur für Entwicklungsprozesse in Kindertageseinrichtungen scheint von Pädagogen jedoch noch nicht umfassend erkannt. Erst im Zuge neuerer pädagogischer Konzepte wie der Reggio-Pädagogik wird die räumlich-materiale Umwelt im Elementarbereich explizit thematisiert. Von Architektenseite wird hingegen kritisiert, dass Erzieherinnen kaum verbindliche Vorgaben für die Gestaltung von Kindertageseinrichtungen machen und eine grundlegende Definition von Kindgerechtheit als Basis für den Planungsprozess fehlt.[14]

Ähnliche Schwierigkeiten stellten sich auch bei den Untersuchungen in München heraus: Die Erzieherinnen berichteten über negative Erfahrungen mit der architektonischen Gestaltung der Tagesstätten und fühlten sich bisweilen als 'Opfer einer von Fremden gemachten Architektur'. Da eine Vermittlung des Entwurfs nach Fertigstellung durch die Architekten in beiden Einrichtungen nicht stattgefunden hatte, waren vielen Erzieherinnen die Zusammenhänge zwischen Architektur und Funktion nicht klar. Die gezielten Überlegungen der Planer zur Nutzung und Funktion der Einrichtungen blieben den Pädagogen verborgen. Dabei ist eine Kommunikation zwischen den Beteiligten aus verschiedenen Gründen notwendig: Jeder der Beteiligten ist für den jeweils anderen Bereich Laie. Die Pädagoginnen sind Laien in Bezug auf Architektur und Gestaltung, während Architekten in der Regel pädagogische Laien sind. Eine Auseinandersetzung der Architekten mit dem fertigen Gebäude und seiner Nutzung bietet daher wertvolle Lernerfahrungen und wichtige Erkenntnisse für künftige Planungen. Auch inhaltliche Neuorientierungen in der Elementarpädagogik mit jeweils eigenen funktionalen Anforderungen an die Raumgestaltung können nur im Dialog der Beteiligten erörtert werden. Dies gilt insbesondere für die hohen Bildungserwartungen, die aktuell an den Elementarbereich gestellt werden. Neben den Pädagogen sind dabei auch die Architekten gefordert!

Bildung im Kindergarten – eigentlich ein 'alter Hut'

Das Kinder- und Jugendhilfegesetz (ein Bestandteil des SGB VIII) definiert unter den Oberbegriffen 'Bilden, Erziehen und Betreuen' den gesetzlichen Auftrag institutioneller Kindertageseinrichtungen in Deutschland. Beeinflusst durch gesellschaftliche, wissenschaftliche und politische Diskussionen stehen von diesen drei Aufgaben jeweils wechselnde Aspekte im Mittelpunkt: Mit Einführung des Rechtsanspruches auf einen Kindergartenplatz zum 1. Januar 1996 stand insbesondere die Betreuung – und hier die zumindest regional nicht gedeckte Nachfrage – im Blickpunkt der Diskussionen. Die verschiedenen, per Gesetz definierten Aufgaben der öffentlichen Kinderbetreuung wirken sich in verschiedener Hinsicht auf die funktionalen Anforderungen und die Architektur von Kindertagesstätten aus: Die Betreuungsfunktion bezieht sich auf die Bereitstellung außerhäuslicher, öffentlicher Kinderbetreuungsangebote, die (beiden) Eltern eine Berufstätigkeit oder andere Aktivitäten, die eine eigenständige Kinderbetreuung verhindern, ermöglichen sollen. Im Zuge der Bestrebungen, die Vereinbarkeit von Beruf und Familie für Frauen zu verbessern, wird dieser Aspekt seit Jahren diskutiert. Die Betreuung geht über die reine 'Beaufsichtigung' der Kinder hinaus und umfasst ebenfalls 'Pflege, Schutz und Fürsorge'.[15] Um dies zu gewährleisten, sind neben Räumen für die Körperhygiene (Sanitär- und Waschräume, gegebenenfalls mit Wickeltischen) auch Platz zum Einnehmen (und gegebenenfalls auch Zubereiten) von Mahlzeiten notwendig

15 Vgl. M. R. Textor: Bildung, Erziehung, Betreuung. Unsere Jugend, 51, 12/1999, S. 527-533

sowie – beinahe trivial – auch Spiel- und Rückzugsräume für die Kinder. Insbesondere, wenn in den Einrichtungen Kinder verschiedener Altersgruppen gemeinsam betreut werden, ist eine differenzierte Raumgestaltung notwendig, die die unterschiedlichen Bedürfnisse der betreuten Kinder berücksichtigt.

Als weitere gesetzliche Aufgabe dient der Kindergarten der Erziehung. Dieser Aspekt bezieht sich auf die sozio-emotionalen Entwicklungsaufgaben (Selbstwertgefühl, Selbst- und Umweltkontrolle, Interaktion), die Kinder zu eigenverantwortlichem Handeln führen sollen. Auch eine elementare Werteerziehung (etwa der Wert selbst geernteter Tomaten oder von Architektur) gehört dazu.

Spätestens nach den unbefriedigenden Ergebnissen der verschiedenen Bildungsvergleichsstudien wurde die Aufmerksamkeit jedoch zunehmend auf den Bildungsauftrag öffentlicher Kindertagesbetreuung gelenkt (der im übrigen seit rund 35 Jahren gesetzlich verankert ist). Bildung, als dritter Aspekt, zielt darauf ab, durch das Verfügen über Wissen und Handlungsmuster die Bewältigung konkreter Aufgaben zu ermöglichen. Grundsätzlich gehen damit alle drei skizzierten Entwicklungsaufgaben in den Bildungsauftrag ein. Allerdings geht es dabei nicht um die Vermittlung von formalem Wissen: Bildung im Elementarbereich soll Kindern notwendige Kompetenzen wie Kooperation, Konfliktbewältigung und Problemlösungskompetenzen als Grundlage für den späteren Wissenserwerb vermitteln. Der 'Forscherdrang' der Kinder kann gerade im Kindergartenalter spielerisch herausgefordert werden: Die dabei gemachten Erfahrungen fördern vielfältige Kompetenzen. Die enge Verzahnung von Erziehung und Bildung im Kindergarten wird selbst bei dieser skizzenhaften Darstellung deutlich. Die 'Bildungsdebatte' in Deutschland wurde auf den Elementarbereich ausgeweitet, weil die grundlegende Bedeutung der Erfahrungs- und Bildungsprozesse im Kindergartenalter für die spätere Lernbiographie erkannt wurde. Die Architektur und räumlich-materiale Gestaltung der Kindertagesstätten ist in dieser Hinsicht von doppelter Bedeutung: Die Architektur stellt für diese Bildungsprozesse sowohl die räumlich-materialen Grundlagen als auch mögliche Inhalte bereit.

Architektur als Grundlage für Bildungsprozesse

Die Architektur stellt mit dem Raumprogramm die materiale Grundlage für Bildungsprozesse bereit, die im Kindergarten häufig in Kleingruppen stattfinden. Ihr Anteil wird in der Zukunft (weiter) zunehmen, um die steigenden Erwartungen im Hinblick auf eine frühe Förderung zu erfüllen. Gesellschaftliche Entwicklungen und wissenschaftliche Ergebnisse führen in dieser Hinsicht zu einer gewissen Dynamik, wie ein Blick auf die aktuelle Diskussion zeigt: Sieben Tendenzen, die grob unter der Überschrift 'Bildung und Erziehung' zusammengefasst werden können, charakterisieren die neuen Anforderungen und Erwartungen an den Elementarbereich und erfordern ein neuerliches Nachdenken über Räume und ihre Gestaltung im Kindergarten.

Integrative Erziehung
Eine zunehmende Anzahl von Kindertageseinrichtungen bietet neben einer Altersmischung, das heißt der gemeinsamen Betreuung von Kindern ursprünglich getrennter Betreuungsbereiche (wie Krippe, Kindergarten, Hort) auch integrative Gruppen an, in denen behinderte und nicht behinderte Kinder gemeinsam betreut werden. Die Lern- und Entwicklungsvorteile, die sich daraus ergeben, sind für alle Beteiligten eine Bereicherung. Grundlage für eine integrative Betreuung ist eine angemessene Berücksichtigung besonderer Ansprüche an die Gestaltung der Umwelt: Dazu gehören unter ande-

rem die behindertengerechte Erschließung des Gebäudes wie auch barrierefreie Explorationsmöglichkeiten in den Innenräumen, damit behinderte und nicht behinderte Kinder ihre Kindertagesstätte gemeinsam entdecken können.

Gesundheitserziehung
Dieser Aspekt ist vor dem Hintergrund alarmierender Ergebnisse über den Gesundheitszustand von Kindern und Jugendlichen in Deutschland zu einem wichtigen Thema im Kindergarten geworden. Der Rückgang an sicheren Explorations- und Bewegungsräumen für Kinder im Stadtraum und die sich daraus ergebende 'Verinselung' führen dazu, dass Kinder heute immer seltener ihre Umgebung erkunden. Dieser Rückgang an eigentätiger Exploration, gepaart mit einer durch multimediale Verlockungen zunehmenden 'Verhäuslichung', ist nach Ansicht von Gesundheitsexperten ein wesentlicher Grund für den Bewegungsmangel der Heranwachsenden. Zudem sind ein Mangel an Bewegung und ein gestörtes Gefühl für die Wahrnehmung des eigenen Körpers auch im Zusammenhang mit allgemeinen Entwicklungsschwierigkeiten zu sehen. Regelmäßige Bewegungsangebote in den Kindergärten sollen diesen Risiken durch eine Aktivierung kindlicher Eigentätigkeit entgegenwirken.

Die gezielte Förderung dient dazu, neue Bewegungsabläufe kennen zu lernen, um Unfälle zu vermeiden und die grob- wie feinmotorischen Fähigkeiten zu fördern. Darüber hinaus hilft Bewegung beim Abbau von Belastungen, die sich als Reaktion auf Reizüberflutungen und Beengung ergeben können. Besonders geeignet für die Förderung von Bewegung und Gesundheit sind Aktivitäten im Freien. Aus diesem Grund sollte die Gestaltung des Außenbereichs von Beginn an bei der Planung der Kindertagesstätte berücksichtigt werden. Neben ausreichend nutzungsoffenem Raum sind auch flexibel zu beschattende, feststehende Sitzgelegenheiten und Tische in Gebäudenähe ideal, die vielfältige Aktivitäten im Freien ermöglichen. Die Einrichtung in München-Neuhausen besitzt zu diesem Zweck sowohl im Gartenbereich als auch auf der Dachterrasse kleine Sitzgruppen sowie sonnengeschützte Sandkisten. Ergänzend sollte auch im Innenbereich ausreichend Raum für unterschiedlichste Bewegungsbedürfnisse bereitgestellt werden.

In punkto Ernährung hat der Kindergarten mittlerweile neue Aufgaben übernommen beziehungsweise (wieder)entdeckt. In vielen Familien gibt es keine gemeinsamen Mahlzeiten mehr und hektisches Essverhalten sowie ungesunde Nahrungsmittel lassen die Bedeutung einer qualitätvollen und bewussten Ernäherung für viele Kinder nicht mehr erfahrbar werden. Durch selbst angebaute oder gemeinsam auf dem Markt eingekaufte und zubereitete Nahrungsmittel kann dieser Wert den Kindern im Kindergarten wieder nähergebracht werden. Wichtige Bedingungen dafür schafft eine Architektur, die von möglichst vielen Räumen einen direkten Zugang zum Gemüsebeet im Außenbereich bietet. Als reizvolle Alternative zu einem Kochbereich in jedem Gruppenraum bietet eine zentrale Küche die Möglichkeit, dass hauswirtschaftliche Mitarbeiter gemeinsam mit den Kindern Mahlzeiten zubereiten.

Schließlich gehört nach dem Essen auch das obligatorische Zähneputzen zu einer bewussten Gesundheitserziehung. Für diesen Zweck sollten in den Waschräumen Aufbewahrungsmöglichkeiten für Zahnputzbecher und -bürsten der Kinder vorgesehen sein. Wichtig ist, dass mehrere Waschbecken sowie eine großzügige Gestaltung des Waschraums ein gemeinsames Zähneputzen ermöglichen: So werden Alltagsroutinen für die Kinder selbstverständlich und zu einem sozialen Erlebnis. In der Einrichtung München-Riem stehen in einem Waschraum nur zwei Waschbecken für über 40 Kinder zur Verfügung: Das Zähneputzen der Kinder wird für die Erzieherinnen dadurch zu einer Belastungssituation. Diese wird häufig vermieden, so dass das Zähneputzen mit den

Sonnengeschützte Sitz- und Spielbereiche auf dem Dach der Kindertagesstätte München-Neuhausen

Freistehende Waschtische wie in der Kindertagesstätte Seelze-Süd machen Alltagsroutinen zu einem sozialen Erlebnis (Entwicklungsträger Seelze-Süd, 2003)

Kindern ausfällt. Zudem besitzen Waschräume, die dunkel und kühl sind und eher den Charakter einer Besenkammer haben, eine geringe Aufenthaltsqualität und unterstützen einen verschämten und möglichst im Verborgenen abzuhandelnden Umgang mit dem eigenen Körper. Eine helle, angenehme Atmosphäre in den Waschräumen, eventuell mit Fußbodenheizung, und unterschiedliche Materialerfahrungen sowie Spiegel können einen offenen, unverkrampften Umgang mit dem eigenen Körper fördern. Dies ist gerade für Kinder wichtig, die im Laufe ihrer Entwicklung erst allmählich ihren Körper und seine verschiedenen Funktionen erkunden.

Interkulturelle Erziehung und Bildung
Viele Einrichtungen greifen die sich durch Kinder mit Migrationshintergrund ergebenden Anforderungen bewusst auf und erweitern ihr pädagogisches Programm um interkulturelle Bildungsangebote. Durch die Erfahrung mit anderen Kulturen werden Kindern und Erzieherinnen die kulturelle Vielfalt und eigene kulturelle Traditionen bewusst. Berührungsängste mit fremden Kulturen werden so abgebaut. Die Gestaltung der Einrichtung sollte für diese Bildungsprozesse den notwendigen Raum bereitstellen – idealerweise kleinere Räume, die mit Tischen und Stühlen bestückt sind und ansonsten von den Kindern als Spielraum genutzt werden können. Auch Ausstellungsbereiche zur Präsentation von Alltagsgegenständen aus fremden Kulturen – die die Kinder selbst mitbringen können – fördern eine Auseinandersetzung mit kultureller Vielfalt. Kinder mit Migrationshintergrund werden so zu 'Experten' für ihre Kultur und erfahren eine wichtige Stärkung ihres Selbstwertgefühls. Für Eltern von Kindern mit Migrationshintergrund ist der Kindergarten oft erster beziehungsweise einziger Berührungspunkt mit der unbekannten Kultur des Gastlandes: Kindertageseinrichtungen bieten sich daher als kulturelle Vermittler an und können Unterstützung beim Erlernen der Sprache und dem Kennenlernen der einheimischen Kultur anbieten.

Sprachförderung
Die Sprachförderung im Elementarbereich wurde gerade unter dem Eindruck der schulischen Bildungsvergleichsstudien als relevant entdeckt. Die Grundlagen für den Erwerb von Sprache als Basis für einen erfolgreichen Schulbesuch werden vor der Einschulung bereits im frühkindlichen Alter gelegt. Auch in diesem Bereich treten Kinder-

tageseinrichtungen immer häufiger zu einem Ausgleich nicht optimaler Entwicklungsbedingungen in den Familien an, in denen für eine bewusste Kommunikation von Eltern mit Kindern offenbar immer weniger Zeit ist. Zudem greifen viele Einrichtungen die günstigen Bedingungen von Kindern für den Erwerb einer fremden Sprache auf und bieten entsprechende Angebote an. In kleinen Gruppen können Kinder den Erwerb und Gebrauch von Sprache spielerisch entdecken: Dazu sind keine wie Klassenräume gestalteten Räume erforderlich, sondern lediglich ein ruhiger Bereich, der zum Beispiel als Bibliothek zum Vorlesen und Anschauen von Büchern gestaltet sein kann.

Umweltbildung und Bildung für nachhaltige Entwicklung
Der Kindergarten eignet sich hervorragend, um Kinder zu einem verantwortungsbewussten Umgang mit Natur und gebauter Umwelt zu animieren. Der Außenbereich kann bei entsprechender Gestaltung sowohl im Sommer als auch im Winter Naturkontakte ermöglichen (durch gebäudenahe, überdachte Spielbereiche). Bereits durch eine ökologische Bauweise kann bei entsprechender Aufbereitung eine nachhaltige Ressourcennutzung für die Kinder erfahrbar gemacht werden. Thermische Raumorientierung, eine kompakte Gestaltung des Baukörpers und die Verwendung unbedenklicher, möglichst natürlicher Baumaterialien sollten selbstverständlicher werden.

Besondere Aufmerksamkeit verdient die Belüftung einer Kindertageseinrichtung. Trotz der zu berücksichtigenden Sicherheitsbestimmungen sollte auch in den von Kindern benutzten Räumen ein Teil der Fenster zu öffnen sein, um einen regelmäßigen Luftaustausch vornehmen zu können. Für das Kontrollempfinden sowohl der Erzieherinnen als auch (unter Aufsicht) der Kinder und die Aufenthaltsqualität ist eine selbst regulierbare Belüftung von hoher Bedeutung (gilt in ähnlicher Weise auch für die Beleuchtung und Beheizung). Zudem kann die Belüftung auch benutzt werden, um den Kindern physikalische Effekte wie Luftströme in einem Gebäude zu demonstrieren. In der Einrichtung in München-Neuhausen ist ein Querlüften in den großflächig verglasten Gruppenräumen aufgrund der Anordnung und Gestaltung der Lüftungsflügel nur eingeschränkt möglich. Gerade an sonnigen Tagen führt dies zu hohen Temperaturen und einer schlechten Versorgung mit Frischluft. Durch die Beschattung mit Rollos im Außenbereich wird dieser Effekt noch verstärkt.

Ein nachhaltiges Wassermanagement durch den Einbau einer Brauchwasser-Toilettenspülung oder die Verwendung von Regenwasser zur Bewässerung der Grünanlagen macht Wassersparen auch für Kinder verständlich. Werden die eingesparten Anteile einer Ressource den Kindern über anschauliche Modelle erfahrbar gemacht, dürfte ein ressourcenschonendes Verhalten noch stärker internalisiert werden. Auch eine zukunftsfähige Energieversorgung kann bei entsprechender pädagogisch-psychologischer Gestaltung für kindliche Nutzer von Interesse sein. In der mit Holzpellets beheizten Kindertageseinrichtung Seelze-Süd wird beispielsweise der Brennwert verschiedener Heizmaterialien plastisch dargestellt.

Partizipation und urbaner Kontext
In der norditalienischen Region Reggio haben Kindergärten seit Mitte der 1960er Jahre eine starke Gemeinwesenorientierung. Auch in Deutschland sind Kindertageseinrichtungen nicht nur räumlich in den urbanen Kontext eingebettet, sondern spielen zunehmend eine aktive Rolle in der Gemeinde. Dazu gehört beispielsweise eine Nutzung der Einrichtung für Ausstellungen, ihre Gestaltung als Teil eines kommunalen Dienstleistungszentrums sowie als Treffpunkt für Anwohner. Eine transparente Gestaltung, flexible Raumteiler und separate Eingänge unterstützen diese Mehrfachnutzung. Für Kinder bedeutet eine Öffnung der Einrichtung eine Teilnahme am Alltagsleben der Erwach-

Darstellung zu den Brennwerten verschiedener Heizmaterialien in der Kindertagesstätte Seelze-Süd bei Hannover

senen. Die Außenbereiche von Kindertageseinrichtungen werden immer öfter gemeinsam mit und für Anwohner als Spiel- und/oder Grillplatz gestaltet.

Elternarbeit
Eine zunehmende gesellschaftliche Komplexität bei der Kindererziehung führt zu einer steigenden Nachfrage nach professioneller Unterstützung. Kindertageseinrichtungen werden in diesem Punkt zu einem wichtigen Partner der Eltern, indem sie fachliche Informationen und Unterstützung bei Fragen zur Entwicklung und Erziehung anbieten. Die Architektur kann für diese Kommunikationsprozesse die geeigneten Räumlichkeiten bereitstellen. Angenehme Sitzecken fördern informelle Gespräche zwischen Eltern und können für Beratungsgespräche ('Elternsprechtage') mit den Erzieherinnen genutzt werden. Auch für (öffentliche) Vortragsreihen zu speziellen Themen (Entwicklungsprobleme, Ernährung, Freizeitgestaltung mit Kindern) sollte ein entsprechendes räumliches Forum bereitgestellt werden. Idealerweise kann eine kleine Fachbibliothek, die von Eltern und interessierten Bürgern genutzt werden kann, Informationen zu kind- und familienbezogenen Themen anbieten.

Architektur als Inhalt von Bildungsprozessen

Zunehmend wird die räumlich-materiale Umwelt von Kindertageseinrichtungen auch selbst zum Bestandteil von Bildungsprozessen, wie dies beispielsweise der für Nordrhein-Westfalen propagierte 'Offene Bildungsplan für Kindertagesstätten' vorsieht. Neben Bewegung, Spielen, Gestalten und Medien sowie Sprache nennt Schäfer auch den Bereich Natur und kulturelle Umwelt als Bestandteil des Bildungsplans: Architektur und öffentliche Gestaltung werden hier explizit als mögliche Inhalte für die pädagogische Arbeit im Kindergarten genannt.[16]

Diese 'didaktische Komponente' stellt bei einer entsprechenden gestalterischen und pädagogischen Planung eine interessante Bereicherung für die Bildungsangebote im Kindergarten dar: Die Gestaltung von Entwicklungsumwelten für Kinder bietet eine einmalige Chance, Kinder zu einer bewussteren Auseinandersetzung mit ihrer gebauten Umwelt anzuregen, um Architektur und Baukultur erlebbar zu machen. Sinnliche Wahrnehmung und räumliches Erleben gehören zu den grundlegenden Erfahrungen mit gebauter Umwelt. Sie beeinflussen die ästhetische Wahrnehmung und Bewertung von Architektur. Dabei bleiben die Bildungsinhalte keineswegs auf den Bereich von Architektur und baulicher Gestaltung beschränkt. Auch physikalische Phänomene, Zahlenverständnis und feinmotorische Fähigkeiten können anhand der Architektur vermittelt werden.

Voraussetzung dafür ist, dass die Erzieherinnen als Bezugspersonen der Kinder im Mittelpunkt entsprechender Programme zur Architekturvermittlung stehen. Sie spielen die zentrale Rolle bei der Auseinandersetzung von Kindern mit der gebauten Umwelt. Bezüglich Wahrnehmung, Gebrauch und Bewertung von gebauter Umwelt werden Kinder im Kindergarten über die Bezugspersonen – die Erzieherinnen – sozialisiert. Eine Ablehnung der architektonischen Gestaltung durch die Erzieherinnen oder Restriktionen zur Nutzung bestimmter Bereiche werden von den Kindern sehr genau registriert und verhindern eine eigene, offene Auseinandersetzung mit Architektur. Aus diesem Grund sollten die Erzieherinnen bei der Architekturvermittlung stets mit einbezogen werden.

Die Vermittlung von Kenntnissen über Architektur und die Förderung von Verständnis für zeitgenössisches Bauen sowie einer bewussteren Wahrnehmung kann bereits für

16 G. E. Schäfer (Hg.): Bildung beginnt mit der Geburt; Ein offener Bildungsplan für Kindertageseinrichtungen in Nordrhein-Westfalen. Beltz, Weinheim, 2003, S. 185

17 Vgl. N. Nedelykov/ D. Tanuschev: Modell Berlin; Architektur als Teil eines zukunftsfähigen Bildungsprogramms. Deutsches Architektenblatt 5/2001, S. 14.
D. Tanuschev: Architektur und Schule. Bericht über einen viertägigen Workshop in einer Vorklasse. Verfügbar unter: www.ak-berlin.de/aktuell_veranstaltungen/ schulworkshop_d.html [6.3.2005]. 2003

die Nutzer von Kindertageseinrichtungen reizvoll sein. Pilotprojekte wie die vom Arbeitskreis 'Architektur und Schule' der Architektenkammer Berlin initiierten Workshops, bei denen bereits Kindern im Vorschulalter gebaute Umwelt und Architektur durch Architekten vermittelt werden, bilden bislang die Ausnahme.[17] In Anbetracht der Initiative 'Architektur und Baukultur' der Bundesregierung wächst jedoch die Hoffnung, dass auch der Elementarbereich noch als wichtiger Ansatzpunkt für eine Förderung von Verständnis und Wissen um gebaute Umwelt und Architektur entdeckt wird.

Wie vermittelt man Architektur an Kinder?

Schon Kinder werden tagtäglich mit Architektur konfrontiert: Die hohe Präsenz von Architektur und gebauter Umwelt im Alltag der Kinder unterstreicht, dass dieses Thema zu wichtig ist, um nicht bereits im Kindergartenalter zu einem Bestandteil von Bildungsprozessen zu werden. Die Besonderheiten kindlicher Nutzer erfordern jedoch, die Möglichkeiten und Grenzen einer an Kinder gerichteten Architekturvermittlung zu beachten. Ein wissenschaftlich fundiertes, pädagogisch-psychologisches Programm, welches die oben dargestellten entwicklungspsychologischen Grundlagen beachtet, ist daher unerlässlich. Insbesondere Fragen helfen dabei, die Auseinandersetzung der Kinder mit gebauter Umwelt anzuregen und zu strukturieren. Doch konkret, wie kann Architektur für Fünf- und Sechsjährige erlebbar und erfahrbar gemacht werden?

Bewusstes Wahrnehmen von Architektur
Basis für eine Auseinandersetzung mit Architektur ist, Kinder und Erzieherinnen zum genauen Hinschauen zu animieren. Die kognitive Entwicklung der Fünf- und Sechsjährigen ist unter anderem auf das Kategorisieren von Umwelt ausgerichtet. Deshalb bietet es sich an, mit den Kindern auf Entdeckungstour durch das eigene Gebäude zu gehen und beispielsweise zu überlegen, welche unterschiedlichen geometrischen Formen die Einrichtungsarchitektur bietet. In der gleichen Weise können die verschiedenen Farben oder Materialien in der Einrichtung kategorisiert werden (Holz, Teppich, Linoleum, glatte und raue Oberflächen, kalte und warme Wände).

Die bewusste Entdeckung der verschiedenen Elemente fördert neben der sprachlichen Entwicklung auch den Umgang mit Zahlen (Wie viele rote Türen gibt es? Wie viele Fenster hat der Kindergarten?). Die Erzieherinnen und Kinder können gemeinsam ihre Lieblingsorte in der Einrichtung entdecken und überlegen, welche Gefühle die jeweilige Gestaltung hervorruft und warum das so sein könnte. Gleiches kann bei einem Ausflug auch auf die Stadt ausgeweitet werden: Welche verschiedenen Häuser gibt es in der Stadt? Warum gefallen mir manche Gebäude und andere nicht? Diese und ähnliche Erfahrungen fördern die Entwicklung von ästhetischem Urteilsvermögen und Qualitätsbewusstsein für den Bereich Architektur und Baukultur.

Erfahrung physikalischer Phänomene
Die Architektur hat enge Bezüge zur Physik, weshalb bestimmte physikalische beziehungsweise thermische Phänomene direkt in der Einrichtung erfahren werden können. Eine gezielte Auseinandersetzung mit der Beheizung, Belüftung oder Belichtung unterstützt einen kompetenten Umgang mit Gebäuden und kommt dem Explorationsdrang der Kinder entgegen: Wie unterscheidet sich das Lüften mit nur einem geöffneten Fenster vom Querlüften, das heißt wenn gleichzeitig die gegenüberliegende Tür geöffnet wird? Warum müssen wir an manchen Tagen Licht einschalten und an anderen nicht? Warum klappern die Schuhe in manchen Räumen und in anderen nicht? Warum gluckert

die Heizung und was passiert eigentlich in den Rohren? Eine sichtbare Gestaltung der Haustechnik unterstützt diese und ähnliche Fragen.

Optimierung des eigenen Gebäudes
Der wachsende Wunsch nach Umweltkontrolle sowie die kognitive Entwicklung der Kinder (logisches Denken, Problemlösen) bieten sich an, um mit ihnen eine Stärken-Schwächen-Analyse im Kindergarten durchzuführen und gemeinsam über eine Umgestaltung bestimmter Bereiche nachzudenken. Soll beispielsweise ein Abstellraum künftig als Werkraum genutzt werden, so können die Kinder an der Planung und Durchführung der Maßnahme beteiligt werden: Was brauchen wir, wo soll was hin? Kleinere Arbeiten können die Kinder unter Aufsicht selbst übernehmen und so gleichzeitig ihre motorische Entwicklung fördern. Dass solche gemeinsamen Projekte eine wichtige soziale Erfahrung sind, die Interaktion und Kooperation fördern, sei hier nur am Rande erwähnt.

Erkundung des städtischen Umfeldes
Exkursionen zu interessanten Gebäuden im städtischen Umfeld fördern einen bewussteren Umgang mit der gebauten Umwelt. Eventuell mit Unterstützung durch Architekten des städtischen Bauamtes oder aus der Elternschaft können die Kinder bestimmte Häuser besuchen und überlegen, welche Häuser es eigentlich in der Stadt gibt, was den Kindergarten von ihnen unterscheidet und warum eine Kirche so ganz anders aussieht als eine Bank. Auch städtebauliche Veränderungsprozesse wie die Umgestaltung öffentlicher Plätze bieten vielfältige Inhalte für Projekte.

Große und kleine Architekten
Früh übt sich! Eine aktive Auseinandersetzung mit Architektur fördert die feinmotorischen Fähigkeiten der Kinder und regt ihre Fantasie an: Bei einem Versuch, den Kindergarten zu malen, sind zeichnerische Fähigkeiten ebenso gefordert wie räumliches Vorstellungsvermögen. Die Aufgabe, den eigenen Kindergarten zu malen, bietet interessante Einblicke, welche Elemente von Architektur bei Kindern repräsentiert sind und welche nicht. Die Bilder können als Grundlage für den Entwurf eines 'Wunschkindergartens' dienen: Was sollte dieser Kindergarten unbedingt haben, worauf können wir verzichten? Einige Entwürfe können dann – wie in einem echten Wettbewerb – als Modelle gebaut werden.

Betreten der Baustelle erwünscht
Nicht erst seit Bob, dem Baumeister, üben Baustellen eine besondere Anziehungskraft auf Kinder aus. Grund genug, in einem Projekt zu erforschen, was hinter dem Bauzaun passiert: Was macht der Architekt, wer sind die Menschen mit den weißen Helmen und wie lange dauert es eigentlich, bis so ein Haus fertig ist? Vielleicht finden sich in der Elternschaft Interessierte, die einen Besuch auf einer Baustelle (auch fachlich) begleiten können.

Bauen für Kinder nach PISA

Neben PISA und gesellschaftlichen Diskussionen haben auch soziale Transformationsprozesse Einfluss auf die funktionalen Anforderungen und das Raumprogramm. Auch außerhalb des Kindergartenalters, also unter drei Jahren und nach der Einschulung verbringt eine wachsende Zahl von Kindern immer mehr Zeit in Tageseinrichtungen: Kin-

18 M. Urban: *Räume für Kinder; Pädagogische und architektonische Konzepte zur kooperativen Planung und Gestaltung von Kindertagesstätten. Dissertation, Johann Wolfgang Goethe-Universität, Frankfurt/Main, 1999, S. 77*

dertageseinrichtungen werden künftig vermutlich immer früher aufgesucht, und die Kinder werden in den Einrichtungen immer länger betreut.[18] Besonders in den neuen Bundesländern erfolgt die Betreuung bereits jetzt überwiegend ganztags. Diese Aspekte gilt es künftig noch stärker bei der Gestaltung zu bedenken, da 18 Monate alte Nutzer andere Bedürfnisse haben als Kinder im Alter von fünf Jahren. Im Idealfall ist bei einer Einrichtung eine Anpassung an wechselnde Ansprüche und Nutzungen möglich, denn die funktionalen Anforderungen an Kindertageseinrichtungen ändern sich ebenso wie pädagogische Programme. Die Räume im Kindergarten sollten eine hohe Aufenthaltsqualität besitzen und darüber hinaus Gelegenheit zur freien Nutzung, Aneignung und Gestaltung bieten. Architekten sollten auf veränderte Anforderungen reagieren und die sich daraus ergebenden funktionalen Ansprüche aufgreifen, ohne jedoch die Flexibilität zu vernachlässigen. Bauen für Kinder ist keine leichte Aufgabe für Architekten, da vielfältige Aspekte zu berücksichtigen sind, um ein möglichst optimales Ergebnis zu erzielen. Allen Beteiligten, Architekten, Pädagogen und Trägern, sollte daher der hohe Anspruch bei dieser Planungsaufgabe klar sein.

Knappe Kassen bei kommunalen wie privaten Trägern und mangelnder Nachwuchs lassen für die Zukunft eine Ergänzung bestehender Einrichtungen beziehungsweise einen Umbau im Bestand realistischer als einen Neubau erscheinen. Die Kindertagesstätte Alte Wagenhalle in Köln, bei der eine alte Postfuhrhalle in einen Kindergarten umgewandelt wurde, ist ein gelungenes Beispiel für solche Umbauten. In Anbetracht der angespannten finanziellen Lage insbesondere öffentlicher Träger und schwankender Bevölkerungsprognosen wird vom Planer zunehmend erwartet, dass Kindertageseinrichtungen auch bei einer Veränderung der Bevölkerungsstruktur flexibel angepasst oder langfristig umgenutzt werden können (zum Beispiel als Büro- oder Wohnanlage). Ein Umbau beziehungsweise eine Erweiterung bringt neben diversen Nachteilen auch Vorteile für die Beteiligten: Für die Planer entsteht die Chance, nicht optimale Aspekte des ursprünglichen Entwurfs zu korrigieren und an einen möglicherweise geänderten Bedarf anzupassen. Den Erzieherinnen in den betroffenen Einrichtungen ermöglicht die Umgestaltung eine aktive Mitwirkung bei der Planung. Dies ist, zumindest in dieser Form, bei einem Neubau nicht möglich. Gerade bei Umbauten oder Erweiterungen ist

Kindertagesstätte Alte Wagenhalle, Köln. Architekten: Von Einsiedel Haeffner Partner, 1995

jedoch eine Unterstützung des Entwurfsprozesses durch Psychologen zu empfehlen: Durch verschiedene Befragungstechniken können unterschiedliche Wünsche und Bedürfnisse der Beteiligten systematisch erhoben und in den Planungsprozess integriert werden. Im sich anschließenden Entscheidungsprozess kann eine Vermittlung durch Psychologen sinnvoll sein, um den Planer zu unterstützen und zu entlasten. Gerade was die Auseinandersetzung mit den Bauherren angeht, können Psychologen bestimmte Überlegungen des Architekten zum Raumprogramm und der gestalterischen Umsetzung durch wissenschaftliche Erkenntnisse bestärken.[19]

Um eines noch einmal ganz deutlich zu machen: Die Anforderungen an die Gestaltung von Umwelten für Kinder, wie sie aufgrund von pädagogischen und psychologischen Überlegungen hier formuliert wurden, können allenfalls den Rahmen für die Arbeit des Architekten darstellen. Bei der individuellen Umsetzung der Bauaufgabe durch den Architekten kann auch die Psychologie nicht helfen. Die formal-ästhetische Gestaltung des Gebäudes, die über eine reine Funktionserfüllung hinausgeht, liegt im Ermessensspielraum des Architekten und stellt seine Kernkompetenz dar. Hier ist der Architekt auf sich und seine Erfahrungen gestellt – und genau darin dürfte die Attraktivität der Bauaufgabe Kindergarten liegen: Die Bereitstellung einer hohen Raumqualität, die über die quantitativen Richtlinien hinausgeht und bestimmte Aussagen transportiert. Eine Gestaltung, die vielfältige Erfahrungen in der gebauten Umwelt ermöglicht, vom Grundriss und den architektonischen Formen, den Sichtbeziehungen bis hin zur Materialität und Farbe, führt zu einer hohen Erlebnisqualität für die Nutzer der Tagesstätten. Die verschiedenen Entwürfe von Kindertageseinrichtungen, wie sie im Gestaltungswettbewerb der Wüstenrot Stiftung präsentiert werden, zeigen ganz unterschiedliche Umsetzungen mit individuellen Aussagen und Signalen. Eine Aussage jedoch dürfte allen Entwürfen gemeinsam sein: Sie signalisieren großen Respekt vor den Nutzern der Einrichtungen.

19 R. Rambow/ H. Rambow: Wieso, weshalb, warum? Wer nicht fragt, bleibt dumm. Der Architekt 7/1996, S. 435-437

Von der Kindergartenarchitektur zur ersten Bildungseinrichtung: Die Familientagesstätte

Walter Stamm-Teske

Als mich die Wüstenrot Stiftung angefragt hat, ob ich in der Jury für den Gestaltungspreis 'Bauen für Kinder' mitwirken wolle, habe ich mir zuerst darüber Gedanken gemacht, inwieweit mein spezifisches Fachwissen aus dem Bereich Wohnungsbau dafür die richtige Qualifikation ist. Dass Kinder sich sicherlich mehr als die Hälfte ihrer Zeit im näheren Umfeld ihrer Wohnung aufhalten, schien mir als Begründung für die Mitwirkung in der Jury gerechtfertigt. Projektbeiträge zu dem ausgeschriebenen Thema 'Bauen für Kinder' konnte ich mir als Wohnungsbauer einige vorstellen, zum Beispiel:
- kommunikative Siedlungskonzepte mit Kindergemeinschaftsräumen oder -spielflächen,
- temporäre ästhetische Sicherungs- und Hilfseinrichtungen im Wohnungsbau,
- Bauteile wie Fenster, Türen, Treppen und Sanitärgeräte, welche die größenbedingten Ansprüche von Kindern berücksichtigen und gleichzeitig die Ansprüche erwachsener Personen erfüllen.

Mehrere hundert Seiten Fachliteratur 'schnell gelesen' sollten mir helfen, die Argumente und Sprache der Preisrichter mit pädagogischem Hintergrund zu verstehen. Nach dieser intensiven Auseinandersetzung mit dem Thema 'Bauen für ein- bis sechsjährige Kinder' gemeinsam mit den anwesenden Fachleuten, versuche ich als Architekt auf folgende Schwerpunkte einzugehen:

Von der Kindergartenarchitektur zur Architektur der ersten Bildungseinrichtung

Was sind die inhaltlichen Anforderungen an diese 'erste Bildungseinrichtung'? Ich möchte einige Stellen von Wassilios E. Fthenakis 'Zur Neukonzeptualisierung von Bildung in der frühen Kindheit' zitieren. „Bis zu Beginn der neunziger Jahre bot das Curriculum für die frühe Kindheit auf internationaler Ebene wenig Anlass zu Kontroversen. Der staatliche Einfluss auf die Frühpädagogik erstreckte sich eher auf Strukturfragen."[1]

„In neueren Curricula steht nicht mehr die Vermittlung von Kenntnissen, sondern von Lernkompetenzen im Mittelpunkt. Es geht darum zu lernen wie man lernt und sein eigenes Wissen organisiert, um Problemsituationen zu lösen und zwar auf eine sozial verantwortliche Weise. Ein zweiter Schwerpunkt liegt in der frühzeitigen Stärkung individueller kindlicher Kompetenzen: Stärkung des Selbstkonzepts, des Selbstwertgefühls, der Selbstregulationsfähigkeit, eine sichere Bindung an die Eltern und die Erzieherin [Hier wird nur die weibliche 'Erzieherin' erwähnt; Anm. d. Autors], Förderung der Fähigkeit, interpersonelle Konflikte friedlich zu lösen, die Entwicklung von Selbstvertrauen und Selbstwirksamkeit sowie interkultureller und sprachlicher Kompetenz usw."[2]

„Vor allem aber ist das Kind nicht bloß Objekt der Bildungsbemühungen anderer."[3] Um diese hohen individuellen Ansprüche in Kindertageseinrichtungen realisieren zu können, braucht es aber sowohl andere Ausbildungsqualifikationen für die Erzieherin-

1 Wassilios E. Fthenakis: Zur Neukonzeptualisierung von Bildung in der frühen Kindheit. In: Wassilios E. Fthenakis (Hg.): Elementarpädagogik nach Pisa. Freiburg im Breisgau, 2003, S. 18

2 Wassilios E. Fthenakis, a.a.O., S. 28

3 Wassilios E. Fthenakis, a.a.O., S. 26

nen und Erzieher wie auch andere Betreuungsverhältnisse als sie heute üblich sind.

Pädagogische Standards für die Gruppengröße nach den Forderungen des Kinderbetreuungsnetzwerks EU 96:

Gruppengröße		Personalschlüssel Fachkraft	
2 bis 4 Jahre	5 bis 8 Kinder	0 bis 2 Jahre	pro 3 Kinder
3 bis 4 Jahre	8 bis 12 Kinder	2 bis 3 Jahre	pro 3 bis 5 Kinder
4 bis 5 Jahre	12 bis 15 Kinder	3 bis 4 Jahre	pro 5 bis 8 Kinder
		4 bis 5 Jahre	pro 6 bis 8 Kinder

Kindergarten Regenbogen in Ludwigsburg-Eglosheim

Von diesen Zahlen sind wir in Deutschland zur Zeit leider weit entfernt. Selbstverständlich stehen diese Kennzahlen auch für ein differenziertes Raumangebot, um den individuellen Entwicklungsstadien der einzelnen Kinder entsprechend Raum zu bieten. Ein unbezahlbarer Luxus? Nein, sicher nicht! Nicht einmal aus ökonomischer Betrachtungsweise, denn Bildung – hier gemeint im Kinderbereich – ist die beste Investition in die Zukunft, „weil" so sagte der frühere schwedische Premierminister Olof Palme, „unsere Kinder unsere einzige reale Verbindung zur Zukunft sind und weil sie die schwächsten sind, gehören sie an die erste Stelle der Gesellschaft".

Interessant und gut nachvollziehbar sind die Ansätze zum Thema der strukturellen Voraussetzungen von Kindertageseinrichtungen von Norbert Hocke.[4] Er nennt sie „Bildungsinseln jenseits der ökonomischen Logik". Hocke beschreibt die Kindertageseinrichtung als möglichen „Dienstleister", als „Tageseinrichtung für Familien".

4 Norbert Hocke: Zu den strukturellen Voraussetzungen der Weiterentwicklung von Tageseinrichtungen. In: Wassilios E. Fthenakis (Hg.), a.a.O., S. 285–293

Warum das so ist, ist in den Argumentationen von Heidi Colberg-Schrader verständlich geschildert: „Familien und Kindertageseinrichtungen sind […] wichtige Bildungsinstanzen: Im Zusammenleben in Familien finden grundlegende Prozesse der Persönlichkeitsentwicklung des Kindes statt. In familiären Interaktionen erlebt das Kind Bindung und erste selbstständige Schritte. Es lernt, in vielfältiger Weise seine Welt zu begreifen, es lernt, sich sprachlich zu verständigen. Die Kindertageseinrichtung ist dann der notwendige ergänzende Bildungsort, der Kindern weitere Bildungsgelegenheiten bietet, der aber auch unterstützende und bildende Funktionen für Familien hat. Kindertageseinrichtungen können zentraler Teil eines Netzwerks sein, auf das Familien heute angewiesen sind und das sie stabilisiert."[5]

Wie divers die Bedeutungen des Begriffs 'Familie' heute sein können, ist jedem von uns aus der eigenen Erfahrung bekannt. Die fünf- und mehrköpfige Familie, die für sich bereits eine soziale Gruppe bildet, ist dabei die Ausnahme. Ein bis zwei Kinder, oft als eine Patchworkfamilie oder allein erziehende Elternteile sind der derzeitige Regelfall. Diese 'Familientageseinrichtung' bietet so die Chance, der möglichen sozialen Verarmung der Kleinfamilie entgegen zu steuern.

5 Heidi Colberg-Schrader: Informelle und institutionelle Bildungsorte; Zum Verhältnis von Familie und Kindertageseinrichtung. In: Wassilios E. Fthenakis (Hg.), a.a.O., S. 267

6 Heidi Colberg-Schrader, a.a.O., S. 269

7 Heidi Colberg-Schrader, a.a.O., S. 278

8 Norbert Hocke, a.a.O., S. 288

Kinder im Kindergarten Gänsaugraben in Oppenheim

9 Forum Bildung (Hg.): Förderung von Chancengleichheit; Vorläufige Empfehlungen und Expertenbericht. Bonn, 2001, S. 44

10 Forum Bildung, a.a.O., S. 45

11 Ilse Wehrmann: Zukunft der Kindergärten – Kindergärten der Zukunft. In: Wassilios E. Fthenakis (Hg.), a.a.O., S. 311

Colberg-Schrader beschreibt einen weiteren wichtigen Faktor: „Elternschaft ist heute von Faktoren geprägt, wie sie früheren Generationen unbekannt waren: Familien stehen in einer zwiespältigen Situation. Auf der einen Seite ist der Aufwand in Familien zur Gestaltung des Kinderlebens gewachsen. Man kann Kinder nicht mehr einfach 'laufen lassen', ihr Tagesablauf muss angesichts der Wohnumfeldbedingungen von den Eltern arrangiert werden. Dies kostet einiges an Zeit. Auf der anderen Seite wird das Zeitbudget für die Familie immer knapper."[6] Und als weiteren wichtigen Indikator für die Institutionalisierung der 'Familientageseinrichtung' nennt Colberg-Schrader: „Nicht wenige Eltern gewinnen über die Kindertageseinrichtung auch wieder ein Stück Öffentlichkeit in ihrem Leben […]"[7]

Kritisiert wird von Fachleuten die traditionelle Teilung zwischen Krippe, Kindergarten und Hort. Nach Norbert Hocke muss der Schlüsselbegriff für die Weiterentwicklung von Tageseinrichtungen für Kinder 'Integration' sein: „Integration im Sinne der Interkulturalität, im Sinne eines übergreifenden Altersstufenkonzepts, ferner im Sinne einer gemeinsamen Erziehung von Kindern mit und ohne Behinderung. […] Dies bedeutet, dass wir einen Abbau von Hierarchien sowohl von der Trägerseite her als auch in den Häusern selbst herbeiführen müssen. Integrative Konzepte arbeiten mit den Stärken des Einzelnen und geben Hilfestellung zum Abbau von Schwächen."[8]

Während die Integration von behinderten Kindern und der dadurch erhöhte Aufwand in der Betreuung und der Baumaßnahme allgemein Akzeptanz gefunden hat, ist das Thema Migration, das heißt der Umgang mit unseren ausländischen Mitbewohnern, problembehaftet. Diese Thematik ist aber von größter Bedeutung für die friedliche Koexistenz von Menschen in unserer Gesellschaft. Keine andere Institution scheint mir so geeignet, auf unbelastete Art und Weise damit umzugehen, wie die 'Familientagesstätte'. Im Expertenbericht des Forums Bildung mit dem Titel 'Förderung von Chancengleichheit' steht zu diesem Themenkreis: „Leider wird in weiten Teilen der Deutschen Bevölkerung das Positive dieser Zuwanderung nicht gesehen:

- statt sie als Chance zu sehen, wird sie als Bedrohung empfunden,
- statt die Kompetenzen dieser Menschen zu nutzen, werden ihnen Defizite nachgesagt."[9]

„Interkulturalität gilt heute als wichtige berufliche Schlüsselqualifikation. Interkulturelle Kompetenzen sind für alle Teile der […] Bevölkerung von Vorteil. Die Chance, diese Kompetenzen zu erwerben und zu trainieren, ist sowohl für die Deutschen als auch für die Zuwanderer gegeben. Das Gleiche gilt für den Erwerb und die Anwendung anderer Sprachen."[10]

Weitere sehr interessante Nutzungsangebote schlägt Ilse Wehrmann zum Thema 'Zukunft der Kindergärten – Kindergärten der Zukunft' vor. Unter dem Titel 'Modellprojekt Kinderhaus' schreibt sie: „Wo früher in der großen Familie die Großeltern oder andere Familienmitglieder die Eltern bei der Betreuung und Versorgung der Kinder unterstützt haben, klafft heute ein großes Loch. Selbst in der Nähe wohnende Großeltern sind heutzutage häufig keine große Hilfe mehr, weil sie selbst oft noch berufstätig sind. Immer mehr Eltern und auch Alleinerziehende wollen ihren Beruf ausüben und trotzdem nicht auf Kinder verzichten."[11] Als mögliche Nutzungen eines 'Kinderhauses' schlägt sie vor:

- Kinderhotel, Kurzzeitunterbringung mit Übernachtungsmöglichkeit für Kinder bis 12 Jahre,
- Kinderstation, zur Betreuung von leicht erkrankten Kindern,
- Notfall und Kurzzeitbetreuung von 3 bis 12 Jahren,
- Pflegenest, Betreuung für Kinder unter 3 Jahren,
- Babysitterservice,
- Beratungsangebot für Eltern.

Die Kindertagesstätte der Zukunft (die Familientagesstätte) hat also eine wesentlich umfassendere Bedeutung als heute. Nicht mehr die „Frühling-Sommer-Herbst-Winter-Pädagogik" (J. Zimmer) mit „isoliertem Training von Fertigkeiten über Arbeitsmappen und Computerprogramme, die aus Pappschablonen ausgeschnippelten zigfachen Entchen oder Engelchen an den Fensterscheiben und die Invasion an Mandalas, die als Belege für Anstrengung und Durchhaltevermögen gelten, sie zeigen die Sogwirkung der Schule, die – ebenso verengt – den Kindern das Entscheidende schuldig bleibt: Bildung", wie Edeltraud Röbe im Aufsatz 'Übergänge von der Situativen zur bildungsorientierten Kindergartenarbeit'[12] schreibt. Und weiter: „Nach wie vor hegen Erzieherinnen in Deutschland Groll gegen das Lernen: Sie setzen es gleich mit Leistungsdruck und Überforderung, sprechen von 'Verschulung' und beklagen den Verlust der Kindheit schlechthin. Das, wer würde widersprechen, will man Kindern ersparen. Wo aber in Kindergärten Gemütlichkeit verordnet wird in überdekorierten Räumen, wo der Blick in die Außenwelt behindert wird, durch Schablonen Schmetterlinge und Bilderbuchwolken an den Fenstern – da sind die Kinder weniger 'unterfordert' als gelangweilt und in ihrem Potenzial unterschätzt. Noch wird in vielen deutschen Kindergärten den Kleinen unterstellt, sie hätten es gern möglichst anspruchslos."[13]

In einer Studie von Röbe, bei der sie 1500 Eltern in Baden-Württemberg nach dem Wohlbefinden ihrer Kinder in bestimmten Situationen befragte, ergab sich diese Reihenfolge:
- wenn Kinder etwas Neues lernen und entdecken,
- wenn jemand eine tolle Idee hat und umsetzt,
- wenn jemand etwas Besonderes geschafft oder erreicht hat,
- wenn etwas auszuknobeln ist.

„Diese Antworten stehen für eine bemerkenswerte Wahrnehmung: Kinder fühlen sich im Kindergarten wohl, wenn er ihnen Raum gibt, sie herausfordert zum Experimentieren, zum Fragen, zum Staunen, zum Problemlösen."[14]

Im Expertenbericht zur Förderung von Chancengleichheit werden im Vorschulbereich drei Formen von Bildung erwähnt, von denen sich die erste explizit mit dem Raum befasst: „Die Gestaltung der Umwelt des Kindes und damit die (reflektierte) Auswahl von Sachverhalten, die Gegenstand der Konstruktionsleistungen der Kinder werden sollen. Fragen der Raumgestaltung etwa sind in Kindertagesstätten dann keine Themen von peripherer Bedeutung, sondern stehen im Zentrum der pädagogischen Aufgabe. Die Betonung des Raumes als 'dritter Erzieher' […] kann unter dieser Perspektive erst in ihrer vollen Bedeutung verstanden werden."[15]

Um den neuen Aufgaben dieser Einrichtung, ich nenne sie im weiteren 'Familientagesstätte', gerecht zu werden, sind nun als erstes die Politiker gefordert, über die Wichtigkeit der bildungsorientierten Kindergartenarbeit zu diskutieren. In Zusammenarbeit mit Eltern und Erziehern muss dieser Begriff geläufig werden und Akzeptanz finden. Die beschriebenen Zukunftsforderungen sind in verschiedenen Ländern bereits in Erprobung und umgesetzt, vermutlich in der Reihenfolge des Abschneidens bei den PISA-Studien.

Für die Architekten gilt es, Konzepte in diese Diskussion einzubringen, die exemplarische Umsetzung dieser neuen 'Familientagesstätten' aufzeigen. Ein rein tabellarisches Regelwerk würde nicht mehr bringen, als es einer Altstadt-Gestaltsatzung gelingt, neue und gute Architektur zu fördern.

Diesen Ansprüchen nicht mehr gerecht werden die Beispiele von gebauten Spielsituationen, wie der sinkende Schiffskindergarten mit Leichtmatrosen in Stuttgart-Luginsland, der 'gebaute Traum' von Hundertwasser in Heddernheim oder das Space Cab in Osaka. Solche gebauten Bilder sind alles andere als kreativitätsfördernd. Genauso un-

Papiermachen im MACHmit! Kinder&JugendMuseum in Berlin-Prenzlauer Berg

12 Edeltraud Röbe: Übergänge von der 'situativen' zur bildungsorientierten Kindergartenarbeit. In: Lieselotte Denner/ Eva Schumacher (Hg.): Übergänge im Elementar- und Primarbereich reflektieren und gestalten; Beiträge zu einer grundlegenden Bildung. Bad Heilbrunn, 2004, S. 210

13 Edeltraud Röbe, a.a.O., S. 215f

14 Edeltraud Röbe, a.a.O., S. 216f

15 Arbeitsstab Forum Bildung (Hg.): Förderung von Chancengleichheit; Vorläufige Empfehlungen und Expertenbericht. Bonn, 2001, S. 59

Kindergarten Stuttgart-Luginsland. Architekten: Behnisch + Partner

Kindergarten Heddernheim. Architekt: Friedensreich Hundertwasser

Mie Children's Castle, Matsuzaka, Japan. Architekten: Sakakura Associates Architects + Engineers, Osaka

Innenhof der Kindertagesstätte in Berlin-Schöneberg. Architekt: Karl Manfred Pflitsch

Treppe der Kindertagesstätte in Frankfurt-Eckenheim. Architekt: Toyo Ito

reflektiert sind die namentlichen Selbstdarstellungen der Einrichtungen nach außen: Happy Kids, Igelnest, Zwergenland, Feldmäuse, Bummi, Zwergenstübchen, Hüpfburg, Bussi Bär, Spatzennest, Wurzelzwerge, Kuschelbär, Himmelsschlüsselchen, Junges Gemüse, Schlümpfe, Schnäggenhüsli, Bambi, Nesthäkchen, Holzwürmchen ... Hierbei handelt es sich nur um einen unvollständigen Auszug aus den eingesandten Wettbewerbsarbeiten.

Die bereits erwähnten Frühling-Sommer-Herbst-Winter-pädagogischen Raumergänzungen werden selbst in der Fachliteratur positiv dargestellt, zum Beispiel die überdekorierte Erschließungshalle im Gegensatz zur ästhetisch-funktionalen Treppe, die aber Bilder weckt und nicht darstellt.

Beispiele aus dem Gestaltungspreis Bauen für Kinder

Die nachfolgend vorgestellten architektonischen Beispiele aus dem Gestaltungspreis 'Bauen für Kinder' sind als Gesamtkonzept nicht immer fehlerlos, aber in einem oder mehreren Aspekten herausragend. Die ersten Projekte sind im Zusammenhang mit dem Standort und der daraus entwickelten architektonischen Sprache des äußeren Erscheinungsbildes zu betrachten. Zuerst einige Beispiele im innerstädtischen Kontext.

Die Umnutzung eines historischen E-Werkes in Bensheim-Auerbach zu einem Kinder- und Familienhaus zeigt, dass Architektur für Kinder nichts mit kindischer Architektur gemein hat. Das sorgfältig restaurierte äußere Erscheinungsbild und der Innenaus-

Kinder- und Familienhaus im historischen E-Werk, Bensheim-Auerbach. ibks Architekten & Ingenieure

Kindertagesstätte 'Brauereihof' in Berlin-Spandau. Claus Neumann Architekten

bau, der die neuen Funktionen integriert, ohne dass der Hallencharakter verloren geht, sind mehr als einfach nur kindgerecht. Das öffentliche Auftreten kann auch über das der eigentlichen Nutzung für die Kinderbetreuung hinaus von großer Bedeutung sein, wenn es darum geht, zusätzliche Nutzungen für die gesamte Familie zu etablieren.

Die Kindertagesstätte im ehemaligen Torgebäude der alten Schultheiss-Brauerei in Berlin-Spandau sichert sinnvoll den Bestand und integriert sich durch ihr äußeres Erscheinungsbild in den städtischen Kontext, während die innere Struktur um ein neues Atrium mit edler Innenausstattung völlig neu organisiert wurde.

Die städtische Kindertagesstätte 'Friedrich Schiedel' an der Technischen Universität München zeigt, wie ein relativ kleines Gebäude sicher seinen Platz besetzt, indem es eine städtebauliche Konzeption von Theodor Fischer ergänzt. Besonders ansprechend ist die Kontaktzone zwischen Innen und Außen, den Kindern und der Nachbarschaft, entlang einer verglasten 'inneren' Straße parallel zum Bürgersteig.

Beispielhaft setzt sich die Kindertagesstätte an der Jerusalemer Straße in Berlin-Mitte in Szene. Der an und für sich kleinen Bauaufgabe gelingt es, ein vollwertiger Partner im städtebaulichen Ensemble zu werden. Gut gelöst ist, wie das Gebäude seine Präsenz im Straßenraum durch die Setzung direkt an die Baugrenze und seine kräftige Farbe erhält. Durch die terrassierten Außenräume besteht aus jedem Geschoss über den zentralen Erschließungsbereich eine Blickbeziehung und über Treppen auch der direkte Zugang zur parkartigen Gartenanlage.

Die folgenden vier Projekte, die ich aus städtebaulicher Sicht erwähnen möchte, sind eher Außenquartierstypologien. Als erstes den Kindergarten 'Bruder Klaus' an der Waldeckstraße in Karlsruhe-Hagsfeld, der eine Ergänzung des bereits bestehenden Ensembles der katholischen Kirchengemeinde mit Kirche, Hausmeisterwohnung, Kindergarten und Nebenräumen ist. Die Projektverfasser übernehmen mit einer ruhigen, aber kräftigen Formensprache die Würde des Ortes, ohne auf die nutzungsadäquate Sprache nach außen zu verzichten. Der Neubau erscheint Schnörkellos, ohne zeitgeistige Verirrungen. Ein begonnenes Ensemble wird durch den Neubau vervollständigt und damit zum Ort im Quartier. Der Kindergarten St. Leonhard an der Puccinistraße in München-Pasing erscheint in mehrfacher Betrachtungsweise bemerkenswert – hier auf einer städtebaulichen Betrachtungsebene. Aus dem unscheinbaren, 40 Jahre alten Kindergarten im verschlafenen Einfamilienhausquartier wird unter Einsatz beschränkter materieller Mittel ein freches, herausforderndes und einladendes Kinderhaus. Unter Nutzung und Aufwertung der bestehenden Substanz, die fast vollständig erhalten werden konnte, wird eine klare Front und eine geschützte, abgewandte Gartenseite inszeniert. Das dritte Projekt ist ein Vertreter der Typologie 'Haus auf der grünen Wiese'. Dieser Kindergarten an der Vaihinger Straße in Ludwigsburg-Eglosheim, umgeben von Ein- und Zweifamilienhäusern, löst diese Aufgabe so landschaftsbezogen und ohne Selbstinszenierung und Dekoration, dass der fehlende Bezug zum sozialen Umfeld aufgewogen wird.

Eine angesichts der demographischen Entwicklung zukunftsweisende Bauaufgabe ist die Schaffung von temporären Räumen; das heißt flexible auf- und abbaubare Gebäude. Die Frage ist, ob diese nur kurzzeitig zur räumlichen Bedarfsbefriedigung genutzt werden, oder ob sie ihre Aufgabe als 'Familientagesstätte' im Quartier erfüllen können. Der Kindergarten an der Mannhofer Hauptstraße in Fürth wird zuerst als temporäre Ergänzung eines räumlich beengten Kindergartens eingesetzt, und soll später mit zwei weiteren Modulen an anderer Stelle als selbstständige Anlage genutzt werden.

In einer leerstehenden wilhelminischen Kirche in Berlin-Prenzlauer Berg entstand das MACHmit! Kinder&JugendMuseum. Dieses Projekt zeichnet sich als zukunftsweisend aus durch die Überführung eines sakralen in einen säkularen Raum mit einer Nutzung, die dem Standort Prenzlauer Berg als Heimat vieler junger Familien Rechnung

Kindertagesstätte Friedrich Schiedel an der TU München. Architekten: Arbeitsgemeinschaft Prof. Ueli Zbinden und Stefan Holzfurtner

Kindertagesstätte Jerusalemer Straße in Berlin-Mitte. Volker Staab Architekten

Kindergarten Bruder Klaus in Karlsruhe-Hagsfeld. Architekten: Lederer + Ragnarsdóttir + Oei

Kindergarten St. Leonhard in München-Pasing. Architekten: Planungsgemeinschaft Wallner Pfahler Primpke

Kindergarten Regenbogen in Ludwigsburg-Eglosheim. Architekt: Bernd Zimmermann

MACHmit! Kinder&JugendMuseum in der Eliaskirche in Berlin-Prenzlauer Berg. Architekt: Klaus Block

Kindergarten St. Leonhard in München-Pasing. Waschtisch, Garderobe und Garten

Praxis für Krankengymnastik und Yoga mit Schwerpunkt Pädiatrie in Leichlingen. Architekten: Lungwitz und Partner

Spielerker in der Kindertagesstätte Jerusalemer Straße

trägt. Die Substanz und Würde des Kirchenraums wurden bewahrt und mit eigenen, zeitgemäßen architektonischen Akzenten weiterentwickelt.

Bei den positiven Beispielen zur innenräumlichen Qualität setze ich voraus, dass die zukünftigen Nutzer der 'Familientagesstätte' – wie das Wort bereits sagt – nicht nur Kinder sind, sondern gleichzeitig oder zeitverschoben Erzieher und Eltern in anderer Gruppenkonstellation die Gebäude nutzen. Also wiederum wie bei dem äußeren Erscheinungsbild nicht kindisch, sondern unter anderem auch kindgerecht. Eine in jeder Hinsicht sehr sorgfältig umgesetzte Arbeit ist der bereits erwähnte Umbau des Kindergartens an der Puccinistraße in München-Pasing. Die Art und Weise, wie hier mit Öffentlichkeit, Halbtransparenz und Geborgenheit umgegangen wurde, ist vorbildlich. Werthaltige Produktgestaltung, wie der Waschtisch, die Gestaltung der Möbel, und die Farbgebung lassen die Kinder weder als Gulliver noch die Erwachsenen als Goliath erscheinen. Im Verhältnis zu den eingesetzten finanziellen Mitteln zeigt sich, dass ein hochwertiger Kindergarten nicht in erster Linie eine Frage von Geld, sondern von hoch motivierten Planungsbeteiligten ist.

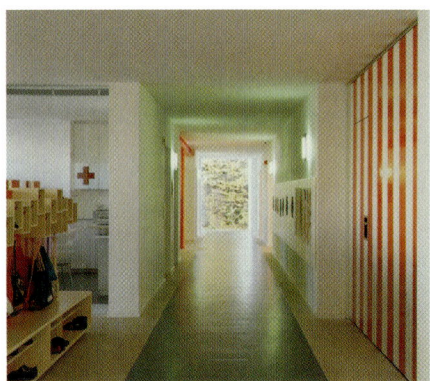

Ein Projekt, das besonders in seiner innenräumlichen Gestaltungsqualität beeindruckt hat, ist die Praxis für Krankengymnastik und Yoga mit Schwerpunkt Pädiatrie in Leichlingen. Die in eine umgenutzte Fabrikhalle integrierte Praxis ist ein Gesamtkunstwerk: Sowohl die Funktion als auch die Gestaltung, inklusive der benutzten Therapiegegenstände, haben eine hohe, aber unaufdringliche Qualität, die zur Konzentration auf die Therapie animiert und nicht ablenkt.

Beispielhaft für die Themen Rückzug und Kontaktaufnahme sind die Spielerker an der Jerusalemer Straße in Berlin. Dass diese beiden sich scheinbar widersprechenden Themen vereinigt werden können, zeigt die Qualität einer subtilen Architektur, die mehr ist als die Erfüllung von Vorschriften und Gesetzen.

Beispielhaft für 'Kunst im Bau' ist die Schrifttafel als Trennwand im Kindergarten 'Regenbogen' in Ludwigsburg-Eglosheim. Die Geschichte der Maus Frederik (nach Leo Lionni) als abstrakte Grafik auf einer Wandscheibe in der Eingangshalle ist wunderschön und inhaltlich abnutzungsresistent.

Nur wenig gute Beiträge waren zum Thema Außenraum eingereicht worden. Einem Thema, das mir am besten geeignet scheint, alle Nutzer, also Eltern, Kinder und Erzieher in den Bau- und Unterhaltsprozess zu integrieren. Ein gutes Beispiel zum Thema der Verbindung von Innen- und Außenraum beziehungsweise Übergangsräume zeigt der Kindergarten Straß in Nersingen mit seiner teilweise überdeckten Holzterrasse, die als verbindendes Element allen Gruppen- und dem Mehrzweckraum vorgelagert ist. Wiederum beispielhaft ist der Kindergarten St. Leonhard. Bei der Neugestaltung des Gartens konnte bei der Anlage von 1964 auf viel Gewachsenes zurückgegriffen werden. In der Begründung der Jury des Gestaltungspreises heißt es dazu: „Entstanden ist ein Freiraum, der neben klassischen Elementen wie die Rutsche auch Steinmauern, einen kleinen Tunnel, hölzerne Balancierbalken, Sandkästen, Klettergerüste aus Naturmaterialien und ähnliches enthält. Der Garten ist schön gewachsen, hat wenig künstliches und verfügt auch über die für Kinder so wichtigen Schlupfwinkel."

Erstaunt hat mich, dass das Thema der (artgerechten) Tierhaltung in keinem der Projekte ein tragender Bestandteil des pädagogischen Konzeptes war, genauso wenig wie Beiträge zum Thema Nutzgarten.

Resümee

Wie werden in Zukunft die mit den heutigen Begriffen Kinderhort, Kindergarten und Kinderkrippe benannten Einrichtungen strukturiert sein? Nach Aussagen der Fachleute eindeutig unter einem Dach, der 'Familientagesstätte'. Was wird in dieser 'Familientagesstätte' stattfinden:

I. *Bildungsorientierte Kindergartenarbeit*
„Das aktiv-konstruierende Kind, das seine Wahrnehmung- und Deutungsmuster zunehmend ausdifferenziert, soll im Kindergarten einen Kontext von Betreuung, Bildung und Erziehung vorfinden, in dem drei Bildungsbereiche zunehmend an Bedeutung gewinnen:
1. Der Bereich der ästhetischen Bildung als Fortsetzung der Bildung der Sinne, der Imagination, der Phantasie und des Spiels. Ihr Kern ist die ausdifferenzierte und sensible Innen- und Außenwahrnehmung, auch der Emotionen.
2. Der Bereich 'Sprache(n) und Kultur(en)' als vielfältige Begegnung mit Sprache (ohne vorzeitige Verengung) in dem Bewusstsein, dass Sprache der Schlüssel zu anderen Kulturen ist.
3. Der Bereich der Natur und Naturphänomene als Voraussetzung für das Entstehen der kindlichen Weltbilder."[16]
II. *Integratives Arbeiten von Erziehern, Eltern und Kindern*
III. *Je nach Standort und Mitteln: Dienstleistungen im Eltern-Kind-Bereich*
IV. *Kommerzielle Drittnutzung zur unterstützenden Finanzierung der Unterhaltskosten*

Wo sind die Probleme der Umsetzung? Sie liegen bei der Akzeptanz, dass solchen 'Familientagesstätten' eine große gesellschaftliche Bedeutung zukommt. Bei der Zuteilung von Mitteln sollte diese Institution in der Hierarchie ganz oben stehen, denn was hier 'gesät' wird, wird später 'hundertfach geerntet'.

Daneben muss der Beruf der Erzieherin und des Erziehers – dessen Anteil dringend gesteigert werden muss – dem von Lehrerinnen und Lehrern gleich gestellt werden! Die Ausbildung muss dabei gleichzeitig auf ein international vergleichbares Niveau gebracht werden. Wir Architektinnen und Architekten müssen uns daneben in Zukunft intensiv mit den pädagogischen und gesellschaftlichen Ansprüchen dieser relativ kleinen, aber nicht zu unterschätzenden Bauaufgabe beschäftigen.

Schrifttafel im Kindertagen Regenbogen in Ludwigsburg-Eglosheim

Kindergarten St. Johann Baptist in Nersingen-Straß. meister.architekten

16 Edeltraud Röbe, a.a.O., S. 223/224

Freiräume für Kinder?!

Hille von Seggern[1]

1 Die Recherche zu dem Text wurde von Sonja Nollenberg durchgeführt.

2 T. Ohrt/ H. von Seggern: Kinder in der Inneren Stadt, Teil 2. Hamburg, 1977

3 Was dazu gehört, beschreibt Donata Elschenbroich in ihrem wunderbaren Buch: Das Weltwissen der Siebenjährigen. München, 2001

4 K. Gebauer/ G. Hüther: Kinder brauchen Wurzeln; Neue Perspektiven für eine gelingende Entwicklung. Düsseldorf, 2001

5 K. Gebauer/ G. Hüther, a.a.O., S. 7ff

„Wir spielen am liebsten arbeiten." Das war 1975 der Schlüsselsatz, als wir unsere erste empirische Studie über Kinder in der Stadt machten.[2] Kindheit ist eine eigene Lebensphase, in der das Spielen, als lernende Welterfahrung[3] und Entwicklung von Körper und Geist, eine zentrale Rolle spielt. Sie ist zugleich die Vorbereitung und allmähliche Integration in das Erwachsenenleben, die heiß ersehnte Teilhabe – und die Notwendigkeit, sich zu entfalten. Damit der Entwicklungsprozess gelingt, ist einfühlsame Begleitung und emotionale Sicherheit notwendig. Sehr anschaulich beschreiben der Neurobiologe Hüther und der Pädagoge Gebauer am Beispiel der Nachtigall, wie durch das Vorbild des singenden Nachtigallenvaters erst die komplexen Aktivierungsmuster in dem Überangebot an Nervenzellkontakten im 'Gesangszentrum' kleiner Vögel entstehen.[4] Und da Menschen fast alles durch eigene Erfahrungen anhand von Vorbildern lernen müssen und sich dabei erst die Muster und Synapsen des Gehirns entwickeln, brauchen Kinder nach Hüther/Gebauer Räume und Gelegenheiten, in denen sie sich erproben können. Dabei sollten sie möglichst viele andere Menschen mit vielfältigen Fähigkeiten und Fertigkeiten kennen und schätzen lernen – singende Vorbilder also, wie der Nachtigallenvater. Denn wichtige Verschaltungen im Gehirn entstehen bereits in der Kindheit. Nie sind Menschen neugieriger und offener, nie so lernfähig und kreativ, so große Entdecker und Nachahmer wie in den ersten Jahren ihres Lebens. Am besten gelingt die Entwicklung eines Kindes im Spiel, im kreativen Prozess. Dafür braucht es Raum, Zeit, Möglichkeiten und Freiräume – und Menschen, die es begeistern kann.[5]

Das moderne Dilemma jedoch ist, dass die Erkenntnis von der Bedeutung der Kindheit als wichtige Entwicklungsphase zwar zu sehr vielen gesonderten Einrichtungen für Kinder geführt hat, diese jedoch gleichzeitig immer mehr das ersetzen müssen und sollen, was in der normalen Alltagswelt der Erwachsenen nicht mehr möglich ist. Die Alltagswelt Erwachsener ist geprägt durch Ich-Betonung, Zeitnot, Konkurrenzdruck, Mobilität und einer Multimedianutzung, die die Körperentwicklung vernachlässigt. Damit steht dieser Alltag im Gegensatz zu dem ungezielten, spielerischen, kreativen und 'zeitraubenden' Entdecken und Entwickeln eigener Fähigkeiten. Und schwieriger noch: Wie soll in 'geschützten', gesonderten Einrichtungen für Kinder etwas entwickelt werden, das in Wahrheit nicht den vorgelebten Vorbildern entspricht? Wenn Nachtigalleneltern so anders, so wenig oder gar nicht singen?

Auf der Ebene der Freiräume – der Räume im Freien –, um die es hier geht, zeigt sich die oben angerissene Problematik vor allem in drei Aspekten:

1. Einerlei ob es sich um städtische, vorstädtische, zwischenstädtische oder ländliche Gegenden handelt, Mobilität, Geschwindigkeit und eng getaktete Strukturen des täglichen Lebens dominieren. Eilig und zielgerichtet werden Wege zurückgelegt. Die räumliche Umwelt wird von Verkehrserfordernissen dominiert.
2. Erlebniswelten werden zunehmend einseitig konsumorientiert.
3. Kindereinrichtungen werden immer mehr von der Alltagswelt Erwachsener isoliert.

Periodisch sich wiederholend entdeckt die Gesellschaft, dass Kinder die Zukunft sind, und versucht der oben dargestellten Problematik etwas entgegen zu setzen. Der Anlass für unsere Studie[6] 1975 war, dass junge Familien die innerstädtischen Wohnquartiere und oft auch die Stadt verließen. In dem aus der Studie folgenden Modellversuch wurden alle öffentlichen Freiräume eines gründerzeitlichen Stadtteils, insbesondere die Straßenräume, im Interesse von Kindern umgestaltet. Der Umbau, mit sehr viel Beteiligung von Kindern und Erwachsenen durchgeführt, dauerte sechs Jahre. Eine lohnende Anstrengung – der Stadtteil ist merklich kinderfreundlicher geworden. Doch solch ein Vorgehen lässt sich nicht flächendeckend umsetzen. Das von der Großmutter geerbte Haus am Stadtrand oder das eigene Reihenhaus auf der einen Seite, die Rudel von Hunden, die Angst vor Drogen, die aggressiven Autonachbarn und dann die Schließung der Infrastrukturen (Schwimmbad, Schule) auf der anderen Seite machen Leben mit Kindern in innerstädtischen Quartieren nicht eben einfach.

Eltern mit Kindern, die es sich leisten können, versuchen nach wie vor an den Stadtrand, in sozial homogene und in sichere Umfelder umzuziehen, in kleinere Städte, ehemalige Dörfer. So verließen im Jahr 2001 mehr als 10 000 Menschen Hannover und erwarben im Umland Wohneigentum. Ein Großteil der Personen war unter 45 Jahre alt. Es handelt sich somit um überwiegend junge Paare mit, aber auch ohne Kinder.[7] Auch wenn es sie gibt, es sind nur wenige Eltern, die das urbane Leben mit Kindern schätzen. Doch außerhalb der Städte ist Mobilität gefragt (vor allem wenn beide Eltern berufstätig sein wollen und müssen), die sich aber immer schwieriger gestaltet.

Verschärft wird das Dilemma durch zwei weitere Faktoren: es gibt weniger Kinder, und der Leistungsdruck steigt. Beispielsweise hatte im Jahr 1990 ein Anteil von 60 Prozent deutscher Frauen im Alter zwischen 25 und 29 Jahren Kinder. Im Vergleich hierzu betrug 2004 der Anteil von Frauen gleichen Alters, die Kinder hatten, nur noch 29 Prozent.[8] In Deutschland ist der Anteil der Kinder in der Altersgruppe der unter 15-Jährigen ab 1975 von rund 16,7 Millionen bis 2000 auf rund 12,8 Millionen zurückgegangen. Dies entspricht einer Abnahme von fast 25 Prozent. Der Anteil der unter 15-Jährigen ist somit im Verhältnis zur gesamten Einwohnerzahl Deutschlands[9] von 21 auf 15,5 Prozent gesunken. Der von Zeiher beschriebene Verinselungs-Trend in der Raumnutzung und dann in der Folge auch in der Raumwahrnehmung lässt sich nicht mehr aufhalten.[10]

Noch in den 1960er Jahren konnte von einem Modell einheitlicher Lebensräume für Kinder ausgegangen werden. Kinder eigneten sich ihre Umwelt – in einem Prozess der fortschreitenden Ausdehnung mit zunehmendem Alter – in idealtypisch konzentrischen Kreisen an.[11] Darüber hinaus waren die Kinder dieser Generation in Kindergruppen in der Nachbarschaft integriert. Zu Beginn der 1980er Jahre hatte sich bereits die Raumaneignungsart der Kinder geändert. Die Umwelt wird weniger als Ganzes betrachtet, sondern als verinselter Lebensraum, der durch zunehmende Differenzierung und Funktionstrennung nur noch aus separaten Stücken besteht. Neben dem zunehmenden Ver-

6 T. Ohrt/ H. von Seggern, a.a.O.

7 Landeshauptstadt Hannover/ Region Hannover (Hg.): Statistischer Vierteljahresbericht Hannover. 102. Jahrgang, Juli bis September, Heft III. Hannover, 2003, S. 93ff

8 brand eins (Hg.): Schwerpunkt: Lernen; Wie lernt man Veränderung.; 05. Hamburg, 2005

9 82,5 Millionen Einwohner, Stand 31.12.2003. Statistisches Bundesamt, 2004

10 H. Zeiher: Orte und Zeiten der Kinder; Soziales Leben im Alltag von Großstadtkindern. Weinheim, 1994

11 J. Jacobs: Kinder in der Stadt; Freizeit, Mobilität und Raumwahrnehmung. Reihe Sozialwissenschaften Band 12. Freiburg, 1987, S. 3f

Zeichnungen von Kindern aus der zweiten und dritten Grundschulklasse

kehrsaufkommen gilt ein stärker geplanter Tagesablauf des kindlichen Alltages als Ursache. Das darf allerdings nicht darüber hinwegtäuschen, dass auch heute der Nahbereich der Wohnorte von Kindern differenziert wahrgenommen wird. Der Straßenraum ist dabei höchst interessant, Fahrbahnen hingegen gelten als weite, notwendig tabuisierte Teilräume – dies zeigen deutlich die Zeichnungen, die Kinder aus der zweiten und dritten Grundschulklasse im Sommer 2005 im Rahmen eines studentischen Projektes an der Fakultät für Architektur und Landschaft der Universität Hannover anfertigten.

So erfolgte auf der einen Seite ein Erfahrungsverlust in der Raumaneignung durch das Kind, auf der anderen Seite wurde dem Kind allerdings auch eine zunehmende Selbstständigkeit zugesprochen.[12] Heute müssen Kinder vielfach selbst entscheiden, was sie in ihrer freien Zeit machen möchten. Die Individualisierung dieser Freizeit bedeutet somit, dass Kinder nicht nur wählen können, was sie gerne machen möchten, son-

12 J. Jacobs, a.a.O., S. 17ff

110

Hille von Seggern

dern es auch müssen.¹³ Der zweite genannte wesentliche Faktor ist ein im Vergleich zu den 1970er Jahren gestiegener und noch steigender Leistungsdruck. Insbesondere seit der PISA-Studie legt man den Fokus eher auf umfassende Frühförderung, damit die folgende Generation von Schulkindern bei der nächsten PISA-Studie auf jeden Fall besser abschneidet.¹⁴ Die Wahl des richtigen Kinderhorts, Kindergartens oder der Kindertagesstätte, vor allem aber der richtigen Schule wird für Eltern damit noch wichtiger.

So ist es extrem schwierig, die eingangs genannten förderlichen Bedingungen für die Entwicklung von Kindern bereitzustellen: Raum, Zeit, Möglichkeiten und Freiräume für Spiel, für kreative Prozesse – und Menschen, die sie begeistern. Und dies wird durch die finanziellen Schwierigkeiten der Kommunen potenziert. Dies bedeutet, dass Personal verringert, Einrichtungen und Spielplätze geschlossen werden. Beispielsweise wurden im Stadtgebiet von Hannover im Jahr 2004 fast zehn Prozent¹⁵ der vorhandenen Spielplätze aufgegeben. Die Stadt Hannover gab hierfür zum einen die fehlende Nutzung durch Kinder an, was sich natürlich aus der Abnahme der Kinderzahl sowie den stark geplanten Tagesablauf der Kinder ergibt, auf der anderen Seite waren aber auch die immens hohen Pflegekosten ein wesentlicher Grund.¹⁶

Es ist nicht erstaunlich, dass die skizzierten Entwicklungen erneut dazu führen, dass sich Gesellschaft und Politik darauf besinnen, dass Kinder unsere Zukunft sind. Was aber nunmehr auf der Ebene der Freiräume für Kinder tun? Die Ausgangsanalyse sagt: Eine insgesamt bespielbare Stadt oder Umwelt sei nicht umsetzbar – wie wichtig sie auch immer sein mag. Diese Erkenntnis gekoppelt mit der Tatsache, dass immer weniger Kinder geboren werden, Eltern aber zunehmend berufstätig sind und es sein müssen, die Anforderungen an Kinder steigen und die finanziellen Möglichkeiten insbesondere der Kommunen gleichzeitig sinken, macht die Suche nach Ansätzen nicht eben einfach. Ohne Zweifel führt diese vorherrschende Situation zu einer noch größeren Bedeutung von speziellen Einrichtungen für Kinder, die viel mehr als je zuvor Alltagsintegration und spezielle altersbezogene Entwicklungsräume bieten sollen. Um so bedauerlicher ist es, dass in dem Gestaltungspreis der Wüstenrot Stiftung 'Bauen für Kinder' die Qualität der Freiräume hinter der der Architektur zurückblieb. Ersetzen können Spezialeinrichtungen die 'normale Umwelt' jedoch nicht. Und sie können uns nicht in Gänze entlasten, unsere Welt für Kinder geeignet zu gestalten und sie ihnen nahe zu bringen.

13 B. Fuhs: Kindheit, Freizeit, Medien. In: H. Krüger/ C. Grunert: Handbuch Kindheits- und Jugendforschung. Opladen, 2002, S. 637f

14 K. Gebauer/ G. Hüther, a.a.O., S. 7

15 Von 437 Spielplätzen wurden 38 aus der Nutzung genommen

16 S. Nollenberg: Spielraum; Untersuchung potenzieller innerstädtischer Nutzungsänderungen von Spielplätzen in Hannover aufgrund demographischer Einflüsse. Diplomarbeit am IFPS, Universität Hannover, 2004, S. 64ff

Deshalb werden hier vier mögliche Ansätze dargestellt, die Freiräume für Kinder in verschiedener Weise mit dem Alltag von Erwachsenen zu verbinden; der fünfte Ansatz (spezielle Freiräume für Kinder) zeigt auf, was dort Integration in Alltag und Freiraum bedeuten kann.

1. Das insgesamt bespielbare Quartier als Sonderfall – vor allem in neuen Wohngebieten – und die gesamtstädtischen Spielleitplanungen.
2. Die bespielbare Stadt als temporäre, sich wiederholende Aktionen.
3. Die Verbindungen von Einrichtungen für Kinder mit anderen zentralen Infrastruktureinrichtungen; und Angebote für Kinder in kulturellen und eigenen kulturellen Einrichtungen.
4. Die Kultivierung von Kinderspielmöglichkeiten in den allgemeinen öffentlichen Freiräumen der Stadt.
5. Die speziellen Einrichtungen für Kinder und die Notwendigkeit der professionellen Bearbeitung der Themen 'Alltag der Erwachsenen, Einbindung der Kinder' und 'Freiräume für Kinder' als Verbindungen von Architektur und Freiräumen und Freiraum für Kinder.

Zu 1: Das insgesamt bespielbare Quartier als Sonderfall – vor allem in neuen Wohngebieten – und die gesamtstädtischen Spielleitplanungen

Voraussetzung für insgesamt bespielbare Quartiere ist, dass der Individualverkehr außerhalb des Quartiers bleibt oder auf ein verträgliches Maß und verträgliche Geschwindigkeiten reduziert wird. Diese Quartiere brauchen eine Versorgung und Gestaltung mit speziellen Freiräumen für Kinder, als integrierte Teile der allgemeinen Grünräume und mit guten Zugängen zu vorhandenen oder neuen übergeordneten Grünräumen. Die kommunikative Einbindung in den Alltag bedeutet, dass alle potenziellen Begegnungsorte unterschiedlicher Gruppen aufenthaltsfreundlich gestaltet sein müssen. Dies sind Eingangsbereiche von Wohnhäusern und allen zentralen Einrichtungen. Auch Sportanlagen und Parks haben solche Eingangsbereiche. Straßen- und Wegekreuzungen sind wohnungsnahe Plätze unterschiedlicher Größenordnungen. Dazu gehören auch die Zugänge zu Einkaufsbereichen und deren Freiräume wie Fußgängerzonen oder Malls. Der besonderen Bedeutung unspezifischer/wilder Freiräume folgend, benennt man diese als 'Qualität städtischer Umwelt' (zum Beispiel Brachen, leere Grundstücke) und belässt sie oder richtet sie auch bewusst ein. Schließlich geht es immer darum, Kindern und Erwachsenen mit einem umfangreichen Repertoire an Erfahrungsangeboten und Beteiligung an der Gestaltung der Umwelt zu begegnen. Hierzu gehört auch, die Möglichkeiten der Kombinationen verschiedener Einrichtungen zu nutzen.

Als neue Beispiele können Freiburg-Vauban und München-Riem genannt werden. In Vauban liegen die Parkplätze außerhalb des unmittelbaren Wohnbereichs, und in München-Riem gibt es eine von der Wohnbebauung unabhängige zentrale Tiefgarage, die die Siedlung fahrverkehrsfrei hält. Beides sind Wohnbauprojekte, die zum Ende der 1990er Jahre realisiert wurden. Beide Stadtteile zeichnen sich durch eine besonders intensive Entwicklungsbeteiligung der zukünftigen und heutigen Bewohner aus.

Riem ist ein Quartier, das aus einem Drittel Wohnen, einem Drittel Messe und Gewerbe und aus einem Drittel Grün, für 16 000 Einwohner und 13 000 Beschäftige, besteht. In Riem hat sich zudem ein Kinderparlament etabliert, so dass die Bedürfnisse der Kinder berücksichtigt werden. Bezogen auf den Freiraum sind in Riem besonders die Vernetzung und Qualität der Freiräume für Alltag und Spiel, von festgelegt und frei, von mittendrin und gesondert zu nennen: Die allgemeinen Grünräume sind sowohl mit dem

Strukturplan Wohngebiet Messestadt Riem.
Planverfasser: Valentien + Valentien + Partner, Weßling, für die Freiräume

zentralen Bereich des Quartiers als auch mit dem neuen Landschaftspark verbunden, Spiel ist in die allgemeinen öffentlichen Grünräume eingeordnet, vorgedachte 'Leerstellen' im großen öffentlichen Freiraum werden erst durch die Initiative der Bewohner gefüllt.[17] Inwieweit sich Riem tatsächlich als besonders kinderfreundlich entwickeln wird, ist noch nicht entschieden, ein hoher Anteil von Familien mit Kindern ist jedoch bereits nach Riem gezogen.[18]

17 Das Freiraumkonzept für München-Riem wurde von den Landschaftsarchitekten Valentien/Valentien, München, geplant.

18 www.wohnen-ohne-auto.de/projekte.htm; Stand 26.6.2005

Spielplatz Grünzug Ost

Freiräume für Kinder?!

Der Stadtteil Freiburg-Vauban ist ab 1993 auf einem ehemaligen Kasernengelände entstanden. Es handelt sich um einen neuen Stadtteil mit etwa 2 000 Wohnungen, 5 000 Einwohnern und 600 Arbeitsplätzen. Im Rahmen der städtebaulichen Entwicklungsmaßnahme ist ein Teil des Gebäudebestandes und auch des Baumbestandes erhalten geblieben. Neben den vielfältigen, verkehrsfreien Freiräumen besteht hier die Besonderheit, dass in das Bürgerzentrum ein Haus der Generationen mit Kindertagesstätte, Krabbelgruppe und Jugendräumen integriert wurde.[19] Beide Stadtteile stehen dafür, dass auch in relativ dichten neuen Quartieren eine kinderfreundliche Umfeldgestaltung möglich ist und offenbar auf eine Nachfrage trifft. In weniger dichten neuen Quartieren dürfte ein solcher Ansatz leichter durchzuführen sein.

Bemühungen, Städte insgesamt hinreichend mit Spielgelegenheiten zu versorgen und sichere Wegeverbindungen herzustellen, verfolgen viele Städte in den so genannten Spielleitplanungen. Aktuell weist der Artikel von Peter Apel in der 'Garten und Landschaft' darauf hin.[20] Jedoch können solche Planungen nicht erreichen, dass Städte insgesamt für Kinder nutzbar und in ihren Wirkmechanismen erfahrbar werden. So wird oft versucht, dieses Defizit durch temporäre Aktionen zu ersetzen.

Zu 2: Die bespielbare Stadt als temporäre, sich wiederholende Aktionen

In temporären Aktionen soll Kindern die Gesamterfahrung 'Stadt' vermittelt werden. Die Realisierung erfolgt in der Regel in gemischten Trägerschaften. Beispiele für temporäre Aktionen stellen die Kulturprojekte von 'Kultur & Spielraum' in München dar.[21] Sozial- und Kulturpädagogen, Künstler und Lehrer planen, organisieren und betreuen Kulturprojekte für Kinder, Jugendliche und Erwachsene. Die Spielstadt 'Mini-München' findet alle zwei Jahre im Olympiapark statt. 'Mini-München' stellt die Ferienspielstadt der Kinder Münchens dar, ist eine Stadt der Kinder, in der Erwachsene als Besucher willkommen sind, jedoch nicht mitspielen und sich nicht in das Stadtleben einmischen dürfen. Die gesamte Stadtverwaltung der Spielstadt wird von Kindern geführt. Es geht wie in einer richtigen Stadt zu. Die Kinder spielen 'arbeiten'. In etwa 80 verschiedenen Funktionsbereichen mit über 800 Arbeitsplätzen betreiben und verwalten sie die Stadt. 'Mini-München' besteht, wie eine reale Stadt, aus Freiräumen und Gebäuden. In der Stadtmitte befinden sich der Marktplatz und ein Gastgarten. In den angrenzenden Gebäuden sind beispielsweise die Hochschule, das Arbeitsamt, die Bank, die Universitätsklinik und ein Gasthaus untergebracht. Die Aktivitäten finden innen und außen statt. Unterstützt werden die Kinder durch Pädagogen, Künstler und Handwerker. Grundlage des städtischen Lebens sind Spielregeln. Diese können von den Bürgern und Bürgerinnen im Rahmen von Bürgerversammlungen verändert oder auch ergänzt werden. Ziel ist, die Kinder spielerisch und zugleich realistisch in die Mechanismen des sozialen Zusammenlebens einzuführen. Darüber soll der Kontakt mit Kindern anderer Nationen intensiviert werden.[22]

Ein ähnliches Beispiel war die Kinderstadt in den Messehallen auf der Peißnitz in Halle (6. Juni 2002 bis 6. Juli 2002) – ein Projekt des Thalia Theaters Halle. Über vier Wochen entstand für Kinder im Alter von 7 bis 14 Jahren in den Messehallen auf der Freilichtbühne ein Spielraum, in dem sie in eigener Regie eine Stadt mit all ihren Handlungsmöglichkeiten und komplexen Zusammenhängen gestalten, erfahren und erleben konnten. In vielfältigen Kooperationen mit (kultur)pädagogischen Einrichtungen, Schulen, öffentlichen Einrichtungen der Stadt, lokal ansässigen Firmen und anderen Interessenten wurde ein Raum geschaffen, den die Kinder mit eigenen Ideen und Vorstellungen zu einer lebendigen Stadt werden ließen. Es gab einen Ideenwettbewerb an Schu-

---

19 www.quartier-vauban.de / www.haus037.de; Stand: 26.6.2005

20 P. Apel: Spielleitplanung – mehr Kinderfreundlichkeit in der Stadt. Garten + Landschaft 2004 (05), S. 41-42

21 Kultur und Spielraum e.V.: MINI-MÜNCHEN International 2004; Die Spielstadt für Kinder und Jugendliche. Stand 20.6.2005. www.kulturundspielraum.de/content/ueber_uns/start.html

22 Ein weiteres Beispiel für das Thema 'Stadt' insgesamt ist die Spielstadt Maulwurfshausen – eine Stadt von Kindern für Kinder in München-Neuperlach. Kreisjugendring München – Stadt: Spielstadt Maulwurfshausen. Stand: 23.6.2005. www.neuperlach.info/spielhaus/Infomappe2004.pdf

len, Kinder gaben ihrer Stadt einen Namen und entschieden, was in ihre Stadt gehört – ein Krankenhaus, eine Universität, eine Druckerei, ein Restaurant und so weiter. Vorgegeben wurden lediglich elementare Einrichtungen einer Stadt, um für ein aktives Stadtleben notwendige Prozesse in Gang setzen zu können, ein Einwohnermeldeamt beispielsweise, bei dem sich jeder 'Bürger' registrieren lassen musste, um dann auch auf Jobsuche gehen zu können. Auch für eine in der Kinderstadt gültige Währung und für eine Bank wurde gesorgt. Das Vorhaben fand in enger Zusammenarbeit mit Lehrern – möglichst durch eine aktive Einbindung der Ideenumsetzung in den Lehrplan – zum Beispiel in Projektwochen statt. Ausgehend von den Vorschlägen seitens der Kinder wurden weitere geeignete Kooperationspartner/Schnittstellen gefunden, die bei der Verwirklichung der einzelnen Stadtbereiche mitwirkten: Die Post stellte Telefone für das Rathaus, Ärzte ein Stethoskop für die Arztpraxis oder das Krankenhaus und eine Tischlerei Holz für die Tischlerwerkstatt zur Verfügung. Zu diesem Zweck wurden ganz bewusst lokal ansässige Unternehmen angesprochen, um den Bezug zwischen Kinderstadt und 'realer' Stadt herzustellen. „Anliegen eines solchen offenen Spielraumes war es, Kindern einen spielerischen Zugang zu der für sie sehr reizvollen, doch meist unerreichbaren und undurchschaubaren Erwachsenenwelt zu ermöglichen. Sie sollten die Möglichkeit erhalten, in einem selbst gestalteten Spielraum die logische Kette vom Geldverdienen, der Wahrnehmung öffentlicher Aufgaben, Möglichkeiten der Einflussnahme, der Freizeitgestaltung bis hin zum Konsumverhalten zu erfahren, zu erleben und eigenverantwortlich zu gestalten."[23] Um die komplexen Zusammenhänge eines Stadtlebens herzustellen gab es Rahmenbedingungen für Aktionsbereiche wie Produktion, Verwaltung, Dienstleistung, Kultur und Freizeit.

Verbunden mit der rein sinnlichen Erfahrung sind in einem derartigen Spielraum auch andere Lernprozesse möglich und erfahrbar: Als Stadtbürger sind Kinder Teil eines Ganzen, treffen auf diverse Konfliktsituationen, entdecken Möglichkeiten der direkten Einflussnahme, gewinnen Selbstvertrauen und Kommunikationsstärke. Die Aktion in Halle wollte politisch/demokratisch bilden und die Stadt sollte sich – anknüpfend an das Kinderjahr und einen Kinderkongress – als kinderfreundliche Stadt profilieren können.[24] In den neueren temporären Aktionen scheint eine Tendenz zu bestehen, mehr den prozessualen, nicht festgelegten und durchaus kreativen Entwicklungslinien von Stadt zu folgen, statt naheliegenden Klischees von heiler Stadtwelt mit 'Marktplatz und Gasthof im Zentrum'" zu folgen. Dem entspricht auch die diesjährige Ausstellung 'Play! Spielraum für Kinder und Erwachsene' im Museum Düsseldorf. Sie greift ebenfalls das Thema Stadt auf, ist aber mehr als künstlerische Veranstaltung einer allgemeinen kulturellen Einrichtung, nämlich dem Stadtmuseum, zu sehen (vgl. Punkt 3). Auch das Kindermuseum Hamburg ist ein solcher 'Zwitter': Es ist sowohl Museum wie auch 'Ersatz für die richtige Welt' (vgl. Punkt 3). Welche Stadtvorstellungen Kindern dabei vermittelt werden, könnte ein Thema für die planenden Fachdisziplinen der Stadt- und Landschaftsarchitektur sein.[25]

23 C. Hegemann: Konzept Kinderstadt in den Messehallen auf der Peißnitz. 2004

24 www.heikokastner.de/spielstadt/konz_kur.htm

25 Initiativen der Architektenkammern versuchen derzeit bereits, Architektur und Schulen näher zusammenenzubringen

Zu 3: Die Verbindungen von Einrichtungen für Kinder mit anderen zentralen Infrastruktureinrichtungen; und Angebote für Kinder in kulturellen und eigenen kulturellen Einrichtungen

Unter den Preisträgern des Gestaltungspreises 'Bauen für Kinder' gibt es mit der Kindertagesstätte und dem Eltern-Kind-Zentrum im Generationenhaus West in der Ludwigstraße in Stuttgart ein sehr interessantes neues Beispiel für eine Integration von verschiedenen Einrichtungen: Appartements für Senioren, Kinderbetreuung, Informationsbüros für Nachbarschaftsdienste und ein Café. Dies entspricht dem Ansatz von Freiburg-Vauban, mit den integrierten Einrichtungen im Bürgerzentrum (vgl. Punkt 1). Solche Kombinationen können ein wenig die Isolierung der Kindereinrichtungen aufheben und beinhalten zumindest die Chance, Kinder in andere Aktivitäten zu integrieren. Das konkrete Beispiel hat allerdings auch gezeigt, wie schwierig es ist (unter anderem trotz der aus Sicherheitsgründen vorgeschriebenen Einzäunung der Kinderspielbereiche) Verbindungen herzustellen. Es scheint dennoch lohnend zu sein, nach Beispielen solcher Integration zu suchen. Am ehesten dürften kulturelle Stadtteilzentren, wie beispielsweise die 'Motte' im Stadtteil Ottensen in Hamburg, Beispiele liefern. So gibt es in dem Areal, zu dem auch die Motte gehört, eine Kindertagesstätte. Deren Freiraum hat eine Pforte zu einem öffentlichen Spiel- und Bolzplatz und an diesen wiederum grenzt der zur Motte gelegene Hühnerhof an – inmitten des gründerzeitlichen Viertels. Nicht zuletzt erweist sich die verkehrsberuhigte Straße vor dem Areal als gut überquerbar, so dass sich eines der Cafés an einer breiten Fußgängerstraße zu einem Eltern-Kind-Café entwickelt hat. Vielleicht lassen sich ähnliche Konstruktionen bei innerstädtischen Bauernhöfen finden? Vielleicht bieten Freizeitinfrastruktureinrichtungen – je nach Bundesland sind das Freizeithäuser, Kulturzentren, Hamburghäuser – und die Bibliotheken der 1970er Jahre statt einer Schließung möglicherweise neue Potenziale kombinierter Einrichtungen. Das breite Spektrum solcher Kombinationen kann hier nicht behandelt werden. Es verdient als zukunftsträchtiges Konzept eine eigene Betrachtung.

Eine ähnliche Bedeutung kommt Angeboten für Kinder in allgemeinen und eigenen kulturellen Einrichtungen zu. Bisher scheint der Schwerpunkt eher in Gebäuden als in Freiräumen zu liegen, deshalb sollen hier einige Beispiele in Gebäuden als Anregung aufgezeigt werden.

Schon sehr lange gibt es – vor allem in verschiedenen Museen – spezielle Veranstaltungen, Angebote wie Malschulen und Ausstellungen für Kinder etwa. Im Sommer 2005 läuft im Sprengel Museum in Hannover mit der Ausstellung 'Phantastische Welten. Eine Reise durch die Kunst für Kinder'[26] eine anregende Auseinandersetzung mit Kreativität und Kunst. Die Ausstellung folgt einer bereits seit 15 Jahren bestehenden Tradition. Ähnliche Ansätze gibt es auch in anderen Museen, in Theater- und Konzerthäusern.

Eine besondere Rolle, angesichts der beschriebenen derzeitigen Problematiken, kommt der diesjährigen Ausstellung im Stadtmuseum Düsseldorf zu: 'Play! Spielraum Stadt für Kinder und Erwachsene'. Die Ausstellung folgte einem Forschungs- und Ausstellungskonzept. Zum einen sollte die Pädagogik in der Geschichte nachvollzogen werden und daraus ein Theaterstück entstehen, zum anderen sollten urbane Prozesse ermöglicht werden – bis hin zu realen Umbauten, Experimenten im Raum und einer Bibliothek über 'Kinder + Raum'. Forschung mit einer breiten interdisziplinären Zusammenarbeit sollte als „eine allmähliche Verfertigung der Gedanken" Raum haben. Damit wurde ein Ansatz gefunden, sich in einer neuen und zeitgemäßen Form der Vernachlässigung der viel beschworenen 'künftigen Generation' zu widmen.[27] Indem sich die Ausstellung der Stadt widmet, bekommen darin die Freiräume eine besondere Bedeutung: So öffnete sich das Museum während der Ausstellung mit Interventionen in das städtische Umfeld.

Beispiele spezieller kultureller Einrichtungen für Kinder sind das im Rahmen des Gestaltungspreises 'Bauen für Kinder' mit einem Preis ausgezeichnete MACHmit!Kinder&JugendMuseum in der Eliaskirche in Berlin-Prenzlauer Berg und das bereits erwähnte Kindermuseum in Hamburg KL!CK. Sie zeigen Ansätze, die Entwicklung von Kindern als kulturelle Herausforderung ernst zu nehmen. Bei dem Hamburger Beispiel wurde das als Museum genutzte Gebäude[28] im Zuge der Errichtung der Großwohnsiedlung im Hamburger Osdorfer Born in den 1970er Jahren als Gemeindezentrum erbaut. Es umfasst mit seinen 3 000 Quadratmetern Nutzfläche zur Zeit die Maria Magdalena

26 Konzeption: Gabriele Sand; Gestaltung, Lithografie und Gesamtherstellung: ArtnetworX, Hannover; Fotos: Michael Herling und Aline Gwose

Stadtmuseum Landeshauptstadt Düsseldorf, Play! Spielraum Stadt für Kinder und Erwachsene, Ausstellungsführer Stadt Museum, 2005

27 Konzeption: Susanne Anna, Annette Baumeister, Claudia Bender, Anke Hufschmidt, Meyer Voggenreiter. Das Buch über die Ausstellung wird im Hatje Cantz Verlag erscheinen; Hg. Susanne Anna und Annette Baumeister

28 Architekten: Nickels & Ohrt & Partner, 1972

Kirche und deren Gemeinderäume, den kirchlichen Kindergarten und auf 1 500 Quadratmetern das KL!CK Kindermuseum. Interessant ist, dass mit dem Umbau des Gebäudes[29] zu dieser multifunktionalen Nutzung nicht nur das erste Kindermuseum Hamburgs entstand, sondern mit der Errichtung eines Glockenturmes und eines neuen Eingangs auch ein Neuanfang für die Kirchengemeinde initiiert wurde. Pädagogen im KL!CK Kindermuseum bieten neben dem Besuch des Hauses und einer beobachtenden Teilnahme auch Lehrern, Erziehern, Psychologen und Ärzten eine Weiterbildung zu verschiedenen Grundgedanken der Einrichtung an. Feste Ausstellungen sind: 'Urgroßmutters Alltagsleben' – ein Haushalt wie in den 1950er Jahren mit Rubbelbrettern zum Waschen, Kaffeemühlen und vielen anderen Arbeitsutensilien ohne Strom, für Kinder ab fünf Jahren. 'Geld – und gut!' – Geld selber herstellen und in Laden und Bank wieder ausgeben, Interessantes zur Geschichte des Geldes, Tauschbörse und vieles mehr für Kinder ab acht Jahren. 'Treffpunkt Körper'– seinen Körper erfahren und begreifen, Reaktionsgeschwindigkeit messen, in einer Gebärmutter schaukeln, Zahnarzt sein und weiteres für Kinder ab vier Jahren. 'Elementarium' – ein Erfahrungsraum aus Lehm für die Allerkleinsten, ab dem Krabbelalter. 'Baustelle – betreten erbeten' – mauern, Dach decken, klempnern, Fliesen kleben und alles, was auf dem Bau zu tun ist, für Kinder ab sechs Jahren. Des weiteren gibt es Wechselausstellungen und mobile Ausstellungen, die ausgeliehen werden können.[30] Die Beispiele thematisieren fantasievoll 'Alltag' und 'Spezialsituation' für Kinder. Sie zeigen zum einen die sich gegenseitig stärkende Verbindung verschiedener Einrichtungen. Zum anderen zeigen die Veranstaltungen und Einrichtungen für Kinder besonders deutlich die aufregenden mehrdimensionalen 'Freiräume' für Kinder als enorme kulturelle Chance.

29 Büro PLAN-R, Architekt Klaus Joachim Reinig

30 www.kindermuseum-hamburg.de/layout_standard/container.php

Zu 4: Die Kultivierung von Kinderspielmöglichkeiten in den allgemeinen öffentlichen Freiräumen der Stadt

Seit einigen Jahren werden auch in den 'wertvollen' Parks der Städte so genannte 'Spielpunkte', 'Spiellinien' oder einfach Spielgelegenheiten für Kinder installiert. Selten gelingt es, diese Einrichtungen so zu gestalten, dass sie über die – oft durchaus geeignete – Kindergeräte-Brauchbarkeit hinaus zu Bestandteilen werden, die die Parks bereichern

Aufblasbares Spielgerät auf der Landesgartenschau in Wolfsburg, 2004, Büro Topotek 1

und auch verschiedene Altersgruppen ansprechen. Auf der Landesgartenschau in Wolfsburg gab es ein Beispiel für eine temporäre Möglichkeit.

Die Idee der Verwendung aufblasbarer Spielgeräte stammt aus den 1970er Jahren. Sie wurde vom Büro Topotek 1 erneut aufgegriffen. Die verwendeten aufblasbaren Elemente bestehen aus geometrischen Formen, sind vielfältig und bieten daher sehr viele Spielkombinationen. 24 aufblasbare Objekte und 15 Schaumstoffquader wurden auf eine Rasenfläche gestellt. Durch die Wahl der Farbe Pink und die ungewöhnlichen Formen setzten die Spielelemente ein Signal und zogen kleine und große Besucher an. Die klaren Formen standen in unmittelbarem Kontrast zur Umgebung aus Bäumen, Gräsern und Blühpflanzen. Kinder benutzten die Elemente als Trampolin oder Abenteuerspielplatz, Erwachsene als bequeme Sitzmöglichkeit.[31]

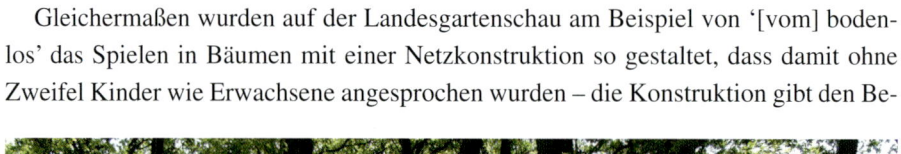

Gleichermaßen wurden auf der Landesgartenschau am Beispiel von '[vom] bodenlos' das Spielen in Bäumen mit einer Netzkonstruktion so gestaltet, dass damit ohne Zweifel Kinder wie Erwachsene angesprochen wurden – die Konstruktion gibt den Be-

31 Vgl. M. Böhmer: Minimal Art – Maximal Fun. Stadt + Grün 2004 (09), S. 16-17

'[vom] bodenlos' auf der Landesgartenschau in Wolfsburg, 2004. Spielen in Bäumen mit einer Netzkonstruktion

wegungsanreiz, zeigt sich aber auch als ein visueller Reiz.³² Klettern ohne den Boden zu berühren ist Anreiz für Kinder – und auch so manchen Erwachsenen –, hier können sich alle balancierend, schwebend, schwingend, in einer Netzkonstruktion, die von Bäumen getragen wird, bewegen. Der Spiel- und Kletterbereich ist von drei Seiten ohne Barrieren zugänglich. Allein der Bodenbelag markiert die Grenzen. Ergänzende, streng architektonische Spielbauten wurden bewusst im Kontrast gehalten, um ein Wechselspiel zu erzeugen. „'[vom] bodenlos' hat auf der Landesgartenschau einen ganz besonderen Reiz auf die Kletterer, wie auch auf alle Zuschauer, ausgeübt."³³

Vielleicht sind Gartenschauen doch geeignet, Anregendes zu bieten: Wenn überall der große Teddybär der Bundesgartenschau München publiziert wird, der irgendwie an Jeff Koons erinnert, so berühren sich dabei vielleicht Kinder- und Erwachsenenträume?

Angesichts der in diesem Beitrag beschriebenen Probleme sollten die vielen Um- und Neugestaltungen öffentlicher Räume verstärkt unter dem Gesichtspunkt der Eignung für Kinder thematisiert werden. Unter der Bezeichnung 'Stadt als Bühne' werden (wenn überhaupt) Jugendliche angesprochen, wie bei dem wohl bekanntesten Beispiel 'Schouwburgplein' in Rotterdam³⁴, wo Bodenmaterialien, Holzdecks, bewegliche Lichtmasten, Bänke und Wasser Bewegung, Treffen, Sport, Selbstdarstellung und Spiel mit Wasser befördern.

Wasser ist in der Gestaltung von Freiräumen eines der am häufigsten verwendeten Elemente – und es zieht Kinder wie von Zauberhand an. Genauer betrachtet, kann Wasser spezifischer auf Kinder bezogen sein. Ein Beispiel sind die sichelförmigen Brunnen auf dem Ernst-August-Platz, dem Bahnhofsvorplatz in Hannover³⁵. Als ebenerdige Anlage erlauben sie, Wasser in unterschiedlicher Weise zu durchqueren. Die Tatsache, dass die Wasserfontänen niedrig beginnen und allmählich höher werden, wird von jüngeren Kindern immer wieder als Herausforderung angesehen, allmählich Mut zu schöpfen und immer höhere Fontänen zu erproben. Die nicht kommerziellen Strände in der Stadt, vielleicht auch die nicht in der Nutzung festgelegten 'Follies' des Örlikon Parks in Zürich³⁶ sind sicherlich auch Freiraum - und Ausstattungsbeispiele, die Kinder anziehen.

Hier kann nur ein kleiner Einblick in die vielen Möglichkeiten der Gestaltung für Kinder im allgemeinen öffentlichen Raum³⁷ gegeben werden. Auffallend ist, dass die Gestaltung solcher Räume – seien es Parks oder Plätze oder andere Freiraumtypen – in der Fachrezeption äußerst selten unter dem Gesichtspunkt ihrer anregenden Eignung für Kinder behandelt werden.

Zu 5: Die speziellen Einrichtungen für Kinder und die Notwendigkeit der professionellen Bearbeitung der Themen 'Alltag der Erwachsenen, Einbindung der Kinder' und 'Freiräume für Kinder' als Verbindungen von Architektur und Freiräumen und Freiraum für Kinder

Spezielle Einrichtungen als Freiräume für Kinder sind zunächst einmal die Spielplätze; dann sind es die Freiräume der Kinderhorte, Kindertagesstätten und Schulen. Die speziellen Einrichtungen bekommen notwendigerweise eine immer bedeutendere Rolle. Sie sollen die Kinder in deren Alltag einbeziehen und ihnen gleichzeitig die Freiräume geben, die für ihr spielerisches Welterkunden tatsächlich geeignet sind – und zwar in einem sehr umfassenden Sinne.³⁸ Und sie müssen darüber hinaus an die Defizite 'normaler' Umwelt und 'normaler' Alltagsorganisation anknüpfen.

Der Freiraum – und vor allem die Freiraumqualität – spielt dabei für Kinder eine sehr große Rolle, denn Kinder werden durch die Funktionalisierung und Ökonomisierung

32 Vgl: A. W. Faust/ P. Hausdorf: [vom] bodenlos. Stadt + Grün 2004 (09), S. 13-15

33 A. W. Faust/ P. Hausdorf, a.a.O., S. 13-15

34 Architekten: West 8 Urban Design & Landscape Architecture BV, Adrian Geuze

Ernst-August-Platz, Hannover

35 Architekten: Ohrt . von Seggern . Partner, 2000

36 Projektteam Zulauf, Seippel, Schweingruber, Landschaftsarchitekten, und Hubacher und Haerle, Architekten. Stadt Zürich: Oerliker-Park in Neu-Oerlikon. Stand: 12.7.2005, www.stzh.ch/internet/gsz/home/naturraeume/parkanlagen/direkter_draht/oerliker_park.html/0022

37 Viele Ansätze gerade der 'unspezifischen' Gestaltung, also keine Spielgeräte und keine Spielplätze; dies gilt natürlich auch für halböffentliche und private Räume

38 Wie sehr dafür die richtigen Menschen, die Sicherheit und Vertrauen vermitteln, nötig sind, kann hier nicht Gegenstand sein

39 Vgl. B. Fuhs, a.a.O., S. 537f; U. Eckardt/ E. Meyer: Wieviel Spielfläche braucht die Stadt? Stadt + Grün 2004 (05), S. 40-43

des öffentlichen Raumes immer stärker von Plätzen und Straßen verdrängt. Kinder haben oft nur noch das Recht, sich auf Spielplätzen aufzuhalten, somit können sie eigene Erfahrungen zunehmend nur in 'pädagogischen Räumen' machen.[39] Das heißt, die Aufgaben des Gestaltens sind äußerst anspruchsvoll und nicht nur laienhaft zu bewältigen, sie fordern höchste Qualität und Zusammenarbeit mit Eltern, Pädagogen und Kindern. Weder stimmt, dass Betroffene schon wissen, wie gestaltet werden soll, noch können sie diese Projekte allein umsetzen. Erforderlich sind für die speziellen Freiräume für Kinder auch entsprechende Fachleute, das heißt in der Regel die Landschaftsarchitekten. So deutlich soll das hier gesagt werden, weil sich schon im Gestaltungspreis 'Bauen für Kinder' eine Vernachlässigung in der Bearbeitungsqualität der Freiräume zeigte, die sich nunmehr in der Recherche für diesen Beitrag bestätigte: Es gibt jede Menge gut gemeinter und nett gestalteter Schulhöfe und Freiräume von Kindertagesstätten, Fachdisziplin jedoch kommt hier wenig vor. Aus den wenigen Veröffentlichungen kann man allerdings auch folgern, dass vielleicht die Fachdisziplin das Thema nicht wirklich ernst nimmt.

Auf der Suche nach Beispielen, die Alltagsintegration und freien Raum schaffen, sind folgende Merkmale zugrunde gelegt worden:

1. Die Einrichtungen müssen leicht und selbstverständlich in die Wege- und Netzsysteme der Stadt eingebunden sein.
2. Die Eingangsbereiche von Spielplätzen und pädagogischen Einrichtungen müssen als Verbindung von Stadt und Ort, Treffpunkt mit anderen, und als Abschiedsräume von Eltern und Kindern gestaltet sein.
3. Der Kontakt mit den Betreuenden in den Einrichtungen als Bestandteil von Alltag muss Teil der räumlichen Vernetzung sein.
4. Die Verbindungen von Innen und Außen bei Gebäuden – im Arbeitsbereich der Betreuenden (Küche/Büro) und im Spiel- und Ruhebereich der Kinder – sind von zentraler Bedeutung.
5. Die Ernährung bietet Möglichkeiten der Alltagserfahrung von Haus und Nahrungsmittelproduktion und Verarbeitung.
6. Materialien und gerätegebundene Spiele sind wesentliche Gestaltungsthemen.
7. Der freie Raum beziehungsweise die freien Räume müssen abenteuerlich und groß genug und doch auch eroberbar sein.

Die Selbstverständlichkeit, mit der für den bekannten Architekten Aldo van Eyck in den 1950er und 1960er Jahren die Planung und Realisierung von Spielgelegenheiten eine allgemeine Qualitätsverbesserung in den öffentlichen Räumen darstellte, ist nur schwer mit heutigen Vorschriften und veränderten Anforderungen zu erreichen.

Doch auch heute gibt es Spielräume, die ein Stück Stadtqualität versprechen. Ein Beispiel ist der Spielplatz an der Niebuhrstraße in Berlin, der hier gewählt wird, weil er an die van Eycksche Tradition anknüpft. Der Spielplatz liegt zwischen einer mittelmäßigen Wohnbebauung und einem unmittelbar angrenzenden Bahndamm in Berlin-Charlottenburg. Gelder aus einer Ausgleichs- und Ersatzmaßnahme für den Bahnausbau hatten zu einer allgemeinen Verbesserung der Gesamtanlage geführt. Das besondere Spielfeld liegt in einer Senke und ist durch eine 1,50 Meter hohe umfassende Stützmauer abgegrenzt. Bei der Gestaltung des Spielfeldes verwendet das Büro Topotek 1 die Analogie des Flipperautomaten und entwarf einen farbenfrohen Bolzplatz, der sich von der Umgebung abhebt. Der Zugang zum Spielfeld besteht aus einer breiten Rampe, die vom Normalniveau auf das Spielfeld führt. Das Spielfeld besteht aus einem blauen Untergrund, einer orangefarbenen Einfassung und gelben, geschwungenen Spielfeldlinien, eine 16 Meter lange Zuschauerbank grenzt an. Die Spielfeldlinien schreiben keine strengen Regeln vor. Dies soll die Attraktivität steigern und die Fantasie der Kinder und Ju-

Sandkasten in der Frederik Hendrikplantsoen, Amsterdam-Oudwest. Aldo van Eyck, 1948

gendlichen anregen. Es wurden ausschließlich robuste Materialien wie Beton und Drahtzaun verwendet. Die Lärmbelastung wird zum einen durch die abgesenkte Lage und zum anderen durch einen Überzug aus Gummi auf den Grundflächen und den Stützwänden verringert.[40]

40 M. Kasiske: Spielplatz Niebuhrstraße, Berlin. Garten + Landschaft 2004 (04), S. 16-18

Ohne Zweifel gibt es etliche, vielleicht sogar viele gute Spielplätze. In den Fachzeitschriften werden sie jedoch kaum erwähnt. Es gibt viele umgestaltete Schulhöfe, die sicher dem Anspruch einer besseren Freiraumqualität gerecht werden. Ein wirklich gutes Beispiel habe ich im Rahmen meiner Recherche für diesen Artikel aber nicht entdecken können. Zu den speziellen Einrichtungen für Kinder und ihren Freiräumen habe ich nur zwei Grundschulen gefunden, von denen ich meine, dass sie den genannten Kriterien entsprechen könnten. Auch hier gilt, dass die Fachveröffentlichungen sehr sparsam in ihren Beispielen und Aussagen zu den Freiräumen sind, so dass es möglicherweise noch im Verborgenen viele gute Beispiele gibt.

Grundschule Nordheide in München-Milbertshofen
Die neu errichtete Grundschule befindet sich im Neubaugebiet Nordheide in München-Milbertshofen, einem ehemaligen Panzergelände.[41] Das langgestreckte kubische Schulgebäude besteht aus Holz, Stahl und Glas. Die Grundschule wurde in die stadträumliche Umgebung integriert, Grünräume ziehen sich zwischen den Bauzeilen hindurch. Am Schulgebäude wurden diese aus der Umgebung entwickelten linearen Strukturen fortgeführt: An zwei Stellen ziehen sie sich bis in das Schulhaus hinein, so dass an diesen Orten quadratische Höfe (so genannte Decks mit Holzbelag) entstanden. Das Deck an der Westseite bildet den Eingangsbereich, das Pausendeck an der Ostseite bildet den

41 Architekten Felix Schürmann, München, und Landschaftsarchitekten Stötzer + Neher, Sindelfingen

**Lineares Konzept für Schulgebäude und Außenanlagen der Grundschule Nordheide in München-Milbertshofen.
Stützer + Neher Landschaftsarchitekten, Sindelfingen/Berlin**

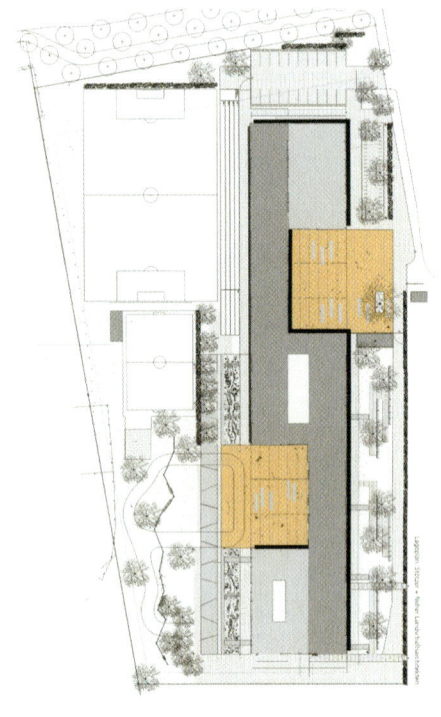

Lageplan der Grundschule Nordheide in München-Milbertshofen

Spielplatz auf dem Schulgelände. Verwendung von übergroßen Mikadostäben zur Auflockerung der geometrischen Strenge

Übergang zum Spiel- und Sportbereich. Aus dem ersten Obergeschoss führen Fluchttreppen ins Freie, sie verbinden den Innenbereich unmittelbar mit dem Außenbereich. So sind alle Kontaktbereiche mit der Umgebung auch als solche definiert und bieten Raum und Aufenthaltsmöglichkeiten. Das Eingangsdeck wird durch eine niedrige Hainbuchenhecke von der Straße abgetrennt, der Schuleingang wird durch einen Spitzahorn markiert. In einigen Jahren wird der Baum weithin sichtbar sein und man wird sich unter ihm treffen können. Bei den Materialien dominieren Holz und zurückhaltendes Betonpflaster, damit wird eine einladende Atmosphäre erzeugt.

An der Westseite reihen sich, angepasst an den Rhythmus der Stahltreppen, kleine Schulgärten an. Damit wird hier der Übergang Innen/Außen zum Thema. Nagelfluhblöcke, Heidegräser und Wildstauden stellen einen Bezug zur Vergangenheit des Geländes und zu schützenswerten Pflanzenarten dar. Auf dem Dach des Schulgebäudes befinden sich eine Fotovoltaikanlage und zwei Dachgärten mit Werktischen und Pflanztrögen. Für Schüler und Lehrer besteht so die Möglichkeit zum Pflanzen, werken, forschen und entdecken.

Das Pausendeck im Osten bindet mit einem vier Meter breiten Betonband die Sport- und Spielbereiche an das Gebäude an. Damit wird auch hier eine selbstverständlich als Weg und eigener Spielraum nutzbare Verbindung hergestellt. Rasenfeld, Hartplatz und Laufbahnen sind der Sporthalle zugeordnet und befinden sich im südlichen Untergeschoss des Gebäudeteils. Die Strenge des Gebäudes und der Zwischenzonen löst sich im nordöstlichen Bereich auf. Vor dem Gebäude sind Versickerungsmulden angeordnet, in die nutzbare breite Trittstufen und große Findlinge integriert sind.

Der Schulspielplatz, gestaltet aus überdimensionalen Mikadostäben, dominiert den Spielbereich. Wie beim Mikadospiel stecken die bunten Holzpfähle, wie zufällig verteilt, im Boden. Zwischen den Mikadostäben wurden Netze, Seile, Plattformen, Leitern und Rutschen angebracht. Sie bieten Tobe- und Spielfläche. Daneben gibt es eine modellierte, unspezifisch nutzbare Vegetationsfläche und eine Anpflanzung von Nuss- und Obstgehölzen. Sie dient als Rückzugsraum, bietet im Sommer Schatten und bezieht den Wandel der Jahreszeiten ein.[42]

42 M. Leuprecht: Unterricht zwischen Naturschutz und Mikado. Garten + Landschaft 2005 (01), S. 20-23

Iven-Agßen-Grundschule in Husum

Im Jahr 2004 lobte die Stadt Husum einen begrenzt offenen Wettbewerb zum Neubau der Iven-Agßen-Schule aus.[43] Im Rahmen des Entwurfes galt es, den Bezug zum umgebenden Freiraum und die Erweiterungsmöglichkeit zu einer Ganztagsschule zu berücksichtigen; außerdem sollte der Eingangsbereich als zentraler, multifunktionaler Raum nutzbar sein. Das Architekturbüro Johannsen und Fuchs aus Husum (2. Preis) entwarf ein Konzept, bei dem die Idee der verbindenden Schulstraße als Kommunikationsband wieder aufgegriffen wird. Entlang der geplanten Schulstraße soll unter anderem eine Skateanlage entstehen. Der Eingangsbereich (Aula) befindet sich im mittleren Bereich der Schulstraße. Der Pausenhof knüpft direkt an die transparente Aula an und verbindet Innen- und Außenraum. Der östliche Bereich des Schulgeländes wird durch Klettern, Schaukeln, Rutschen, Toben und Naturspiel (auch mit Wasser) bestimmt. Unmittelbar an die Klassenräume grenzend sollen Klassengärten angelegt werden. Die Gärten sind zur Nutzung durch mehrere Klassen vorgesehen; so besteht die Möglichkeit, gemeinschaftliche Aktivitäten zu fördern. Des weiteren sind zwei Freiklassen geplant, die Unterricht im Freien ermöglichen. Zwischen Turnhalle und angrenzender Landschaft soll eine Ballspielfläche entstehen, die in den Pausen, aber auch für den Schulsport genutzt werden kann. Vom Schulgebäude ausgehend, in Richtung Osten zur freien Landschaft hin geöffnet, nimmt die Nutzung des Geländes durch schulische Aktivitäten ab. Der unmittelbar an den Schulkomplex angrenzende Freiraum kann von den Schülern als Bolzplatz genutzt werden. Der durch den baulichen Eingriff notwendige Ausgleichsraum schließt sich unmittelbar an den Bolzplatz an und bildet den Übergangsbereich. Der allmähliche Übergang in die Knicklandschaft ist in der linearen Struktur von Schule und Schulfreiräumen aufgegriffen und zugleich selbstverständlich vorbereitet.

43 wettbewerbe aktuell, 2005: Iven-Agßen-Grundschule in Husum. 3/2005, S. 65-67

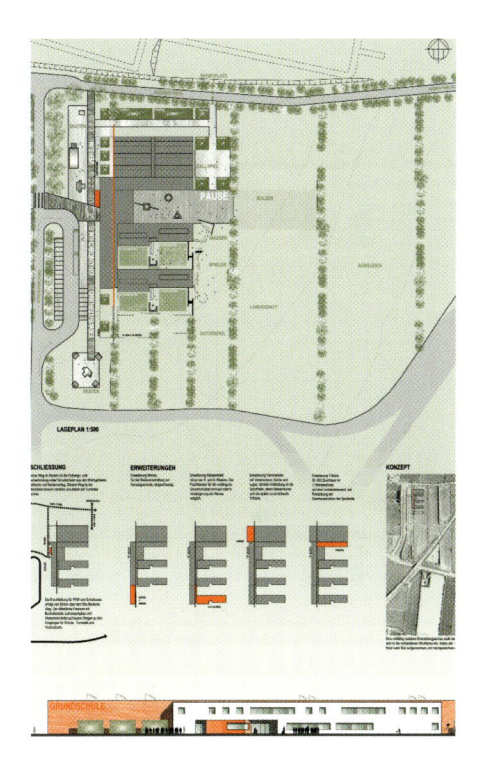

Das Preisgericht legte die Priorität auf die Eingeschossigkeit – wie sie die Träger des ersten Preises realisiert hatten. Die von mir hervorgehobenen Kriterien – die die Kommunikation fördernden Verbindungen, die Definition und Gestaltung von Möglichkeiten zum Treffen, die vielfältigen, differenzierten Nutzungsmöglichkeiten von Freiräumen und Gebäuden und die ästhetisch klar als Zusammenspiel von Gebäuden, Freiräumen und Umgebung formulierte Gestalt – sind jedoch in dem zweiten Preis besonders deutlich herausgearbeitet.

Iven-Agßen-Grundschule in Husum. Entwurf: Architekturbüro Johannsen und Fuchs, Husum

Für diesen Beitrag über Freiräume haben wir eine intensive Kurzrecherche in den einschlägigen Medien der Landschaftsarchitektur und der Architektur durchgeführt. Die Ergebnisse spiegeln das Gleiche wider, wie die Wettbewerbsbeiträge zum Gestaltungspreis 'Bauen für Kinder': wenig Aufmerksamkeit für ein für Kinder zentrales Thema!

Notwendiger als vermutet ist es, Freiräume und Gebäude mit Freiräumen für Kinder zu entwerfen. Ist die Verbindung und die Qualität von beidem vorhanden, sollte dies in der Fachpresse und in der weiteren Öffentlichkeit auch dargestellt und publik gemacht werden. Die fehlende Publizierung kann durchaus ein Defizit in der tatsächlichen Beachtung spiegeln. Dies scheint mir eine dringliche Aufgabe der Landschaftsarchitektur einerseits und der Zusammenarbeit von Architekten und Landschaftsarchitekten andererseits. Das Thema 'Gestaltung von Freiräumen für Kinder' sollte wieder verstärkt Bedeutung als eine fachlich professionelle Aufgabe erlangen.

Laudomia ist nicht weit.
Bauen für Kinder heißt Bauen für alle

Christian Marquart

Eigentlich klingt alles bekannt und geläufig: Die moderne Kindheit ist geprägt durch Naturferne und Verhäuslichung, weil das engere und weitere Wohnumfeld für kleine Menschen über die Jahrzehnte hinweg Stück für Stück unwirtlicher und riskanter geworden ist. Einleuchtende Hinweise gibt es auf den progressiven Wirklichkeitsverlust jener wachsenden Zahl von Kindern, die ihre Zeit bevorzugt vor dem Fernseher oder an digitalen Spielkonsolen verbringen – was die Experten mit dem eher harmlos klingenden Begriff 'Medialisierung' belegt haben. Kindheit wird ferner belastet durch die zunehmende Verinselung und Vereinzelung der Kinder, wofür Fachausdrücke wie 'soziale Segregation' oder Begriffe wie 'Ein-Kind-Familie' stehen.

Ist das die Zukunft? Manchmal kommen Nachrichten, die der Schwarzmalerei der Demographen, Soziologen, Psychologen und Pädagogen ein paar tröstliche Farbtupfer aufsetzen. Da meldet eine Tageszeitung im Frühsommer des Jahres 2005, die Polizei habe in einem Ort bei Aachen an einem frühen Sonntagmorgen einen fünfjährigen Knaben im Pyjama entdeckt, aufgegriffen und an seine ebenso schlaftrunkenen wie erstaunten Eltern retourniert. Der Junge war auf dem Weg zu seiner kleinen Freundin gewesen. Mit ihr wollte er ein Frühstück im Grünen veranstalten und hatte deshalb eine Einkaufstüte mit Toast, Joghurt, Wurst, Käse und Schokolade dabei. Ein gewitzter Knirps entschärft die Lage nicht. Die Geburtenraten sinken trotzdem weiter. Die Gesellschaft altert unbeeindruckt und rapide vor sich hin. Immer mehr Kommunen legen sich pressewirksam, aber in der Sache selbst ziemlich lahm und halbherzig das Prädikat 'kinderfreundlich' zu. Demonstrativ zelebrierte Kinderfreundlichkeit ist ein weicher, aber zunehmend sich verfestigender, demnächst also 'harter' Standortfaktor in der Konkurrenz der Kommunen.

Das Szenario erinnert derzeit an eine der berühmten 'unsichtbaren Städte' des italienischen Schriftstellers Italo Calvino – Laudomia. Laudomia existiert gleich dreifach, als Stadt der Lebenden, als Stadt der Toten und als Stadt der noch nicht Geborenen. Bei letzterer handelt es sich um einen leeren Ort, „von einer Architektur nur aus Nischen und Einbuchtungen und Rillen umschlossen, und da man den Ungeborenen eine beliebige Dimension geben, sie sich groß wie Mäuse oder Seidenraupen oder Ameisen oder Ameiseneier denken kann, gibt es keinen Hinderungsgrund, sie sich aufrecht oder kauernd auf jedem Gegenstand oder Sims, der aus den Wänden hervorsteht, auf jedem Kapitell oder Sockel aufgereiht oder vereinzelt vorzustellen, in die Aufgaben ihrer künftigen Leben versunken und in einer Vertiefung des Marmors das ganze Laudomia auf hundert oder tausend Jahre betrachtend. [...] Die Lebenden Laudomias besuchen die Wohnung der Ungeborenen und befragen sie; [...] die Fragen werden stumm formuliert; und immer nach sich selbst fragen die Lebenden und nicht nach denen, die kommen werden."

Laudomia ist nicht weit weg. Zeitdiagnostiker sprechen heute allerdings sehr viel nüchterner von 'Parallelwelten', die sich in der Gesellschaft und ihren Städten bilden. Und manche dieser Parallelgesellschaften sind auf dem besten Weg, ein – zunehmend problematisches – Eigenleben zu entwickeln; nicht zuletzt auf Kosten der Kinder. Dem Nachwuchs entgeht zusehends die eigene Kindheit, weil vor TV-Geräten und Spielkonsolen keine authentischen Erlebnisse mehr gelingen wollen; weil ihnen draußen im Freien 'Streifräume' und damit die Chance auf kleine Abenteuer genommen werden; und weil sie jenseits der Haustür weder allein noch in der Gruppe etwas von der Natur oder ein Stück aufregendes Leben mitbekommen.

Soziale Dissoziation, ethnische und schichtenspezifische Segregation sowie räumliche Desintegration sind längst nicht mehr das exklusive Problem großer Städte. Beide Phänomene breiten sich vielmehr immer weiter aus, sie sickern über den Rand der Agglomerationen hinaus ins flache Land, in die kleineren und größeren Kommunen der Provinz. Die City einer Großstadt: heute allein noch die Stadt der Büroarbeiter und des Konsums. Die historischen Quartiere rund ums Zentrum: entweder nobel modernisierte Single-Wohnwelten oder aber heruntergekommener Migranten-Kiez. Die Vor-, Zwischen- und Randstädte: ein lockerer, ungeformter Ring aus Industrieparks und Bürostädten im Wechselspiel mit Ausfallstraßen, bürgerlichen Wohnvierteln voller gesichtsloser Einfamilienhäuser und Clustern von Geschosswohnungsbauten.

Die wesentliche, auf den ersten Blick vielleicht überraschende Schlussfolgerung einer vergleichenden Schweizer Studie über kindliche Freiräume im urbanen und ländlichen Raum mit dem Titel 'Abschied vom gelobten Land' lautet: Kinder im Umland einer Großstadt verfügen heute keineswegs über mehr oder bessere, der kindlichen Entwicklung dienliche Freiräume als ihre Altersgenossen in der Stadt.[1]

Gestaltendes Planen und Bauen für Kinder ist deshalb als eine Aufgabe anzusehen, die grundsätzlich jeden von kleinen und großen Menschen genutzten Kultur- und Siedlungsraum betrifft: Freiflächen ebenso wie gebaute Architektur, Metropolen, Kleinstädte und Dörfer gleichermaßen. Und weil auch Kinder ständig älter werden und ihr Anteil an der Gesamtbevölkerung stetig abnimmt, ist es auf längere Sicht nicht mehr unbedingt sinnvoll, das Planen und Bauen für Kinder grundsätzlich als räumlich separierte, funktionell hochspezialisierte Aufgabe zu verfolgen. Beides ist vielmehr in einen triftigen und zukunftsfähigen Kontext mit dem Planen und Bauen für die Allgemeinheit zu stellen; zu dieser gehören eben auch Jugendliche, Erwachsene und Alte. Die Aufgabe wäre also im Sinne Italo Calvinos metaphorisch folgendermaßen zu definieren: die dreigeteilte Stadt Laudomia muss (wieder) ein einziges, ganzheitlich erfahrbares und funktionierendes Gemeinwesen werden.

Eine schichten- und generationsübergreifende Verknüpfung und Integration unterschiedlicher Aktionsräume und Aufgabenfelder war in den Kommunen jahrzehntelang de facto nicht selbstverständlich. Man konnte und wollte sich die Ausdifferenzierung urbaner Funktionen, sozialer Infrastruktur und schichtenspezifischer Wohnmilieus leisten – und nahm deshalb auch die Konsequenzen gesellschaftlicher Marginalisierung und weiträumig angelegter Transport- und Kommunikationswege gerne in Kauf; beides fällt

1 Vgl. das SRL-Periodikum 'PlanerIn', Ausgabe 4 / 2002, S. 13

schon heute und erst recht künftig der Gesellschaft und den Individuen zur Last. Die Kritik an sozialer Segregation in der Stadt setzte in den siebziger Jahren des 20. Jahrhunderts ein. Über lange Zeit hinweg votierte die Mehrzahl engagierter Planer und Wissenschaftler dafür, die negativen Folgen gesellschaftlicher Ab-, Aus- oder Eingrenzung durch eine planerisch mehr oder minder wirksam unterstützte Durchmischung sozialer und ethnischer Milieus zu kompensieren.

Heute wird die Lage zum Teil wieder anders beurteilt; konträre Analysen fügen sich nun auffällig der sattsam bekannten Ohnmacht der Stadtentwicklungsplanung. „Historisch betrachtet weisen alle Städte mehr oder weniger scharfe Segregation auf. [...] Grenzen gelten erst in marktförmig organisierten Stadtgesellschaften als dysfunktional. Aber sind sie es wirklich?" fragte der Stadtsoziologe Walter Siebel jüngst in einer von der bayerischen Staatsregierung herausgegebenen Broschüre mit dem Titel 'Siedlungsmodelle – neue Wege zu preiswertem, ökologischem und sozialen Wohnen in Bayern' (o. J., S. 15). Sein Befund: „Ist eine [...] Politik forcierter Mischung immer und unter allen Umständen auch im Interesse der Minderheiten und fördert sie langfristig überhaupt die soziale und kulturelle Integration? Es gibt gute Argumente, diese Frage mit nein zu beantworten. Mischung zerstört informelle Netze beziehungsweise behindert deren Aufbau und schwächt damit die ökonomische, die soziale und die psychische Stabilität. Diese aber sind Voraussetzung für gelingende Integration. Erst auf der Basis einer gesicherten Identität lässt man sich auf das Abenteuer der Auseinandersetzung mit dem Anderen ein, sei er Fremder oder auch nur einer anderen Schicht oder Lebensstilgruppe zugehörig."

Nach dieser Logik müsste eine Reihe von konfliktbelasteten Vororten französischer Großstädte für die soziale Eingliederung der dort dominanten nordafrikanischen Bewohnerschaft geradezu unverzichtbar sein. In Deutschland sind allenfalls in Berlin-Kreuzberg und Frankfurt-Gallus solch 'ungestörte' Milieus entstanden, wo etwa türkische Einwanderer eine hinreichend vertraute Ersatzheimat vorfinden können. Im großen Rest der Bundesrepublik gibt es zwar auch eine Vielzahl von Migranten-Quartieren; aber diese sind eben nicht homogen strukturiert, sondern bewohnt von einer Vielzahl von Nationalitäten, die wenig miteinander zu tun haben (wollen).

Der Einzugsbereich der Kindertagesstätte 'Am Brauereihof' in Berlin-Spandau etwa ist geprägt durch einen hohen Anteil von Migrantenfamilien. Der Anteil der Kinder mit Migrationshintergrund beträgt rund 80 Prozent – es handelt sich aber um 15 Nationalitäten. Die Kindertagesstätte ist im entkernten und sanierten Torgebäude einer alten Brauerei untergebracht (Baujahr 1925), die Gruppen- und Funktionsräume sind über alle Geschosse um ein verglastes Atrium gruppiert. Ein anderes Brauereigebäude dient als Seniorenresidenz, andere als Wellness-Center, Hotel- und Gaststättenbetriebe. „Hier prallen Welten aufeinander" sagt die Leiterin der Kindertagesstätte – aber diese Funktionsmischung könnte auch der Nukleus eines generationsübergreifenden Quartierzentrums sein, zumal auch eine Grundschule in direkter Nachbarschaft liegt. Das Team besteht aus fest angestelltem Fachpersonal und einer Reihe von Ein-Euro-Jobbern. Es gibt keine ehrenamtlichen Mitarbeiter – dafür aber gelegentlich Männer im Team: gut für die Kinder, aber problematisch für Mütter etwa aus dem islamischen Kulturkreis.

Nach ihrer Eröffnung im Jahr 2000 bemühte sich die Kindertagesstätte um Kontakte zu den benachbarten Senioren. Die Zusammenarbeit schlief bald wieder ein: Die alten Herrschaften, so berichtet die Leiterin, seien so umfassend betreut, dass sie für gemeinsame Aktionen weder Zeit noch Interesse aufbrächten. Immerhin profitiert die kleine Multikulti-Gesellschaft – etwa 100 Kinder – vom Konzept 'Kita als Bildungsort'. Sprachförderung, unter anderem mit Hilfe von Computern und als Vorbereitung für die Schule, wird hier ganz groß geschrieben; für sprechintensives Theaterspiel steht im

Kindertagesstätte Am Brauereihof in Berlin-Spandau.
Claus Neumann Architekten

Dachgeschoss ein Raum mit Spiegeln und Podesten zur Verfügung. Die Einbindung der internationalen Elternschaft in den Kita-Alltag erfolgt über das monatliche Elterncafé, Einzelgespräche und natürlich Feste. Nicht wenige davon finden an hohen Feiertagen der hier vertretenen Nationen statt und spiegeln den Respekt vor der Kultur der jeweils Anderen wider.

Das Thema stillschweigend und wohlwollend hingenommener 'Segregation' spielt bei einem privaten Wohnbauprojekt im innenstadtnahen Dortmunder Stadtteil Kreuzviertel eine Rolle: Dort entstand 2004 auf dem Gelände der stillgelegten Zeche 'Tremonia' eine generationsübergreifende Wohnanlage mit Gemeinschaftshaus, das in erster Linie von den Bewohnern wie auch – auf Anfrage – von befreundeten Gruppen und Vereinen genutzt wird. Dreißig Erwachsene mit elf Kindern haben sich auf einem knapp 3000 Quadratmeter großen Grundstück am Rande des auf kontaminiertem, aber sicher verkapselten Zechengelände angelegten 'Tremonia-Parks' eine Gesamtwohnfläche von circa 2000 Quadratmeter geschaffen – verteilt auf 21 Wohneinheiten unterschiedlicher Größe. Das Alter der Bewohner um 2005: zwischen sechs und 75 Jahren. Das Projekt wurde von dem gut situierten Bauherrenkollektiv auf der Grundlage eines kleinen Architektenwettbewerbs in einem längeren Prozess gemeinsam diskutiert und zusammen mit den Architekten Norbert Post und Hartmut Welters planerisch weitergeführt. Hundertprozentig durchgängige Partizipation also mit erfolgreichem Ergebnis: im Verfahren gefördert durch das Land Nordrhein-Westfalen und mehrfach mit Preisen ausgezeichnet.

Die zwei im rechten Winkel zueinander stehenden Hauptgebäude umfassen mit dem Gemeinschaftshaus einen begrünten Hof mit Spielanlagen für Kinder und Erwachsene. Die Anlage ist eine sehr private Wohnwelt, aber durch ihre komfortable 'Infrastruktur' und die altersmäßig sehr gemischte, durchaus auf gegenseitige Distanz bedachte Bewohnerschaft schon fast so etwas wie ein Nobel-Kiez mit Seniorenwohnen und locker betreutem 'inoffiziellem' Kinderhort. Es wird interessant sein zu beobachten, wie sich in dieser heilen Welt die Reproduktionsrate der Bewohnerschaft entwickelt.

Das Projekt 'Tremonia' wird vielleicht keinen Trend setzen, aber es liegt im Trend, die europäische Stadt mit unkonventionellen urbanen Strategien wieder auf ihre lebendige Mitte hin zu organisieren. Die Planer sind schon auf dem Sprung – aber die längst voraussehbare demographische Entwicklung und die aktuellen wirtschaftlichen

**Wohnsiedlung Tremonia in Dortmund-Kreuzviertel.
Architekten: Norbert Post, Hartmut Welters**

Schrumpfungsprozesse im Verbund mit der Krise der öffentlichen Haushalte machen auch in der Politik einen Paradigmenwechsel zwingend.

Vorteile und Chancen integrativer Planungsstrategien lagen und liegen ja seit jeher auf der Hand. Was demographisch verheißungsvolle Kinderpolitik betrifft, geht es nicht nur inhaltlich um die Schaffung und den Erhalt von vielfältigen und interessanter strukturierten Erfahrungsräumen in der Stadt oder um eine effizientere Nutzung öffentlicher Einrichtungen, sondern auch um den ökonomischen Einsatz notorisch begrenzter materieller, räumlicher, finanzieller und personeller Ressourcen für deren Bau und Betrieb. So banal es klingt: Nicht nur kommunale Abwassersysteme, sondern auch soziale Infrastrukturen sind auf eine Mindestauslastung angewiesen, um funktionstüchtig bleiben zu können. Die Folgeprobleme des demographischen Wandels werden nur zu lösen sein, wenn die moderne Gesellschaft ihre zentrifugalen Kräfte bändigt und sich auf eine Fokussierung ihres Alltagslebens in Städten und Gemeinden verständigt, die eine wesentlich kompaktere Struktur haben als heute.

Integrative Konzepte für öffentliche Einrichtungen, zu deren Kernzielen auch die Schaffung kindgerechter Lern- und Lebensräume zählt, benötigen grundsätzlich mehr Flexibilität im Projektdesign – bei gleichzeitig stärkerer Orientierung an den Bedürfnissen der Nutzer beziehungsweise Zielgruppen. Die Konzentration und enge räumliche Vernetzung verschiedener sozialer und pädagogischer Einrichtungen an zentralen Punkten eines Gemeinwesens bietet außerdem Chancen für vielfältige Kontakte über Altersgruppen und Generationen hinweg, für lebendige Urbanität im Quartier, auch für eine unangestrengte und selbstverständliche Integration etwa von Migranten und Minoritäten in den Alltag der Gesellschaft. Voraussetzung ist dabei, geeignete personelle, strukturelle und administrative Rahmenbedingungen für solche Familien-, Quartiers- oder Gemeindezentren beziehungsweise 'Mehrgenerationenhäuser' zu schaffen. Ihr organisatorisches, konzeptuelles und architektonisches Design muss wechselseitig verträglich, also kompatibel gestaltet werden; es muss darüber hinaus für die Nutzer und Zielgruppen tatsächlich synergetische 'Mehrwerte' erzeugen können.

Diese entscheidenden Mehrwerte lassen sich relativ leicht als Forderungen, Zielkataloge, Leitbilder und Lastenhefte ausformulieren. Konkret aber sperren sie sich manchmal ziemlich vehement gegen eine schematische beziehungsweise technokratische Umsetzung in Erziehungs- und Bildungspläne, Organisationsstrukturen, Planungsprojekte und Architekturentwürfe. Höchst kompliziert und fragil ist mitunter auch das Zusammenspiel mehrerer Verwaltungen und Trägereinrichtungen, die 'unter einem Dach', aber in unterschiedlichen Aufgabenbereichen tätig sind. Das mag einer der Gründe sein, warum die Umsetzung oder Nachahmung vieler interessanter sozialpolitischer und pädagogischer Ideen und Konzepte so lange auf sich warten lässt.

Es muss jungen Paaren sehr viel leichter gemacht werden, Kinder in ihren Alltag zu integrieren. Familienforscher haben Hinweise darauf, dass Frauen allein schon dann reproduktionsfreudiger sind, wenn die eigene Mutter in der Nähe wohnt und folglich als kinderbetreuende 'Oma' zur Verfügung steht. Die Schätzung der Experten: bis zu 22 Kinder mehr je hundert Frauen mit Kinderwunsch würden geboren, wenn Kindertagesstätten mit bedarfsorientiertem Service genau dort existierten, wo sie gebraucht werden. Das berichtete die Berliner 'tageszeitung' unter Berufung auf eine Studie des Schweizer Prognos-Instituts und den Berliner Bevölkerungswissenschaftler und 'Familienpapst' Hans Bertram aus dem Jahr 2005 (taz vom 19. Juli 2005).

Nächstliegende Aufgaben einer Politik für Kinder sind natürlich der qualifizierte Neu-, Um- und Ausbau von Kindergärten, Tagesstätten und Jugendeinrichtungen. Immer noch ist es um die Kinderbetreuung in Deutschland nicht gut bestellt – es gibt vor allem viel zu wenig Plätze für die Kleinsten. Das Prinzip kinder- und familienfreundlicher Stadtentwicklung darf nicht nur Anliegen planender Verwaltungen der von ihnen beauftragten Fachleute sein. Es kann und muss auch der Politik eine Universalperspektive liefern, von der aus sich mittel- und langfristige Lösungsansätze für weitere, ganz unterschiedlich strukturierte Problemfelder ableiten lassen, die ihrerseits Folge des demographischen Wandels, des Schwindens der Erwerbsarbeit, der wirtschaftlichen Globalisierung und der nationalen und kontinentalen Migrationsströme sind.

Weil staatliche Fürsorge allein weder heute noch in der Zukunft die Vereinbarkeit von Familie und Beruf garantieren wird und öffentliche Institutionen den Eltern die Aufgabe der Erziehung, Bildung und Betreuung ihrer Kinder nicht gänzlich abnehmen können, wird es neue Kooperationsmodelle oder Schnittstellen zwischen staatlichen Institutionen, privatwirtschaftlich organisierten Trägern sozialer beziehungsweise pädagogischer Dienste und bürgerschaftlicher Selbsthilfe geben (müssen).

Die Zeit einer Sozialpolitik von oben, die gewohnt war, Problemen mit einem 'Grand Design' zu Leibe zu rücken, welches etwa wirtschaftliche Wachstumsgewinne mehr oder minder gerecht verteilte, gehört deshalb wohl der Vergangenheit an. In seinem jüngst erschienenen Buch 'Die Stärkung des Sozialen. Leben im neuen Wohlfahrtsstaat'[2] spricht der französische Sozialphilosoph Robert Castel von einer „Krise der organisierten Moderne": Sie erfordere es, etliche staatliche Institutionen zu dezentralisieren und in ein flexibles System lokaler Projekte zu überführen, die vor Ort möglichst individuell und zielgenau ihre Dienste und Integrationsleistungen anbieten und erbringen könnten.

2 Robert Castel: Die Stärkung des Sozialen; Leben im neuen Wohlfahrtsstaat. Hamburger Edition, Hamburg, 2005

Innovation – was heißt das eigentlich im gegebenen Kontext? Empirisch wohl am besten untermauert ist der aktuelle Betreuungsbedarf, der durch gesetzliche Garantien von Kindergartenplätzen formal, aber nicht de facto abgedeckt ist. Zum einen herrscht ein eklatanter Mangel an Krippenplätzen für Kleinkinder im Alter bis zu drei Jahren; zum anderen fehlt es – vor allem im Westen Deutschlands, die ostdeutschen Länder profitieren noch von der vorbildlichen Betreuungsstruktur der untergegangenen DDR – an Einrichtungen mit Öffnungszeiten, die auf die Zeitregie berufstätiger Eltern abgestimmt sind. Insbesondere Berufspendler haben es schwer, ihnen wird es derzeit (noch?) schwer gemacht, für ihre Kinder einen bezahlbaren Kindertagesstätten-Platz am Arbeitsort zu finden. 'Innovative' Einrichtungen für Kinder sind in diesem Zusammenhang allein schon jene, die diesem Bedarf entsprechen – und teilzeitbeschäftigten Eltern nach Bedarf auch individuell gestaltbare Zeitkontingente für die Kinderbetreuung anbieten.

Das ist etwa der Fall beim Kinderhaus 'Junges Gemüse' in Stuttgart-Vaihingen. Es nimmt Kinder schon auf, wenn sie ein halbes Jahr alt sind. Das Haus ist als Quartierszentrum an der Schnittstelle eines bürgerlichen und eines etwas weniger gediegenen Wohngebiets platziert; hier stehen auch Räume für Bürgergruppen zur Verfügung, ein Sozialarbeiter bietet regelmäßig Sprechstunden an. Im Vorgriff auf kommende demographische Umbrüche sorgten die Architekten Laufner + Ernst für ein anpassungsfähiges Raumkonzept: Das Quartierszentrum dient derzeit wegen hoher Nachfrage als Kinderhaus, obwohl hier zunächst auch ein Jugendtreff untergebracht werden sollte; in ein paar Jahren kann es von Senioren genutzt werden. Geöffnet ist die Kindertagesstätte, der eine Mutter-Kind-Einrichtung mit Café angegliedert ist, von 7 bis 18 Uhr. Nach Bedarf können für die Kinderbetreuung flexible Buchungen von 25 Wochenstunden vorgenommen werden. Praktiziert wird hier ein 'offenes' Kinderhauskonzept: Es gibt keine Gruppen, jeder spielt mit wem und wo er mag. Der Träger steht dem 'organisierten und inszenierten Kinderleben' sehr kritisch gegenüber, möchte seinen Schützlingen möglichst große Freiräume lassen und so die Selbstständigkeit der Kinder fördern.

Mit der Architektur des Hauses haben sich die ErzieherInnen nur begrenzt angefreundet. Man bemängelt die Empfindlichkeit der keramischen Wandverkleidungen, die nicht

Quartierszentrum Lauchäcker/Kinderhaus 'Junges Gemüse' in Stuttgart-Vaihingen. Architekten: Laufner + Ernst

geeignet sind für die Applikation kita-typischer Bilder und Wandzeitungen. Es gebe zu wenig Toiletten und überdies klimatische Probleme durch zu geringe Dachüberstände, große Glasfassaden und Oberlichter sowie unzureichenden Sonnenschutz. Zur unkomplizierten Nutzung einer bei den Kindern sehr beliebten Fluchtrutsche musste außerdem eine Kletterstiege nachgerüstet werden, gegen die sich die Architekten aus Gründen der Ästhetik lange wehrten: Mitsprache war hier (k)ein Thema.

In Ostdeutschland sind Öffnungszeiten wie die der Magdeburger Tagesstätte 'Kinderland' nichts Ungewöhnliches: Diese Einrichtung, deren Besonderheit die gemeinsame Betreuung behinderter und nichtbehinderter Kinder von null bis sechs Jahren ist, öffnet um sechs Uhr ihre Pforten und schließt um 17 Uhr. 'Kinderland' liegt in Magdeburg-Nord inmitten einer Plattenbausiedlung aus den 1970er Jahren. Im Jahr 2002 wurden umfangreiche Sanierungs- und Umbauarbeiten abgeschlossen. Seitdem betreut man dort 123 Kinder: 48 Krippenkinder (0 bis 3 Jahre) und 75 Kinder im Alter zwischen vier und sechs Jahren; rund ein Drittel davon sind körperlich und/oder geistig behindert beziehungsweise verzögert in ihrer Entwicklung. Die Frühförderung der behinderten Kinder mit der zugeordneten Beratungsstelle wurde Mitte des Jahres 2005 organisatorisch von der Kindertagesstätte getrennt, die in freie Trägerschaft überwechselte; damit soll

Integrative Kindertagesstätte 'Kinderland' in Magdeburg vor und nach der Sanierung. Architekt: DT Bauplanungsbüro, Dipl.-Ing. Uwe Diederich, Magdeburg

die Arbeit in der Kindertagesstätte freier gestaltet, die Eltern stärker in den Alltag der Einrichtung eingebunden und die Gemeinwesenarbeit intensiviert werden.

Ohnehin gestaltete sich die Zusammenarbeit zwischen 'Kinderland' und den Eltern auch bisher schon intensiver als in anderen Einrichtungen üblich: Eltern behinderter Kinder benötigen mehr Unterstützung, mehr Beratung, mehr Entlastung. Im 'Kinderland' ist es üblich, dass Eltern sich für die praktische Mitarbeit im Alltag, bei Projekten, Freizeiten und natürlich auch bei Festen, Flohmärkten et cetera zur Verfügung stellen.

Innovative Ansätze in der Arbeit von Kindergärten gibt es auch vor dem Hintergrund des ebenfalls empirisch gut belegten Bildungsnotstands in Deutschland – Stichwort PISA –, der eine Antwort nicht alleine in einer modifizierten Schulpraxis finden kann, sondern auch neue, intelligente Lösungsansätze in der Vorschulerziehung erfordert. Eine bessere Verzahnung von Kindergarten und Grundschule ist vor allem im Hinblick auf die Ausbildung sprachlicher Kompetenzen der Kinder von Bedeutung; das betrifft nicht nur, aber vor allem Kinder aus Migrantenfamilien, die zu Hause kaum oder gar

Christian Marquart

nicht mit der deutschen Sprache in Berührung kommen und deshalb nach der Einschulung große Schwierigkeiten haben, sich im Unterricht zu behaupten.

Mit Recht allerdings wehren sich die ErzieherInnen von Kindergärten und Kindertagesstätten gegen eine eindimensionale 'Pädagogisierung' von Vorschuleinrichtungen in dem Sinne, schulische Lernangebote zeitlich einfach vorzuziehen und dabei auch gleich mit der linken Hand Methoden der Schulpädagogik zu adaptieren. Sie sehen die Lernpotenziale der vorschulischen Einrichtungen eher in der Chance, Kindern altersgerechte und anregende Erfahrungsräume anzubieten – und damit gleichzeitig vielfältige Möglichkeiten, das kindliche Selbstbewusstsein zu stärken und ihre Schützlinge Neugier, Kreativität, Offenheit, Toleranz und Konfliktfähigkeit entwickeln zu lassen. Vorschulerziehung in diesem Sinn kann dann auch heißen, Kinder aus der hermetischen Enge ethnisch-familialer Milieus zeitweise herauszulösen und mit alltagskulturellen Alternativen und anderen Lebensformen bekannt und vertraut zu machen.

In besonders ausgeprägter Weise geschieht dies in Kaufbeuren im städtischen Kindergarten 'Am Sonneneck'. Diese Einrichtungen bringt sich immer wieder mit intelligenten Konzepten ins Gespräch – bis in die überregionale Presse. 'Am Sonneneck' können die Kinder sich gleich mit mehreren Fremdsprachen vertraut machen. Der Leitung gelingt es regelmäßig, einige 'native speaker' für einen spielerischen Unterricht ohne jeden Leistungsdruck zu gewinnen; oft Kindergartenmütter italienischer, französischer oder englischer Herkunft. Diese Lehrkräfte bemühen sich außerdem, den Kindern parallel zum Sprachunterricht noch einiges von der Kultur des Landes zu vermitteln, aus dem sie kommen. Gleiches tun Mitarbeiterinnen des Teams, deren Herkunft und Muttersprache eine andere ist. Selbst in Vorlesestunden werden die Kinder mit dem Klang fremder Idiome und deutscher Dialekte vertraut gemacht: Sie hören den Text eines Buches in vielen – bis zu zwanzig – gesprochenen Varianten.

Städtischer Kindergarten 'Am Sonneneck' in Kaufbeuren: Bauecke, Garderobe und Computerturm.
Links: Kindergarten mit Anbau und Eingangsseite

Laudomia ist nicht weit. Bauen für Kinder heißt Bauen für alle

Die geradezu kosmopolitische Ausrichtung des Kindergartens spiegelt sich wider in einem seit Jahren laufenden Hilfsprojekt, das dem Auf- und Ausbau eines Kindergartens in den ecuadorianischen Anden gewidmet ist. Die Kinder werden aufgefordert, sich für die Kinder in Südamerika zu engagieren, man sammelt für das Dorf, veranstaltet Tombolas mit eigenem Spielzeug oder verkauft ecuadorianische Handarbeiten, die im Gegenstrom nach Kaufbeuren gelangen. Natürlich interessieren sich die Kinder für das Land unter den Vulkanen und ihre 'Schützlinge' und werden von den Erzieherinnen auf dem laufenden gehalten. Das Erziehungskonzept 'Am Sonneneck' ist keineswegs einseitig; es gibt eine Vielzahl nicht weniger wichtiger Angebote, die nur nicht so öffentlichkeitswirksam sind. Vieles stützt sich auf das Engagement und die Mitarbeit von Eltern und Großeltern – und vieles wird künftig schwieriger werden, weil die Kommune diesem Kindergarten nach der Fertigstellung eines Neubaus eine Schrumpfkur verordnet hat. Der Altbau, den die Erzieherinnen mehr schätzten als das neue Haus in Holzbauweise, wurde nach einer Phase der Nutzung beider Häuser abgerissen. Nun fehlt es an Platz für all die vielen Angebote. Die Leiterin wird wohl für die Kinder eine Art Numerus Clausus einführen müssen – oder die müssen während der Aktivitäten sehr hartnäckig stillhalten und eng beieinander sitzen.

Lässt man die Praxis interessanter Kindergartenprojekte Revue passieren, so gewinnt man den Eindruck, dass die derzeit vielbeschworene 'Erziehungspartnerschaft' von Kindergarten und Elternhaus – die dem nicht minder oft thematisierten 'Erziehungsnotstand' in Deutschland abhelfen soll – eher ein Nebenprodukt engagierter Kindergartenarbeit ist: überzeugt sie die Eltern, aktiviert sie jene auch und bindet sie zwanglos in den alltäglichen Betrieb mit ein. Vorreiter dieser Entwicklung waren in Deutschland Eltern- und Selbsthilfe-Initiativen, die sich meist aus urbanen Milieus mit gutbürgerlichem Hintergrund herausbildeten und 'Kinderläden' gründeten. 'Progressiv' denkende Eltern und Pädagogen bauten – oft in kritischer Distanz zu überkommenen Konzepten der Frühpädagogik und Kinderbetreuung – diese alternativen Einrichtungen in Eigenregie auf. Viele von ihnen werden seither recht erfolgreich betrieben – meist in Selbstverwaltung, aber mehr und mehr mit professionellem Anspruch.

Diese Projekte bildeten über lange Jahre hinweg ein Experimentierfeld, das vielfältige Hinweise für die Hypothese lieferte, dass eine enge(re) Zusammenarbeit von Eltern und ErzieherInnen nicht nur für die Kinder von Vorteil ist, sondern auch positiv auf die Familien, die Arbeit der Profis und das Selbstverständnis aller Beteiligten zurückwirken kann. Wesentlich gestützt wurde diese Annahme durch das praktische Vorbild jener britischen 'Early Excellence Centers', die in Kindergärten eingerichtet wurden mit dem Ziel, Eltern und vorzugsweise Mütter in den Kindergartenalltag mit einzubinden und ihnen gleichzeitig nützliche Lernangebote zu machen.

Mittlerweile sind all diese Erfahrungen Gegenstand von Fachdebatten auch in Deutschland geworden. 'Die Kindertagesstätte auf dem Weg zum Familienzentrum' titelte die Zeitschrift 'Parität inform', das Verbandsmagazin des Deutschen Paritätischen Wohlfahrtsverbands in Baden-Württemberg Anfang des Jahres 2005. Die Titelgeschichte informierte anlässlich einer Fachtagung über ein Projekt mit dem sperrigen Titel 'Stärkung der Erziehungskraft der Familie durch und über den Kindergarten'. Konkret geht es bei dem Projekt darum, Kindertagesstätten in Anlehnung an britische Vorbilder eine neue Rolle zuzuweisen: Sie sollen die Familien, aus denen ihre Kinder kommen, stadtteil-, quartiers- und milieubezogen unterstützen und beraten, dabei auch 'niedrigschwellige' Bildungs- und Freizeitangebote für Eltern und Familien organisieren. Kurz – über die Öffnung der Institution in die Lebenswelt von Jung und Alt soll vor allem der Erfahrungs- und Lernhorizont von Kindern, aber auch der ihrer Eltern erweitert werden.

Implantiert man solche 'progressiven' Kita-Konzepte, die gleichzeitig das Potenzial eines urbanen Quartierszentrums haben, in vorstädtische Viertel gutbürgerlichen Zuschnitts und ohne ausgeprägtes multikulturelles Profil, kann leicht ein Teil der darin enthaltenen Dynamik verpuffen. Die Kindertagesstätte Hohe Straße in Frankfurt, gebaut vom Stadtschulamt und getragen von der Frankfurter 'Lehrerkooperative', wird nicht nur von Kindern im Alter zwischen ein und zehn oder elf Jahren genutzt; es finden dort auch Yoga-, Kochkurse et cetera für Erwachsene statt. Nur nicht mehr am Wochenende – aus Rücksicht auf protestierende Anwohner, für die das Haus ja unter anderem auch gebaut wurde. Die Kita (auch) als 'Elternschule', die Individuen und Gruppen für die Mitarbeit in den Einrichtungen gewinnt; die zu eigenständigen Aktivitäten anregt und sie in ihrer Funktion als Quartierszentrum (allein oder im Verbund mit anderen Einrichtungen) stärker in die Gesellschaft einbindet – das wäre gleichwohl der exemplarische Fall einer modernen, lokal verankerten, vernetzten und flexibilisierten Integrationsagentur, die im Sinne Robert Castels Baustein einer neuen Chancenpolitik sein könnte: ein Investment diesseits jener konsumtiven Leistungstransfers, die der 'alte' Wohlfahrtsstaat mangels Ressourcen in Zukunft nur noch begrenzt bereitstellen kann.

Ob Kindertagesstätten diese Rolle wirklich übernehmen können, hängt natürlich ganz entscheidend vom Umfang ihrer räumlichen, finanziellen und personellen Ressourcen, von der Ausbildung des jeweiligen Fachpersonals und von dessen Engagement ab. Das Team muss bereit sein, sich auf eine andere Art von Arbeit einzulassen. Es geht dabei auf längere Sicht keineswegs um Mehrarbeit, aber immerhin um die Bereitschaft zur Weiterbildung, zu verstärkter Kooperation mit 'externen' Partnern und zur Akzeptanz neuer Rollenbilder, die auch Organisations- und Führungsqualitäten erfordern.

Vielfältige Schnittstellenprobleme tauchen auf und sind zu bewältigen, die es in traditionellen, 'isoliert' arbeitenden Kindergärten nicht gibt: 'Fachkräfte' haben es plötzlich mit ehrenamtlich arbeitenden 'Laien' zu tun, die nicht nur auf Zuruf Dinge erledigen, sondern auch mitgestalten wollen. Aufgaben und Kompetenzen sind neu zu organisieren, ohne dass durch die Integration externer (eben auch ehrenamtlicher) Mitarbeiter die Expertise oder gar der Personalschlüssel des Fachpersonals in Frage gestellt würde. Erweiterte Angebote sind zielgruppengerecht für die Einrichtung zu entwickeln und räumlich wie zeitlich störungsfrei zu integrieren. Die größte Herausforderung schließlich: all das soll sich nicht nur als Addition von Kern- und Zusatzangeboten darstellen, sondern als schlüssig ineinandergreifendes Konzept. Denn Kinder sollen auch in Familien- beziehungsweise Stadtteilzentren nicht von Lernangebot zu Lernangebot gehetzt werden – ihre 'Bildung' formt sich wesentlich in erfahrungsgesteuerter Eigenleistung, die Zeit braucht für Reflexion und selbstgeschaffene Kontexte.

Eine Untersuchung des Nürnberger Instituts für soziale und kulturelle Arbeit, die 2004 im Auftrag des Bundesfamilienministeriums entstand, konstatiert nüchtern, dass die Mehrzahl innovativer Kindergartenprojekte, die wesentlich von der Kooperation von Fachkräften und engagierten Laien profitieren, nicht auf Betreiben der Erzieher-Teams, sondern auf externe Initiativen hin entstanden sind.[3] Die weithin propagierte Zusammenarbeit professioneller Erzieher und ehrenamtlicher Mitarbeiter – seien das nun Eltern, Großeltern oder Fremde – formuliere deshalb einen Anspruch, der inhaltlich bei weitem noch nicht eingelöst sei. Die Studie führt eine Reihe von Gründen dafür an:
- Es gebe einen deutlichen Vorbehalt von ErzieherInnen gegenüber fachlicher Einmischung der Eltern.
- Das Fachpersonal befürchte die Konkurrenz systematisch integrierter ehrenamtlicher Mitarbeiter.
- ErzieherInnen sähen oft keine Notwendigkeit, ihre Einrichtung gegenüber den Kunden transparent zu machen.

3 Reichtum der Talente – Ehrenamtspool für Kindergärten. Hrsg. BMFSJ, 2004, S. 49

Generationenhaus West, Stuttgart. Architekten: Kohlhoff + Kohlhoff

- Die Ausbildung von ErzieherInnen bereite diese nicht auf das Management freiwilliger Kräfte vor.
- Die von den Bundesländern erlassenen Kindergartengesetze sähen mit einer Ausnahme – Brandenburg – die Mitarbeit Ehrenamtlicher nicht ausdrücklich (genug) vor.
- Die Verwaltungspraxis in Kommunen neige dazu, das Kooperationsmodell Fachkräfte/Ehrenamtliche ausschließlich aus der Perspektive von Personalschlüsseln und Einsparungschancen wahrzunehmen.
- 'Erziehungspartnerschaft' bedürfe klarer Konzepte und Strukturen, die es als Standards noch nicht gebe

Vor diesem Hintergrund wirkt die Entstehungsgeschichte und Arbeitsbilanz des Stuttgarter 'Generationenhauses West' nahezu märchenhaft: Ein ganzes Bündel glücklicher Umstände musste zusammenkommen, damit dieses Stadtteilzentrum im dicht bebauten, gründerzeitlich geprägten Stuttgarter Westen nicht nur als ansprechende und funktionierende Architektur entstehen konnte, sondern auch noch auf kreative und innovative Weise betrieben wurde.

Der Beginn wirkt in der Rückschau eher peinlich. Viele Jahre waren eine kommunale Kindertagesstätte und ein Mütterhaus im Stuttgarter Westen in zwei benachbarten, maroden Gebäuden der Ludwigstrasse untergebracht. Die wohlhabende Kommune konnte sich aber nicht entschließen, selbst die nötigen Mittel für eine Sanierung bereitzustellen. Die Suche nach Investoren scheiterte. Gabriele Müller-Trimbusch, Sozialdezernentin der Stadt Stuttgart, fragte deshalb 1997 bei den Testamentsvollstreckern der großzügig ausgestatteten Rudolf Schmid und Herrmann Schmid Stiftung an, ob diese sich entschließen könnten, Geld am besten gleich für einen Neubau mit sozialen Funktionen zu stiften. Die Testamentsvollstrecker stimmten zu unter der Bedingung, es müsse dann – wie von den Stiftern testamentarisch verfügt – auch eine Altenwohnanlage in das Projekt integriert werden; und es müsse ein 'innovativ gestaltetes Bauwerk' werden. Rund 20 Millionen wollte die Stiftung dafür ausgeben

Somit war die Idee eines generationenübergreifenden Hauskonzepts geboren. Aber es fehlte noch die Kontur – sowohl strukturell wie planerisch. Vier Organisationen sollten hier zusammenfinden und -arbeiten: der städtische Kinderhort, der Träger einer Altenwohnanlage mit 20 Appartements, der im Stuttgarter Westen aktive Verein 'Freie Altenarbeit' und das 'Eltern-Kind-Zentrum', ein Familien-Selbsthilfeprojekt. „Kinder, Jugendliche, Eltern und alte Menschen sollen hier miteinander kommunizieren und voneinander lernen können", wünschte sich die Sozialdezernentin: „Darüber hinaus ist aber auch ein Haus erwünscht, das sich gegenüber Initiativen, Vereinen, Institutionen und Familien aus dem Stadtbezirk Stuttgart-West öffnet." Aus diesem Anspruch heraus folgte fast zwingend die Entscheidung, die künftigen Partner eng in die Planung einzubinden: Partizipation wurde Programm, und keiner war so recht darauf vorbereitet: nicht das Hochbauamt der Stadt Stuttgart als Bauherr, nicht das Jugendamt als Ansprechpartner der Kindereinrichtungen.

Aus einem europaweiten Bewerbungsverfahren gingen die Stuttgarter Architekten Kohlhoff & Kohlhoff siegreich hervor. Es begann ein ungewöhnlich intensiver Diskurs zwischen allen Beteiligten. Die Konfliktlinien verliefen zunächst wohl wesentlich zwischen der Fraktion des Öffentlichen Dienstes (Ämter und kommunale Kita) und den Vertretern der Selbsthilfegruppe. Später resümierte die Leiterin der Kindertagesstätte: „Was ich in diesem Prozess gelernt habe, ist, dass man nicht an einer Ecke etwas neues haben kann, ohne dass es sich auch auf andere Felder auswirkt. Ein offenes Haus funktioniert nicht ohne Selbstverwaltung, und Selbstverwaltung erfordert andere öffentliche Verwaltungsstrukturen und andere Förderrichtlinien. Man kann nicht sagen, man will soziale Innovation, aber ansonsten soll sich nichts ändern."

Christian Marquart

Verändern durfte sich manches in diesem Verfahren – aber hätte es sich ändern dürfen ohne die vielen Millionen der Stifter? Heute hat der Ruhm des Projekts das Experiment beglaubigt und die Akteure gewissermaßen unantastbar gemacht. Dabei stellt sich durchaus die Frage, ob wirklich alle Routinen des Generationenhauses West den ursprünglichen Zielen noch entsprechen – und ob das erfolgreiche Modell sich ohne große Umstände replizieren ließe.

Mancher Bewohner der Altenwohnungen stört sich, wie Eingeweihte berichten, an der erzwungenen Wohngemeinschaft, die sich aus der gemeinsamen Nutzung jener Wohnküchen ergibt, die je zwei Appartements zusammenschaltet. Sie leiden auch unter der sommerlichen Überhitzung der verglasten Laubengänge an der straßenseitigen Fassade des Hauses.

Das im Grunde aufregendste Moment des Konzepts – der zwanglose Dialog zwischen den Generationen – kommt ohne die animatorischen und organisatorischen Anstrengungen der Betreuer nicht zum Tragen. Die Auswahl der Senioren erfolgt nicht nach dem Kriterium eines gesteigerten Interesses an Kindern. „Man verbaut sich etwas, wenn man Erwartungen und Anforderungen zu explizit formuliert", sagt die Koordinatorin des Wohlfahrtswerks für Baden-Württemberg, die sich um die Belegung der Altenwohnungen kümmert. Dennoch – eine der alten Damen im Hause ist schon jetzt, einige Jahre nach ihrem Einzug, eine Legende: Sie lernte noch mal richtig Deutsch, um ein wenig als 'Tagesmutter' tätig sein zu können.

Die 'Freie Altenarbeit' betreibt im Generationenhaus nur ihr Büro. Die Kindertagesstätte und das Eltern-Kind-Zentrum sind das eigentliche Rückgrat des Hauses. Sie belegen gemeinsam die unteren Geschosse. Hier wird für Betrieb gesorgt, in der Küche gekocht, im Café serviert, der Seminar- und Veranstaltungsbetrieb entworfen und organisiert: die Kindertagesstätte ist für das 'normale' Betreuungsangebot zuständig, das Eltern-Kind-Zentrum für flexible Kinderbetreuung auch in Notfällen und 'Platz-Sharing'. Ein Second-Hand-Shop ergänzt das Angebot.

Der große Erfolg des Generationenhauses: die Akzeptanz im Quartier, seine Zentrumsfunktionen. Viele (fast) ehrenamtliche Mitarbeiter werden durch den Respekt und die Wertschätzung, die sie erfahren, motiviert. Und die Trägerorganisationen sind mit der Architektur des Hauses restlos zufrieden: ohne die Beteiligung der Nutzer in der Planungsphase würde heute alles nicht so gut funktionieren, sagen sie. Tatsächlich werden derzeit am Stuttgarter Generationenhaus Heslach – auch ein paralleles Stiftungsprojekt der Rudolf Schmid und Herrmann Schmid Stiftung – größere Umbauten geplant, die daraus resultieren, dass dessen Nutzer keine Gelegenheit hatten, gemeinsam mit den Architekten zu planen.

Dieser Befund wird bestätigt durch eine sorgfältig recherchierte Diplomarbeit an der Architekturfakultät der Universität Stuttgart (2005). Die Autorin Constanze Möstle weist in einer 'Post-Occupancy Evaluation' von Wohngebäuden, die seitens der Architektenkammern und des Bundes Deutscher Architekten (BDA) mit Preisen und Anerkennungen ausgezeichnet wurden, nach, dass „die Nutzerperspektive in der Planung der Architekten noch immer stark vernachlässigt wird."[4] Will sagen, die von ihr ausgewählten Untersuchungsobjekte schnitten bei den Nutzern sehr viel schlechter ab. Skepsis ist also am Platz bei allen Medaillen und Preisen in der Architektur, die – anders als im Rahmen dieses Wüstenrot Gestaltungspreises – ohne genauere Prüfung und Analyse der Objekte vergeben werden!

Generationenhaus West, Stuttgart

4 Constanze Mästle: Verdichtete Wohnformen und ihre Akzeptanz bei den Bewohnern; Eine Gebäudeevaluation aus der Nutzerperspektive. Diplomarbeit im Institut für Wohnen und Entwerfen, Universität Stuttgart, 2005, S. 128

3

Internationale Entwicklungen

Das Beispiel Finnland:
Die Kleinen als Herausforderung

Tarja Nurmi

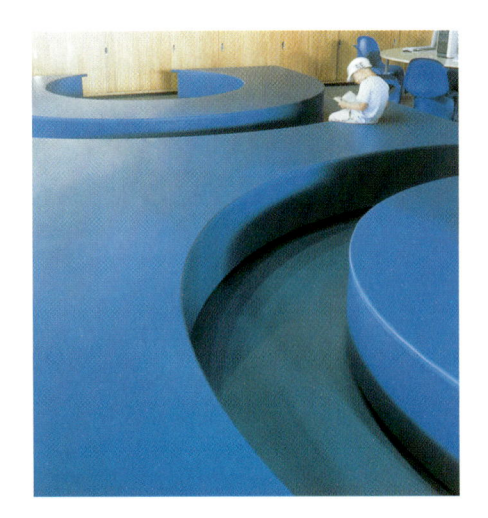

Die Möbel für die Kindertagesstätte und das Schulzentrum in Kuoppanummi wurden eigens für dieses Gebäude entwickelt. Innenarchitektur und Möbelentwürfe: Architekten Meskanen & Pursiainen

„Dort braucht man nicht immer an Muttis Rockzipfel zu hängen. Und Eis gibt´s auch!" Kommentar eines finnischen Jungen zu der Frage, was ihm an der Kindertagesstätte gut gefällt.

Finnland strebt in den letzten Jahrzehnten danach, sich um die eigenen Kinder und Jugendlichen zu kümmern und zwar in einer Art, die international positive Beachtung findet. Die nordische Gesellschaft ist weitgehend gleichberechtigt, und insbesondere die Frauen nehmen seit Ende des Zweiten Weltkrieges am Arbeitsleben teil. Sie haben sowohl eine eigene Karriere als auch eigene Kinder.

Dem alltäglichen Umfeld wird schon seit Jahrzehnten besondere Aufmerksamkeit gewidmet. Ein Aspekt bei der Gestaltung der berühmten Gartenstadt Tapiola war die Idee, den Kindern eine bessere Umgebung zum Aufwachsen zu bieten. Seine neuen Gedanken stellte Heikki von Hertzen unter dem Titel seines programmatischen Buches 'Heim oder Kaserne für unsere Kinder' vor, das im Jahr 1946 vom Bevölkerungsverbund (Väestöliitto) veröffentlicht wurde. Bei der Planung Tapiolas wurden die Bedürfnisse der heranwachsenden Generation beispielhaft berücksichtigt. Die gesamte Gartenstadt mit ihrer natürlichen Umgebung und die durch Landschaftsplaner gestalteten Park- und Gartenanlagen waren lange Zeit das Besuchsziel internationaler Fachleute.

Finnische Architekten wie Alvar Aalto und vor allem auch seine Frau Aino Aalto gehörten zu den ersten Planern, die sich Gedanken über die Umgebung der Kinder machten; und das Einrichtungshaus Artek fertigte speziell für Kinder dimensionierte Möbel, die unter anderem in den Schulen Verwendung fanden. Diese werden heute immer noch produziert.

Bereits vor Tapiola wurde in Helsinki im Jahr 1946 das beachtenswerte Kinderkrankenhaus Lastenlinna (Kinderburg) von der Architektin Elsi Borg entworfen. Der später zur Position des Archiaters aufgestiegene Kinderarzt Arvo Ylppö plädierte als Vertreter der Ärzte für eine besondere gesundheitliche Versorgung der Kinder. Ein landesweites Beratungsnetz – auch international einmalig – wurde geschaffen.

Dass Frauen berufliche Karriere und Familie miteinander verbinden, wurde in Finnland allgemein akzeptiert, wenngleich politisch konservativ orientierte Kreise dazu zeitweise abweichende Meinungen äußerten. Noch Anfang der 1990er Jahre, während der Wirtschaftskrise, wurden die Stimmen lauter, die forderten, dass die Frauen zu Hause bleiben sollten; sie fanden jedoch kein nennenswertes Gehör. Die 2000er Jahre, mit ihrer schnell wohlhabend gewordenen sozialen Oberschicht, brachten die Idee mit sich, dass eine privat geregelte Tagesbetreuung für die Kinder der Wohlhabenden eine bessere Alternative zu den traditionell kommunal gesteuerten Kindertagesstätten darstellen könnte. Die Meinungsunterschiede in der finnischen Gesellschaft sind aber nicht so gross, dass die gewohnte, gut organisierte Tagesbetreuung als nicht kindgemäß in Frage gestellt wurde, doch hat die neue Denkweise zum Entstehen privater Kindertagesstätten geführt, die sich zum Beispiel auf kreative Aktivitäten oder auf Erlernen einer Fremdsprache stützen. Die in Finnland übliche öffentliche Förderung ermöglicht es den Eltern ebenso, ihre Kinder zu Hause zu erziehen und zu betreuen. Mit seinen vielfältigen Alternativen gewinnt das finnische System auch auf internationaler Ebene Anerkennung.

Der Lebensstandard und Wohlstand Finnlands basiert vorwiegend auf der Teilnahme von Männern und Frauen am Arbeitsleben. Dies bedingt das Organisieren einer qualitativ hochwertigen und ausreichenden Tagesbetreuung. Im heutigen Finnland ist die Tagesbetreuung ein fester Bestandteil der finnischen Gesellschaft und die Kindertagesstätten sind ein Teil der finnischen Ansiedlungen.

Das Gesetz aus dem Jahr 1973

Die Tagesbetreuung der Kinder und die öffentliche Früherziehung sind im Gesetz als Sozialdienste festgeschrieben worden und unterliegen damit der Steuerung und Verantwortung des Sozial- und Gesundheitsministeriums. Die finnischen Kommunen verfügen allerdings über eine relativ selbstständige Entscheidungsfreiheit in Angelegenheiten auf kommunaler Ebene.

Die Gesetzgebung bezüglich der Tagesbetreuung samt ihren Paragraphen stammt aus dem Jahr 1973. Die neueste Änderung erfolgte in den letzten Jahren nach Inkrafttreten des so genannten subjektiven Tagesbetreuungsrechtes. Dieses besagt, dass jedes Kind im Vorschulalter Anspruch auf eine Tagesbetreuungsstelle hat, egal ob die Eltern berufstätig, in Ausbildung (Studenten) oder zu Hause sind, um sich eventuell um ein noch kleineres Kind zu kümmern. Für die Organisation der Tagesbetreuung ist die Kommune zuständig. Das Gesetz gibt einen Mindestgebührensatz vor; die Höhe der Tagesbetreuungsgebühr ist überregional geregelt. Entscheidungen über Teiltagesbetreuung oder ähnliches können die Kommunen selbstständig treffen. Neben den kommunalen Kindertagesstätten gibt es auch Kindertagesstätten auf gebührenpflichtiger Dienstleistungsbasis wie auch private Einrichtungen. Unter die Sondereinrichtungen fällt die für Allergiker bestimmte Tagesstätte in Helsinki mit dem amüsanten Namen Histamin.

Alle finnischen Kinder haben das Recht auf einen Kindertagesstättenplatz in einer Umgebung, in der sachgemäß ausgebildete Mitarbeiter sich um sie kümmern. Dieser gesetzliche Anspruch hat zusätzliche Herausforderungen mit sich gebracht, zum Beispiel Einrichtungen, die rund um die Uhr geöffnet sind.

Über die Hälfte der null- bis sechsjährigen Kinder in Finnland nimmt an der kommunalen Früherziehung teil und von den sechsjährigen Kindern genießen 96 Prozent den Vorschulunterricht. Laut dem schwedischen Forschungsbericht 'Framtiden blev vår; 101 sjuttiotalister följda under sina 25 första år' von Bengt-Erik Andersson und Kerstin Strander waren die Kinder, die ab einem Alter von weniger als einem Jahr in einer Tagesstätte betreut wurden, im späteren Leben erfolgreicher als die Kinder, die ausschließlich

Möbelklassiker für Kinder von Artek in der Kindertagesstätte Savotta in Helsinki.

zu Hause versorgt wurden. Auch in der Schule hatten sie mehr Erfolg, und die Anpassung an das Schulleben bereitete ihnen kaum Schwierigkeiten. Die Schlussfolgerung daraus ist, dass eine frühe und gute Betreuung außerhalb des Elternhauses einem Kind die besseren Chancen für Erfolg im Leben und die dafür erforderlichen sozialen Kompetenzen gibt.

Voraussetzung ist natürlich, dass die Betreuung unter der Verantwortung von fachkundig ausgebildetem und zahlenmäßig ausreichendem Personal steht und dass sie in einer sachgemäßen Umgebung stattfindet. Die zur Verfügung stehenden Räumlichkeiten sollten nicht nur zweckmäßig und sicher sein, sondern auch eine zum Erreichen der Erziehungsziele fördernde Wirkung haben. Sowohl in Schweden als auch in anderen Ländern fanden viele Forschungen zu diesem Thema statt, die dies bestätigen.

Die erwähnte, relativ neue Studie von Andersson und Strander weist nach, dass die Tagesbetreuung außerhalb des eigenen Heimes eine bessere Alternative gegenüber dem Zu-Hause-Bleiben zu zweit mit einem Elternteil oder einer Aufsichtsperson ist; natürlich unter der Voraussetzung, dass die Tagesbetreuung qualitativ hochwertig ist. Die hohe Qualität zeigt sich zum Beispiel in einer kleinen Gruppengröße, einer ausreichenden Anzahl von kompetenten Betreuern pro Kind, einer nicht-autoritären pädagogischen Einstellung und einer sicheren, sauberen und anregenden Umgebung. In einer solchen gut gestalteten Umgebung werden der Wortschatz, die Konzentrationsfähigkeit und die Gedächtnisfunktion der Kinder gefördert und es fällt ihnen leichter, sich in unterschiedlichen Lebenssituationen zurecht zu finden. Das bedeutet selbstverständlich auch, dass bei der Planung der Kindertagesstätten möglichst gute, in diesem Aufgabenfeld kundige Architekten während des gesamten Bauprozesses ein offenes Gespräch mit den Mitarbeitern der Kindertagesstätten führen können.

Früher war die staatliche Förderung für neue finnische Kindertagesstätten an die Bedingungen geknüpft, dass die Einrichtung über das von der Sozialverwaltung vorgeschriebene Personal, die geeigneten Räumlichkeiten mit zweckmäßiger Einrichtung und die erforderliche Ausstattung verfügen muss. Die Schulung der Kindergartenlehrer erfolgt seit langem auf Universitätsebene und die pädagogischen Ziele sind hoch gesteckt. Die Horte sind also nicht Orte, wo die Kinder für einige Stunden aufgehoben werden, sondern es sind Häuser, in denen sie einen ganzen Tag mit allen dazugehörenden Aktivitäten wie kreatives Spielen, Ausflüge und Schlafpausen verbringen können.

Leider wurden in den letzten Jahren die einheitlichen Planungsvorschriften, die einen Mindeststandard garantierten und die noch in den 1980er Jahren einzuhalten waren, aufgehoben. An der Ausarbeitung dieser Bestimmungen war die Architektin Kirsti Nordin, die auch selbst Kindertagesstätten plante, beteiligt. Die heutige Situation hat dazu geführt, dass die Kindertagesstätten im Vergleich untereinander sehr unterschiedlich abschneiden und mehr als 70 Prozent der Kommunen sich wieder einheitliche Planungsrichtlinien wünschen. Zum Beispiel reicht der Raumstandard für ein Kind je nach Objekt von 1,2 bis 12,1 Quadratmeter, unterscheidet sich also um das Zehnfache. Die Wettbewerbsausschreibungen sowie die Wirtschaftlichkeitsanforderungen brachten Unternehmen hervor, die ihre Planungs- und Bauausführungsarbeiten zu einem möglichst niedrigen Tarif anbieten. Ein unerfahrener oder nicht sachkundiger Bauherr trifft seine Entscheidung leicht aufgrund eines möglichst niedrigen Preises, übersieht dabei aber die Qualität oder Zielsetzung. Durch das Fehlen einheitlicher Planungsstandards können sogar wichtige Räume wie Turnhallen, die in dem nördlichen Klima sinnvoll sind, dem Raumprogramm zum Opfer fallen. Außerdem ist es üblich geworden, auch unter den Dienstleistungsanbietern der Kindertagesstätten einen Wettbewerb auszuschreiben, was nicht unbedingt der gewünschten Betreuungsqualität dienen mag. Über die Verzerrung der Wettbewerbspraxis ist in der Presse seitens der Kommunen und der Eltern, die über den ständigen Austausch des Betreuungspersonals und weitere Maßnahmen besorgt sind, reichlich polemisiert worden. Für die Kinder ist es sicherlich wichtig, dass die bekannten Personen in ihrer Nähe bleiben können.

Neben den in Fachmagazinen vorgestellten, hochgelobten Kindertagesstätten gibt es auch weniger bekannte, gut funktionierende Einrichtungen, die oft bereits einige Jahrzehnte alt sind und die sich nicht mit ihrer Gemütlichkeit oder Zweckmäßigkeit profilieren können. Auch bei einer gut geplanten Kindertagesstätte leidet das Ambiente, wenn zu wenig Mitarbeiter vorhanden oder diese nicht in der Lage sind, in den Räumen eine häusliche, fürsorgliche Atmosphäre zu schaffen. Auf der anderen Seite gelingt es auch in architektonisch sehr bescheidenen Räumen, eine einmalige Atmosphäre zu schaffen. Eine Schlüsselrolle spielt hier die Einstellung der Führungskräfte und des Personals der Kindertagesstätten, und auch die Zusammenarbeit mit den Eltern ist nicht zu vergessen. Im internationalen Vergleich ist das Grundniveau in Finnland auf jeden Fall gut. Laufende Sanierungs- und Neubauvorhaben können jedoch auch nach dem Prinzip des kleinsten gemeinsamen Nenners ausgeführt werden, um sich den Erfordernissen der Marktwirtschaft zu beugen. Sind Bauherr und künftiger Nutzer nicht identisch, kann es bei geplanten und zu bauenden Einrichtungen leicht passieren, dass die Dienstleistungen flächensparend untergebracht werden, in der Hoffnung auf geringere Miet- und Nebenkosten.

Trotz der rückläufigen Entwicklung gibt es in Finnland zahlreiche vorbildliche Kindertagesstätten, die entweder kommunal, auf so genannter entgeltpflichtiger Dienstleistungsbasis oder in privater Hand sind. Gute Beispiele findet man nicht nur in den wohlhabenden Städten, sondern auch in Landkommunen und in kleineren Städten. Es gibt gut gelungene Sanierungen alter Kindertagesstätten und geschickt realisierte Zusammenfügungen alter Bauten zu neuen Einheiten, die dabei teilweise renoviert wurden. Beispiele dazu sind die Tagesstätte Satuvakka (Märchenkorb) in Vuokatti in der Kommune Sotkamo oder die Tagesstätte Käpymetsä (Tannenzapfenwald) in Rovaniemi, bei der ein sehr schlichter Flachbau aus den 1960er Jahren erweitert wurde mit gleichzeitiger Umgestaltung des gesamten Innen- und Außenbereichs.

Die meisten neu errichteten, in ihrer Architektur und Konzeption als beispielhaft geltenden Kindertagesstätten sind in den neuen Stadtteilen des Hauptstadtgürtels und in den Städten mit neu zugewanderter Bevölkerung zu finden. Gute Beispiele gibt es in Kuopio, Oulu und Tampere, und auch in Helsinki mit seinen Nachbarkommunen Espoo und Vantaa.

Kindertagesstätte Rauhalahti in Kuopio. Architekten: Heikki Lamusuo / Sillman, Kuopio

Neue Stadtteile, neue Schulen und neue Kindertagesstätten

Leppävaara, das neue örtliche Zentrum des für seine Technologie bekannten Kernzentrums Espoo, welches wiederum zum Großraum Helsinki gehört, liegt sehr günstig in einem Verkehrsknotenpunkt. In diesem Gebiet sind zahlreiche Kindertagesstätten und Schulen neu errichtet worden. Mit Vuosaari ist in den östlichen Gebieten der Stadt ein neuer Vorort entstanden. Hier findet man interessante Kombinationen von Kindertagesstätten und Schulen, bei denen die Kinder im Fall eines Wechsels von der vertrauten Tagesstätte in die Schule nur einen kurzen Fußweg haben. Eine solche Kombination in Vuosaari ist die Kindertagesstätte Auringonpilkku (Sonnenfleck) mit der in der Nähe befindlichen Schule Aurinkolahti (Sonnenbucht), die als Stahlkonstruktion ausgeführt ist und mit einem Preis ausgezeichnet wurde.

Unweit des neuen Universitätskampus von Helsinki, in Verbindung zu dem ökologischen Forschungsgebiet Viikki, ist eine Kindertagesstätte in unmittelbarer Nähe zu einer großen Grundschule entstanden. Auf diesem Areal gibt es weitere interessante Bauten, die speziell für Kinder neu errichtet wurden.

Der Kindergarten und die Schule von Juvanpuisto in Espoo sind ein aktuelles Beispiel für den Versuch, einer zerstreuten Siedlung ein Aktivitätszentrum zu geben. Der Kindergarten sowie die Einrichtungen der Kindergesundheitsberatungstelle und der Zahnpflege sind alle unter einem Dach untergebracht. Die benachbarte, vielseitig ausgestattete Schule und ihre Umgebung werden von früh bis spät genutzt. In dem Kindergarten befindet sich auch eine Abteilung, in der die Eltern von Kleinkindern einen Teil des Tages verbringen, sich mit anderen Eltern in ähnlicher Lebenssituation treffen und austauschen können. Eine soziale Isolation, wie sie beim Zu-Hause-Bleiben eines Elternteils mit Kind in völlig neuer Umgebung leicht entstehen kann, wird dadurch vermieden.

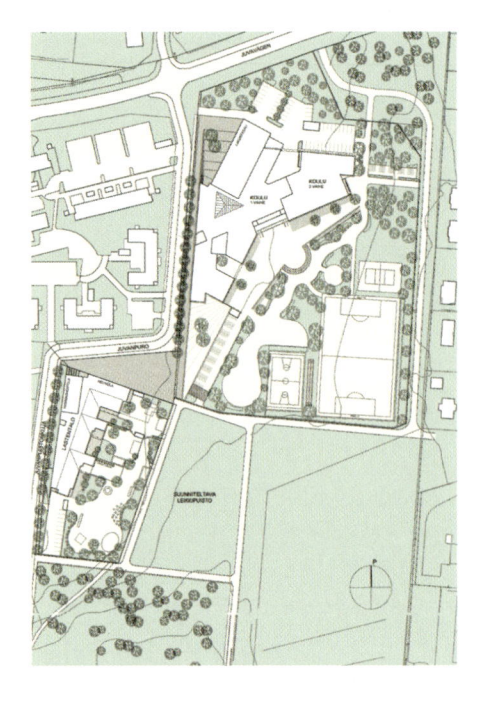

Lageplan und Außenansicht des Kindergartens von Juvanpuisto in Espoo. Die Gruppenräume unterscheiden sich durch verschiedene Fassadenfarben.
Architekten: Kirsti Sivén & Asko Takala Arkkitehdit Oy

Unweit des Hauptstadtgebiets entstehen neue Kleinhaussiedlungen im amerikanischen Stil, die die gewohnte Stadtstruktur auflösen und vermutlich mehr Familien mit Kindern in diese Kommunen locken werden. In Nummela/Vihti entstand ein großer Gesamtschulkomplex, zu dem auch eine Kindertagesstätte und eine Vorschule gehören. Für die sehr gelungene Schule sind eigens Möbel entworfen worden.

In dem noch teilweise unvollendeten, aus dichten Etagenhäusern und niedrigeren Bauten bestehenden Stadtteil Kaakkuri in dem nördlichen Aufschwungzentrum Oulu ist das Schulangebot ebenfalls in einem großen Gebäude konzentriert. Im hintersten Teil befindet sich eine ungewöhnlich geräumige Kindertagesstätte. Auf diese Weise kann der vorhandene Raum später anderweitig genutzt werden, falls der Bedarf an Betreuungsplätzen aufgrund der demographischen Entwicklung der Bevölkerung dieses Bezirks abnehmen sollte.

Neuester Trend ist, die Kindertagesstätten nicht nur für die Bedürfnisse der Kinder zu konzipieren, sondern auch für die abendlichen Aktivitäten und Hobbys der Erwachsenen. Der aus den 1980er Jahren bekannte Kindermaßstab mit ausgeklügelten Spezialfenstern und anderen Feinheiten lässt sich sehr gut auch in groß dimensionierten Kindertagesstätten umsetzen. Die geschulten Mitarbeiter halten winzig kleine Räume nicht für sinnvoll, weil Erwachsene darin arbeiten sollen und die kleinen Räume die Pflege des Hauses aufwendiger machen. In lichtere Räume passt allerlei Lustiges rein, wie Untertreppenräume in Harry-Potter-Art, Emporen und Rutschbahnen sowie nestartige Hohlräume, die von allen Kindern geliebt werden. In der Kindertagesstätte Auringonpilkku in Vuosaari/Helsinki gibt es zum Beispiel einen reizenden Märchenraum mit rundem Grundriss und einer bemalten Sternenhimmel-Decke.

Weil in der heutigen Gesellschaft rund um die Uhr gearbeitet wird, gibt es auch so genannte 24-Stunden-Horte, die vor allem für Eltern in Schicht- oder Nachtarbeit wichtig sind. Vor allem allein Erziehende profitieren davon. Die Ansprüche an diese 24-Stunden-Horte sind zwangsläufig größer. In der Tagesstätte Käpymetsä (Tannenzapfenwald) in Rovaniemi wurde sogar ermöglicht, dass neben den Kindern im Hortalter auch Grundschüler in vertrauter Umgebung übernachten können, wenn Eltern Schichtarbeit leisten müssen. Dafür sind keine Sonderräume notwendig, sondern nur ein Zimmer mit Betten. Das Wichtigste ist die Vermittlung des Gefühls von Geborgenheit und ein gutes Frühstück in einer häuslichen Umgebung. Bei den Renovierungs- und Umbauarbeiten wurde in dieser Tagesstätte sogar eine eigene kleine Badeanstalt in angenehmer Farbgebung mit gefliestem Schwimmbecken, Duschräumen und einer ausreichend großen Sauna eingerichtet. Bei winterlicher Dunkelheit und klirrendem Frost sind eine angenehme Athmosphäre und Geborgenheit besonders willkommen.

Das finnische Klima mit seinen Jahreszeiten hat in allen Gebäuden für Kinder praktische Schmutzflure mit Waschpunkt und Stiefeltrockenraum sowie eine erfinderische Garderobenlösung mit sich gebracht. Dabei gibt es einige recht geschickte Produktentwicklungen zu sehen. In einigen Kindertagesstätten sorgt ein offener Kamin im Hausinneren oder eine Feuerstätte im Außenbereich nicht nur für Zusatzwärme, sondern schafft eine schöne Stimmung in der winterlichen Dunkelheit.

Die Architekten Pihla Meskanen und Olli Pursiainen haben verschiedene Möbel speziell für Kinder entworfen.

Märchen lesen unterm Sternenhimmel in der Kindertagesstätte Auringonpilkku in Vuosaari/Helsinki. Architektin: Kaarina Löfström

Raum zum Trocknen der Stiefel in der Kindertagesstätte Ruusu in Pitäjänmäki/Helsinki. Architekt: Ilkka Tukiainen

Die Kunst und Kindertagesstätten

In vielen Kindertagesstätten in Finnland spielen kreative Aktivitäten eine wichtige Rolle. Die Kinder fertigen gemeinsam Kunstwerke an oder nehmen an Kunstprojekten teil. Das schöne Fresko in der mit einem Preis ausgezeichneten Kindertagesstätte Arkki (Arche) in Vantaa malten die fünf- bis sechsjährigen Kinder selbst.

Blick durchs Atelierfenster in die Halle der Kindertagesstätte Arkki. Das von den Kindern selbst gemalte Fresko stellt einen Baum als Fünfsternehotel dar.

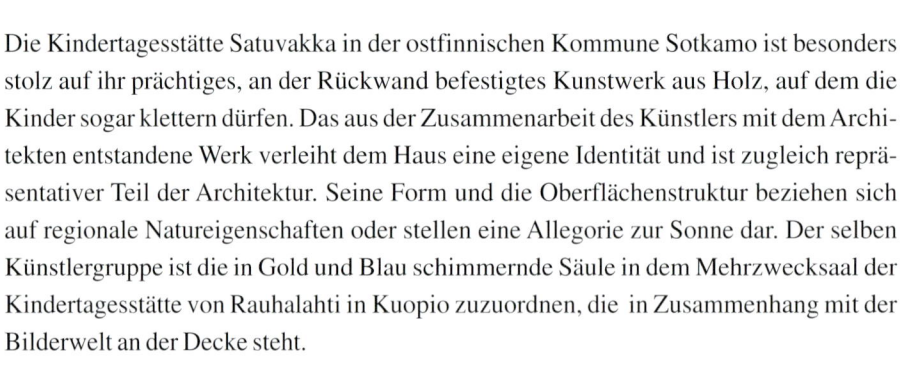

Die Kindertagesstätte Satuvakka in der ostfinnischen Kommune Sotkamo ist besonders stolz auf ihr prächtiges, an der Rückwand befestigtes Kunstwerk aus Holz, auf dem die Kinder sogar klettern dürfen. Das aus der Zusammenarbeit des Künstlers mit dem Architekten entstandene Werk verleiht dem Haus eine eigene Identität und ist zugleich repräsentativer Teil der Architektur. Seine Form und die Oberflächenstruktur beziehen sich auf regionale Natureigenschaften oder stellen eine Allegorie zur Sonne dar. Der selben Künstlergruppe ist die in Gold und Blau schimmernde Säule in dem Mehrzwecksaal der Kindertagesstätte von Rauhalahti in Kuopio zuzuordnen, die in Zusammenhang mit der Bilderwelt an der Decke steht.

Weltsäule in der Tagesstätte in Kuopio von Heikki Lamusuo und Jaana Partanen

Kunstwerk zum Klettern in der Kindertagesstätte Satuvakka in Sotkamo. Entwurf: Heikki Lamusuo und Jaana Partanen

In dem Abenteuerpark Kupittaanpuisto in Turku befinden sich viele nach den Wünschen der Kinder gestaltete Elemente. Die Kinder können sich sowohl im Außenraum als auch im Inneren der zur Parkanlage gehörenden Bauten kreativ betätigen. Sogar anspruchsvollere Kunstwerke können gestaltet werden. Das Gelände bietet unterschiedliche Spielmöglichkeiten, sommerliche Theateraktivitäten, einen Verkehrskindergarten und vieles mehr. Der Abenteuerpark von Kupittaa soll nach und nach ausgebaut werden, und die Kinder können dabei ihre Ideen einbringen. Dem Park ist in ein größeres Freiluft- und Sportareal angegliedert, welches der ganzen Familie ermöglicht, dort gemeinsame Zeit zu verbringen – jeder kann sich mit etwas anderem beschäftigen.

Der Abenteuerpark von Kupittaa in Turku wurde nach den Wünschen der Kinder gestaltet.

Das Beispiel Finnland: Die Kleinen als Herausforderung

Eine beachtenswerte Einrichtung in Finnland ist die mit einem Preis ausgezeichnete Architekturschule für Kinder Arkki (Arche), die von Helsinki aus aktiv ist und in der speziell ausgebildete Mitarbeiter Sommerkurse organisieren. Ebenfalls ausgezeichnet wurde die Architektur- und Landschaftskulturschule Lastu (Span) in der ländlichen Kommune von Lapinlahti in Nord-Savo. Neben dem Unterricht bietet sie Hüttenbaulager an und arbeitet mit den regionalen Kindertagesstätten und Schulen im gesamten Nord-Savo zusammen. Weitere Aktivitäten finden in einer neben einem Landgehöft wieder aufgebauten Grundschule in Blockbauweise statt. Diese Zentren, die sogar Architekturunterricht für Kinder im Vorschulalter anbieten, haben gute Resultate erzielt und helfen den Kindern unterschiedlicher Altersstufen, die Bedeutung ihrer eigenen Umgebung zu verstehen und die verschiedenen Qualitäten wahrzunehmen. Die Schulen spornen die Kinder zum Selbstbauen an, entweder im originalen oder in kleinerem Maßstab. Die für die Aktivitäten gestalteten Räumlichkeiten beider Objekte sind faszinierend und aufregend: Arkki befindet sich in der ehemaligen Kabelfabrik Nokia im Zentrum Helsinkis und Lastu wurde in der traditionellen Landschaft der Region Savo in alten, mit Pietät und Geschmack instandgesetzten Räumen aus Holz untergebracht.

Die gefahrlose nahe Umgebung

Die unmittelbare Umgebung und die Freianlagen von Kindertagesstätten finden heute zunehmend Beachtung. Die bunte Alltagsnutzung hat jedoch auch Außenanlagen mit mangelhaften Zäunen und weiteren der Sicherheit nicht dienlichen Aspekten mit sich gebracht. In der Öffentlichkeit wird zum Teil sogar die Meinung vertreten, dass ein flaches, umzäuntes Grundstück am sichersten sei. Die Feinmotorik eines Kindes lässt sich jedoch nicht auf einer ebenen Grasfläche entwickeln; auch Klettern und Balancieren gehören zum festen Bestandteil des Wachstumsprozesses. Im Idealfall umfasst der Hof auch Naturelemente; ein gutes Beispiel dafür ist das weiträumige Hofareal der Kindertagesstätte Leipuri (Bäcker) in Myllypuro/Helsinki.

Das in Rovaniemi, Lappland, beheimatete Familienunternehmen Lappset AG entwickelt schon seit Jahrzehnten Serienelemente, mit denen sichere und haltbare Spiel- und Sportgeräte zusammengesetzt werden können. Neueste Idee ist, eine Spielserie mit dem Produktnamen Axiom für Akrobatik und urbane sportliche Aktivitäten zu entwickeln und einzuführen. Daran angeschlossen ist ein langfristiges Entwicklungsprojekt namens Smartus der Universität Lappland. Dieses soll auch für ältere Menschen geeignet sein zur Förderung der Muskulatur und der Kondition. Die Geräte und ergänzenden Produktserien sind auch unter Berücksichtigung von Kindern mit Seh- und motorischen Behinderungen entwickelt worden, da die finnischen Kindertagesstätten und Spielplätze oft auch Sondergruppen beinhalten. Die Spielgeräte des Familienunternehmens Lappset AG sind in der finnischen Alltagswelt ein vertrauter Anblick. Aber auch weltweit kennt man die Produkte von Lappset, sogar in China. (www.lappset.com)

Die Spielserie Axiom der Firma Lappset AG animiert Kinder auch zu Akrobatik. Axiom wurde für ältere Kinder entwickelt.

Aktuelle Beispiele

Im folgenden werden einige finnische Kindertagesstätten und Anlagen für Kinder vorgestellt, die sehr unterschiedlich sind. Maßgebend für die Auswahl der Objekte war nicht allein die Architektur. Bei den Grundrisstypen gibt es lineare, sich U-förmig um einen Hof gruppierende und L-förmige Lösungen sowie ein Beispiel für einen frei gestalteten Grundriss. Die Beispiele haben entweder ein, zwei oder drei Ebenen.

Kindertagesstätte Ranta in Herttoniemenranta/Helsinki
Architektin: Sari Nieminen SAFA, Arkkitehdit FLN Oy

Der Stadtteil Herttoniemi im Osten Helsinkis ist durch ein neues Wohngebiet namens Herttoniemenranta (Herttoniemi-Ufer) erweitert worden. Die in unmittelbarer Nähe des Meerbusens entstandene Siedlung mit mehrgeschossigen Wohnhäusern ist an den öffentlichen Nahverkehr angebunden und verfügt über ein gutes Dienstleistungsangebot im kommunalen und kommerziellen Bereich. Hier wohnen viele Familien mit Kindern, für die ein größerer Bedarf an Kindertagesstätten besteht.

Die Tagesstätte Ranta basiert auf der Reggio-Emilia-Pädagogik, was auch im Grundriss dieses zweistöckigen Hauses zum Ausdruck kommt. Den Kern des Gebäudes bildet ein Saal mit gläsernen Wänden. Er öffnet sich über die Fensterflächen zu einem gegen Wind geschützten Spielhof und zu einer Terrasse. Ein gemeinsamer Speiseraum mit offenem Blick in die Küche ist mit dem Saal verbunden, der eine hervorragende Akustik besitzt. Die Farbgestaltung ist für die Kinder kreativ stimulierend, jedoch nicht zu süßlich. Die Architektur vermeidet auch nicht die Verwendung von harten Materialien wie Stahlnetze oder Glasbausteine. In einigen Fensteröffnungen wurden zwischen den Glasbausteinen und dem durchsichtigen, nach innen liegenden Fensterglas vitrinenartige Mehrzweckschränke eingerichtet, die sich von innen nutzen lassen und diverse Installationen ermöglichen. Die Glasbausteinfenster wenden sich vorwiegend zu den Häusern der Nachbarschaft, damit deren Privatsphäre ungestört bleibt. Über dem Mehrzwecksaal befinden sich eine Terrasse und ein damit verbundener überdachter Außenraum. Von dort führt eine Treppe nach unten, direkt neben den Haupteingang. Mit seinen verputzten Fassaden, den klarlinigen Fensterflächen und der kompakten Formgebung samt den durchdachten Bepflanzungen prägt das Gebäude die Mitte des Stadtviertels.

Eine benachbarte Parkanlage wurde mit spannenden Natursteinmotiven gestaltet und ergänzt die Außenräume der Kindertagesstätte optisch. Auch die unmittelbare Umgebung wird für die Betreuung genutzt. Im Winter dürfen die größeren Kinder auf das Eis des Meerbusens hinausgehen, um etwa beim Eisangeln zuzuschauen. Ausflüge zu den Kulturbauten der nahe liegenden Ortschaften werden unternommen, und nicht weit entfernt befindet sich ein schöner Badestrand.

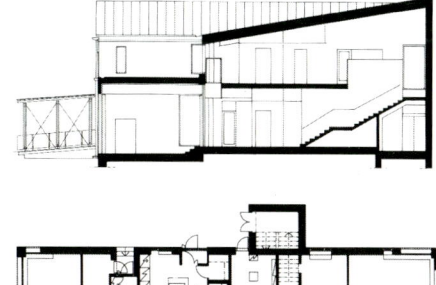

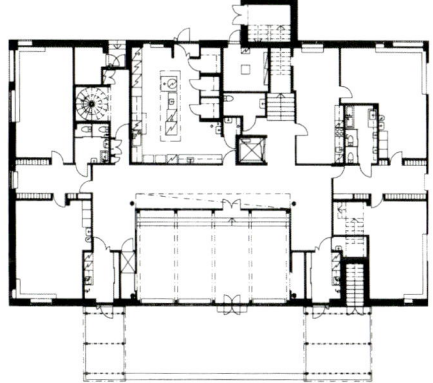

SOS-Kinderdorf in Kaarina

Architektin: Pia Helin SAFA, Arkkitehtitoimisto Ark'Aboa

Die internationale SOS-Kinderdorf-Bewegung ist auch in Finnland weit verbreitet. Das im Jahr 2004 eingeweihte neueste Dorf liegt in Kaarina, unweit der ehemaligen Regierungsstadt Turku, in einer offenen Regionallandschaft und in der Nähe eines Meerbusens. Das kleine Dörfchen gruppiert sich um seine eigene Dorfstraße und verfügt sogar über einen eigenen Sportplatz. Die Häuser liegen auf beiden Seiten der sich reizvoll schlängelnden Straße, und den Abschluss bildet das Haus des Leiters. Im Gemeinschaftshaus sind neben den Verwaltungsräumen unter anderem ein Mehrzwecksaal, mehrere Werkstätten und weitere Versammlungsräume untergebracht.

Die architektonische Grundhaltung ist solide, der Region angepasst und schnörkellos. Die Umgebung ist sowohl von einer traditionellen, ländlichen Bauweise geprägt als auch von neuen Reihenhaussiedlungen. Zum Hofbereich gehören unter anderem eine alte Schmiede und Schafsgatter. Hinter dem Gemeinschaftshaus wurde hangseitig eine kleine Tribüne angelegt, so dass auch ein Freilufttheater vorhanden ist, das zur finnischen Sommertradition gehört. Die ehemalige Viehtränke ist als ein Bestandteil des Hofareals instandgesetzt worden. Die Grillhütte samt ihrer Ausstattung ist ein idealer Platz für Feierlichkeiten und Sommertreffen.

Die Wohnungsgrundrisse sind überschaubar und geräumig. Die Dorfgemeinschaft kann hier ein Gefühl von Zuhause entwickeln, in dem ein behütetes Aufwachsen vom Windelalter bis zum Abitur möglich ist. Der Raumstandard und die Ausstattung weisen ein überdurchschnittliches Niveau auf.

Das nebenstehende Luftbild zeigt die Siedlung von Norden mit dem Kinderdorf vorne und der neuen Wohnsiedlung von Kaarina im Hintergrund.
Die Ziegelbauten liegen zu beiden Seiten der Dorfgasse; am Teich befindet sich ein Grillplatz. Das gelbe Gebäude ist das Clubhaus mit Gymnastiksaal und Büros.

Tarja Nurmi

Kindertagesstätte Porslahti in Vuosaari

Architektin: Eeva Kilpiö, SAFA, Arkkitehtiryhmä A6 Oy

Die Kindertagesstätte Porslahti liegt im älteren Teil von Vuosaari, in der Nähe der alten Reihenhaussiedlung. Die nähere Umgebung in diesem Stadtteil im Osten Helsinkis besteht jedoch aus neu errichteten, flachen und dicht beieinander stehenden Häusern.

Das Gebäude öffnet sich zu einem größeren Hofareal, das in die weite Landschaft gerichtet ist. Der U-förmige Grundriss samt einer Pergola, die die Hausvorderseite umfasst, verleiht der Kindertagesstätte einen leicht südländischen Charakter.

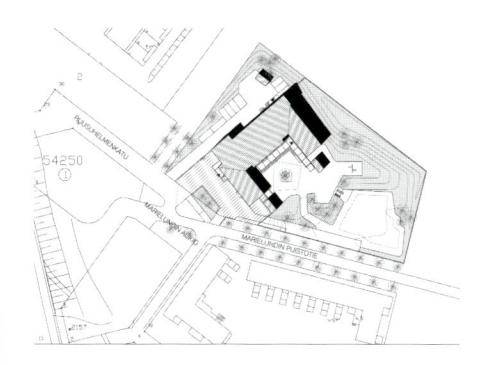

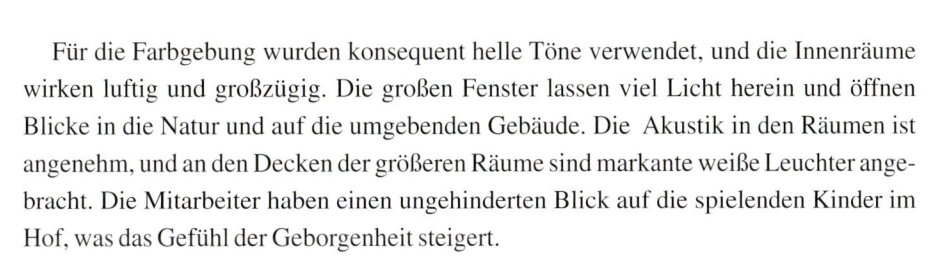

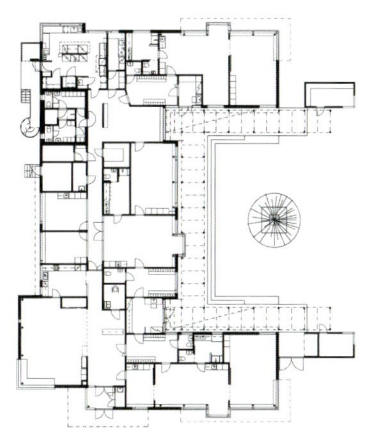

Für die Farbgebung wurden konsequent helle Töne verwendet, und die Innenräume wirken luftig und großzügig. Die großen Fenster lassen viel Licht herein und öffnen Blicke in die Natur und auf die umgebenden Gebäude. Die Akustik in den Räumen ist angenehm, und an den Decken der größeren Räume sind markante weiße Leuchter angebracht. Die Mitarbeiter haben einen ungehinderten Blick auf die spielenden Kinder im Hof, was das Gefühl der Geborgenheit steigert.

Das Beispiel Finnland: Die Kleinen als Herausforderung

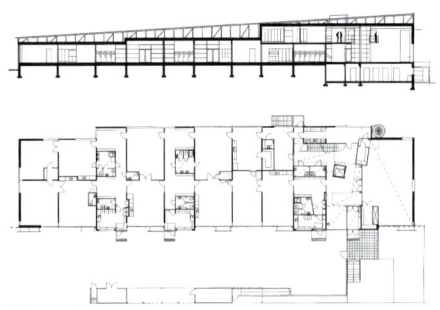

Kindertagesstätte Mestari in Pitäjänmäki/Helsinki
Entwurf: Stadt Helsinki, Architekt SAFA Lasse Vahtera

Pitäjänmäki in Helsinki ist ein rasch gewachsenes Gebiet mit Industrie- und Bürogebäuden. In diesem Stadtteil gibt es ältere und jüngere Bausubstanz. Die Kindertagesstätte Mestari (Meister), realisiert nach einem Entwurf des kommunalen Bauamtes, wirkt in ihrem Erscheinungsbild sehr industriell, gläsern und betonlastig. Die Farbgebung ist dunkel und trendorientiert. Die Räume sind weitläufig, und im gesamten Bau gibt es keine kleinen, unübersichtlichen Räume. Die Hauptetage ist für die Kinder vorgesehen, oben ist die Verwaltung untergebracht. Ein Teil der Räume befindet sich im Keller, deshalb besitzt das Haus einen Aufzug. Da die Möblierung teilweise aus früheren Kindertagesstätten stammt, dadurch eine angenehme Patina besitzt oder einen neuen Anstrich erhalten hat, wirkt die Gesamtatmosphäre jedoch keineswegs hart.

Der Hof ist weiträumig, und das Haus selbst lässt sich gut umfunktionieren für andere Zwecke. Der Saal im hinteren Bereich des Hauses eignet sich durch seine Weite und Höhe auch für eine Nutzung durch Erwachsene.

Längsschnitt, Erdgeschoss

Kindertagesstätte Mestari in Pitäjänmäki/Helsinki
Stadt Helsinki, Architekt SAFA Lasse Vahtera

Kindertagesstätte Ruusu in Pitäjänmäki/Helsinki
Entwurf: Stadt Helsinki, Architekt SAFA Ilkka Tukiainen

Die ebenfalls nach einem Entwurf des Bauamtes der Stadt Helsinki realisierte Kindertagesstätte Ruusu (Rose), die an den Park von Munkkiniemi angrenzt, ist nur einstöckig und hat im Gegensatz zu Mestari einen weicheren Ausdruck. Zu den überdimensional hohen Räumen gehört ein schöner Mehrzwecksaal, in dem man turnen, musizieren und gemeinsame Feste veranstalten kann. Das längliche, hinter Hecken geschickt versteckte Haus hat sowohl im Inneren als auch außen eine helle Farbgebung. Jede Gruppe hat eine eigene, raffinierte Farbenwelt. Jede Kindergruppe hat einen eigenen Hauseingang mit einem Schmutzflur samt den Sanitärräumen. Jede Gruppe verfügt über zwei Räume für Ruhepausen und zum Schlafen, die Personalräume liegen idealerweise direkt daneben.

Kindertagessätte Ruusu in Pitäjänmäki/Helsinki.
Architekt: Ilkka Tukiainen

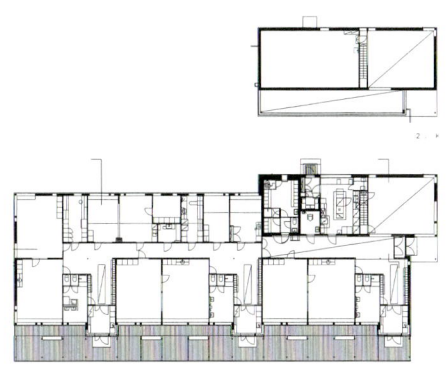

Obergeschoss, Erdgeschoss

Pavillon in Hesperianpuisto, Helsinki
Architekt SAFA Ilkka Tukiainen

Kleinere Kinder und Schüler können in Finnland aktiv an der Gestaltung öffentlicher Grünanlagen mitwirken. Der mit Holz verkleidete Pavillon in Hesperianpuisto, einem Park in Helsinki, ist ein gut gelungenes Aktivitätszentrum sowohl für die Kleinen als auch für größere Kinder und Erwachsene. Seine hochwertige Architektur ist ebenfalls in behördlicher Arbeit entstanden.

Kindertagesstätte Savotta in Helsinki: außen schwarz, innen warme Farbtöne
Architektin: Minna Lukander SAFA und Architekturstudentin Riitta Toumisto, Arkkitehtuuri-ja muotoilutoimisto Talli Oy

Die Kindertagesstätte Savotta liegt im östlichen Teil von Helsinki in einer waldreichen Umgebung mitten in einer typischen Einfamilienhaussiedlung. Ursprünglich sollten die Räume der vier Kindergruppen auf einer Ebene untergebracht werden, aber die Architekten wollten Grundfläche sparen. Das Haus bekam schließlich ein Satteldach über einer rechtwinkligen Grundrissform. Die Räume erstrecken sich über drei Ebenen; aus diesem Grund war auch ein Aufzug notwendig.

Die dunkle Außenfarbe resultiert aus dem im Hintergrund stehenden Kiefernwald mit seinen hoch gewachsenen Bäumen und aus der bunten Umgebung. Das 1300 Quadratmeter umfassende Haus sollte durch seine kompakte Form und die dunkle Farbgebung kleiner und zurückhaltend wirken. Die Atmosphäre der Innenräume ist wärmer: Holzflächen, die Farbe Ziegelrot, Weitläufigkeit schaffende Blickachsen und schöne Glattgussoberflächen aus Beton. Zwischen den Räumen gibt es lustige Gucklöcher, und man hat zum Beispiel von der Küche durch eine Glastrennwand hindurch freien Blick bis zum Hof. Augenfälliges Element der Außenarchitektur ist die zur zweiten Etage führende Treppe, die aus Feuerschutzgründen mit einem Stahlgitter verkleidet ist. Im Gebäude gibt es sowohl vom Architekten entworfene Einbaumöbel als auch Möbelklassiker von der Firma Artek, die für Erwachsene und für Kinder dimensioniert sind.

Der großzügige Hof bietet viel Platz zum Spielen, und im Sandkasten sitzen von einem Künstler gestaltete Affenfiguren aus Beton. Diverse Holzblöcke, die auf dem Gelände verteilt herumliegen, sind für die Kinder zum Spielen gedacht.

Kindertagesstätte Leppäviita in Leppävaara/Espoo: rund um die Uhr geöffnet
Architekt: Juska Junttila, SAFA, Ideark Oy

Das Bezirkszentrum Leppävaara in Espoo gehört zu den neuen Dienstleistungs- und Wohngebieten im Hauptstadtareal, zu erreichen durch eine kurze Fahrt mit der elektrischen Bahn (S-Bahn) vom Hauptbahnhof Helsinki. In der Nähe des Geschäfts- und Kulturzentrums Sello wurde eine aus Mehrgeschoss- und Reihenhäusern bestehende Großsiedlung errichtet, die ein nachhaltiges ökologisches Konzept verfolgt.

Inmitten des Quartiers liegt die eingeschossige, in holzbauweise ausgeführte Kindertagesstätte Leppäviita (Erlenhain). Ursprünglich als normale Kindertagesstätte geplant, ist die Einrichtung heute rund um die Uhr geöffnet, was überraschend gut zu funktionieren scheint. Das Gebäude ist an ein mehrgeschossiges Wohnhaus angebaut, der Außenraum befindet sich hinter dem Gebäude und bildet so einen räumlichen Anschluss zum Hof des Wohnhauses. Die sich zur Mitte des Viertels öffnende Fassade ist durch große, erkerartige Fenster gegliedert, die nach vorne auskragen und gewächshausartige Innenräume bilden. Im Hauskern befindet sich ein Mehrzweckraum, der sowohl als Zuschauerraum für das Theater als auch als Turnhalle dient. Die Küche liegt am Hausende, wo auch die Anlieferung stattfindet. Der Eingang für die Mitarbeiter und die Besucher befindet sich direkt an der Straßenseite. Die Kinder betreten das Gebäude durch die Toreinfahrt und über den Hof des benachbarten Wohnhauses. Der Spielhof ist gesichert und umzäunt. Durch die Mitte des Quartiers fließt ein landschaftlich gestalteter Bach, und von den großen Fenstern aus kann man die verschiedensten Wasservögel und Pflanzen bewundern, die im Sommer in der feuchten Umgebung hochranken. Über den Bach führen mehrere kleine Brücken.

Die Wandflächen im Hausinneren sind in warmen Farbtönen gehalten. Viel Holz ist im Haus zu sehen, und an den Wänden gibt es viele Flächen für Aushänge. Die Atmosphäre im Haus fördert die Aktivität, die Architektur ist klarlinig und konsequent. Die Möblierung ist neu, obwohl auch ältere Möbelstücke hier und da zu sehen sind. Die Eltern der Kinder sind großteils in unterschiedlichen Dienstleistungsberufen tätig und müssen auch nachts oder spät abends arbeiten, zum Beispiel in den Krankenhäusern oder in Kultur- oder Geschäftseinrichtungen des Bezirks.

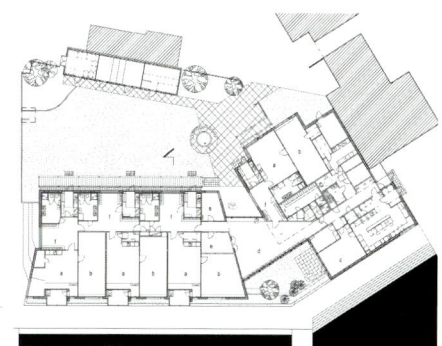

Kindertagesstätte Westendinpuisto (Westendpark) in Päiväkoti

Architekten: Pentti Kareoja und Jari Lepistö, SAFA, ARK-house arkkitehdit Oy

Das Besondere der Kindertagesstätte Westendinpuisto ist ihre Farbgebung, ihre Atmosphäre und die ungewöhnliche Wahl der Baumaterialien, die nicht immer typisch sind für die Umgebung von Kindern. Die Architekten sprechen von dem speziellen Geist einer Garage. Damit sind die dorfartige Anordnung der Innenräume, die Kinetik der Außenwände und die heitere Ernsthaftigkeit gemeint. Besonders im Inneren des Gebäudes leuchten kräftige Farben; außen dominieren Gelb, Türkis und ein auf Kinder beruhigend wirkendes Weiß.

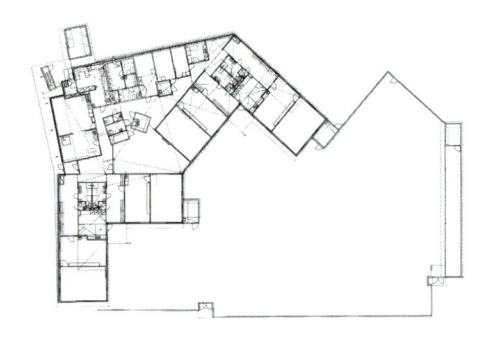

Kindertagesstätte Leipuri in Myllypuro/Helsinki

Architekten: Asmo Jaaksi, Teemu Kurkela, Samuli Miettinen, Juha Mäki-Jyllilä, SAFA, Arkkitehtitoimisto JKMM Oy

Die in einem Vorort von Ost-Helsinki neu gebaute Kindertagesstätte Leipuri (Bäcker) liegt an der Kreuzung zweier Nahverkehrswege in unmittelbarer Nachbarschaft zu einer kleinen Kirche und einem Gemeindezentrum. Der Straßenlinie folgend ist das Gebäude weiß verputzt und scheint ein wenig von Le Corbusier inspiriert zu sein. An der Hofseite ist die Fassade eine von der Trauflinie nach innen gezogene Kombination aus vertikalen Fenstern und Brettverschalungen. Das weite Hofareal umfasst einen schön gestalteten Hügel und vier kleine Spielhäuser, inklusive vieler Spielgeräte. Der Kiefernwald durchdringt das Gelände in schöner Weise. Der öffentliche Charakter des Gebäudes wird durch die den Hof- und Eingangsbereich begrenzenden Natursteinmauern unterstrichen. Im Hausinneren gibt es eine offene Feuerstelle.

Der Grundriss ist klar gegliedert. Das zweigeschossige Gebäude hat einen Eingang von der Straße; für die Kinder gibt es zu beiden Geschossen zusätzliche Eingänge mit Schmutzfluren auf der Hofseite. Die Außentreppenanlage ist ähnlich wie bei der Kindertagesstätte Savotta gestaltet; bei Leipuri verfügt sie aber zusätzlich über ein stählernes, bereits auf der Hofebene zu verschließendes Tor.

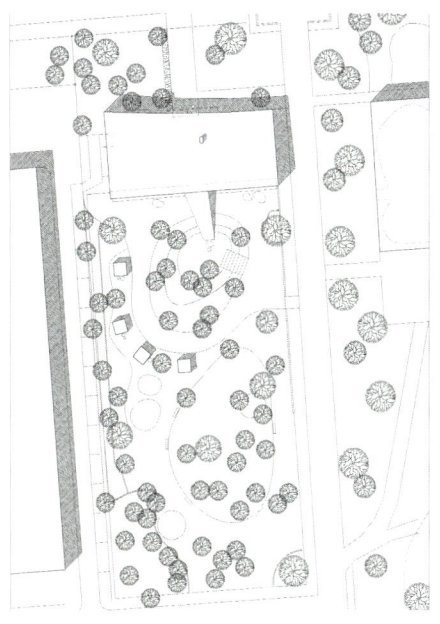

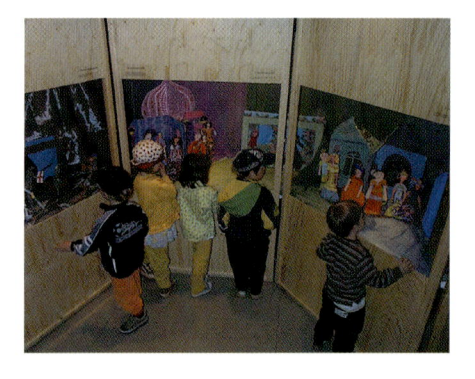

Kindertagesstätte Arkki in Vantaa/Tikkurila

Architekten: Tuuli Tiitola-Meskanen, Pihla Meskanen und Olli Pursiainen

Die den Prinzipien der Reggio-Emilia-Pädagogik folgende Kindertagesstätte Arkki (Arche) wurde bereits Mitte der 1990er Jahre fertiggestellt. Zu dieser Pädagogik gehören das Spiel, der Gesang, die Leibeserziehung sowie eine vielseitige Kinderkultur; all dies kommt in der Raumgestaltung dieser Kindertagesstätte zum Ausdruck. Die über 1300 Quadratmeter große Einrichtung ist in den ehemaligen Fabrikhallen unweit des Zentrums von Tikkurila untergebracht. Auf der gegenüberliegenden Flussseite der Vantaa befindet sich das populäre Wissenschaftszentrum Heureka, und die Außenräume der Kindertagesstätte öffnen sich zu einer filigranen Flusslandschaft. Ein Ausgangspunkt für die Planung war, dass die Umgebung die kreative Aktivität fördern soll. Den Architekten gelang es, kurz nach Ende der herrschenden Wirtschaftsschwäche in der Baubranche Finnlands den größten Teil des Baumaterials als Schenkung zu erhalten.

Der Leitgedanke für die Gestaltung der Räumlichkeiten ist die eigene Aktivität der Kinder und die diese fördernde Pädagogik. Die Architektur allein war hier nie Selbstzweck, wenngleich die Raumplanung von Fachleuten ausgeführt wurde. In der Umgebung der Kindertagesstätte findet man noch Reste von Werken, die selbst von den kleinsten Kindern verwirklicht wurden. Gemeinsam gemalte Bilder, großflächig und freskenartig in der Ausführung, unter anderem mit Rom-Motiven, hängen an den Wänden. Die Bilder sind auch außerhalb der Kindertagesstätte gezeigt worden, zum Beispiel bei Ausstellungen und im Café des Kaufhauses Stockmann.

Im Herzen von Arkki befindet sich der gemeinsame, wohnliche Speisesaal mit der Küche und einer Bühne. Der große Saal wird auch für Konzerte genutzt. Ein weiterer wesentlicher Raum ist das Atelier, in dem unmengen verschiedener Materialien, Farben und Gerätschaften unterschiedlichster Art zu finden sind. Neben dem Atelier gibt es ferner eine kleine Holzwerkstatt mit Hobelbank und diversen Werkzeugen. Die Ausstattung der Kindertagesstätte entspricht nicht unbedingt dem neuesten Standard, verglichen mit den Neubauten Helsinkis. Der größte Teil der Möbel besteht aus Fundstücken oder reparierten Einzelteilen. Arkki hat aber etwas anderes zu bieten: eine faszinierende Umgebung für kreative Selbstverwirklichung. Auffallend ist, dass es sich bei den verwendeten Materialien, den Spielzeugen und Gebrauchsgegenständen kaum um kommerzielle Waren handelt. Die Atmosphäre des Ateliers mit seinen zahlreichen Objekten lässt an das Studio von Charles und Ray Eames in Kalifornien denken. Die Kinder, die hier betreut werden, werden nicht nach ihren speziellen Eignungen ausgewählt, sondern es sind ganz normale Kinder aus Vantaa.

Quellen

Die Autorin hat zahlreiche neuere Kindertagesstätten und für Kinder konzipierte Einrichtungen nicht nur in Helsinki, sondern auch in vielen anderen Orten Finnlands besucht. Zu diesen zählen unter anderen Turku, Kaarina, Oulu, Espoo, Vantaa, Kuopio, Lapinlahti, Sotkamo und Rovaniemi. In diesem Zusammenhang hat sie ausführliche Gespräche sowohl mit Architekten als auch mit den Mitarbeitern der Kindertagesstätten geführt.

Die Vertreterin des Verbandes der Finnischen Kindergartenlehrer, Kristina Cleve, wurde ebenfalls interviewt. Empfehlungen über besuchenswerte Kindertagesstätten stammen unter anderem von dem Architekten Harri Hautajärvi, Chefredakteur des Magazins Arkkitehti. www.ark.fi

Artikel zu den Kindertagesstätten Westendinpuisto und Ranta sind in Arkkitehti 4/2000 veröffentlicht worden.

Verschiedene Kindertagesstätten wurden in Arkkitehti 5/2002 vorgestellt. In der Ausgabe 1/2004 wird speziell über die Umgebung von Schulen berichtet, verschiedene Aussagen dazu sind aber für alle Kinder gültig. Das Kunstobjekt in der Kindertagesstätte Satuvakka wird in der Ausgabe 6/2004 vorgestellt, das SOS-Kinderdorf in der Ausgabe 1/2005.

Die Kindertagesstätte Leipuri in Myllypuro/Helsinki, wurde in dem Buch 'Finnish Architecture 0203' (Alvar Aalto Academy, Finnish Associaton of Architects, Museum of Finnish Architecture, 2004, ISBN 952-5195-19-8), erschienen anlässlich einer umfangreichen Wanderausstellung, vorgestellt. In der Objektliste dieses Buches sind die Tagesstätte von Rauhalahti in Kuopio und das Stadtviertelhaus Leskenlehti von Viikki in Helsinki zu finden.

Zur Architekturerziehung von Kindern wurde das schön illustrierte, englischsprachige Werk 'Discovering Architecture' publiziert. Heini Korpelainen ja Anu Yanar, Finnish Association of Architects and the Arts Council of Finland, 2001, ISBN 951-9307-10-9.

Informationen über die Ausbildung von Erziehern für Kindergärten in Finnland gibt es unter anderem auf den Internetseiten der Universität Helsinki unter www.helsinki.fi

Bauen für Kleinkinder in Frankreich[1]

Ariane Wilson

1 Die französischen Begriffe sind auf den Seiten 198 und 199 erläutert.

In Frankreich wird die Mehrzahl der Kleinkinder von Familien und Institutionen gemeinsam betreut. Im Vergleich zu anderen, vor allem nordeuropäischen Ländern verläuft schon die frühe Kindheit in institutionellen Bahnen. Die öffentliche Hand ist in Frankreich stärker involviert und ergänzt schon im ersten Lebensjahr der Kinder unterstützend die erzieherische Rolle der Familie. Obwohl Eltern- und Gemeinschaftsinitiativen oft entscheidende Impulse für Reformen geliefert haben, konzentriert sich die öffentliche Aufmerksamkeit auf die staatlichen Einrichtungen, von deren Ruf die Einschätzung der Kinderbetreuung insgesamt abhängt. Die starke Präsenz des Staates lässt sich jedoch nicht etwa auf ein spezifisch französisches Verständnis der Kindheit zurückführen, sondern erwächst vielmehr aus der politischen und gesellschaftlichen Geschichte des Landes: die Berufstätigkeit von Frauen, die Tradition des Wohlfahrtstaates, die Bereitschaft beziehungsweise die Skepsis der Behörden, sich mit neuen Methoden der Kindererziehung auseinanderzusetzen, und das in Frankreich im allgemeinen unausgewogene und sich immer wieder verändernde Verhältnis zwischen der Gemeinschaft, dem Staat und dem privaten Sektor. Dieses Kapitel wird sich auf öffentliche und private Institutionen konzentrieren, die sich der Betreuung und Erziehung von Kindern bis zu einem Alter von sechs Jahren widmen, um deren Vorrangstellung zu dokumentieren und den Einfluss, den Theorien aus Psychologie, Pädagogik und Architektur auf sie ausübten, zu skizzieren. Dabei finden Kinderbetreuungsstätten in anderen Einrichtungen wie Krankenhäusern, Zügen, Kaufhäusern oder Museen keine Berücksichtigung.

Drei wichtige Forschungsstränge der Entwicklungspsychologie von Kindern haben die Art und Weise der heutigen Kinderbetreuung entscheidend geprägt. Die Vertreter des ersten Stranges, der von Comenius und Fröbel über Maria Montessori bis hin zu Jean Piaget und Hans Kükelhaus führt, sind der Meinung, dass die Entwicklung der praktischen Intelligenz sowie bald darauf auch des logischen und mathematischen Denkens des Kindes in erster Linie auf sinnlichen Erfahrungen aufbaut. Eine zweite, von H. Wallon und J. Levy begründete Schule der Kinderpsychologie geht von der vermittelnden Rolle des Körpers bei der Entdeckung des Ichs aus. Die fortschreitende Abnabelung vom Körper der Mutter und verstärkte motorische Aktivitäten führen zur Aufnahme von Beziehungen zu anderen Menschen. Ein Umfeld, in dem ein Kind unterschiedliche Körperhaltungen einnehmen und sich mit Anforderungen auseinandersetzen muss, die die Körpermotorik anregen, fördert seine Entwicklung. Die diesen beiden Ansätzen zugrundeliegende Auffassung, dass Intelligenz auf aktiver Auseinandersetzung mit der Umwelt beruht, fand in Frankreich großen Anklang. Sie schlug sich vor allem im Werk von Jean Piaget nieder. Allerdings ist sie von komplexeren kognitiven Modellen abgelöst worden. Laut Thomas Bower können Babys grundsätzlich die Welt begreifen. Roger Lecuyer hat herausgefunden, dass Babys in der Lage sind, in Kategorien zu denken, zu addieren und Sprache zu verstehen. Überdies beruht das Denken nach Ansicht der neopiagetianischen Forschungsrichtung vor allem auf dem Ersinnen von Strategien und

Vorgehensweisen und nicht auf Logik.² Die dritte große Strömung im Bereich der Kindheitsforschung entstand aus der Psychoanalyse und wurde von D. W. Winnicott und in Frankreich von Françoise Dolto entwickelt. Sie stellt das Beziehungsumfeld des Kindes und die Herausbildung des Ichs im Rahmen der Auseinandersetzung mit anderen in den Mittelpunkt. Demnach ist das Baby verunsichert und traurig, wenn es von seiner Mutter getrennt wird. Folglich muss man eine neue Umgebung erschaffen, die den Trennungsschmerz, den die Ablösung sowohl für das Kind als auch für die Eltern mit sich bringt, lindert. Diese Forschungsrichtungen haben sich mit zeitlicher Verzögerung auch in der sich langsam entwickelnden Praxis der Kinderbetreuung niedergeschlagen. Die geplanten Kinderbetreuungsstätten spiegeln alle drei Ansätze wider, wobei die Gewichtung der unterschiedlichen Strömungen von der pädagogischen Ausrichtung der jeweiligen Einrichtung abhängt. Während die zwei erstgenannten Theorien ganz offensichtliche Auswirkungen auf den Entwurf haben, gibt es auch Anstrengungen, die Erkenntnisse der psychoanalytischen Theorie in räumliche Konstellationen zu übertragen.

Obwohl der Begriff 'Petite Enfance' (frühe Kindheit) dieses komplexe Verständnis von Babys und Kleinkindern mit berücksichtigt, wird er in erster Linie als institutionelle Bezeichnung für eine bestimmte Altersgruppe verwendet, die unter der Fürsorge von Kinderbetreuungseinrichtungen steht, und nicht als ein spezieller Zeitraum in der biologischen und psychologischen Entwicklung von Kleinkindern. Ein zwei Jahre altes Kind, das eine Crèche besucht, fällt zum Beispiel in die Kategorie der Petite Enfance, während ein zweijähriges Kind, das in eine École Maternelle geht, als Schulkind gilt. Ein Schulbesuch in einem frühen Alter bedeutet also, dass die 'Petite Enfance' für 'Petits Enfants' (Kleinkinder) schon relativ früh zu Ende ist! Wenn ein vier Jahre altes Kind nach der Schule eine von der Kommune verwaltete Spielgruppe besucht, kehrt es wieder in den institutionellen Bereich der Petite Enfance zurück. Institutionelle Unterscheidungen scheinen sich also über die Auffassung von der Kindheit als einer durchgängigen und zusammenhängenden Abfolge von Entwicklungsschritten hinwegsetzen zu wollen. Sie sind das Resultat unterschiedlicher historischer Traditionen im Bildungswesen und stehen folglich auch unter der Aufsicht von zwei verschiedenen Ministerien. Die Folge sind unterschiedliche Ansätze bei der Erziehung von Kindern ähnlicher Altersgruppen, was zu gegensätzlichen architektonischen Konzepten führt, deren Vielfalt durch regional unterschiedliche Lösungen noch verstärkt wird. Dies führt dazu, dass es schwierig ist, einen einheitlichen Überblick über Bauten für Kleinkinder in Frankreich zu geben, obwohl die Politik dem Bestreben, die Unterschiede in den Kinderbetreuungs- und Erziehungssystemen aufzuheben, oberste Priorität einräumt.

2 O. Haudé/ C. Meljac: L'Esprit piagétien, 2000

Übersicht über Einrichtungen zur Kinderbetreuung	
Ganztätige, tägliche Betreuung	
Crèches Collectives/de Quartier	Alter : 2,5 Monate bis 3 Jahre Maximal 60 Kinder. Anmeldung ab dem sechsten Schwangerschaftsmonat. Geöffnet täglich 8 bis 12 Stunden. In unmittelbarer Nähe des Zuhauses. 80 Prozent unter kommunaler Verwaltung (Crèches Municipales). 15 Prozent werden von Vereinen betrieben (Crèches Associatives) Die Leitung liegt bei einer Infirmière-Puéricultrice (Kinderpflegerin), die von Auxiliaires-Puéricultrice und Educateurs unterstützt wird. Meistens nach Altersgruppen unterteilt; inzwischen gibt es aber auch Versuche mit anderen Gruppierungen.
Crèche Collective d'Entreprise/ de Personnel	Bestimmungen und Funktion wie bei Crèche Collective. Maximal 60 Kinder. Nahe dem Arbeitsplatz der Eltern. Wird von der Firma oder dem Arbeitgeber geführt (Unternehmen, Krankenhäuser etc.); Entwurf und Leitung liegen immer öfter bei speziellen Betreibern. Längere und flexiblere Öffnungszeiten entsprechend der Arbeitszeit der Eltern.
Crèches Familiales (Relais Assistantes Maternelles -RAM)	Alter : 3 Monate bis 3 Jahre. Netzwerk von Assistantes Maternelles (Tagesmütter), die ein oder mehrere Kinder zu Hause betreuen. Unterliegt den Bestimmungen der crèches collectives. 90 Prozent unter kommunaler Verwaltung (von der Stadtverwaltung genehmigt und von der Stadt finanziert), die anderen werden von Vereinen betrieben. Überwacht von einer Infirmière-Puéricultrice. Häufig wird eine Crèche oder eine Relais Assistants Maternelles für gemeinsame Aktivitäten besucht. Assistantes Maternelles Indépendantes sind qualifizierte Kinderbetreuer, die von den Eltern direkt angestellt werden.
Mini-Crèches	Maximal 20 Kinder. Bestimmungen und Funktion entsprechend den Crèches Collectives. Sind häufig in Wohnungen oder Häusern untergebracht oder in größeren Einrichtungen für Kinder. Häufig sind verschiedene Mini-Crèches unter einem Direktor zusammengefasst.
Crèches Parentales	Alter: 2 Monate bis 3 Jahre. Maximal 20 Plätze. Von Eltern geführt, die die Kinder abwechselnd halbtags beaufsichtigen unter der Aufsicht einer professionellen Person.
Ganztätige, tägliche Schule	
École Maternelle	Alter: 2 bis 6 Jahre. Erste Stufe des Schulsystems. Freiwillig. Normale Schulzeiten. Klassen mit bis zu 30 Schülern unter der Aufsicht eines voll qualifizierten Lehrers. Gebührenfrei. Zeitlich unterbrochene und halbtägige Betreuung.
Zeitweilige, stundenweise Betreuung	
Haltes-Garderie	Alter : 3 Monate bis 6 Jahre. 20 Kinder gleichzeitig (100 bis 200 registriert). Hier findet frühes gemeinsames Lernen zur Vorbereitung auf die Schule statt. Zwei- bis dreimal pro Woche, halbtags 1 bis 7 Stunden. Kommunale Verantwortung oder Elterninitiativen
Jardins d'Enfants	Alter: 2 bis 6 Jahre. Etwa 60 Kinder. Frühes Lernen und Aktivitäten nach der Schule. Kommunal; zum Teil Vereine
Jardin Maternel	Alter: 18 Monate bis 3 Jahre. 20 bis 30 Kinder. Für Kinder, die von keiner kollektiven Betreuungsform profitieren.
PMI (Protection Maternelle et Infantile)	Service der départements. Medizinische Untersuchungen vor der Geburt und für Kinder bis zu 6 Jahren. Familienplanung und Familienerziehung. Bearbeitet Anfragen zur Registrierung von Assistantes Maternelles und organisiert Lehrgänge. Beaufsichtigung von Assistantes Maternelles und Einrichtungen zur Betreuung von Kindern unter 6 Jahren.
Centres de Loisirs	Beaufsichtigung von Kindern vor und nach der Schule, zur Mittagessenszeit, während Ferien oder an freien Tagen. Selten in eigenen Gebäuden, sondern es werden Räume in Schulen und Gemeinschaftszentren genutzt.
Ludothèques	Ort zum Spielen oder Ausleihen von Spielzeug. Keine Altersgrenze. Für ganz kleine Kinder wird üblicherweise ein gesonderter Bereich ausgewiesen, einschließlich Garderoben und Ruheräumen.
Lieux Parents/Enfants	Orte für Kinder, die von ihren Eltern begleitet werden, zur Unterstützung der Eltern-Kind-Beziehung. Zum Beispiel das Maison Verte.

Crèches und Einrichtungen für Kleinkinder

Heutzutage gibt es viele verschiedene Einrichtungen, in denen Kinder außerhalb des Elternhauses betreut werden können (siehe nebenstehende Übersicht). Einige davon arbeiten auf täglicher, regelmäßiger Basis, andere auf Teilzeitbasis. Einige stehen unter kommunaler Verwaltung, andere wiederum werden von Vereinen, von Elterninitiativen oder von privaten Trägern geleitet. Einige betreuen viele Kinder, andere nur wenige. Einige verfügen über eigens für sie erbaute Gebäude, andere befinden sich in Wohnungen, ehemaligen Ladengeschäften oder sonstigen umgebauten Räumen. Sie alle haben die Aufgabe, für die Gesundheit, die Sicherheit und das Wohlergehen sowie die Entwicklung der ihrer Obhut anvertrauten Kinder zu sorgen. Sie müssen – unabhängig davon, ob sie von privater oder von öffentlicher Hand geleitet werden – die Genehmigung der Ärzte des PMI (Protection Maternelle et Infantile) und des Regierungspräsidenten bekommen, um die Zulassung zu erhalten. Die städtischen Crèches Collectives sind dabei die Einrichtungen, die die Mehrzahl der Kinder betreuen und die sich am ehesten dem traditionellen Bildungsauftrag verpflichtet fühlen. Diese Crèches, die früher der Kategorie der Krankenhäuser angehörten, haben sich einige Merkmale dieses Bereichs bewahrt, während sie sich ansonsten drastisch verändert haben.

Die Spuren der medizinischen Vorgeschichte

Hygiene, Aufsicht, Sicherheit
Im Zuge der Industriellen Revolution und der Landflucht vertrauten reiche Familien ihre Babys den auf dem Lande lebenden Pflegemüttern an, während arme Leute ihre Babys, die sie nicht behalten konnten, in Krankenhäusern abgaben. Die erste Crèche wurde 1844 in einem Armenviertel von Paris als philanthropische Institution gegründet, die sich um das Wohlergehen von Kindern unter drei Jahren kümmerte, deren Mütter arbeiten mussten. Ihr Gründer Firmin Mirbeau betrachtete die Crèche als eine Möglichkeit, die natürliche Wahrnehmung und Entwicklung von Kindern zu erwecken. Allerdings stand die Hygiene bei den Crèches über ein Jahrhundert lang im Mittelpunkt. Eltern durften diese Einrichtungen nicht betreten. Babys wurden in einer Wanne durch eine Klappe geschoben, auf der anderen Seite der Tür ausgezogen und gründlich gewaschen, bevor sie in Wiegen gelegt wurden, die in einem Meter Abstand voneinander aufgestellt waren. Das Überleben des Kindes, das mehr oder weniger als Verdauungsröhre betrachtet wurde, hatte oberste Priorität. Die hohe Sterblichkeitsrate bei Kindern und die demographische Krise nach dem Französisch-Preußischen Krieg verstärkten diese Entwicklung. Allerdings gelang es dank der wissenschaftlichen Erkenntnisse von Pasteur, die Risiken der Nahrungsaufnahme bei Kindern zu verringern.

1945 wurde die PMI gegründet, um der nach dem Krieg verstärkt auftretenden Unterernährung und Kindersterblichkeit entgegen zu treten. Die Crèches fielen in die Zuständigkeit dieser Abteilung, die eine neuartige Auffassung vom Schutz des jungen Kindes vertrat. Zwei Jahre später wurde ein Diplom für Kinderkrankenschwestern eingeführt. 1948 veröffentlichte die Stadt Paris einen Leitfaden für die Planung von Crèches. Das Hauptaugenmerk dieser Broschüre lag auf dem 'Empfangs- und Durchgangsbereich' am Eingang, auf dem Sprechzimmer des Arztes und dem Krankenzimmer sowie auf der Trennung von Umkleideräumen und Wasch- und Toilettenräumen. Die Wände waren bis zu einer Höhe von 1,20 Meter gekachelt. Das Kind sollte immer sichtbar sein, daher auch die gläsernen Trennwände im Innenbereich. 1965 wurden Normen für die Größe von Räumen eingeführt. Gleichzeitig wurden Crèches, was die Feuerschutzbestimmun-

Hygiene steht im Vordergrund.
Crèche Saint Pierre du Gros Caillou, Paris

gen betraf, nunmehr als Krankenhauseinrichtungen eingestuft – eine Kategorisierung, die die Arbeit von Crèches und anderen Institutionen der Kinderfürsorge noch 20 Jahre lang bestimmen sollte. 1974 veröffentlichte das Gesundheitsministerium Richtlinien für den Bau von Crèches Collectives und Crèches Familiales, die eine altersgemäße Unterteilung in drei Sektionen mit jeweils drei Räumen pro Sektion vorsahen (Garderobe, Badezimmer und ein Schlaf- und Spielzimmer). Den Leitlinien wurden Entwurfspläne beigefügt, auf denen große rechteckige Räume und große gläserne Öffnungen für helle, gut belüftete (und laute) Räume zu erkennen waren.

Zur gleichen Zeit, als man bei den Crèches noch sehr viel Wert auf Hygiene und Sicherheit legte, ebnete die Forschung auf dem Gebiet der Kinderpsychologie den Weg für neue Entwicklungen. In der Zeit nach der 'Revolution' von 1968 gründeten sich zahlreiche unabhängige Initiativen, die Betreuungseinrichtungen für Kinder entwarfen: antiautoritäre Crèches Sauvages, Maisons Vertes, Centres pour la Petite Enfance (CPE), Haltes-Jeux, Workshops für Kinder in Museen und Abenteuerspielplätze. Sie setzten sich dafür ein, dass ein Kind sich frei entfalten sowie autonom und kreativ agieren kann, dass die von der Familie ausgehende Initiative wieder in den Mittelpunkt rückt und dass eine Unterbrechung in der institutionellen Betreuung des Kindes vermieden wird. Nach dem Vorbild der ersten Maison Verte, die Françoise Dolto 1979 gegründet hatte, entstanden viele Zentren, die sich nach den gleichen Prinzipien richteten. Sie waren für Kinder im Alter von null bis drei Jahren vorgesehen, die von ihren Eltern begleitet wurden. Sie wurden als Orte konzipiert, in denen Kinder Erfahrungen im gemeinschaftlichen Zusammenleben machen können, ohne den Bezug zu ihrer Familie zu verlieren. Hinter all dem stand die Idee, dass eine Abnabelung nur im tröstenden Beisein der Mutter eingeleitet werden kann. Eltern und Kinder kommen freiwillig, um zu spielen und zu reden, wobei nur ganz wenige Regeln zu beachten sind. Ein Psychoanalytiker, der im Hintergrund bleibt, beobachtet das Geschehen, um mögliche Anzeichen von Angst zu erkennen und gegebenenfalls ein Gespräch anzubieten. Obwohl für die Maisons Vertes keine speziellen Gebäude gebaut beziehungsweise keine umfangreichen Modernisierungsmaßnahmen geplant wurden, vermittelt die Raumgestaltung das Gefühl von Ungezwungenheit und Gemeinschaft und dokumentiert somit auch die erzieherischen Prinzipien der Institution. Das Logo der ersten Maison Verte stellt bezeichnenderweise die archetypische Form eines Hauses in Kontrast zu großen modernen Häuserblöcken dar.

Die Entwicklung von 'Garde' zu 'Accueil'
Trotz dieser Entwicklungen lag das Hauptaugenmerk bei den Richtlinien auf Hygiene, Beaufsichtigung und Sicherheit der Kinder. Dadurch erhielten die in dem Jahrzehnt zuvor aufgestellten quantitativen Normen eine zusätzliche Bedeutung. Erst in den 1980er Jahren gingen öffentliche Institutionen etwas lockerer mit den vorgeschriebenen Regeln und Vorgehensweisen um. Eine wichtige Veränderung trat ein, als die Brandschutzbehörde die Kinderbetreuungszentren von der Kategorie der Krankenhäuser in die weniger reglementierte Kategorie öffentlicher Gebäude herabstufte. Unkonventionelle Einrichtungen der Kinderbetreuung erhielten nun auch die finanzielle Unterstützung des Staates und wurden in offiziellen Texten erwähnt, die sich für eine größere Flexibilität aussprachen. Psychologen und Erzieher arbeiteten in den Crèches mit, in denen Aktivitäten in den Mittelpunkt rückten, die auf den Prinzipien der individuellen Entfaltung der Kinder durch spielerisches Verhalten und der Ermutigung zum Lernen im frühkindlichen Alter (Éveil: wörtlich 'Erweckung') basierten. Die französische Kindergeldkasse (Caisse d'Allocation Familiales – CAF) förderte die Zusammenarbeit zwischen Gemeinden und Kinderfürsorgeeinrichtungen durch innovative 'Kindheitsverträge'.

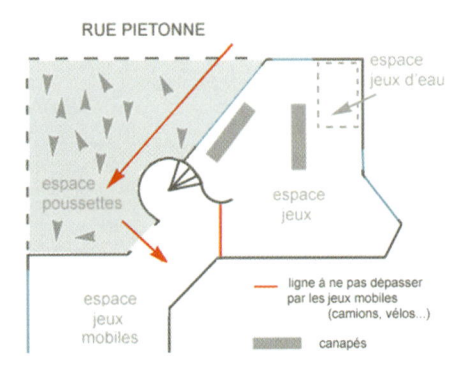

1978 von der Kinderärztin und Psychoanalytikerin Françoise Dolto gegründet, funktionierte die erste Lieu d'Accueil für Kinder und deren Eltern wie ein kleines Gemeinwesen, in dem Kinder spielen und Eltern diskutieren konnten. Die ursprüngliche, 90 m² große Maison Verte in Paris hat ein informelles Wegesystem mit bestimmten räumlichen Vorgaben, die es zu beachten gilt.

Die Veränderungen in der Auffassung zur Kinderbetreuung zeichnen sich in räumlicher Hinsicht in Beispielen der Crèches Collectives aus den 1930er bis 1960er Jahren ab, die umgebaut oder renoviert wurden, um den neuen Vorstellungen gerecht zu werden. Hohe Decken wurden abgehängt oder Zwischengeschosse eingeführt, um den Raum vertikal zu gliedern. Große Räume wurden unterteilt, um kleinere Bereiche für weniger Kinder zu schaffen, große Schlafsäle wurden aufgeteilt, Nischen und Ecken geschaffen, lange Flure wurden durch 'aktive' Wände aufgelockert.

Die in den 1930er Jahren gebaute Crèche Paul Strauss in 75010 Paris wurde 1990 von Emmanuelle Colboc umgebaut.

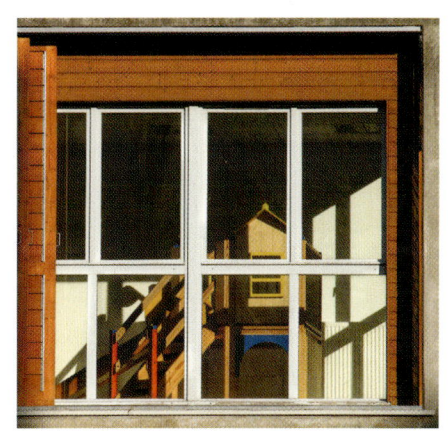

Aus den 1970er Jahren stammt die Crèche Bruant für Mitarbeiter des La Salpêtrière Hospitals in 75013 Paris, die von 2001 bis 2004 von Bruno Rollet umgebaut und erweitert wurde. Das bestehende Betonraster der Fassade wird zum Rahmen für kleine 'Hütten'.

Im Zuge der 1983 einsetzenden Dezentralisierung wurden den französischen Gemeinden, vorbehaltlich der Aufsicht durch ihr Département, neue Kompetenzen in der Kleinkindererziehung übertragen. Damit war die zentralistische Politik in diesem Bereich ad acta gelegt, gleichzeitig wurde die Rolle der PMI bei der Planung sowie dem Um- und Ausbau von Kinderbetreuungszentren gestärkt. Jede Kommunalbehörde entwickelte ein eigenes Strategieprogramm für den Bau von Einrichtungen für Kinder (was auch heute noch der Fall ist). Einige Kommunen wollten Modellentwürfe umsetzen, andere (wie zum Beispiel Paris) veröffentlichten Richtlinien für Programme, die Idealvorstellungen für die Planumsetzung präsentierten. Wieder andere zogen es vor, mit Hilfe der Conseils d'Architecture, d'Urbanisme et d'Environnement (CAUE)[3] Beratungsangebote zu fördern oder verteilten Informationsbroschüren über Programme, die Beispiele für die unterschiedliche Umsetzung der Vorgaben enthielten.[4]

Je mehr Freiheiten den Kinderfürsorgeeinrichtungen eingeräumt wurden, desto umfangreicher wurden paradoxerweise die Sicherheitsbestimmungen, die sie indirekt betrafen (Lebensmittelhygiene, Bestimmungen über Zugangsmöglichkeiten für Behinderte, Regeln für Spielplätze und Spielgeräte...). Dennoch wurden Kinderbetreuungseinrichtungen ab Mitte der 1980er Jahre nicht mehr als klinische Einrichtungen betrachtet, die auf die Sicherheit der Kinder bedacht sind, sondern als lebendige und lebenswerte Orte. Im offiziellen Jargon wurde die Bezeichnung 'Lieux de Garde' (mit Schwerpunkt auf Gewahrsam, Schutz und Beaufsichtigung) durch 'Lieux d'Accueil' ersetzt (mit der Betonung auf dem freundlichen Willkommenheißen und der engen gegenseitigen Beziehung zwischen den Erziehern in einer Institution und dem Kind).

3 Die Conseils d'Architecture, d'Urbanisme et d'Environnement (CAUE), die 1977 vom Gesetzgeber ins Leben gerufen wurden, aber als Vereine geführt werden, erfüllen trotz ihres privaten Status' Aufgaben der öffentlichen Hand. Ihre offizielle Aufgabe ist das Architekturbewusstsein in der Öffentlichkeit zu fördern; privaten Bauherren bei der Erlangung einer Baugenehmigung zu helfen, der Kommunalverwaltung technische Unterstützung zu geben und professionelle Lehrgänge anzubieten.

4 In Drôme beispielsweise empfahlen CAUE, das Conseil Général, CAF, PMI und Maison de l'Architecture die Besichtigung verschiedener Crèches, Haltes Garderie und Relais Assistantes Maternelles im Département und veröffentlichen eine Broschüre, die den Weg zu jedem Gebäude erläutert. Eine andere Broschüre erklärt die Aufgaben und Rollen aller an der Errichtung eines Gebäudes Beteiligten.

Bauen für Kleinkinder in Frankreich

Orte, an denen man sich wohlfühlen und sich entfalten kann

Eine Umgebung der Erwachsenen-Kind-Beziehung: Das Pariser Programm für Crèches Collectives

Als besonders einflussreiches Schriftstück in Hinblick auf das Raumprogramm der Lieux d'Accueil gilt das 1986 veröffentlichte 'Programme de Crèches', das 1992 in überarbeiteter Fassung erschienen ist. Es untermauert die Auffassung, dass ein Architekturprogramm aus der situationsbezogenen Beobachtung zwischenmenschlichen Verhaltens entwickelt werden sollte und erhebt die interaktionsstützende Rolle der Raumgestaltung zu einem wichtigen Entwurfsziel. Der Verfasser dieses Textes, Bernard Franjou, vertritt die Meinung, dass die Interaktion in einer Crèche grundsätzlich in vorsprachlicher Form und unter Einwirkung von Trennungsängsten verläuft. Diese beiden Merkmale der Gefühlswelt eines Kindes sind ein weiteres Indiz für die wichtige Rolle, die ein Raum bei der Entstehung und Strukturierung von emotionaler Interaktion spielt.

Ein Kleinkind ist noch nicht in der Lage, eine in sich abgeschlossene Vorstellung seiner Innenwelt zu entwickeln. Folglich müssen bei einem Kind, das sich in einem Prozess der Loslösung befindet, auch immer seine Eltern mit einbezogen werden. Räume für Kleinkinder sind daher weder nur für das Kind noch nur für die Eltern, sondern für beide gemeinsam gedacht. Der von Winnicott thematisierte Widerspruch, nach dem die Trennung von beiden Seiten sowohl als Nutzen wie auch als Unmöglichkeit erlebt wird, macht die Präsenz einer dritten Person notwendig: Diese Person soll die Eltern nicht ersetzen, sondern im Verlauf der Trennung zum Kind ein fürsorgliches Verhältnis aufbauen und dessen erste Interaktionserfahrungen ermöglichen. Diese entwickeln sich in einer Dreiecksbeziehung, bestehend aus Bezugsperson, Eltern und Kind. Zwischen den Polen dieser Ur-Konstellation erstreckt sich ein Feld, auf dem sich kindgerechte räumliche Eigenschaften entwickeln lassen. Die 'relationale Umwelt' des Kindes steht dementsprechend bei der Planung einer Crèche im Mittelpunkt. Der Fortbestand dieser Beziehungen, das Vermeiden von überraschenden Unterbrechungen und die Form der Interaktion innerhalb der Dreiergruppe sind wichtige Punkte, die ausschlaggebend sind für die optimale Auslastung einer Einrichtung, für die interne Gruppenstruktur und für

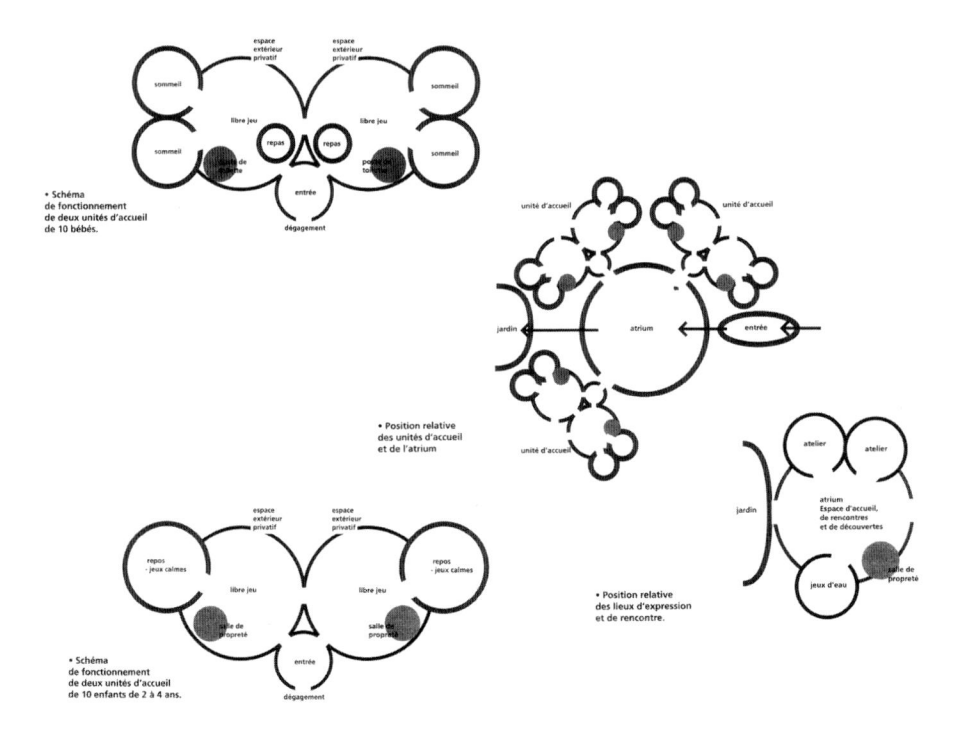

Raumdiagramme des Pariser Programms für Crèches (1986)

das Verhältnis zwischen den Räumen und deren Größe. Ausgehend von diesen Voraussetzungen stuft der Autor die Funktionen einer Crèche und die für deren Umsetzung benötigten Räumlichkeiten in unterschiedliche Kategorien ein. Die Notwendigkeit einer – affektiven, zeitlichen und räumlichen – Orientierung ist besonders im Falle der Interaktion in der Phase vor dem Spracherwerb gegeben, die auf Gewohnheiten und dem engen Verhältnis zwischen Erwachsenem und Kind basiert. Der Autor des Pariser Programms, Bernard Franjou, empfiehlt unterschiedliche Areale für die einzelnen Aktivitäten einzurichten, jedem Akteur seinen eigenen Bereich zuzugestehen und die Kinder in Altersstufen einzuteilen. Wie bei vorherigen Programmen werden die Kinder in drei Gruppen eingeteilt (Petits, Moyens, Grands)[5], wobei jede Gruppe wiederum in zwei Untergruppen (die Unités de Vie) von je zehn Kindern unterteilt wird, innerhalb der jedes Kind zu einer bestimmten 'erwachsenen Bezugsperson', die es über die Jahre hinweg begleitet, eine enge Beziehung aufbaut.

Bei der Kinderbetreuung gilt es, ein grundlegendes Problem zu lösen: Einerseits verspürt das Kind den Wunsch nach Autonomie, gleichzeitig ist es nach wie vor emotional sehr stark von anderen Menschen abhängig. Die Forschungsarbeit des Loczy-Instituts in Budapest im Hinblick auf den Wechsel zwischen 'freiem Spielen' und der Aufnahme 'einer individuellen engen Beziehung zur Bezugsperson' hat in diesem Fall Modellcharakter (und wird in der Forschung der Petite Enfance oftmals zitiert). Die Distanz zwischen Kind und Erwachsenem muss für jede Aktivität und für jede Altersgruppe räumlich genauestens definiert werden. So sollten zum Beispiel die Umkleideräume ein 'besonders enges Verhältnis' zwischen einem Erwachsenen und einem Kind ermöglichen, währenddessen der Erwachsene in der Lage sein sollte, gleichzeitig auch ein wachsames Auge auf die anderen Kinder zu werfen. Das Programm empfiehlt daher integrierte Wickelbereiche anstelle von separaten Räumen. Den älteren Kindern stehen dank in sich geschlossener Räume, die dennoch Überschaubarkeit gewährleisten, ein gewisses Maß an Autonomie und Privatsphäre zur Verfügung.

Die Nahrungsaufnahme bei Kindern entwickelt sich von einem Augenblick großer Intimität und Abhängigkeit in einem abgetrennten Bereich (bei Babys) zu einem kollektiven Erleben an einem gemeinsamen Tisch (bei älteren Kindern). Babys schlafen häufig und unregelmäßig, daher werden kleine Räume mit fünf Betten benötigt und keine Schlafsäle, die noch in früheren Programmen vorgesehen waren. Die Räume müssen einerseits isoliert, andererseits aber auch verglast sein, damit die Kinder stets beaufsichtigt werden können. In den Bereichen für ältere Kinder kann man es so einrichten, dass alle gemeinsam zu einem bestimmten Zeitpunkt schlafen gehen können: Der Schlafbereich kann großzügig geplant werden, kann für alle zehn Kinder konzipiert sein und auch anderen Zwecken dienen – man kann dort zum Beispiel auch Spiele spielen, die keinen großen Lärm verursachen. Im Hinblick auf die Motorik bietet der Bodenbelag Kleinkindern interessante Erkundungsmöglichkeiten. Die Moyens, bei denen sich die Motorik gerade explosionsartig entwickelt und die ihre körperlichen Grenzen ausloten, bewegen sich gern auf unterschiedlich hohen Ebenen. Das Spielzimmer für die Grands kann in einzelne Bereiche für verschiedenartige Aktivitäten unterteilt werden.

Neben den Bereichen, die den Kindern und den Mitarbeitern die notwendige Gelegenheit zum Ausleben von Emotionen bieten, ist ein Atrium (diesen Begriff hat das Programm gewählt) vorgesehen, das den Kinderbereich, die Technik und die Verwaltung miteinander verbindet. Auf diese große, zentral gelegene Spielfläche (zu der auch der Raum für den spielerischen Umgang mit Wasser gehört) konzentriert sich das Kommen und Gehen, die Ankunft am Morgen und das Aufbrechen am Abend. Vor allem aber ist es der Ort, an dem informelle Treffen mit Eltern und Begegnungen zwischen Kindern, Eltern und 'Bezugspersonen' stattfinden können.

[5] Petits = 3-6 bis 12-15 Monate; Moyens = 15-16 bis 22-24 Monate; Grands = 24 bis 36 Monate. In der normalen Pariser Crèche Collective sind 60 Kinder, die in diese drei Altersgruppen unterteilt sind; die Altersgruppen wiederum sind in weitere Gruppen gegliedert.

Raumkomponenten in Crèches des Pariser Programms. Oben, Mitte: Den verschiedenen Altersgruppen angepasste Umkleidebereiche in der Crèche Saint Pierre du Gros Caillou, Paris. Architekt: Philippe Delannoy
Unten: Atrium in der Crèche Dupleix, Paris. Architekt: Philippe Delannoy

Die 'Bezugspersonen' müssen zum einen das Treiben der Kinder im Auge behalten, aber gleichzeitig auch das ganze Team unterstützen. Dieses Bedürfnis nach einem ständigen Austausch unter den Mitarbeitern außerhalb des Kinderbereichs, in dem ja die ganze Aufmerksamkeit und die emotionale Zuwendung ausschließlich den Kindern gelten soll, war in früheren Programmen nicht berücksichtigt. Daher ist im Verwaltungstrakt ein eigener, von den Verwaltungsräumen abgetrennter Bereich für Diskussionen, den Erfahrungsaustausch und die Koordination von Aktivitäten der Erzieher eingeplant. Das Programm wird komplettiert durch Außenbereiche und Technikräume.

Das Pariser Programm legte die Richtlinien für die Um- und Neubaumaßnahmen von Crèches Collectives in Paris fest und trug auf diese Weise dazu bei, dass ein bestimmter 'Pariser Typus' einer großen urbanen Crèche entstand. Obwohl ursprünglich nur als Modell für die Planung und Analyse des emotionalen Umfelds einer Crèche gedacht, werden die nicht zwingend vorgeschriebenen Angaben zur Größe der Räume bis ins kleinste Detail befolgt. Die im Durchschnitt 60 Quadratmeter große Unité de Vie ist in Paris schon fast zum Standard geworden.[6] In der Krippe in Belleville/Romainville ist diese Fläche sogar die Berechnungsgrundlage für ein Modulbau-System, bei dem man den Grundriss des Gebäudes spielerisch gestalten kann. Das Pariser Programm gilt seit 1994 als Leitfaden für die Planung von Crèches. Es wird wegen der Freiheit, die es den Architekten bei der Planung einräumt, sehr geschätzt und wurde auch in vielen anderen Städ-

6 Die vorgeschlagenen Raumgrößen sind: 62 m² für ein Unité d'Accueil mit 10 bis 11 Babys unter 15 Monaten; 73 m² für ein Unité d'Accueil mit 10 bis 11 Kindern von 15 bis 18 Monaten bis 2 Jahren; 56 m² für ein Unité d'Accueil mit 10 bis 11 Kindern von 2 bis 4 Jahren; 45 bis 50 m² für das Atrium.

Pouponnière der Accueil Familial du Charmeyran, La Tronche
Architektinnen: Antoinette Robain und Claire Guieysse mit Patricia Lefranc; Wettbewerb 1997
2093 m² Hort und Pension, 734 m² Kindertagesstätte
In dem Gebäude befindet sich eine Pouponnière für Kinder von 0 bis 3 Jahren, die weder bei ihren eigenen noch bei Pflegeeltern sein können, und eine Tagesstätte. Die Eltern können ihre Kinder nur unter strenger Aufsicht besuchen. Um den Kindern das Gefühl von Schutz zu geben und den sensiblen Anforderungen der Umgebung gerecht zu werden, platzierten die Architekten das Gebäude an der Spitze des Parks und nutzten die Topografie. Eltern haben direkten Zugang zur Rezeption im Erdgeschoss und zu den mittels Terrassen hervorgehobenen Durchgangsbereichen. Die Unités de Vie der Kinder sind in drei L-förmigen Gebäuden untergebracht, die direkten Zugang zu drei privaten Gärten haben. Jede Einheit ist wie ein kleines Haus mit Schlaf-, Ess-, Bade- und Spielzimmern. Die wie ein Blumenblatt geformte Tagesstätte ist der einzige Ort, an dem alle Nutzer, auch die älteren Kinder, zusammentreffen. Hier befinden sich eine Schule, eine Crèche und eine Garderie.

ten umgesetzt. In späteren Veröffentlichungen weitete der Autor seine Thesen hinsichtlich der räumlichen Implikationen von 'zwischenmenschlichen Erfahrungsbereichen' auch auf andere Arten von Einrichtungen aus, die sich mit der Betreuung von Kindern befassen, wie zum Beispiel Krankenhäuser und Pouponnières.

Ein Umfeld, das die sensorisch-motorische Entwicklung und die Éveil fördert
Das Pariser Programm ist fest im psychoanalytischen Forschungsmodell der Entwicklung von Kindern verankert. Es definiert die räumlichen Beziehungen hinsichtlich ihrer Auswirkungen auf affektive Bindungen und betrachtet Gebäude als Schauplätze und Hilfsmittel bei der Entstehung von emotionalen Beziehungen, geht aber nicht näher auf die Gestaltung dieser Räume ein.

Andere Planungsgremien und Forschungsgruppen, die sich ebenfalls in den 1980er Jahren bildeten, haben sich mehr auf den Begriff der Éveil konzentriert und den Einfluss, den die Raumplanung und die Architektur auf das motorisch-sensorische Erwachen des Kleinkindes ausüben, mit einbezogen. In Anlehnung an Piaget unterscheiden sie zwischen zwei Aspekten eines Raumes: Zum einen der Raum, mit dem sich das Kind konkret auseinandersetzen muss, die so genannte 'Realität', und zum anderen der imaginäre und symbolische Raum, den es sich selber erschafft. Das Spielen bietet einem Kind die Freiheit, die vorgegebenen Elemente des realen Raumes zu 'verändern' und sich einen imaginären Raum auszudenken. In diesem Sinne ist es eine äußerst wichtige, grundlegende Form von Verhalten. Es ist keine isolierte Aktivität, sondern bei der Gestaltung des Raumes immer mit inbegriffen.

Eine Organisation namens NAVIR hat sich auf diesem Gebiet besonders hervorgetan: Sie entwirft Spielflächen, die organisch in die Architektur integriert sind. In dem von Eltern verwalteten Multi-Accueil-Zentrum Les Petits Bouts de Gy wird die Konstruktion des Gebäudes von einem großen Klettergerüst beherrscht. Im Centre de l'Enfance in Villiers-sur-Orge sind die einzelnen Einheiten durch einen Spielbereich in der Mitte des Hauses, der so etwas wie das pochende Herz des Gebäudes darstellt, miteinander verbunden. Zwischen- und Verkehrsflächen fördern die Bewegung, gleiches gilt für die Treppe, die die einzelnen Geschosse einer alten Pariser Bäckerei im L'Atelier pour les Petits miteinander verbindet, sowie für Betten, die als Ausgangspunkt für motorische Aktivitäten verwendet werden können. Sie verfügen über all das (sensorische, psycho-

Les Petits Bouts de Gy, St-Eloy-de-Gy
Elterngeführte Multi-Accueil für 20 Kinder
Architekten: NAVIR und Atelier Patrice Lacour, 2004
211 m²
Die Dachkonstruktion beinhaltet ein Gerüst für psychomotorische Spiele.

Bauen für Kleinkinder in Frankreich

Gestaltungsrichtlinien von NAVIR, eine von Didier Heintz gegründete Organisation, die sich auf die Untersuchung und Gestaltung von Lieux d'Accueil für Kleinkinder spezialisiert hat

Lieu d'Accueil – im Dienste pädagogischer Projekte

Artikel R 190-9 des neuen Erlasses zu Einrichtungen für Kleinkinder (Decree n° 2000-762 vom 1. August 2000) besagt folgendes:

„Die Räume und ihre Grundrisse müssen die Umsetzung eines Projet Éducatif fördern."
„Die Mitarbeiter müssen in der Lage sein, ihre Aufgaben unter zufriedenstellenden Bedingungen der Sicherheit, Hygiene und des Wohlbefindens zu erledigen, indem sie ihre volle Aufmerksamkeit den Kindern widmen und den Tagesablauf entsprechend deren Bedürfnissen, Mahlzeiten, Ruhezeiten, Körperpflege sowie Spiel- und Lernaktivitäten organisieren."
„Die Gestaltung der Einrichtungen muss auch die Einbeziehung der Eltern ermöglichen und die Organisation von Personalbesprechungen."

Die räumliche Planung frühkindlicher Einrichtungen wird nicht mehr in erster Linie durch strikte Gesetzgebung und hygienische Anforderungen bestimmt, sondern durch die Berücksichtigung verschiedener Funktionsanforderungen und des jeweils gewählten pädagogischen Konzeptes der Einrichtung.

Der sorgfältigen Ausarbeitung des architektonischen Konzeptes sollte stets ein Dialog mit allen Beteiligten über Definition und Programm vorausgehen, der das gewünschte Beziehungsgeflecht zwischen Kindern, Erwachsenen und Umwelt aufzeigen wird. Dieses Beziehungsgeflecht hängt von kulturellen und sozialen, ländlichen oder städtischen Aspekten ab. Werden die Kinder in Altersgruppen unterteilt oder in Familien und wie viele Kinder werden in jeder Gruppe sein. Wird die Einrichtung mehrgliedrig, und wenn ja, wie wird die Unterbringung der Kinder organisiert, in normaler, ganztätiger, zeitlich begrenzter oder gelegentlicher Betreuung? Welche Größe sollte jeder Bereich haben?

Der Raum sollte so organisiert sein, dass er dem gewählten Betreuungskonzept bestmöglich gerecht wird und räumliche Entscheidungen werden auf Basis dieser funktionalen Anforderungen getroffen.

Aber über funktionale Aufgaben hinaus, müssen auch solche Qualitäten wie Maßstab, Volumen, Formen, zentrale und periphere Räume, Licht, Farben und Materialien berücksichtigt werden

Die Bereiche der Kinder werden immer aktiv sein und die folgenden Qualitäten aufweisen:

Sensorik: Kinder nehmen die Welt mit allen ihren Sinnen wahr. Raum ist eine sprachfördernde Aktion und Interaktion. Für die ganz kleinen Kinder, die ihren Körper oder Sprache noch nicht beherrschen, ist es die hauptsächliche und essentielle Ausdrucksform. Hier findet auch der Kontakt mit Materie und den Elementen Wasser, Sand, Wind, Erde und Gras statt.
Psychomotorik: Die Persönlichkeit und Psyche des Kindes entwickelt sich, indem es hinauf und hinunter klettert, rennt, springt, seine Arme emporstreckt, sitzt. Es lernt, Distanzen oder Höhe einzuschätzen, und erlangt Kontrolle über seinen eigenen Körper und seine Umwelt.
Beziehung: Raum unterstützt alle Arten von Beziehungen mit anderen; verstecken, sich zeigen, zusammen sein, alleine sein sind Formen von Dialog und Interaktion der Kinder untereinander und mit Erwachsenen.
Symbolik: Durch Imitation und dann Aneignung der Welt in Form von symbolischer Vorstellung im Reich der Fantasie lernt das Kind allmählich Abstraktion zu verstehen und entwickelt Konzepte.

Für Erwachsene gilt auch:
Räume für Mitarbeiter sind deren Arbeitsplätze. Jeder Raum, bis zu den Garderoben, sollte detailliert hinsichtlich Bewegung, Licht, Möblierung, Beziehungen geplant werden.
Für Eltern bringt die räumliche Gliederung Begegnung und Trennung mit sich. Wo sind sie willkommen? Welchen Weg gehen sie mit ihrem Baby? Wo werden sie sitzen?

Kurz gesagt:
Ein Lieu d'Accueil für Kinder ist sowohl ein Raum für frühes Lernen und für die Auseinandersetzung mit dem Kind als auch Arbeitsraum für die Mitarbeiter und ein Raum für Begegnungen und Gespräche der Eltern.

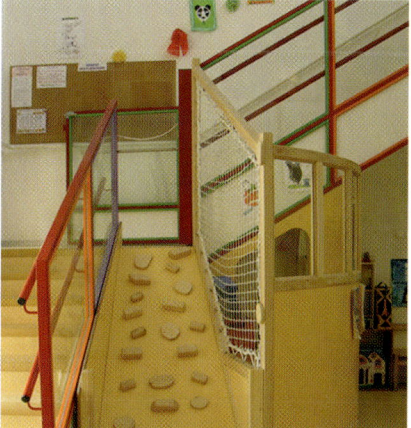

motorische, symbolische, zwischenmenschliche Qualitäten), was ein Raum Kindern bieten sollte, und ermöglichen ihnen das Ausleben zahlreicher unterschiedlicher Aktivitäten, bei denen sie Gefühle zum Ausdruck bringen können: sich verstecken, entdeckt werden, sich mit anderen auseinandersetzen, Risiken eingehen, von oben herab den anderen zum Abschied winken...

NAVIR entwickelt keine theoretischen Paradigmen für architektonische Gestaltungen, sondern vertritt vielmehr einen pragmatischen Ansatz. Die Organisation entwirft Programme, bei denen sie auf die Mitsprache der Beteiligten setzt: Sie arbeitet bei der Planung des Gebäudes mit den zukünftigen Mitarbeitern, den Eltern, den beteiligten Medizinern und Entscheidungsträgern zusammen, damit die Wünsche und Bedürfnisse der einzelnen Parteien hinsichtlich der räumlichen Gestaltung zur Sprache kommen und koordiniert werden können. Das bedeutet, dass Architekten von Anfang an in das Projekt einbezogen werden müssen – und eben dies ist eine Vorgehensweise, die mit dem Wettbewerbsverfahren, das bei der Planung von großen traditionellen Projekten wie jenen in Paris zwingend vorgeschrieben ist, unvereinbar ist. Vielleicht ist dies – zusammen mit der Tatsache, dass der Begriff der Éveil erst in jüngster Zeit in offiziellen Verlautbarungen in Erscheinung tritt – der Grund dafür, dass eine Architektur, die sich ganz dem in Bewegung befindlichen Körper und der Imagination verschrieben hat, in erster Linie bei 'alternativen' Einrichtungen (unter der Verwaltung von Elterninitiativen oder Vereinen) und nicht bei kommunalen Institutionen anzutreffen ist.

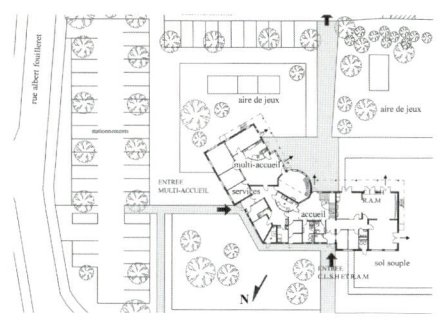

Centre de l'Enfance, Villiers-sur-Orge
Multi-Accueil für 30 Kinder
Architekt: NAVIR, 2004
800 m²
Teil eines regionalen Projektes, das die Errichtung eines Kinderzentrums vorsieht mit einem Freizeitzentrum, Multi-Accueil und R.A.M. Eine große Rotunde mit einer psychomotorischen Konstruktion gliedert die verschiedenen Bereiche des Zentrums.

L'Atelier pour les Petits, 75018 Paris
Renovierung eines Spielzimmers für 34 Kinder in einer ehemaligen Bäckerei
Architekt: NAVIR, 2002
90 m² + 64 m²
Eine Treppe zum Spielen verbindet das Erdgeschoss mit dem neu hinzugekommenen ersten Geschoss.

Bauen für Kleinkinder in Frankreich

Architektonische Besonderheiten von modernen Gebäuden für Kinder

Die Bauweise von Kinderbetreuungseinrichtungen, die in den letzten zehn Jahren errichtet wurden, spiegelt in vielerlei Hinsicht die Auffassung wider, dass diese Institutionen ein kindgerechtes emotionales Umfeld erschaffen und die Entwicklung und das Wohlergehen des Kindes fördern sollen.

Pädagogischer Raum

Es gibt verschiedene Ansichten, wie Architektur zur Unterstützung der Pädagogik eingesetzt werden kann. Bei den erwähnten Beispielen von NAVIR bilden die Architektur und der psychomotorische Raum eine Einheit. Architekten, die einer traditionelleren Sichtweise anhängen oder eine eher modernistische Stilrichtung vertreten, gehen nicht so weit und sehen herkömmliche architektonische Elemente als Möglichkeit für psychomotorische Entfaltung. Der Boden zum Beispiel kann so verändert werden, dass er zum Spielen einlädt, bis er schließlich selbst zu einem Einrichtungsgegenstand wird. Eine Stufe lädt zum Klettern, Stehen, Herunterkrabbeln und Sitzen ein oder kann der Ausgangspunkt für eine andere Aktivität werden. Eine Rampe kann als Rodel- oder Rollbahn genutzt werden. Eine Wand ist mehr als nur ein Raumteiler; sie kann verstärkt werden, so dass man mit ihr einiges anstellen kann. Man kann sich gegen sie lehnen, während man dem Erzähler einer Geschichte im Aktivitätsraum zuhört. Im Durchgangsbereich wird die gleiche Wand zu einer Garderobe. In der umgebauten Crèche in der Rue d'Affre und in der Crèche für die Mitarbeiter des Krankenhauses Jean Verdier waren sich die Architekten sehr wohl bewusst, dass sie durch die Planung einer Trennwand nicht nur eine Wand entwerfen, sondern damit gleichzeitig auch die Entstehung von Wohnräumen und Spielzimmern ermöglichen.

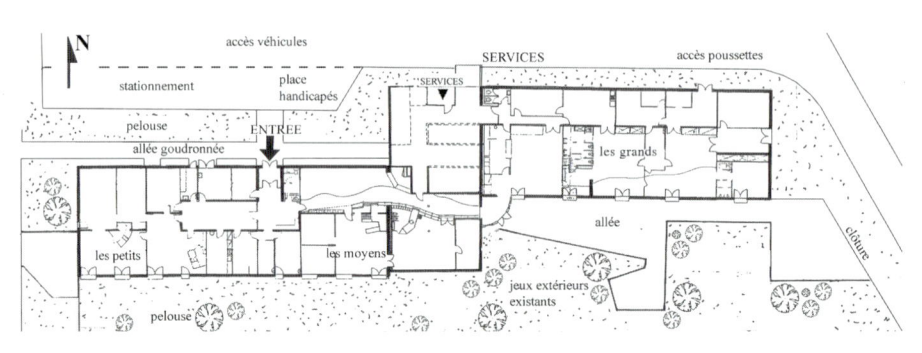

Crèche Rue d'Affre, 75018 Paris
Sanierung: Antoinette Robain, Claire Guieysse, 2001
Die farbige Wand zieht sich als ein zweiseitiges durchgehendes Möbel durch die gesamte Länge der Crèche.

Mitarbeiter-Crèche des Jean Verdier Hospitals, Bondy
Architekt: NAVIR, 2001

Lumineszierende Zwischenwand aus Polycarbonat.
Die Kinder können die Farben steuern.

Eine andere Alternative ist der neutrale Raum, der viele Verwendungsmöglichkeiten zulässt. Der Entwurf für die Crèche in der Rue Lauzin sah in den einzelnen Räumen weiße Wände vor. Die Nutzer der Einrichtung sollten sich die Flächen und Räume aneignen können, ohne vom Architekten kontrolliert zu werden. Ein Argument für eine derartige bauliche Zurückhaltung ist die Tatsache, dass sich die Pädagogik schneller weiterentwickelt als Gebäude es in der Regel tun und dass es zudem schwierig, wenn nicht sogar unmöglich ist, die Ergebnisse der kognitiven Wissenschaft in architektonische Begriffe umzusetzen. Allerdings ist Neutralität immer relativ. Die bunte Glasfassade der Crèche in der Rue Lauzin verleiht den weißen Räumen indirekt einen farbigen Schimmer.

Renovierung der Crèche Rue Lauzin, 75019 Paris
Crèche Collective für 60 Kinder
Architektin: Davar Panah, atelier architectes, 2004
1145 m², 210 m² Garten
In einer Gegend in Paris, in der es an Einrichtungen für Kinder mangelt, belegt die Crèche zwei Geschosse am Fuß eines Apartment-Blocks aus den 1970er Jahren. Die Höhendifferenz zwischen Vorder- und Rückseite (5 m) bedeutet, dass die Crèche zur Hälfte unter Straßenniveau liegt. Die neue Fassade gibt dem Gebäude einen durchgehenden Sockel und verleiht ihm eine starke Identität. Sie besteht aus sich wiederholenden, farbig beschichteten Glasmodulen, die auf einer leichten Metallkonstruktion befestigt sind. Die Salles d'Éveil sind entsprechend diesem Raster entlang der Fassade aufgereiht. Die verschiedenen Bereiche sind klar abgegrenzt; dennoch wurden die visuelle Durchgängigkeit und der Raumfluss fortgeführt, um die Räume verändern zu können. Die Innenräume sind aus Kosten- und Flexibilitätsgründen einfach gestaltet, offen für neue Nutzungen und Aneignungen.

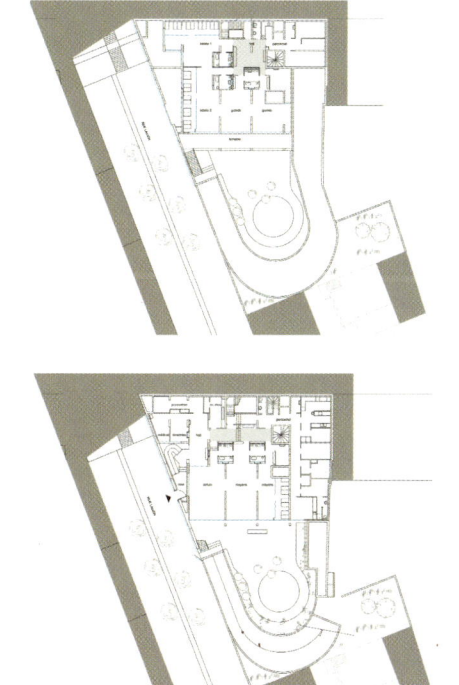

Bauen für Kleinkinder in Frankreich

Renovierung der Crèche St Pierre du Gros Caillou, 75007 Paris
Associative Crèche für 75 Kinder
Architekt: Philippe Delannoy, 2002
Der vierte Umbau dieser Crèche des französischen Roten Kreuzes umfasste den Einbau eines Zwischengeschosses, die Schaffung von mehr Transparenz im ganzen Gebäude und das Spiel mit der Farbe. Der Künstler Miquel Mont entwickelte eine Farbenskala, die auf Farbtönen für Anstriche, Wandoberflächen, Linoleumböden und Fliesenbeläge basiert, die auf dem Markt erhältlich sind, und die er für die Renovierungsmaßnahmen verwendete. Idee war, die verschiedenen Bereiche mit klaren, leuchtenden Farben hervorzuheben, indem zwischen Boden und Schichtplatten oder Boden und Wand Kontraste gesetzt wurden. Diese Katalogisierung der Farben unterstützt die räumliche Organisation der Architektur.

Farben

Farben werden verwendet, um die kindliche Vorstellungskraft anzuregen, der soziale Codes noch keine Grenzen gesetzt haben. Allerdings sorgen sie häufig dafür, dass genau ein solcher Code entsteht, da sie bisweilen als Zeichen mit Symbolkraft benutzt werden, mit deren Hilfe die Wahrnehmung unterschiedlicher Zonen ermöglicht wird. Der Architekt Philippe Delannoy hat bei den Gebäuden, die er für Kleinkinder errichtet hat, mit einem Künstler zusammengearbeitet, um eine zusammenhängende Farbpalette zu kreieren, die sich ausschließlich aus den Farben zusammensetzt, die die Materialien der Einrichtungsgegenstände aufweisen. Diese Auflistung der Farben sollte dazu beitragen, die Kontraste zwischen Konstruktionsbaustein und Farbe zu strukturieren, die Berührungspunkte zweier Flächen (Boden und Wand) zu akzentuieren und die Elemente in den für die Renovierung vorgesehenen Bereichen hervorzuheben, die erhalten beziehungsweise erneuert werden sollten. Ein solches Vorgehen basiert auf persönlichen, ästhetischen oder intuitiven Motiven und ist nicht unbedingt wissenschaftlich untermauert. Es zielt nicht darauf ab, eine Korrelation zwischen Wahrnehmung und Erkenntnis herzustellen. Außerdem besteht auch nicht die Absicht, der Kindheit bestimmte Farben zuzuordnen. Dies war in der Vergangenheit noch der Fall, als man meinte, in Crèches am besten Pastellfarben verwenden zu müssen.

Licht

Licht ist ein weiteres Element, mit dessen Hilfe die sinnlichen Qualitäten des natürlichen Lebensraumes eines Kindes verbessert werden können. Da die Flächen zwischen den einzelnen Bereichen gut einsehbar sein müssen, entsteht der Eindruck eines fließenden Raumes, den man durch eine wohlüberlegte Abfolge von Öffnungen und lichtundurchlässigen Abschnitten strukturieren kann. Licht kann genau wie Farbe als Signal verwendet werden, zudem kann es in emotionalen Situationen hilfreich zur Seite stehen: In der Crèche Dagorno in Paris wird der Korridor, der zum Atrium und zu den einzelnen Bereichen führt – mit anderen Worten: der Flur, auf dem das Kind sich von den Eltern trennen muss – durch regelmäßig wiederkehrende Öffnungen zum Garten hin unterbrochen, die zum Verweilen einladen.

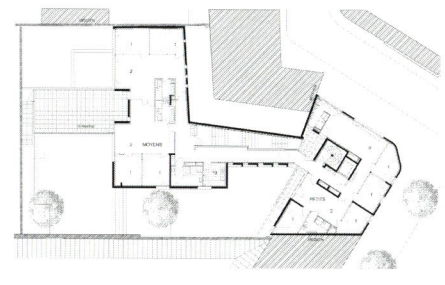

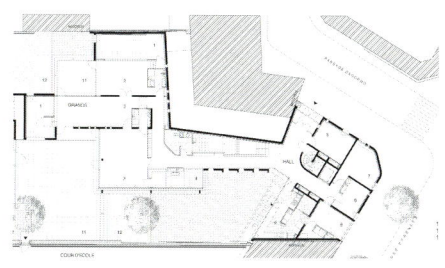

Crèche Dagorno, 75020 Paris
Crèche Collective für 60 Kinder und Außenbereich
Architektin: Emmanuelle Colboc, 1998-2002
943 m²
Eingeschoben in ein tiefes Grundstück, mit schmaler Straßenfassade, formt die Crèche eine kleine Welt für sich, die um einen Innenhof, Terrassen und Gärten organisiert ist. Öffentliche Bereiche, Verwaltung und Serviceräume liegen zur Straße, die Räume der Kinder nach hinten. Der Garten wird durch die Wand einer benachbarten Maternelle Schule abgeschirmt. Den Übergang zum oberen Geschoss bildet eine Treppe mit doppeltem Handlauf, einer auf Kinderhöhe, der andere für Erwachsene. Das Obergschoss erinnert an ein Haus. Die Frage des Maßstabs wurde sorgfältig behandelt: wie die Blicke der Kinder den Raum und den weiten Balkon wahrnehmen, wie Höhe geschaffen wird einzig durch teilweise Absenkung des Bodens und die Neigung zum Flur, bei gleichzeitiger Wahrung des für die Bewohner angemessenen Maßstabs.

Bauen für Kleinkinder in Frankreich

Größe
Die Eltern werden zunehmend in die Planung der Einrichtungen mit einbezogen. Der Zwei-Wege-Kommunikation wird mittlerweile eine größere Bedeutung zugemessen als eine nur auf das Kind konzentrierte Beziehung. Dies hat dazu geführt, dass man immer weniger versucht ist, Miniaturwelten zu bauen (keine Fenster in Augenhöhe eines Erwachsenen; Zwischengeschosse, in denen ein Erwachsener nur gebückt gehen kann; Babystühle für stillende Mütter). Die Größe ist ein komplexes Thema, das zahlreiche Möglichkeiten der Wahrnehmung bietet. Man kann Korridore von der Größe her etwas großzügiger planen, so dass ein Kind sie als Räume wahrnehmen kann. Eine Trennwand kann alternativ als Teiltrennung an der Decke aufgehängt werden und somit den Raum teilen, ohne ein Verbot der Durchgängigkeit wie bei einer Wand darzustellen. In erster Linie sind die unterschiedlichen Formen, Größen und Höhen von Fenstern ein architektonisches Merkmal, das bei zahlreichen neuen Kinderbetreuungseinrichtungen anzutreffen ist. Eine Öffnung lädt zum Spielen ein. Ein kleines Fenster eignet sich hervorragend als Nische zum Nachdenken und Innehalten. Durch eine große verglaste Fläche kann man zusammen mit anderen etwas beobachten, während eine kleine Öffnung eine individuelle oder eingeschränkte Wahrnehmung der Außenwelt ermöglicht.

Das Verhältnis zur Außenwelt
Die Richtlinien gehen auf das Verhältnis zwischen Innen- und Außenbereich ein, da sie sich mit der Belüftung und dem Zugang zum Außenareal befassen. Das Pariser Programm empfiehlt ausdrücklich, dass die Schlafräume über Fenster verfügen und die Salles d'Éveil einen direkten Zugang zu Spielplätzen im Freien haben sollen. Empfehlungen zur Akustik beeinflussen die Positionierung von Räumen im Verhältnis zur Außenwelt. Allerdings gehen herkömmliche Programme nicht weiter auf die Frage ein, in welchem Umfang die Einrichtung einen architektonischen Bezug zur Stadt oder zur Landschaft herstellen soll. Die Tatsache, dass Éveil nicht nur in einer behüteten, kindspezifischen Umgebung, sondern auch in der Öffnung gegenüber der 'realen' Welt stattfindet, sollte offensichtlich sein. Allerdings spielt das Verhältnis zur Außenwelt bei aktuellen Planungen im Vergleich zu einigen 'alternativen' Programmen aus den 1970er Jahren keine große Rolle. Kleine Institutionen unter privater Leitung sind eher bereit, sich mit dieser Frage zu befassen, als öffentliche Einrichtungen, die mit den Bestimmungen über Sicherheitsstandards in Konflikt geraten könnten. Allerdings ist die Einfügung eines Gebäudes in die unmittelbare Umgebung sicherlich ein wichtiges Thema für Architekten: Es bedeutet, dass sie sich nicht nur mit dem Innenbereich des Gebäudes (das bei den Programmen im Mittelpunkt steht), sondern auch mit den Besonderheiten des Standorts und des Kontextes befassen müssen.

Wenn man ein beschützendes und gleichzeitig frei zugängliches Umfeld in einer urbanen Landschaft erschaffen will, bedeutet dies, dass man das Gebäude mit Innenhöfen – einem typischen Merkmal von Kinderbetreuungseinrichtungen – oder sich zum Innenbereich hin öffnenden Räumen planen muss, so dass der Eindruck entsteht, man würde das Innere des Gebäudes nach außen kehren. Dachterrassen können dementsprechend oftmals auch als Erlebnisspielplätze unter freiem Himmel genutzt werden. In diesem Sinne bilden die Gebäude selber kleine urbane Lebensräume. Bei dem Gebäude in der Rue de Belleville könnte man beispielsweise die Verzahnung von zwei Einrichtungen um eine innere Verwerfungszone herum, das Zusammenspiel der Terrassen und die Durchgangsmöglichkeit mitten durch die Freifläche als psychomotorische Übung, bei der es um die Erkundung von Urbanität geht, betrachten.

Etablissement Polyvalent d'Accueil de la Petite Enfance, Maisons-Laffitte
Architektin: Emmanuelle Colboc, 1994

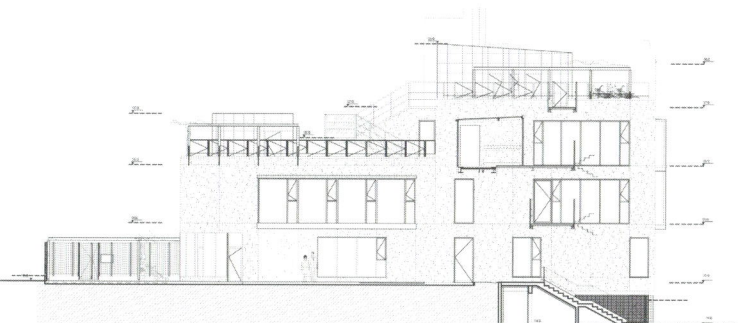

Crèche und Jardin d'Enfants Romainville/Belleville, 75019 Paris
Multi-Accueil Einrichtung mit 60 Krippenplätzen (Crèche) und 60 Plätzen (Jardin d'Enfant)
Architekt: Bruno Rollet
Fertigstellung 2006, 1125 m²

Angesichts der unterschiedlichen Gebäudemaßstäbe in der Rue de Romainville und der Rue de Belleville entschied sich der Architekt für Transparenz und Offenlegung der Topografie. Die beiden Komponenten der Einrichtung liegen am Rand der Parzelle: die Crèche als ein Ring von Gebäudeteilen, die der Größe einer Unité de Vie entsprechen, und der Jardin d'Enfant als Bindeglied entlang der Nachbarbauten. Der im Inneren entstehende Garten ist ein privater Ort, von dem aus dank der beiden Eingänge zu beiden Seiten Durchblicke zu den öffentlichen Bereichen der Straßen möglich sind. Durch die kontrastierenden Höhen der Blocks, die an Bauklötze erinnern, entstehen Terrassen, auf denen die Kinder spielen können, und es ergeben sich unterschiedliche Blickwinkel und Möglichkeiten für natürlichen Lichteinfall.

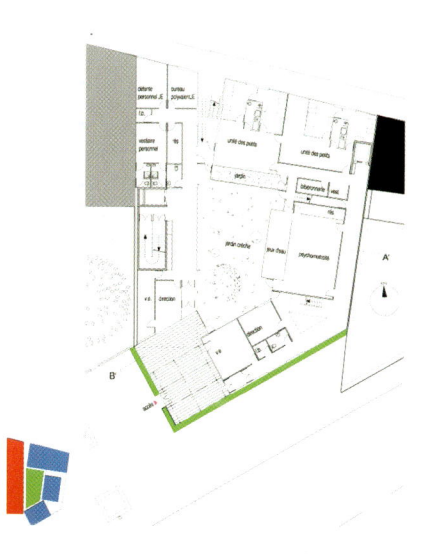

Bauen für Kleinkinder in Frankreich

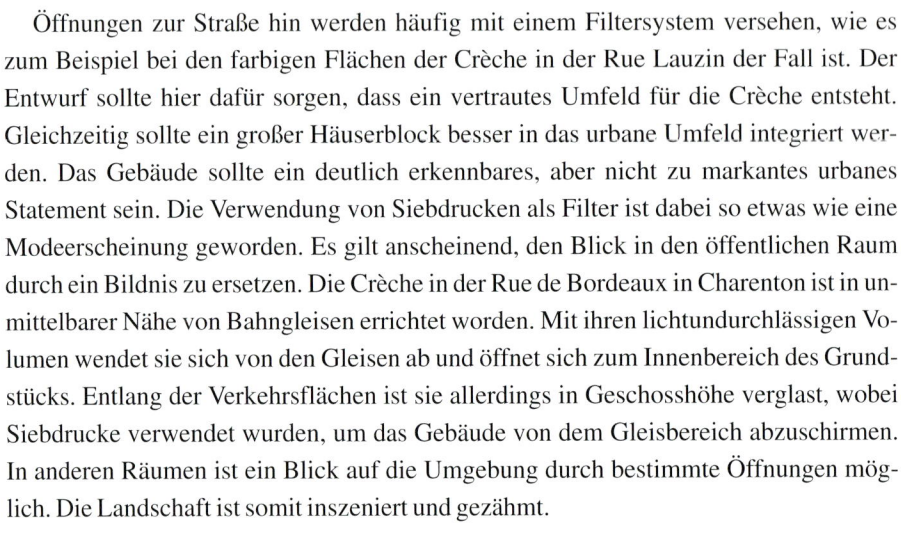

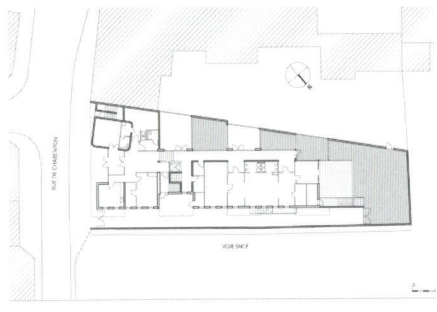

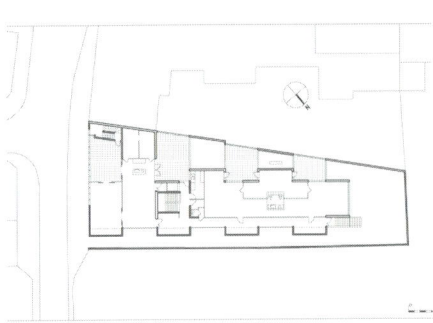

Öffnungen zur Straße hin werden häufig mit einem Filtersystem versehen, wie es zum Beispiel bei den farbigen Flächen der Crèche in der Rue Lauzin der Fall ist. Der Entwurf sollte hier dafür sorgen, dass ein vertrautes Umfeld für die Crèche entsteht. Gleichzeitig sollte ein großer Häuserblock besser in das urbane Umfeld integriert werden. Das Gebäude sollte ein deutlich erkennbares, aber nicht zu markantes urbanes Statement sein. Die Verwendung von Siebdrucken als Filter ist dabei so etwas wie eine Modeerscheinung geworden. Es gilt anscheinend, den Blick in den öffentlichen Raum durch ein Bildnis zu ersetzen. Die Crèche in der Rue de Bordeaux in Charenton ist in unmittelbarer Nähe von Bahngleisen errichtet worden. Mit ihren lichtundurchlässigen Volumen wendet sie sich von den Gleisen ab und öffnet sich zum Innenbereich des Grundstücks. Entlang der Verkehrsflächen ist sie allerdings in Geschosshöhe verglast, wobei Siebdrucke verwendet wurden, um das Gebäude von dem Gleisbereich abzuschirmen. In anderen Räumen ist ein Blick auf die Umgebung durch bestimmte Öffnungen möglich. Die Landschaft ist somit inszeniert und gezähmt.

Crèches des Bordeaux, Charenton-le-Pont
Crèche Collective für 60 Kinder
Architekten: Philéas, 2004
Serigraphie: Laure Vasconi
1300 m²

Eingezwängt zwischen den Eisenbahngleisen und hohen Nachbarbauten besteht das Gebäude aus einer rhythmischen Folge opaker und transparenter Volumen, die die Tiefe des Grundstücks einnehmen. Diese bringen die funktionalen Elemente des Programms zum Ausdruck. Die auf Steinsockeln balancierenden, überhängenden opaken Volumen und der auf der Südachse verlaufende Flur schützen vor Lärm. Das Atrium dient als Puffer zwischen der großen, von der Straße aus sichtbaren Eingangshalle und einer Reihe privater Innenhöfe. Die Unités de Vie und ihre Außenbereiche liegen auf unterschiedlichem Niveau: die Grands im Erdgeschoss, die Petits und Moyens im Obergeschoss. Die Räume können wechselnden Nutzungen und veränderten pädagogischen Konzepten angepasst und miteinander verbunden werden. Die Verkehrswege werden wie Räume behandelt und ergänzen das pädagogische Raumprogramm. Die Inszenierung der Eisenbahn mittels Siebdruck auf Glas soll die Vorstellungskraft der Kinder anregen.

Ariane Wilson

Aufgeschlossenheit gegenüber einer Vielfalt an Betreuungsangeboten

Das Dekret vom 1. August 2000 über Kinderbetreuungseinrichtungen: Räumlichkeiten, die die Umsetzung eines Projet Pédagogique unterstützen
Im Jahr 2000 sorgte ein Dekret über die Einrichtungen zur Betreuung von Kindern unter sechs Jahren dafür, dass die Entwicklungen der Kleinkinderziehung der vergangenen 30 Jahre auch gesetzliche Gültigkeit erhielten. Dadurch wurde Auffassungen von Kinderbetreuung, die einst als alternativ galten, die Anerkennung offizieller Stellen zuteil. Sicherheit und Hygiene sollten in den Hintergrund treten, im Mittelpunkt stand jetzt die Förderung einer ganzheitlichen Entwicklung der Kinder. Die Verordnung berücksichtigte dabei zwei wichtige ideologische Veränderungen. Die erste findet in dem Hinweis auf die emotionale Entwicklung des Kindes und in der besonderen Erwähnung von Eltern und Mitarbeitern ihren Niederschlag. Einrichtungen sind nicht mehr ausschließlich Lieux d'Accueil, die nur für Kinder gedacht sind: Sie sollen auch die Voraussetzungen dafür schaffen, dass die Eltern mit einbezogen werden, dass ein Dialog mit diesen zustande kommt und dass die Mitarbeiter sich austauschen können. Die zweite Entwicklung, der im Rahmen der Verordnung Rechnung getragen wird, ist die zunehmende Bedeutung, die das Spielen, die Éveil und das gesellige Beisammensein im Rahmen der Aufgaben von Kinderbetreuungseinrichtungen bekommen.

Das Dekret geht zudem ausdrücklich auf die Bemühungen ein, die Architektur und die speziellen Bedürfnisse der jeweiligen Einrichtung aufeinander abzustimmen. Für die Planung und räumliche Gestaltung werden in der Verordnung neue Begriffe verwendet: Die Formensprache der Einrichtung soll das jeweilige Projet Pédagogique unterstützen, fördern und wiedergeben. Das Projet Pédagogique ist eine Art Leitfaden, den jede Einrichtung für sich festlegt. Er formuliert die pädagogische Ausrichtung dieser Institutionen. Während sich die wesentlichen Bausteine etwa einer Crèche Collective vielerorts gleichen, hängt die Art der zwischenmenschlichen Beziehungen, die mit Hilfe der räumlichen Gestaltung optimal gestaltet werden sollen, nicht von standardisierten Programmen, sondern von der jeweiligen Orientierung einer Einrichtung ab. Dadurch hat sich eine interessante architektonische Vielfalt entwickelt.

So gibt es zum Beispiel Institutionen, die entgegen dem Pariser Programm nicht der Meinung sind, dass eine aus einer Altersklasse bestehende Gruppe am ehesten geeignet ist, die emotionale Stabilität eines Kindes zu gewährleisten: Einige Einrichtungen, vor allem Elterninitiativen, ziehen kleine Familiengruppen mit Kindern unterschiedlichen Alters vor. Auch der Umgang mit den Schlafgewohnheiten der Kinder ist von Projet Pédagogique zu Projet verschieden. Einige Einrichtungen ziehen es vor, die Schlafräume nicht isoliert von den anderen Räumen zu planen, sondern integrieren die Schlafbereiche in das Spielzimmer, weil sie der Meinung sind, dass der Schlaf tagsüber in der Crèche nicht zu vergleichen ist mit dem nächtlichen Schlaf zu Hause. Andere wiederum richten Übergangsbereiche zwischen Schlaf- und Spielbereich ein oder gestehen den Kindern zu, sich selber schlafen zu legen, wann sie wollen. Bestimmte Dienstleistungen bieten nach Meinung einiger Projets Pédagogiques den Kindern die Möglichkeit, etwas zu erlernen: In kleineren, von Eltern verwalteten Crèches ist die Küche kein den Kindern verschlossener Raum, vielmehr können sie sich hier frei bewegen. Das Atrium erscheint manchen Einrichtungen vielleicht nicht unbedingt geeignet für Treffen mit den Eltern. Sie messen dem Abschied am Morgen und dem Wiedersehen am Abend eine größere Bedeutung bei und planen daher einen Raum eigens für Eltern-/Kindergruppen mit ein, wie ihn zum Beispiel die Maisons Vertes vorsehen.

Die Tatsache, dass eigenständige Projets Pédagogiques den Vorzug vor Standard-Programmen erhalten und dass man versucht, die Bedeutung von Normen zu reduzieren und Vorgänge zu vereinfachen, deutet auf eine Aufgeschlossenheit gegenüber einer zunehmenden Vielfalt an Institutionen und Ausrichtungen hin. Das Dekret aus dem Jahr 2000 bezieht sich auf zahlreiche Einrichtungen, seien es Teilzeit- oder Vollzeiteinrichtungen, die zuvor in unterschiedlichen Erlassen behandelt wurden. Es berücksichtigt auch Bauten, die von Vereinen oder von Eltern verwaltet werden, sowie gemischte Kinderbetreuungsinstitutionen (Multi-accueil). Die Verordnung befürwortet zudem die Planung von Mehrzweckräumen in gemischten Institutionen. Diese Offenheit gegenüber vielseitigen Organisationsformen ist das hervorstechendste Merkmal der heutigen Kinderbetreuungspolitik.

Vielfalt und Flexibilität tragen dazu bei, den Engpass bei den verfügbaren Plätzen zu beheben

Die Stadt Paris bietet ein außerordentlich interessantes Beispiel für die Offenheit des staatlichen Sektors gegenüber alternativen Modellen der Kinderbetreuung. Nach seiner Wahl im Jahr 2002 bezeichnete der heutige Bürgermeister Bertrand Delanoë die Petite Enfance als einen von drei Schwerpunkten seines Amtes. Eine der ersten symbolischen Maßnahmen in seiner Amtszeit war der Umbau des luxuriösen Apartments seines Vorgängers im Bürgermeisteramt im Rathaus in eine Halte-Garderie und eine Crèche für 80 bis 100 Kinder![7]

Die Tatsache, dass in Paris ein großer Mangel an Kinderbetreuungszentren herrschte und dass die existierenden Institutionen ungleichmäßig über die einzelnen Stadtviertel verteilt waren, führte dazu, dass die Politik das Ziel vorgab, bis 2006 4500 neue Betreuungsplätze zu schaffen. Zu diesem Zweck wurden einerseits Neubauten geplant, andererseits sollten Plätze aber auch durch Ausbau und Diversifizierung der von der Stadt unterstützten Einrichtungen entstehen. Die neue Petite-Enfance-Politik beabsichtigte, alle Arten der Kinderbetreuung zu berücksichtigen, egal ob Vollzeit oder Teilzeit. Sie wollte die Zusammenarbeit mit den Verbänden stärken, die von den Haltes-Garderies praktizierte flexible Lösung weiterentwickeln und die Arbeitsbedingungen der Assistantes Maternelles verbessern. Außerdem setzte man sich zum Ziel, die unter dem Begriff Multi-Accueil bekannten gemischten Einrichtungen zu fördern, Kinderbetreuungsinstitutionen architektonisch in Neubaugebiete zu integrieren, 'einfache' Lösungen wie in Wohnungen untergebrachte Crèches zu unterstützen und die Zahl der Kinder unter drei Jahren, die eine Schule besuchen, zu verdreifachen.[8]

Renovierung und Erweiterung der Massena Crèche Collective, 75013 Paris
Zwei Crèches mit 55 und 60 Krippenplätzen
Architekt: Philippe Delannoy, Fertigstellung 2007
Neue Crèches in Paris entstehen auf privilegierten Grundstücken und sind zum Teil in öffentliche Parks integriert. Zunehmend entstehen solche Einrichtungen zusammen mit oder in Nachbarschaft zu anderen Gebäuden für Kinder, in diesem Fall ein PMI.

7 Der Architekt Marc Dillet wurde mit der Aufgabe betraut, in einem denkmalgeschützten Gebäude eine moderne Crèche einzurichten, die unter Berücksichtigung der baulichen Gegebenheiten den hygienischen und sicherheitstechnischen Erfordernissen gerecht wird.

8 Bertrand Delanoë in einer Rede vor dem Conseil de Paris am 21. und 22. Januar 2002 zu 'Communication Petite Enfance'.

Zahl der städtischen und privaten Einrichtungen für Kinder in Paris	
Crèches Municipales Collectives und Familiales	263
Crèches Associatives	102 (davon 28 Elterninitiativen)
Jardins Maternels	7 (davon 4 städtisch)
Jardins d'Enfants	41 (davon 28 städtisch)
Haltes-Garderie	54 städtisch, 90 vereinsgeführt
Gesamtzahl städtischer Einrichtungen	349 für 19 556 Kinder
Gesamtzahl privater Initiativen	208 für 6 350 Kinder
Zahl der Assistantes Maternelles	600 in Crèches Familiales, 2500 unabhängig

Diese Öffnung gegenüber alternativen Lösungen, die symptomatisch ist für die Abkehr des öffentlichen Sektors von seiner traditionell dominanten Rolle bei der Bereitstellung von Dienstleistungen, hat zweierlei Konsequenzen. Die erste beinhaltet eine engere Zusammenarbeit mit Trägervereinen, deren Erfahrungen mit den konkreten Umständen der Kinderbetreuung die Behörden immer größere Wertschätzung entgegen bringen. Es ist interessant zu beobachten, dass sich der Staat – genau wie in den 1960er Jahren, als die radikalen Crèches Sauvages den Impuls für die Entstehung der Crèches Collectives gaben – wieder von Alternativbewegungen inspirieren lässt, diesmal allerdings eher aus organisatorischen denn aus ideologischen Gründen. Neue Denkansätze wurden von unabhängigen Gruppen in Privatinitiativen schon immer schneller aufgegriffen als von staatlichen Institutionen, die unter der Last von traditionellen Strukturen und administrativen Fesseln zu leiden haben. Die Frage ist nur, ob diese neuerliche Zusammenarbeit dazu führt, dass die 'offizielle' Praxis reformiert und radikalisiert wird, oder ob dadurch eine Institutionalisierung der unabhängigen Initiativen vorangetrieben wird?

Die zweite zu beobachtende Entwicklung ist im französischen Kontext überraschend, reflektiert aber gleichzeitig übergeordnete politische Trends. Stadtverwaltungen bitten Unternehmen, die auf die Errichtung und Verwaltung von Crèches spezialisiert sind, durch Public-Private-Partnerships einen Beitrag zur Zahl der verfügbaren Plätze zu leisten. Private Crèches, die höhere Gebühren als die staatlichen Institutionen erheben, erhalten fortan Fördermittel von der CAF, die in der Höhe den Subventionen entsprechen, die Einrichtungen der öffentlichen Hand zuteil werden. Sie bekommen diese Unterstützung nur unter der Voraussetzung, dass sie die gleichen Beiträge wie kommunale Crèches verlangen.[9] Der Bau von Crèches ist zu einem neuen Geschäftszweig geworden. Mittlerweile konkurrieren mehrere Unternehmen auf dem Markt miteinander.

In anderen Fällen beauftragen Stadtverwaltungen Unternehmen mit der Planung neuer Crèches, anstatt ihre eigene Baubehörde einzuschalten: Die Firmen liefern eine komplett ausgestattete Crèche und vermieten alle beziehungsweise einige der 'Betten' an die Stadtverwaltung. Diese Vorgehensweise hat den Vorteil, dass der Bau sehr schnell vorangeht: Mitunter dauert es bis zu zwei Jahre, bis ein Bauvorhaben unter der Federführung der öffentlichen Hand abgeschlossen ist, während ein privates Unternehmen eine funktionsfähige Crèche innerhalb von neun Monaten fertigstellt. In Rueil hat die Firma Babilou das Erdgeschoss eines Bürogebäudes in eine private Crèche umgebaut, die nun ausschließlich von staatlichen Institutionen benutzt wird. Die Stadt hat die Mitarbeiter eingestellt, obwohl die Crèche auch weiterhin den Namen des privaten Unternehmens trägt.

Private Crèches unterscheiden sich nicht grundlegend von öffentlichen Einrichtungen: Für sie gelten die gleichen, von der Kommune und dem PMI vorgegebenen Richtlinien, an die sie sich in der Regel auch halten. Allerdings heben sie sich hinsichtlich der Bauweise und der Formensprache von öffentlichen Einrichtungen ab. So finden zum Beispiel Farben eine dominante Anwendung; häufig werden leuchtende und Primärfarben verwendet, die auch im Logo der Firma, die die Crèche gebaut hat, vorkommen. Zudem werden die Räumlichkeiten häufiger mit Motiven aus der Welt der Kinder dekoriert, als dies bei den meisten kommunalen Einrichtungen der Fall ist: Tierbilder oder andere Figuren werden auf die Wand gemalt, der Fußboden wird mit bunten Mustern versehen, um den Kindern den Eindruck einer Erlebnislandschaft zu vermitteln. Jedes Unternehmen hat ein eigenes Marken-Image und tendiert folglich auch dazu, einen eigenen 'Typus' von Crèches zu entwickeln, mit immer wiederkehrenden Merkmalen, die zudem auch das Entwerfen erleichtern.

9 Die Gebühren für öffentliche Kinderbetreuungseinrichtungen sind proportional zum Einkommen.

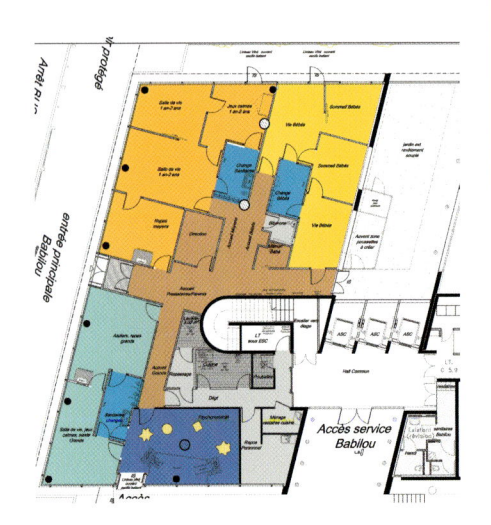

Crèche Babilou in Reuil-Malmaison
Private Crèche mit 40 Krippenplätzen, die von der Stadt angemietet werden
Architekten: du Rivau & associés, 2005
340 m²

Bei der in ehemaligen Büros untergebrachten Crèche Babilou handelt es sich um die erste Private-Public-Crèche: Der Ort wurde ausgewählt und eingerichtet von der Babilou Company und von der Stadt angemietet und betrieben. Die Babilou Company beauftragt für alle ihre Kindereinrichtungen den selben Architekten und hat ein einheitliches Erscheinungsbild sowie Elemente entwickelt, die jeweils an den Kontext angepasst werden. Wie öffentliche Crèches ist auch diese in Altersgruppen unterteilt, jede mit ihren eigenen Räumen. Eine Serigraphie, die Gras symbolisiert, schirmt zur Straße ab. Die Wand in der Eingangshalle und die Umkleidebereiche, die sich zu beiden Seiten öffnen, markieren die Gemeinschaftsbereiche und schaffen visuelle Verbindungen zu den Gruppen.

Ariane Wilson

Private Mitarbeiter-Crèche, Rungis
Petit Chaperon Rouge Company
Architekt: Frank Bernardo
Die Crèche für 50 bis 60 Kinder, die den Mitarbeitern des Silic Business Parks zur Verfügung steht, liegt in einem der Bungalows des Parks. In diesem anonymen, von Industrie geprägten Kontext ist das Innere der Crèche von kindlichem Dekor bestimmt. Die Crèche setzt auf enge Zusammenarbeit mit den Eltern, und mit ihrem Angebot an einer kombinierten Teilzeit- und Vollzeit-Betreuung folgt sie dem Trend der Multi-Accueil-Einrichtungen. Private Firmen wie Petit Chaperon Rouge arbeiten in zunehmendem Maße in Form von Public-Private-Partnerships mit der öffentlichen Hand zusammen.

Das größer werdende Vertrauen des Staates in die von Vereinen oder Privatpersonen verwalteten Projekte wird zu einer Zunahme der kleinen lokalen Einrichtungen an ungewöhnlichen Standorten wie Wohnungen und Gewerbegebieten führen. Andererseits geht der Trend verstärkt zu größeren Einrichtungen. Gemischte Institutionen, die Multi-Accueil genannt werden, sind im ganzen Land auf dem Vormarsch.[10] Das im Jahr 2000 veröffentlichte Dekret plädiert für die Schaffung dieser Einrichtungen, die auch in kommunalen Richtlinien ausdrücklich erwähnt werden (siehe das Beispiel Paris). Sie haben zudem das Interesse von Kommunen in ländlichen Gebieten geweckt, die bisher über nur wenige Einrichtungen verfügten.

Innerhalb dieser gemischten Einrichtungen sind es vor allem die Maisons de l'Enfance, die in kleineren Kommunen oder Verbandsgemeinden vertreten sind. In der Regel schließen diese Häuser eine Crèche und eine Halte-Garderie oder auch eine Ludothèque oder das örtliche PMI-Zentrum mit ein. Sie können ebenfalls als Verwaltungs- oder Informationszentren für Familienangelegenheiten fungieren. In vielerlei Hinsicht folgen sie dem Beispiel der Centres de la Petites Enfances, die in den 1970er Jahren von einer Gruppe Architekten, Pädagogen und Soziologen mit der Zielsetzung gegründet wurden, die Diversifikation der Kinderbetreuung in unterschiedliche Formen aufzuheben und eine Aufspaltung in Schule, Crèche, Elternhaus und Nachbarschaft zu vermeiden.

10 Im Jahr 2002 waren 52 Prozent der Multi-Accueil-Einrichtungen städtisch, 45 Prozent von Vereinen geführt.

Bauen für Kleinkinder in Frankreich

Zahl der Kinderbetreuungseinrichtungen in Frankreich nach Typen (2002)	
Mono-Accueil Einrichtungen	
Crèches Collectives	**2 542**
Bezirk (städtisch)	2 079
privat (Unternehmen)	222
Crèches Parentales	241
Haltes-Garderie	**2 962**
traditionell	2 720
Elterninitiativen	242
Jardins d'Enfants	**215**
Multi-Accueil Einrichtungen	**2 414**
traditionell	1 759
Elterninitiativen	430
Collectif/Familial	225
Total Accueil Collectif	**8 133**
Crèches Familiales	1 165

Zahl der Plätze in Kinderbetreuungseinrichtungen in Frankreich nach Typen (2002)	
Crèches Collectives	**143 583**
Bezirk (städtisch)	92 335
privat (Unternehmen)	14 748
Crèches Parentales	3 457
Multi-Accueil	33 043
Haltes-Garderie	**69 905**
traditionell (städtisch)	48 816
Elterninitiativen	2 820
Multi-Accueil	18 269
Jardins d'Enfants	**9 659**
Mono-Accueil	9 092
Multi-Accueil	561
Accueil Polyvalent	**12 609**
Total Accueil Collectif	**235 756**
Crèches Familiales, Plätze	65 306
angemeldete Kinder	59 268

Quelle: B. Chastenet: Accueil collectif et en crèches familiales des enfants de moins de 6 ans en 2002. Drees juillet 2004

Maison de la Petite Enfance, Saint Quentin

Maison de l'Enfance in Rosheim

Der Begriff 'Maisons de l'Enfance' (Häuser der Kindheit) ist etwas ironisch. Die Größe dieser Institutionen ist selten häuslich, und die Zusammenlegung der Einrichtungen spricht gegen die Nähe zum Elternhaus. Die Herausforderung für Architekten besteht darin, ein öffentliches Gebäude zu entwerfen, das gleichzeitig ein Gefühl von Geborgensein vermitteln soll. Der Standort, die Größe und die Beschaffenheit der Fassade sind mit entscheidend dafür, ob sich die Einrichtung in das Wohnumfeld einfügt wie in Saint Quentin oder ob sie wie in Rosheim heraussticht. Die einzelnen Gebäudeeinheiten können entweder voneinander getrennt bleiben und im Außenbereich durch einen gemeinsamen Verbindungstrakt verbunden werden (Saint Quentin) oder organisch miteinander verbunden sein (Rosheim). In beiden Fällen werden die Verkehrsflächen als vollwertige Bestandteile der pädagogischen Zielsetzung des Gebäudes betrachtet (das heißt als ein Raum, in dem man sich gerne aufhält und in dem man spielen kann) – und nicht nur als funktionale Durchgangszonen. Der Eindruck von Tiefe, den das Gebäude vermitteln soll, erhält eine besondere Bedeutung und führt zu schichtenförmigen beziehungsweise konzentrischen Bauentwürfen: Die Bereiche für die Teilzeitbetreuung von Kindern befinden sich meistens in der äußeren Schale, während die Bereiche, in denen Kinder viele Stunden des Tages verbringen, vor allem im Inneren des Hauses angesiedelt sind. Die Ruhezonen sind meist im Zentrum oder auf der Rückseite des Gebäudes zu finden.

Die eigentliche Aufgabe des Maison de l'Enfance besteht darin, die bis dato getrennt verlaufenden Lebensrhythmen von Kindern zu koordinieren und die Lücken in der institutionellen Betreuung zu schließen, die angesichts der grundsätzlich engen Beziehungen zwischen Kind, Familie und Betreuungseinrichtungen künstlich herbeigeführt zu sein scheinen und sich negativ auswirken. In seltenen Fällen schließen die Maisons de l'Enfance auch eine École Maternelle mit ein, womit auch diese Kluft im Lebenslauf eines französischen Kleinkindes überbrückt wird.

Der Wettbewerb um die Vorbereitung auf die Schule

Die École Maternelle hat in Frankreich und im Ausland den schon fast mythischen Status einer Modell-Institution inne. Das Besondere an ihr ist, dass sie zwar zum öffentlichen Schulsystem gehört, aber nicht verpflichtend ist.[11] Sie steht Kindern ab einem Alter von zwei Jahren offen, falls genügend freie Plätze zur Verfügung stehen. Die Mitarbeiter sind ausgebildete Lehrer. Im Gegensatz zu den Einrichtungen der Petite Enfance erheben die Écoles Maternelles keine Gebühren und sind dem Erziehungsministerium und nicht dem Sozialministerium unterstellt.

11 Die Schulpflicht besteht für Kinder ab 6 Jahren.

Ein Produkt der Unterrichtsgeschichte

Von den Salles d'Asiles zu den Écoles Maternelles
Die Wurzeln der Écoles Maternelles liegen in den Salles d'Asiles, die nach dem Vorbild der im frühen 19. Jahrhundert in England gegründeten Infant Schools (Vorschulen) eingerichtet wurden. In diesen von privaten Trägern finanzierten philanthropischen Institutionen wurden Kinder aus armen Familien wie in der Schule auf Bänke gesetzt und erhielten einen gemeinsamen Frontalunterricht, der mit Hilfe einer Pfeife und einer Klapptafel vermittelt wurde. Die nüchterne Anordnung der Räume trug ihr Übriges dazu bei, dass junge Menschen kontrolliert und diszipliniert wurden, indem man ihre Mobilität einschränkte. 1826 unterstellte ein ministerieller Runderlass die Salles d'Asile der Instruction Publique. Mit der Absicht, den Müttern das Leben zu erleichtern und ihre Kinder zu beschützen sowie Ordnung, Gelehrsamkeit, Tugendhaftigkeit und Hygiene zu fördern, wurden den Kindern in den Salles Religion sowie Grundkenntnisse im Lesen, Schreiben und Rechnen, Singen, Nähen und Handarbeit beigebracht. Ab 1848 hatten diese Einrichtungen, die fortan Écoles Maternelles hießen, ihren Status als wohltätige Institutionen verloren und wurden in das öffentliche Erziehungssystem eingegliedert. Als in den 1880er Jahren die Grundlagen für die auf das republikanische Erziehungsideal ausgerichtete Schule – einem auch heute noch existierenden Modell, dem das Ideal einer universellen und einheitlichen Grundschulerziehung zugrunde lag – gelegt wurden, wurden auch die Écoles Maternelles zu eigenständigen, laizistischen Institutionen, deren Besuch eigentlich obligatorisch war. Sie gewannen dank der Reformen von Pauline Kergomard zunehmend an pädagogischer Bedeutung. Kerkomard entwickelte ein auf 'leçons de choses'[12] basierendes Programm, sprach erstmals von einem kindspezifischen Lebensrhythmus und kritisierte die unzureichende Ausstattung der Schulen und Lehrmittel.

Traditionelle Maternelle Schule in Paris

Die materiellen Grundlagen von Kinderbetreuungseinrichtungen waren bereits 1838 Gegenstand einer Verordnung, die sich speziell mit den Salles d'Asiles befasste. Es handelte sich dabei um den ersten Gesetzestext, der präzise Angaben über die Ausstattung einer Erziehungseinrichtung machte. In dem Text ging es vor allem um Themen wie Zweckmäßigkeit und Gesundheit (die Schülerdichte, die Größe der Räume, die Belüftung, Vorsorgemaßnahmen gegen Luftfeuchtigkeit et cetera) sowie um die Notwendigkeit, das Kommen und Gehen der Schüler zu kontrollieren. Entwicklungen wie die Abschaffung von Bänken und Klapptafeln im Jahr 1887 und die neuen Erkenntnisse über ergonomische Möbel für kleine, noch wachsende Kinder sowie die von Pasteur eingeleiteten wissenschaftlichen Fortschritte und der zunehmende Einfluss einer auf Hygiene bedachten Lobby führten schließlich dazu, dass der Gesetzgeber im Jahr 1927 'Instructions' für den Bau von Écoles Maternelles herausgab. Allerdings erschienen sie lediglich im Anhang zu den Grundschulrichtlinien.

12 Pauline Kergomard oblag von 1881 bis 1917 die Gesamtaufsicht über die Maternelles-Schulen. Sie spielte eine wichtige, avantgardistische Rolle bei der Festlegung des pädagogischen Programms, in dem sie dafür eintrat, dass die Maternelles-Schulen nicht nur der Betreuung von Kindern dienen, sondern als Ausbildungsstätten angesehen werden, die die Eigenheiten der frühen Kindheit berücksichtigen und Spielen, Singen und physische Aktivitäten in einer heiteren Umgebung unterstützen sollten.

École Maternelle in Le Corbusiers Unité d'Habitation in Marseille, 1952

École Maternelle Fabien für Jungen und Mädchen in Saint Denis von André Lurçat, 1952-1953

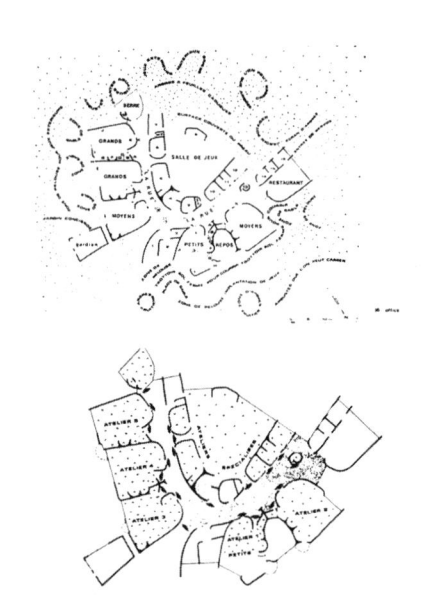

Vision aus den 1970er Jahren für eine Straßenschule
Oben: Funktionen gemäß einer traditionellen Pädagogik
Unten: Funktionen gemäß einer freien Pädagogik
Y. Clément, J.-P. Cochet, J. Demai, veröffentlicht 1972

Somit waren die Voraussetzungen dafür geschaffen, dass eine École Maternelle nach Möglichkeit an einem Ort errichtet wird, der zentral gelegen, gut belüftet, leicht und sicher zugänglich ist und sich in gebührender Entfernung von Lärmquellen, von gesundheitsschädlichen Einflüssen und von Friedhöfen befindet. Das Schulgrundstück sollte umzäunt sein, die Wände des Gebäudes über eine bestimmte Dicke verfügen, für die Öffnungen sollte kein Metall verwendet werden, Trinkwasser ausreichend vorhanden sein. Alle für die Kinder vorgesehenen Räume sollten im Erdgeschoss liegen. Die Raumplanung der Instructions hat auch für moderne Écoles Maternelles noch Modellcharakter: Vorgesehen waren eine große Eingangshalle, mehrere Garderoben, eine oder mehrere Salles d'Exercices, ein Schlafraum, ein Ruheraum, ein Salle de Propreté, Toiletten, eine Küche, ein Esszimmer, ein Spielplatz und Räume für die Mitarbeiter. Die Verordnung aus dem Jahr 1927 legte außerdem vier unterschiedliche Stuhlgrößen fest und forderte die Anschaffung von Einzelschreibtischen und rechteckigen oder ovalen Tischen mit hellen Oberflächen.

Nach dem Zweiten Weltkrieg rückten Kindergärten angesichts des Babybooms in Frankreich in den Mittelpunkt der Stadtplanung. Sie wurden in Musterbauvorhaben wie Le Corbusiers Cité Radieuse integriert oder wurden, wie im Falle von Lurçats Fabien Kindergarten in Saint Denis, zu einem wichtigen Baustein eines urbanen Netzwerks, das aus einer Crèche, einem Kindergarten, Sportanlagen und Spielplätzen bestand. Das Ministerium für nationale Erziehung, das sich gezwungen sah, Einrichtungen für Kinder schnell und billig bauen zu müssen, entwickelte Prototypen von Schulen in Fertigbauweise. Außerdem gab es Forschungsprojekte in Auftrag, die sich mit standardisierten Erziehungssystemen beschäftigten. Dabei zählten die von Jean Prouvé entwickelten Modellkonstruktionen zu den innovativsten Vorschlägen. Die Schulbaupolitik wurde zentralisiert, um die finanziellen Mittel besser verwalten, die Aufträge bündeln und die Bauabwicklung vereinfachen zu können. Im Jahr 1965 legte eine Verordnung Normen für den Bau von Schulen fest, unter anderem auch ein rechtwinkliges Raster mit den Maßen 1,75 beziehungsweise 1,80 Meter.

Die Instructions aus dem Jahr 1972

Die Écoles Maternelles, deren Bauweise immer noch auf den Richtlinien des Jahres 1927 und den Normen des Jahres 1965 beruhte, wurden erst 1972 gesondert behandelt. Die in diesem Jahr veröffentlichte Instruction Relative à la Construction des Écoles Maternelles war das erste offizielle Dokument, das sich ausschließlich mit dem Bau von Maternelles beschäftigte und neue Unterrichtsmethoden bei der Raumplanung der Einrichtungen mit berücksichtigte. Es basierte zum Teil auf den Ergebnissen eines im Jahr zuvor ausgelobten Architektenwettbewerbes (des Concours de Vichy), bei dem Architekten Entwürfe für neue Gestaltungsformen von Maternelles einreichen konnten. Von entscheidender Bedeutung ist dabei die Tatsache, dass die enge Zusammenarbeit mit den Mitarbeitern der Institutionen die Grundvoraussetzung für die Teilnahme war. Aus den Gesprächen ergaben sich gemeinsame Zielsetzungen: zum Beispiel galt es, die Kontinuität im Bildungsgang eines Kindes zu gewährleisten, dessen Autonomie zu fördern (indem man eine einfache Bauweise verwendet, die Größe von Kindern berücksichtigt, Durchgangsflächen im Innenbereich einplant, die Klassen um einen zentralen Innenhof anordnet und Aktionsflächen im Außenbereich entwirft), für die freie Entfaltung von Kreativität zu sorgen (durch ein flexibles, stimulierendes Umfeld), der Kommunikation eine größere Bedeutung zuzumessen (durch unterschiedliche Gruppeneinteilungen sowie Verbindungsflächen zwischen den Klassen) sowie den Kindern den unmittelbaren Zugang zur Natur zu ermöglichen und die Eingliederung von Schulen in die Ortschaft zu bewerkstelligen.

Ariane Wilson

Diese Ziele waren bereits in einigen wenigen Schulen erreicht worden, die sich über bestehende Normen hinweggesetzt hatten. Der École Maternelle Trélissac im Süden Frankreichs wurde beinahe die Baugenehmigung verweigert, weil sie sich nicht an die Regeln hielt. Der lokale Schulinspektor zweifelte an der Notwendigkeit von Decken mit einheitlicher Höhe und einheitlicher Beleuchtung, von eingeschossiger Raumplanung, von mit Fenstern versehenen Kellergeschossen, die nicht niedriger als ein Meter waren, sowie von gefliesten Fußböden. Er stellte ein aus Lehrern, Mitarbeitern und Architekten bestehendes Team zusammen, das Räume entwerfen sollte, die den Anforderungen der modernen Pädagogik entsprachen. Das Ergebnis ist eine Schule, die unterschiedlich große Räumlichkeiten, Innentreppen, Rampen und große verglaste Flächen aufweist und eher auf den Unterricht in Gruppen als auf den Unterricht in Klassen ausgerichtet ist.

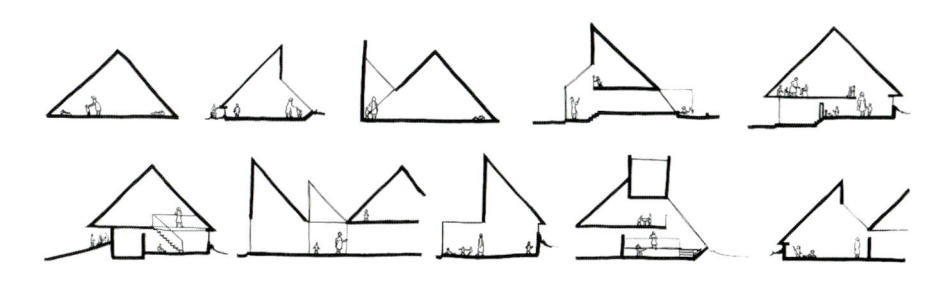

École Maternelle in Trelissac, Dordogne, von Jean Nouvel, Gilbert Lézénès, François Seigneur

Allerdings planten nicht alle Teams so fortschrittlich. Die große Mehrheit der Lehrer tat sich schwer, die Ergebnisse der Verhaltensforschung bei Kindern umzusetzen und zogen kaum Nutzen aus dem freizügigerer Umgang mit der Raumplanung, den die standardisierten Bauschemata der 1960er Jahre ermöglichten. Sogar die im Jahr 1972 veröffentlichte Instruction hielt noch an der Klasse als Bezugseinheit fest. Allerdings spricht sie sich für Flexibilität und Anpassungsfähigkeit bei der Umsetzung aus. Bemerkenswert ist vor allem, dass im ersten Absatz in erster Linie auf die psychologischen, pädagogischen und sozialen Dimensionen der École Maternelle Bezug genommen wird.[13] Die Form der Klassenräume (Salles d'Exercice) ist nicht mehr zwingend vorgeschrieben, vielmehr wird eine Standardgröße von 60 Quadratmetern pro Klasse vorgeschlagen, wobei die Schülerzahl pro Klasse von 50 auf 35 reduziert wird. Wie bei den Crèches werden drei Gruppen gebildet (die Petits, die Moyens und die Grands), die in dem Erlass separat behandelt werden. Zu den Räumlichkeiten für die Allerkleinsten gehört auch ein separater Schlafraum. Die Bereiche für die älteren Kinder sind paarweise angeordnet. Jeder Bereich verfügt über ein Waschbecken, separate Schränke, ein Atelier, Eckbereiche für unterschiedliche Aktivitäten und lange Tafeln an den Wänden. Einige Räume werden zum ersten Mal erwähnt: das Lehrerzimmer, die Speisekammer und der Haus-

13 Die Maternelles werden hier definiert als Einrichtungen für eine „erste Ausbildung, deren Ziel es nicht ist, die Familie zu ersetzen, die in diesem Zusammenhang unersetzlich ist, sondern deren Bemühungen auszudehnen und zu ergänzen, indem die besten Mittel zur Verfügung gestellt werden, um die Entwicklung der kindlichen Persönlichkeit zu fördern [...] so dass jedes Kind von einem eigenständigen Erziehungsstil profitieren kann, der die speziellen Bedürfnisse seiner Entwicklungsstufe berücksichtigt und Kinder im Alter von 2 bis 6 Jahren aufnimmt, die sich in einem wichtigen Entwicklungsstadium befinden, das von einem schnellen körperlichen und geistigen Wachstum geprägt ist."

Die Vorschriften aus dem Jahr 1972 zum Bau von Maternelle-Schulen

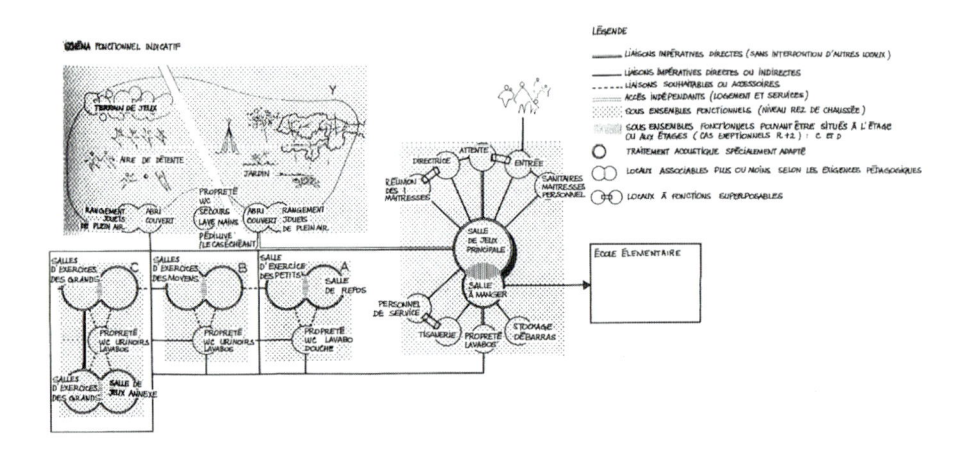

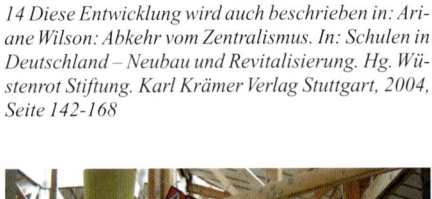

14 Diese Entwicklung wird auch beschrieben in: Ariane Wilson: Abkehr vom Zentralismus. In: Schulen in Deutschland – Neubau und Revitalisierung. Hg. Wüstenrot Stiftung. Karl Krämer Verlag Stuttgart, 2004, Seite 142-168

Die gemeinsame Bibliothek und der zentrale Aktivitätsbereich wurden zu charakteristischen Merkmalen der Maternelle-Schulen der 1980er Jahre. École Maternelle in Chateauneuf de Gadagne von Rasto Konic

meisterraum. Das Refektorium erhält ab sofort den vertrauteren Namen 'Salle à Manger'. Lager- und Waschräume werden gesondert behandelt. Die Instructions beinhalten zudem Angaben zur Größe der Räume und geben den Bauträgern Funktionsdiagramme an die Hand. In diesen Richtlinien wird zum ersten Mal erwähnt, dass die Schulen auch für Erwachsene und für Bürger aus der Nachbarschaft offen zugänglich sein sollten.

Dieser Erlass ist – neben später veröffentlichten Richtlinien, die sich mit den Verhältnissen auf dem Lande, mit neuen Technologien sowie mit Empfehlungen hinsichtlich Sicherheit und Umwelt befassen – auch heute noch ein wichtiges Kriterium beim Bau von Maternelles, allerdings ist er nicht verpflichtend. Seine Flexibilität wird anhand der Formenvielfalt der in den 1970er Jahren entstandenen Maternelles deutlich. Er ermöglichte zudem das Aufkeimen einer neuerlichen Debatte in den 1980er Jahren, als Normen generell abgeschafft wurden, die Verantwortlichkeit für Kindergarten- und Grundschulerziehung im Zuge der Dezentralisierung an die kommunalen Behörden zurückfiel und Architektenwettbewerbe für öffentliche Gebäude ein Zeichen dafür waren, dass in Frankreich wieder eine größere architektonische Freiheit herrschte.[14] So stellte zum Beispiel ein 1981 vom Centre Pompidou veröffentlichtes Buch offener Bauformen vor, die sich nicht strikt an die Instruction hielten: Die Räume wurden mehrfach genutzt, zudem wurde die Unterteilung in einzelne 'Klassen' aufgehoben. Die Autoren sprachen sich außerdem dafür aus, zunächst die pädagogische Ausrichtung der Schule zu definieren, bevor man mit dem Bau beginnt. Sie machten zudem konkrete Vorschläge hinsichtlich der Planung: Sie sahen zum Beispiel den direkten Zugang vom Außenbereich zum Salle d'Exercice, einen Raum, in dem Kinder den spielerischen Umgang mit Wasser erlernen können, und separate Räume für bestimmte Aktivitäten vor, die ursprünglich alle im Salle d'Exercice stattfinden sollten – wie etwa eine kleine Bibliothek, die von der ganzen Schule gemeinsam genutzt wird.

Informelles und formelles Lernen

In den Maternelles der 1970er und 1980er Jahre glich der Begriff 'Verschulung' einem Tabu, vor dem man sich in Acht nehmen musste. Man vermied absichtlich die Durchführung von pädagogisch wertvollen Spielen, weil man der Meinung war, dass das Kind sich sein eigenes Spielmaterial erschaffen wird, wenn man ihm nur die Freiheit und die Mittel zur Selbstverwirklichung zur Verfügung stellt. Im Salle d'Exercice waren die Kinder über den ganzen Raum verteilt in Bewegung und tollten auf dem äußerst beliebten 'Zwischengeschoss' herum, während der Lehrer alles beobachtete und die Kinder in ihren selbstgewählten Aktivitäten bestärkte, und nicht eingriff, um ein bestimmtes Erziehungsziel zu erreichen. Der pädagogische Schwerpunkt der Maternelle lag auf der Umsetzung von Piagets Erkenntnissen über frühkindliches Verhalten und auf der Stimulus-Reflex-Pädagogik. Im Mittelpunkt standen die Erkundung der Umwelt und die Kommunikation der Kinder untereinander. Die Maternelle wurde als ein um das Kind herum gesponnener Kokon inmitten eines feindlich gesonnenen urbanen Umfelds betrachtet. Von dieser Einrichtung profitierte auch das örtliche Gemeinwesen, da es die Mehrzweckräume mitbenutzen konnte.

Heutzutage geht der Trend in den Maternelles wieder dahin, die Kinder auf das formelle Lernen vorzubereiten. Der Lehrer zeigt, wie eine gestellte Aufgabe richtig ausgeführt wird, überprüft und bewertet die Aktivitäten, denen die Kinder in den dafür vorgesehenen Bereichen des Raumes nachgehen. Obwohl sie ihren Spielcharakter behalten, werden die in dem 'Atelier' ausgeführten Aktivitäten als Arbeit betrachtet. Der Wandel hin zu einer 'erzieherischen' Maternelle wurde durch eine Strukturreform der Grundschulerziehung im Jahr 1999 untermauert. Die Maternelle wurde fortan nicht mehr als Vorschulstufe betrachtet, da die Schulpflicht erst ab einem Alter von sechs Jahren beginnt, sondern vielmehr als 'Vor-Grundschule' bezeichnet (mit der Betonung auf ihrem pädagogischen Sonderstatus). Tatsächlich ist die traditionelle Unterteilung in Maternelle and Élémentaire (Grundschule) durch ein aus drei Zyklen der Vorschulerziehung bestehendes System ersetzt worden. Der zweite Zyklus stellt nunmehr eine Verbindung zwischen dem letzten Jahr der Maternelle und dem ersten Jahr der Élémentaire her. Diese Reform berücksichtigt damit auch die jüngsten Forschungsergebnisse in der Kinderpsychologie, die von einem intelligenten Kleinkind mit einem großen, schon früh entwickelten kognitiven Potenzial ausgehen. Gleichzeitig ist sie ein Ausdruck der allgemein grassierenden Angst vor dem Scheitern des Kindes in der Schule, die angesichts der gesellschaftlichen Probleme und der wirtschaftlichen Instabilität immer mehr zunimmt. Der Maternelle wird die Verantwortung aufgebürdet, das Kind auf eine vielversprechende akademische Zukunft vorzubereiten.

Eine Schule für zwei Jahre alte Kinder
Diese beiden Faktoren sind Gründe für die Entscheidung, das Alter, in dem Kinder zum ersten Mal die Schule besuchen, herabzusetzen: Wenn Kinder schon sehr früh in der Lage sind etwas zu erlernen, warum sollte man bis zu einem Alter von drei Jahren warten, um sie auf den Weg zum Erfolg zu schicken? Der Zugang zur École Maternelle stand zweijährigen Kindern schon seit den 1970er Jahren offen, wobei Kinder aus Gegenden, die als soziale Brennpunkte gelten, seit einem Gesetz aus dem Jahr 1989 Vor-

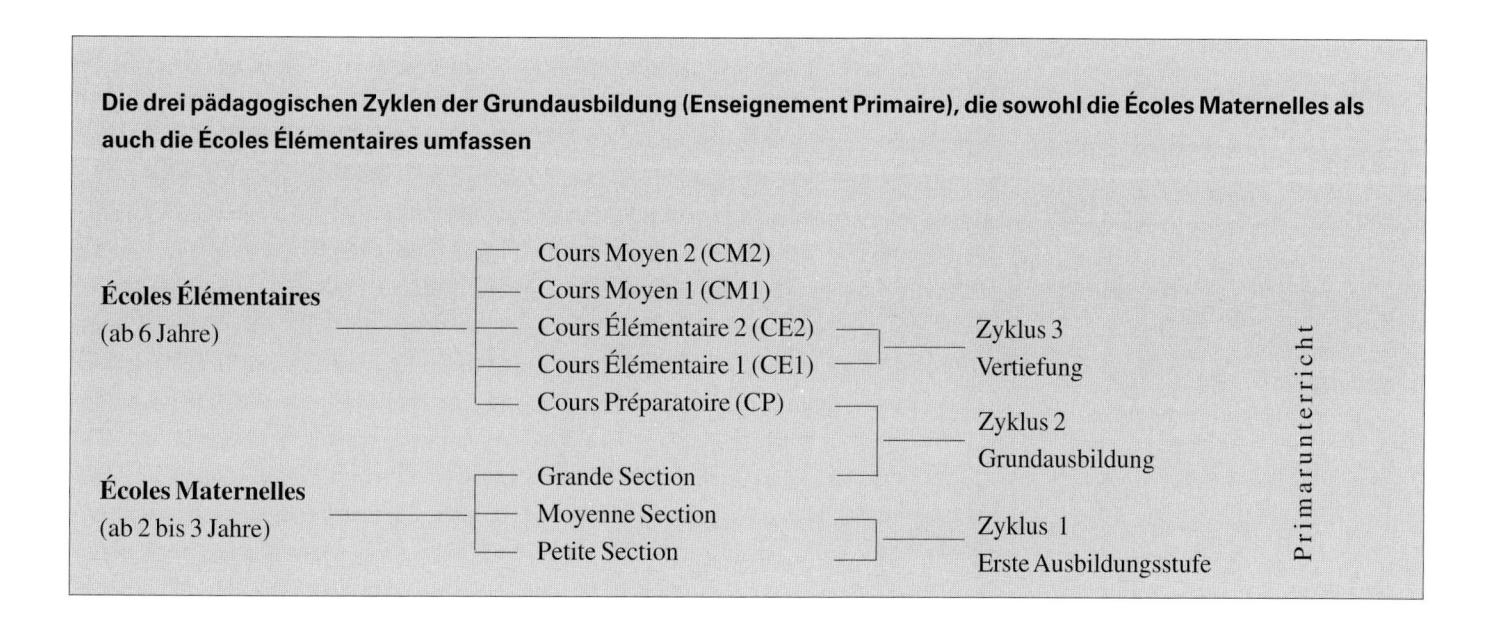

Die drei pädagogischen Zyklen der Grundausbildung (Enseignement Primaire), die sowohl die Écoles Maternelles als auch die Écoles Élémentaires umfassen

Écoles Élémentaires (ab 6 Jahre)	Cours Moyen 2 (CM2) Cours Moyen 1 (CM1) Cours Élémentaire 2 (CE2) Cours Élémentaire 1 (CE1) Cours Préparatoire (CP)	Zyklus 3 Vertiefung Zyklus 2 Grundausbildung	Primarunterricht
Écoles Maternelles (ab 2 bis 3 Jahre)	Grande Section Moyenne Section Petite Section	Zyklus 1 Erste Ausbildungsstufe	

16 Durchschnitt in Frankreich im Jahr 2004: 32 %. Paris: 5 % (schwangt zwischen 5 und 10); Westen: 60 %; Bretagne: 100 %; hohe Rate im Norden mit seinen traditionellen Arbeiterklasse-Familien, Osten und Savoyen: weniger als 5 %.

rang haben. Insgesamt besuchen heutzutage 32 Prozent der Zweijährigen eine Schule (wobei signifikante regionale Unterschiede zu verzeichnen sind)[16], so dass die bestehenden Einrichtungen unter Druck geraten, was die Bereitstellung von Plätzen betrifft.

Allerdings ist die Einschulung Zweijähriger auch weiterhin umstritten. Ein zweijähriges Kind besitzt noch ein egozentrisches Weltbild und ist bei seinen Beziehungen zu anderen Menschen vor allem auf den eigenen Vorteil bedacht. Es ist noch nicht in der Lage, die Perspektive anderer Menschen einzunehmen. Seine Sozialisierung kann nur dann erfolgreich sein, wenn zuvor der Prozess der Abnabelung vonstatten gegangen ist. Im Alter von zwei Jahren ist ein Kind oft auf Konfrontationskurs. Ein zu früh einsetzendes autoritäres Verhalten der Erzieher kann die Entwicklung des Kindes empfindlich stören. Der Schulalltag scheint diese Merkmale von Kleinkindern im Gegensatz zu den Einrichtungen der Petite Enfance nicht genügend zu berücksichtigen.

Die Crèche funktioniert auf der Basis einer non-verbalen Kommunikation, während die Kommunikation und der Informationsaustausch in der Schule überwiegend verbaler Natur sind. Eine Klasse bietet den Kindern nicht die gleiche Geborgenheit wie eine Unité d'Accueil: Die Mahlzeiten werden außerhalb des Klassenraumes eingenommen, zudem wechseln nach den Pausen die Unterrichtspersonen in den Klassen, was der Vorstellung von einer festen 'erwachsenen Bezugsperson' widerspricht. In einer Crèche, in der auf ein enges persönliches Verhältnis großer Wert gelegt wird, ist ein Betreuer für fünf bis sechs Kinder zuständig und für jedes Kind ist eine Fläche von 7,4 Quadratmetern vorgesehen. In einer Maternelle, in der die täglichen Abläufe viel stärker institutionalisiert sind, ist ein Lehrer für eine Gruppe von 30 Schülern verantwortlich und jedem Schüler steht im Schnitt nur eine Fläche von 4,8 Quadratmetern zur Verfügung.

Das Erziehungsministerium hat Programme und Tagespläne für den Unterricht von Kleinkindern veröffentlicht. Schulen spielen mit dem Gedanken, eigene Bereiche für die jüngsten Schulkinder einzurichten. Allerdings deutet sich bisher noch keine Lösung für die Frage an, was in den Crèches mit den Grands und in den Schulen mit den Petits passieren soll. Sogar bei Kindern im Alter von drei Jahren beruht diese Unterscheidung zwischen Crèche und École Maternelle eher auf den oben erwähnten historischen und administrativen Entwicklungen als auf einem tatsächlichen Entwicklungssprung des Kindes.

Architektonische Besonderheiten von modernen Maternelles

Wie sollten also die Räume und Gebäude für Maternelles aussehen, die ja einerseits schulische Institutionen sind und andererseits Kinder in einem Alter aufnehmen, in dem diese auch die Crèche besuchen könnten – also Einrichtungen, die den Kindern sehr viel Fürsorge und Geborgenheit bieten sollen, ihnen aber gleichzeitig auch dabei behilflich sein sollen, einen erfolgreichen Bildungsweg einzuschlagen? Wenn man die Mitte der 1970er und zu Beginn der 1980er Jahre entstandenen Maternelles mit heutigen Schulen vergleicht, fällt sofort ein gravierender Unterschied im Hinblick auf die Planung auf: Die Maternelles waren früher oftmals organisch aufgebaut und gruppierten sich um einen zentralen Spiel- und Begegnungsbereich, von dem aus sich die Klassenzimmer wie Blütenblätter auffächerten. Manchmal glichen sie auch verwinkelten Gassen in einem kleinen Dorf. Moderne Maternelles sind hingegen häufig nach einem streng linearen Raster angeordnet, der die Klassenraumeinheiten entlang eines Korridors aufreiht, wobei jede Altersgruppe ihren eigenen klar definierten Bereich zugeteilt bekommt. Dieses regelmäßige Muster wird nur von Gemeinschaftsräumen wie dem Spielzimmer, dem Esszimmer oder der Bibliothek unterbrochen. In vielen Fällen sind Maternelles an eine École Élémentaire angeschlossen, die zumeist in einer einheitlichen Bauweise gestaltet ist und in der Regel keine architcktonische Vielfalt aufweist (wobei sich die beiden Einrichtungen allerdings hinsichtlich der Gestaltung der Räume erheblich voneinander unterscheiden).

Im Gegensatz zu den Bauten aus der Zeit vor 25 Jahren ist eine Rückbesinnung auf eine nüchterne Formensprache zu verzeichnen. Bestimmte archetypische Formen, die nach damaligen Vorstellungen die Wahrnehmung von Kindern symbolisieren, und dekorative Metaphern, die den Spieltrieb fördern sollen, sind in den Hintergrund getreten. Architekten räumen bei ihren Planungen der Klarheit und Schlüssigkeit den Vorrang ein und bevorzugen eine 'ruhige' und 'heitere' Atmosphäre. Die Klassenzimmer werden als relativ neutrale Räume betrachtet, die die zwischen ihren Wänden stattfindenden Aktivitäten lediglich unterstützen sollen, die unaufgeregte Flächen zur Vermittlung des Unterrichtsstoffes anbieten und von Lehrern sowie Kindern während eines Jahres voller Veränderungen und Entwicklung angeeignet werden können.

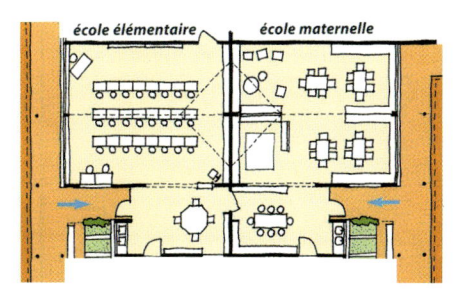

Trotz dieser augenscheinlichen Nüchternheit wird die École Maternelle von Architekten als ein Bereich betrachtet, in dem sie ihrer Kreativität freien Lauf lassen können, da die extreme Aufsichtspflicht einer Crèche auf der einen Seite und die vorgegebenen Richtlinien einer Grundschule auf der anderen Seite hier entfallen. Obwohl kindspezifische Elemente nur selten eindeutig erkennbar sind, kann man modernen Entwürfen für Écoles Maternelles durchaus attestieren, dass sie die Bedürfnisse der im Team arbeitenden Kinder und Erwachsenen bei ihren Planungen berücksichtigen. Bei den gelungensten Beispielen werden subtile, innovative Lösungen gesucht, wie mit der ursprünglichen Rolle der Räume umgegangen werden kann, die im traditionellen Programm vorgegeben sind. Die im Schnitt 60 Quadratmeter großen Klassenzimmer können unterschiedliche Ausmaße haben, mit unterschiedlichen Fußboden- oder Deckenhöhen. Das 'Atelier' – ein zumeist gefliester, 10 Quadratmeter großer Raum für handwerkliche Tätigkeiten, der mit einem Wasserabfluss ausgestattet ist – ist häufig ein Anbau des Klassenzimmers. In der École Maternelle in Guérard ist das Atelier ein von der Hauptfassade abgesetzter Bereich, der tiefer liegt als das Klassenzimmer, so dass natürliches Licht indirekt einfallen kann. Der 40 Quadratmeter große Ruheraum führt zu einem abgeschlossenen Gartenbereich, der so etwas wie einen natürlichen Lärmschutzwall darstellt, aber auch als ein Areal genutzt werden kann, in dem man unter freiem Himmel unterrichten, lesen oder sich einfach nur ausruhen kann.

Unterschiedliche Einrichtungsmöglichkeiten für Maternelle- und Élémentaire-Schulen

Wie bei den Crèches kommt den Verkehrsflächen in den Maternelles besondere Aufmerksamkeit zu: In symbolischer Hinsicht sind sie die Wege, die die Kinder von den Eltern weg zur Schule führen. Genau genommen stellen sie eine Abfolge von Zugangswegen zu unterschiedlichen Sektionen dar, die sich durch eine bestimmte Farb- und Lichtgebung und eine andere Größe voneinander unterscheiden und die somit Grenz- oder Orientierungspunkte markieren. Der Flur kann verbreitert werden, um Platz für Waschräume, eine Bank oder die Garderobe eines Klassenzimmers zu schaffen. Beim Kindergarten in Séméac ist er als zentraler 'zweckentfremdeter' Verteilerbereich mit kastenförmigen Einheiten konzipiert, die als Waschräume, als Garderoben, als Büro der Rektorin oder als Mitarbeiterraum genutzt werden. Der Salle de Motricité ist der Raum, in dem sich die meisten Bewegungsaktivitäten abspielen. Seine Größe entspricht der gemeinschaftlichen Nutzung: als eine der größeren Einheiten der Schule kann ihm im Rahmen des Gesamtkonzepts eine besondere Ausdruckskraft gegeben werden. Die Grenzen zwischen den Räumen für große und kleine Gruppen, zwischen Innen- und Außenbereich, zwischen Schule und Dorf beziehungsweise Stadt lassen sich durch den spielerischen Umgang mit unterschiedlichen Höhen- und Größenverhältnissen und durch lichtdurchlässige oder transparente Elemente aufheben.

École Maternelle de Guérard
4 Maternelle-Klassen
Architektin: Emmanuelle Colboc,
Landschaftsplanerin: Florence Mercier
946 m²

Ursprünglich sollte die Architektin die Maternelle- und die Élementaire-Schule dieser Groupe Scolaire bauen, doch nur die Maternelle wurde realisiert. Maßstab und Innen-Außen-Beziehung werden bei diesem Gebäude ausgesprochen behutsam behandelt. Die Sanitärzellen und der Flur entlang der Nordseite sowie die Klassenzimmer entlang der Südseite sind eine Folge von Transparenz und Geschlossenheit. Die Klassenzimmer haben abgesenkte Workshop-Bereiche, die aus der Fassade herausragen und die Klassen auf der Seite des großen, landschaftlich gestalteten Spielplatzes identifizieren.

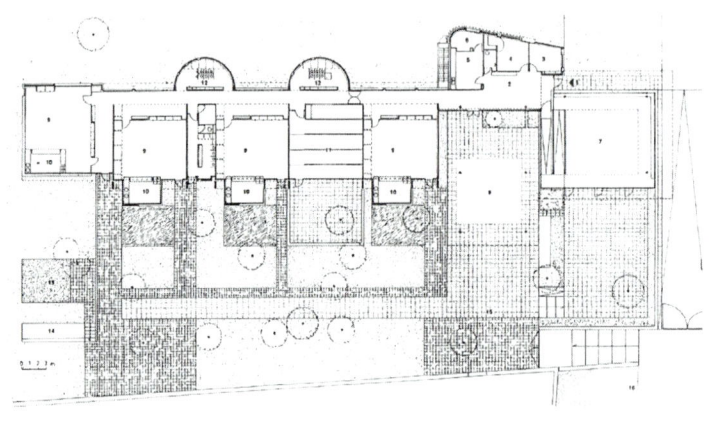

Ariane Wilson

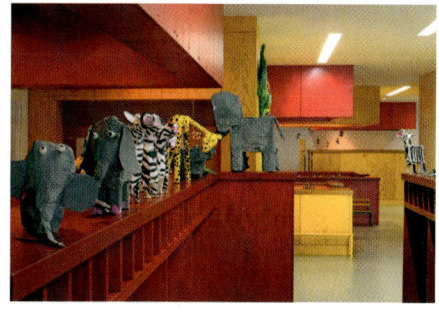

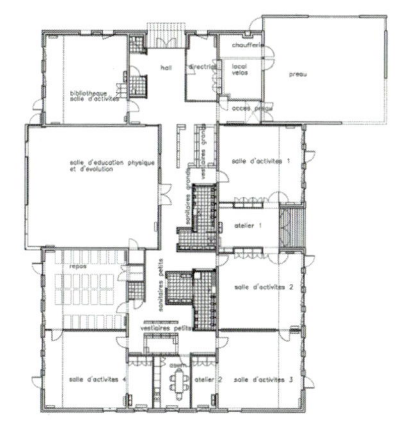

Quartier des Écoles, Séméac
Architektinnen: Antoinette Robin und Claire Guieysse
Wettbewerb 1997
Ein Stadion, ein Freizeitzentrum, ein Schulrestaurant, eine Sporthalle und zwei Schulen werden in den nächsten zehn Jahren zum Schulquartier in Séméac gehören. Aus wirtschaftlichen Gründen werden die Gebäude kompakte Formen haben, wie das der École Maternelle. Bei seinen 20 Metern Tiefe bot sich ein verschlankender, zentraler Verkehrsbereich an, der bis zu 7 Meter breit ist. Hier sind Funktionen wie Umkleide- und Sanitärräume in offenen Gebäudeteilen untergebracht, die von einem unteren und oberen Streifen eingerahmt sind. Der Alltag der Kinder findet in traditionellen Klassenzimmern und in weniger konventionellen, zentralen Bereichen statt.

Écoles Maternelles werden häufig mit einer École Primaire zu einem Schulkomplex namens Groupe Scolaire zusammengelegt (die École Maternelle blickt lieber zur Grundschule hinauf, anstatt auf die Einrichtungen der Petite Enfance hinabzuschauen!). In kleineren Kommunen sind diese Schulzentren häufig in den Außenbezirken des Dorfes beziehungsweise der Stadt angesiedelt, wo sie ein Neubaugebiet bilden und somit die Bebauung immer weiter ausdehnen. Das Gleichgewicht zwischen traditioneller und moderner architektonischer Formensprache herzustellen, ist eine der Problemstellungen, mit der sich die Architekten in diesem Fall auseinandersetzen müssen. In Boult wurde versucht, dieses Problem mit Hilfe einer Steinwand zu lösen, die sowohl die Grenzen der Schule markiert als auch die Architektur des Dorfes widerspiegelt. In La Gaude bestimmten die traditionelle Parzellenstruktur und die Terrassenwände die Einfügung der Schule. Die Planung dieser Schule war Teil einer größeren Maßnahme, die den Bau eines Parkplatzes, die Umleitung einer Straße und die Landschaftsarchitektur dieses neuen Baugebietes mit einschloss. Die Schule stellte die erste Entwicklungsstufe bei der Schaffung einer neuen Infrastruktur dar und rückte somit in den Mittelpunkt der kommunalen Bauplanung.

Bauen für Kleinkinder in Frankreich

École des Bobuchots, Boult
3 Maternelle- und 5 Élémentaire-Klassen
Architekt: Pierre Guillaume mit Chantal Guillaume, 2001/2002
Landschaftsplanung: Territoires
1614 m²

Hinter der durch eine alte Steinmauer markierten Gemeindegrenze situiert, erweitert die neue Schule die traditionellen Grenzen des Dorfes. Die Architekten greifen die für diese Region typischen Steinmauern auf, um die Schule klar gegen ihre Umgebung abzugrenzen. Zum Dorf hin vermittelt die Schule einen weicheren Eindruck und wird von einer Grasböschung gegen Verkehrslärm geschützt. Die lockere Anordnung der Gebäude verleiht der Anlage einen eher städtischen als geschlossenen Eindruck und gibt eine Vielzahl an Blicken über das Schulgelände in die Landschaft und zu den Baumwiesen frei. Die Dachneigung verleiht den öffentlichen Bereichen eine größere Höhe und den Klassenzimmern einen intimeren Maßstab. Die Architekten verwendeten einfache Formen und eine klare, durchgängige Gliederung, um die Orientierung der Kinder zu unterstützen, und eine zurückhaltende Gestaltung, um den Nutzer in der Aneignung der Räume zu ermutigen.

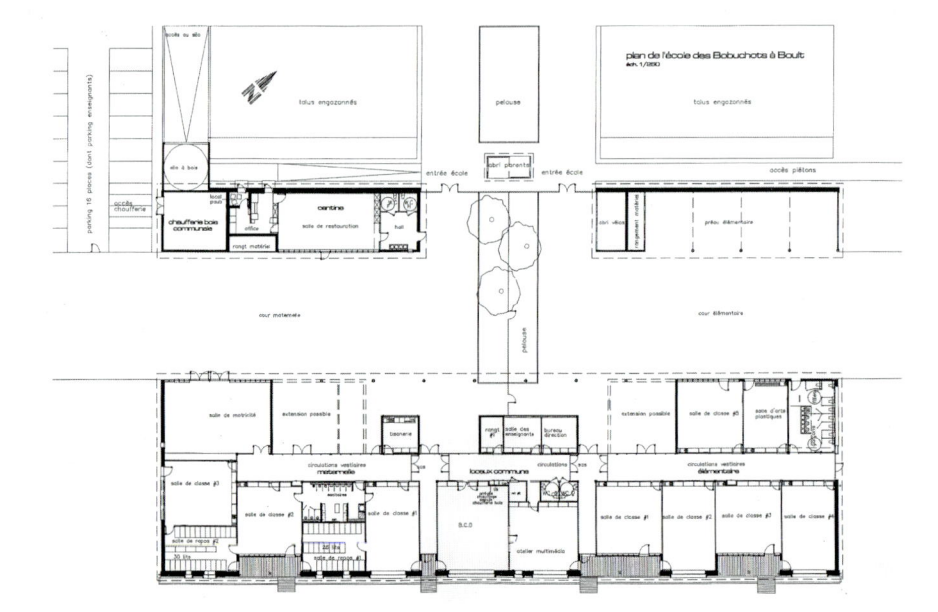

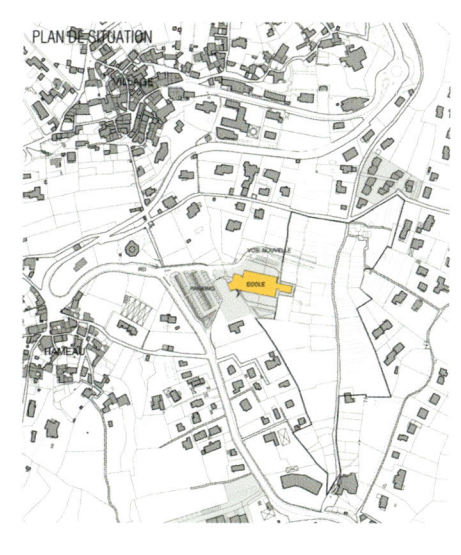

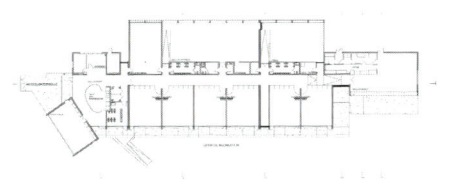

École Maternelle, La Gaude
6 Maternelle-Klassen
Architekt: Laurent Hodebert, 2003
1480 m²

Da die Aufgabenstellung sowohl den Entwurf des Gebäudes als auch der umgebenden Infrastruktur umfasste, folgte der Architekt dem klassischen Muster der Landparzellen, ländlichen Wegeführung und terrassierten Landschaftsgestaltung zur Einbindung der Schule. Das Programm sah einen großen Aktivitätsraum, eine direkte Verbindung der Klassenräume untereinander, Spielplatz und Gärten sowie eine öffentliche Bibliothek vor. Die von Ost nach West verlaufenden Gebäudestreifen bestimmen die innere Organisation der Schule. Die verglasten Klassenzimmer öffnen sich in südlicher Richtung zu einem Innenhof und zum Meer. In verschiedenen Maßnahmen sind die speziellen Bedürfnisse der Kinder und deren Maßstab berücksichtigt: durch die Einführung einer inneren und äußeren Topografie (Treppen, Rampen, Verbindung von Orten durch Bänke); durch farbige Böden zur Unterscheidung der Raumfunktionen, die entsprechend ihrer Orientierung gewählt sind; und durch bestimmte Öffnungen, die nur auf Augenhöhe der Kinder Blicke freigeben.

Bauen für Kleinkinder in Frankreich

Sind Gebäude für Kinder ein gesellschaftliches Allheilmittel?

Generell scheint das Wohlergehen der Kinder für Lokalpolitiker von großer Bedeutung zu sein und steht dementsprechend im Mittelpunkt der Stadtplanung. Für viele Kommunen ist die Groupe Scolaire oder eine neue Maternelle das bedeutendste kommunale Gebäude. Es bietet der Stadtverwaltung die Gelegenheit, mit dem Bau eines eindrucksvollen neuen Gebäudes während ihrer Amtszeit ein prestigeträchtiges Zeichen zu setzen. Auch neue Crèches sind weithin sichtbare öffentliche Einrichtungen, die einen vergleichbaren Status wie jene Grundschulen innehaben, die in Frankreich zu Zeiten von Jules Ferry gebaut wurden. Durch die Errichtung einer Crèche in ihrem Rathaus stellte die Stadt Paris stillschweigend (zufällig?) einen Bezug zu einer Ära her, als die Schulen in ganz Frankreich noch in Rathäusern untergebracht waren. Selbst dann, wenn sie an Orten eröffnet werden, die weniger präsent sind (in Wohnungen versteckt, in Gebäuden des sozialen Wohnungsbaus integriert oder in einem Hinterhof untergebracht), geben

Maison de la Petite Enfance, Saint Quentin
Crèche Multi-Accueil mit zwei Bereichen, Relais Assistantes Maternelles/Ludothèque, Versorgungsstelle
Architekten: Antoine Béal und Ludovic Blanckaert, 2004; Grafikdesigner: Laurent Zimny
1092 m²
Nahe dem Stadtzentrum gelegen, füllt das Projekt das Grundstück komplett aus, um eine durchgängige Straßenfront zu schaffen. Zur Straße entwickelt es ein klar erkennbares Image und riegelt einen Innenhof und Garten ab. Das dreiteilige Programm führte zu drei verschiedenen Volumen innerhalb des schützenden Gürtels: drei parallele Pavillons, jeder mit eigener Identität, sind abgegrenzt von Innenhöfen und Gärten. Zusätzlich zur voll verglasten Galerie entlang der Straße bringen Oberlichter Licht ins Gebäude; sie schaffen einen vertikalen Kontrapunkt zur überwiegend horizontalen Ausrichtung des Gebäudes.

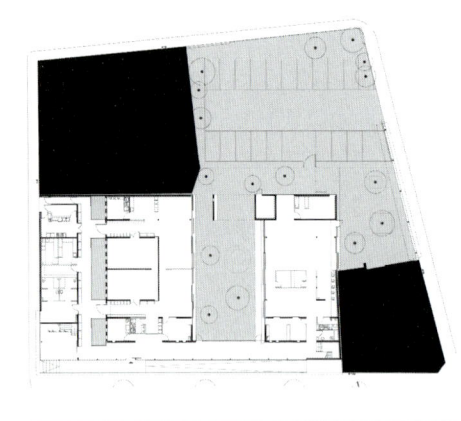

Ariane Wilson

Einrichtungen für Kinder Anlass zu Hoffnung auf Erneuerung.[17] Die Entstehung der Maison de l'Enfance markiert den Beginn eines neuen Typus für öffentliche Gebäude, der entweder strategisch günstig in der Ortsmitte oder in Gegenden angesiedelt ist, denen ein Mittelpunkt und ein Impuls für die Erschließung neuer Baugebiete fehlen. Diese und andere Multi-Accueil-Bauten werden zweifellos zu wichtigen sozialen Orten, die das gemeinschaftliche Leben beeinflussen. Hier treffen sich Eltern und Kinder unterschiedlichen Alters, auch Schüler, zu allen Tageszeiten, um gemeinsam zahlreiche Aktivitäten zu veranstalten.

In einigen Neubaugebieten spielen die Einrichtungen für Kinder eine zentrale Rolle bei den Bemühungen, eine kohärente gemischte Nachbarschaft zu schaffen. Hier sollen sie als Bindeglied zwischen den Generationen dienen. Ein bemerkenswertes Beispiel hierfür ist das Projet Génération Val-Sully, das mit dem Ziel errichtet wurde, unterschiedliche Arten von Einrichtungen unter einem Dach zu vereinen und somit die soziale Interaktion zu fördern. Das Gebäude für die Kinder, zu dem eine Halte-Garderie,

17 Ein weiteres Beispiel, bei dem eine Einrichtung für Kinder quasi als Hoffnungsträger für Menschlichkeit dient, ist die Crèche im Robert Debré Kinderkrankenhaus. Die Crèche ist im Eingangsbereich dieses großen, neuen Hospitals untergebracht und größtenteils verglast. Der Architekt war der – kontrovers diskutierten – Meinung, dass die Besucher eines Hauses für kranke Kinder aus dem Anblick gesunder Kinder Hoffnung schöpfen könnten.

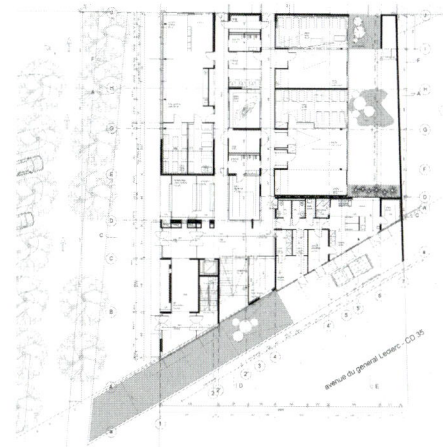

Maison de l'Enfance, Rosheim
Multi-Accueil mit 72 Plätzen: Chrèche, Halte-Garderie, Eltern-Kind-Service
Architekten: dwpa (Dominique Weber, Pierre Albrech), 2004
1020 m²
Dicke, lichtundurchlässige Wände schützen vor Lärm, farbiges oder bedrucktes Glas vor Abgasen. Das Gebäude der Maison de l'Enfance wendet sich vorwiegend nach innen, wenngleich es nach außen eine klar erkennbare Gestalt zeigt, aber eben nicht transparent ist. Jeder Bereich hat eine Beziehung zum Außenraum. Indem sie einige Räume ins Obergeschoss legten, konnten die Architekten an der Rückseite des Grundstücks einen Innenhof für die Moyens und Grands freilassen. Die Petits haben eine Holzterrasse und die Halte-Garderie blickt auf einen bepflanzten öffentlichen Platz. Die Verkehrsflächen sind vergrößert und beinhalten themengebundene Innenhöfe: Wasser, Sandplatz, Theater.

Bauen für Kleinkinder in Frankreich

Maison des Générations, Projet Génération Val Sully, Saint Apollinaire
Architekten: Jean-Yves Guillemin, Claude Grosjean, 2001
Landschaftsplanung: Pascale Jacotot
Szenografie/Inneneinrichtung: Anne-Josée Hilaire
Idee dieses neuen Quartiers ist die Generationenmischung und die Schaffung von Orten, an denen sich die Bürger treffen können. Das 'Maison des Générations' umfasst eine RAM (Relais assistans maternelles), eine Halte-garderie, ein Maison des partens und eine Ludothèque am Fuß eines Appartementblocks. In der Nähe befindet sich ein Nachbarschaftszentrum mit Einrichtungen für ältere Bürger, ein Restaurant und ein Gemeindezentrum. Sozialer Wohnungsbau und Wohnungen für Behinderte sowie ein Treffpunkt für Ältere vervollständigen das Programm.

Der Bereich für die Kinder im Maison des Générations wurde vom Architekten und der Bühnendesignerin Anne-Josée Hilaire ausdrucksstark gestaltet, damit er als Bindeglied zwischen den Bewohnern dienen kann. Das Konzept will den Weg des Kindes in der Welt symbolisch darstellen. Die häusliche Welt (Halte-garderie) ist repräsentiert durch einen 'Zirkus', der als zentraler Spielbereich genutzt wird, zu dem sich untergeordnete Funktionen öffnen. 'Die natürliche Welt' (Maison des Parents) ist vertreten durch sechs Boxen für Wasser, Erde, Feuer, Luft, Vegetation und Tiere.

196

Ariane Wilson

ein Relais Assistantes Maternelles, ein Maison des Parents und eine Ludothèque gehören, erhielt bezeichnenderweise den Namen Maison des Générations. Es befindet sich im Erdgeschoss eines Hauses des sozialen Wohnungsbaus und ist mit anderen Gebäuden in dem Neubaugebiet eng verbunden: mit Gebäuden für junge und alte Menschen, mit einem Gemeindezentrum für ältere Mitbürger, mit einem Nachbarschaftsrestaurant und einem Nachbarschaftszentrum mit einem Schulrestaurant. In ähnlicher Weise hat eine kleine Stadt im Jura, Lavans Saint Claude, eine neue Maison de l'Enfance in der Nähe des Stadtzentrums gebaut, zu der eine Crèche, eine Halte-Garderie, eine CLSH und ein Schulrestaurant in unmittelbarer Nähe einer neuen Wohneinheit für ältere Mitmenschen gehören.[18]

In gewisser Weise ist die Frage, welchen Platz Kinder im öffentlichen Raum einer Stadt einnehmen sollten, schon durch den Bau dieser Schutz gewährenden Ministädte für Kinder und ihre Betreuer beantwortet. Statt kinderfreundlichere Städte zu entwerfen, werden Institutionen für Kinder gebaut, die nach Möglichkeit die ganze Bandbreite der Kommune in sich vereinen sollen. Waren diese Einrichtungen einst in sich geschlossene, an Krankenhäuser erinnernde Orte, die ausschließlich Kindern vorbehalten waren und in denen der Kontakt zur gefährlichen, unhygienischen Außenwelt tunlichst vermieden wurde, haben sich nun Orte entwickelt, in denen auch Eltern dazugehören und in denen sich Beziehungen entwickeln dürfen; Institutionen für kleine Kinder sind zum Mittel geworden, um die Bindungen zwischen Generationen und innerhalb der Gemeinden zu regenerieren, als ob die ideale Umgebung, die für Kinder gestaltet wird, als ideale Umgebung für die Gesellschaft im allgemeinen beansprucht werden könnte.

18 Auch in Paris wurden im Rahmen von Maßnahmen angesichts der lebhaften Nachfrage nach Kinderkrippen Generationen gemischt: in zwei Altenheimen wurden Crèches eingerichtet; das Programm sieht auch Begegnungen der ganz Jungen mit den ganz Alten vor.

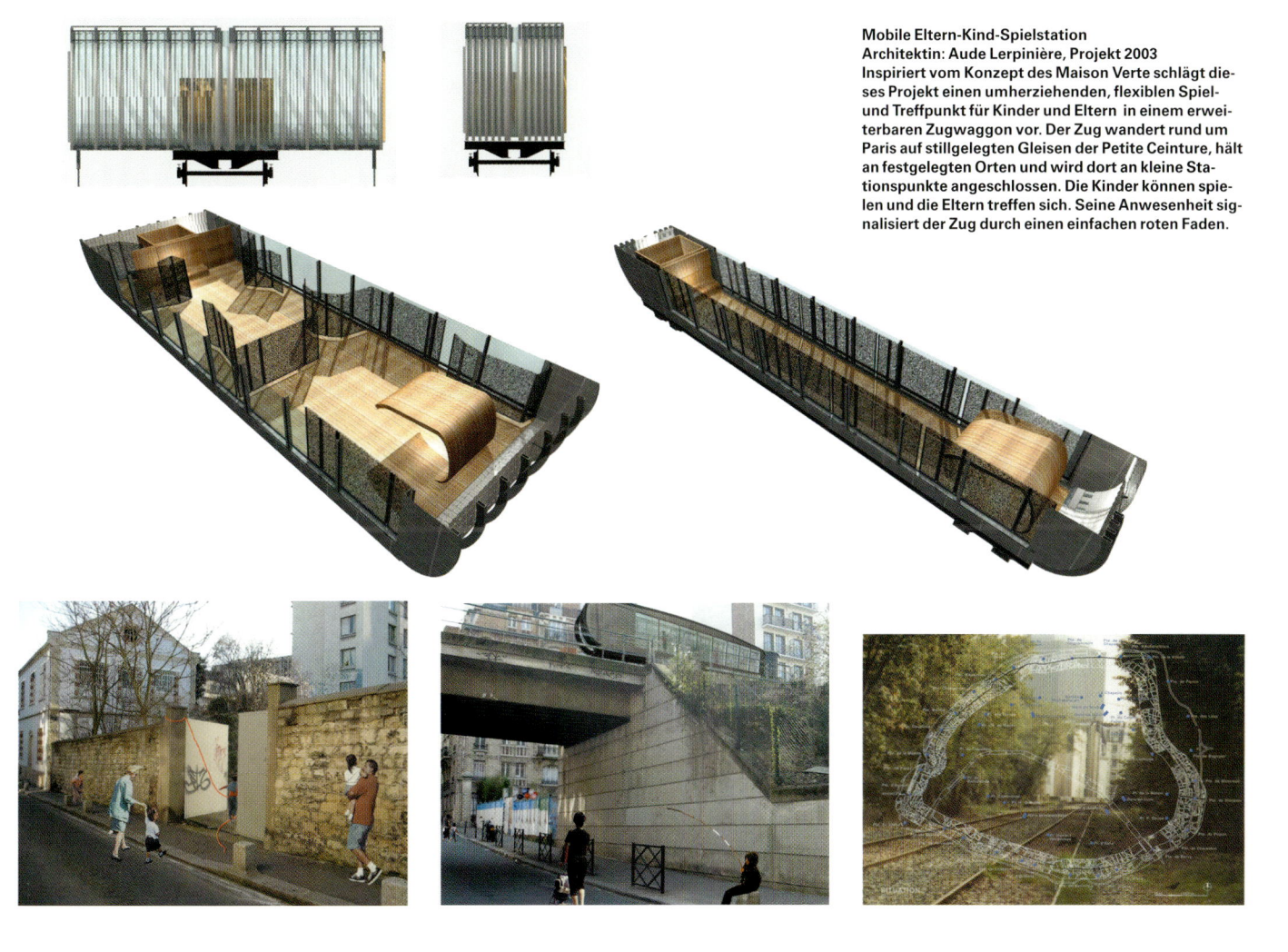

Mobile Eltern-Kind-Spielstation
Architektin: Aude Lerpinière, Projekt 2003
Inspiriert vom Konzept des Maison Verte schlägt dieses Projekt einen umherziehenden, flexiblen Spiel- und Treffpunkt für Kinder und Eltern in einem erweiterbaren Zugwaggon vor. Der Zug wandert rund um Paris auf stillgelegten Gleisen der Petite Ceinture, hält an festgelegten Orten und wird dort an kleine Stationspunkte angeschlossen. Die Kinder können spielen und die Eltern treffen sich. Seine Anwesenheit signalisiert der Zug durch einen einfachen roten Faden.

Bauen für Kleinkinder in Frankreich

Glossar

Accueil: Aufnahme, freundlicher Empfang
Caisse d'Allocation Familiales (CAF): regionale Kindergeldkasse, deren Priorität in der Unterstützung von Kindern und kinderreichen Familien, in Freizeitprogrammen und in familienbegleitenden Maßnahmen liegt
Centre de Loisirs Sans Hébergement (CLSH): Freizeitbegegnungsstätte für Kinder und Jugendliche
Centre pour la Petite Enfance (CPE): Kinderbetreuungszentrum
Concours: Wettbewerb
Conseil d'Architecture, d'Urbanisme et d'Environnement (CAUE): Amt für Architektur, Stadtplanung und Umwelt
Conseil de Paris: Rat der Stadt Paris
Conseil Général: Allgemeiner Rat eines Départments
Crèche Collective: Gemeinschaftskinderkrippe der öffentlichen Hand
Crèche Familiale: Familienkinderkrippe, besteht aus einem Netz von Tagesmüttern, die bei sich zu Hause ein oder mehrere Kinder im Alter von 2 Monate bis 3 Jahren betreuen
Crèche Parentale: Kinderkrippe, die von einer Elterninitiative in freier Trägerschaft unterhalten und von Eltern und Fachkräften betreut wird
Crèche Sauvage: alternative Kinderkrippe
Crèche: Kinderkrippe
Départment: Landkreis
École Élémentaire: Grundschule
École Maternelle: Vorschule
École Primaire: Grundschule
Éveil: Erweckung, Sensibilisierung. Ausgehend von den Theorien Piagets soll das Kind sein eigenes Wissen in Interaktion mit seiner Umgebung aufbauen. Der Lehrer soll 'Éveilleur' (Erwecker) sein, der das Lernen der Kinder 'erweckt'.
Garde: Aufsicht, Obhut, Gewahrsam
Grands: Kinder im Alter von 4 bis 6 Jahren
Groupe Scolaire: Kombination aus Vor- und Grundschule
Halte-Garderie: Kinderhort zur Kurzzeitbetreuung
Halte-Jeux: freie Spielgruppen für Eltern und Kinder von 0 bis 3 Jahren
Instruction Publique: Staatliches Bildungssystem
Lieu d'Accueil: Kinderbegegnungsstätte, Orte des herzlichen Empfangs und der freundlichen Aufnahme
Lieu de Garde: Kinderbetreuungsstätte, mit dem Schwerpunkt auf Aufbewahrung, Schutz und Beaufsichtigung
Ludothèque: Ausleihe/Verleih von Gesellschaftsspielen und Spielwaren
Maison de l'Architecture: Architekturzentrum
Maison de l'Enfance: Betreuungseinrichtung mit Kindergarten, Hort, Säuglingsstation
Maison Verte: Institution in privater Trägerschaft, die als Begegnungsstätte von Eltern und ihren Kindern fungiert
Moyens: Kinder im Alter von 3 bis 4 Jahren
Multi-Accueil: Große Kinderbetreuungsstätte, meist aus einer Kombination aus Kinderkrippe und Vorschule bestehend
Petite Enfance: Pädagogik der frühen Kindheit
Petits: Kinder im Alter von 2 bis 3 Jahren
PMI (Protection Maternelle et Infantile): Staatliches Zentrum für die soziale und medizinische Betreuung von Müttern mit Kleinkindern im Alter bis zu sechs Jahren

Pouponnières: Säuglingsheime für Babys bis 10 Monate
Projet Pédagogique: pädagogischer Leitfaden
Relais Assistantes Maternelles: Treffpunkt für Tagesmütter
Salle à Manger: Speisesaal
Salle d'Asile: Kinderheim
Salle d'Exercice: Übungsraum, Klassenraum
Salle de Motricité: Raum für Bewegung
Salle de Propreté: Waschraum
Unité de Vie: Einheit einer Kleingruppe in Kinderbetreuungseinrichtungen

Ausgewählte Literatur

Bauen für Kinder, allgemein:

A. Vulbeau: Le jeune enfant et l'architect. Éd Syros, 1991

L'enfant et son espace. In: L'Architecture d'Aujourd'hui, Nr. 204, September 1979

Enfance. In: Techniques et Architecture, Nr. 415, August-September 1994

Petite Enfance. In: Techniques et Architecture, Nr. 473,, August-September 2003

Projets d'accueil de l'enfant. In: Domus, Nr. 810

Crèches und frühe Kindheit:

B. Franjou: Penser l'espace du petit enfant. Devenir. Revue européenne du développement de l'enfant Nr.2, Juni 1990

L'espace d'accueil de la petite enfance, Guide pratique. Ministère de la solidarité entre les générations. Éd. L'Inédite, collection FNCAUE, 1995 (1. Auflage : Ministère des Affaires Sociales, 1992)

Les temps de l'enfant et leurs espaces. Éd. NAVIR, 2003

Les normes en question; L'espace des lieux d'accueil de la petite enfance. Éd. NAVIR, 2005

Dossier crèches. In: Les cahiers techniques des bâtiments, Nr. 208

Maternelles:

Instruction relative à la construction des écoles maternelles, CNDP, 1972 (überarbeitet 1980)

Maternelles; Projet social, projet pédagogique, projet architectural. Centre national d'art et de culture Georges Pompidou, CCI, 1981

Pour une scolarisation réussie des tout-petits, document d'accompagnement des programmes du Ministère de l'Education nationale, CNDP, 2003

M.-J. Bernussou/ J. Herman-Bredel/ M. Marchadier: Ecole maternelle; Une réussite française?. IUFM, 2004

Kinderkrippen und Vorschulen in Italien

Der Weg zu einer modernen Architektur in einem Land, das von einer fortschrittlichen Pädagogik geprägt ist

Alessandro Busà

Von der Opera Nazionale per la Maternità e l'Infanzia (1925) bis heute

Gesellschaftliche Entwicklung und italienische Gesetzgebung in der Zeit nach dem Ersten und Zweiten Weltkrieg
Die Wandlungen in der Betreuung und Erziehung von Kindern im Vorschulalter stehen in engem Zusammenhang mit der gesellschaftlichen Entwicklung Italiens im letzten Jahrhundert, in dem das Land den Übergang von einer vorwiegend ländlichen Gesellschaft zu einer industriellen und postindustriellen Gesellschaft erlebte. In der noch überwiegend landwirtschaftlich geprägten italienischen Gesellschaft zu Beginn des zwanzigsten Jahrhunderts lebte das Kind im Vorschulalter in einem erweiterten familiären Umfeld; für seine Beaufsichtigung sorgte eine große Gemeinschaft von Verwandten, die sich um seine Erziehung und Ausbildung kümmerten. Institutionelle Einrichtungen zur Unterstützung von Kindern aus Not leidenden Familien entstanden durch private Stiftungen oder – in den meisten Fällen – durch karitative, geistliche Organisationen.

Mit dem Gesetz Nr. 2277 vom 10. Dezember 1925 aus der Zeit des Faschismus wurde die Staatliche Anstalt für Mutter und Kind ONMI (Opera Nazionale per la Protezione della Maternità e dell'Infanzia) eingeführt. Diese Einrichtung hatte einen stark fürsorglichen Charakter und orientierte sich an der vom Regime konsequent betriebenen Politik des Bevölkerungswachstums. Sie entsprach den eisernen Regeln der faschistischen Propaganda und leistete einen reinen Hygiene-/Sanitätsdienst. Gedacht waren diese Anstalten für die Beaufsichtigung von Kindern aus Not leidenden und hilfsbedürftigen Familien beziehungsweise für die Beaufsichtigung von Kindern berufstätiger Mütter, sprich von Müttern, die in der Vorkriegszeit im Produktionssektor eingesetzt wurden. Die von der ONMI errichteten Case della Madre e del Fanciullo (Mutter- und Kindhäuser) waren nur für die Beaufsichtigung gedacht und verfolgten keinen speziellen erzieherischen oder ausbilderischen Zweck. Sie blieben bis 1975 bestehen. Ihre architektonische Gestaltung lehnte sich deutlich an die Institutionen des Regimes an: Speisesaal, Unterkünfte für Hausmeister und Aufseher, Wäscherei, Küche und Räume für das Dienstpersonal waren im Erdgeschoss untergebracht. Die Räume für die Kinder – streng unterteilt in Räume für gestillte Säuglinge und abgestillte Kleinkinder – befanden sich im ersten Stock. Im zweiten Stock waren die Büros und die Geburtsberatungsstelle für Mütter sowie die Krankenstation für Kinder untergebracht. Bezugspersonen waren der Arzt, die Krankenschwestern, die Hauswirtschaftlerin und die Aufseherin.[1]

Die Innovation der Montessori-Pädagogik
Zu Beginn des zwanzigsten Jahrhunderts entwickelte Maria Montessori einen antiautoritären pädagogischen Ansatz, der ganz im Gegensatz zur Fürsorgepolitik des faschistischen Regimes stand. Im Jahr 1907 gründete sie das erste Casa del Bambino (Kinderhaus) im römischen Armenviertel San Lorenzo. Zu dieser Zeit war Maria Montessori in

1 Siehe auch Rosanna Bosi: Pedagogia al Nido – Sentimenti e Relazioni. Carocci Verlag, Rom, 2002, S. 155-159

der italienischen Kulturszene bereits wohlbekannt, da sie als eine der ersten Frauen in Medizin promoviert wurde. Zusätzliches Ansehen verschaffte sie sich durch ihren Kampf zum Schutz der Frauenrechte und durch ihr soziales und wissenschaftliches Engagement für behinderte Kinder.

Ihre 'Methode der wissenschaftlichen Pädagogik' wurde übersetzt und weltweit mit großer Begeisterung aufgenommen. Zum ersten Mal präsentierte sich der Welt ein ganz neues und anderes Bild des Kindes. Maria Montessori stellte eine Erziehungsmethode vor, die auf einer spontanen Entwicklung des Kindes beruht – mit bis dahin undenkbaren Ergebnissen. Dieser unerwartete Erfolg veranlasste sie, eine wissenschaftliche Pilgerfahrt in sämtliche Teile der Welt zu unternehmen. Überall entstanden und entwickelten sich ihre Schulen, und der Bedarf an einer neuen Ausbildung der Lehrer war entsprechend groß. Ab 1913 besuchte Maria Montessori wiederholte Male die Vereinigten Staaten, Spanien, die Niederlande und viele andere Länder, bevor sie sich schließlich in Indien niederließ. Dort lebte sie viele Jahre lang im Exil, was nicht zuletzt auch mit dem Ausbruch des Zweiten Weltkriegs zusammenhing. Im Laufe ihrer jahrelangen Beobachtungen erahnte Maria Montessori die unersetzliche Rolle des Kindes für die Erhaltung und Vervollkommnung der Menschheit („das Kind als der Vater des Menschen"). Angesichts des äußerst innovativen Charakters des Erziehungsmodells von Maria Montessori und nachdem das faschistische Regime versucht hatte, ihr Werk in eine Richtung zu lenken, die sich mit ihren ideellen und erzieherischen Prinzipien nicht vereinbaren ließ (ihre Bücher wurden in der Zeit der Naziherrschaft zunächst in Berlin und danach in Wien verbrannt), war Maria Montessori im Jahr 1934 schließlich gezwungen, Italien zu verlassen und sich von der Opera Nazionale Montessori zurückzuziehen, die sie 1924 gegründet hatte. Erst 1947 kehrte sie in ihr Geburtsland zurück. Sie wurde von der ganzen Welt und von bedeutenden Persönlichkeiten des vergangenen Jahrhunderts bewundert (Ghandi, Freud, Marconi, Piaget, Edison, Herriot, Masaryk, Adenauer) und starb 1952 im Alter von 82 Jahren in Noordwijk (Niederlande).

Von der sozialen Revolution der 1950er und 1960er Jahre zu den Gesetzesneuerungen im Jahr 1971

Das Ende der 1950er Jahre stellt den Beginn einer bedeutenden sozioökonomischen und kulturellen Entwicklung dar, die parallel zur Entwicklung des Industriesektors im Italien der Nachkriegszeit und zum zunehmenden Einsatz von weiblichen Arbeitskräften – insbesondere in den Großstädten des Centro-Nord (mittlerer Norden) – verläuft. Angesichts der fortschreitenden Einbindung der Frauen in die Arbeitswelt stellte sich plötzlich das Problem der Unterbringung und Betreuung der Kinder außerhalb der heimischen Wände. Durch das Gesetz 860 von 1950 wurden die so genannten Camere di Allattamento (Stillräume) und Betriebskrippen für Säuglinge eingeführt, die jeder Arbeitgeber in Fabriken oder Betrieben bereitstellen muss, in denen mindestens dreißig

Frauen im gebärfähigen Alter beschäftigt sind. In den Camere di Allattamento können die Arbeitnehmerinnen ihre null- bis dreijährigen Kinder unterbringen und versorgen. Zwischen 1955 und 1961 wuchs der Anteil der im Produktionssektor tätigen Frauen auf 27 Prozent der Gesamtarbeitskraft des Landes, und im Jahr 1963 näherte er sich gar der 30-Prozent-Marke.[2] Gleichzeitig entstanden immer mehr private Erziehungseinrichtungen für Kleinkinder. Meist handelte es sich dabei um philanthropische, geistliche Stiftungen, die für hilfsbedürftige Familien gedacht waren.

Die zunehmende Beschäftigung der Frauen in der Arbeitswelt und der Beginn tiefgreifender kultureller Veränderungen führte in den 1960er Jahren schließlich zu neuen sozialen Forderungen: Die Frauenbewegung UDI (Unione Donne Italiane) und die Gewerkschaften setzten sich dafür ein, dass die Kinderkrippen und Vorschulen nicht mehr nur als rein betreuerisch-fürsorgliche Einrichtungen zur Unterstützung Not leidender Familien gesehen werden. Die kulturelle Debatte drehte sich erstmals um das Recht auf Mutterschaft als sozialem Wert: Die Mutterschaft darf für berufstätige Frauen keinen Grund für Diskriminierung oder Unannehmlichkeiten darstellen. Die Mutterschaft ist ein Wert, um den sich die Gesellschaft kümmern muss, indem sie die Familie auch bei erzieherischen und ausbilderischen Aufgaben in Bezug auf das Kind unterstützt.[3] Insbesondere während der zweiten Hälfte der 1960er Jahre erlebte Italien eine Zeit des radikalen Wandels. Die Frauenbewegung gewann an Bedeutung und schloss sich den sozialen Forderungen der so genannten 1968er-Bewegung an. In eben diesem Jahr erreichten die Frauen – mit Unterstützung der Gewerkschaftsbewegungen – durch das Gesetz 444 die Gründung der Scuola Materna Statale (staatliche Vorschule), die vom Staat finanziert wird und allen Kindern offen steht.

Zwei Gesetze aus dem Jahr 1971 sind das Ergebnis über zehnjähriger kontinuierlicher Forderungen der Mütter: Das erste – das Gesetz 1204 vom 30. Dezember zum Schutz berufstätiger Mütter – garantiert den Müttern eine ungekürzte Weiterzahlung des Gehalts für einen Zeitraum von fünf Monaten während der Mutterschaft. Außerdem gestattet dieses Gesetz der Mutter, während des ersten Lebensjahres des Kindes im Bedarfsfall weitere sechs Monate von der Arbeit fernzubleiben. Das zweite Gesetz – das Gesetz 1044 von 1971 – begründet die Asilo Nido Statale (staatliche Kinderkrippe) und legt Fünfjahrespläne für die Realisierung von 3800 Gemeindekinderkrippen durch den Staat fest, die sich über das gesamte Land verteilen. Vor allen Dingen aber erkennt dieses Gesetz das Recht aller Mütter – ob berufstätig oder nicht – auf den Dienst der Kinderkrippe an. Trotz seines stark innovativen Charakters lässt das Gesetz 1044 noch immer die Fürsorgetradition erkennen, die die italienische Gesetzgebung in diesem Themenbereich durchdringt: Charakteristische Merkmale der Kinderkrippe sind nach wie vor Fürsorge und Beaufsichtigung. Sie stellt demnach in erster Linie einen Dienst für die Mütter dar. Andererseits sieht das Gesetz die Ausbildung von qualifiziertem Personal vor, das nicht nur eine Fürsorge in sanitärem Sinne, sondern auch eine psychopädagogische Betreuung für das Kind anbietet. Das Gesetz führt zudem das Recht jedes Kindes auf die Kinderkrippe ein – ohne eine Diskriminierung behinderter Kinder, die bis dahin – gemäß Gesetz 444 von 1968 – in Sonderschulen geschickt wurden.

Ein großes Hindernis für die vollständige Realisierung des ambitionierten Projekts war die Knappheit der finanziellen Mittel: Die bereitgestellten Gelder reichten am Ende lediglich für die Realisierung der Hälfte der erhofften Einrichtungen für Kinder. Trotz dieser Einschränkungen bleibt zu betonen, dass durch das Gesetz 1044 von 1971 das Recht der Frauen auf eine voll anerkannte Arbeit (sowohl rechtlich als auch wirtschaftlich gleichgestellt) sowie das Recht des Kindes auf eine garantierte Ausbildung (nicht nur im familiären Rahmen, der sich oft als unzureichend erwies, sondern auch durch die Gesellschaft) endgültig anerkannt wurden.

---

2 Auszüge aus F. Finardi/ F. Frabboni/ M. Traversi/ C. Volpi: Costruire l'Infanzia – Tecniche educative per l'Asilo Nido. Tecnodid, Neapel, 1993, S. 3-7

3 Siehe auch Rosanna Bosi: Pedagogia al Nido – Sentimenti e Relazioni. Carocci Verlag, Rom, 2002, S. 157

Ergebnisse der Gesetzgebungen der 1990er Jahre
Die Identität der Scuola Materna (Vorschule) wurde in der jüngeren Vergangenheit durch die aus dem Jahr 1991 stammende Ministerialverordnung 'Orientierungen' entscheidend gestärkt. Mit diesem Erlass wird die Vorschule endlich als 'richtige Schule' mit genauem Erziehungsplan definiert, die dem Kind die Möglichkeit grundlegender sozialer Erfahrungen bietet. Unterstrichen wird hierbei der Bildungszweck. Die Schule wird zur Umgebung des Lernens, der Beziehung und des Lebens, die allen einen nützlichen Dienst erweist. Sie bietet gleiche Möglichkeiten für alle Kinder. Anschließend wurde durch das Gesetz Nr. 59 von 1997 und die Gesetzesverordnung Nr. 112 von 1998 die Autonomie der einzelnen Regionen bei den Verwaltungsaufgaben der Vorschulinstitutionen vergrößert. Dies erleichterte die Verwaltungsaufgaben und ermöglichte eine größere regionale Autonomie bei der Einführung verschiedener Erziehungsmodelle.

Seit Anfang der 1980er Jahre und im Laufe der 1990er Jahre verzeichnete der Sektor der Erziehungsleistungen für Kinder in Italien ein bedeutendes Wachstum – vor allem in den Regionen des Centro-Nord (Emilia Romagna, Toskana, Venetien und Lombardei). Zu verdanken war dieses Wachstum dem Engagement der beteiligten gewerkschaftspolitischen Parteien sowie der Begeisterung des Schulpersonals. Den wechselnden kommunalen Verwaltungsbehörden dieser Regionen gelang es, finanzielle Mittel bereitzustellen und einen starken Impuls für die Entstehung öffentlicher Krippen und Vorschulen zu geben. Sorgfältige Vertragsverhandlungen gemeinsam mit wirtschaftlichen Anreizen schufen die Voraussetzungen für ein beständiges und fortdauerndes Ausbildungssystem für alle beteiligten Fachkräfte. Es wurden nun auch Lehrgänge angeboten, die sich mit den neuen Erkenntnissen im Bereich der pädagogischen Entwicklungspsychologie auseinandersetzen.

Scuola Materna

Alleine in der Kommune Mailand gibt es heute beispielsweise circa 170 Vorschulen, 120 Krippen und zahlreiche andere Einrichtungen, die als Versuchsprojekte entstanden sind (die so genannten 'neuen Typologien' beziehungsweise: Spielzentren für Kinder und Eltern, Hausbetreuungsdienste für Kinder, gegenseitige Hilfsdienste unter Familien, Hauskrippen, Gemeinschaftseinrichtungen Vorschule/Krippe und Krankenstationen). Neben circa 3000 Erziehern arbeiten dort 100 Verwaltungsangestellte und 1200 Helfer, insgesamt also 4300 Fachleute.[4] Der Sektor der Erziehungsleistungen für Kinder hat demnach in diesen Regionen ein außergewöhnliches Qualitätsniveau erreicht, wie die einzigartige Erfahrung der Kindergärten von Reggio Emilia zeigt. Die politischen Bestrebungen in diesen Regionen haben in den letzten dreißig Jahren beispielhafte Modelle mit einer hohen Qualität in den Erziehungspraktiken und einem hohen planerischen Niveau der dazugehörigen Gebäude hervorgebracht.

4 Angaben der Kommune Mailand, 2004

Neue pädagogische Erfahrungen in einem Klima politischer Begeisterung. Die Erfahrungen von Reggio Emilia
Ende der 1980er Jahre bestand großer Bedarf an einer Erneuerung der pädagogischen Entwicklungstheorien; diskutiert wurde in erster Linie die Rolle des Kindes als 'sozialer Akteur'. Viele Jahre lang hatte sich die Kinderpädagogik auf die so genannte 'Entwicklungstheorie' konzentriert. Nach dieser Theorie sind die Kinder im Vorschulalter noch keine voll ausgebildeten Persönlichkeiten, sondern warten darauf erwachsen zu werden. Die neue Pädagogik dagegen wandte sich neuen konzeptionellen Horizonten zu: Laut Jenks (1996)[5] „erscheint die Kindheit, anders als die Unreife [...], als spezifischer struktureller und kultureller Bestandteil der Gesellschaft". Es entwickelte sich die Vorstellung vom Kind als „kompetenter Person, die in der Lage ist, ihre eigenen Möglichkeiten zu entwickeln; das Kind gilt nicht als Empfänger von Bildung, sondern als Konstrukteur der eigenen Bedeutung".[6]

5 Aus Chris Jenks: Childhood. Routledge, London, 1996

6 Zitat aus F. Finardi/ F. Frabboni/ M. Traversi/ C. Volpi: Costruire l'Infanzia – Tecniche educative per l'Asilo Nido. Tecnodid, Napoli, 1993, S. 14

Besonders deutlich kamen diese kulturellen Innovationen in den Schulen von Reggio Emilia, das in den letzten Jahren zum pädagogischen Zentrum Italiens wurde, zum Vorschein. Wie sich gerade in dieser Kommune der Emilia Romagna eine der anerkanntesten und fortschrittlichen internationalen Pädagogiken entwickeln konnte und warum diese politisch von den Verwaltungsbehörden unterstützt wurde, erklären die historischen und gesellschaftspolitischen Wurzeln. Nach dem Zweiten Weltkrieg führten die Kommunen der Emilia Romagna einen blutigen Kampf gegen den Nazifaschismus quasi vor der eigenen Haustüre, somit war hier das Interesse an einem gemeinsamen Prozess gesellschaftlicher Erneuerung besonders stark ausgeprägt. Aufgrund der Erfahrungen mit dem Widerstand gegen das Naziregime, der in einigen Kommunen – wie zum Beispiel Reggio Emilia – besonders heftig zu spüren war, entwickelte sich zu Kriegsende im kollektiven Bewusstsein ein tiefes Bedürfnis nach gesellschaftlicher Demokratisierung: Der Traum von einer demokratischen Erneuerung fand seine Grundlage in den Schuleinrichtungen. Unter diesen besonderen Umständen wurde der Erziehung von Kindern im Vorschulalter besonders viel Bedeutung beigemessen.

Unmittelbar nach dem Krieg entstand etwas außerhalb von Reggio Emilia, am Stadtrand von Villa Celia, ein Kindergarten mit dem Namen 'XXV aprile' (zu Ehren der Befreiung im Jahr 1944). An seiner Errichtung, die spontan von den Bürgern und der Widerstandsbewegung 'Comitato di Liberazione Nazionale' (Komitee zur Nationalen Befreiung) finanziert wurde, war ein Großteil der Bevölkerung beteiligt. Der Kindergarten diente in der Nachkriegszeit als Heim für hilfsbedürftige Kinder aus Not leidenden Familien. Gerd Schäfer kommentiert dies in seiner Studie: „Dass sich ein solches Projekt in einer Zeit, in der die Familien in Trümmern lebten, selbst unzureichend versorgt waren, und in der massiver Nahrungsmangel herrschte, überhaupt entwickeln konnte, ist äußerst erstaunlich. Aber es zeigt, wie tief das gesellschaftliche Engagement und Gemeinschaftsdenken in der Kultur der reggianischen Bevölkerung verwurzelt ist." [7]

7 Gerd. E. Schäfer: Grundlagen der Reggio-Pädagogik. Studie an der Universität zu Köln, 2004

Zwischen 1958 und 1963, nach dem Wiederaufbau Anfang der 1950er Jahre, gingen die Emilia Romagna und andere Regionen Norditaliens einem wahren Wirtschaftsboom entgegen. Die Kleinindustrie erlebte eine enorme Entwicklung, und die Frauen, die im Produktionssektor beschäftigt waren, engagierten sich im Kampf um das Recht auf gleichgestellte Arbeit und Mutterschaftsschutz. Diskutiert wurde die Notwendigkeit der staatlichen Vorschule, die später mit dem bereits erwähnten Gesetz 444 von 1968 gegründet wurde. Die feste Tradition der vorangegangenen Jahre, die darin bestand, die Kinderbetreuung ausschließlich privaten, religiös motivierten Organisationen anzuvertrauen, fand somit ein Ende.

Ab 1962 begann man damit, neue Gemeindevorschulen zu errichten. Außerdem sorgten die Verwaltungsbehörden von Reggio für die Kommunalisierung von einst privaten Schulen. Dies führte zu einem Konflikt mit den katholischen Einrichtungen, die sich ihrer – bis dahin unersetzlichen – Rolle in der Kinderbetreuung beraubt sahen. Mit dem bereits erwähnten Gesetz von 1971 begannen die ersten Gemeindekinderkrippen zu blühen, und ihre Zahl stieg in den darauf folgenden Jahren allmählich weiter an. Es entstand eine richtiggehende Bewegung für die 'Verweltlichung der Kindererziehung' – ein Thema, das in der traditionell 'roten' Region Emilia Romagna bei den Verwaltungsbehörden und bei der Bevölkerung starkes Gehör fand. Das Thema wurde bei der Tagung in Bologna im Jahr 1967 behandelt, an der auch Loris Malaguzzi teilnahm. Malaguzzi sollte später zum Gründer des reggianischen Pädagogikmodells werden und bis 1985 für die Kindergärten von Reggio Emilia zuständig bleiben. In den 1980er Jahren gab es noch immer eine starke Diskreditierungskampagne von Seiten der katholischen Kirche gegen die kommunalen Kindereinrichtungen, die sich erst in den Folgejahren allmählich abschwächte: Die kommunalen Kindergärten von Reggio begannen, ihre Türen für Interessierte zu öffnen und nun auch Vertreter der Kirche und konservative Politiker zu Diskussionsgesprächen einzuladen.

In den folgenden Jahren wurde als Folge zahlreicher Debatten, an denen sich breite Teile der Bevölkerung beteiligten, eine Leitungsform für die reggianischen Kindergärten und Vorschulen festgelegt, die eine Einbindung der Familien vorsah: „Diese historisch gewachsene Teilhabe der Eltern an Leitung und Alltag der kommunalen Vorschuleinrichtungen ist die Verwirklichung eines demokratischen Prinzips der Reggio-Pädagogik, die sich als Beitrag zur gesamtgesellschaftlichen Erneuerung und Demokratisierung sieht."[8] Die Kindergärten und Schulen der Kommune Reggio Emilia sahen sich demnach als Orte der Demokratie: Sie entstanden aus Volksinitiativen und unter demokratischer Beteiligung von Erziehern, Eltern und Bürgern, die noch immer als Mitwirkende bei der Errichtung und Leitung öffentlicher Einrichtungen betrachtet werden. Die Partizipation ist ein wesentliches Element der Einrichtungen für Kinder in Reggio Emilia. Für die drei Hauptakteure des Erziehungsprozesses wird sie als Möglichkeit verstanden, aktiv und konstruktiv tätig zu sein. Diese drei Akteure sind die Kinder als aktive Protagonisten ihrer eigenen kognitiven Prozesse, die Erzieher als Förderer der Erkenntnisprozesse und Urheber der Ausbildung und schließlich die Familien als aktive Akteure, die an der Konstruktion des Erziehungsprojekts beteiligt und mit dafür verantwortlich sind. Angesichts dieser Voraussetzungen bieten sich die reggianischen Vorschulen und Kinderkrippen als öffentliche Orte für die Entwicklung einer neuen Kultur an – neu in ihren Inhalten und neu, da sie auf den kollektiven Prozessen der demokratischen Beteiligung, des Zuhörens und des gegenseitigen Respekts basiert.

8 Zitat aus Gerd. E. Schäfer: Grundlagen der Reggio-Pädagogik, Universität zu Köln, 2004

Rückzug in der staatlichen Unterstützung der Kindererziehung
Das umstrittene Gesetz Nr. 62 aus dem Jahr 2000, das so genannte Legge di Parità Scolastica (Gesetz der Schulgleichheit), zeigte in letzter Zeit Besorgnis erregende Auswirkungen auf die Stabilität des öffentlichen italienischen Erziehungssystems. Das Risiko, das sowohl Experten als auch Erzieher sehen, besteht in einer tiefgreifenden kulturellen Rückentwicklung der staatlichen Unterstützungspolitik für Erziehungseinrichtungen für Kinder. Das Gesetz sieht unter anderem vor, den privaten Vorschulen hohe Finanzierungen aus staatlichen Mitteln zu gewähren und schränkt somit die Geldmittel ein, die für öffentliche Vorschulen gedacht waren. Durch Einsparungen bei den Verwaltungskosten werden die Personalstellen und das Qualitätsniveau der öffentlichen Vorschulen reduziert: die dort zur Verfügung stehenden Plätze wurden in letzter Zeit immer weniger, und aufgrund eines Einstellungsstopps verringerte sich das Personal in vielen Fällen drastisch. Durch die Verabschiedung des Gesetzes 'Moratti' über die Schulreform (Gesetz Nr. 53 vom 28. März 2003) hat die derzeitige Mitte-Rechts-Regierung die Finanzierungen für öffentliche Kindererziehungseinrichtungen weiter gekürzt. Mit einem Sprung – um Jahrzehnte – zurück in die Vergangenheit greift die Reform von 2003 alte Gewohnheiten wieder auf: Die staatlichen Geldmittel für öffentliche Kindergärten und Vorschulen werden gestrichen und stattdessen private Institutionen mit der Leitung und Eröffnung neuer Kinderdienste betraut.

Während die Vorschule (heute Scuola dell'Infanzia genannt) im Rahmen des Schulbildungssystems voll anerkannt ist, gilt die Krippe auch weiterhin als 'Einrichtung nach individuellem Bedarf', sprich als Zusatzeinrichtung. Ihre Identität wird somit noch immer in Frage gestellt, und immer öfter planen die Kommunalbehörden eine Übertragung der Verantwortung an Genossenschaften oder private Hände. Zudem wird durch die vom Gesetz vorgesehene Senkung des Eintrittsalters für Vorschulen eine weitere Senkung der Bildungsqualität, wenn nicht sogar die völlige Aufgabe der öffentlichen Kinderkrippen riskiert. In den Kinderkrippen beträgt das Verhältnis von Pfleger und

9 Es gibt verschiedene Gründe für die Zusammenlegung von Krippe und Vorschule: Heute wird durch die allgemeine 'Undurchlässigkeit' der beiden Dienste (Mangel an Informationsaustausch zwischen den Erziehern, gegenseitige Nichtkenntnis, fehlende Vergleichsmöglichkeiten zwischen Erziehungsprogrammen) eine traumatische Aufsplitterung der kindlichen Erfahrung riskiert. Im Hinblick auf die Planung eines Dienstes für die Altersgruppe der 0- bis 6-Jährigen kann der Bildungswert des Vorschulbereichs in weitem Sinne hervorgehoben werden. Erste Erfahrungen mit einer Verbindung von Krippe und Vorschule konnten 1983 in den Einrichtungen von Garlasco (Pavia) gewonnen werden. Vgl. Anna Bondioli: Verso un servizio per la fascia zero-sei: un'esperienza di continuità, in: Manuale critico dell'asilo nido. Franco Angeli, Mailand, 1995

10 Vgl. Studie von Gli Scalvedi: Edifici scolastici e la Ricerca architettonica contemporanea, in 3 Nuove Scuole a Roma – Concorso internazionale di Progettazione. Gemeinde Rom, 2004

Kindern im Durchschnitt eins zu acht, in den Vorschulen dagegen eins zu zwanzig oder sogar eins zu achtundzwanzig; eine Senkung des Alters der Kinder in Bereichen, die bereits überfüllt sind, bedeutet nicht nur eine Vereitelung jedweder Erziehungsabsicht, es besteht zudem die Gefahr, dass auch der reine Betreuungsdienst für Kinder aufs Spiel gesetzt wird. Inzwischen fordern Pädagogikexperten eine Zusammenlegung von Krippe und Vorschule in einer einzigen Einrichtung, in der die Kinder dann je nach den Anforderungen ihres jeweiligen Alters einer entsprechenden Gruppe zugehören.[9]

Das veränderte politische Klima und die Kürzung der Geldmittel für soziale Zwecke schaden der Qualität der Kindereinrichtungen in Italien. Überleben können sie nur in den Regionen, in denen rechtzeitig in Qualität investiert wird. Loris Malaguzzi behauptete: „Der soziale Dienst ist nicht nur ein notwendiges Mittel, um auf die Anforderungen der Gemeinschaft zu reagieren, sondern unterstützt auch eine fortschrittlichere wirtschaftliche Entwicklung; diese basiert auf einer anderen, gerechteren Verteilung der Ressourcen und allgemeiner auf Kriterien der sozialen Gerechtigkeit."

Das Bauen für Kinder in der italienischen Architekturforschung von der Zeit nach dem Zweiten Weltkrieg bis heute: Beispiele und Tendenzen[10]

Nach dem Zweiten Weltkrieg erlebte die Architektur für Kinder in Italien eine bedeutende Epoche. Im Rahmen der kulturellen Debatte sah man die Notwendigkeit, die Charakteristiken der Vorschulgebäude im republikanischen und antifaschistischen Italien neu zu definieren. Dies sollte auch einer Umstrukturierung der erzieherischen Inhalte dienen. Im Mittelpunkt der Debatte stand die funktionale und distributive Neugestaltung der Gebäude für Kinder, ihre Bereiche mussten in antiautoritäre Räume umgewandelt werden. Dabei wurde das traditionelle Flurschema mit streng abgetrennten Sälen – wie es in den von der ONMI gegründeten Case della Madre e del Fanciullo zu finden war – abgeschafft. Eingeführt wurden stattdessen neue funktionale Grundrisse, die auf einer freien Anordnung der Räume – ohne Flure und Vorhallen – basieren. In der italienischen Architekturdebatte unterteilt sich das Thema 'Architektur für Kinder' ab Ende des Zweiten Weltkriegs bis heute schematisch in vier Phasen.

Die organische Tendenz
Die erste Periode erstreckt sich vom Ende der 1940er Jahre bis zum Beginn der 1960er Jahre. Sie steht in engem Zusammenhang mit den Gesetzgebungstätigkeiten und der Reformpolitik, die im vorangegangenen Kapitel erörtert wurden. In diesen Jahren wurde die Organisation der Schule mehr diskutiert als deren bauliche Umsetzung. Gleichzeitig übernimmt die Entwicklungspädagogik eine immer zentralere Rolle. In den Vordergrund rückt hierbei der Ersatz der Scuola per Apprendere (Schule zum Lernen) durch eine neue Scuola per Scoprire (Schule zum Entdecken). Letztere zeichnet sich durch eine freie, nicht hierarchische Verteilung der Räume aus. In der Tat herrschte in dieser Zeit die allgemeine Meinung, dass eine lineare Raumfolge hierarchisch ist und in den neuen Schulen vermieden werden sollte. Die Bewegung der organischen Architektur dominiert die Architekturdebatte in kultureller Hinsicht. Dabei wird ausländischen Modellen, wie zum Beispiel dem Entwurf für die Volksschule in Darmstadt von Hans Scharoun aus dem Jahr 1951 viel Aufmerksamkeit geschenkt. Die architektonische Konzeption dieser Schule stellt einen radikalen Bruch mit der Kasernen-Struktur der Vergangenheit dar. Scharoun hat bei diesem Projekt eine Abfolge sorgfältig aufeinander abgestimmter Räume geschaffen, die mal offener, mal geschlossener sind. Die einzelnen Räume folgen dabei klaren Ordnungen, je nach Alter der Kinder. Die locker angeordne-

ten Baukörper scheinen miteinander verflochten zu sein, bilden Durchgangszonen und regen zu zwanglosem Treffen an.

In dieser Zeit dominiert das Konzept der Scuola all'Aperto (Schule im Freien). Zu verstehen ist dieser Begriff im doppelten Sinne – zum einen als Öffnung gegenüber der Gesellschaft, zum anderen als Öffnung gegenüber der Natur. In der Comunità des aufgeklärten piemontesischen Industriellen und Unternehmers Adriano Olivetti, der die Architekten Figini und Pollini mit der Realisierung der berühmten Kinderkrippe zwischen 1939 und 1941 beauftragte, wird das Thema der Durchdringung mit der Natur deutlich: In diesem Bauwerk haben die Kinder die Möglichkeit, in einer natürlichen Umgebung zu lernen und zu entdecken. Zwischen Vorhallen und Treibhäusern, Bogengängen und Balustraden können sie Himmel und Straße beobachten. Die Schule öffnet sich zur Außenwelt und ermöglicht es den Kindern, mit dieser zu interagieren.

Der Ansatz des von Olivetti gegründeten Movimento Comunità lockte Intellektuelle aus verschiedenen politischen und kulturellen Richtungen an und fand in vielen Regionen Italiens Zustimmung. In der Nachkriegszeit vereinte sich die von der Olivetti-Firma angestrebte Architektur mit den Ansätzen des Movimento Comunità: Diese Verbindung, die mit dem Tod von Adriano Olivetti im Jahr 1960 endete, brachte innerhalb eines Jahrzehnts zahlreiche neue Gebäude hervor. Die meisten davon befinden sich in Piemont. Zu diesen Bauwerken zählt die Kinderkrippe von Mario Ridolfi und Wolfgang Frankl im Viertel Canton Vesco von Ivrea, die zwischen 1955 und 1963 errichtet wurde. Bei diesem Gebäude – wie auch bei der Gemeindekrippe von Poggibonsi (Siena) – greift Ridolfi auf die Grundsätze seiner Theorien zurück (Wiederaufnahme der Handwerkstradition, einfache Architektursprache) und verbindet sie mit Themen, die im Mittelpunkt der kulturellen Debatte der damaligen Zeit stehen, wie zum Beispiel der Verwendung neuer Pavillon-Typologien mit quadratischem Grundriss und dem Konzept der Scuola all'-Aperto. Die Kinderkrippe von Poggibonsi zeigt, wie viel Beachtung Ridolfi dem psychologischen Wohlbefinden des Kindes beimisst. Dieses wird durch die Wahrnehmung der Außenwelt erzeugt. Die große Fensterwand erstreckt sich hier über die gesamte Höhe der Pavillons. Im Speisesaal verleiht die markante Deckenkonstruktion aus Holz dem Raum eine eigene Identität und vermittelt ein Gefühl von Ruhe.

Ein anderer Architekt, der in den 1950er und 1960er Jahren mit beachtenswerten Beiträgen zum Thema Bauen für Kinder auf sich aufmerksam machte, ist Ciro Cicconcelli. Er sanierte Vorschulen, Grundschulen und Sekundarschulen. Gleichzeit befasste er sich auch mit theoretischen Arbeiten. Im Jahr 1960 veröffentlichte er in einer monographischen Ausgabe von 'Casabella', die sich ausschließlich der Schularchitektur widmete, einen Artikel über die italienische Architekturforschung zwischen der Nachkriegszeit und dem Jahr 1958.

Die Scuola-Fabbrica
Die zweite Phase des Bauens für Kinder erstreckt sich von der zweiten Hälfte der 1960er Jahre bis zur Mitte der 1970er Jahre. Im Jahr 1968 wird – wie bereits erwähnt – die staatliche Vorschule gegründet; gleichzeitig erfolgt die erste nationale Zählung für Schulgebäude. Ab Mitte der 1960er Jahre gewann man in Italien neue Erfahrungen in der Anwendung industrieller Fertigbautechnologie. Dadurch wurde eine Rationalisierung des Bauprozesses ermöglicht und einige Ergebnisse mit hoher Qualität erzielt. Der Fertigbau galt in dieser Zeit als Mittel zur Umsetzung des – damals in der kulturellen Debatte angestrebten – Ziels der Flexibilität. Es galt als unerlässlich, dass sich das Schulgebäude im Laufe der Zeit an die verschiedenen Anforderungen anpassen kann. Die Dimensionierung einer Schule hatte sich der Dynamik der Bevölkerungsentwicklung und dem sich verändernden schulischen Raumbedarf anzupassen.

Die Entwicklung neuer Bauweisen ermöglichte veränderbare Klassenräume, Lehreinheiten, die zusammengelegt und untereinander ausgetauscht werden konnten. Mit solchen Konzepten hatte man sich bereits Ende der 1940er Jahre befasst, damals allerdings noch im Rahmen einer traditionellen Bauweise. In diesen Jahren lässt sich nun allmählich eine größere Offenheit im Gebäudegrundriss erkennen, die nicht nur mit dem Übergang von traditionellen Bauweisen zu industrialisierten Konstruktionsverfahren, sondern auch mit einer zunehmenden Standardisierung zusammenfällt. Mit der Einführung der Scuola-Fabbrica – mit etwas Verspätung gegenüber anderen europäischen Ländern – entstehen einige qualitativ hochwertige Projekte, die sich allerdings der Gefahr einer gewissen Gleichförmigkeit durch die Verwendung standardisierter Bauelemente nicht verschließen können. Dieses Risiko versuchen die Architekten durch das Streben nach räumlicher Komplexität und nach einem gehobenen Qualitätsstandard auszugleichen.

Zu den italienischen Architekten, die sich am intensivsten mit diesen Themen beschäftigten, zählen Luigi Pellegrin und Gino Valle. Valle realisierte über vierzig Schulen in verschiedenen Gebieten Italiens. Einige davon sind aufgrund ihrer Gebäudegröße und der architektonischen Lösung bemerkenswert. Bei den zusammen mit dem Unternehmen Valdadige in Fertigbauweise errichteten Schulen definiert Valle vier Baukörpertypen: Unterrichtsbereich, Turnhalle, Kantine und Heizzentrale. Dieser Ansatz lässt viel Spielraum für Flexibilität und bietet zahlreiche räumliche Kombinationsmöglichkeiten. Die Gebäude können auf verschiedenen Geländearten errichtet werden und sich an unterschiedliche funktionale Programme anpassen. Trotz der standardisierten Bauweise zeichnen sich die realisierten Räume durch Identität und Vitalität aus. Mit dem Einsatz von Farbe wird die modulare Strenge gemildert und dem Bauwerk ein Wiedererkennungswert verliehen. Luigi Pellegrin konzentriert sich auf die landschaftliche Einbindung des Schulgebäudes, indem er der Scuola Cattedratica dell'Ascoltare (Schule des Zuhörens) die Scuola per Scoprire (Schule zum Entdecken) gegenüberstellt. Er verleiht seinen Gebäuden einen starken Wiedererkennungswert und gestaltet sie im Innern sehr sorgfältig mit Höhenstufen, Durchbrüchen, Verdichtungen und perspektivische Erweiterungen.

Die postmoderne Architektur
Gegen Ende der 1970er Jahre macht sich in Italien die Tendenz der Postmoderne bemerkbar. Die theoretischen Abhandlungen von Aldo Rossi lassen eine tiefgreifende philosophische Deutung des städtischen Raums zu und finden Eingang in den Arbeiten zahlreicher Architekten. Die meisten von ihnen konzentrierten sich jedoch darauf, die formalen Elemente des historischen Repertoires wieder aufzugreifen: Statt neuer Technologien und der funktionalen Erneuerung von Erziehungsräumen für Kinder wird die Schulbauarchitektur nun häufig auf ihre typologischen und formalen Ursprünge reduziert. „Mit der weiteren Vereinfachung, die den Schlüssel zum Monumentalismus darstellt, wird das architektonische Werk auf die metaphysische Probe gestellt" (Scalvedi, 2004). Mit ihren stilistischen Ersatzmitteln hat sich die postmoderne Architektur in vielen italienischen Beispielen auf das vereinfachte Zitieren von Stilelementen aus dem historischen Repertoire reduziert. Die funktionale Organisation der Innenräume und die Suche nach einer Antwort der Architektur auf die Anforderungen der immer fortschrittlicheren Pädagogik sind beiseite gelegt worden.

Trotzdem wurden die Schulen, die Aldo Rossi in dieser Zeit realisierte, zu weltweit anerkannten Ikonen der italienischen Architektur. Rossi kritisiert die funktionsorientierten Schulen, die „mit ihrer formalen Strenge die Erfahrungen des Kindes einschränken, indem sie seine Fantasie unterbinden". Die Grundschule von Fagnano Olona (1972-76) hat die Form einer Zitadelle. Sie wurde um einen zentralen Platz herum errichtet, und die einzelnen Raumformen rufen starke Assoziationen hervor. Die Einfachheit, die Konzentration auf die architektonische Form, die Auffrischung des kollektiven Gedächtnisses und das Raumerlebnis (Platz und Hof) machen diese Schule zu einem beispielhaften Gebäude. Der historische Manierismus beherrscht auch die Kinderkrippe/Vorschule von Santa Severina (1980), bei der der Architekt Alessandro Anselmi stark assoziative, symbolische Formen verwendet und somit auf originelle Weise das kanonische Bild des Bauens für Kinder verzerrt.

In den Folgejahren gelang es nur wenigen Architekten, dem Bauen für Kinder neue Impulse zu geben. Nachdem sich die historisierende Welle erschöpft hat, sind in den letzten Jahren kaum noch einheitliche Tendenzen in der Architektur für Kinder in Italien festzustellen.

Die aktuelle Situation
Die Kürzung der finanziellen Mittel von Gemeinden und Regionen zu Zeiten der Mitte-Rechts-Regierung erschwert die Realisierung neuer Bauten für die Vorschulerziehung. Selbst wenn der geringere Bedarf an Kinderkrippen und Vorschulen dem Rückgang der Geburtenzahlen zuzuschreiben ist, bleibt unbestritten, dass Neubauten für Kinder im Vergleich zu den 1960er und 1970er Jahren heute eher eine Randrolle spielen. In finanziellen Krisenzeiten wird der Sanierung bestehender Bausubstanz der Vorzug gegeben. Oder man versucht Kosteneinsparungen zu erreichen, indem man kleinere Einheiten auflöst und durch Zusammenlegung rationalisiert. Baumaßnahmen im Bereich von Grund- und Vorschulbauten konzentrieren sich schon seit vielen Jahren auf Renovierungen, Erweiterungen sowie funktionale und technische Anpassungen. Damit werden zum einen die Forderungen des Gesetzgebers erfüllt und zum anderen wird der durch Zeit und Vernachlässigung abgenutzte Baubestand erneuert. Die Anpassung der Schulgebäude an die neuen Vorschriften führt laut Luca Scalvedi nicht immer zu guten Ergebnissen: „Man denke nur an die Anwendung der Brandschutzbestimmungen, die die Konstruktion zahlreicher unansehnlicher Treppenhäuser zur Folge hatte; oder an die barrierefreien Zugänge mit den unerlässlichen Auffahrtsrampen, die mit ihrer schwerfälligen Ausführung viele Vorplätze von Schulen verunstalten."

Dennoch gab es in den letzten Jahren auch Gemeinden mit mehr Autonomie und Finanzmitteln – darunter in erster Linie Gemeinden der Emilia Romagna, der Toskana, der Lombardei, von Venetien und Trentino-Südtirol –, die innovative Bauten für Kinder förderten. Geprägt sind diese durch Nachhaltigkeit und Ökologie, Einbindung in die Umgebung und Einklang von Architektur und Pädagogik.

Ein kürzlich von der Gemeinde Rom ausgeschriebener internationaler Wettbewerb für die Realisierung von drei großen Schulkomplexen im Jahr 2005 fand große Beachtung. Charakteristisch für die eingereichten Entwürfe war die Beschäftigung mit den Themen Ökologie, Flexibilität und neue Bauweisen. Die prämierten Projekte (darunter Giacomo Borella und Studio Albori Associati für den Schulkomplex im Gebiet Muratella, Hertzberger für die Gegend Romanina, Francesco Cellini für einen neuen Komplex in Casal Monastero) zeichnen sich durch innovative typologische Lösungen mit neuen Raumkonzepten aus. Daneben gab es auch sehr interessante Vorschläge zur Um-

Entwurf des Büros Fumagalli/Masotti/Serrao für einen Schulkomplex in Rom

Entwurf von Giacomo Borella für einen Schulkomplex im Gebiet Muratella

Entwurf von Herman Hertzberger für einen Schulkomplex in der Gegend Romanina

Entwurf von Francesco Cellini für einen Schulkomplex in Casal Monastero

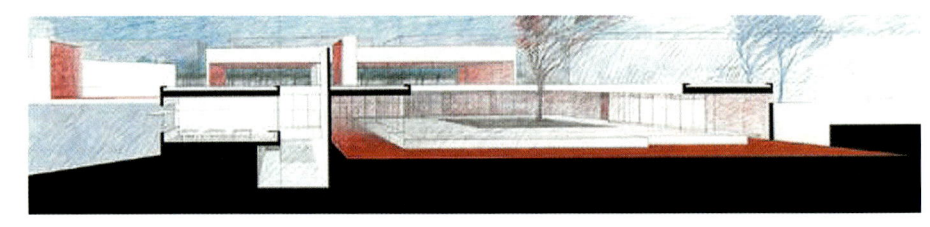

weltverträglichkeit und zur Integration der Schule in den Kontext (zum Beispiel beim Vorschlag des Büros Fumagalli/Masotti/Serrao).

Die Rolle der Architektur in den bedeutendsten italienischen Pädagogikmodellen

Die erzieherische Wirkung der gebauten Umgebung in der Montessori-Pädagogik [11]

In der Montessori-Pädagogik gilt die Umgebung als Lehrer des Lebens und der Kultur, sie wird als 'erzieherische Umgebung' definiert. Die Umgebung des Casa del Bambino wird nach den Maßstäben der häuslichen Vertrautheit gestaltet. Sie muss gemütlich und warm sein und zudem Sicherheit und ein positives Zugehörigkeitsgefühl ausstrahlen. Sie besteht aus vielen gegliederten, unregelmäßigen Räumen sowie aus ruhigen, versteckten Ecken, in denen das Kind arbeiten, denken und seine Fantasie nach eigenem Rhythmus entfalten kann. Diese gestaltete Umgebung ist auf das Kind zugeschnitten. Die Einrichtungsgegenstände sind dem Alter und Körper des Kindes angepasst, und ihre geordnete und präzise Anordnung soll das Kind zu einer disziplinierten, selbstständigen Handlungsweise anregen. Bewegliche Gegenstände, Tische und Stühle müssen aus leichten Materialien sein. Die Kinder werden beim Aufstellen und Transport zu einem verantwortungsbewussten körperlichen Einsatz aufgefordert, was die Übungen des praktischen Lebens fördert. Dennoch müssen diese Gegenstände aus gewöhnlichen, zerbrechlichen Materialien hergestellt sein. Die Kinder in Montessori-Vorschulen benutzen Keramikteller, Trinkgefäße aus Glas und empfindliche Nippsachen; so sind sie zu koordinierten, präzisen, geschulten Bewegungen und zu ständigen Übungen der Selbstbeherrschung, Eigenkorrektur, Behutsamkeit und Rücksicht angehalten. Die Schulumgebung wird zur Lebensumgebung, in der die Kinder mit der Wahrung von Ordnung und Sauberkeit beschäftigt sind: Diese Tätigkeiten, die als 'Übungen des praktischen Lebens' definiert sind, spielen im Casa del Bambino eine bedeutende Rolle. Sie fördern beim Kind die psychophysische Ausbildung und die Bewegungskoordination.

Die Montessori-Schule lehnt die Trennung von Raum und Zeit ab; Leben und Lernen finden an jedem Ort und zu jeder Zeit statt. Aus diesem Grund stellen Schule und Klassenzimmer keine einschränkenden Grenzen dar, sondern vielmehr Orte der Geschichte und Erfahrung. Das Kind bewegt sich dort frei und entdeckt neue Arbeits- und Erkenntnismöglichkeiten. Instinktiv begibt es sich dorthin, wo sich Gelegenheit zur Arbeit, Erfahrung, Beobachtung und zum Lernen bietet. Die Montessori-Schule ist demnach eine Schule, die auch ohne besondere architektonische Tricks auskommt: Oft findet sie ihren

11 Die Hauptquellen stammen aus den Veröffentlichungen der Opera Nazionale Montessori

Platz in traditionellen, historischen Gebäuden. Es ist das Kind selbst, das die Umgebung durch seine forschenden und fantasievollen Handlungen verwandelt und sie dabei verinnerlicht: Die in der Montessori-Schule gepflegte Umgebung ist in erster Linie die innere Umgebung des Kindes. Die typische Montessori-Schule ist mit den notwendigen Gegenständen für die psychomotorische und geistige Arbeit der Kinder ausgestattet. Diese Gegenstände werden als 'Materialien der Entwicklung und inneren Bildung' definiert.

Die organisierte Arbeit, die Rolle des Materials und der Geist des Kindes
In der organisierten Arbeit kommen die beiden theoretischen Hauptthesen der Montessori-Methode zur praktischen Anwendung. Die erste These besagt, dass die Natur des Kindes ihm durch innere Anregungen den Weg zur Realisierung seiner psychischen Entwicklung weist. Die Natur empfiehlt dem Kind, was es wann und wie zu tun hat. Sie bringt es dazu, sich eigene Wege zu bahnen, indem sie ihm eine besondere, vorläufige Sensibilität verleiht. Die psychische Entwicklung des Kindes findet ihren Ursprung also nicht unbedingt in äußeren Anreizen. Vielmehr ist sie das Ergebnis eines inneren Willens, eines mysteriösen Geheimnisses des Lebens: „In diesen sensiblen Beziehungen zwischen Kind und Umgebung liegt der Schlüssel für den mysteriösen Ansporn, der den spirituellen Embryo die Wunder des Wachstums vollbringen lässt." (M. Montessori)

Bei der zweiten These wird davon ausgegangen, dass die Kinder eine eigene geistige Gestalt haben, die sich von der der Erwachsenen unterscheidet. Sie besitzen einen unbewussten und aufnahmebereiten Geist: Einfach nur um zu leben, lernt, handelt und nimmt das Kind alles auf, was die Umgebung ihm bietet, und verinnerlicht dies. Ausgehend von diesen natürlichen Phänomenen dient die Schule zur Kultivierung der Menschlichkeit des Kindes. Sie hilft dem Kind, sich zu entwickeln und zu bilden: „Die in der Entwicklung befindlichen Geister haben die Gier eines ausgehungerten Körpers", schrieb Maria Montessori. Die Bildung des Kindes ist demnach das Ergebnis seiner freien Tätigkeit verbunden mit persönlichen Erfahrungen, die es aufnimmt, speichert und daraus dann wieder neue Erkenntnisse gewinnt.

Das Montessori-Material (unterschiedliche Gegenstände, die von den Lehrern ausgewählt werden; sowohl gewöhnliche Gebrauchsgegenstände als auch spezielle, stimulierende Gegenstände) hilft dem Kind durch Förderung von Sinnen und Verstand, den „eigenen Geist zu trainieren". Durch den Kontakt mit Materialien lernen die Kinder zu handeln, zu denken, Vermutungen anzustellen, Lösungen zu finden, Probleme einzuordnen und zu lösen und die eigenen geistigen Vorstellungen zu modifizieren. Da ihre Arbeit sehr persönlich ist, erreichen die Kinder durch Experimentieren ein Gefühl von Selbstständigkeit und Identität.

Der Lehrplan im Montessori-Kindergarten[12]
Der Begriff Lehrplan wird in der Montessori-Pädagogik für Lernprogramme beziehungsweise Kurse verwendet, die nach besonderen psychologischen Thesen organisiert sind. Diese Thesen wiederum bestimmen die zur Anwendung kommenden Prozesse und Methoden. Ziele stellen in der Montessori-Methodik keine Fixpunkte dar, von denen man ausgeht oder die man erreicht, sondern es handelt sich vielmehr um natürliche, spontane Entwicklungen im Rahmen der Kenntnisse und Verhaltensweisen, die in den Arbeitsprozess des Kindes einbezogen sind. Die Ziele werden im direkten Erlebnis, das durch die Umgebung, die Materialien und Lernmittel hervorgerufen wird, konkret entdeckt, erprobt und verarbeitet. Der Lehrplan im Casa del Bambino unterstützt die selbstständige, bildende Tätigkeit des Kindes. Er veranschaulicht das Erziehungs- und Bildungsideal der Montessori-Schule, wobei von den Handlungen des Kindes ausgegangen wird. Der Lehrplan des Casa del Bambino sieht folgende Phasen vor:

12 Als Hauptquellen dienten die Veröffentlichungen der Opera Nazionale Montessori

Praktisches Leben und Gemeinschaftssinn
- Praktisches Leben und Pflege der Umgebung. Praktisches Leben und Pflege der Person. Praktisches Leben in der sozialen Beziehung.
- Feinmotorik und Beherrschung der Hand.
- Bewegungsübungen für Koordination und psychomotorische Kontrolle.
- Umfüllungen.
- Schweigeübung.
- Reihenübung.
Ziele: geistige Ordnung, Selbstständigkeit und Unabhängigkeit; Selbstdisziplin; Respekt für die eigene Person, andere Personen, Dinge; Einheit von Freiheit und Verantwortung; Bewegungsanalyse.

Sinneserziehung
- Sehsinn: Dimensionen, Formen, Farben. Hörsinn: Geräusche und Klänge. Tastsinn: barisch, thermisch stereognostisch. Geschmacks- und Geruchssinn.
- Lektion der drei Zeiten.
- Trainieren der Sinne: weitere Entwicklungen und Verbesserungen.
- Muskelgedächtnis.
- Klang und Bewegung.
Ziele: Abstraktionsfähigkeit; Analyse; Aufmerksamkeit; Konzentration (Unterscheidungs-, Vergleichs-, Mess-, Einordnungs-, Aneinanderreihungs-, Verallgemeinerungsfähigkeit usw.).

Spracherziehung
- Erweiterung des Sprachschatzes. Geordnete Nomenklaturen.
- Sprachspiele zur Entdeckung der logischen, kommunikativen und grammatikalischen Funktion der Sprache.
- Direktes und indirektes Vorbereiten auf das Schreiben. Klanganalyse. Impulsives Schreiben. Vervollkommnung: Schönschrift, Rechtschreibung, Texterstellung.
- Lesen: vom Wort zum Satz. Befehle. Grammatik als Vorbereitung auf das gesamte Lesen. Intuitive Grammatikspiele: Funktion, Stellung, Zeichen.
- Grammatikkästen; erste Tafel für die logische Analyse (festes und bewegliches Material); Tafeln mit Nachsilben und Vorsilben.
- Das Buch: Lesen, Gespräch, Zuhören. Kunst des Interpretierens. Bilderwörter.
Ziele: phonemische Beherrschung des phonischen Kontinuums; graphemische Beherrschung des grafischen Kontinuums. Sprache zur Benennung und Einordnung; Konstruktion der Wörter und ihre semantischen Variationen; Sprach- und Gedankenanalyse; kommunikative Funktion: Erzählung und Selbsterzählung; Sprache und das symbolische Leben; das grammatische Kind gegenüber der Metalinguistik.

Logisch-mathematische Erziehung
- Sinnesgrundlage der Ordnungsstrukturen und materialisierte Abstraktionen.
- Erste Stufe der Zahlen (Keimzelle des Dezimalsystems).
- Struktur des Dezimalsystems: 2. Stufe.
- Symbolisierung.
- Die vier Operationen: sinnlicher und intuitiver Ansatz.
- Einprägen.
Ziele: Entdeckung der Zahl als Einheit und Ganzes; symbolische Beherrschung der Mengen; Zählfunktionen: trennen, hinzufügen, dividieren, verteilen, wegnehmen, abziehen, wiederholen usw.

Geistige Tätigkeit: Reihenfolgen, Hierarchien, reihenweise Anordnung, Beziehungen, Gleichheiten, Unterschiede, Ordnung usw.
Die mathematische Sprache und die Ordnung der Dinge.

Kosmische Erziehung
- Die Zeit des Ichs und die soziale Zeit: Vergangenheit, Gegenwart, Zukunft. Messung der chronologischen Zeit. Die biologische Zeit. Zeiten und Kreisläufe der Natur. Zeit der Zivilisation: Materialgeschichte (Werkzeuge, Haus, Verkehrsmittel, Schutzvorrichtungen usw.).
- Der Raum des Ichs. Soziale Räume. Der zwei- und dreidimensionale Raum. Der dargestellte Raum. Der gemessene Raum. Der Raum der Welt: Struktur und Formen (Wasser, Erde, Kontinente, Halbinseln, Inseln, Flüsse, Berge, Vulkane, Ebenen usw.).
- Die Materie: Formen und Zustände. Die Kräfte der Materie.
- Die lebenden Organismen: Funktionen und Bedürfnisse.
- Der Kosmos im Garten: der Teich, der Gemüsegarten, der Bauernhof (Tierethologie und -biologie, Pflanzenbiologie).
- Die Wissenschaftssprache der Natur: Nomenklaturen und Einordnungen.
Ziele: erste Einleitung zur Erfassung der kosmischen Konstanten; Annäherung an die Vision von gegenseitiger Abhängigkeit und Ökosystemen in den Entwicklungsprozessen des Menschen und der Natur; Beobachtung und Experimentieren zwischen Märchen (kosmisch) und Realität; Einführung in die Erfahrung der Lebewesen.

Musikalische Erziehung
- Geräusche und Klänge in der Natur und Übernatur; Erkennung, Analyse, Wiedergabe (Höhe, Timbre, Dauer, Intensität usw.).
- Das Kind als Erzeuger von Klängen und Klanggegenständen.
- Klänge, Rhythmen und Bewegung. Der Klang und die Geste; Klang und Farbe.
- Die organisierten Klänge: Analyse und Wiedergabe: Kinderreime, Wiegenlieder, musikalische Märchen und ihre dramaturgische Umsetzung in Kleingruppen.
- Chor; Gesang, Orchester. Geschichte der Musikinstrumente.
- Die Stille und das Zuhören. Annäherung an die Musikarten.
- Zur musikalischen Lektüre und Schrift.
Ziele: Erfassung der Natur und des Klangphänomens; Erforschung des sonoren Ichs; Sinneserziehung Zuhören; die Soziabilität des Klangs; interpretative und produktive Kreativität.

Erziehung zur darstellenden Kunst
- Der Kontext: Erziehung zu Formen, Dimensionen, Farben. Farbkompositionen und Farbskalen.
- Erziehung der Hand, des motorischen Organs des Zeichens.
- Vom Ausmalen zu spontanen Verzierungen. Bemaltes Papier.
- Formen und Farben in der Geschichte; Formen und Farben in der Natur.
- Spontane Zeichnung: indirekte Hilfsmittel. Die spontane Zeichnung ‚erzählt' sich.
- Der plastische Ausdruck: Materialien und Techniken.
- Die Entwicklungs- und persönliche Mappe der Malarbeit des Kindes. Das Museum der Kunstwerke.
Ziele: von der Kontrolle der Hand zur Kontrolle des Zeichens; von der Farbkomposition zum Ausdruck der Farben; die dekorative Zeichnung und die Geometrie der Formen; zeichnen um zu erzählen und die Fantasie spielen zu lassen; die Hand und die Materie: die Formen der Volumen.

Maria Montessori schrieb: „Ziel ist es, die notwendigen Voraussetzungen für die Entwicklung der spontanen Aktivitäten des Individuums zu vermitteln, Freude und Begeisterung für die Arbeit hervorzurufen. Das Interesse, das zu einer spontanen Aktivität anregt, ist der wahre psychologische Schlüssel zur Erziehung. Die Mühen der Arbeit und des Lernens sind Früchte des Interesses und nichts wird ohne Bemühung aufgenommen [...]. Wer bei der Erziehung versucht, ein Interesse zu wecken, das zur Ausübung einer Tätigkeit und zu deren Verfolgung mit ganzer Energie, mit konstruktiver Begeisterung führt, hat den Menschen erweckt."[13]

13 Maria Montessori: Introduzione a Psicogeometria. 1934

Die 'schönsten Kindergärten der Welt': Die Pädagogik der Reggio Emilia
Eine große internationale Umfrage aus dem Jahr 1991, deren Ergebnis in der Zeitschrift 'Newsweek' veröffentlicht wurde, erklärte die Pädagogik der Reggio Emilia zur „weltweit fortschrittlichsten Idee zur Verwirklichung der Vorschulpädagogik". Howard Gardner, Dozent an der Graduate School of Education der Harvard University, der 2002 in Zusammenarbeit mit den Erziehern von Reggio ein Buch mit dem Titel 'Making Learning Visible' herausbrachte, schreibt: „In der Vergangenheit gab es relativ wenige Schulen, die eine legendäre Qualität erreichten: Dazu gehören Platons Akademie, die Yasnaya Polyana von Leo N. Tolstoi, die Laborschule der Universität von Chicago und die Schulen, die sich an den Theorien von Maria Montessori, Rudolf Steiner und Jean Piaget orientieren. Zu dieser Reihe zählen auch die Vorschulen von Reggio Emilia, in denen Verstand, Körper und Geist des Kindes mit größter Ernsthaftigkeit und größtem Respekt behandelt werden. Gleichzeitig wird den Kindern dort die Möglichkeit geboten, Freude, Vergnügen, Schönheit und Lernen ohne Grenzen zu entdecken."

Die Stadt Reggio Emilia mit ihren 130 000 Einwohnern ist heute gemessen am Pro-Kopf-Einkommen eine der wohlhabendsten Gemeinden Italiens. Ihre Wirtschaftsstruktur stützt sich auf die Kleinindustrie, das Qualitätshandwerk, auf ein Landwirtschaftssystem, das großteils in Form von Kooperativen organisiert ist, und in letzter Zeit auch auf eine beständige Entwicklung des Dienstleistungssektors. Während der letzten dreißig Jahre hat dieser Wohlstand zusammen mit dem klugen Vorgehen der verschiedenen kommunalen Verwaltungen zur Errichtung eines stabilen Sozialversorgungssystems geführt. Alleine in der emilianischen Provinzhauptstadt Reggio gibt es heute 35 öffentliche Gemeindeeinrichtungen für Kinder, die zusammen mit den 33 privaten Einrichtungen 40 Prozent des Bedarfs an Kinderkrippen und 99 Prozent des Bedarfs an Vorschulen in Reggio Emilia abdecken. Damit ist Reggio sowohl im nationalen als auch im internationalen Vergleich führend.

14 In A. Dreier: Was tut der Wind, wenn er nicht weht? Begegnungen mit der Kleinkindpädagogik in Reggio Emilia. Berlin 1993

Ein wichtiger Berührungspunkt zwischen der Montessori-Pädagogik und der Reggio-Pädagogik ist laut Dreier[14] die Begleitung der spontanen Entwicklung des Kindes, ohne auf etwas anderes als das Wachstum seines Inneren abzuzielen: „Vorschulische Erziehung in Reggio Emilia bedeutet Begleitung der Kinder auf ihren Wegen des Forschens und Lernens, nicht Erziehung zu bestimmten Fähigkeiten und Fertigkeiten über zielorientierte Fördermaßnahmen." Nach Auffassung der Reggio-Pädagogik bedeutet Wissen nicht die Entdeckung einer absoluten universellen Wahrheit, die außerhalb der persönlichen Erfahrung des Kindes existiert. Wissen ist nicht lehrhaft auf das Kind übertragbar, sondern es ist vielmehr das Produkt eines inneren Interpretations- und Bildungsprozesses. In den Worten der Erzieherin Carla Rinaldi ist „das Lernen der Prozess, die Realität gemeinsam mit anderen zu konstruieren". Das Wissen entsteht nicht allein durch die individuelle Handlung des Kindes. Es wird auch durch die Beziehung zu anderen – Kindern oder Erwachsenen – gebildet.

Dementsprechend nannte Loris Malaguzzi die Reggio-Pädagogik eine „Pädagogik der Beziehung". Und Carla Rinaldi spricht von einer „Pädagogik des Zuhörens". Eine

Pädagogik der Beziehung und des Zuhörens akzeptiert und legt Wert auf den subjektiven und individuellen Charakter des Kindes: Das reggianische Erziehungsmodell basiert auf der Vorstellung vom Kind als reichem und kompetentem Individuum, als Konstrukteur des Wissens, als engagiertem Forscher auf der Suche nach dem Sinn der Welt. Die Reggio-Pädagogik tritt – wiederum mit den Worten von Carla Rinaldi – dafür ein, „die Figur des Kindes nicht als Subjekt mit Bedürfnissen, sondern als Subjekt mit eigenen Rechten zu interpretieren". Die wesentlichen Voraussetzungen für das reggianische Erziehungsmodell sind folgende:

- Das Kind steht im Mittelpunkt des Erziehungsprozesses.
- Das Kind darf und soll dazu angeregt werden, sein Inneres auszudrücken.
- Dem Kind kann Respekt für andere und die Freude am Gemeinschaftserlebnis vermittelt werden.
- Es gibt viele Sprachen, um das eigene Innere auszudrücken; diese müssen dem Kind angeboten werden, damit es sich mit Hilfe derjenigen Sprachen ausdrücken kann, die seinem Wesen am ehesten entsprechen.
- Der Lehrer hat in erster Linie eine unterstützende, wegweisende und orientierungsgebende Funktion.
- Tätigkeiten werden gemeinsam geplant.

Der letzte Punkt zeugt von der Absicht, dem Kind ein Verhaltensmodell der sozialen Kooperation anzubieten – als vorläufige Methode und vorläufiges Instrument, um sich auf das Erwachsenenalter einzustellen. Das Gruppenzugehörigkeitsgefühl und das gemeinschaftliche Handeln sind in der Tat der Schlüssel des gesamten Erziehungsprojekts: Jedes Subjekt wird als Träger des eigenen kleinen persönlichen Erfahrungsschatzes betrachtet und angeregt, diesen im Austausch mit anderen zu teilen. Analog dazu wird das Kind zum Schreiben angeregt, um eine Spur zu hinterlassen, und zum Diskutieren, um Konflikte zu lösen. Außerdem soll es lernen, auf kooperative Weise ausgewogene Entscheidungen zu treffen.

Die Lehrpläne der reggianischen Vorschulen bieten viele Möglichkeiten zur Erweiterung des persönlichen Erfahrungsschatz: Vorgesehen sind Experimente mit neuen und traditionellen Kommunikationsformen, spielerisches Handarbeiten mit geliehenen Materialien aus Handwerksstätten und sogar die Verwendung von Technologien, die sich normalerweise außerhalb der Reichweite von Kindern befinden, wie zum Beispiel Kameras und Computer. Seit 1984 wird über die Einführung digitaler Technologien zu Erziehungszwecken debattiert. In den Vorschulen von Reggio testet man heute die Interaktion der Kinder mit verschiedenen digitalen Technologien (vom Computer über den digitalen Fotoapparat, Scanner, Videoprojektor, die digitale Videokamera bis hin zum Drucker). Die Kinder sollen dazu angeregt werden, die bereitgestellten digitalen Technologien kombiniert zu nutzen und daneben auch alle anderen, traditionelleren Ausdrucksformen zu verwenden.

Ermanno Olmi[15] stellt folgende Behauptung auf: „Die Erziehung der Kinder ist entscheidend, da die Kriterien, auf denen unsere Schule basiert, inzwischen veraltet sind. Heutzutage braucht das Kind die Lernfreiheit, die ihm hilft, sich als Person herauszubilden und sich auf eine unbeschwerte Herangehensweise an die Welt vorzubereiten. Die Kinder haben ein chromosomisches Gedächtnis – genauso wie die anderen Lebewesen –, das ihnen die Anleitung zum Überleben gibt. Heute ist dieses Gedächtnis der Kinder durch das ständige, unnatürliche Erlernen von Dingen getrübt, die ihrer Natur fremd und die in künstliche Gegenstände und Bedürfnisse eingebettet sind. Wenn die Schule dem Kind – individuell oder in der Gruppe – zuhört, wenn sie das Kind dazu bringt, seine Natürlichkeit, seine Werte, seine hundert Stimmen zu entdecken, so ermöglicht die Schule dem Kind, seine glückliche Beziehung zum Leben wiederzufinden. Das Kind

15 *Jurymitglied beim Preis für das Progetto Educativo per l'Infanzia von Reggio Emilia im Jahr 2002*

wird dabei unterstützt, seine Entscheidungen zu treffen, ohne sich von vorgefertigten und auferlegten Lernprozessen ablenken zu lassen. Diese schränken das Kind ein und berauben es jeder Möglichkeit, seinen gesamten enormen Gefühls- und Emotionsreichtum zu genießen."

Das außergewöhnliche Interesse, das internationale akademische Institutionen am reggianischen Pädagogikmodell zeigen, hat die Gemeinde Reggio Emilia im Jahr 1994 veranlasst, ein Internationales Zentrum zum Schutz und zur Förderung der Rechte und Möglichkeiten aller Kinder (bekannt als Reggio Children) zu gründen, das seit über einem Jahrzehnt Symposien, Wanderausstellungen, Tagungen und Diskussionen zum Thema Kindererziehung in aller Welt organisiert. Die Erfahrung zeigt, dass die Ideen, die der Reggio-Methode zugrunde liegen, auch in anderen Teilen der Welt – gemäß den jeweiligen Anforderungen vor Ort – übernommen und angepasst werden können.

Ein Forschungslabor zur Architektur für Kinder
Loris Malaguzzi sagt: „...unsere Einrichtungen [...] sind vor allem Werkstätten, in denen die Kinder die Welt untersuchen und erforschen".[16] 'Diana' war die erste Vorschule, in der die Reggio-Methode umgesetzt wurde. Sie verfügt über sorgfältig geplante Räume, zu denen auch ein Atelier zur Förderung der kreativen Tätigkeit des Kindes gehört. Nach der Eröffnung der Schule erläuterte Prof. Loris Malaguzzi eine seiner grundlegenden pädagogischen Thesen, die die gesamte reggianische Bewegung bis heute in starkem Maße prägt: nämlich dass die Pädagogik Wissen und Inspiration aus dem Dialog mit anderen Fachbereichen wie Kunst, Architektur, Musik, Theater und Tanz ziehen kann. Im Vordergrund stand der Dialog der Erzieher mit der Architektur – kein Wunder angesichts der großen Bedeutung, die die Reggio-Pädagogen der Qualität des Raums und seiner Organisation beimessen.

Seit Jahren schon engagiert sich die Kommune Reggio gemeinsam mit benachbarten Gemeinden für einen kreativen Austausch von Erziehern, Wissenschaftlern und Kindern mit Architekten und Designern, um die Architektur den neuen Erziehungsanforderungen anzupassen. Zusammen mit der seit 1983 bestehenden internationalen Forschungswerkstatt für Architektur 'Domus Academy' wird das Thema 'Wohnen der Kinder in der Vorschule und in der Kinderkrippe' untersucht. Erste Ergebnisse wurden in dem Buch 'Bambini, Spazi, Relazioni: Metaprogetto di Ambiente per l'Infanzia' (wörtlich: Kinder, Räume, Beziehungen: Metaprojekt zur Umgebung für Kinder) veröffentlicht. Die Vorschule 'Diana', die in der zweiten Hälfte der 1960er Jahre mit nur geringen Mitteln errichtet wurde, stellt ein wichtiges Bezugsmodell für die späteren Planungen reggianischer Kindergärten dar. Im Jahr 1993 wurde 'Diana' von der US-amerikanischen Zeitschrift 'Newsweek' als schönste Schule der Welt ausgezeichnet.

Die Vorschule 'Diana' und die Architektur der Reggio-Kindergärten
Die berühmte Vorschule 'Diana' entstand im Rahmen eines Projekts des Ufficio Tecnico Comunale (kommunales Konstruktionsbüro). Realisiert wurde das Vorhaben in Reggio Emilia in der Villa Circolo della Caccia (Verein der Jagd), von der sich auch der Name ableitet. Die Schule war das Ergebnis eines ehrgeizigen Pädagogikprojekts, das auf einer ständigen Kooperation zwischen Erziehern, zuständigem Personal und Architekten basierte. Der Architekt Tullio Zini arbeitete seit Jahren im Einvernehmen mit den Erziehern, wobei er sich stark von den reggianischen Pädagogiktheorien inspirieren ließ. Der architektonische Eingriff musste sich mit einer bestehenden, eher traditionellen Gebäudestruktur auseinandersetzen. Dennoch gelang es, innovative, helle und bei den Kindern sehr beliebte Räume zu realisieren. Eine zentrale Piazza – eine große, unregelmäßige Aula, die auf zwei kleine, mit Bäumen bepflanzte Wintergärten blickt – bildet

16 Zitat aus A. Dreier: *Was tut der Wind, wenn er nicht weht? Begegnungen mit der Kleinkindpädagogik in Reggio Emilia.* Berlin 1993

den Mittelpunkt der Anlage. Die Piazza ist ähnlich dem Marktplatz einer italienischen Stadt gestaltet. Sie wird von einem kleinen Theater, einer Verkleidungsecke, einem Kaleidoskop und anderen Spielmöglichkeiten geprägt und bietet direkten Zugang zum Essbereich. In der Schule wurden erstmals das so genannte Atelier und die dazugehörige neue Berufsfigur – der Atelierist – eingeführt. Letzterer ist Spezialist für expressive und kreative Ausdrucksweisen. Als 1975 im Atelier ein Feuer ausbrach, bot sich die Gelegenheit zu neuen architektonischen Eingriffen. Das Gebäude wurde in begrenztem Maße erweitert und es entstanden zusätzliche Spezialräume: Diese so genannten Miniateliers sind kleine kreative, durch Glaswände getrennte Räume mit speziellen Ausstattungsgegenständen, die von den Kindern und Lehrern als Miniwerkstätten genutzt werden können.

Ein erster Plan für die Einrichtungsgegenstände sah beschichtete Metalltische, Sperrholzstühle und bunte Behälter vor. Nach dem Feuer erprobte Zini neue Einrichtungsgegenstände, von denen zwei internationale Berühmtheit erlangten, und zwar das Möbelstück 'zum Verkleiden' und das 'begehbare Kaleidoskop', beide stammen aus dem Jahr 1975. Ersteres besteht aus zwei halbrunden Wänden, zwischen denen sich alle möglichen Kleider und ein 'magischer Spiegel' befinden; die Kinder können sich hier in Krieger, Königinnen oder Frösche verwandeln. Der zweite Gegenstand setzt sich aus drei gleichseitigen dreieckigen Spiegeln zusammen und stellt ein großes, echtes Kaleidoskop dar, das den Raum bis ins Unendliche ausdehnt: Am Anfang haben die Kinder etwas Angst hineinzugehen, da sie sich 'im Leeren' wieder finden. Später fassen sie Vertrauen, und das 'Spiegeldreieck' wird zu einem Lieblingstreffpunkt der Kinder zum Träumen.

In vielen Kindergärten von Reggio Emilia sind die Räume – genauso wie in der Vorschule 'Diana' – um eine große zentrale Aula angeordnet. Diese ähnelt laut Malaguzzi einem Marktplatz, von dem aus die Kinder direkten Zugang zu den anderen, kleineren und gemütlicheren Räumen haben: dem kleinen Essbereich, dem Atelier, den Miniateliers und dem Lesesaal. Die meisten Räume sind mit großzügigen Glaswänden versehen, durch die man hindurchschauen kann. Die Trennwände sind beweglich oder transparent und die Türen und Wände auf das Wesentliche reduziert.

Genauso wie in den Steiner-Kindergärten und -Vorschulen werden in den Kindergärten von Reggio standardisierte Ausstattungen vermieden. Die Innenräume der neuesten Reggio-Schulen zeichnen sich durch außergewöhnlich schillernde, reich nuancierte Farben aus. Verschiedene Lichtquellen sorgen für Helligkeit, erzeugen Schatten, Farbzonen und Bewegung, die die Kinder stimulieren. Das verwendete Material ist vielfältig und komplex: eine multisensorielle Umgebung mit glatten und rauen, feuchten und trockenen, matten und glänzenden, transluzenten und transluziden Flächen. Gemäß dem Erziehungsprogramm bringen die Erzieher der Kindergärten von Reggio Emilia häufig selbst neue Materialien und Gegenstände in die Schulen mit, die die Fantasie der Kinder anregen sollen: Dabei handelt es sich oft um Recyclingmaterialien, zum Beispiel alte Möbel, mit eigener Geschichte, die den Entdeckungsdrang der Kleinen stimulieren. Elemente, die an die Steiner-Pädagogik erinnern, sind zum einen die Bedeutung, die dem Kontakt des Kindes mit dem Handwerk beigemessen wird, und zum anderen die Entwicklung seiner Fähigkeit, mit den Händen zu bauen. Beispielsweise nutzten die Lehrer einer Vorschule in Reggio im Jahr 2004 eine Ausstellung in der Stadt zu Ehren des berühmten italienischen Künstlers Alberto Burri als Gelegenheit, um die Kinder mit dessen Werken bekannt zu machen. Es ging darum, den Wert der Materie zu entdecken, indem die Kinder kleine Kunstwerke aus Steinen, Blättern, Sand, Kreide, Flaschen, Plastik und Pappe herstellten. Für die notwendige Ausstattung mit Lernmaterialien sorgte das Centro Re Mida. Diese Initiative wurde zu Kriegsende von den reggianischen Müttern ins Leben gerufen und widmet sich dem kreativen Recycling von Warenabfällen,

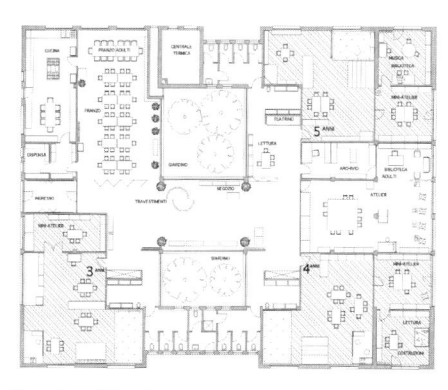

Vorschule 'Diana'
Grundrisse Ober- und Erdgeschoss

Atelier

die den Reggio-Kindergärten von lokalen Betrieben überlassen werden, zum Beispiel Stoffe, Holz, Knetmassen, Lacke und Farben.

Seit 1980 gehört zu jedem Kindergarten von Reggio ein Atelier. Diese kleine Werkstatt bietet den Kindern die Möglichkeit, in Kleingruppen und in Begleitung des Erziehers – der sich in diesem Fall ebenfalls als Künstler betätigt – frei zu experimentieren. Zu den Erziehern gesellt sich demnach der Atelierist, eine neue Berufsfigur, die in der traditionellen Pädagogik nicht vorkommt. Gemeinsam mit den anderen Erziehern widmet er sich der organischen Zusammenarbeit, um das Erziehungsmodell zu realisieren. Ein weiteres grundlegendes Element der Reggio-Kindergärten sind die kleinen Galerien mit den von den Kindern geschaffenen 'Werken'. Auf dem zentralen Platz werden die Arbeiten ausgestellt und den Eltern präsentiert. Auch der Schlafraum der Kinder wird sorgfältig ausgestattet, sobald jedes Kind über ein eigenes Bett verfügt. Neben dem Bett werden Bilder angebracht und persönliche Gegenstände platziert, um eine beruhigende und vertraute Umgebung zu schaffen.

Im Gegensatz zur Montessori-Schule also, die – außer bei den Einrichtungsgegenständen und bei der Auswahl der Materialien – keine besonderen architektonischen Voraussetzungen benötigt und deshalb leicht in bestehenden Gebäuden unterzubringen ist, erfordern die Reggio-Kindergärten eine neue Architektur, die sehr genau definiert ist: antihierarchisch, ohne Flure, offen und überraschend, mit einer großen Aula in der Mitte, ohne Abgrenzungen. Alles in allem handelt es sich um eine durchlässige und flexible Architektur, die Teil des pädagogischen Konzepts ist und zur Identitätsbestimmung der Kinder beiträgt. Ein weiterer Unterschied zur montessorianischen Erziehungsmethode besteht im Ordnungskonzept. Die Ordnung, die dem Kind in der Montessori-Schule auferlegt wird, fordert Selbstkontrolle und Disziplin. Die etwas chaotischen Räume eines Reggio-Kindergartens lassen dem Kind dagegen mehr Freiheit, und zwar in dem Maße, in dem das kreative Chaos das Kind in seiner Tätigkeit befreit. Dennoch sind die Kinder in Räumen wie zum Beispiel dem Atelier nicht frei von jeglicher Verantwortung: Sie können eigenständig wählen, mit welchem Material sie arbeiten und was sie damit tun möchten, nach Beendigung und Dokumentation der Arbeit müssen sie aber alles an seinen Platz zurücklegen.

Die Architektur einer italienischen Steiner-Schule: Die Waldorf-Schule von Bologna
Die Steiner- oder Waldorfpädagogik wurde von Rudolf Steiner (1861-1925) entwickelt. Erstmals kamen im Jahr 1919 die Kinder der Waldorf-Astoria-Fabrik in Stuttgart in den Genuss dieses pädagogischen Ansatzes; heute wird die Steiner-Pädagogik mit beachtlichem Erfolg von mehr als 800 Schulen in fast allen Ländern der Welt angewandt. In den Mittelmeerländern fasste diese pädagogische Richtung erst verspätet Fuß, aber inzwischen sind die Steiner-Schulen in Italien stark im Kommen: Über das gesamte Staatsgebiet – von Turin bis Triest und von Como bis Palermo – verteilen sich etwa 20 Schulen und weitere 30 Vorschulen, Giardini d'Infanzia (Kindergärten) genannt. Der Steiner-Pädagogik zufolge lernt der Mensch in den ersten drei Lebensjahren ohne jegliche Belehrung mehr als in allen darauf folgenden Jahren. Das zentrale Lernprinzip ist die Nachahmung, das gilt auch im Giardino d'Infanzia: Hier ist die Umgebung so gestaltet, dass die Kinder einfache Haushalts- und Handwerkstätigkeiten beobachten und mit Fantasiereichtum nachahmen können.

Die Schule in Bologna ist die einzige neu gebaute Steiner-Schule in Italien. Das Projekt übernimmt einige typische Vorgaben der Steiner-Pädagogik und setzt sie in architektonische Formen und Volumen um, die das Goetheanum von Rudolf Steiner nachahmen. Das Gebäude besteht aus mehreren Teilen, die seit 2001 in drei Bauabschnitten errichtet wurden: Der Vorschulbereich (Giardino d'Infanzia) wird im Herbst 2005 fertiggestellt. Der Komplex fügt sich in die ländliche Umgebung am Stadtrand von Bologna ein; nach den Vorstellungen Steiners ist dies ein perfekter Ort für die Ausbildung von Kindern. In der Nordfassade sind kleinere Öffnungen und Eingänge, im Südosten größere Glasöffnungen und im Süden schließen ein offenen Hof, Gewächshäuser und Gemüsegärten an. Ein Gang durchzieht sämtliche Innenräume und ermöglicht den Blick auf den Innenhof, zu dem er sich zur warmen Jahreszeit öffnet. Hier gibt es Aufführungen, Sport im Freien, aber auch Momente der Erholung für Kinder und Jugendliche. Im Süden verwandeln sich die Treibhäuser und Gemüsegärten im Sommer zu Veranden, die die Werkstätten vergrößern und zur Lehrtätigkeit im Freien dienen. In einem zweistöckigen Saal finden Theaterproben und Freizeitaktivitäten, Eurhythmiekurse und andere Bewegungsübungen statt. Umweltverträgliche Materialien und Bauweisen erfüllen die ökologischen Anforderungen: Sämtliche Decken sind aus Holz, auf synthetische Verkleidungen und Isoliermittel wurde verzichtet. Auch für den Innenausbau wurden natürliche, umweltverträgliche Materialien verwendet, um ein gesundes Raumklima zu gewährleisten.

Literatur

C. Baraldi/ V. Iervese/ A. La Palombara: Il Bambino salta il muro – Culture e pratiche sociali negli asili nido e nelle scuole dell'infanzia. Junior, Azzano San Paolo, 2001

Anna Bondioli/ Susanna Mantovani: Manuale critico dell'asilo nido. Franco Angeli, Mailand, 1995

Rosanna Bosi: Pedagogia al Nido – Sentimenti e Relazioni. Carocci Verlag, Rom, 2002

Enzo Catarsi/ Giovanna Faenzi: Asili Nido e Nuovi Servizi per l'Infanzia in Toscana. Junior, Bergamo, 1997

Gemeinde Reggio Emilia und Reggio Children: Making Learning Visible; Children as Individual and Group Learners. Reggio Children, 2001

Gemeinde Reggio Emilia und Reggio Children: I cento linguaggi dei bambini. Reggio Children, 1987

Stefano Delli: Un Asilo Nido e una Scuola Materna 'BIO' a Este. In: L'Architettura Naturale, Edilizia scolastica bioecologica, Nr. 9, 2000

A. Dreier: Was tut der Wind, wenn er nicht weht? Begegnungen mit der Kleinkindpädagogik in Reggio Emilia. Berlin, 1993

F. Finardi/ F. Frabboni/ M. Traversi/ C. Volpi: Costruire l'Infanzia; Tecniche educative per l'Asilo Nido. Tecnodid, Neapel, 1993

G. Fumagalli/ F. Masotti/ C. Melograni/ E. Catarsi/ A. L. Galardini/ A. Fortunati/ A. Rausch: Servizi educativi per la prima infanzia; Guida alla progettazione. Plus Università di Pisa, 2003

Gerd. E. Schäfer: Grundlagen der Reggio-Pädagogik. Universität zu Köln, 2004

Patrizia Ghedini: Asili Nido tra dinamiche politico-istituzionali, legislative, sociali e culturali. In: Anna Bondioli/ Susanna Mantovani: Manuale critico dell'Asilo Nido. Franco Angeli, Mailand, 1995

Chris Jenks: Childhood. Routledge, London, 1996

Elsbeth Krieg: Lernen von Reggio; Theorie und Praxis der Reggio-Pädagogik im Kindergarten. Hans Jacobs Verlag, 2004

Enrico Micelli/ Alberto Franzone: Quattro Scuole bioecologiche. In: L'Architettura Naturale, Edilizia scolastica bioecologica, Nr. 9, 2000

Maria Montessori: Il Metodo della Pedagogia Scientifica applicato all'educazione infantile nelle Case dei Bambini; Città di Castello. Verlag S. Lapi, 1909 (in Italien mit Erweiterungen und Ergänzungen Ausgabe II 1913, Ausgabe III 1926, Ausgabe IV 1935, Ausgabe V 1950 mit dem Titel: La scoperta del bambino)

Maria Montessori: Il Metodo della Pedagogia Scientifica applicato all'educazione infantile nelle Case dei Bambini; III. erweiterte und ergänzte Ausgabe mit vielen Tabellen und Abbildungen. Rom, Maglione & Strini, 1926

Maria Montessori: Il segreto dell'infanzia. Istit. Edit. Ticinese S. A., Bellinzona, 1938 (französische Originalausgabe mit dem Titel L'Enfant, 1936; I edizione Garzanti 1950)

Margherita Pusterla: La Scuola Waldorf di Bologna. In: L'Architettura Naturale, Edilizia scolastica bioecologica, Nr. 9, 2000

Reggio Children und Domus Academy Research Center: Bambini, Spazi, Relazioni; Metaprogetto di ambiente per l'Infanzia. Reggio Children, 1998

Emma Rossi: Un Nido per volare; L'accoglienza in società del bambino in età da 0 a 3 anni. Edzioni Scientifiche Ma.Gi. srl, Rom, 2000

Gianpaola Salsini: Intervenire sull'esistente; due esempi in Emilia. In: L'Architettura Naturale, Edilizia scolastica bioecologica, Nr. 9, 2000

Luca Scalvedi: Gli Edifici scolastici e la Ricerca architettonica contemporanea. In: 3 Nuove Scuole a Roma; Concorso internazionale di Progettazione. Comune di Roma, 2004

G. E. Schäfer/ U. Stenger: Grundlagen der Reggiopädagogik. In: Kinder in Tageseinrichtungen; Ein Handbuch für Erzieherinnen. 1998

Vari Autori: Scuola elementare e materna a Guidonia. In: L'industria delle costruzioni, 31, Rom, 1997

Wir bedanken uns bei dem Istituto degli Innocenti von Florenz und der Biblioteca Innocenti Library für die freundliche Unterstützung.

Italienische Beispiele aus der jüngeren Vergangenheit

Es wird hier nicht der Anspruch erhoben, einen vollständigen Überblick über die in den letzten Jahren in Italien entstandenen Bauten für Kinder zu geben. Vielmehr sollen Überlegungen zur jüngsten italienischen Architekturforschung sowie allgemeine Trends aufgezeigt werden. Im Vordergrund stehen aktuelle Beispiele, die sich durch besondere Entwurfsqualität auszeichnen. Die Beispiele wurden anhand folgender Kriterien ausgewählt:

- Es besteht eine direkte Beziehung zwischen Architektur und Pädagogik; die architektonische Lösung leitet sich aus den pädagogischen Werten ab und bietet eine Vielfalt von Erziehungsansätzen.
- Die Räume sind für unterschiedliche Bildungstätigkeiten flexibel nutzbar und können je nach Bedarf durch veränderbare Raumanordnungen oder Einrichtungssysteme kombiniert oder getrennt werden.
- Es wurden gesundheitlich unbedenkliche Materialien verwendet; Helligkeit und der wohlüberlegte Einsatz von Farben schaffen eine freundliche Atmosphäre.
- Sorgfältig geplante Grünflächen im Außenbereich unterstützen die erzieherischen und spielerischen Tätigkeiten.
- Innovative technologische und anlagentechnische Lösungen erfüllen den Energiesparaspekt.
- Die Gestaltung des Außenbereichs erhöht die Nutzungsqualität des Gebäudes, zum Beispiel durch geeignete Bepflanzung als Lärm- und Sonnenschutz oder zur Bildung von Schattenbereichen, die für eine bessere Nutzbarkeit der Außenräume in den warmen Monaten sorgen.
- Die Architektur fügt sich in den umgebenden Kontext ein.

Mit Ausnahme eines neuen Kindergartens in Kampanien befinden sich die meisten hier vorgestellten Gebäude für Kinder in den Regionen des Centro-Nord, in erster Linie in der Emilia Romagna, Lombardei und in Venetien.

Neue Vorschule und Erweiterung der Sekundarschule von Castiglione d'Adda, Provinz Lodi

Architekturbüro Tadi

Fertigstellung: 2000

Das Projekt ist Teil einer umfassenden Neugestaltung eines Neubaugebiets in Castiglione d'Adda in der Provinz Lodi. Die stark gegliederte, komplexe Anlage befindet sich in einem weiträumigen Stadtgebiet mit vielen öffentlichen Gebäuden, die wenig Ausdruckskraft besitzen. Die Vorschule schafft hier neue räumliche Beziehungen und stützt sich dabei auf die vorhandene Topografie, wie zum Beispiel die Geländeneigung, die einen Teil des Gebiets begrenzt. Außerdem wird die große vorhandene Grünfläche mit einbezogen. Der Grundriss sieht eine Integration der offenen Räume ins Gebäude vor: Als 'Spezialgärten' bezeichnet, sollen in diesen offenen Räumen Lehr- und Freizeitaktivitäten unter freiem Himmel stattfinden können. Somit verwandeln sich die offenen Räume von bisher anonymen Leerräumen zwischen den Gebäuden zu Lehrräumen in Form von 'Spezialgärten', die als wesentliche Bestandteile der Gesamtanlage definiert sind. Sie tragen dazu bei, die Anlage in einen urbanen Raum mit starker räumlicher Gliederung und einem repräsentativen öffentlichen Charakter umzuwandeln.

Die Neubaumaßnahme umfasst zwei Hauptgebäude: Das eine dient als Erweiterung der bereits bestehenden Sekundarschule, das andere als neue kommunale Vorschule für Kinder zwischen drei und sechs Jahren. Der zweigeschossige Erweiterungsbau ist mit der bestehenden Schule verbunden. Im Erdgeschoss befinden sich die Aula (ein Raum, der auch für Veranstaltungen der Gemeinde genutzt werden kann) und ein offener, überdachter Raum, der die Geländeneigung aufgreift und als überdachtes Auditorium dient.

Im ersten Stock befinden sich die neuen Klassenzimmer der Sekundarschule. In dem zweiten Gebäude ist die neue Vorschule untergebracht. Mit ihrer zentralen Lage im Stadtgebiet stellt die Schule ein wichtiges Verbindungsglied dar zwischen dem geneigten Gelände (ein Teil der Freiflächen wird als Garten des Essbereichs einbezogen) und der angrenzenden Hauptstraße (an deren Ende eine Brückenrampe vorgesehen ist, die die Schuleinheit mit dem dahinterliegenden Stadtgebiet verbindet). Die Vorschule ist in drei Hauptbereiche unterteilt – analog den Haupttätigkeiten, die sich im Inneren abspielen (Lehr-/Freizeit-/Essaktivitäten). Trotz ihrer Spezialisierung sind diese Funktionseinheiten in die volumetrische und architektonische Einheit des Gebäudes integriert. Die drei Hauptbereiche sind:

- Der Bereich der Gruppenräume; jeder davon mit doppelter Räumhöhe und offen, mit großen Fenstern nach Westen und Blick auf den davorliegenden Garten, der für Tätigkeiten im Freien gedacht ist. Im Obergeschoss sind die Räume für die Erzieher untergebracht, die wiederum direkten Blickkontakt in die Gruppenräume haben und somit die volumetrische Aufteilung des Gebäudes zu einem interessanten räumlichen Erlebnis machen.
- Der Bereich für Freizeit- und Gemeinschaftsaktivitäten in der Eingangszone, der aus einem großen zentralen Raum mit doppelter Höhe und Nebenräumen mit einfacher Höhe besteht. Durch ein großes Nordfenster mit Blick auf den Garten am Eingang haben diese Räume Bezug zur Außenwelt.
- Der erweiterte Essbereich, der auch den Schülern der Sekundarschule zur Verfügung steht; er hat einen unabhängigen Eingang (um eine Störung der Tätigkeiten in der Vorschule zu vermeiden) und einen Inneneingang (Zugang für Vorschulkinder). Dieser große Gemeinschaftsraum hat ein riesiges, mit Sonnenschutzvorrichtungen versehenes Südfenster, das den Blick auf einen Garten freigibt, der sich an der Geländeneigung anschließt.

Die Schule ist durch weite, helle Räume und intensive Beziehungen zur Außenwelt geprägt. Die großzügigen Räume und die faszinierende Wegeführung schaffen eine anregende Atmosphäre, in der sich die Alltagsaktivitäten der Schule entfalten können. Die räumliche Disposition dient dazu, die individuelle Erfahrung derjenigen zu bereichern, die das Gebäude nutzen.

Städtische Kinderkrippe und Vorschule in Este, Padua

Architekten: Giampaola Salsini (Projektleiter), Paolo Rava, Stefano Delli
Klimatechnik: Alessandro Logora
Ausführungsplanung: Maria Cristina Dalla Casa
Fertigstellung: 2000

Das Grundstück für diese städtische Kinderkrippe und Vorschule umfasst circa 9000 Quadratmeter und erstreckt sich am Stadtrand von Este (Padua) über ebenes Gelände, das zuvor als landwirtschaftliche Nutzfläche gedient hatte und an ein neu errichtetes Wohngebiet angrenzt. Die Kinderkrippe besteht aus einem Bereich für noch zu stillende Säuglinge und zwei Gruppen für abgestillte Kleinkinder. Insgesamt bietet sie Platz für 42 Kinder zwischen null und drei Jahren. An die zwei Gruppenbereiche schließen die Schlafsäle, Umkleideräume, Toiletten und die beiden Ateliers für kreative Tätigkeiten an. Für das Personal gibt es eine kleine Küche, zwei Umkleideräume mit angeschlossenen Toiletten, eine öffentliche Behindertentoilette, das Geschäftsleitungsbüro und zwei Lagerräume – einer davon für Kinderwagen.

Die Vorschule besteht aus drei Gruppenbereichen für insgesamt 84 Kinder, an die sich ein Raum für Sonder- und Freizeitaktivitäten, ein Umkleideraum mit den dazu-

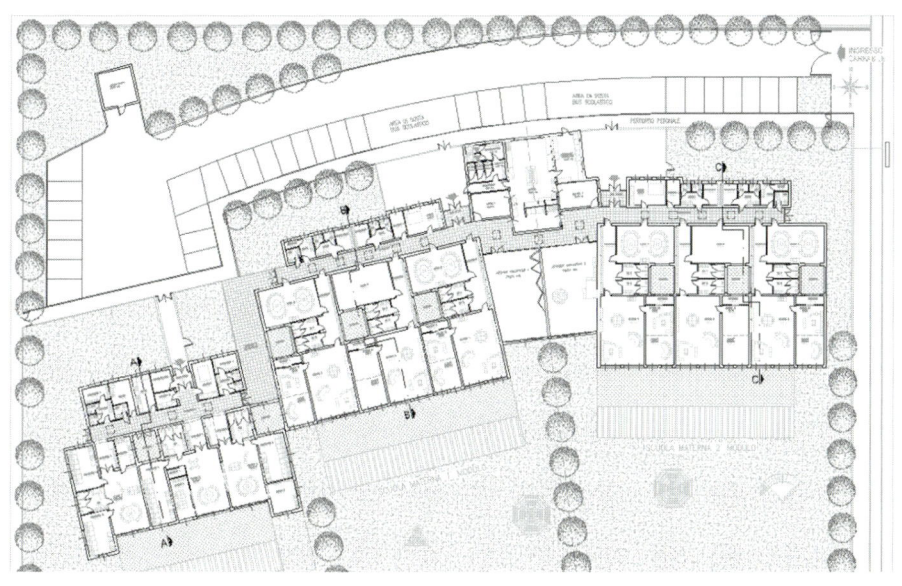

Gesamtgrundriss der Kinderkrippe und Vorschule in Este (Padua)

gehörigen Toiletten und der Essbereich anschließen. Dem Vorschulpersonal stehen zwei Umkleideräume mit Toiletten, eine öffentliche Behindertentoilette, eine Waschküche, ein Lagerraum und ein Atelier für Erwachsene zur Verfügung.

Im Außenbereich verbindet ein überdachter Fußweg Vorschule und Kinderkrippe miteinander. Neben der Vorschule befinden sich die Serviceräume, die Küche und zwei Räume, die von den verschiedenen Bereichen gemeinsam genutzt werden können. Die beiden Gemeinschaftsräume sind miteinander verbunden, lassen sich durch Schiebewände aber auch teilen und getrennt nutzen.

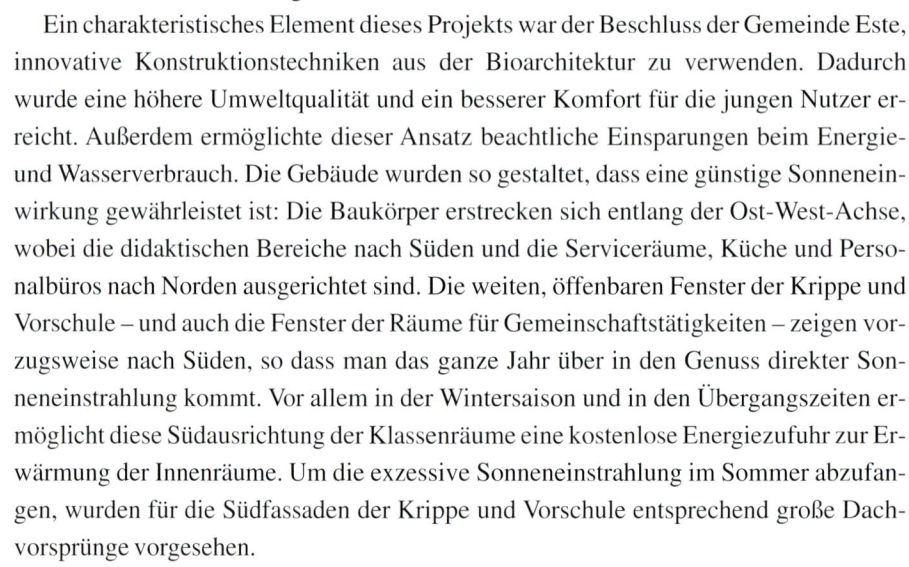

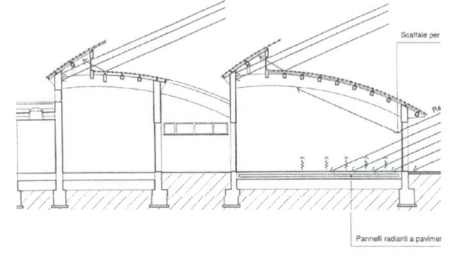

Ein charakteristisches Element dieses Projekts war der Beschluss der Gemeinde Este, innovative Konstruktionstechniken aus der Bioarchitektur zu verwenden. Dadurch wurde eine höhere Umweltqualität und ein besserer Komfort für die jungen Nutzer erreicht. Außerdem ermöglichte dieser Ansatz beachtliche Einsparungen beim Energie- und Wasserverbrauch. Die Gebäude wurden so gestaltet, dass eine günstige Sonneneinwirkung gewährleistet ist: Die Baukörper erstrecken sich entlang der Ost-West-Achse, wobei die didaktischen Bereiche nach Süden und die Serviceräume, Küche und Personalbüros nach Norden ausgerichtet sind. Die weiten, öffenbaren Fenster der Krippe und Vorschule – und auch die Fenster der Räume für Gemeinschaftstätigkeiten – zeigen vorzugsweise nach Süden, so dass man das ganze Jahr über in den Genuss direkter Sonneneinstrahlung kommt. Vor allem in der Wintersaison und in den Übergangszeiten ermöglicht diese Südausrichtung der Klassenräume eine kostenlose Energiezufuhr zur Erwärmung der Innenräume. Um die exzessive Sonneneinstrahlung im Sommer abzufangen, wurden für die Südfassaden der Krippe und Vorschule entsprechend große Dachvorsprünge vorgesehen.

Sämtliche Räume, die nach Süden gehen, sind zudem so gestaltet, dass sie mit der Außenwelt 'kommunizieren' können. Sie blicken auf weite Grünflächen, wo sich mittlere und hohe Bäume mit Wiesen abwechseln. Auf den Wiesen stehen Geräte zum Spielen im Freien bereit. Der Grünstreifen eignet sich für didaktische Aktivitäten und dient zudem als Sichtschutz zur angrenzenden Wohnsiedlung. Für die beiden Gemeinschaftsräume wurde ein spezielles Beschattungssystem aus horizontalen Aluminiumlamellen entwickelt. Die Ausrichtung der Lamellen lässt sich durch ein automatisches Motorisierungssystem regeln. Ein Teil der Sonnenstrahlung wird von einer großen Pergola abgefangen und reflektiert.

An der Nordseite weist das Gebäude relativ geschlossene Fassaden mit wenigen Durchbrüchen auf, um die Einwirkung der kalten Winde zu reduzieren. Und auch für den nördlichen Außenbereich wurde eine bioklimatische Analyse durchgeführt – zur Eindämmung der Winterwinde. Auf der Nord- und Westseite sorgt eine dichte Barriere aus Sträuchern dafür, dass kalte Brisen und Winde abgefangen werden.

Um die Wärmeenergie besser speichern zu können, wurden die Außenwände mit wabenartigen Ziegelelementen ausgekleidet. Innen- und Außenputz basieren auf natürlichem Kalk. Dieser Wandaufbau erfüllt sowohl die Anforderungen an die äußere Schicht hinsichtlich der Wärmeisolierung als auch der Wärmespeicherung. Für die Dachgauben der Lehrräume auf der Südseite der Gebäude, die einer größeren Strahlung ausgesetzt sind, wurde ein natürliches Ventilationssystem entwickelt, das die Krümmung der geneigten Decken aus Schichtholz ausnutzt. Diese Maßnahmen schaffen einen hohen Raumkomfort und helfen, Energie zu sparen. Die Raumheizung erfolgt durch eine Fußbodenheizung, die in den Toiletten durch Wandplattenheizkörper ergänzt wird.

Für die Innenräume wurden vornehmlich naturbelassene Materialien verwendet, die in den traditionellen Gebäuden der Region zu finden sind, wie zum Beispiel Ziegel, Holz, Kalk und auch Kork. Letzteres Material fungiert als thermo-akustisches Isoliermittel in den Innen- und Außenausfachungen. Für die Fußböden wurde Linoleum aus Leinöl und inaktiven Naturstoffen und Pflanzenölen verwendet. Der Innen- und Außenanstrich basiert auf natürlichem Kalk, Pflanzenharzen und -ölen und natürlichen Farberden, um – neben angenehmen natürlichen Gerüchen – auch besondere Farbeffekte zu erzielen. Für die Einrichtungsgegenstände wurden ebenfalls Materialien natürlichen Ursprungs gewählt, wie zum Beispiel Holz, Naturfasern, Kork, Linoleum, Jute und Kokosfasern sowie Pflanzenöle und -harze für die Schutzbehandlungen und Erden für die Färbung. Mit viel Sorgfalt sind die Einrichtungsgegenstände gestaltet, die alle (Stühle, Tische, Behälter, Spielzeuge usw.) ergonomisch geprüft wurden. An den Decken der großen Räume präsentiert sich das sichtbar belassene Holz in sanft gebogenen Formen, ähnlich den Zweigen eines Baumes, und auch die Rahmen und Laibungen der Außenfenster sind aus Holz, quasi als Vermittlungs- und Übergangselement zwischen Innen und Außen.

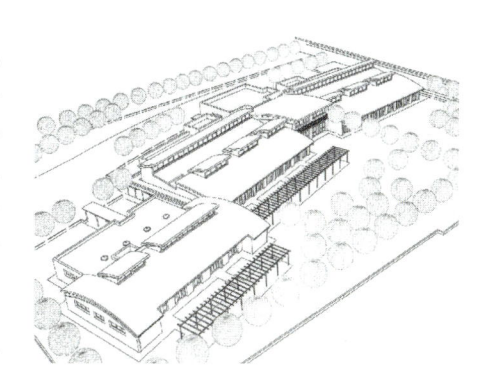

Städtische Kinderkrippe Rodari in Reggio Emilia
Architekten: Tullio Zini, Rita Neri
Bauzeit: 1999-2002

Der Bau dieser Kinderkrippe im Herzen des historischen Zentrums von Reggio Emilia wurde 1999 von der Gemeindeverwaltung in Auftrag gegeben. Das Gebäude ist in drei Bereiche für Kinder zwischen einem und drei Jahren unterteilt. Gemäß dem Ansatz der Reggio-Pädagogik umfasst es einen großen zentralen Platz, Gruppenräume mit Umkleideräumen, Miniateliers und einen Hängeboden als Rückzugsmöglichkeit. Eher ungewöhnlich ist die Anordnung der Serviceräume, die sich zum Teil im Obergeschoss befinden, was auf die beengten Platzverhältnisse zurückzuführen ist. Im Süden des Grundstücks schließt sich ein großer Parkplatz an, von dem aus ein schöner Naturweg direkt zur Kinderkrippe führt. Das Gebäude ist von Grünflächen und von vielen hohen Bäumen umgeben. Es liegt relativ weit von der Verkehrsstraße entfernt und grenzt im Norden und Osten an ein ruhiges Wohngebiet an. Die Südseite hingegen ist offen und wird somit zur Bezugsfläche für die Kinderkrippe. Die Nutzfläche im Erdgeschoss beträgt 814 Quadratmeter, das Obergeschoss – mit Serviceräumen und Hängeböden – umfasst 266 Quadratmeter.

Den Mittelpunkt des Gebäudes bildet eine große Piazza, an die drei Gruppenräume und die Küche anschließen. Das Projekt folgt der gewohnten Trennung zwischen den 'Kleinen', deren Sprache und Motorik noch nicht so ausgereift sind, und den 'Mittleren' und 'Großen', die gleichartige Möglichkeiten zur Bewegung und Kommunikation haben. Für die beiden letzteren Gruppen wurde ein Treffpunkt außerhalb der Gruppenbereiche vorgesehen – die so genannte 'Austauschzone'. Im nördlichen Teil befinden sich neben den Serviceräumen spezielle Nutzräume, zum Beispiel zum Essen. Die Gruppenbereiche sind nach Süden gewandt und werden durch eine leichte Stahl-Glas-Konstruktion geschützt, die kleine Wintergärten umschließt. Im Obergeschoss sind die Umkleideräume des Personals und die Bereiche für die pädagogische Forschung und Dokumentation untergebracht.

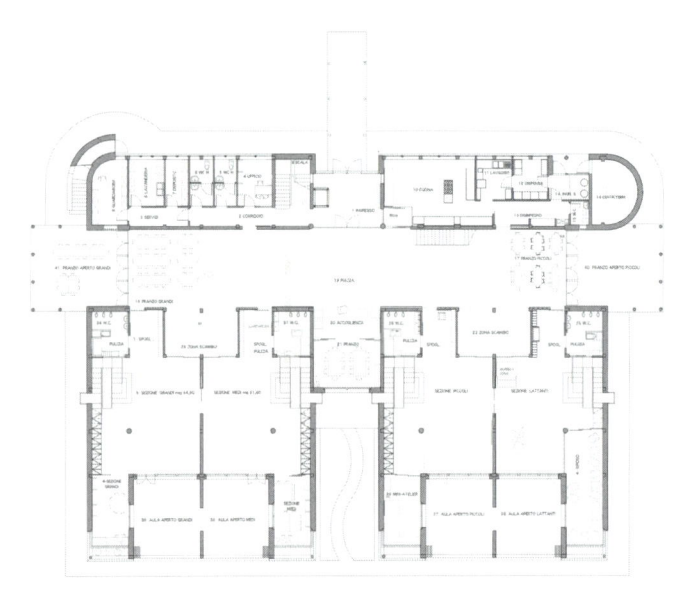

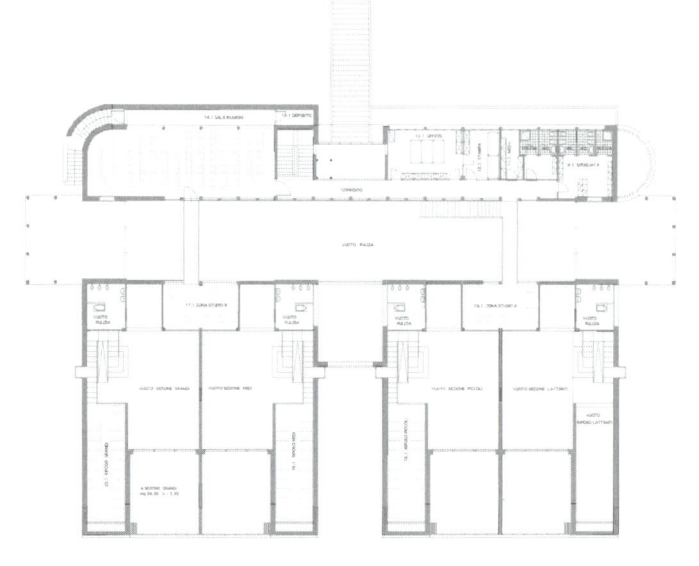

Das Gebäude greift auf eine minimalistische Architektursprache zurück. Dies geschieht einerseits zur Reduzierung der Baukosten, in erster Linie aber – laut Architekt Zini – „als Reverenz an die rationalistische Tradition öffentlicher Bauwerke in Italien". Die Dachkonstruktion erinnert an ein Treibhaus: Die leichte Gewölbekonstruktion versorgt den Hängeboden und die zentrale Piazza mit Oberlicht. Die Südfenster im Bereich des Hängebodens sind mit verstellbaren Sonnenschutzvorrichtungen versehen, die eine Abdunkelung während der Ruhephase ermöglichen.

Jeder Gruppenbereich besteht aus einem großen zentralen Raum, der Platz für unterschiedliche Tätigkeiten bietet. An ihn schließen sich die Spezialräume an: Reinigungskammer, Toiletten, Miniateliers, Spielräume, Schlafräume und Wintergarten. Die Piazza dient als Empfangsraum und grenzt zudem direkt an die Küche. Letztere ist bei den Kindern sehr beliebt und wird oft von ihnen aufgesucht.

Um die aufwendige Vorbereitung des Ruheraums für die Kinder zu umgehen, wurden in circa 2,60 Meter Höhe Hängeböden aus Holz eingezogen, die über eine kleine Innentreppe zu erreichen sind. Die Treppe zum Schlafplatz ist nicht steil und trägt somit der unsicheren Motorik der Kinder Rechnung. Die kleine Treppe ist zudem als Spielgelegenheit gedacht. In ihrer Mitte befindet sich eine kleine Rutschbahn zur Förderung der Bewegungskoordination.

Im Süden sind die Bereiche mit einem 35 Quadratmeter großen Wintergarten versehen, der in der kalten Jahreszeit durch eine Glasschiebedecke geschützt wird. Nach vorne schließt der Wintergarten mit einer großen Glaswand ab. Er kann als kleines Treibhaus dienen, in dem es während der kalten Jahreszeit noch 14 bis 16 Grad warm ist und das damit den Energieverbrauch im Winter reduziert. In den warmen Monaten schützt ein helles Vorhangsystem vor zu viel Sonne. Das Dach besteht aus einer belüfteten Kupferabdeckung; und in dem Gründach des Obergeschosses ist ein Regenwasser-Auffangsystem integriert. Das Gebäude folgt heutigen energetischen Anforderungen und bietet seinen jungen 'Bewohner' hohen Wohnkomfort. Die Heizungsanlage mit Niedrigtemperatur-Bodenheizung arbeitet staubarm und ermöglicht eine optimale Nutzung des von Sonnenkollektoren aufgewärmten Wassers. Diese Kollektoren sind an der waagerechten Decke des Obergeschosses angebracht.

Städtische Kinderkrippe Mariele Ventre in Padua
Architekt: Mirco Simonato
Fertigstellung: 2002

Formale Einfachheit und ein stark häuslicher Charakter kennzeichnen diese kleine Krippe in Padua. Sie kann nur 19 Kinder zwischen null und drei Jahren aufnehmen und gilt daher nach Artikel 15, §7 des Regionalgesetzes von Venetien aus dem Jahr 1973 als Asilo Nido Minimo (Minimalkrippe).

Die räumliche Gestaltung der kleinen Krippe entsteht durch das 'Aufeinandertreffen' zweier einfacher Quader, die sich zu einem L-förmigen Grundriss verbinden: Ein längerer Körper mit doppelter Höhe erstreckt sich entlang der Nord-Süd-Achse. Der niedrigere Baukörper dient einerseits dazu, die Krippe vor der angrenzenden Boccia-Anlage abzuschirmen, andererseits kennzeichnet er formal den Eingangsbereich. Die kompakte Wand in Richtung 'neuer Urbanisierung' wird lediglich durch kleine horizontale Öffnungen unterbrochen. Ganz anders die Fassaden im Eingangsbereich: Hier unterstreichen große vertikale Einschnitte (die sich über die gesamte Höhe der Etagen ausdehnen) und eine große verglaste Öffnung eine Kontinuität zwischen Innen und Außen. Die Gemeinschaftsräume in der Krippe werden auf diese Weise mit den geschützten Außenbereichen verbunden, wo die Kinder bei schönem Wetter spielen können. Die Raumaufteilung folgt einer klaren Ordnung: In dem eingeschossigen Bauteil mit dem Eingangsbereich sind die Serviceräume sowie die Räume des Personals und der Geschäftsleitung untergebracht; der zweigeschossige Gebäudeteil mit den Räumen für die Kinder wird durch die großen Öffnungen in der Fassade hervorgehoben. Die beiden Bereiche sind so aufgeteilt, dass im Erdgeschoss die Säuglinge und im ersten Stock die abgestillten Kleinkinder sind.

Bei der Realisierung dieses Projekts ging es auch um Fragen zur räumlichen Wahrnehmung. Insbesondere in den Räumen für Aufenthalt-Spiel-Essen fungieren Motive der Raumerweiterung und -verengung kombiniert mit unterschiedlichen Lichtverhältnissen als stimulierende Elemente für die Wahrnehmung des Kindes. Ein Raum mit doppelter Höhe hinter der Glasfassade erweitert die Räume, die sich im 2,70 Meter hohen Innenteil wieder verkleinern und dann wiederum eine häusliche Atmosphäre vermitteln. Das Licht dringt üppig und diffus durch das große, mit Sonnenschutz versehene Fenster ein, während auf der gegenüberliegenden Seite kleine horizontale Öffnungen dazu beitragen, dem Raum einen intimeren und geschützteren Charakter zu verleihen.

Das Gebäude wurde so gestaltet, dass die typologischen Charakteristiken der verschiedenen Räume im proportionalen Verhältnis zu den unterschiedlichen Entwicklungsphasen des Kindes stehen. Die Gruppenräume unterteilen sich in kleine, unterschiedliche Bereiche, was die pädagogische Arbeit unterstützt. Gleichzeitig werden aber durch Gemeinschaftsräume auch die Kontakte und der Erfahrungsaustausch der Kinder untereinander und mit dem gesamten Personal der Krippe gefördert. Die Aufenthaltsräume mit ihrer zentralen Lage unterstützen in Spielsituationen die Integration des Kindes in das Gemeinschaftsleben.

Die Stahlbetonkonstruktion entspricht dem Standard; durch Verwendung von Farbe und Einfassungen erhält das Gebäude jedoch eine beruhigende, häusliche Ausstrahlung. Es sollte eine stimulierende, behagliche und gefahrlose Umgebung für das Kind geschaffen werden. Zu diesem Zweck wurden für den Fußboden selbstnivellierende Harze verwendet, durch die Unebenheiten vermieden und ein optimaler Hygienestandard garantiert wird. Sämtliche Innenwände wurden mit Produkten gestrichen, die scheuerfest und waschecht sind. Auf die gleiche Art sind die Außenbereiche organisiert, so dass Sand und Wasserbecken als Spielelemente einbezogen werden können.

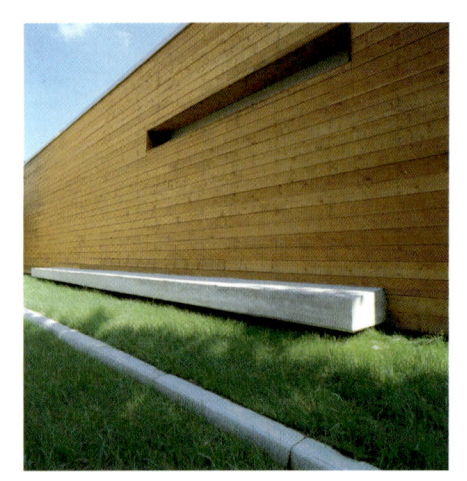

Erweiterung der städtischen Vorschule in Boffalora d'Adda, Provinz Lodi
Architekturbüro Tadi
Fertigstellung: 2003

Schlichte Gebäudevolumen und technologische Innovation charakterisieren dieses experimentelle Gebäude in der Nähe von Lodi, unweit Mailands. Bei dem Erweiterungsbau einer Vorschule für Kinder zwischen drei und sechs Jahren ging es vor allem um umweltverträgliches Bauen und eine flexible Raumaufteilung. An das bestehende Gebäude wurde ein linearer, etwa 250 Quadratmeter großer Baukörper angefügt, der durch seine zurückhaltende Linienführung und stereometrische Volumetrie auffällt. Die Fassaden aus rötlich gefärbtem Lärchenholz werden von großen Fenstern zu den wichtigsten Räumen sowie von schmalen Spalten mit Sonnenschutzlamellen aus Holz gegliedert.

Entsprechend seiner Rolle als öffentlichem Gebäude in der Stadt erfüllen sowohl die technisch-konstruktive als auch die kompositorische Komponente die Anforderungen an eine nachhaltige Architektur. Durch den geschickten Eingriff in das bestehende Gebäude der Vorschule wird seine Bedeutung innerhalb der Stadtlandschaft neu definiert. Die Maßnahme beschränkt sich nicht nur auf die Erweiterung und Anpassung der Räume der bestehenden Vorschule, sondern die neue innere Gliederung wird den didaktischen Anforderungen besser gerecht. Außerdem hat das Gebäude nun eine stärkere Ausdruckskraft und tritt mit dem umgebenden Kontext deutlicher in Bezug.

Das vertikale Tragwerk besteht aus leichtem Mauerwerk, während das horizontale und das Deckentragwerk aus Kiefernholz sind. Die innere und äußere Verkleidung ist aus Lärchenholz. Die technischen Anlagen erfüllen moderne Standards (Bodenheizplatten) und sind energiesparend. Es handelt sich hier um das erste öffentliche Gebäude in der Provinz Lodi, das größtenteils aus Holz errichtet wurde. Die Provinz Lodi verfolgt das Prinzip einer umweltfreundlichen, nachhaltigen Architektur, die gleichzeitig dem Nutzer größtmöglichen Komfort bieten soll.

Mit seiner Anordnung durchdringt der neue lineare Anbau sowohl den davorliegenden Außenbereich, den er komplett neu definiert, wie auch die bestehenden Innenräume. Der Erweiterungsbau gliedert sich in zwei Bereiche. Der erste ist mit 160 Quadratmetern der größere und umfasst drei geräumige, jeweils etwa 40 Quadratmeter große Gruppenräume mit einer bemerkenswerten Raumhöhe von 3,5 Metern. Mittels beweglicher Rollwände können die Gruppenräume zu einem Saal für Gemeinschaftsaktivitäten verbunden werden. Die Lärchenholzverkleidung der Innen- und Außenwände sorgt für eine gute Wärmeisolierung, einen unbedenklichen Kontakt mit natürlichem Material und eine stimulierende Umgebung für die Kinder. Der Fußboden besteht aus natürlichem Linoleum aus Leinöl, unter dem eine Fußbodenheizung für eine angenehme Innentemperatur sorgt. Durch raumhohe Fenster in den drei nach Osten gewandten Gruppenräumen fällt der Blick auf den erhöhten Garten, der quasi eine Fortsetzung der Gruppenräume im Freien darstellt. Der zweite, zur Straße orientierte Bereich des Anbaus beherbergt Gemeinschaftstoiletten, eine medizinische Ambulanz, eine zahnärztliche Ambulanz und einen Gemeinschaftsraum. Diese Räume sind von einem offenen Vorplatz – der von einem hohen Sonnenschutz aus Stahl und Holz überragt wird – separat zugänglich.

Im Rahmen der Sanierung der bestehenden Vorschule wurden die seitherigen kleinen Räume zu einem einzigen großen Raum mit circa 100 Quadratmetern zusammengefasst, der jetzt als Essbereich dient. Außerdem wurde das Gebäude mit neuen Toiletten ausgestattet. Die Räume im Obergeschoss wurden neu definiert. Das Ergebnis ist ein neuer Raum mit doppelter Höhe, an den sich die Räume der Erzieher und die neuen Werkstätten für integrative Tätigkeiten anschließen.

Alessandro Busà

Die gesamte räumliche Aufteilung des Projekts dient dazu, die individuelle Erfahrung der Kinder zu bereichern. Die hohe architektonische Qualität, die jedes öffentliche Gebäude haben sollte, soll der Vorschule einen gemeinschaftlich repräsentativen Charakter verleihen, und sie soll ein Vorbild sein für einen bewussten Umgang mit unserer Umwelt.

Kinderkrippe und Vorschule in San Felice sul Panaro, Modena
Architekten: ZPZ PARTNERS; Mattia Parmiggiani, Michele Zini, Claudia Zoboli
Pädagogische Beratung: Reggio Children; Carla Rinaldi, Vea Vecchi
Fertigstellung: 2003

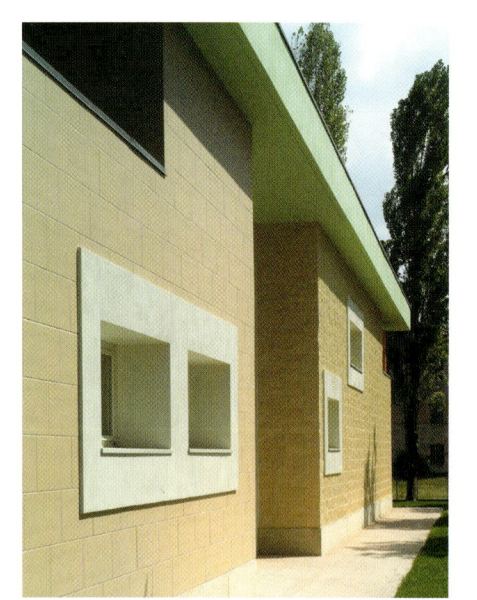

Ein wesentlicher Aspekt dieses Projekts ist die gemeinschaftliche Planung mit der Initiative Reggio Children, die die pädagogische Erfahrung der Kinderkrippen und Vorschulen von Reggio Emilia einbrachte und in erheblichem Maße zur architektonischen Umsetzung beitrug. Das Gebäude umfasst eine Krippe mit 580 Quadratmetern für 35 bis 40 Kinder im Alter von null bis drei Jahren mit Küche und Essraum auch für andere Bereiche und eine große Vorschule mit 1150 Quadratmetern, die 125 bis 140 Kinder zwischen drei und sechs Jahren aufnehmen kann.

Die Kinderkrippe besteht aus zwei Bereichen, die Vorschule aus fünf Gruppenräumen, einem Atelier, einem Essraum, Arbeitsräumen für die Lehrer, Lehrarchive und Toiletten. Diese Räume sind um einen großen, zentralen Platz angeordnet, der an seinen beiden kurzen Seiten völlig verglast ist. Ein 'Wintergarten' trennt die Krippe von der Vorschule ab, und ein weiterer Innengarten dient dazu, die im Inneren des Gebäudes wahrnehmbare Grünfläche zu vergrößern.

Die Gruppenräume haben vorwiegend Ostfenster, die den Blick auf die Pappeln freigeben und das Morgenlicht hereinlassen, ihre Seitenwände sind überwiegend geschlossen. Sie sind zu den Grünflächen, zur Vorhalle und zum Wintergarten orientiert, und sie unterteilen sich in Bereiche für die Tischarbeit, Bereiche für die Bewegung und Berei-

Alessandro Busà

che für diskretere und ruhigere Tätigkeiten in Kleingruppen. Das Miniatelier ist als Werkstatt für bestimmte Aktivitäten gedacht (Malen, Computer, Handarbeiten, Leuchttische usw.). Die Gruppenräume haben einen Hängeboden, auf dem die Kinder sich erholen oder lernen können. Jeder Gruppenraum hat eigene Toiletten und Umkleideräume. Der Bereich für die ganz Kleinen besteht aus einem Raum mit Betten und Räumen mit weichen Oberflächen.

Die große zentrale Piazza dient als Ort der Begegnung zwischen den Kindern unterschiedlicher Altersgruppen – als Schauplatz für Treffen und Spielaktivitäten. Sie reicht über die gesamte Gebäudehöhe und hat die gleiche Funktion wie der zentrale Marktplatz in der Stadt. Auf der Vorderseite des Gebäudes befinden sich sämtliche 'Schnittstellen': Büros, Konferenzraum, Umkleideräume und Serviceräume für das Personal.

Sowohl die räumliche Gliederung als auch die architektonische Lösung sind darauf ausgerichtet, das gesamte Gebäude für die Kinder nutzbar zu machen (mit Ausnahme einiger technischer Bereiche und der Küche) und ihnen Gelegenheit zum Experimentieren zu bieten. In seiner Ansicht erscheint das Gebäude stark gegliedert: Volumen von unterschiedlicher Höhe, unterschiedlichen Materialien und Farben sammeln sich unter dem Flachdach. Dieses Dach bildet einen Vorsprung und stützt sich auf bunte Pfeiler, die den großen zentralen Platz wie einen Hof einrahmen.

Kinderkrippen und Vorschulen in Italien

Städtische Kinderkrippe in Formicola, Caserta
Architekt: Beniamino Servino
Fertigstellung: 2004

Die Krippe befindet sich außerhalb von Formicola, in einem Bergdorf nahe von Caserta. Das ursprüngliche Projekt geht auf das Jahr 1990 zurück und wurde im Laufe der Jahre nach und nach mit Geldmitteln der Region Kampanien finanziert. Im Jahr 1991 wurde mit dem Bau des Gebäudes begonnen, indem zunächst das Tragwerk aus Stahlbeton und die Decken errichtet wurden. Seitdem mussten die Bauarbeiten aufgrund von finanziellen Engpässen mehrmals unterbrochen werden. Im Jahr 1997 konnte die Straßenfassade errichtet werden, und erst 2004 erfolgte eine grundlegende Prüfung zur Fertigstellung des Gebäudes – über 13 Jahr nach Arbeitsbeginn. Diese lange Bauzeit brachte geringfügige Änderungen gegenüber dem ursprünglichen Projekt mit sich.

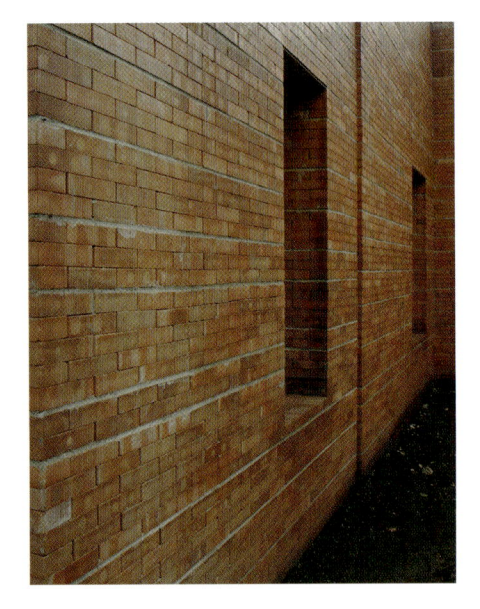

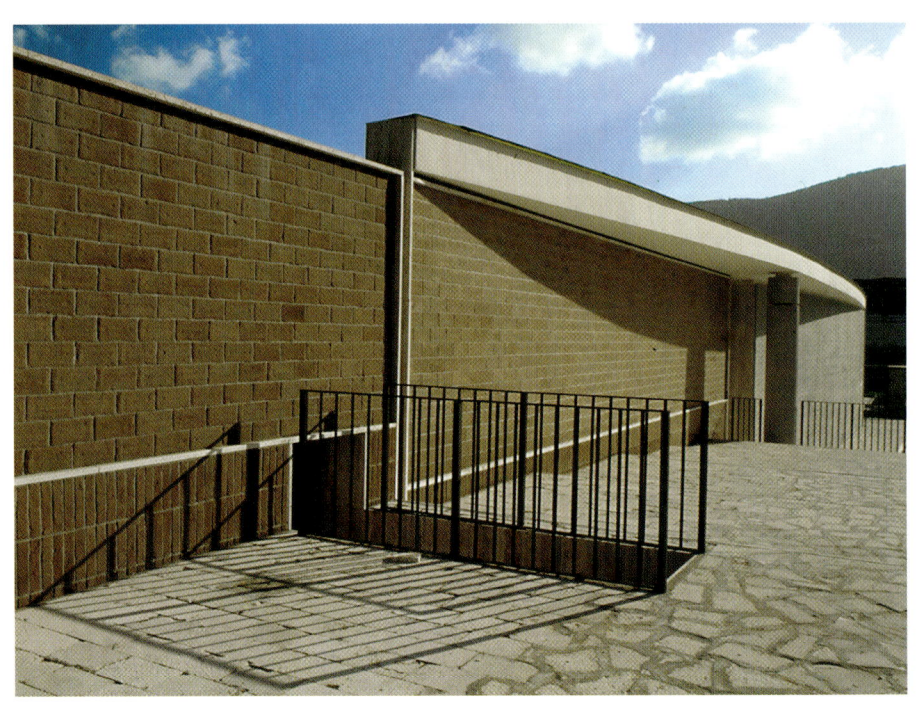

    Die Krippe wurde für 30 Kinder zwischen null und drei Jahren konzipiert. Sie ist um zwei weitläufige Gärten angeordnet; ein gepflasterter Platz in südwestlicher Richtung ist für Tätigkeiten im Freien gedacht. Im Inneren kennzeichnen Streifen in unterschiedlichen Farben an Böden, Decken und Wänden die einzelnen Bereiche, so dass die Kinder die Räume wiedererkennen können und sich sicher fühlen.

Beide Gärten dienen als Verbindungselemente nach außen, über die ein Bezug der Innenräume mit den Bergpanoramen im Nordosten und mit der Silhouette des kleinen historischen Ortszentrums im Südwesten hergestellt wird. Von der Hauptstraße aus präsentiert sich das Gebäude als flacher, elegant nüchterner Bau, der 50 Meter lang und fünf Meter hoch ist. Das leicht gekurvte Aluminiumdach verbindet die verschiedenen Teile der Fassade miteinander. Die Fassaden sind mit roten Ziegeln verkleidet, während die vertikalen Bauelemente überwiegend aus Stahlbeton sind und nur an einigen Stellen, zum Beispiel in den Höfen, durch Aluminiumpfeiler und Architrave aus weißem Marmor emphatisch hervorgehoben werden. Dadurch wird ein subtiler Bezug zu stilisierten, historischen Formen hergestellt. Die Krippe von Formicola war 2005 für den Mies-van-der-Rohe-Preis nominiert.

Umbau eines landwirtschaftlichen Gehöfts zur Kinderkrippe und Vorschule in Castel Maggiore, Bologna

Architekten: ARCHSTUDIO, Dr. Giampaola Salsini, Dr. Lothar Herrmann
Fertigstellung: 2004

Für die Realisierung einer neuen Einrichtung für Kinder zwischen einem und sechs Jahren stellte die Gemeindeverwaltung von Castel Maggiore ein ehemaliges landwirtschaftliches Gehöft inmitten neuer urbaner Siedlungen zur Verfügung. Der alte Landwirtschaftskomplex umfasste ein antikes Wohnhaus, einen alten Heuschuppen, eine Ofenkammer und einen Brunnen in der Mitte des Hofs. Der Eingriff konzentrierte sich auf die behutsame Restaurierung der bestehenden Gebäude, die unter dem Schutz der Soprintendenza per i Beni Ambientali e Architettonici (Oberaufsicht über die Umwelt- und Architekturgüter) von Bologna stehen.

Im Heuschuppen entstand eine Krippe mit zwei Gruppen für 20 Kinder zwischen einem und drei Jahren. Das Bauernhaus wurde in eine Vorschule mit drei Gruppen für 75 Kinder zwischen drei und sechs Jahren umgewandelt. Das Nebengebäude der Ofenkammer dient nun als Heizzentrale, und der Brunnen in der Mitte des Hofs wurde erhalten. Für die allgemeinen Nutzräume wie zum Beispiel Umkleideräume, Toiletten und Essbereich wurde ein neuer Bau hinzugefügt, der durch geschützte, überdachte Wege aus Holz und Glas mit der Krippe und Vorschule verbunden ist. Die beiden Kindereinrichtungen werden somit in Beziehung zueinander gesetzt: Dies ermöglicht eine bessere Zusammenarbeit zwischen den Beschäftigten und fördert einen Wissens- und Erfahrungsaustausch zwischen den Kindern der verschiedenen Altersgruppen.

Im Zuge der sorgfältigen Sanierung des bestehenden Anwesens wurden die traditionellen Elemente und Materialien zur Geltung gebracht: Man versuchte, die Spuren ihrer Geschichte kenntlich zu machen und zu betonen. Für den Bau des neuen Gebäudes wurden natürliche Materialien verwendet und Bezüge zu den Traditionen und zur lokalen Baukultur hergestellt. Bei der Ausführung wurde auf Umweltverträglichkeit und Nachhaltigkeit geachtet; Materialien, die für die Gesundheit der Kinder und Beschäftigten bedenklich sind, wurden vermieden. Es wurde eine Heizungs- und Kühlanlage gewählt, die sowohl Boden- als auch Wandheizplatten verwendet. Da es sich um ein Niedrigtemperatursystem mit Luftauslass handelt, reduzieren sich die Wärmeverluste und folglich der Gesamtverbrauch der Anlage stark – was erhebliche Energieeinsparungen bedeutet.

Kinderkrippe der Firma Tetra Pak in Modena
Architekten: ZPZ PARTNERS; Mattia Parmiggiani, Michele Zini, Claudia Zoboli
Pädagogische Beratung: Reggio Children
Realisierung: Righi, RIKO Hise, ETN Group
Ausstattungi: PLAY+ (R.E.)
Fertigstellung: 2005

Die neue Krippe der Firma Tetra Pak für 42 Kinder zwischen einem und drei Jahren geht auf eine Vereinbarung zwischen dem Unternehmen und der Gemeinde Modena zurück. Sie steht sowohl den Kindern der Firmenangestellten als auch anderen Kindern aus Modena zur Verfügung. Geplant wurde sie in enger Zusammenarbeit mit Pädagogen und Verantwortlichen des Settore Istruzione (Bildungssektor) der Kommune Modena und Erziehern von Reggio Children. Zwei Planungsziele standen im Vordergrund:
- Die Schaffung von gefühlsbetonten, die Sinne stimulierenden Räumen für Kinder mit einer reichen Palette an Materialien, Farben, Lichtarten und Oberflächen, die zu einem multisensoriellen, synästhetischen Lernen anregen.
- Die Errichtung eines nachhaltigen Gebäudes aus ökologischen Materialien; verwendet wurden eine Holzkonstruktion und Anlagen zur Energieeinsparung unter Einsatz erneuerbarer Ressourcen (Solarzellen und Bodenheizplatten).

Die von der Reggio-Pädagogik inspirierte Krippe ist in zwei Bereiche unterteilt (einen für die kleineren und einen für die größeren Kinder), die um eine zentrale Piazza angeordnet sind. Die beiden Bereiche wiederum sind in Mikroräume aufgeteilt – Miniatelier, Erholungsbereiche, weiche und motorische Bereiche, Baukastenbereiche und Bereiche für Tischarbeit. Der zentrale Platz fungiert als 'Agora'. Er bietet verschiedene Spiel- und Kontaktmöglichkeiten und ist mit bildhauerischen, weichen und groß dimensionierten Elementen ausgestattet. Die Küche und der Essbereich sind zum Platz orientiert. Das Gebäude soll eine große Werkstatt für das selbstständige Lernen des Kindes sein – ein Ort, der die Wachstumsphasen zu unterstützen und zu stimulieren vermag, der von der Tätigkeit und planerischen Fähigkeit der Kinder und Lehrer geprägt wird und der zudem in positiver Weise die kognitiven und Wahrnehmungsprozesse anregt.

Das Gebäude wurde in Rekordzeit errichtet, schon fünf Monate nach Arbeitsbeginn fand die Einweihung statt. Dies ist dem Einsatz von in Slowenien vorgefertigten Holzrahmenelementen zu verdanken, die auf der Baustelle in Modena montiert wurden. Im

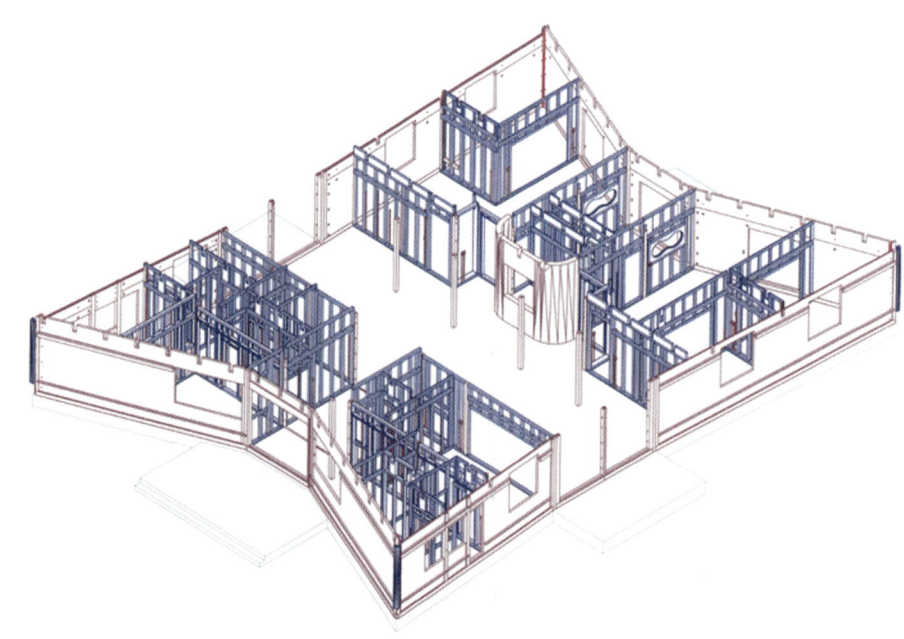

Innenraum gibt es ein sichtbares Tragwerk aus Schichtholz, das mit waagerechten Dauben aus naturbelassenem Lärchenholz versehen ist. Die Holzrahmen der Innenwände sind mit Holzfaserplatten ausgefacht; die Außenverkleidung ist aus naturbelassenem Lärchenholz mit silberfarbenen Aluminiumprofilen. Die Dachabdeckung besteht aus rotem, naturbelassenem Tannenholz mit einer Holz-Innenverkleidung. Fünf kreisförmige Oberlichter (eines am Eingang, drei auf dem Platz, zwei in den Gruppenräumen) mit Kegelstumpf aus Gipspappe lenken das Licht ins Innere, und einige weitere Oberlichter dienen zur Belüftung der Serviceräume. Zwei Vorhallen – eine an der Vorder- und eine an der Rückseite – schaffen einen geschützten äußeren Bereich, eine Art Filterbereich zwischen Innen und Außen. Die beiden seitlichen Gebäudeauskragungen bilden zwei weitere geschützte Außenspielbereiche und schirmen die beiden großen Glaswände des zentralen Platzes ab.

Im Garten wurden in der Nähe des Eingangs Solarzellen angebracht, um die ökologische Komponente für Kinder und Eltern sichtbar zu machen. Die Beheizung erfolgt über Bodenheizplatten, zusätzlich gibt es ein Warmwasser-Rücklaufsystem. Eine Vielzahl von Lichtquellen und Beleuchtungskörpern mit unterschiedlichen Temperaturen, Farben, Anteilen an reflektiertem und direktem Licht sorgen für Helligkeit.

Kinderkrippen und Vorschulen in Italien

Vorschule in Liscate, Mailand
Architekten: Studio für Architektur und Stadtplanung Dr. Filippo Carnevale
Entwurf: 2001

Liscate ist ein kleiner Ort in der Provinz Mailand. Die sich derzeit noch im Entwurfsstadium befindende Vorschule soll in der Nähe eines Stadtparks inmitten einer urbanen, von Neubauwohnungen geprägten Umgebung liegen. Das groß dimensionierte Projekt mit einer umbauten Fläche von circa 1300 Quadratmetern besteht aus zwei einfachen geometrischen Formen, die um sechs Grad gedreht sind und sich dadurch zum Park hin öffnen.

Die fünf Gruppenbereiche für Kinder im Alter von drei bis sechs Jahren werden im südlichen Bau untergebracht, um das ganze Jahr über eine optimale natürliche Belichtung zu garantieren. Dieser Teil, der im Süden durch eine auskragende Holzkonstruktion in Fortführung des Dachs definiert ist, wird von unregelmäßigen volumetrischen Elementen gekennzeichnet, die mit scheinbarer Kausalität aus ihm heraustreten. Diese Anhängsel, deren Außenwände mit verschiedenen Farben behandelt sind, unterbrechen nicht nur die Regelmäßigkeit der Vorderansicht, sondern tragen auch zum Wiedererkennungswert des Gebäudes bei, das aufgrund seiner besonderen Bestimmung und der Nutzung durch Kinder einen anregenden und gleichzeitig beruhigenden Anblick bieten soll. Die kleinen Volumen werden von zwei Gruppen genutzt und können durch bewegliche Trennelemente verändert werden. Die beiden Ecken werden im Projekt als Märchenecken bezeichnet. Der Raum für freie Aktivitäten ist mit Einbuchtungen und Nischen versehen, um verschiedene räumliche und funktionale Aufteilungen zu ermöglichen; er wird geprägt von zwei großen Fenstern mit Sonnenschutz aus Schichtholz. Außerdem wird er durch große Fenster an der Spitze der Südwand entlang der Deckenholzbalken erhellt. Im Verbindungsraum zwischen den beiden Hauptflügeln befinden sich Räume für unterschiedliche Nutzungen. Belichtet werden sie durch offene Nordfenster entlang der Deckenbalken.

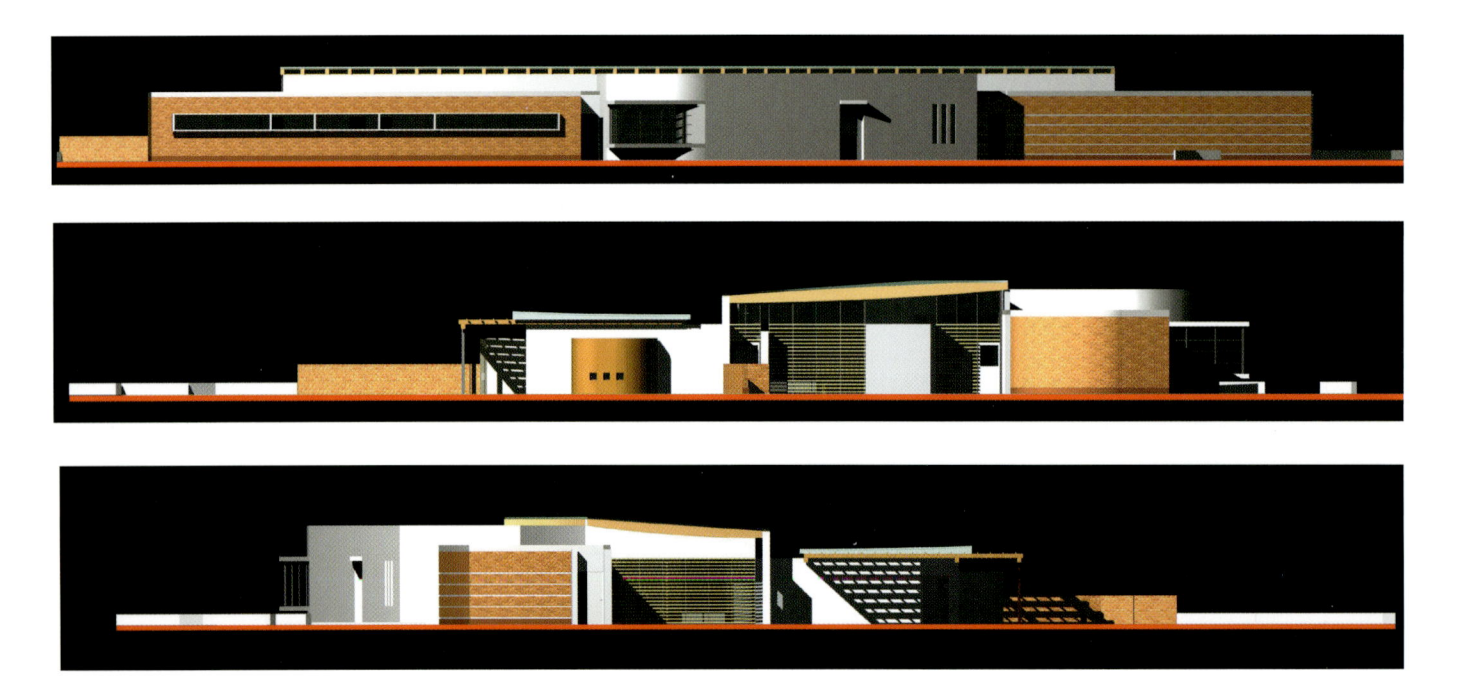

Für den Bau des Gebäudes ist eine vertikale Stützenkonstruktion mit vorgefertigten Schichtholzdecken vorgesehen, um Zeit und Kosten zu sparen. Die didaktischen Bereiche und der zentrale Raum erhalten einen Haupt- und Nebendachstuhl aus Schichtholz mit sichtbaren Holzbrettern, die vorfabriziert und vor Ort montiert werden. Dadurch soll auch die Schallabsorption der Innenräume optimiert werden, um diesen einen häuslichen Charakter zu verleihen. Für das Dach des nördlichen Baukörpers, der den Erholungsraum und die Räume für die Lehrer und die Geschäftsleitung beherbergt, sind Ziegel und Schieferplatten vorgesehen und für die Fassaden ein Putzanstrich und Mauerwerk mit sichtbarer Backsteinverkleidung. Die Backsteinverkleidung wiederholt sich in den Mäuerchen zur Abgrenzung der Räume im Freien. Die Innenwände werden mit Schallabsorptionsputz versehen und mit Wasserfarbe gestrichen: Die Farben werden so ausgewählt, dass sich die verschiedenen Bereiche und alle von den Kindern genutzten Räume voneinander abheben. Alle Räume sollen uneingeschränkt zugänglich und nutzbar sein. Der Entwurf sieht die Verwendung erneuerbarer Energien in Form von Solarzellen zur Warmwassererzeugung vor, die auf dem Dach des Essbereichs installiert werden.

Die Räume für die Vorschule befinden sich im Erdgeschoss des Gebäudes und sind über den schmalen Parkweg zu erreichen. Ihre Anordnung entspricht den modernen pädagogischen Grundsätzen, die die Lust der Kinder zum Entdecken und Erforschen in den Vordergrund stellen. Die Aufteilung erfolgt analog den unterschiedlichen Aktivitäten der Kinder. Vorgesehen sind fünf Gruppenräume mit jeweils 54 Quadratmetern für geordnete Tätigkeiten mit den Erziehern und ein großer Raum von 215 Quadratmetern für freie Aktivitäten, der für alle fünf Bereiche zur Verfügung steht, um den Kontakt zwischen den Gruppen und den Kindern verschiedenen Alters zu fördern (speziell für motorische und spielerische Aktivitäten gedacht). In den großen Raum sind kleine Ecken eingebaut, die thematisch gestaltet werden können. Der große Raum für freie Aktivitäten grenzt an die Gruppenräume an und ist mit diesen durch Glasöffnungen visuell verbunden. Auf diese Weise können die Erzieher von den Gruppenräumen aus die Aktivitäten im großen Raum beobachten. Der Entwurf sieht Umkleideräume im Eingangsbereich und weitere Toiletten in der Nähe des Speisesaals vor. Der Essbereich ist in einem separaten Raum in der Nähe der Küche untergebracht. Er ist mit seinen 120 Quadratmetern relativ groß und ermöglicht es, dass alle Kinder gemeinsam speisen können. Der Außenbereich ist sowohl für direkte Beobachtungs- und Experimentierübungen in Verbindung mit der Natur als auch für geordnete Aktivitäten gedacht.

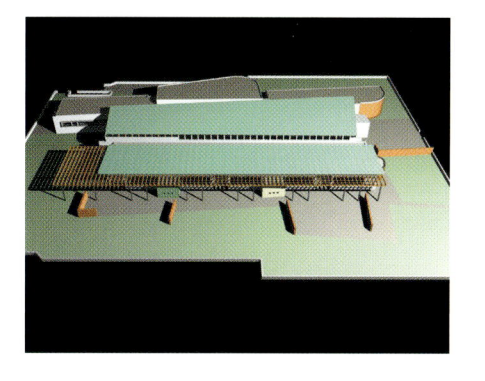

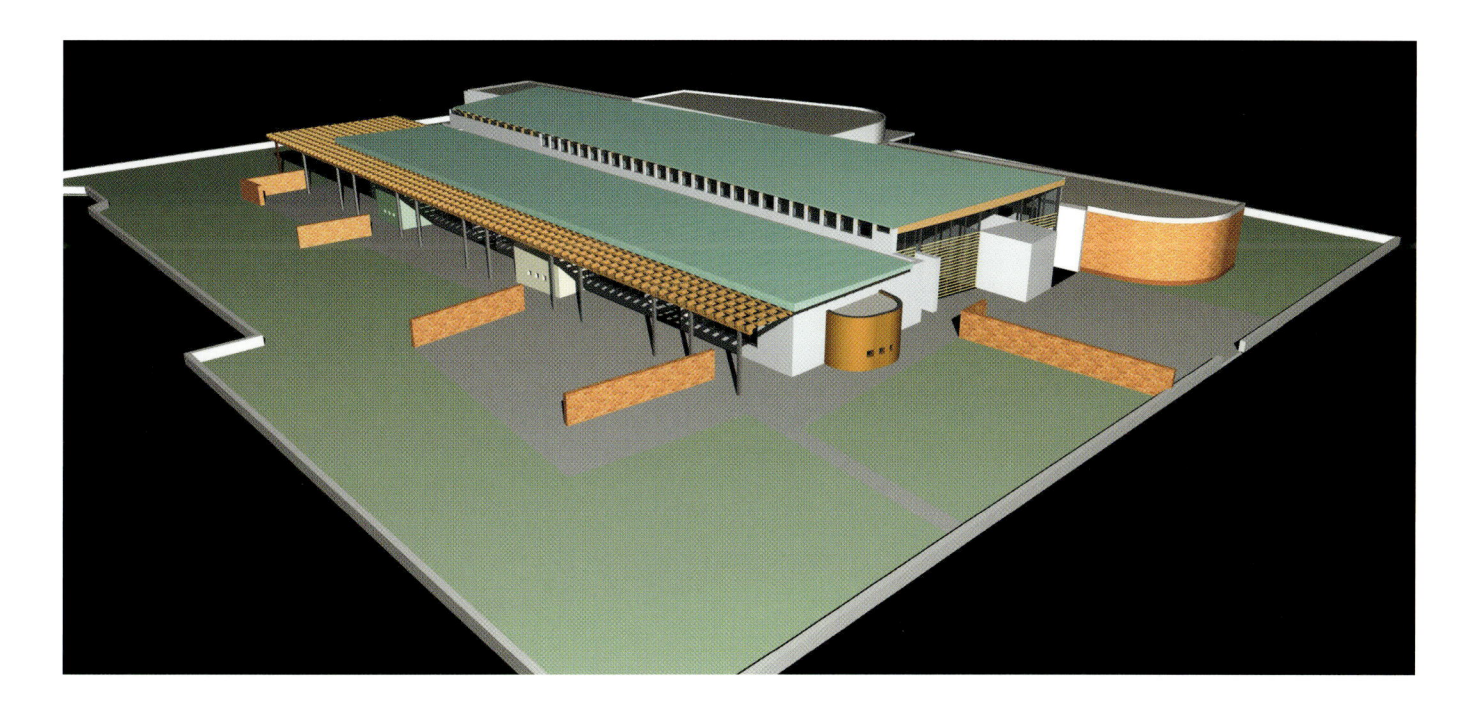

4

Der Wettbewerb

Dokumentation des Gestaltungspreises der Wüstenrot Stiftung

Der Wettbewerb 'Bauen für Kinder' wurde als sechster Gestaltungspreis der Wüstenrot Stiftung zu Beginn des Jahres 2004 bundesweit ausgeschrieben. Zur Ankündigung des Preises wurden circa 20 000 Exemplare der Auslobungsunterlagen direkt versandt, in verschiedenen Fachzeitschriften zur Architektur und zur Pädagogik erfolgten redaktionelle Mitteilungen, und im 'Deutschen Architektenblatt' sowie in der Zeitschrift 'kindergarten heute' erschienen jeweils ganzseitige Anzeigen der Wüstenrot Stiftung.

Zum Kreis der in den Wettbewerb einbezogenen Gebäude gehörten alle spezifischen Einrichtungen für Kinder im Alter von zwei bis sechs Jahren, darunter vor allem Kindergärten (Kindertagesstätten, Kinderhorte, Kinderkrippen) und Vorschuleinrichtungen, die nach dem 1. Januar 1999 fertiggestellt worden waren. Aber auch andere Bauten, wie zum Beispiel Kindermuseen, Theater für Kinder oder therapeutische Einrichtungen waren zugelassen. Mit der Auslobung dieses Wettbewerbs wollte die Wüstenrot Stiftung eine Übersicht über den Neubau und die Revitalisierung von Gebäuden für Kinder schaffen, eine Bewertung gelungener und übertragbarer Lösungen vornehmen und einen Beitrag zur Weiterentwicklung der Kultur und Praxis des Bauens für Kinder in Deutschland leisten.

Die Resonanz auf die Auslobung war ausgesprochen positiv, und bis zum Einsendeschluss am 19. April 2004 gingen 437 Wettbewerbsbeiträge ein, die den folgenden Gebäudekategorien zugeordnet werden können:

- Kindergärten und Kindertagesstätten   394 Bauten
- Kinderhorte   93 Bauten
- Kinderkrippen   104 Bauten
- Spezialeinrichtungen für Kinder   32 Bauten.

Die höhere Gesamtzahl in dieser Übersicht ergibt sich durch Überschneidungen in der Zuordnung zu den einzelnen Kategorien.

Regionale Verteilung der Wettbewerbsarbeiten

Die eingereichten Bauten für Kinder stammen aus ganz Deutschland (vgl. die nebenstehende Karte zur regionalen Verteilung) und aus allen Bundesländern. Sie bilden damit einen aktuellen Querschnitt der Bautätigkeit auf diesem Gebiet in den zurückliegenden fünf Jahren. Im einzelnen sieht die Zuordnung nach Bundesländern wie folgt aus:

Baden-Württemberg	69 Bauten
Bayern	63 Bauten
Berlin	11 Bauten
Brandenburg	19 Bauten
Bremen	1 Bau
Hamburg	5 Bauten

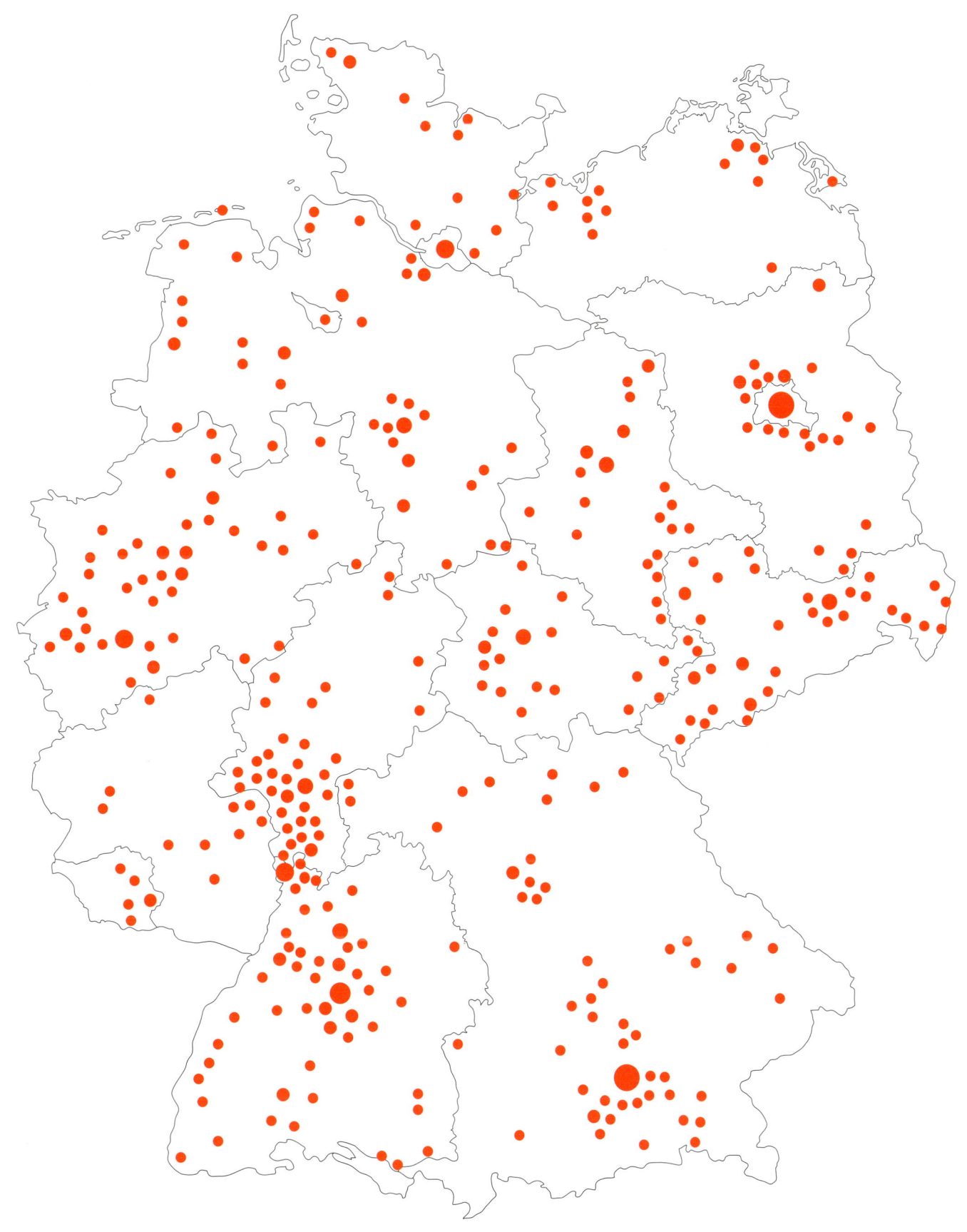

Regionale Verteilung der zum Wettbewerb eingereichten Bauten für Kinder

Hessen	38 Bauten
Mecklenburg-Vorpommern	13 Bauten
Niedersachsen	43 Bauten
Nordrhein-Westfalen	50 Bauten
Rheinland-Pfalz	9 Bauten
Saarland	8 Bauten
Sachsen	51 Bauten
Sachsen-Anhalt	26 Bauten
Schleswig-Holstein	12 Bauten
Thüringen	18 Bauten

Alle 437 Wettbewerbsbeiträge wurden während der ersten Sitzung des Preisgerichts am 10. und 11. Juni 2004 an Stellwänden der versammelten Jury präsentiert.

Die Kriterien des Wettbewerbs

Beurteilt wurden nicht nur die Modellhaftigkeit, Zukunftsfähigkeit und Qualität der Gebäude, sondern auch die der Realisierung zugrunde liegenden planerischen und pädagogischen Konzepte und Strategien. Für die Beurteilung der eingereichten Arbeiten waren folgende Kriterien maßgebend:

Konzeption und Programm der Bauaufgabe, u. a.:
- Innovationsgrad und Übertragbarkeit
- Zukunftsweisende, integrative pädagogische Konzepte
- Konzepte für Partizipation und Integration der Eltern
- Integration von Bildungskonzepten und Raumgestaltung
- Formen der Partnerschaft aller an Planung, Bau und Nutzung Beteiligten

Städtebauliche Rahmenbedingungen, u. a.:
- Einbindung in den städtebaulichen Kontext
- Verantwortlicher Umgang mit historischer Bausubstanz
- Sozialräumliche Integration, Vernetzung und Multifunktionalität
- Kindgerechte Wegebeziehungen und Umfeldgestaltung
- Kooperationskonzepte

Architektur und Freiraum, u. a.:
- Gestaltungsqualität
- Bauliche Funktionalität
- Grundrissqualität
- Konzept für eine kindbezogene Raumgestaltung
- Freiraumkonzept und -gestaltung
- Kinderfreundlichkeit (z. B. Möbel und Ausstattung)
- Soziale Brauchbarkeit und Nutzerakzeptanz

Wirtschaftlichkeit, u. a.:
- Wirtschaftliche Bauweise und energiesparende Maßnahmen
- Kostenbewusste Handhabung von Normen
- Mehrfachnutzung
- Nachhaltige Betriebskonzepte und tragbare Baufolgekosten

Nachhaltigkeit, u. a.:
- Flächenrecycling (Wiedernutzung von Brachen)
- Integration und Nutzung vorhandener Infrastrukturen
- Konzept für den Einsatz gesundheitsverträglicher, ökologischer Baumaterialien
- Berücksichtigung von stadtökologischen Notwendigkeiten

Preissumme

Für die Prämierung standen als Preissumme insgesamt 50 000 Euro zur Verfügung, deren Verteilung wie folgt vorgenommen wurde:
der Gestaltungspreis mit 15 000 Euro
vier Auszeichnungen mit je 7 500 Euro
zwei Anerkennungen mit je 2 500 Euro.
Die Geldpreise wurden zwischen den Entwurfsverfassern und den Trägern der Einrichtungen geteilt.

Jurysitzung und Preisgericht

Die Beurteilung nach den genannten Kriterien erfolgte durch ein fachübergreifend zusammengesetztes Preisgericht, dem angehörten:
Wolfgang Dichans, Bundesministerium für Familie, Senioren, Frauen und Jugend, Berlin/Bonn
Prof. Markus Gasser, Architekt, Darmstadt/Zürich
Prof. Dr. Edeltraud Röbe, Pädagogische Hochschule Ludwigsburg
Prof. Walter Stamm-Teske, Architekt, Weimar (Vorsitzender)
Dr. Susanne Viernickel, Pädagogische Qualitäts-Informations-Systeme gGmbH, Berlin
Prof. Dr. Hille von Seggern, Architektin, Hamburg/Hannover
Andrea Wandel, Architektin, Saarbrücken
Roswitha Wenzl, Kinderbeauftragte der Stadt Stuttgart
Georg Adlbert, Geschäftsführer, Wüstenrot Stiftung, Ludwigsburg

Vorprüfung
Architektur 109 – Mark Arnold und Arne Fentzloff, Stuttgart
Dr. Gerd Kuhn, Universität Stuttgart
Dr. Stefan Krämer, Wüstenrot Stiftung, Ludwigsburg

Die Jury traf sich zu einer ersten Sitzung am 10. und 11. Juni 2004 in Ludwigsburg, bei der in mehreren Rundgängen eine engere Wahl mit insgesamt 17 Arbeiten festgelegt wurde. Diese Arbeiten wurden von den Vorprüfern vor Ort besichtigt, um insbesondere auch weitere Informationen zum pädagogischen Konzept sowie zur Nutzerakzeptanz zu erhalten. Ihre persönlichen Eindrücke von diesen Ortsbesuchen erläuterten die Vorprüfer der versammelten Jury bei der erneuten Zusammenkunft am 24. Juni 2004.

Unter Berücksichtigung dieser Erkenntnisse wählte die Jury dann aus den Arbeiten der engeren Wahl einen Preisträger, vier Auszeichnungen und zwei Anerkennungen aus. Die sieben prämierten Arbeiten sind auf den folgenden Seiten ausführlich dokumentiert. Weitere 21 Bauten aus den Wettbewerbsarbeiten wurden als ergänzende Beispiele ausgewählt, um die Vielfalt und Bandbreite der insgesamt im Wettbewerb vorhandenen baulichen Lösungen und pädagogischen Konzepte zu verdeutlichen.

Nach Besichtigung der Arbeiten in der engeren Wahl durch die Vorprüfer traf sich die Jury zu einer zweiten Sitzung am 24. Juni 2004 in Ludwigsburg

Die Preisträger bei der Preisverleihung am 28. Oktober 2004 in Ludwigsburg

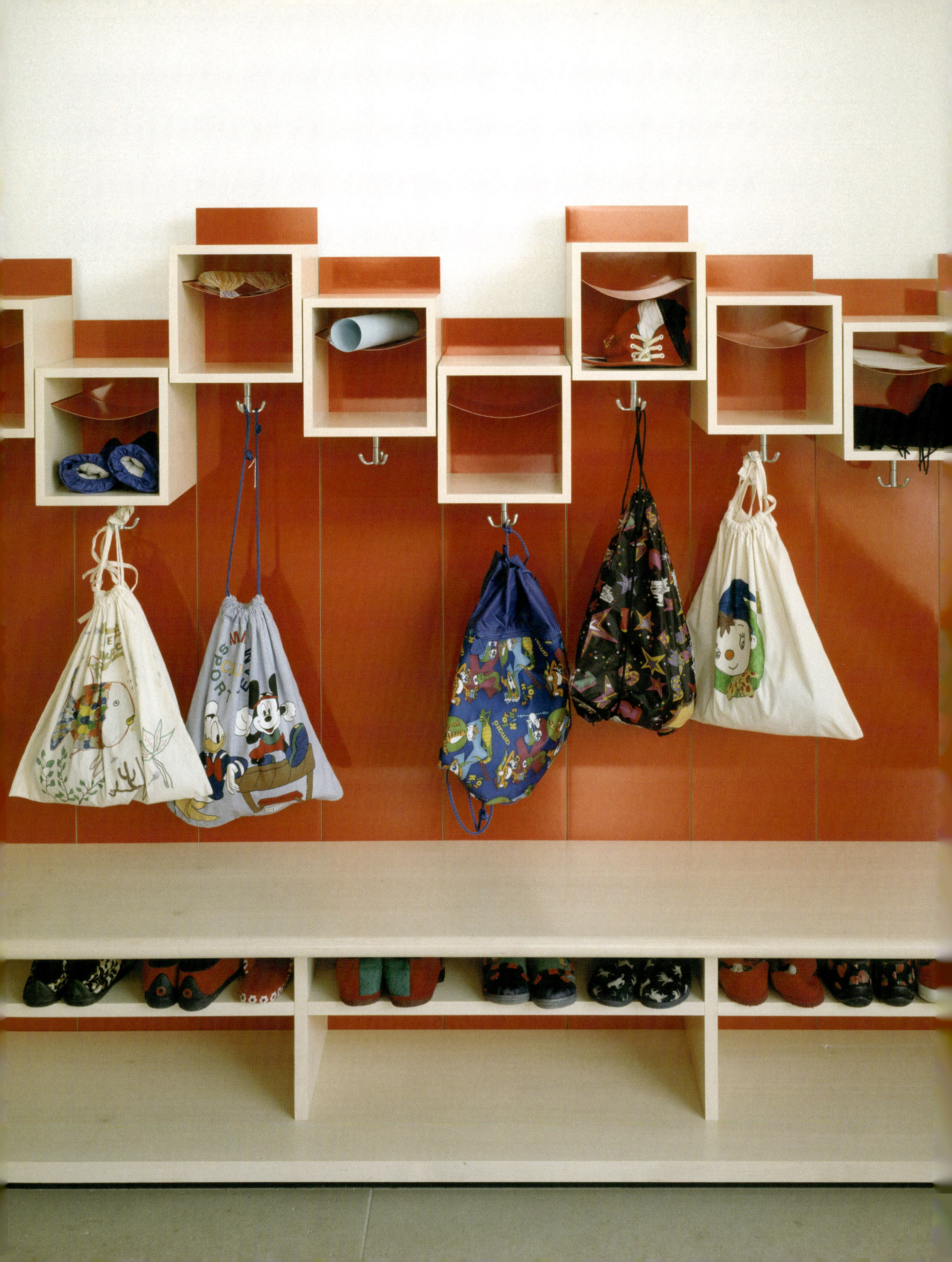

Kindergarten St. Leonhard
Puccinistraße in München-Pasing

Gestaltungspreis der Wüstenrot Stiftung

Architekten
Planungsgemeinschaft
Wallner Pfahler Primpke, München

Bauherr
Pfarrgemeinde St. Leonhard

Aus der Begründung der Jury:
„Der Kindergarten St. Leonhard meistert die mittelfristig als eine der wichtigsten Herausforderungen für Architekten, ErzieherInnen und Einrichtungsträger zu betrachtende Aufgabe des Umbaus und der Neuordnung bestehender Kindergärten in herausragender und vorbildlicher Art und Weise."

Lageplan 1 : 1500

Abriss und Neubau oder Sanierung und Umbau: Viele städtische, konfessionelle oder private Kindergärten sehen sich derzeit vor das Problem gestellt, bereits bestehende Einrichtungen entweder zu sanieren oder abzureißen. Die Gebäude, die vielfach in den 1960er und 1970er Jahren entstanden sind, weisen nach dreißig, vierzig Jahren erhebliche bauliche Mängel auf, oder sie genügen nicht mehr den heutigen Anforderungen; sei es, weil sie zu klein geworden sind, oder weil veränderte pädagogische Konzepte in den älteren Gebäuden nicht mehr adäquat umgesetzt werden können.

Im Falle des katholischen Kindergartens St. Leonhard in München-Pasing fiel die Entscheidung zugunsten eines auf den Raumbedarf abgestimmten Umbaus. Das Ergebnis überzeugt auf der ganzen Linie. Erstens blieb das Bestehende in hohem Maße erhalten, wurde mit nur wenigen, dafür präzisen Maßnahmen behutsam umstrukturiert, dadurch aufgewertet und erheblich verbessert; zweitens wurde der Prozess der Umgestaltung von den pädagogischen Fachkräften von Beginn an Punkt für Punkt mitgetragen, das heißt, die Erzieherinnen wurden aktiv und ausdrücklich in die Umbauplanung mit einbezogen; und drittens ging die räumliche Umgestaltung Hand in Hand mit einer Veränderung der pädagogischen Inhalte. Ein Idealfall mit Vorbildfunktion.

„Hilf mir es selbst zu tun", ist eine der Leitlinien des pädagogischen Konzeptes

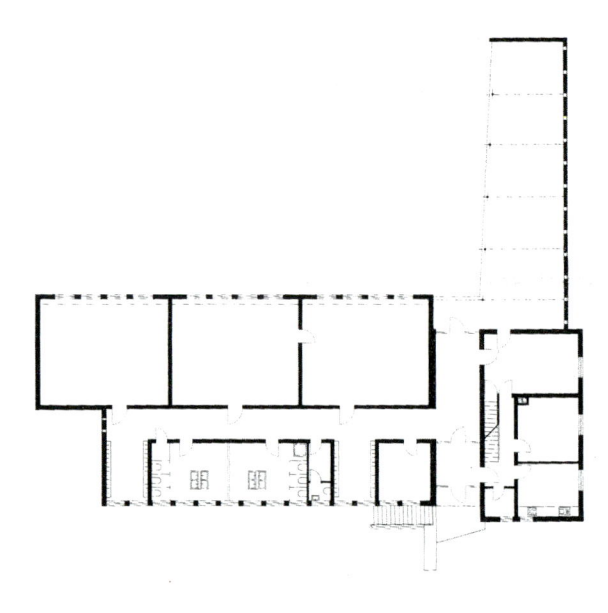

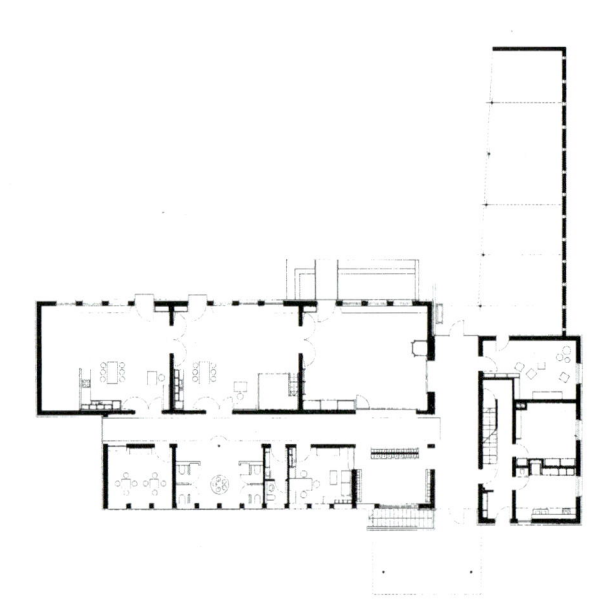

Grundrisse vor dem Umbau (oben) und danach (unten) 1 : 500

von St. Leonhard, das sich neben den konfessionellen Inhalten vor allem an der Montessori-Pädagogik orientiert. Voraussetzung für eine gelungene Umsetzung dieses Leitsatzes ist eine Umgebung, die Freiheit in der Ordnung, ein vielfältiges sinnliches Erleben, selbst bestimmte Kreativität und behutsame Anleitung, Individualität und Gemeinschaft gleichermaßen ermöglicht.

Der Kindergarten aus dem Jahr 1964, der heute 50 Kinder im Alter von drei bis sieben Jahren aufnimmt, befindet sich in einem Wohnviertel, das in den 1960er Jahren in unmittelbarer Nähe von einer Kirche, einem Einkaufszentrum und einem Altenheim gebaut wurde. Der vorherrschende Bautypus des Viertels sind Ein- und Zweifamilienhäuser. Der eingeschossige Kindergartenbau steht in direkter Verbindung zum angrenzenden, ehemaligen zweigeschossigen Gemeindezentrum. Die Umbaumaßnahme setzte zuerst einmal äußere Akzente. Der zweigeschossige Bau erhielt einen roten Anstrich, hebt sich jetzt deutlich vom eigentlichen Kindergarten ab, der vom diesem Gebäudeteil das Erdgeschoss mitnutzt. Im Obergeschoss des ehemaligen Gemeindezentrums ist eine Hausmeisterwohnung eingerichtet, die später für eine Mittagsbetreuungsgruppe für Schulkinder umgebaut werden kann. Im Untergeschoss hat eine separate Krabbelgruppe der Pfarrgemeinde Platz gefunden. Ein begrüntes Flachdach setzt dem leuchtend roten Gebäude eine hübsche Krone auf.

Der eigentliche Eingang des Kindergartens an der Längsseite des eingeschossigen Baukörpers wurde deutlich aufgewertet, die Eingangstür vergrößert und der Vorbereich neu gestaltet. Die früher asphaltierten Flächen wurden beseitigt, die zu befestigenden Flächen auf die notwendige Größe reduziert und die Freiflächen begrünt. Grün ist auch das neue Vordach über dem Kindergarteneingang: das Ziehharmonika-Dach auf schlanken gelbfarbenen Stützen bietet Schutz und markiert optisch den Neubeginn.

„Über gezielte, sparsame Eingriffe in den Bestand schufen die Architekten eine hohe und zugleich subtile innenräumliche Qualität. Erkennbar wird dies beispielsweise an der Aufweitung des vormals langen und schlecht belichteten Flurbereiches, die aus einer Vernetzung mit dem neu gestalteten, offenen Sanitärbereich entsteht – oder an der Verbindung von Garderobe und Windfang, die einen neuen, vielfältig nutzbaren Aufenthaltsbereich ermöglicht."

Kindergarten St. Leonhard in München-Pasing

„Bemerkenswert ist die Art, wie sowohl die Sichtbeziehungen innerhalb des Gebäudes verbessert werden konnten als auch die zwischen Innen- und Außenraum. Auch die eingesetzten Materialien folgen dem behutsamen Gesamtkonzept einer ergänzenden Aufwertung des Vorhandenen."

Im alten Kindergarten lagen die Garderoben, der Sanitärbereich und die Gruppenräume jeweils abgeschlossen und bieder an dem langen Flur im eingeschossigen Trakt. Um diese unzeitgemäße Reihung aufzubrechen, Licht ins Dunkel zu bringen, alles viel freundlicher, lebendiger und kommunikativer zu machen, wurden Flur und Zimmerbereiche jetzt auf originelle Weise miteinander verbunden. Der neue Flur mutet wie eine lebendige Nabelschnur an, die an manchen Stellen geweitet wurde. So sind die Kindergarderoben nun in den großen Vorraum integriert, der Mehrzweck- und Bewegungsraum hat mobile, rot-weiß gestreifte Trennwände, um den Raum für Feste und Vorführungen mit Publikum zum Vorbereich hin zu erweitern. Der alte, überdimensionierte Sanitärbereich wurde verkleinert und ebenfalls zum Flur hin geöffnet. Mit der Waschsäule in Form eines Brunnens aus Muschelkalk ist gerade der sonst versteckte, meist steril anmutende Sanitärbereich hier eine echte Augenweide. Dass die Toiletten mit den grünen Schwingtüren frei begehbar sind, empfinden die Erzieherinnen als ausgesprochen hilfreich. Eine Brause hinter dem Waschbrunnen hilft, größere Matschaktionen im Freien schnell und unkompliziert zu bereinigen.

Die neu entstandenen Funktionsräume sind jetzt untereinander mit zweiflügeligen Türen verbunden und haben einen direkten Ausgang zum Garten. Aus dem reduzierten Raum für die Sanitäranlagen konnte ein zusätzlicher Bastelraum gewonnen werden. Ein ehemaliger Abstellraum für die Außenspielgeräte ist jetzt Traum- und Meditationsraum.

Die Architektur des Umbaus hat auf eindrucksvolle Weise den gewünschten pädagogischen Übergang vom Gruppen- zum Funktionsraum beherzigt. Der Kindergarten arbeitet jetzt gruppen- und altersübergreifend und projektorientiert. Bauen oder Basteln, Träumen oder Puppenspielen, Toben oder Meditieren: Zeitgleich können Kinder unterschiedlichen Alters in großen oder kleinen Gruppen mit verschiedenen Materialien experimentieren, in verschiedenen Räumen spielen, zu Werke gehen. Das Prinzip der inneren Öffnung des gesamten Hauses für die Kinder ist auch im Grundriss ablesbar.

Kindergarten St. Leonhard in München-Pasing

Gestaltungspreis der Wüstenrot Stiftung

"Auch das Freiraumkonzept folgt dem vorherrschenden Gedanken einer behutsamen, qualitativ überzeugenden Aufwertung des Vorhandenen. Der großzügige Gartenraum mit zahlreichen Nischen, Spielmöglichkeiten und Einzelausstattungen verbindet die von den Kindern gern genutzten Rückzugsbereiche mit einem angenehmen Gefühl von Weite."

Dem Prinzip, mit wenigen Mitteln viel zu erreichen, ist der Umbau nicht nur in der veränderten Anordnung der Räume, sondern und vor allem in der Auswahl der Materialien, der Möbel und Farben treu geblieben. Einfache, klare Holzmöbel aus Ahornholz, gedämpft orangerote Polstermöbel, die im Wechsel mit fröhlich grüntürkisen Möbeln und den jeweils passenden Gardinen und Bodenbelägen ausgesucht wurden, folgen dem Konzept einer übersichtlichen, dabei einfühlsam-überlegten ästhetischen Gestaltung. Wenige haptische Materialien, wie der Muschelkalk am Waschbrunnen, die Oberfläche der Böden und Wände sowie auch die Glasmosaiksteinchen als Bordüre im Sanitärbereich runden den Eindruck einer konsequenten und stimmigen Gestaltung im Hinblick auf die Kinder ab.

Der Außenraum wurde ein Jahr nach dem Umbau ebenfalls neu gestaltet, kann aber auf viel Gewachsenes zurückgreifen. Unter der fachkundigen Leitung eines Landschaftsarchitekten setzten Eltern und Erzieherinnen die Planung um. Entstanden ist ein Freiraum, der neben klassischen Elementen wie einer Rutsche auch Steinmauern, einen kleinen Tunnel, hölzerne Balancierbalken, Sandkästen, Klettergerüste aus Naturmaterialien und ähnliches enthält. Der Garten ist schön gewachsen, hat wenig Künstliches und auch die für Kinder so wichtigen Schlupfwinkel. Eine Besonderheit ist die auf der rückwärtigen Seite des Gebäudes erhaltene, restaurierte offene Halle, die als geschützter Spiel- und Aufenthaltsraum unmittelbar in einen großzügigen Sand- und Wasserbereich übergeht.

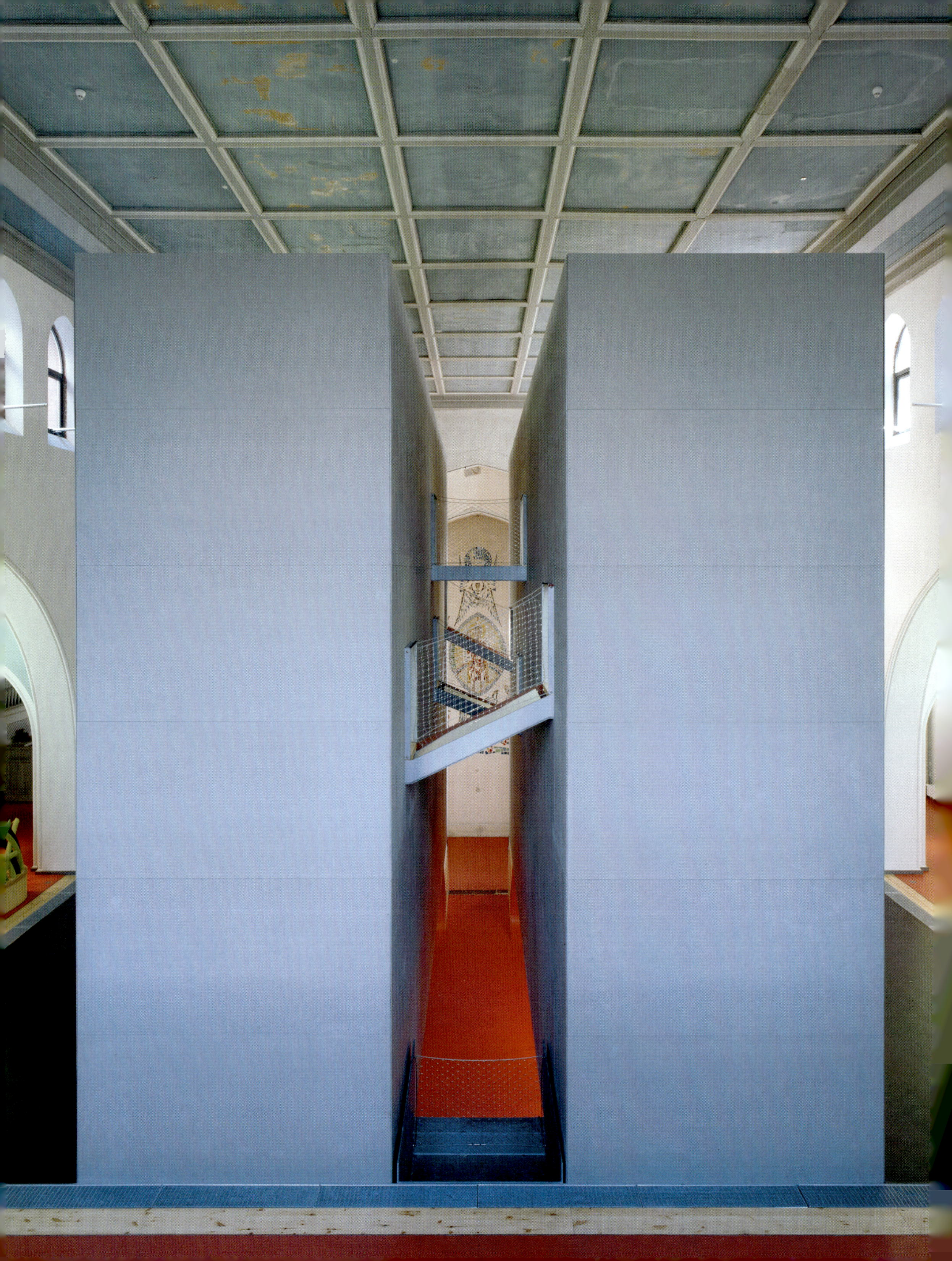

MACHmit! Kinder&JugendMuseum in der Eliaskirche Senefelderstraße in Berlin-Prenzlauer Berg

Auszeichnung zum Gestaltungspreis der Wüstenrot Stiftung

Architekt
Dipl.-Ing. Klaus Block, Berlin

Bauherr
Kinder&JugendMuseum Prenzlauer Berg gGmbH, Berlin

Aus der Begründung der Jury:
„Das Projekt zeichnet sich durch eine zukunftsweisende Umnutzungsidee aus: die Überführung eines sakralen Gebäudes in einen säkularen Raum. Dabei konnten seine Substanz und Würde bewahrt und dennoch verantwortungsvoll, mit eigenen, zeitgemäßen architektonischen Akzenten, weiterentwickelt werden."

Prenzlauer Berg, im 19. Jahrhundert als wenig attraktives Arbeiter-Massenviertel entstanden, ist spätestens seit dem Mauerfall ein Synonym für die junge Szene Berlins, für Kunst und alternative Kultur. Inzwischen lauert aber hinter dem 'Mythos Prenzlberg', für den sich heute vor allem die Touristen begeistern, eine raue soziale Wirklichkeit. Das Stadtviertel hinter den vielen Szenekneipen und den wie Pilze aus dem Boden geschossenen kleinen Ateliers und alternativen Kultureinrichtungen gehört zu einem der fünfzehn sozialen Brennpunktgebiete Berlins. Auch hier bestimmen Arbeitslosigkeit und mangelnde Zukunftsperspektiven das Lebensgefühl einiger Bewohner. Insgesamt aber ist der Stadtteil ein vom Alter her gesehen junger Bezirk, hier leben viele Singles und vor allem auch junge Familien.

Für den Prenzlauer Berg richtete die Berliner Senatsverwaltung für Stadtentwicklung ein so genanntes Quartiersmanagement ein. Wichtiges Ziel des aus Europa- und Landesmitteln finanzierten Programms 'Die soziale Stadt' ist vor allem die Verbesserung des Angebots im Bildungs- und Freizeitbereich für Kinder und Jugendliche.

Von diesem Programm profitierte unter anderem ein ungewöhnliches Projekt in einer seit langem leerstehenden Kirche:

„ Mit hoher gestalterischer Sensibilität und Respekt vor dem ehemaligen geistlichen, kulturellen und sozialen Mittelpunkt der Gemeinde wurde für die nachwachsende Generation ein neuer Begegnungsraum geschaffen. Durch zwei symmetrisch angeordnete und im Erdgeschoss aufgeständerte Kuben konnte eine angemessene architektonische Geste des Neuen im Kontrast zum historischen Kirchenraum geschaffen werden."

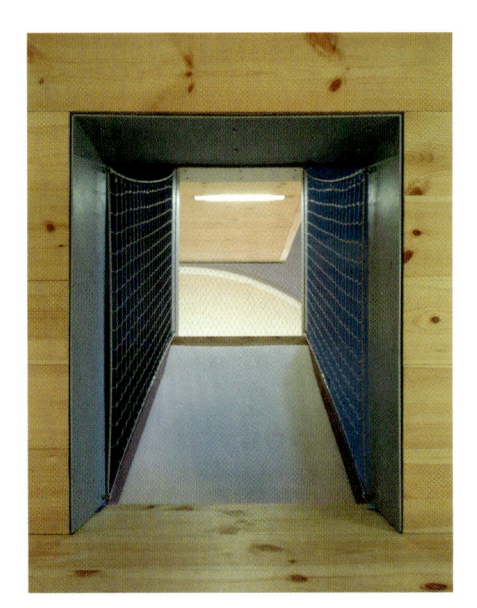

das MACHmit! Museum für Kinder, das nicht nur ausstellen und belehren, sondern die Kinder zu eigenen künstlerischen und praktischen Arbeiten anregen will.

Für 75 Jahre hat das Kinder&Jugend-Museum in Prenzlauer Berg die Eliaskirche in der Senefelderstraße 5 von der evangelischen Landeskirche gepachtet, um dort mit Kindern und Jugendlichen eine schon seit Beginn der 1990er Jahre begonnene Museumsarbeit in neuen und größeren Räumen weiterzuführen. Der Ausbau des Kindermuseums erfolgte von 2001 bis 2003 und wurde von der Stadt und anderen Fördereinrichtungen maßgeblich unterstützt. Dass Lernen Spaß macht, ein sinnliches Vergnügen sein kann, dass in jedem Kind ungeahnte Fähigkeiten stecken – das will das MACHmit! Museum seinen jungen Besuchern vermitteln. Außerdem will das Museum die Zugehörigkeit zum Stadtteil stärken, eine Begegnungsstätte sein. Im Museum wird themenorientiert geforscht, gelernt, erkundet, nachgedacht und eigenständig kreativ gearbeitet. Anregungen und kompetente Unterstützung finden die Kinder in Projektleitern und Experten, die ihr spezifisches Wissen und pädagogisches Können aufgabenbezogen zur Verfügung stellen.

Die um 1904 errichtete Kirche, ein wilhelminischer Backsteinbau in typischer Blockrandbebauung, steht unter Denkmalschutz. Typische Merkmale sind der zwölf Meter hohe Kirchenraum mit seiner gewölbten seitlichen Emporenerweiterung und der an der Straßenfassade gelegene Turm. Aufgabe war es, die Kirche in ihrem äußeren Erscheinungsbild zu erhalten, aber im Inneren durch einen eingestellten Baukörper einer völlig neuen Nutzung zuzuführen.

Im Eingangsbereich der Kirche entstand eine große offene Fläche. Darüber wurde der rechteckige, hohe Kirchenraum vertikal in zwei lange, sehr schmale und sehr hohe auf der Längsachse stehende, begeh- und bespielbare so genannte Raumregale geteilt. Sie stehen in geringem Abstand zueinander und reichen bis auf die Höhe der Obergadenfenster des Kirchengebäudes. Im Erdgeschoss stehen die Baukörper (eine Stahlkonstruktion mit Faserzementplatten) auf einigen wenigen Stützen. In vier Meter Höhe verbinden zwei auskragende Flächen die Konstruktion mit den Emporen. So wird einerseits die zur Verfügung stehende Fläche vergrößert und andererseits die horizontale Gliederung verstärkt. Der schmale Raum zwischen den Regalen, der weit oben durch mehrere schmale Stege überbrückt wird, thematisiert die wichtige Achse vom Eingang zum ehemaligen Altar.

Im Erdgeschoss sind um die Stützen herum offene Räume entstanden, die als Empfangs-, Vortrags- und Arbeitsbereich dienen. Erdgeschoss und Emporebene werden am Ostende im Bereich der Apsis durch eine Treppe, die gleichzeitig als Tribüne fungiert, verbunden. Hier ist ein zusätzlicher Versammlungs- und Diskussionsort entstanden. In die Stützen ist ein Aufzug integriert, so dass auch Rollstuhlfahrer die Empore erreichen können.

Für die Aktivitäten mit den Kindern sind in den Raumregalen auf Emporen-

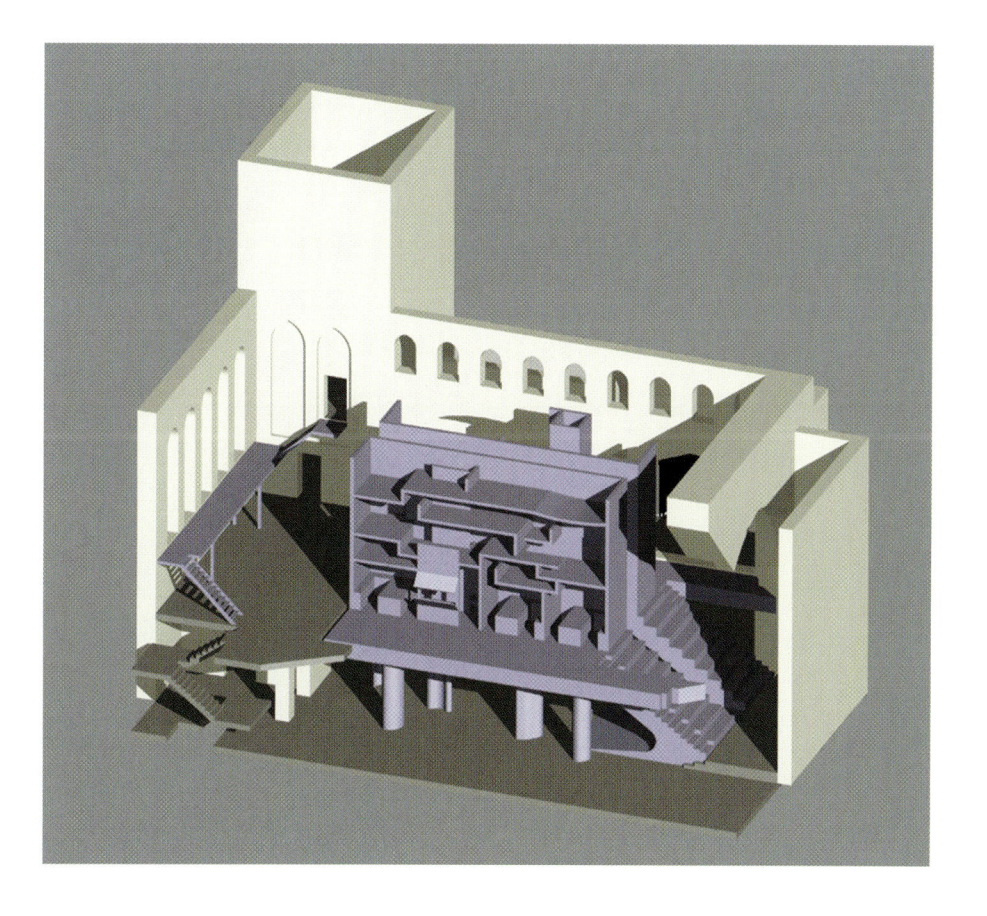

Axonometrie

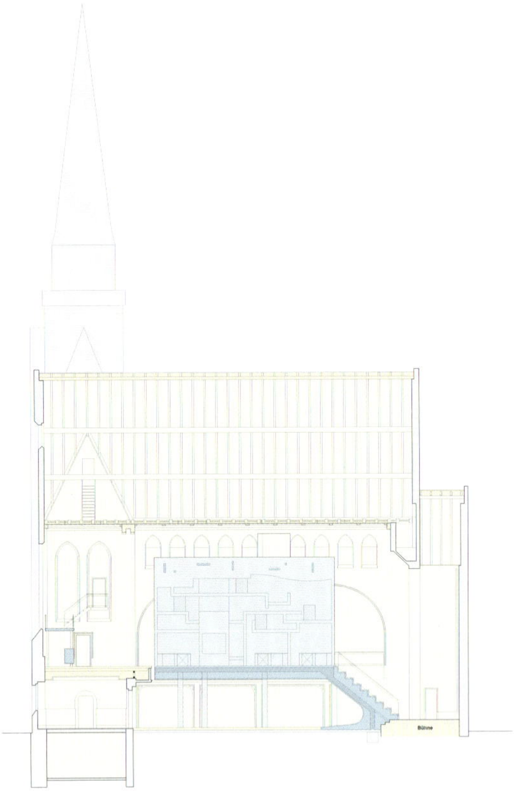

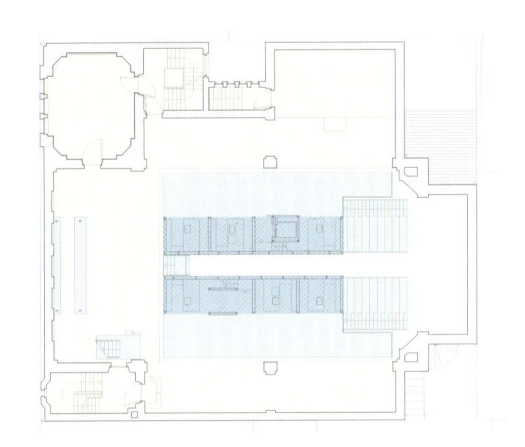

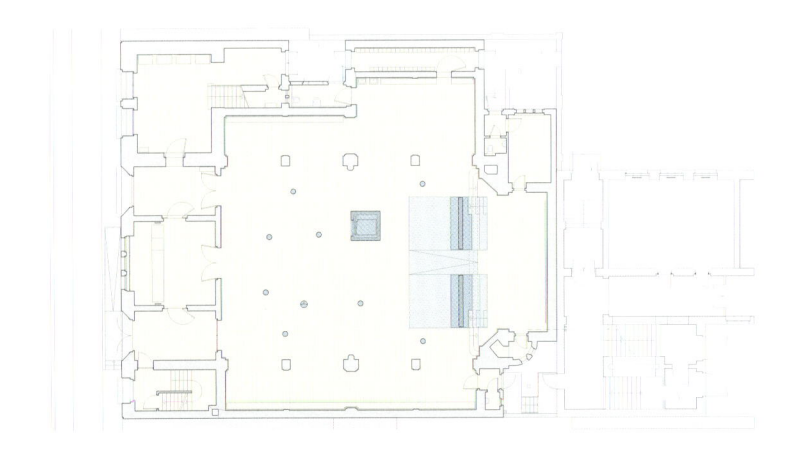

ebene kleine Werkstätten eingerichtet, die je nach Bedarf wie Werkzeugkisten geöffnet und im Spiel erobert werden können. Hier finden Workshops, Ausstellungen und Projekte statt, hier werden handwerkliche Fähigkeiten vermittelt. Und hier wird auch schon mal die Geschichte des Stadtteils kindgerecht aufgearbeitet. In diesen Räumen kommt nicht nur der wissbegierige Grundschüler zu seinem Recht, sondern auch schon das Krabbelkind, für das es spezielle Sinnenerlebniswelten gibt.

Oberhalb der Werkstätten bietet die variable Struktur in den verschiedenen Ebenen Möglichkeiten zum Klettern und Kriechen, zum Hangeln und Toben, zum Entdecken und Träumen. Die innen mit Holz ausgestatteten Baukörper sind nach drei Seiten geschlossen, zu den Wänden des alten Kirchenraumes hin jedoch geöffnet, mit dezenten Gittern gesichert, so dass die Kinder nie aus dem Auge verlieren, wo sie sich befinden. An diesem Entwurf begeistert, dass das Alte immer noch

Erdgeschoss, Obergeschoss und Schnitt 1 : 500

"Besonders erwähnenswert ist, dass Betreiber und Eltern über 90 Prozent der laufenden Kosten selber erwirtschaften müssen. Das MACHmit! Museum ist ein eindrückliches Beispiel für außergewöhnliches gesellschaftliches Engagement – eine gelungene Symbiose von innovativer pädagogischer Idee und architektonischer Ausprägung."

da ist, dem Neuen Platz geschaffen, aber nicht rigoros Platz gemacht hat.

Auf der Höhe der Obergaden enden die Regale mit einer Terrasse, von der die Kinder einen schönen Ausblick aus dem Museum in die nähere Umgebung haben. Die vielen übrigen Räume der Kirche im Erdgeschossbereich und im viergeschossigen Turmschaft sind in das bunte Treiben des Kindermuseums integriert. Ein Museumsshop, ein Computer- und Seminarraum sowie eine Bibliothek und nicht zuletzt ein farbenfrohes Café als zentrale Begegnungsstelle wurden eingerichtet.

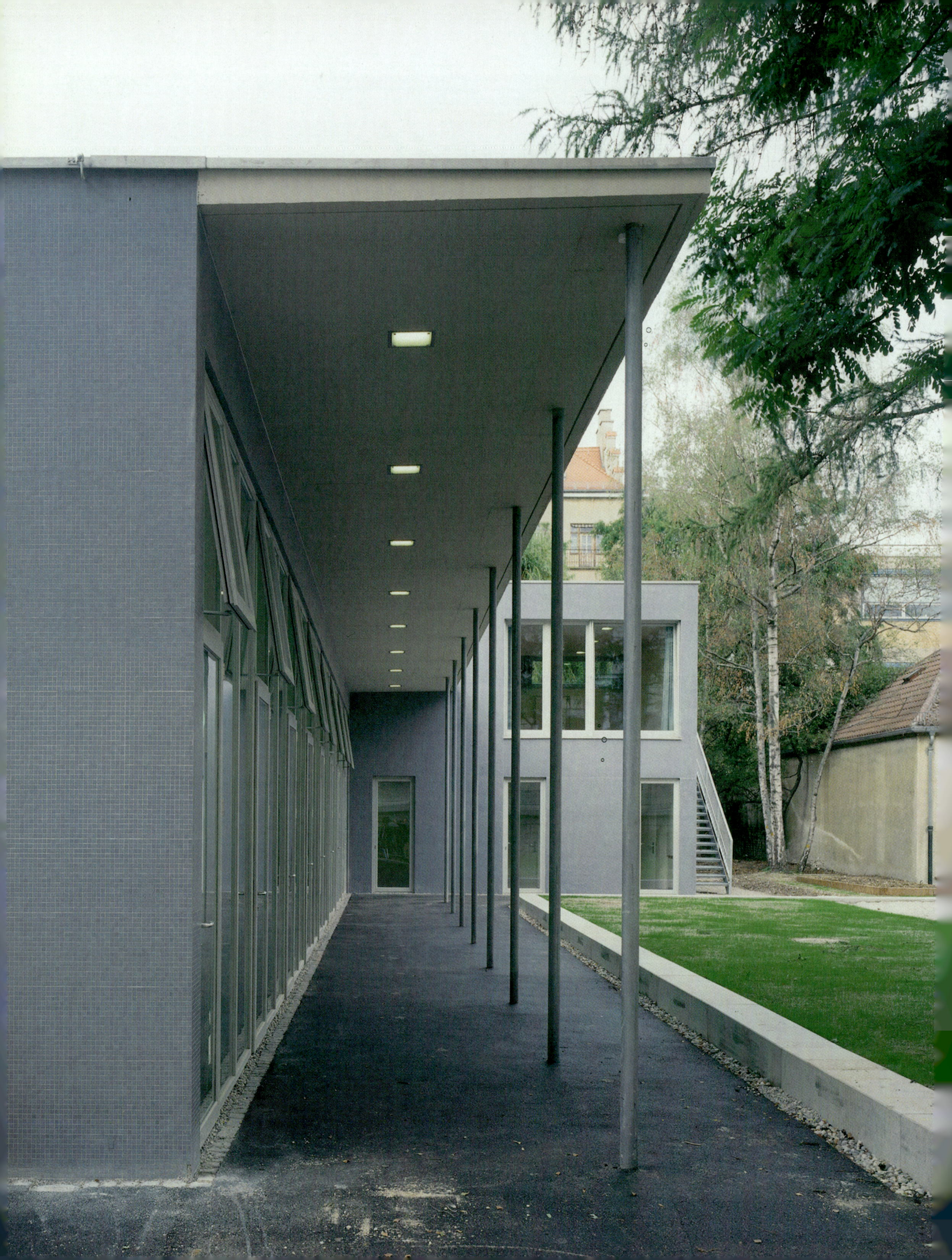

Städtische Kindertagesstätte Friedrich Schiedel an der Technischen Universität München
Richard-Wagner-Straße in München

Auszeichnung zum Gestaltungspreis der Wüstenrot Stiftung

Architekten
Arbeitsgemeinschaft
Professor Ueli Zbinden, Zürich
und
Dipl.-Ing. Stefan Holzfurtner, München

Bauherr
Technische Universität München,
vertreten durch das Bauamt der
Technischen Universität München

Aus der Begründung der Jury:
„Der Friedrich-Schiedel-Kindergarten ist ein ausgezeichnetes Beispiel neuen Bauens in der Innenstadt. Mitten in einem Gebiet hoher Dichte von Wohnen und Arbeiten erfüllt das Kleinod seine Funktion als wichtiger sozialer Baustein."

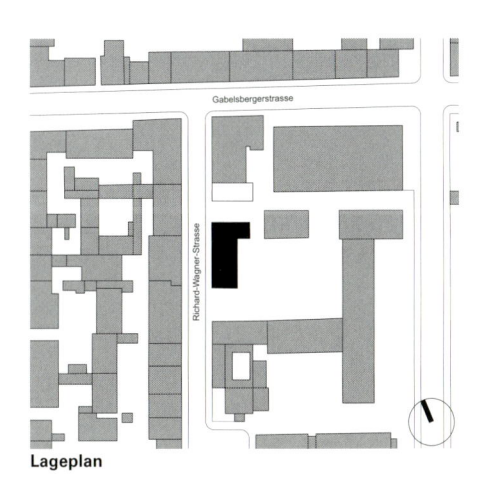

Lageplan

Ein Kindergarten ist kein Kaufhaus, das sich mit einer prachtvoll dekorierten Auslage hinter großen Glasfassaden präsentiert. Aber ein Kindergarten muss sich auch in einer Großstadt nicht verstecken. Der städtische Friedrich-Schiedel-Kindergarten stellt eine elegante Lösung dar, wie eine Einrichtung für Kinder im hoch verdichteten städtischen Raum nach außen so geöffnet werden kann, dass den Passanten großzügiger Einblick und den Kindern Ausblick gewährt wird, während im Inneren lichtdurchflutete Räume und eine gestaltete Freifläche Rückzug und Schutz bieten sowie ausreichend Platz und Grün für abwechslungsreiches Spielen.

Der Kindergarten steht direkt an der Richard-Wagner-Straße gegenüber einem bedeutenden Jugendstilensemble und ist Teil der Technischen Universität München. 49 Prozent der Kindergartenplätze sind an Kinder von Studenten oder Mitarbeitern der TU vergeben. Die restlichen Plätze sind für Kinder aus dem Stadtbezirk vorgesehen. Darüber hinaus hält der Kindergarten drei spezielle Integrationsplätze bereit und nimmt auch behinderte Kinder auf.

Das Besondere an diesem Kindergartenneubau sind seine Ausrichtung und seine fein durchdachten Sichtbeziehungen. Gemeinsam mit dem in die Planung

„Mit dem niedrigen Bauwerk wird eine städtebauliche Konzeption von Theodor Fischer übernommen: Es ergänzt das bestehende Geviert, gewährleistet Durchlässigkeit und bildet einen neuen, wohlproportionierten und gut belichteten Spielhof. Aus dieser Gliederung entwickeln die Architekten folgerichtig ein überzeugendes Innen- und Außenraumkonzept: Der öffentliche Raum der Straße wird beantwortet mit einer durchgehend verglasten inneren Straße und mit einer überdachten Vorzone gegen den Hof. Die unterschiedlichen Raumschichten schaffen abgestufte Transparenz mit vielen Beobachtungs- und Kommunikationszonen und ermöglichen den Kindern einen differenzierten Aufenthalt zwischen Öffentlichkeit und Privatheit."

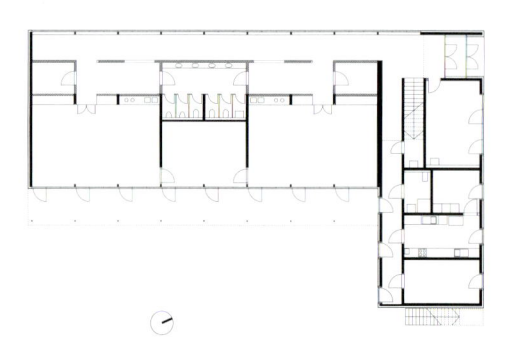

Erdgeschoss und Obergeschoss 1: 500

einbezogenen angrenzenden Studentenheim nimmt das Gebäude eine Ost-West-Richtung entlang der Richard-Wagner-Straße ein. Ein zweigeschossiger Kopfbau geht in einen langgestreckten, eingeschossigen Flügel über, der direkt an den Bürgersteig und die stark befahrene Straße gesetzt wurde. Der überdachte Eingang befindet sich auf der der Straße abgewandten Seite des Kopfbaus, die gesamten Funktionsräume werden durch einen im niedrigen Gebäudeteil gelegenen, straßenseitigen Korridor erschlossen. So ist eine innere Straße im Kindergarten entstanden. Mit ihren Fensterfarbbildern, der rückseitigen Pinwand mit Kinderarbeiten und den spielenden Kindern wird sie selbst zum Schaufenster, während die Kinder ihrerseits wiederum am lebendigen Treiben der Großstadt teilnehmen können. Für den Betrachter erst auf den zweiten Blick sichtbar ist ein auf den Außenwänden aufgebrachtes hellgraues Glasmosaik, das je nach Lichteinfall anders schimmert und die Umgebung leicht spiegelt.

Das an der Straße ausgerichtete Gebäude umschließt winkelförmig den Spielgarten für die Kinder. Nicht zuletzt aus Schall- und Emissionsschutzgründen steht der Baukörper also mit dem Rücken zur Straße, während sich die Haupträume nach Süden und Osten zum Garten hin öffnen.

Der Einblick in die Kinderwelt ist erwünscht, das Gebäude wird durchlässig, lässt aber den Kindern auch Rückzugsmöglichkeiten. Die Funktionsräume sind von dem Straßenkorridor aus zu erreichen, sie sind untereinander verbunden. Über eine Art überdachte Loggia können die Kinder – der Kindergarten betreut derzeit 41 Kinder im Alter von zweieinhalb bis sechs Jahren – den Freiraum, den Garten und die Spielgeräte erreichen. Die Funktionsräume sind großzügig zum Garten hin verglast, auch von oben sind alle Räume zusätzlich mit Oberlichtern ausgestattet, was ein herrlich helles und luftiges Ambiente erzeugt.

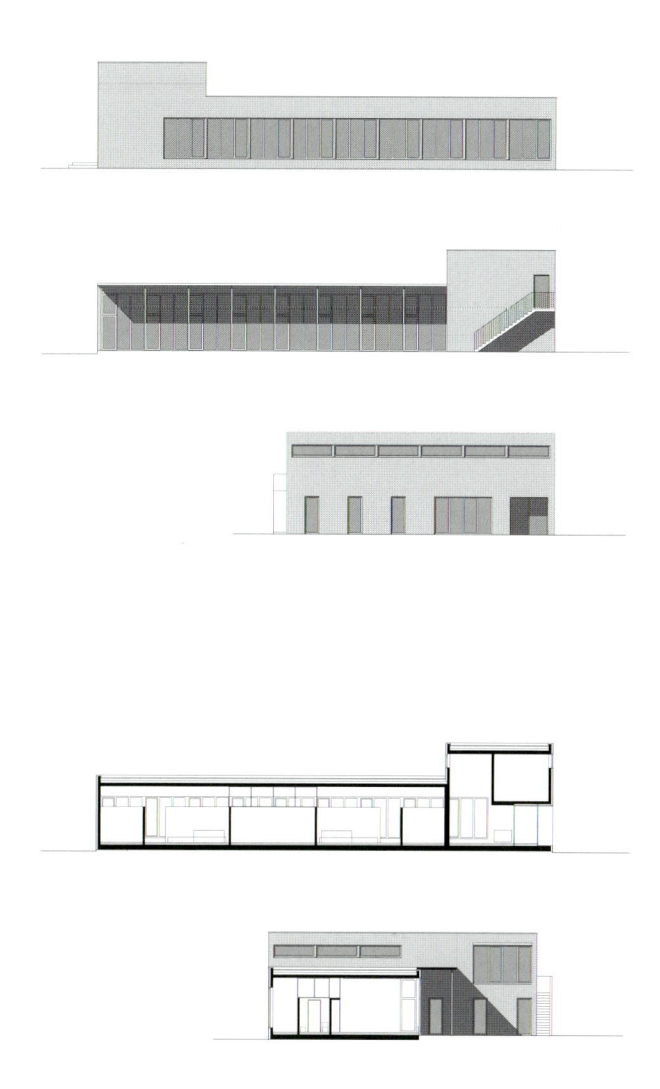

Schnitte und Ansichten 1 : 500

Städtische Kindertagesstätte Friedrich Schiedel an der Technischen Universität München

„Die pädagogisch verankerte Offenheit spiegelt sich in den oben beschriebenen architektonischen Elementen der Durchlässigkeit wider – sie wird 'sichtbar und erlebbar' gemacht. Sowohl pädagogisch wie auch architektonisch schält sich deutlich das Thema 'Verbindungen-Vernetzungen-Beziehungen' heraus."

Das pädagogische Konzept orientiert sich vorwiegend an der Montessori-Pädagogik: Der traditionelle Gruppenverbund wurde zugunsten altersgemischter, offener Gruppen aufgelöst. Musikalische Früherziehung, ein Waldtag pro Woche, intensive Elternarbeit und nicht zuletzt die Integration von Kindern mit Behinderungen kennzeichnen den lebendigen, von vielen Nationalitäten geprägten Alltag des Kindergartens. Hervorzuheben ist die engagierte Vernetzung mit dem Gemeinwesen, unter anderem durch Zusammenarbeit mit den Krippeneinrichtungen und Grundschulen, den Ausbildungsstätten und sozialen Diensten. Das pädagogische Konzept der Öffnung und Integration konnte architektonisch überzeugend umgesetzt werden. Umgekehrt wird die Fenster- und Fassadengestaltung, mit ihrem durchgehenden Spiel von Licht und Schatten, als variierendes sinnliches Erlebnis zum Bestandteil der pädagogischen Arbeit.

Der Kindergarten entstand auf dem Grundstück eines ehemaligen Patientengartens des angrenzenden Krankenhauses. Die Gestaltung des Außenraums wurde unter fachkundiger Leitung und Beratung von Eltern, Erziehern und Kindern gleichermaßen geplant und durchgeführt. Hauptattraktion der Anlage ist eine Mauer mit Bogendurchgang und -fenster. Insgesamt wirkt der Außenbereich mit den zahlreichen Spielgeräten etwas überfüllt, gemessen an der städtischen Lage jedoch ist mit ihm ein wichtiger Bewegungsraum und eine wohltuende grüne Lunge entstanden.

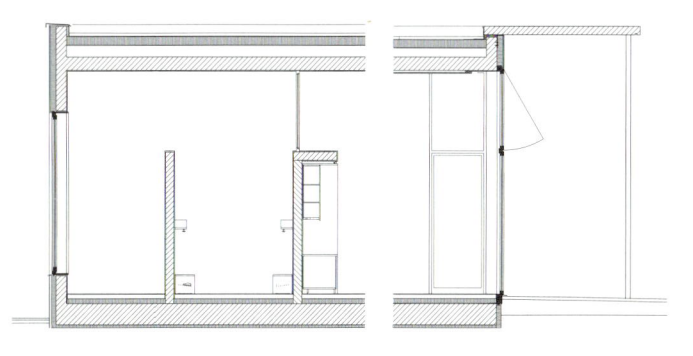

Detailschnitt

Städtische Kindertagesstätte Friedrich Schiedel an der Technischen Universität München

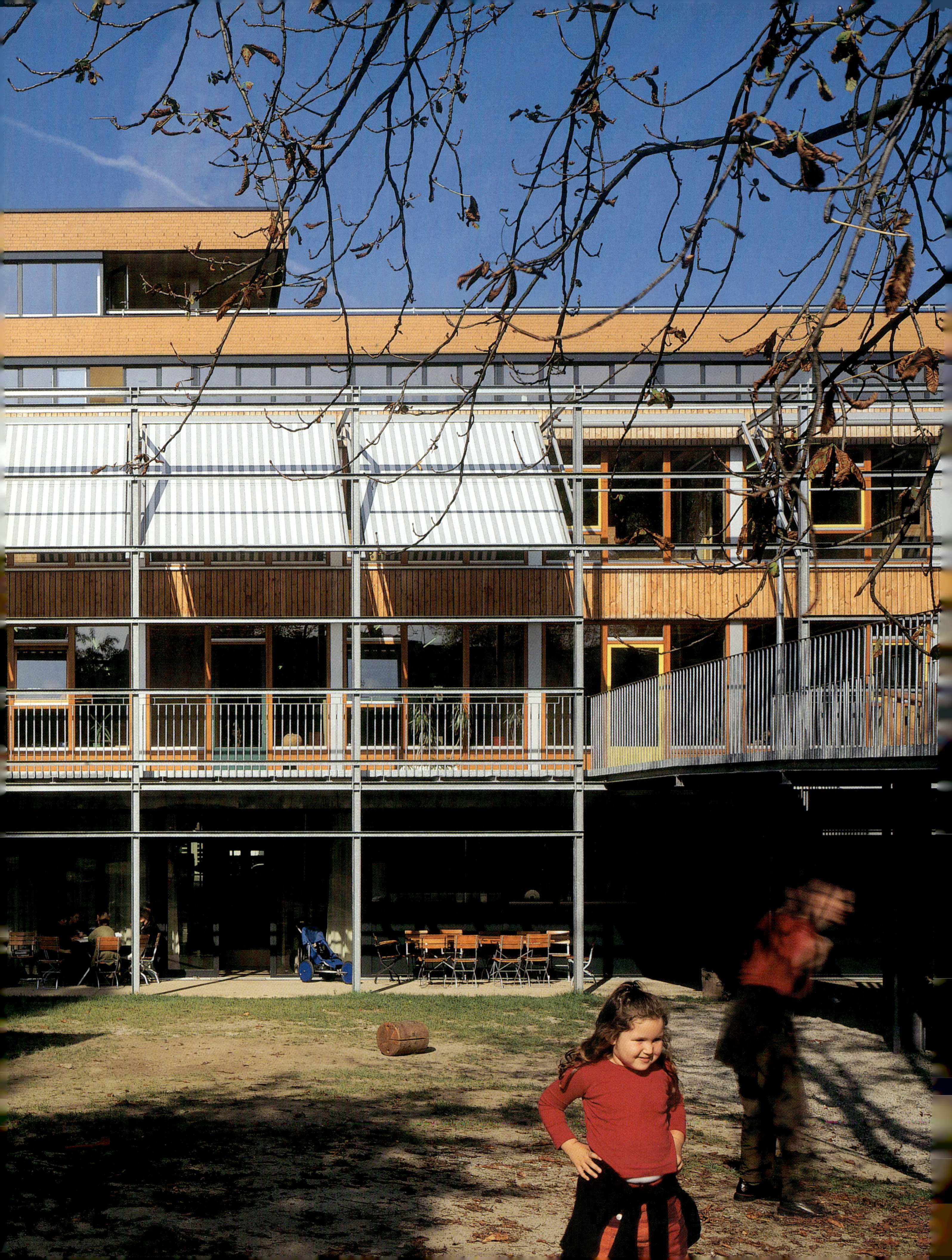

Kindertagesstätte und Eltern-Kind-Zentrum im Generationenhaus West, Ludwigstraße in Stuttgart

Auszeichnung zum Gestaltungspreis der Wüstenrot Stiftung

Architekten
Kohlhoff + Kohlhoff, Stuttgart

Bauherr
Landeshauptstadt Stuttgart, Referat Soziales, Jugend und Gesundheit sowie Jugendamt

Aus der Begründung der Jury:
„Als Haus der Begegnung für eine die Generationen übergreifende Kooperation ausgelegt, gehen seine einzelnen Elemente weit über die übliche Konzeption eines Hauses für Kinder hinaus."

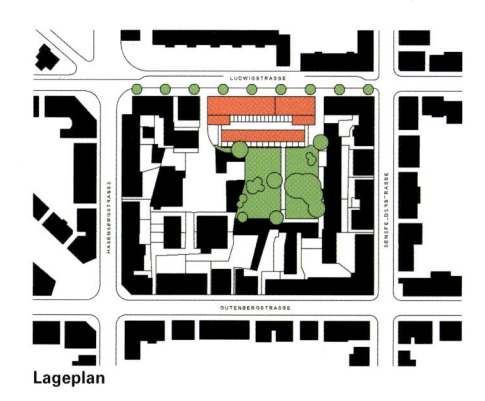

Lageplan

Kinderbetreuungs- und Altenpflegenotstand, Verödung des öffentlichen Raums und Rückzug der Alten in die private Einsamkeit – in vielen Großstädten sind diese Phänomene bereits traurige Realität. In Stuttgart führten glückliche Umstände dazu, dass man in einem Stadtteil mit sehr durchmischter Bewohnerstruktur ein Generationenhaus realisieren konnte, das betreutes Wohnen für Senioren und Kinderbetreuung unter einem Dach vereint.

Am Anfang war eine Stiftung. Die Stuttgarter Brüder Rudolf und Herrmann Schmid vermachten ihrer Heimatstadt ihr gesamtes Vermögen, verbunden mit der Auflage, dieses für den Bau von sozialen Einrichtungen zu verwenden. Ende der 1990er Jahre trat die Stadt aus aktuellem Anlass an die Stiftung heran: Eine städtische Tageseinrichtung für Kinder und eine benachbarte Wohnanlage für allein erziehende Mütter brauchten dringend

„Die Komplexität eines solchen Generationenhauses und die verdichtete, steinerne Umgebung eines bevölkerungsreichen Gründerzeitquartiers stellen hohe Anforderungen an die innere Struktur des Gebäudes und an die Qualität seiner städtebaulichen Einbindung."

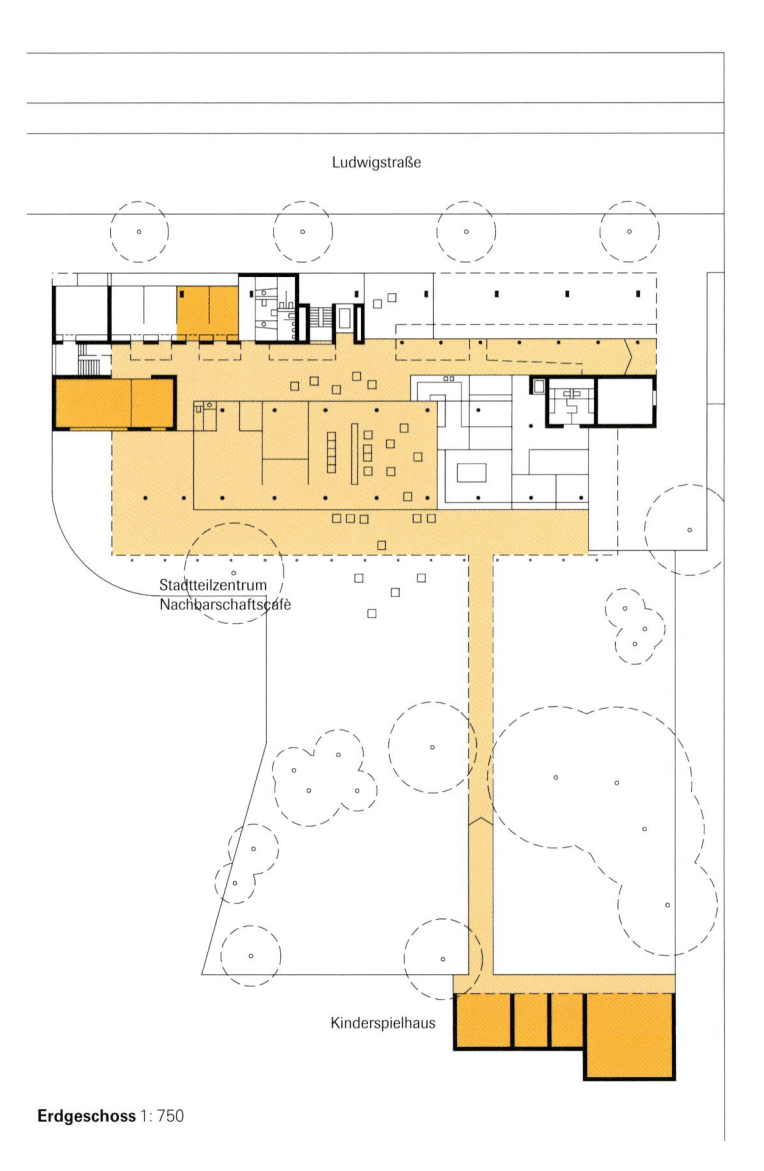

Erdgeschoss 1: 750

neue Räume. Die Stiftung gab das Geld für einen Neubau, der als Generationenhaus konzipiert wurde und auch die Funktion eines Stadtteilzentrums für Familien erfüllen sollte.

Der Standort des Generationenhauses ist mit seinen überwiegend vier- bis fünfgeschossigen Mietshäusern aus dem späten 19. und frühen 20. Jahrhundert typisch für den Stuttgarter Westen. Wegen der guten Infrastruktur – unter anderem gibt es hier immer noch verhältnismäßig viele kleine Geschäfte –, der zum Teil noch sehr großzügig angelegten Wohnungen und der Nähe zur Innenstadt wird der Westen als Wohnquartier sehr geschätzt.

Das Generationenhaus steht in der Ludwigstraße, an der Nordgrenze eines Häuserblocks. Zur Straße hin präsentiert sich der sechsgeschossige Bau in Anlehnnung an die bereits bestehende Architektur mit einer Klinkerfassade, die von breiten Fensterbändern durchbrochen wird. Zu beiden Seiten des Gebäudes gibt es breite Durchgänge in den großen, einladenden Innenhof auf der Südseite. Dieser Innenhof ist mit seinen hohen Bäumen und den begehbaren Rasenflächen die 'grüne Lunge' des gesamten Häuserblocks und in einem so dicht bebauten Viertel von unschätzbarem Wert.

Generationenhaus West in Stuttgart

Wohnungen

Gruppenräume

Kindertagesstätte

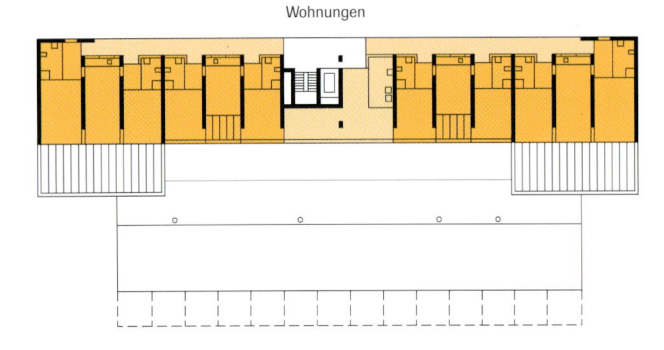

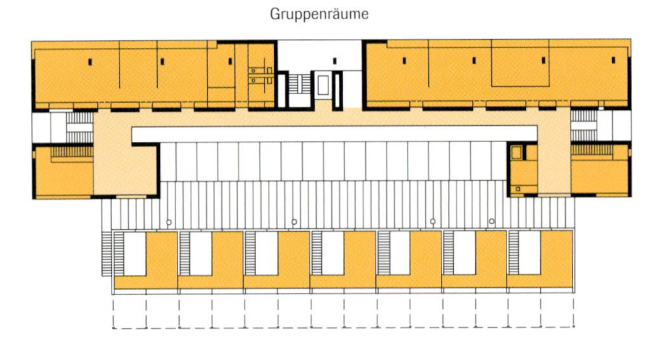

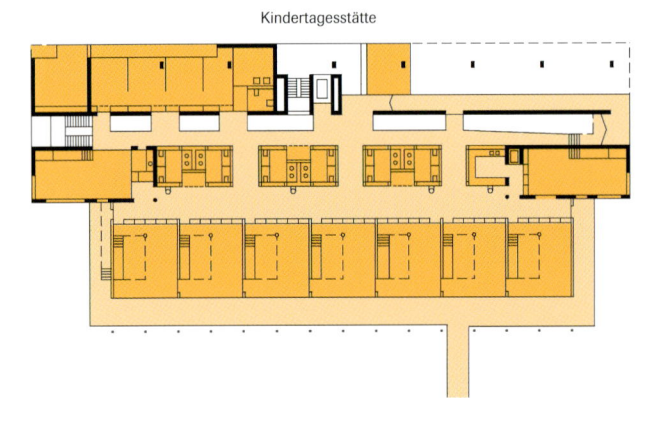

1. – 3. Obergeschoss 1 : 750

Das Erdgeschoss gehört gewissermaßen allen Bewohnern des Hauses, die ersten beiden Obergeschosse werden von den Kinderbetreuungseinrichtungen genutzt, und in den Stockwerken drei, vier und fünf liegen die Seniorenapartments für betreutes Wohnen.

Das Erdgeschoss soll Offenheit vermitteln, deshalb ist es sowohl zur Straßenseite als auch zur Hofseite verglast. Treffpunkt für Alt und Jung, Bewohner und Besucher ist hier das Café 'Ludwigslust', in dem das Eltern-Kind-Zentrum Stuttgart-West e. V. einen täglichen Mittagstisch anbietet. Außerdem nimmt es Büro- und Veranstaltungsräume sowie einen Second-Hand-Laden auf. Unverputzter Sichtbeton, ein sandsteinfarbener Steinboden und viel Tageslicht und helles Holz verleihen dem Erdgeschoss eine freundliche Atmosphäre. Über die sonnige Terrasse an der Südseite setzt sich dieser Bereich nahtlos in den Innenhof fort.

Eine Rampe stellt die Verbindung vom Erdgeschoss zum ersten Obergeschoss her, das zusammen mit dem zweiten eine Einheit bildet. Die neun beziehungsweise sieben zweigeschossigen Gruppenräume für Kinderkrippe und Kindertagesstätte sind nach Süden ausgerichtet und haben über eine Außenrampe direkten Zugang zu einer großen Holzterrasse und zum

„Insgesamt ist es beim Generationenhaus West geglückt, eine anspruchsvolle, außergewöhnliche Konzeption mit einer bemerkenswerten, städtebaulich gelungenen Gestaltung zu verbinden."

Grünbereich im Innenhof, der mit seinen Klettergerüsten und Rasenflächen weitere Spielflächen bietet. Leitfarben an den Türen und Fenstern der Gruppenräume erleichtern den Kindern die Orientierung. Die leichte Holzskelettbauweise dieser Räume ermöglicht große Fensterflächen und lässt Spielraum für Veränderungen.

Die Kinderbetreuung im Generationenhaus orientiert sich möglichst nahe an den Bedürfnissen allein erziehender und/oder berufstätiger Eltern aus dem Stadtviertel Stuttgart-West. Neben der regulären Betreuung in der Kindertagesstätte mit 141 Plätzen sowie in der Kinderkrippe mit 25 Plätzen werden auch verschiedene Formen bedarfsorientierter Betreuung angeboten, die vom Minikindergarten über die Notfallkinderbetreuung bis zum Schülertreff reicht. Die moderne, aber zugleich Geborgenheit vermittelnde Architektur des Generationenhauses wird von allen Nutzern des Hauses gut angenommen. Die Eltern waren ebenso wie die Erzieher und die Träger der Einrichtungen von Anfang an in die Planung einbezogen.

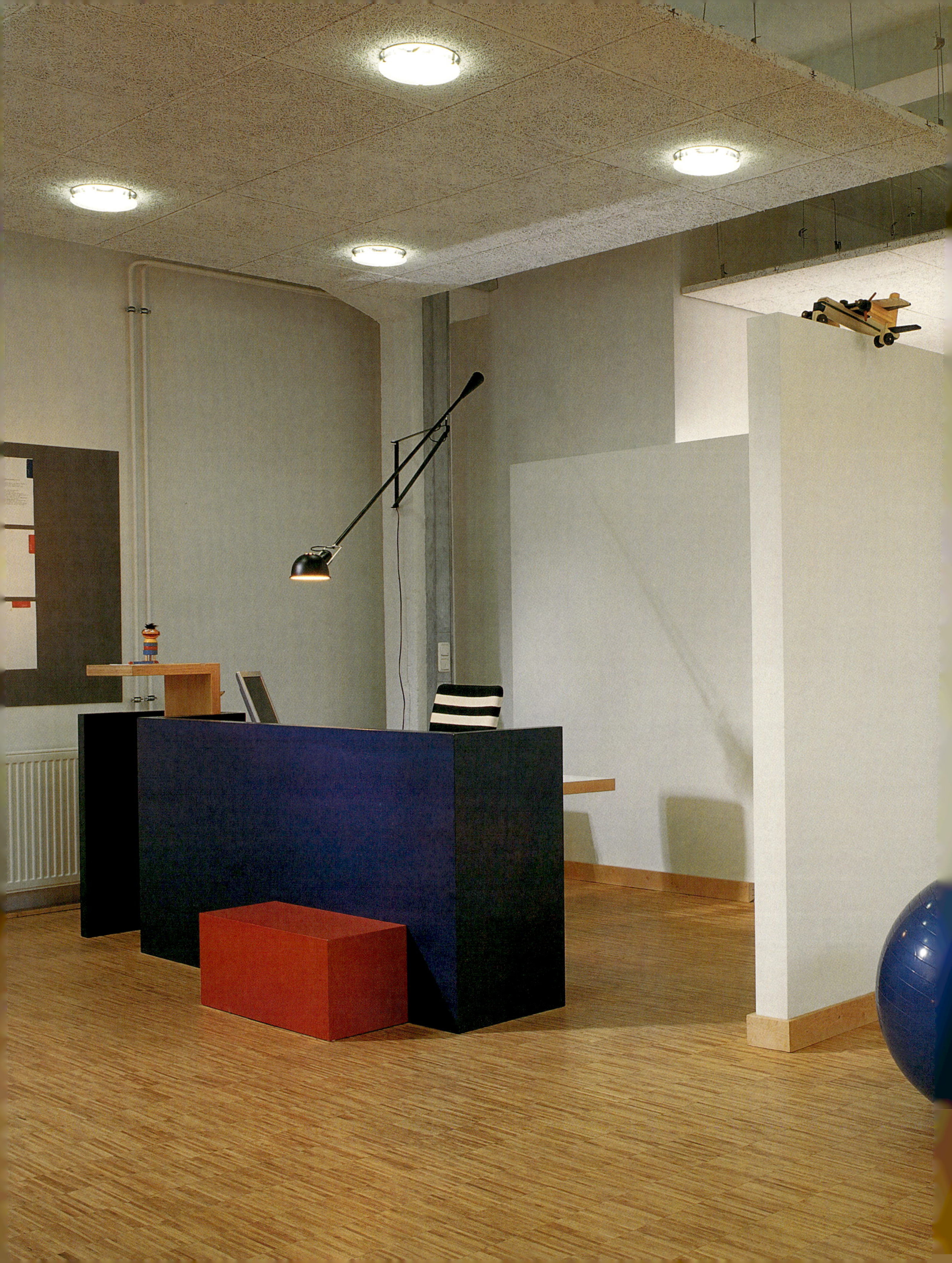

Praxis für Krankengymnastik und Yoga mit Schwerpunkt Pädiatrie
Gewerbepark Frese, Moltkestraße in Leichlingen

Auszeichnung zum Gestaltungspreis der Wüstenrot-Stiftung

Architekten
Lungwitz und Partner, Düsseldorf

Bauherr
Ursula Pauer, Leichlingen

Aus der Begründung der Jury:
„Die Praxis in Leichlingen ist ein ausgezeichnetes Vorbild für alle Räume in Arztpraxen und Kliniken, in denen Kinder behandelt werden."

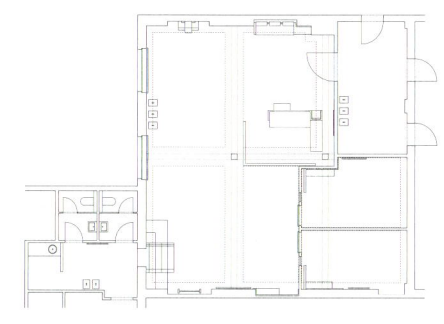

Grundriss 1 : 333

Als Physiotherapeutin mit dem Schwerpunkt Pädiatrie arbeitet Ursula Pauer seit über 20 Jahren mit jungen Patienten, die mit ihr manch schmerzhafte Stunde verbringen. Auch wenn ihnen die erfahrene Therapeutin hilft, den schwierigen Alltag als körperbehinderte Menschen mit Koordinationsstörungen besser zu meistern, so ist die Therapie erst einmal harte Arbeit, die viel Geduld erfordert. Auch für die Eltern, die ihre Kinder begleiten, ist der Besuch bei der Physiotherapeutin nicht immer leicht, sie sind oft selbst angespannt und wünschen sich vor allem einen schonenden und liebevollen Umgang mit ihren Kindern.

Nach jahrelanger Arbeit in verschiedenen Einrichtungen setzte Ursula Pauer ihren Wunsch nach einer eigenen Praxis in die Tat um. Da im Mittelpunkt der therapeutischen Arbeit die Bewegungsstörung steht, sollten die Behandlungsmöglichkeiten überall in der Praxis präsent sein. Es sollte eine Umgebung geschaffen werden, in der Ruhe und Konzentration in angenehmer und entspannter Atmosphäre möglich sind. Nur wenig Spielmaterial, das aber vielfältig verwendet werden kann, die Wahrnehmung schult und sowohl grob- wie auch feinmotorische Fähigkeiten trainiert, sollte zur Verfügung gestellt werden.

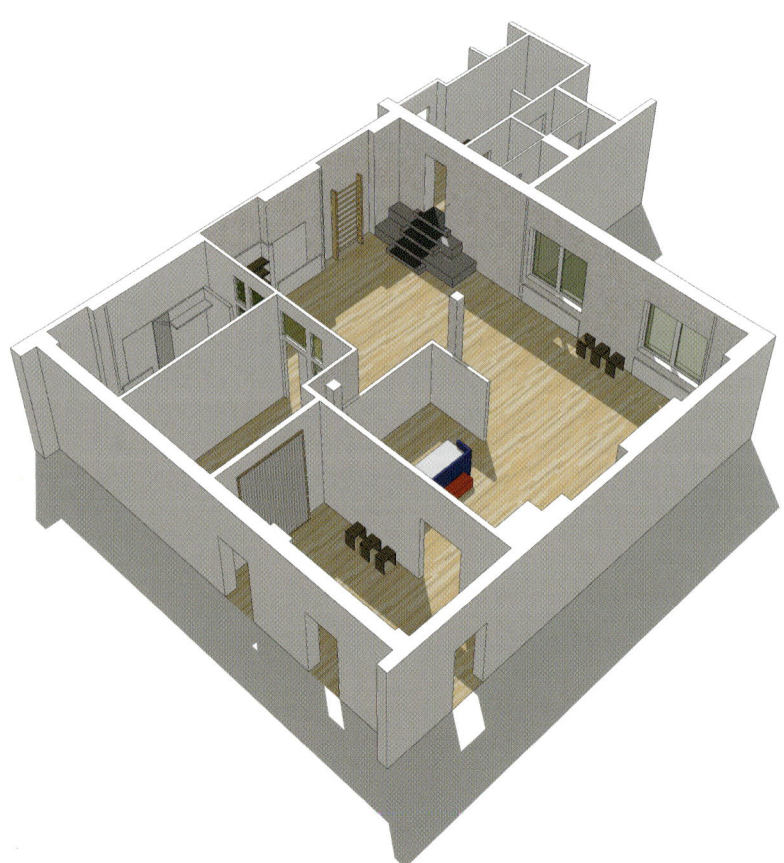

In einem ehemaligen Industriebau fand die Bauherrin die entsprechenden Räumlichkeiten für ihre Ein-Frau-Praxis. In enger, vorbildlicher Zusammenarbeit mit dem Innenarchitekten wurden das Konzept für die therapeutische Arbeit und die Gestaltung der Innenräume aufeinander abgestimmt. Die neuen Praxisräume gliedern sich in zwei Bereiche: Es gibt einen vorderen öffentlichen Bereich mit Empfang, Wartezone und Behandlungsräumen und einen hinteren privaten Bereich mit Büro, Sozialraum, Küche und Toiletten. Dieser private Bereich liegt auf einem höheren Bodenniveau und wird über eine kleine Treppe erschlossen, die gleichzeitig als Sitzgelegenheit für die Kinder, aber auch zu Therapiezwecken genutzt werden kann. Empfang und Wartebereich gehen in den großen Bewegungsraum über, so blieb die Großzügigkeit und Offenheit des Grundrisses erhalten.

Die Praxis verleugnet ihren Standort nicht. Der Bezug zur Fabrikhalle ist gewollt und auch ein gestalterisches Thema. Das Neue deckt das Alte nicht zu, die prägnanten Eigenarten einer Fabrikhalle wie sichtbare Rohre und Leitungen, Stützen und Unterzüge sowie Wandvorsprünge und Nischen wurden in die Gestaltung mit einbezogen. Eingebaute Elemente wie zum Beispiel Regalböden wurden nicht direkt auf den vorhandenen Wänden, die bereits bauseits verputzt und in einem gebrochenen Weiß gestrichen waren, befestigt, sondern auf weißen, handlackierten, vier Zentimeter starken Platten montiert. Diese so entstandenen Vertäfelungen liegen wie ein Relief auf der Wand und passen sich bandartig den Nischen und Wandvorsprüngen an. Ergänzend dazu wurden Rigipsplatten, ebenfalls weiß mit Wandfarbe gestrichen, neben den Vertäfelungen auf die Wände geklebt. Es entstand ein Wandmuster aus verschiedenen Material- und Weißtönen.

„Die Arbeit steht für einen achtsamen Umgang mit den Bedürfnissen von Kindern, die aufgrund von Störungen, Krankheit oder Behinderung einer körperorientierten Therapie bedürfen. Sie zeichnet sich sowohl durch eine Klarheit der Formen als auch durch eine prägnante Farbgebung aus."

Praxis für Krankengymnastik und Yoga mit Schwerpunkt Pädiatrie in Leichlingen

„Die auf Reduzierung angelegte Ästhetik hat gleichzeitig eine inhaltliche Funktion: Sie schafft eine angenehme Atmosphäre und verhindert die Sterilität vergleichbarer Räume. Vor allem aber reduziert sie die optischen Reize für die Kinder und unterstützt damit die Konzentration auf das Wesentliche: die Therapie. Darüber hinaus weist das ausgesuchte Mobiliar eine Qualität auf, die man vielen Einrichtungen für Kinder wünschen würde."

Zur Verbesserung der Raumakustik wurden Felder aus grobspanigem Heraklith von der Rohdecke abgehängt. Darin konnten die Leuchten optimal integriert werden. Auch diese Felder halten zu den Wänden, Stützen und Unterzügen Abstand (30 Zentimeter) und sind an den Seiten offen, so dass die Rohdecke mit ihren zahlreichen Rohren und Leitungen in Teilen sichtbar bleibt.

Insgesamt kommt die Praxis mit wenigen und kindgerechten Einrichtungsgegenständen aus. Die Empfangstheke mit Podest lässt sich über eine Stufe auch von den Kindern erklimmen. Es dominieren die Primärfarben Rot und Blau, die in Kombination mit dem Birkenholz des Bodens und dem Weiß der Wände eine freundliche und ruhige Gesamtatmosphäre schaffen. Ein Farbdomino aus Holz (30 mal 30 Zentimeter) eignet sich sowohl zur Diagnostik als auch zur Therapie. Spielen die Kinder damit, lassen sich zum Beispiel grob- und feinmotorische Fähigkeiten und die Wahrnehmung in Bezug auf Form, Farbe und Raum beobachten. Die beiden kleineren Behandlungsräume sind nur durch Schiebetüren vom Hauptraum abgeteilt, sie behalten durch die Oberlichter den Bezug zum Gesamtraum.

Die Praxis überzeugt durch ihre klare und durchdachte Formgebung. Die neuen Räume respektieren die alte Umgebung, grenzen sich in feinen Details vom Altbau und den vorgefundenen Strukturen ab. Erste Erfahrungen in der neuen Umgebung zeigen, dass sich die Kinder, die zum Teil von sehr weit her kommen, wohl fühlen, besser arbeiten können und in den Räumen auch Entspannung und Freude erleben.

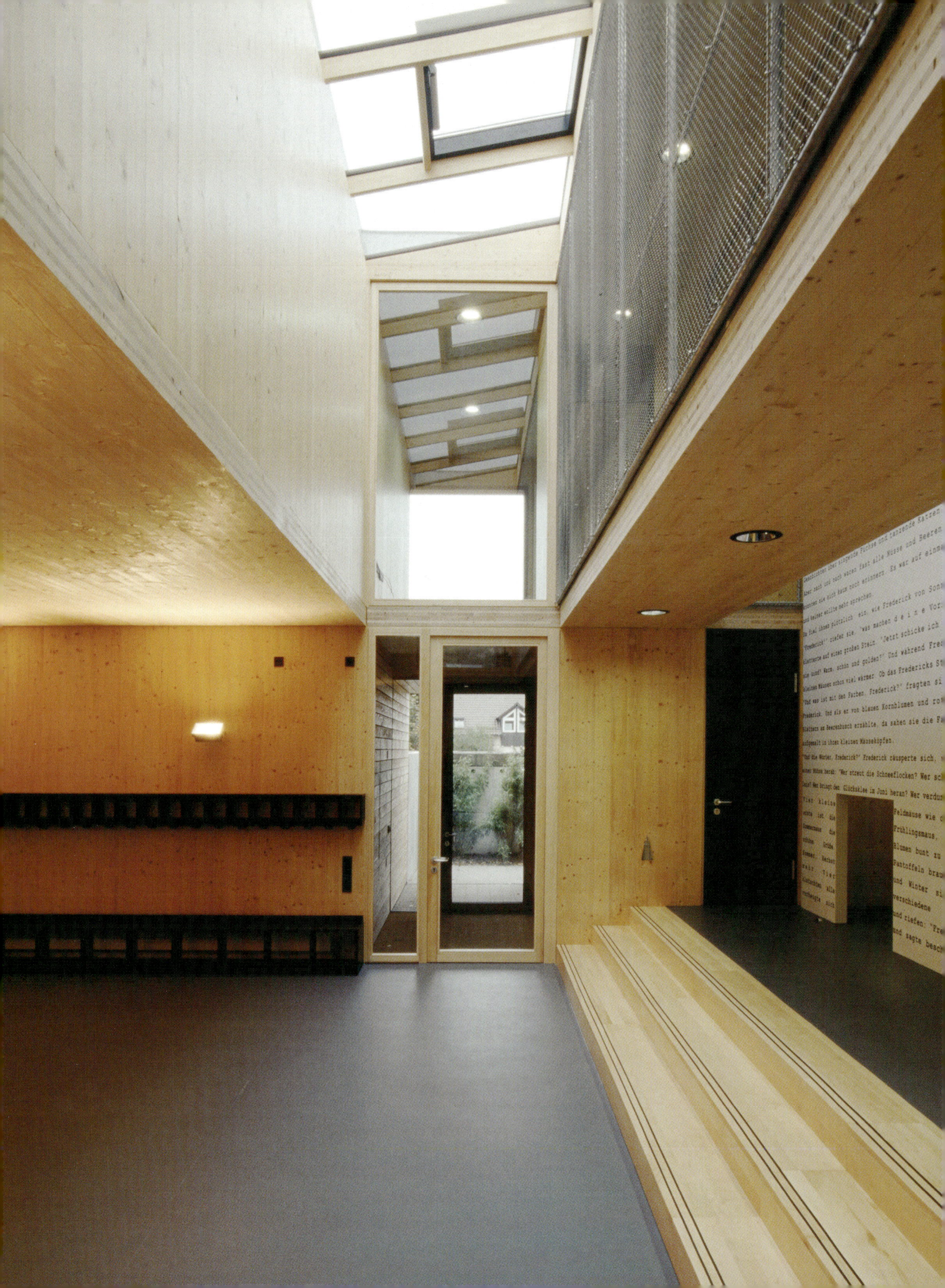

Kindergarten Regenbogen
Vaihinger Straße in Ludwigsburg-Eglosheim

Anerkennung zum Gestaltungspreis der Wüstenrot Stiftung

Architekt
Bernd Zimmermann,
Ludwigsburg/Heilbronn

Bauherr
Stadt Ludwigsburg vertreten durch
das Amt für Gebäudewirtschaft und
Hochbau

Aus der Begründung der Jury:
„Der Kindergarten Regenbogen in Ludwigsburg bindet sich durch seine Höhenstaffelung und Orientierung zum Garten gut in die städtebauliche Situation ein. Seine prägende Bauweise in Form von Dickholzelementen ist konstruktiv und gestalterisch konsequent umgesetzt und lässt neben dem innovativen Aspekt im Bereich 'preiswertes Bauen' auf selbstverständliche Art und Weise homogene, warme, angenehm ruhige Räume entstehen."

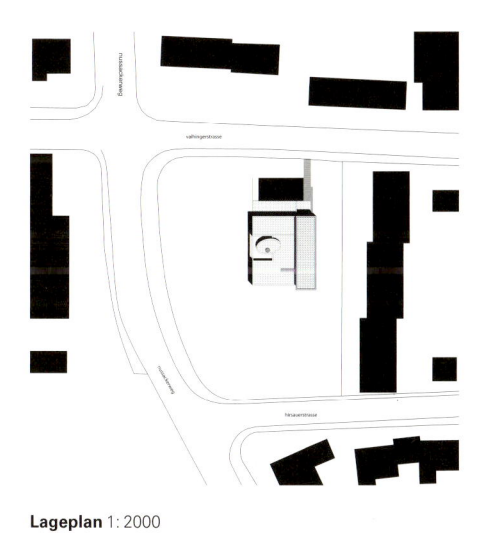

Lageplan 1 : 2000

Die Kinder des Ludwigsburger Wohnviertels rund um den Nussackerweg hatten es über Jahre hinweg nicht unbedingt gemütlich; sie waren, bevor sie den Kindergartenneubau beziehen konnten, acht Jahre in einem Containerkindergarten untergebracht. Die Nachfrage nach Kindergartenplätzen stieg jedoch stetig, und so entschloss sich die Stadt zu einem der heutzutage eher seltenen Kindergartenneubauten. Dort werden jetzt von vier Erzieherinnen 50 Kinder im Alter von drei bis sechs Jahren nach einem neuen, gruppenübergreifenden pädagogischen Konzept betreut. Inhaltliche Schwerpunkte sind Selbstständigkeit, Sozialverhalten und Selbstbewusstsein sowie Elemente der Montessori-Pädagogik.

Der Holz-Neubau inmitten von Ein- und Zweifamilienhäusern entstand auf einem ehemaligen Kinderspielplatz mit altem Baumbestand. Nicht besonders schön ist der Zugang zum Gebäude, der im Nordwesten über die Rückseite einiger Fertiggaragen erfolgt. Wenigstens konnte das Gebäude gegenüber den Garagen um Eingangsbreite versetzt werden. So entstand eine Freifläche, die als 'Werkzimmer im Freien' durch zwei Wandscheiben von der restlichen Freifläche abgegrenzt wurde.

Erzieherinnen und Architekt arbeiteten von Beginn an eng zusammen. Sie entwickelten gemeinsam ein flexibles und differenziertes Raumnutzungskonzept. Keine traditionellen Gruppenräume mehr,

„Der Außenbereich des Kindergartens hat den Vorteil eines attraktiven, parkähnlichen Grundstücks mit großen Bäumen. Entsprechend sucht das Gebäude einfache, klare Innen-Außen-Bezüge über den großen Mittelraum, über Stufen und über Liege- und Sitzfenster."

sondern eher offene Gruppenarbeit mit mehreren Bastel-, Spiel- und Aktivstationen in einem offenen Kindergarten – so lautete der gemeinsam formulierte Wunsch.

Über eine zentrale Halle, auf die alle Innenräume ausgerichtet sind, gelangt man ins Innere. Von hier aus blickt man hoch in ein zweites Geschoss, das in Teilbereichen auf das Erdgeschoss aufgesetzt wurde. In der Halle ist die Garderobe untergebracht, gleichzeitig dient sie als Bewegungsfläche und gelegentlich auch als Bühne bei Aufführungen und Festen. Ein optisch markantes Zeichen ist der in diese Halle eingestellte ellipsenförmige Sinnenwahrnehmungsraum: 'das Fass'. An ihm vorbei gelangt man über ein wetterfestes Holzdeck ins Freie.

'Das Fass' ist ein begehbarer Raum, der aufgrund seiner Form besondere akustische Qualitäten aufweist. Ein ovales Oberlicht und ein schräg aus der Fasswölbung kragendes Fenster lassen Licht herein. Über das knapp über Fußbodenhöhe angebrachte Fenster hat man auch einen unmittelbaren Bezug zum Garten, zur Freifläche.

Die Eingangshalle wird durch eine dreistufige Tribüne gegliedert. Hinter einer Wandscheibe, auf der eine Geschichte von der Maus Frederick (nach Leo Lionni) erzählt wird, führt eine Treppe ins Obergeschoss. Unter der Treppe gibt es noch einen so genannten

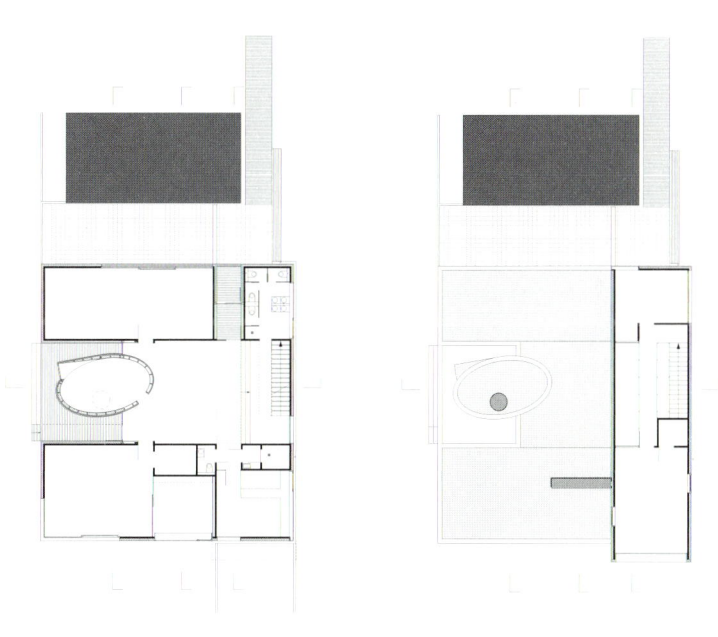

Erdgeschoss und Obergeschoss 1 : 500

Kindergarten Regenbogen in Ludwigsburg-Eglosheim

„Die geschickte Anordnung von kleinen und großen Öffnungen schafft reizvolle Kontraste zu den geschlossenen Holzwänden. Die freie Raumform im Inneren des Baukörpers bereichert den an sich reduzierten Bau inhaltlich und gestalterisch."

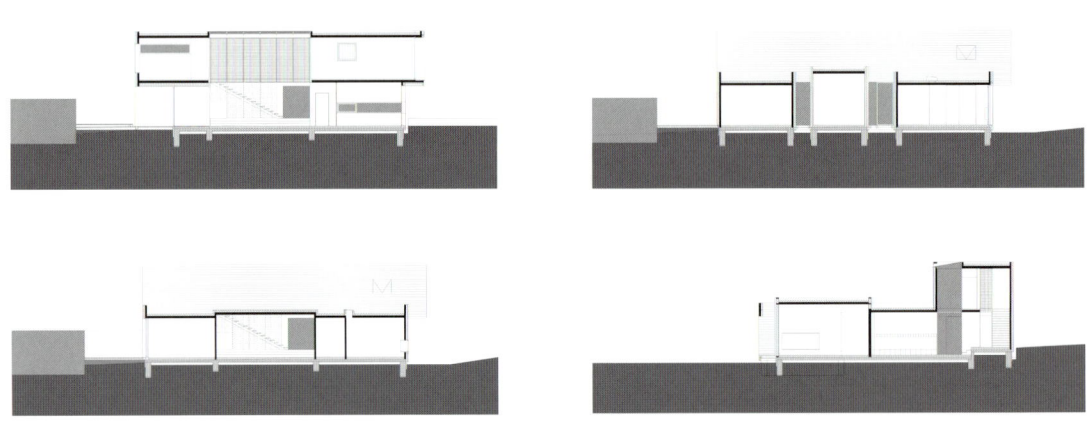

Schnitte 1:500

Verkriechraum, einen Rückzugsort für die Kinder. Anstelle zweier fester Gruppenräume befinden sich im Erdgeschoss zwei Funktionsräume. Der eine ist in ein großes Spielzimmer und eine kleine, durch eine Schiebetüre abtrennbare Puppenecke unterteilt. Vom Spielzimmer aus haben die Kinder einen weiten Blick in den parkähnlichen Garten. Der andere Aufenthaltsraum ist ein Atelier, ein Raum zum Werken, Malen und Matschen mit fest installierten Werkbänken, Matschbecken und Regalen mit Arbeitsmaterialien. Hier können die Kinder ihren Ideen freien Lauf lassen.

Im Obergeschoss befindet sich der Mehrzweckraum, der als Turn- und Toberaum genutzt wird, mit einer großformatigen Verglasung, die den Park ins Haus hereinholt. Fast haben die Kinder hier das Gefühl, in einem Baumhaus zu sitzen. Der Wechsel der Jahreszeiten lässt sich aus dieser Perspektive schön nachvollziehen.

Aus Kostengründen wurde der Kindergarten als reiner Holzbau geplant. Die Wand- und Deckenelemente aus Dickholz wurden in ihren gesamten Abmessungen im Werk vorgefertigt. Als Außenschalung dienen unbehandelte Lärche-Bretter mit offenen Fugen. Auch im Inneren dominiert Holz; die Wandelemente wurden ab Werk auf einer Seite gehobelt und geschliffen geliefert, so dass diese Seite als Innenwandoberfläche lediglich noch einer Lasur bedurfte. Der Holzbau mit den klar definierten Fensterbereichen fügt sich gut in die Umgebung ein.

Allerdings ist der Außenbereich mit den wenigen Spielgeräten nicht in dem Maße gestaltet wie es das Gebäude innen und außen suggeriert. Hier hat man sich vielleicht zu sehr auf die schöne Umgebung und ihre Wirkung auf das Gebäude verlassen.

Kindergarten Regenbogen in Ludwigsburg-Eglosheim

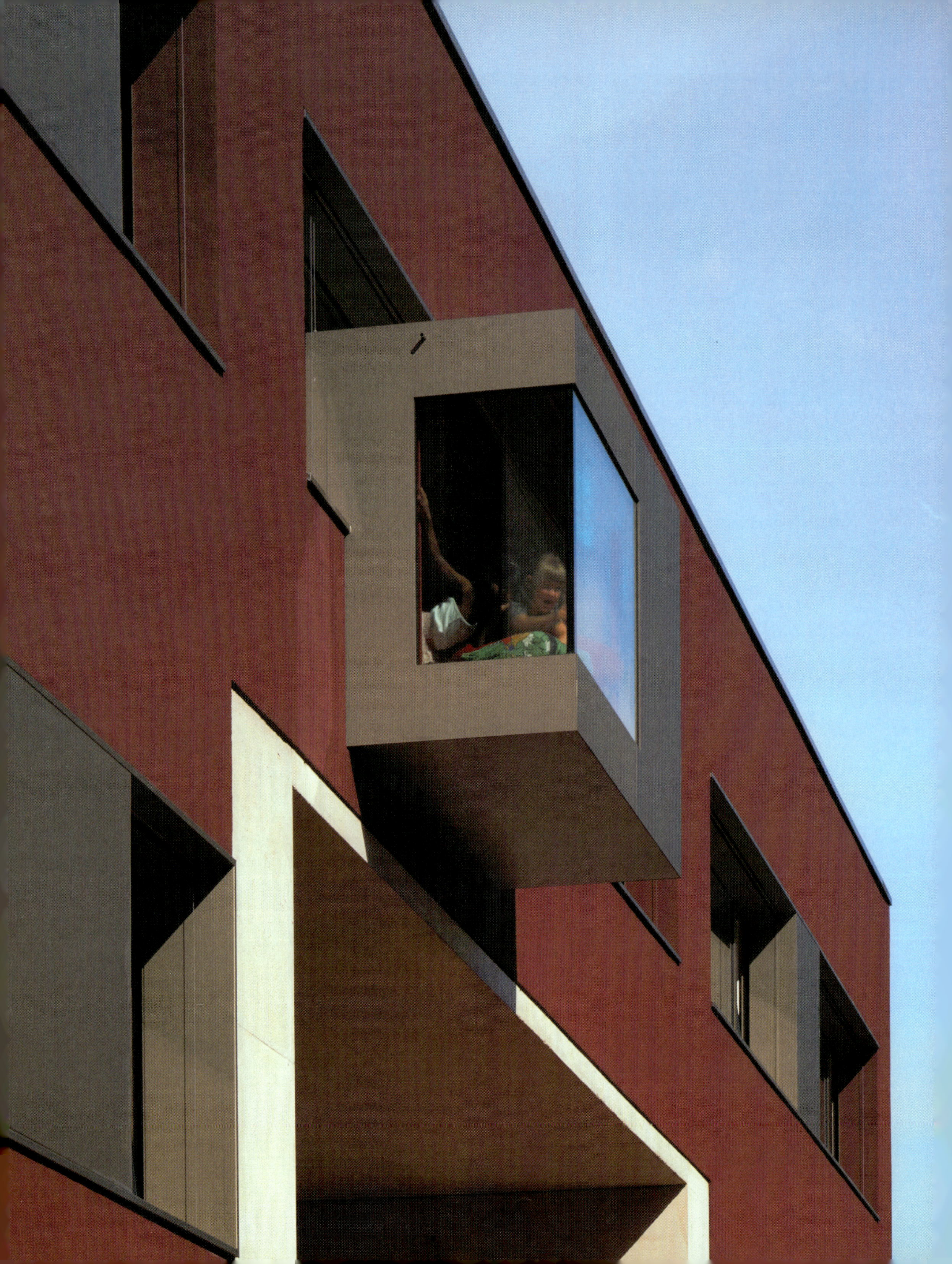

Städtische Kindertagesstätte Jerusalemer Straße in Berlin-Mitte

Anerkennung zum Gestaltungspreis der Wüstenrot Stiftung

Architekten
Volker Staab Architekten, Berlin

Bauherr
Stadt Berlin

Aus der Begründung der Jury:
„Die Kindertagesstätte Jerusalemer Straße in Berlin ist ein städtebaulich als gelungen zu bezeichnender, integrierter Neubau in einem hoch verdichteten Quartier."

Lageplan 1:3000

Aus Kindersicht ragen die bis zu 30 Meter hohen Gebäude rings um die neue Kindertagesstätte in der Jerusalemer Straße am Hausvogteiplatz in Berlin-Mitte fast bedrohlich in die Höhe. Hier kann eine Einrichtung für Kinder nicht in Gestalt eines zierlichen Häuschens stehen, hier muss sich ein Gebäude behaupten, vielleicht sogar Lichtblick in all dem Häuserdunkel sein und zudem über einen attraktiven Freibereich verfügen.

Schon in den 1960er Jahren wurde in der Jerusalemer Straße eine Doppelkindertagesstätte errichtet. Für die berufstätigen Eltern in der damaligen DDR waren die Kitas eine Selbstverständlichkeit, ohne die sich der Alltag mit Beruf und Familie nicht realisieren ließ. Heute boomt Berlin-Mitte, ist ein pulsierendes Zentrum, in dem viel gebaut wird wie etwa die neuen Wohnanlagen in der benachbarten Leipziger Straße. Der Bedarf nach einer Kindertagesstätte ist nach wie vor groß. Die berufstätigen Großstadtbewohner wollen zu Recht nicht auf die Ganztagsbetreuung des Nachwuchses verzichten. Der Neubau, der 2002 nach 16 Monaten Bauzeit der Öffentlichkeit übergeben wurde, ist nun für maximal 180 Kinder im Alter von acht Wochen bis zwölf Jahren ausgerichtet. Entstanden ist ein quadratischer Baukörper, der unmittelbar an die Baugrenze, die Jerusalemer Straße, gesetzt wurde. Im Norden verhindert ein auf dem Grundstück liegender Vorplatz, dass die Kinder direkt auf die stark befahrene Straße entlassen werden müssen.

„Das bewusst großstädtisch konzipierte Haus besticht durch eine zeitgemäße, moderne Architektursprache mit formalen Elementen, welche eine besonders gelungene Verbindung von architektonischer Aussage und pädagogischer Funktionalität darstellen. Die teilweise verglasten Erker lassen die Nutzung von außen erkennen; gleichzeitig erlauben sie den Kindern, den städtischen Außenraum aus 'übergeordneter' Perspektive zu überblicken, sich dabei zu zeigen oder sich in den geschlossenen Teil des Erkers in eine Beobachterposition zurückzuziehen."

Schon von weitem leuchtet das weinrot verputzte Gebäude, das sich über drei Geschosse erstreckt. Von einem zentralen Foyer im Erdgeschoss, das mit seinen 150 Quadratmetern als zusätzliche Bewegungs- und Spielfläche genutzt werden kann, sind die zentrale Treppenanlage und der Garten erreichbar. Kritikpunkte sind allerdings die Lichtverhältnisse im Foyer, das zu wenig Licht erhält, die etwas zu engen Flure und die an manchen Stellen ungünstigen Proportionen in der Höhe.

Im Erdgeschoss befinden sich zwei Gruppen- und Nebenräume, die speziell für die jüngsten Kinder der Kindertagesstätte gedacht sind und die einen ebenerdigen Gartenzugang haben. Ebenfalls im Erdgeschoss liegt die Hauptküche.

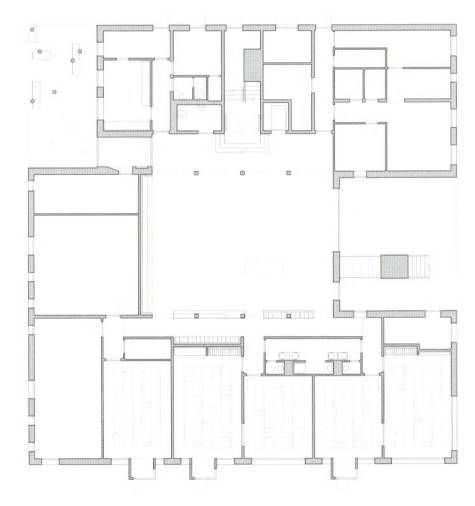

Erdgeschoss, 1. und 2. Obergeschoss, Schnitte 1 : 500

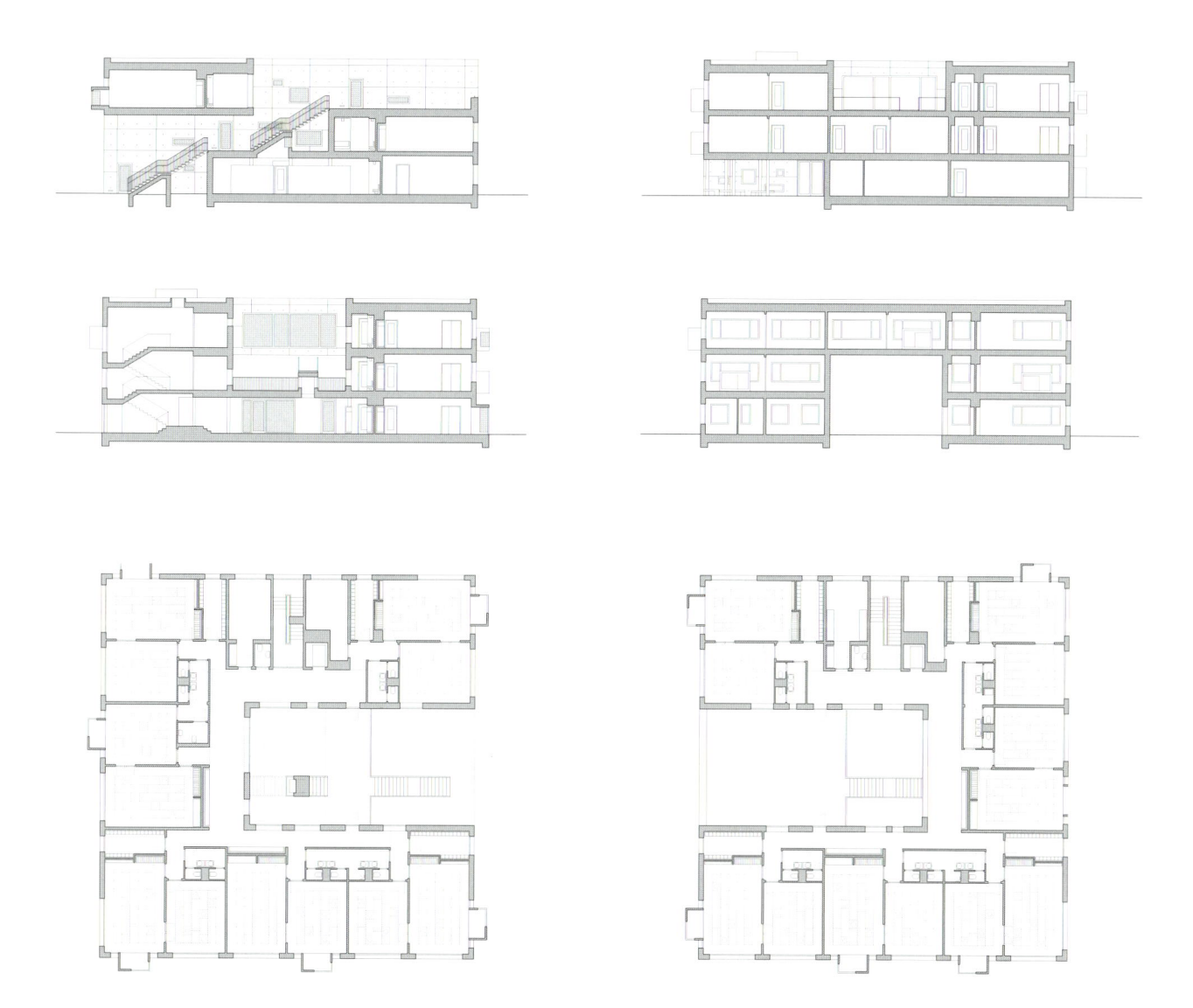

Kindertagesstätte Jerusalemer Straße in Berlin-Mitte

„Das Raumprogramm des kompakten, dreigeschossigen Baukörpers unterstützt die pädagogischen Anforderungen in der funktionalen Zuordnung von Gruppenräumen, Nebenräumen und Erschließungsbereich sowie Aktiv- und Ruhezonen. Die Gestaltung und Ausstattung der Innenräume und die Materialwahl sind wohltuend zurückhaltend und durchweg kindgerecht. Ein farbiges Leitsystem hilft den Kindern, sich auf den Etagen zu orientieren. Die breiten Flure werden pädagogisch als Bewegungs- und Begegnungsflächen genutzt."

In den beiden u-förmigen, um 180 Grad gegeneinander verdrehten Obergeschossen sind weitere Raummodule, bestehend aus einer Garderobe, dem Gruppenraum, dem WC und dem Abstellraum, die sich um die terrassierten Außenräume herum organisieren. So hat der zentrale Erschließungsbereich jeder Etage eine eigene Terrasse mit Blick und direktem Zugang zu der Gartenanlage. Große Glasflächen und Fenster in verschiedenen Höhen schaffen Transparenz und vielfältige Sichtbezüge. Passend zum dunkelroten Putz der Fassade läuft ein roter Kunststoffbelag allseitig um das Haus. In allen ausgeschnittenen Bereichen der Fassade kommt ein heller, sandfarbener Beton zum Vorschein, die Fenster- und Paneelflächen aus eloxiertem Aluminium sind im dunklen Fassadenbereich hell, kontrastierend dazu im hellen Putz dunkel gehalten.

Eine architektonische Besonderheit, die nicht nur formalen Gesetzen genügt, sind die niedrigen Erkervorbauten, die wie kleine Kisten aus dem Gebäude herausragen und von den Kindern als Kuschelecken und Spielhöhlen genutzt werden. Von diesen kleinen Rückzugsorten aus haben die Kinder auch einen herrlichen Blick auf das städtische Treiben, ohne Gefahren ausgesetzt zu sein.

Die Kindertagesstätte arbeitet nach einem pädagogisch eher traditionellen Konzept, das die verschiedenen Kindergruppen nach Alter zusammenfasst. So sind viele Kleingruppen entstanden, was sicher mit der großen Altersspanne der zu betreuenden Kinder zusammenhängt. Allerdings können die Kinder in diesem Gebäude ein hohes Gefühl an Geborgenheit und Sicherheit entwickeln. Die Gruppen sind ausgewogen über die drei Geschosse verteilt, was speziell für die Jüngsten wichtig ist. Der Innenbereich ist sehr hochwertig ausgestattet, die Farbigkeit der Außenfassade setzt sich Inneren mit einem speziellen Farbleitsystem und dunkelroten Einbaumöbeln fort.

Der 3000 Quadratmeter große Garten beheimatet einige große alte Kastanien. Sie flankieren die Südseite des Grundstücks und vermitteln so zwischen den teilweise elfgeschossigen Hochhäusern der Umgebung und den angrenzenden Sandspielbereichen. Insgesamt ist mit dieser Kindertagesstätte und ihrer ungewöhnlich großen Freifläche eine Oase im hoch verdichteten Stadtraum entstanden.

Kindertagesstätte Jerusalemer Straße in Berlin-Mitte

Kindergarten-Ersatzneubau Pestalozziplatz in Mainz-Mombach

Architekten
Kissler und Effgen, Wiesbaden

Bauherr
Evangelische Kirchengemeinde Mainz-Mombach

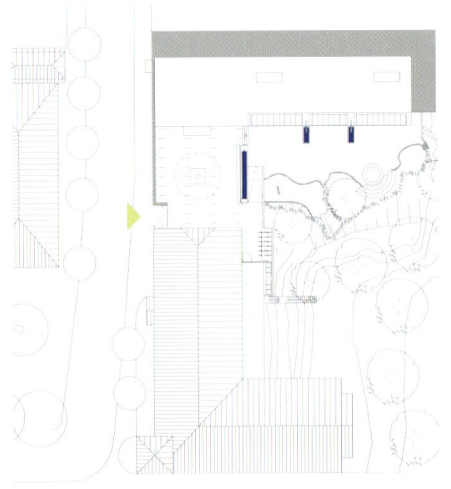

Lageplan 1:2000

Die Integration von Kindern aus ausländischen oder sozial benachteiligten Familien stellt spezifische Anforderungen an Schulen und Kindergärten. Auch die Architektur einer Einrichtung kann dazu ihren Teil beitragen, wenn sie entsprechende Räumlichkeiten schafft. Im Fall des evangelischen Kindergartens von Mainz-Mombach wurde außerdem auf ein gewachsenes städtebauliches Umfeld geachtet, das den Kindern Geborgenheit und Orientierung vermittelt.

Die Kirchengemeinde des Mainzer Ortsteils entschied sich deshalb dafür, den alten Kindergarten abzureißen und Platz zu schaffen für einen Neubau in unmittelbarer Nachbarschaft zu Grundschule und Gemeindezentrum. Der Vorteil für die 50 Kinder im Alter von drei bis sechs Jahren liegt auf der Hand: Sie müssen beim Eintritt in die Schule nicht in eine ungewohnte Umgebung, sondern gerade einmal die Straßenseite wechseln. An der lang andauernden Planung des Neubaus waren von Anfang an auch die pädagogischen Fachkräfte beteiligt.

Nicht nur im pädagogischen Bereich, sondern auch bei der Planung des Gebäudes ging es um Integration – in diesem Fall um die Einbindung in die Struktur des Pestalozziplatzes. Neben dem gründerzeitlichen Schulgebäude ist es vor allem das denkmalgeschützte Ensemble aus Kirche und Pfarrhaus, das mit seinen unterschiedlich hohen Baukörpern den Platz dominiert. Um das hierarchische Gefüge der Bauten zu erhalten, haben die Architekten den Neubau als eingeschossigen Annex mit nur leicht geneigtem Flachdach konzipiert, der sich in das Gesamterscheinungsbild unaufdringlich einfügt. Der langgestreckte Bau wurde an die östliche Grundstücksgrenze gelegt, so dass die Freifläche umschlossen ist, und durch eine Mauer zur Straße hin mit dem Komplex aus Kirche und Pfarrhaus verbunden.

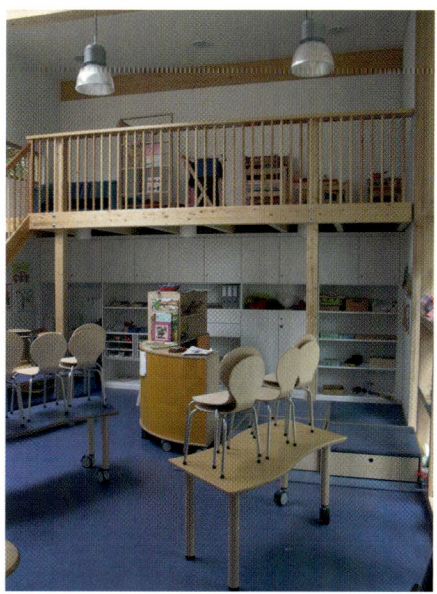

Das Rückgrat des Gebäudes bildet eine massiv ausgeführte Spange, die die Nebenräume aufnimmt. Für den zur Freifläche ausgerichteten Hauptbau mit den Gruppenräumen wurde eine Holzskelettkonstruktion gewählt. Auf Wunsch der Träger und Erzieher gibt es draußen und drinnen Aufenthaltsbereiche von unterschiedlicher Qualität, jedoch blieben Ausstattung und Raumeinteilung bewusst zurückhaltend, um die Möglichkeit zu flexibler Nutzung zu behalten.

Städtebaulich gesehen ist die Integration des neuen Gebäudes in das denkmalgeschützte Ensemble gut gelungen. Im Inneren wird das Thema der Hanglage leider nicht vertieft. Hervorzuheben ist stattdessen die sehr engagierte Beteiligung der Kindergartenleiterin bei der Vorplanung und der Auswahl des Architekturbüros.

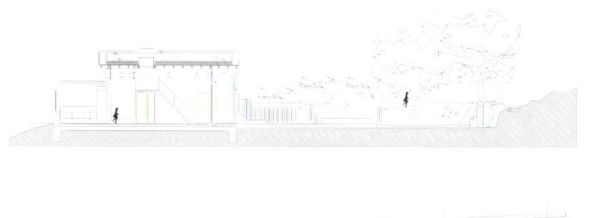

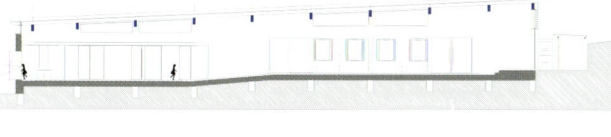

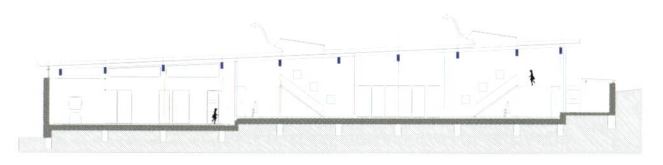

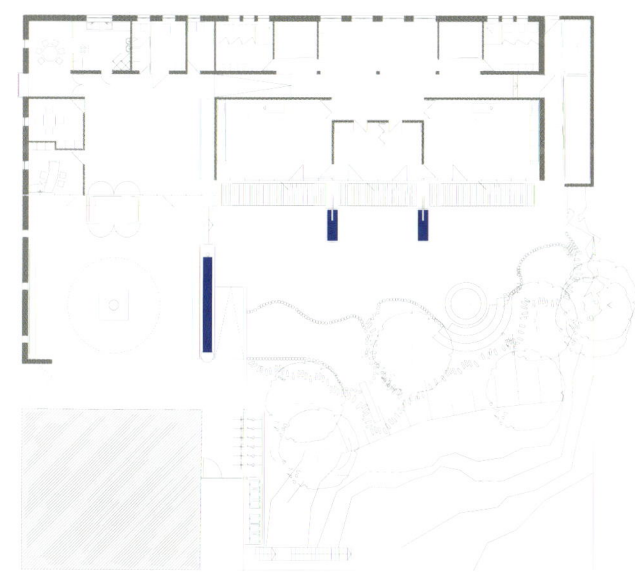

Grundriss und Schnitte 1:500

Haus für Kinder
Scharnhauser Park in Ostfildern

Architekten
Janson + Wolfrum, Stuttgart

Bauherr
Stadt Ostfildern, SEG Ostfildern

Scharnhauser Park wird in ein paar Jahren vermutlich doppelt so viele Einwohner haben wie heute. In dem Stadtteil der Gemeinde Ostfildern leben vor allem junge Familien. Kinderbetreuungseinrichtungen und Schulen stehen deshalb ganz oben auf der Liste der öffentlichen Bauvorhaben. Seit 1994 gibt es in Scharnhauser Park ein Haus für Kinder, sieben Jahre nach seiner Gründung erhielt es nun ein neues, größeres Domizil.

Der auffällige Neubau setzt ein architektonisches Zeichen im Zentrum des Stadtteils. Wie eine Welle, die langsam Anlauf nimmt und dann in einer Schaumkrone bricht, schmiegt sich der langgestreckte zweigeschossige Neubau in das leicht nach Süden geneigte Gelände. Eine flache Rampe, die das Gebäude an den Stadtraum anbindet und die als erweiterte Spielfläche genutzt wird, führt vor die verglaste Eingangsseite im Norden.

Hinter dem Eingang betritt man die obere Ebene des Gebäudes. Über allen Räumen dieser Ebene spannt sich die sichtbare Dachkonstruktion aus Leimbindern und Lärchenholzverschalung, die es wie eine optische Spange zusammenhält und dem weitläufigen Geschoss Atmosphäre verleiht. Außer einem großen Essraum, der auch für Feste und Versammlungen genutzt und mit der Eingangshalle verbunden werden kann, sind hier die Küche, Büros für Mitarbeiterinnen und ein Teil der Gruppenräume untergebracht. Über eine Rampe geht es hinunter in die untere Ebene, die nach Norden in den Hang gebettet ist und nach Süden ebenerdige Ausgänge in den Garten hat. Zwei sehr unterschiedliche Gruppenräume wechseln sich hier ab: die großen, mit trapezförmigem Grundriss öffnen sich mit ihrer breiteren Seite zum Südgarten, die kleinen dazwischen genau entgegengesetzt zum Spielflur. Die Sichtbetonwände sind auf Kinderhöhe holzverschalt. Auf der Hangseite fanden ein Ruheraum und der Sanitärbereich ihren Platz.

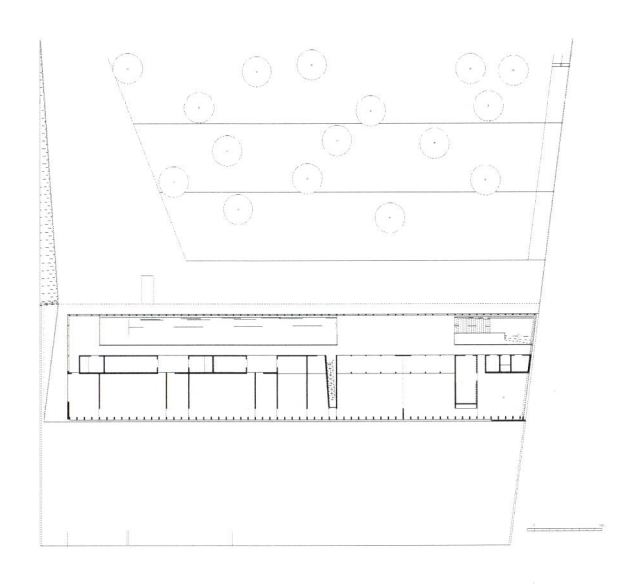

Erdgeschoss und Obergeschoss 1: 1000

170 Kinder von drei Jahren bis zur vierten Grundschulklasse werden zur Zeit im Haus für Kinder betreut. Nicht nur im Haus selbst, auch im Freibereich haben die Architekten dem Bewegungsdrang der Nutzer Raum gegeben: Für die kleineren Kinder ist vor allem der Südgarten als Spielfläche vorgesehen, die größeren haben auch vor dem Eingang Platz zum Skaten oder für Ballspiele.

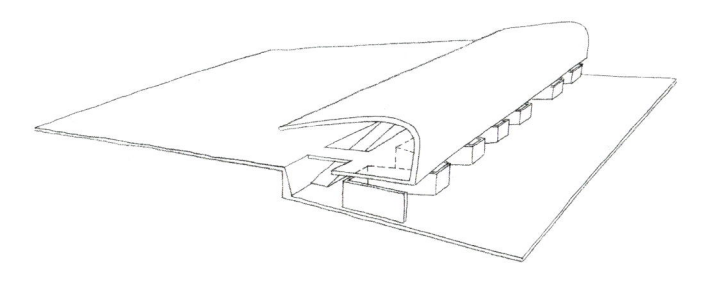

Kindertagesstätte Gänseblümchen
Schwester-Paterna-Allee in Viernheim

Architekten
Ralph Müller + Partner, Darmstadt/Weinheim

Bauherr
Stadt Viernheim

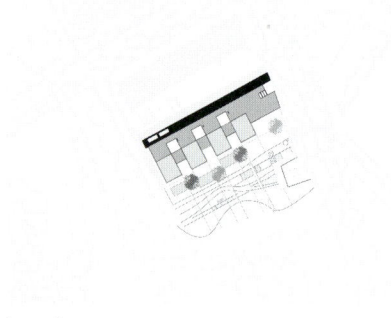

Lageplan

Die evangelische Kindertagesstätte 'Gänseblümchen' in Viernheim liegt in einem dicht besiedelten Neubaugebiet. Die Bebauung reicht von zwei- bis zu viergeschossigen Mehrfamilienhäusern. Neben Miet- und Eigentumswohnungen sind auch viele Sozialwohnungen dort eingerichtet, die soziale Struktur ist also durchmischt, der Anteil an Kindern aus Migrantenfamilien hoch.

Die Tagesstätte betreut derzeit 95 Kinder im Alter von drei bis sechs Jahren. Trotz der beachtlichen Zahl gerade junger Familien rechnet der Träger jedoch mit einem Rückgang der Kinderzahlen – eine zunächst zusätzlich geschaffene Gruppe der Kindertagesstätte wird deshalb nach zwei Jahren wieder geschlossen werden.

Die Kirche wünschte sich für die nach einem teiloffenen Erziehungskonzept arbeitende Einrichtung ein „beispielhaft umweltgerecht gestaltetes Gebäude" mit aktiv nutzbarer Grünfläche: „Der Umgang mit Energie, Wasser und Grün muss für die Kinder erkennbar und erlebbar sein." Außerdem sollte der Neubau modular konzipiert sein, um auch baulich rasch auf veränderte Bedingungen reagieren zu können.

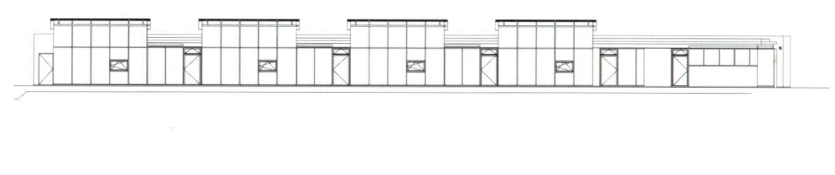

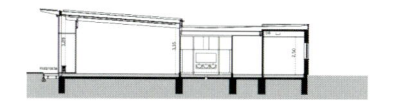

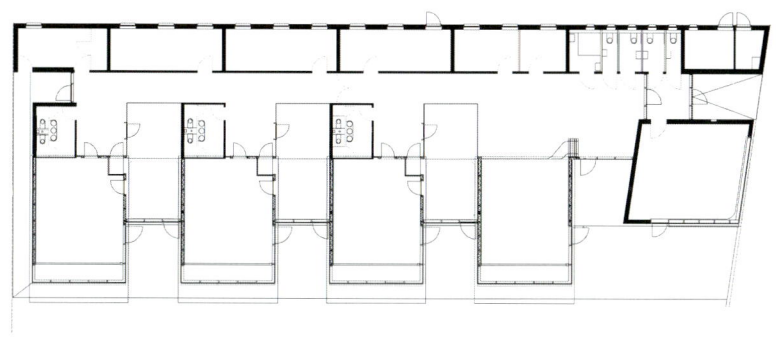

Grundriss, Schnitt und Ansicht 1 : 500

Das entstandene Gebäude, das dicht an der Ost-Grenze des Grundstücks platziert wurde, setzt sich aus verschiedenen Funktionsstreifen zusammen: Der nach Norden orientierte und mit kleinen Fenstern versehene Sanitär- und Nebenraumriegel (eine aus vorfabrizierten, betonierten Raumzellen bestehende Konstruktion) bildet den nach außen eher abweisend wirkenden Rücken des Gebäudes. Als Erschließungsstreifen wird der Flurbereich bezeichnet, der in den so genannten Grünhofstreifen übergeht. Dort ragen die Gruppenräume (gefertigt aus transportablen modularen Raumzellen in Holztafelbauweise) wie vier Finger in den Grün- und Freibereich. Zwischen den Gruppenräumen, die von den Kindern als ihre kleinen Häuschen empfunden werden, sind jeweils nochmals kleine verglaste Licht- und Grünhöfe entstanden, die von jeder Gruppe individuell bepflanzt werden können. Ziel dieser Bauweise ist es, die Natur nicht nur vor den Fenstern der Gruppenräume beginnen zu lassen, sondern sie direkt in das Haus hinein zu holen. Über die Lichthöfe profitieren auch die Sanitärräume vom natürlichen Sonnenlicht. Die überstehenden Flachdächer sowie bewegliche Sonnenschutzeinrichtungen regulieren die Raumtemperaturen im Sommer. Von den Gruppenräumen gelangt man über Holzterrassen ins Freie. Hier schichtete man vorhandene Erdmassen zu einer Wellenlandschaft um. Der Außenbereich ist nicht gerade großzügig bemessen, hat einige klassische Spielgeräte und sechs verschiedene Obstbäume. Nach einigen Jahren wird es eine reiche Ernte an Äpfeln, Zwetschgen, Birnen, Nüssen und Kastanien geben.

Streng wird der Gruppenverband in der Einrichtung 'Gänseblümchen' nicht gehandhabt. Die Kinder besuchen sich gegenseitig. Die Durchlässigkeit, die das Gebäude von außen nach innen architektonisch suggeriert, wird auch in der täglichen pädagogischen Arbeit praktiziert.

Kindergarten Herz Jesu
Mannhofer Hauptstraße in Fürth

Architekten
Rudolf Sander – Matthias Teubner, Nürnberg

Bauherr
Stadt Fürth/Bayern, vertreten durch das Hochbauamt der Stadt Fürth

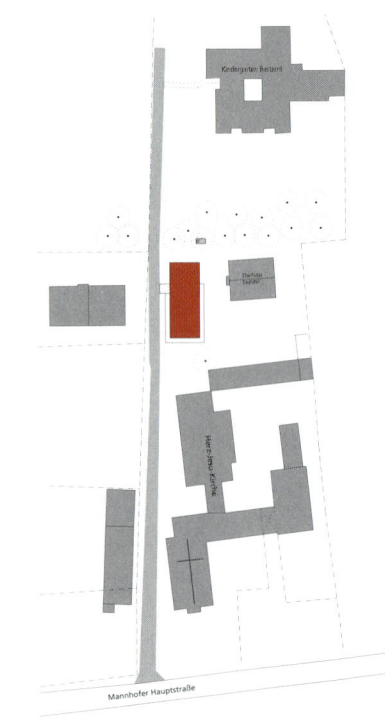

Lageplan 1:2000

Rasch steigende Kinderzahlen oder Familien-Exodus: Die Antwort auf die starken Schwankungen im Bedarf an Kindergarten- und Grundschulplätzen könnte ein Raumzellengebäude sein, das nach Belieben und zu vergleichsweise geringen Kosten in ein anderes Wohnviertel, eventuell auch zu anderen Zwecken, versetzt werden kann. Die Stadt Fürth hat sich in Zusammenarbeit mit dem katholischen Kindergarten 'Herz-Jesu' in der Mannhofer Hauptstraße für ein Raumzellengebäude entschieden, das den bestehenden Kindergarten einige Zeit räumlich unterstützt und später an einem anderen Ort mit zwei weiteren Modulen zu einem neuen, drei Gruppen umfassenden Kindergarten wieder aufgebaut werden wird.

Das Zusatzgebäude, das 23 Kinder im Alter von knapp drei bis vier Jahren aufnimmt, erfüllt wesentlich höhere Ansprüche als der für Not- und Übergangszeiten bislang übliche Container-Kindergarten. Das flexible Gebäudemodul ist bauphysikalisch und konstruktiv hochwertig, aber nicht teurer als ein vergleichbares Gebäude in konventioneller Bauweise. Das Raumzellengebäude in Holztafelbauweise wurde aus acht Gebäudeteilen, inklusive der fertigen Oberfläche, in nur zwei Monaten vorgefertigt. Die technische Ausrüstung wurde in der Vorfertigung verlegt und während der Gesamtmontage an den Schnittstellen der Raumzellen miteinander verbunden. Die Fassade besteht aus leuchtend roten Holzcolorplatten mit großzügiger Festverglasung und fest montiertem Sonnenschutz. Das Flachdach ist als Foliendach mit Kiesbeschwerung ausgeführt, der Dachrand erhielt eine Titanzinkverblechung mit Holzuntersicht. Das Gebäude ruht auf Doppel-T-Trägern.

Über eine Rampe gelangt man zum Haupteingang; im Inneren sorgen Oberlichter für zusätzlich einfallendes Licht und sind besonders für den innenliegenden Flur eine ergänzende Beleuchtungsmaßnahme. Der feststehende Sonnenschutz ist zur Reinigung herausnehmbar, in der Festverglasung gibt es Öffnungsflügel.

Von der Idee her gehören solche Raumzellengebäude zu den zukunftsweisenden Konzepten. In der konkreten Umsetzung in Fürth konnte allerdings leider keine gute Platzierung erreicht werden. Das zusätzliche Gebäude, das speziell für die Kleinsten des Kindergartens gedacht ist, um sie dort für den späteren Kindergartenalltag vorzubereiten, steht in ungünstiger Position zum Hauptgebäude. Auch der Garten des Hauptgebäudes kann nicht direkt erreicht werden.

Im Innenausbau ist die Gliederung der Räume sinnvoll, die Ausstattung entspricht den herrschenden Standards. Im Sanitärbereich sind allerdings die Armaturen für die Kleinen nicht immer leicht zu handhaben. Die feststehenden Lamellen bieten im Winter nicht genügend Blendschutz.

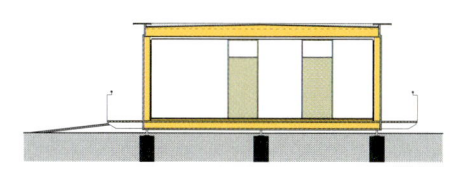

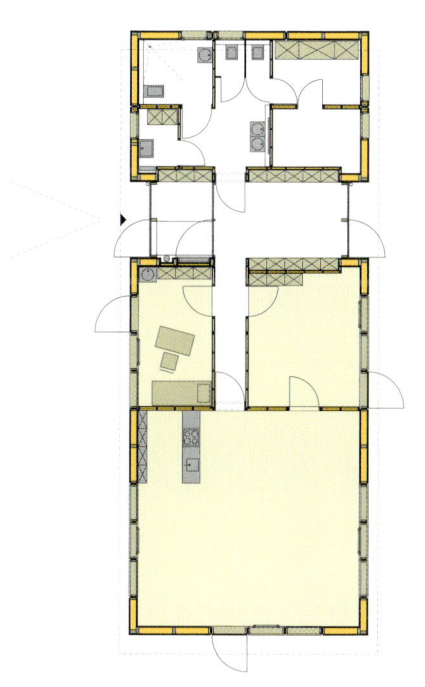

Grundriss und Schnitt 1:250

299

Kindertagesstätte 'Die mobilen Strolche' im T-Mobile Campus in Bonn

Architekten
Professor Schmitz Architekten, Köln

Bauherr
T-Mobile, Bonn

Ein Kinderhort in unmittelbarer Nähe zum Arbeitsplatz? Welche Eltern träumen nicht von dieser Ideallösung. Für die Mitarbeiter von T-Mobile in Bonn wurde dieser Traum durch einen Umbau der ehemaligen Kantine Wirklichkeit. So konnte, wo früher Töpfe und Pfannen zu Hause waren, im März 2004 eine betriebliche Kindertagesstätte ihre Pforten öffnen. 47 Kinder im Alter von vier Monaten bis zu sechs Jahren werden dort von zwölf Erzieherinnen (Teilzeitstellen eingerechnet) betreut.

Die neue Einrichtung befindet sich im Erdgeschoss eines zweistöckigen Gebäudes am Rand des Firmengeländes. Für die geänderte Nutzung hat die Lage große Vorteile: Die Tagesstätte ist an das allgemeine Wegenetz des Firmengeländes angebunden, sie ist leicht erreichbar, und sie besitzt außerdem eine kleine Grünfläche, die der Tagesstätte als Freibereich dient.

Sowohl innen als auch außen wurde kräftig umgebaut, wobei dennoch der Gesamteindruck des markanten Rundgebäudes gewahrt blieb. Die Architekten haben das gesamte Erdgeschoss entkernt und die halbrunde Fassade in großen, bis zum Boden reichenden Fenstern zur Freifläche hin geöffnet. Hinter dieser Glasfassade liegen die Räume der drei Gruppen, jeder hat einen direkten Zugang zu der Grünfläche davor.

So verhältnismäßig klein der Freibereich in den Außenanlagen ist, so großzügig erweist sich das Raumangebot im Inneren. Neben den eigentlichen Gruppenräumen gibt es einen speziellen Werkraum, einen Ruhe- und Bewegungsraum sowie ein Elternzimmer und einen Mehrzweckraum – viel Platz also für eine Einrichtung mit knapp 50 Kindern. Der Sanitärbereich wurde in einen annähernd runden, weich geformten Raumkörper im Zentrum gepackt, in dessen 'Außenwand' leuchtend rote Sitznischen eingebaut sind.

Die moderne Ausstattung, die man sich an manchen Stellen etwas weniger chic und dafür offener und gestaltungsfähiger gewünscht hätte, erfüllt hohe ästhetische Ansprüche. Mit den flexiblen Betreuungszeiten und der Möglichkeit, Kinder bereits ab vier Monaten in die Tagesstätte zu geben, werden Eltern hier nach Kräften darin unterstützt, nach der Babypause schnell in den Betrieb zurück zu kehren.

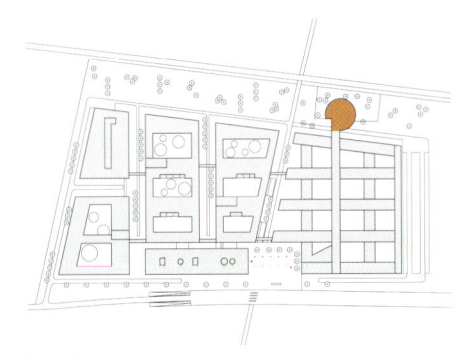

Lageplan

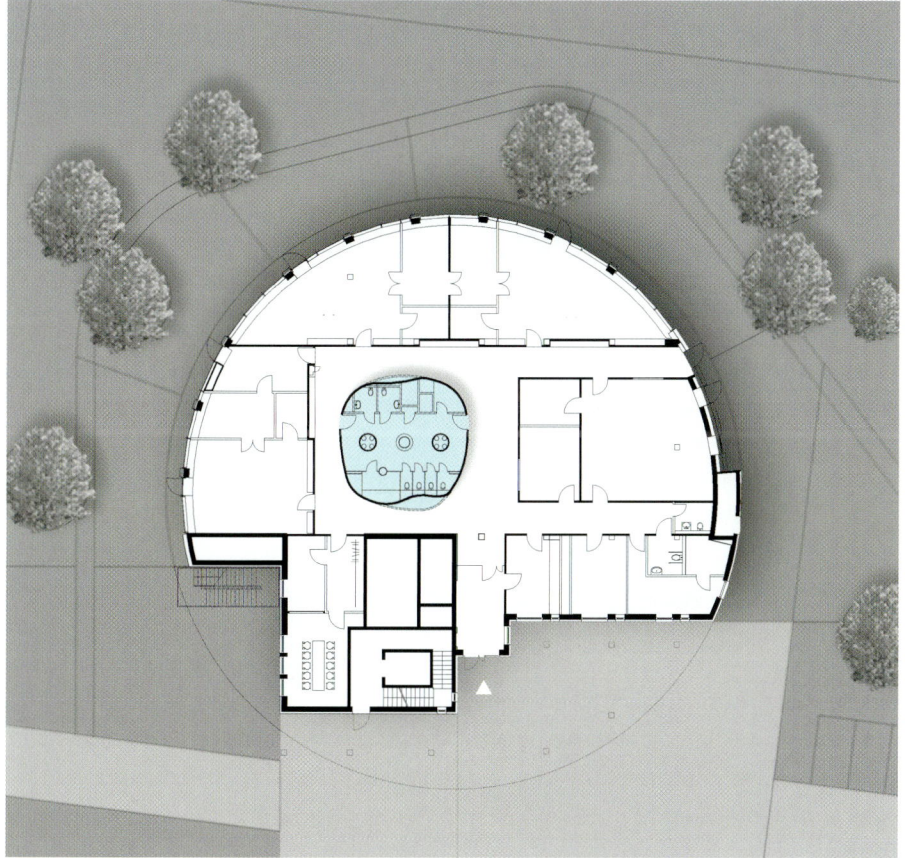

Grundriss 1:500

Kindertagesstätte Zaubermühle
Raiffeisenstraße in Udenheim

Architekten
Hille Architekten, Mainz

Bauherr
Gemeinde Udenheim

Lageplan

Der Erweiterungsbau der Kindertagesstätte 'Zaubermühle' in der rheinhessischen Gemeinde Udenheim fügt sich mit seiner Lärchenholzfassade harmonisch in die umgebende Bebauung ein. In dieser landschaftlich anmutigen, hügeligen Umgebung gibt es noch viel Landwirtschaft mit Bauernhöfen und alten Scheunen. Der Anbau aus Holz sucht bewusst den Bezug zum Ländlichen, zur Natur. Hinter seiner vorgehängten Lärchenholzfassade schimmern rot gestrichene Sperrholzplatten, die je nach Sonnenstand dem gesamten Gebäude eine zusätzliche warme Note verleihen. Wie nahezu alle Häuser in der Raiffeisenstraße steht der Neuanbau direkt an der Straße. Der ehemalige Vorgarten im Norden des Grundstücks wurde dazu genutzt, eine dringend notwendige Erweiterung der bislang aus zwei Gruppen bestehenden Kindertagesstätte zu ermöglichen und die Freifläche im Süden zu erhalten.

Das alte Gebäude und der schlanke Anbau sind durch zwei gläserne Stege miteinander verbunden. So entstand ein kleiner Innenhof, der gemeinsam mit der großzügigen Verglasung und den Stegen viel Tageslicht in den Kinderwaschraum (Neubau) und in den gegenüberliegenden Personalraum (Altbau) einfluten lässt.

Im Umbau befinden sich alle installationsintensiven Räume wie die Küche, die Toiletten und die Dusche. Im Altbau wurde entsprechend umgeräumt und der dringend benötigte dritte Gruppenraum eingerichtet. Alle drei Gruppenräume sind nebeneinander angeordnet und gehen direkt auf die Freifläche hinaus. Das Büro der Leiterin im Altbau liegt gegenüber den Gruppenräumen und hat seinerseits Sichtkontakt zum Neubau. Durch den Waschraum über die Stege zum Altbau und dort die Flure um den Personalraum herum: Nur zu gern drehen die Kinder hier eine schnelle Runde.

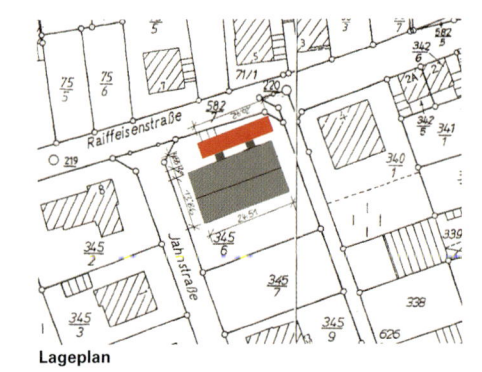

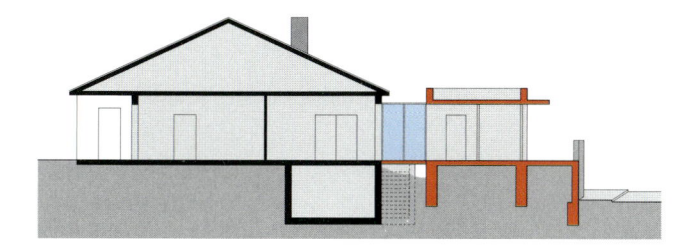

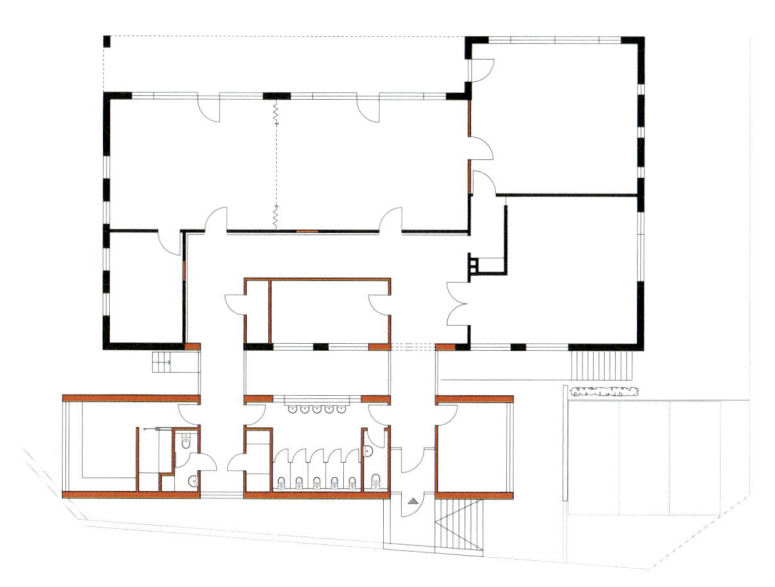

Grundriss und Schnitt 1:333

Im Innenausbau wurde ein Farbkonzept umgesetzt, das auf den Grundregeln der Verkehrserziehung basiert: grüne Türen als verbindende Elemente, gelbes Linoleum als Lauffläche und gemeinschaftlicher Aufenthalt, rotes Linoleum für die Räume, die nur unter Erwachsenenaufsicht betreten werden dürfen. In der Praxis geht dieses Konzept nicht immer schlüssig auf, da die Boden- und Wandfarbe in einzelnen Fällen Gegensätzliches signalisieren.

Die Kindertagesstätte in Udenheim ist eine der wenigen Einrichtungen im Westen Deutschlands, die Ganztagesbetreuung anbieten. Fünf Erzieherinnen sind den ganzen Tag in offener Gruppenarbeit für insgesamt 60 Kinder im Alter von zwei bis sieben Jahre verantwortlich.

Kindergarten Gänsaugraben
Am Stadtbad in Oppenheim

Architekten
gpp Architekten, Achim Gehbauer, Gerhard Helten, Oppenheim am Rhein

Bauherr
Stadt Oppenheim

Lageplan

Wenn ein Kindergarten ausbaufähig sein soll, dann braucht er vor allem eines: Platz. Die 7000 Einwohner zählende Kleinstadt Oppenheim baute deshalb den neuen Kindergarten auf ein großes, erweiterbares Grundstück in der Rheinaue, in der Nähe des Stadtbades. Die städtische Einrichtung ist zunächst für drei Gruppen ausgelegt, kann aber problemlos zu einem Kinderhaus mit fünf Gruppen vergrößert werden.

Dass man hier im Gegensatz zu vielen Projekten in der Großstadt nicht am Platz sparen musste, zeigt sich schon am Parkplatz, der auch in einer kleineren Ausführung seinem Zweck gedient hätte. Doch immerhin bildet er – zusammen mit dem ummauerten Eingangshof – einen breiten Puffer zwischen der Straße und dem Kindergartenareal. Das an den Hof anschließende Gebäude ist ein langgestreckter Bau, der an die Nordgrenze des Grundstücks gelegt wurde. Seine Holzkonstruktion und das nur leicht geneigte Satteldach verleihen ihm eine warme und freundliche Ausstrahlung. Die Gruppenräume sowie ein größerer Mehrzweckraum sind nach Süden orientiert, wo die breite, durchgehende Holzveranda und der Freibereich liegen. Sanitärräume, Küche und Besprechungszimmer für das Personal wurden an der Nordseite aneinander gereiht.

Auf nur fünf Erzieher kommen im Kindergarten Gänsaugraben derzeit 75 Kinder im Alter von drei bis sechs Jahren. Ein Schwerpunkt ihrer pädagogischen Arbeit

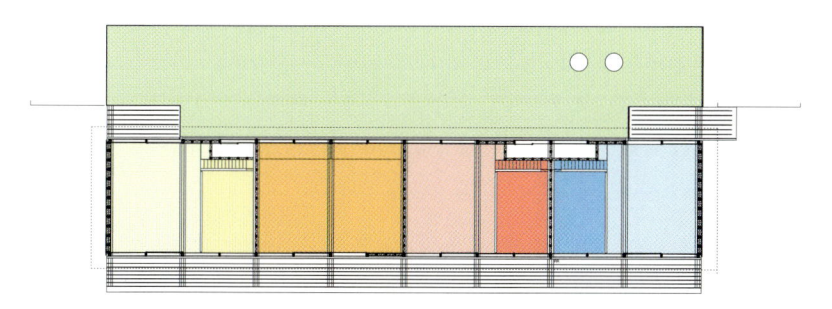

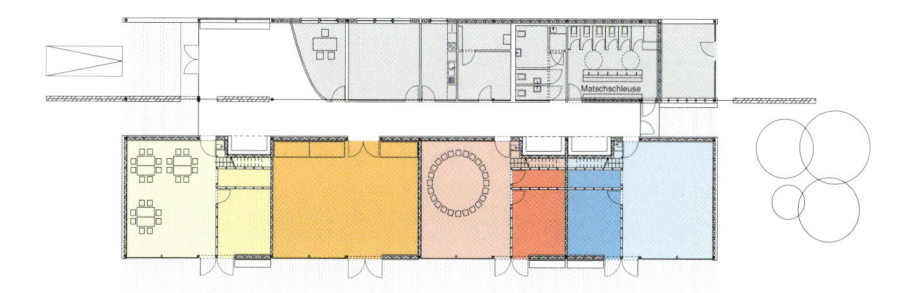

Erdgeschoss und Obergeschoss 1:500

ist die Förderung von Vorschulkindern. Aktivitäten im Freien spielen dabei eine wichtige Rolle, und dafür ist der Kindergarten auch bestens gerüstet. Der großzügige Außenbereich ist so angelegt, dass er für jede Altersstufe etwas bietet. Mit der überdachten Veranda und dem Sandspielplatz direkt beim Haus dachte man vor allem an die Bedürfnisse der 'Kleinen', für die 'Großen' gibt es unter anderem einen Lehrgarten und viel Auslauf rund um den künstlich angelegten Hügel mit Amphitheater, Felsen und Kletterwand. Fast noch einmal so groß wie das gesamte Grundstück des Kindergartens ist die mit Bäumen bestandene Wiese, die östlich anschließt und für eine Erweiterung der Einrichtung vorgesehen ist.

Städtische Kindertagesstätte Am Brauereihof in Berlin-Spandau

Architekten
Claus Neumann Architekten, Berlin

Bauherr
Bezirksamt Berlin-Spandau

Brachliegendes Industriegelände in belebte Wohnviertel umzuwandeln, ist ein langwieriger Prozess. Anfang der 1990er Jahre entschloss sich der Berliner Senat, die ehemalige Schultheiss Brauerei in Berlin-Spandau für Wohnzwecke zu restaurieren, umzubauen und mit einigen Wohnneubauten zu ergänzen. Das alte Schultheiss-Gelände liegt am Südwestufer des Spandauer Sees gegenüber der Insel Eiswerder. Das neu entstandene Wohnviertel bildet zusammen mit den umgebauten Industriegebäuden unter der Bezeichnung Wasserstadt Spandau ein historisch wertvolles Ensemble mit direkter Anbindung an Berlins weite Seen- und Flusslandschaft.

Im einstigen dreigeschossigen Torgebäude der Brauerei an der Neuendorfer Straße wurde die Kindertagesstätte 'Am Brauereihof' eingerichtet. Über 100 Kinder zwischen zwei und zehn Jahren aus den umliegenden, sozial durchmischten, immer noch durch hohe Fluktuation gekennzeichneten Mehrfamilienhäusern werden darin von zwölf Erzieherinnen ganztags betreut. 80 Prozent der Kinder kommen aus Migrantenfamilien, was das pädagogische Konzept nachhaltig beeinflusst. So werden zum Beispiel die unterschiedlichen religiösen Feste miteinander gefeiert, ein interkultureller Kalender ist ein fester Bestandteil des Kindergartenalltags. Im Vordergrund stehen neben der eigentlichen Kindergarten- und Hortarbeit spezielle Sprachförderungsprogramme, die auch auf die ausländischen Mütter ausgedehnt werden.

Das historische Backstein-Gebäude wurde äußerlich weitestgehend erhalten, im Nordosten um eine Ecke ergänzt, im Inneren entkernt und um einen zentralen Innenhof organisiert. Das überglaste Atrium bringt Tageslicht in die Nutzräume aller drei Geschosse und die ringförmig um das Atrium verlaufenden Flurzonen. Gern wird das Atrium natürlich für Dekorationen verschiedener Art genutzt, auch wenn die zum Innenhof zeigenden Fenster nachträglich mit Stangen gesichert werden mussten. Sowohl im Erdgeschoss wie auch in den zwei Obergeschossen sind Gruppenräume mit den entsprechenden Nebenräumen eingerichtet. Es sind zwei Treppenhäuser vorhanden, aber alle Kinder dürfen nur ein Treppenhaus benutzen, damit die Erzieherinnen auch den Überblick behalten. Das erhöht den Lärmpegel beträchtlich. Die räumlichen Beziehungen zwischen Atrium, Spielflur, Gruppenräumen und Garten sind jedoch insgesamt sehr gut. Die vorhandenen Fenster der Nord-, Ost- und Südfassade wurden vergrößert, was die Lichtverhältnisse zusätzlich optimiert und die Fassade neu strukturiert.

Lageplan 1:5000

Die Innenausstattung ist edel. Großformatige und leuchtend rote Schiebetüren sowie elegante weiße Regalkonstruktionen sind jedoch nicht immer praktisch für Kinderhand. Verschleißspuren zeigen sich schnell. Die Sanitärbereiche wiederum mit ihren je nach Alter und Größe gestaffelten Waschbecken sind überaus kindgerecht, ohne niedlich zu wirken. Planschen ist in einem eigens dafür vorgesehenen Waschraum sogar erwünscht. Ein Theaterraum, ein Entspannungsraum, ein Werk- und ein Toberaum sowie eine Bücherecke und der Freibereich mit Lagerfeuerstelle und diversen Kletter- und Spielgerüsten lassen kaum Wünsche offen.

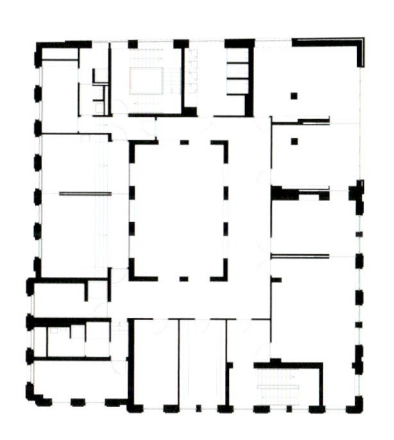

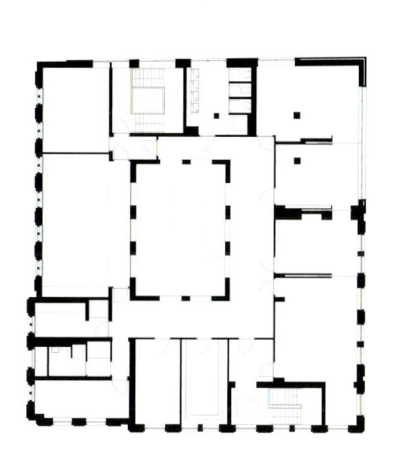

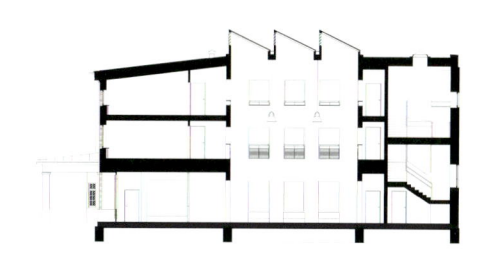

Erd-, Ober- und Dachgeschoss nach dem Umbau 1:500

Kinderkulturzentrum im Kief'schen Bau des ehemaligen Schlachthofs Michael-Ende-Straße in Nürnberg

Architekten
Niederwöhrmeier + Kief, Nürnberg

Bauherr
Stadt Nürnberg, Amt für Kultur und Freizeit

Lageplan 1:7500

Seit mehr als zwanzig Jahren gibt es in Nürnberg das mobile Kindermuseum im Koffer. Mit einem Bus reisen die Mitarbeiterinnen und Mitarbeiter übers Land, gehen in Schulen, Kindergärten, Bibliotheken oder zu Stadtteilfesten, um Aktionstage zu 22 verschiedenen Themen aus den Bereichen Geschichte und fremde Kulturen, Alltag und Natur, Umwelt und Technik durchzuführen. Es werden authentische Gegenstände gezeigt und vor allem Projekte durchgeführt, in denen die Kinder selber praktisch werkeln. 'Learning by doing' lautet das Konzept des mobilen Museums, das einen Bogen schlagen will von der Vergangenheit, in der es im wahrsten Sinne des Wortes noch handfest zuging, bis zur heutigen Zeit.

Ein großer Wunsch des Trägervereins war es, neben den mobilen Einsätzen endlich auch feste Ausstellungsräume zur Verfügung zu haben. Mit dem Abriss des alten Schlachthofes im Nürnberger Viertel St. Leonhard bot sich die Chance, zusammen mit anderen Initiativgruppen aus dem Stadtteil wenigstens ein Gebäude zu erhalten und ein Kinderkulturzentrum zu gründen. Im ehemaligen Werkstattgebäude des 1954 bis 1967 von Theo Kief erbauten Schlachthofensembles konnten nach entsprechenden Umbaumaßnahmen das Kindermuseum, das Kindertheater Mummpitz und die Zirkusschule CriCri eingerichtet werden.

Die äußere Gestalt des Gebäudes wurde nicht angetastet. Der Haupteingang wurde an die Nordostseite zur U-Bahnstation hin orientiert. Verbesserte Schall- und Wärmeschutzmaßnahmen erhöhen den Komfort im Inneren. Das Kindermuseum ist im ersten und zweiten Obergeschoss untergebracht. Auf insgesamt 300 Qua-

Erdgeschoss nach dem Umbau 1:1000

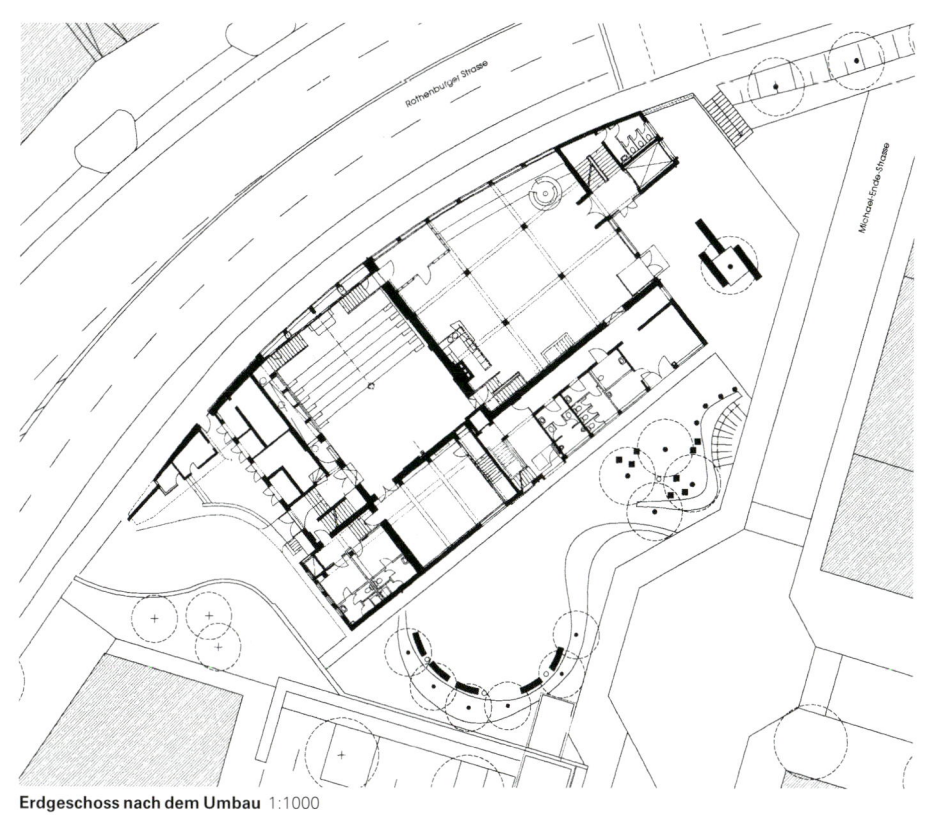

dratmeter Ausstellungsfläche sind im ersten Stock unter dem Titel 'Alltag der Urgroßeltern' eine Reihe von Themeneinheiten zusammengefasst, die inhaltlich an die Arbeit des mobilen Museums anknüpfen. Für den zweiten Stock wurde mit 'Schatzkammer Erde' ein Umweltthema gewählt. Im Erdgeschoss gibt es einen Museums-Shop. Der Eingangsbereich, ein großes Foyer, beherbergt ein Kinder- und Elterncafé und dient den verschiedenen Initiativen als Treffpunkt. Das Kindertheater und die Zirkusschule haben ihren Sitz ebenfalls im Erdgeschoss.

Der Einbau des Theater- und Zirkussaales stellte den größten baulichen Eingriff dar. Auch hier konnte die bestehende Fassade durch das Einfügen einer zweiten inneren Schale zumindest von außen erhalten bleiben. Die notwendigen Büroräume, ein Märchenerzähler sowie eine kleine Kinderkunstschule befinden sich im ehemaligen Verwaltungstrakt.

Das Kinderkulturzentrum ist ein beliebter Treffpunkt für die Kinder und Eltern des Stadtviertels geworden. Darüber hinaus hat es sich auch überregional einen Namen gemacht. So unterschiedlich die verschiedenen Einrichtungen auch sind: alle zeigen sich übereinstimmend mit der Nutzbarkeit ihrer jeweiligen Räume, der Funktionalität und der Raumbehaglichkeit sehr zufrieden.

Kindertagesstätte 'Im Raiser'
Herbert-Czaja-Weg in Stuttgart-Zuffenhausen

Architekten
Käppel + Klieber, Stuttgart

Bauherr
Landeshauptstadt Stuttgart, Referat SJG Jugendamt

Lageplan 1:2000

Im neu erschlossenen Einzugsgebiet 'Im Raiser' in Stuttgart-Zuffenhausen leben ausschließlich junge Familien unterschiedlicher Nationalitäten. Die neu eröffnete gleichnamige Kindertagesstätte betreut 99 Kinder in fünf Gruppen im Alter von wenigen Wochen bis zu 14 Jahren.

Das Gebäude wurde auf dem Gelände einer ehemaligen amerikanischen Grenadierkaserne errichtet. Das Grundstück hat einen länglichen Zuschnitt; eine im Nordwesten stark abfallende Böschung bildet die Grundstücksgrenze und wurde als Biotop erhalten. Einige alte Bäume (Linde und Sorbus) blieben ebenfalls stehen. Die zweigeschossige Kindertagesstätte beantwortet elegant die Herausforderung des schmal geschnittenen Grundstücks. Sie gliedert sich in zwei Hauptbaukörper: in einen überwiegend geschlossenen und kompakten Teil, in dem die Funktionsräume wie Küche, Abstellräume, Sanitäranlagen sowie die Personalräume untergebracht sind, sowie in einen eher offenen Baukörper mit den Gruppen- und Aufenthaltsräumen und einem Mehrzweckraum. Eine gemeinsame Halle verbindet die Baukörper auf beiden Ebenen.

Die einzelnen Gruppen verfügen über je einen Gruppen- und Aufenthaltsraum. Diese sind sägezahnartig zueinander versetzt, so dass sich die Halle im Vorbereich der jeweiligen Gruppen aufweitet und ausreichend Platz für eine Garderobe und einen großzügigen Zugang bietet. Da das pädagogische Konzept der Einrichtung auch gruppenübergreifende Angebote vorsieht, sind die einzelnen Gruppenräume über Türen miteinander verbunden.

Der eher geschlossene Baukörper bildet einen Puffer, dessen Dach extensiv be-

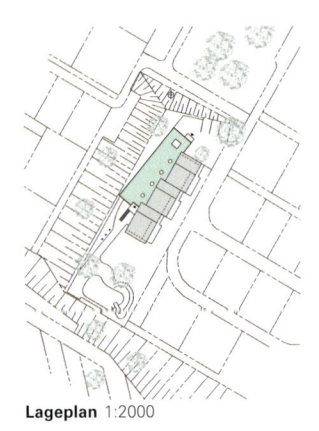

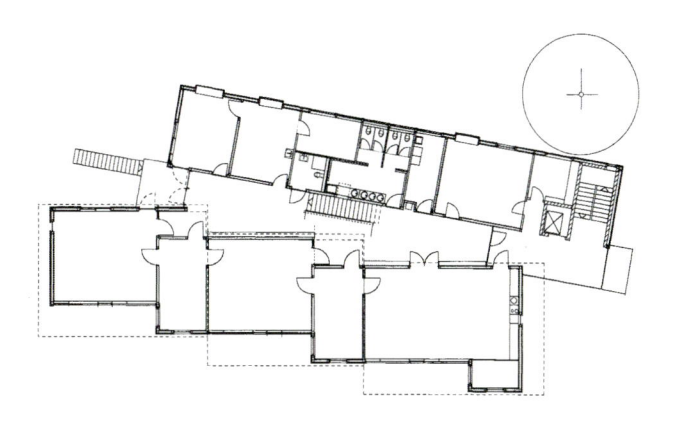

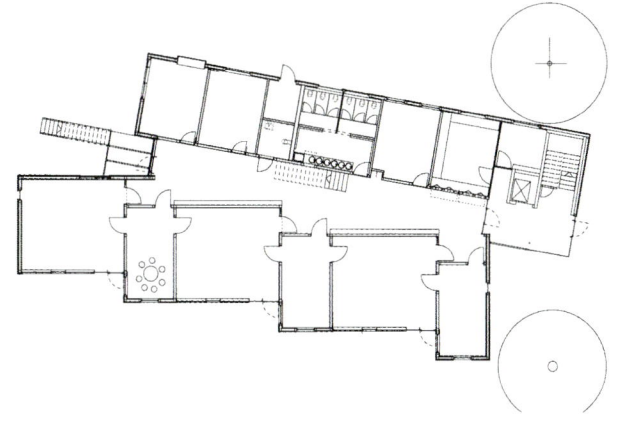

Erd- und Obergeschoss 1:500

grünt wurde. Die drei Teilbaukörper sind durch ein gefaltetes Dach mit großen Dachüberständen miteinander verbunden, sie öffnen sich mit ihren angrenzenden Terrassenflächen nach Süden und Südosten.

Das Gebäude ist eine reine Holzkonstruktion mit geschlossenen Innen- und Außenwänden in Holzständerbauweise und einer Beplankung mit Holzwerkstoffplatten. Im Außenbereich setzen Lasuren farbige Akzente, die die Materialstruktur sichtbar werden lassen. Die turmartigen Rückzugsbereiche zwischen den einzelnen Gruppenräumen sind farbig noch einmal besonders hervorgehoben.

Im Inneren erinnert der farbige Bodenbelag an einen Waldboden im Herbst mit Sonnenflecken; die in verschiedenen Farben beschichteten Türen dienen der Orientierung der Kinder. Das Fluchttreppenhaus und der Fahrstuhlschacht aus Beton wurden farblich der übrigen Gestaltung angepasst, um einen harmonischen Bezug zur lichten, warmen und von Holz geprägten Innenausstattung herzustellen.

Die Kindertagesstätte öffnet sich bewusst dem Gemeinwesen. Der große Mehrzweckraum wird auch als Versammlungsraum und für Feste genutzt. Darüber hinaus sind Eltern-Kind-Gruppen, die Musikschule und andere Initiativen gern gesehene Nutzer der Einrichtung, die zu einem Treffpunkt im Stadtteil zu werden beginnt.

SOS Kindergarten
Hermann-Gmeiner-Straße in Oberberken

Architekten
treide rapp architekten pg, Schorndorf

Bauherr
SOS Kinderdorf e.V., München

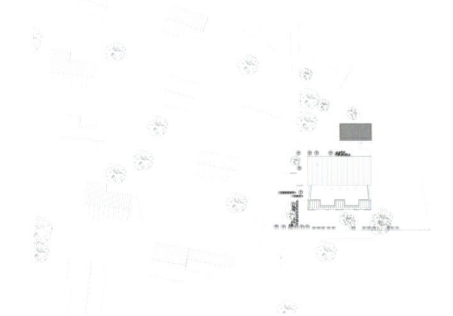

Lageplan 1:3000

Der Kindergarten des SOS-Kinderdorfes in Oberberken richtet sich mit seinem Betreuungsangebot sowohl an die Familien des Kinderdorfes als auch an die Bewohner der Schorndorfer Stadtteile Oberberken und Unterberken. Er versteht sich als integrative Einrichtung, die Kinder des Kinderdorfes sollen nicht isoliert von den Kindern der angrenzenden Stadtteile aufwachsen, sondern gemeinsam betreut werden.

Der Kindergarten liegt am Rand der Stadtteile und orientiert sich mit seinem Eingangsbereich zum Kinderdorf, die Gruppen- und Freiräume weiten sich zur umgebenden Natur. Der großzügige Vorbereich ist ein idealer Treffpunkt für Kinderdorf- und Stadtteilbewohner. Ein großes Plus der Einrichtung ist die naturnahe Umgebung, die auch im täglichen Miteinander eine große Rolle spielt.

Das Gebäude selbst setzt sich aus zwei Baukörpern in Ziegelbauweise zusammen, die jeweils mit einem auskragenden Pultdach versehen sind. Die Fassade des geschlossenen nördlichen Baukörpers ist in Vollwärmeschutz ausgeführt, das Dach als Kupfer-Stehfalz-Deckung. Der südliche Gebäudeteil, in dem die Gruppenräume und die Küche untergebracht sind, ist mit Lärchenleisten bekleidet und mit einem Gründach versehen. Die großflächigen Verglasungen sind in eine Holz-Aluminium-Konstruktion eingefasst. Die Öffnungselemente bestehen aus Holz. Die Südausrichtung erlaubt es, solare Wärmegewinne zu nutzen. Ein außenliegender textiler Sonnenschutz dosiert den Lichteinfall. Überdachte Holzterrassen bilden den Übergang zum Garten.

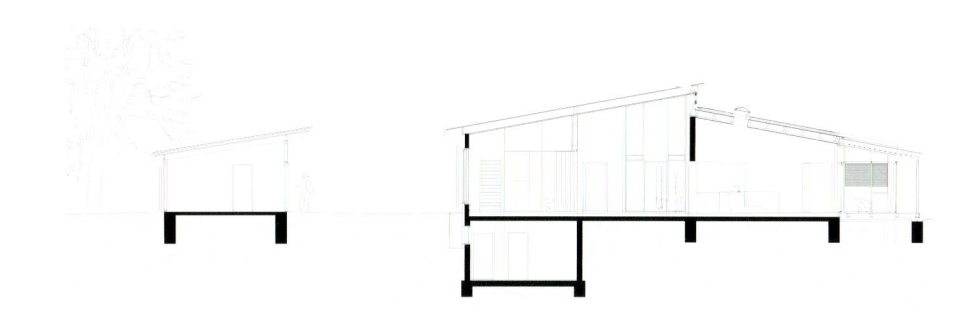

Ein durchgängiges Foyer, das die wichtigsten Funktionsbereiche verbindet, füllt die Fuge zwischen den beiden Baukörpern. Es ist um einen Mehrzweckraum erweiterbar und wird gerne für Veranstaltungen und Feste genutzt.

Da die pädagogische Leitung der Einrichtung Wert auf eine offene Kindergartenarbeit legt, sind auch die Räume entsprechend eingerichtet. Großzügige Flügel- und Schiebetüren ermöglichen ein flexibles Raumkonzept. Über eine Treppe sind in den Gruppenräume zusätzliche Spielebenen in lichter Höhe zu erreichen, in die sich die Kinder zurückziehen können.

Grundriss und Schnitt 1:333

Kinder- und Familienhaus im historischen E-Werk Wilhelmstraße in Bensheim-Auerbach

Architekten
Dipl.-Ing. Karl Schattenfroh, ibks Architekten & Ingenieure, Lautertal/Reichenbach

Bauherr
Stadt Bensheim

Ende der 1990er Jahre wurden im Rahmen einer lokalen Agenda die unzureichenden Kinder-Betreuungsmöglichkeiten der hessischen Stadt Bensheim kritisiert. Nach Auswertung einer Bedarfsanalyse setzte die Kommune mit hohem finanziellem Aufwand alles daran, diesen Missstand zu beheben. Inzwischen erhält dort jedes Kind mit Vollendung des dritten Lebensjahres einen Kindergartenplatz, und in fast allen Einrichtungen ist eine verlängerte Betreuung mit Mittagessen möglich. Eine der neu geschaffenen Institutionen ist das im September 2003 eröffnete Kinder- und Familienhaus im historischen E-Werk in Bensheim-Auerbach.

Das Kinder- und Familienhaus nimmt neben Kindergartenkindern auch Schulkinder auf, die einen Hortplatz benötigen. Maximal 80 Kinder im Alter von zwei bis 14 Jahren können im Kinderhaus untergebracht werden, derzeit sind es 53 Kinder. Davon sind 44 zwischen zwei und sechs Jahre alt, neun zwischen neun und 14 Jahren. Die Einrichtung ist werktags von 7 bis 16.30 Uhr geöffnet. Die Kinder können zwischen einem Regelplatz ohne oder mit Mittagessen wählen.

Das Kinderhaus ist Teil des Bebauungsplans Schillerstraße der Stadt Bensheim. Die Schaffung neuer Wohnflächen auf dem Grundstück der ehemaligen Schweizer Effax-Werke ging von Anfang an davon aus, das denkmalgeschützte Gebäude des alten E-Werks sinnvoll in die neue Bebauung zu integrieren und einer adäquaten Nutzung zuzuführen. Inzwischen sind um das Kinder- und Jugendhaus Doppelhäuser entstanden, die Geschäftszone und der Bahnhof von Bensheim-Auerbach sind zu Fuß zu erreichen.

Das Gebäude, das 1896 von Otto Beck als Elektrizitätswerk errichtet wurde, ist ein Komplex mit Turm und bewegter Dachlandschaft aus gelbem und rotem Backstein. Die fast 22 Meter lange Traufseite hat sieben wandhohe rote Pfeiler, die die gelbe Backsteinwand mit ihren sechs hohen, oben abgerundeten Fenster- beziehungsweise Türöffnungen gliedern. Entlang der Trauf- und Ortgänge verläuft ein Schmuckband aus stufig versetzten und farblich variierenden Backsteinen. 1925 wurde die Stromproduktion in diesem Gebäude aufgegeben, die Schweizer Firma Effax produzierte darin dann bis 1999 Schuh- und Pferdepflegemittel.

Für das Kinder- und Familienhaus wurde die Fassade mit großem Aufwand saniert – 2000 Formsteine wurden in einer alten Ziegelei extra für den Wiederaufbau produziert, zudem neue Holzfenster eingesetzt. Die ursprünglich nicht unterteilten Räume wurden neu aufgeteilt. Durch großflächige Verglasungen der Zwischenwände im ersten Obergeschoss bleibt der Hallencharakter mit seiner sichtbaren Stahl-Fachwerk-Konstruktion erhalten. Unterstützt wird dies durch großzügige Oberlichter in den Firstbereichen.

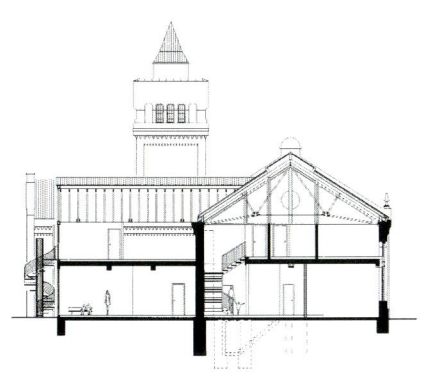

Schnitt 1:500

Erdgeschoss und Obergeschoss 1:500

Das neue Kinder- und Jugendzentrum profitiert von dem großzügigen Grundriss. Es entstand ein 'Matschraum', in dem sich die Kinder nach Nutzung des Freigeländes säubern und umziehen können. Im Erdgeschoss ist noch eine Krabbelgruppe untergekommen, die sich über den Komfort einer Fußbodenheizung freut. Im Ostflügel befindet sich, räumlich vom Kindergartenbetrieb getrennt, der Hortbereich.

Der Turm ist mit einer durchgehenden Treppe in Stahlkonstruktion ausgestattet, die bis zur Aussichtsplattform führt. Die im Turm untergebrachte Gewerbeküche versorgt auch die umliegenden Kindergärten mit Essen.

Besonders attraktiv wurde der Außenbereich gestaltet. Das Gelände gliedert sich in drei Zonen: eine Sand- und Wasserspielezone, die von einer großen Platane beschattet wird, eine Bewegungszone mit Klettergerüsten, Kletterfelsen und Rampen sowie eine multifunktionale Zone, in der es eine einseitige Auframpung mit glattem Belag für jugendliche Skater und Rollschuhfahrer gibt. Eine installierte Schwengelpumpe leitet Wasser über Natursteinrinnen in tiefer liegende Bereiche. In eine Spielmauer, die aus unterschiedlichen Materialien zusammengesetzt ist, sind Fundstücke aus den Zeiten der industriellen Nutzung wie alte Armaturen oder Stromzähler eingebaut.

Kinderhaus der Hella KGaA Hueck & Co.
Steinstraße in Lippstadt

Architekten
Thomas & Kollegen, Weiden

Bauherr
Hella KGaA Hueck & Co., Lippstadt

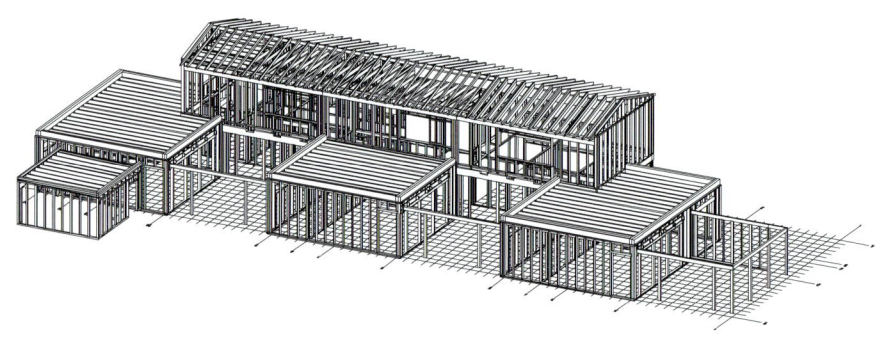

Axonometrie

Lageplan

Die Firma Hella in Lippstadt, ein Zulieferer der Automobilindustrie, gilt als einer der hundert größten Betriebe in Deutschland. Mit seinem Programm 'Work and Life' hat Hella Zeichen für familienfreundliches Arbeiten gesetzt. Teil dieses Mitarbeiterprogramms, das auf eine Verbindung von Beruf mit Freizeit und Familie zielt, ist auch das im Mai 2004 eingeweihte Kinderhaus, in dem 32 Kinder von Hella-Mitarbeitern und Mitarbeiterinnen im Alter von sechs Monaten bis zwölf Jahren betreut werden. Unter der Leitung der Gesellschaft zur Förderung von Kinderbetreuung e. V. (GFK) ist das Kinderhaus an Werktagen zwischen 7 und 18 Uhr nahezu ganzjährig geöffnet. Insgesamt kann das Kinderhaus drei Gruppen mit je 18 Kindern nach dem Prinzip der flexiblen Zeitbuchung von 20 bis 55 Wochenstunden aufnehmen.

Die Betriebskindertagesstätte orientiert sich an der Montessori-Pädagogik, die Mitarbeiterinnen arbeiten gruppenübergreifend. Eine wöchentlich abgehaltene Kinderkonferenz soll an demokratische Werte und Strukturen heranführen, Englisch und der Umgang mit Computern stehen ebenso auf dem Programm wie musikalische Früherziehung und intensive Elterngespräche.

Das Kinderhaus steht auf einem ausgesprochen schönen Grundstück an der Lippe zwischen dem Lippstädter Zentrum, dem Firmengelände und der grünen Lunge der Stadt. Umgeben von vorwiegend herrschaftlichen Häusern aus dem vergangenen Jahrhundert und alten Bäumen, steht dem Haus eine Außenfläche von 1800 Quadratmetern zur Verfügung. Der zweigeschossige, längliche Baukörper mit den angedockten eingeschossigen Gruppenpavillons öffnet sich nach Süden zum Garten. Im Erdgeschoss befinden sich die drei Gruppenräume, denen jeweils ein separater Spielraum, Waschraum, Dusch- und Wickelraum, WC sowie ein Innenhof als erweiterter Spielbereich angegliedert sind. In einem Gruppenraum befindet sich zusätzlich eine kleine Kinderküche.

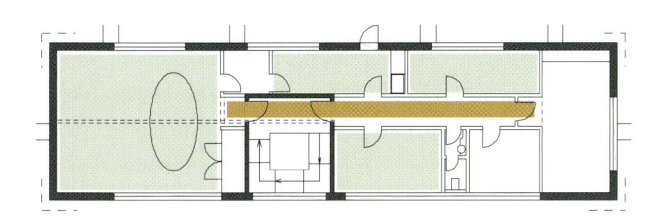

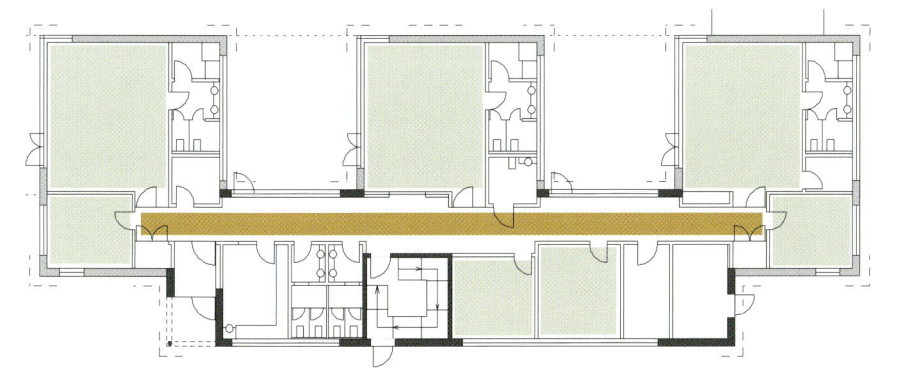

Erdgeschoss, Obergeschoss und Schnitt 1:500

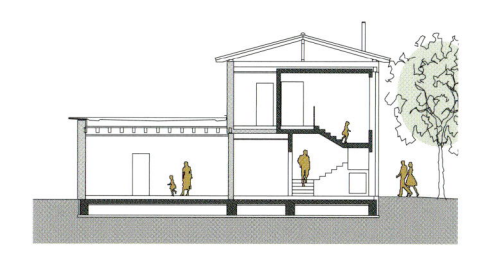

Große Fensterflächen lassen viel Tageslicht ein, die kleinen Innenhöfe zwischen den Gruppenräumen entsprechen dem naturnahen pädagogischen Konzept des Hauses, das in Holzbauweise und mit ökologisch einwandfreien Materialien gefertigt wurde. Eine Gemeinschaftsküche, ein Schlafraum für die ganz Kleinen sowie ein Hausarbeitsraum vervollständigen das Erdgeschoss. Im Obergeschoss befindet sich ein großer Mehrzweckraum für sportliche Aktivitäten und gemeinsame Veranstaltungen. Hinzu kommen ein Arbeitsraum mit Werkbank, ein Raum zur Hausaufgabenbetreuung, der auch mit PCs bestückt ist, dazu das Büro der Kinderhausleiterin, ein Personalraum sowie ein Raum ohne feste Funktion, in dem beispielsweise die Elterngespräche stattfinden.

Die Außenanlagen werden von einem zentralen runden Platz geprägt, der im Schatten einer neu gepflanzten, neun Meter hohen Eiche liegt und in unterschiedliche Funktionsflächen (Pflaster, Sand, Wasserspiel) aufgeteilt ist.

Kindergarten St. Johann Baptist
Silheimer Straße in Nersingen-Straß

Architekten
meister.architekten, Ulm

Bauherr
Gemeinde Nersingen

Lageplan

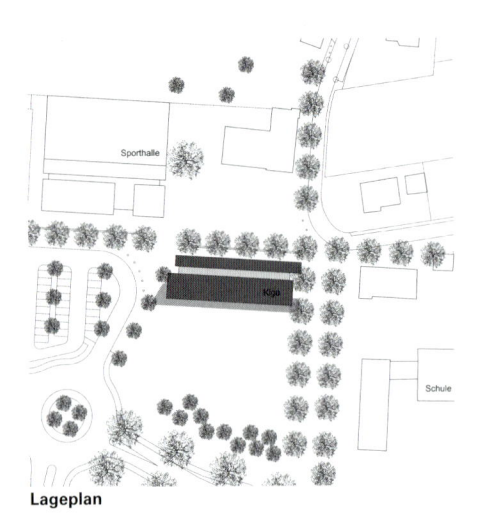

Eine Grund- und Hauptschule, ein neu erbauter Kindergarten sowie in naher Zukunft auch eine Sporthalle bilden am Rande eines Neubaugebiets in der Gemeinde Nersingen eine Einheit. Der Kindergarten St. Johann Baptist ist für vier Gruppen konzipiert. Mit seinem Eingangsbereich öffnet er sich nach Norden zum Wohngebiet. Die Gruppenräume sowie die Spiel- und Gartenzone sind nach Süden orientiert. Das 45 Meter lange und 17 Meter breite Gebäude besteht aus zwei Bauteilen, die durch einen aufgeweiteten Flur miteinander verbunden sind. Während die Serviceräume an der kühl wirkenden, aus Betonstein gefertigten Nordseite liegen, sind die Gruppenräume an der holzverkleideten, warmen und offenen Südfront mit großen Glasflächen untergebracht.

In der Mitte des Gebäudes lässt sich die breite Eingangshalle durch eine Schiebewand mit dem Mehrzweckraum verbinden und bietet so Platz für Versammlungen und Feste. Um die Südseite herum und von allen Gruppenräumen erreichbar zieht sich eine das Haus dreiseitig umfassende Holzterrasse.

Die hellen, raumhoch verglasten Gruppenräume sind so eingerichtet, dass sie flexibel auf unterschiedliche pädagogische Konzepte reagieren können. Die Räume für die Erzieherinnen, die Küche, die Sanitär- und Servicebereiche liegen den Gruppenräume gegenüber. Im zentralen Flur befinden sich auch die Garderoben.

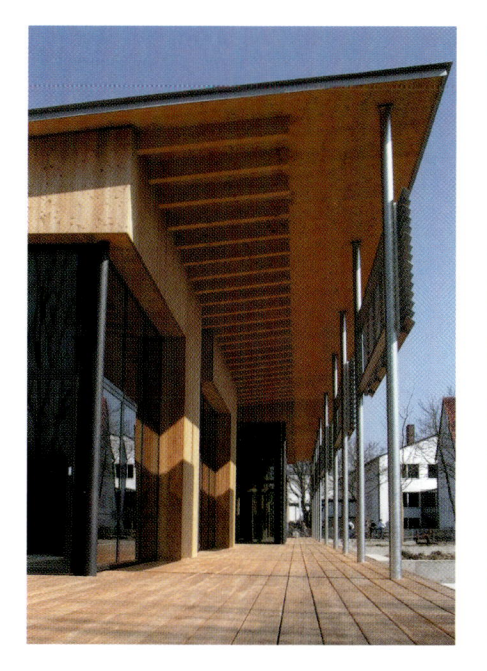

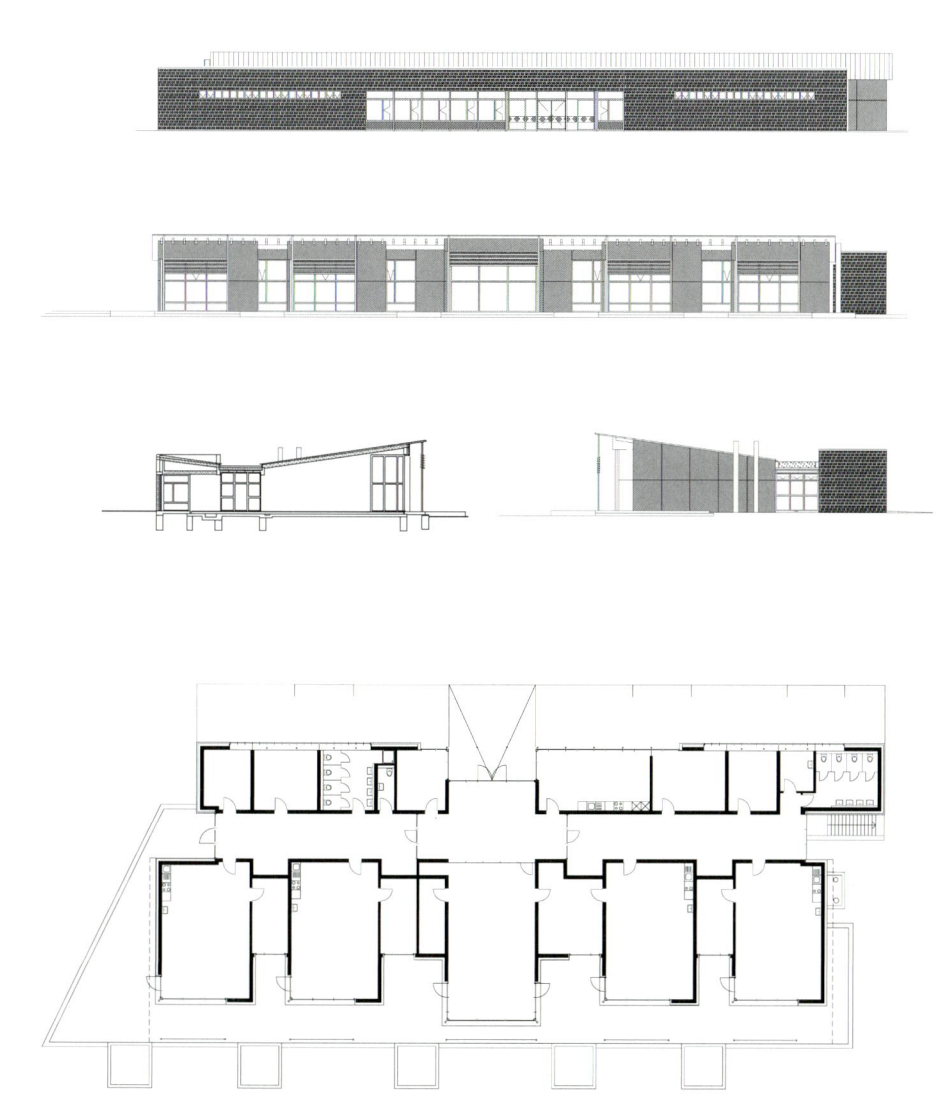

So licht, warm und hell eine Orientierung der Gruppenräume nach Süden ist, so problematisch kann die permanente Sonneneinstrahlung speziell im Sommer oder bei tief stehender Sonne im Winter werden. Architekten und Bauherr haben sich im Kindergarten in Nersingen-Straß für ein ungewöhnliches Verschattungskonzept entschieden: Schlanke runde Stahlstützen tragen die feststehenden Metall-Lamellen auf der Südterrasse, die so einen permanenten Sonnenschutz gewährleisten.

Im Inneren des Gebäudes gibt es ein reizvolles Zusammenspiel von naturbelassenem Massivholz, unbehandelten Holzfensterelementen mit Sonnen- und Wärmeschutzglas, weiß verputzten Wänden, Böden aus blaugrauem Korklinoleum sowie zartblauen Holztüren. Die Ausstattung ist klar und zurückhaltend, um keine zu deutlichen Vorgaben für das Spielen und die Kreativität in der Kinderwelt zu machen.

Noch ist der Außenbereich etwas kahl, belebend wirkt ein kleinerer Obstbaumbestand, gewachsene Hölzer und ältere Baumgruppen im Westen und Süden sorgen für Schatten und Windschutz.

Grundriss, Querschnitt und Ansichten 1:500

Quartierzentrum Lauchäcker / Kinderhaus 'Junges Gemüse'
Meluner Straße in Stuttgart-Vaihingen

Architekten
Laufner + Ernst, Stuttgart

Bauherr
Stadt Stuttgart, vertreten durch das Jugendamt/Hochbauamt

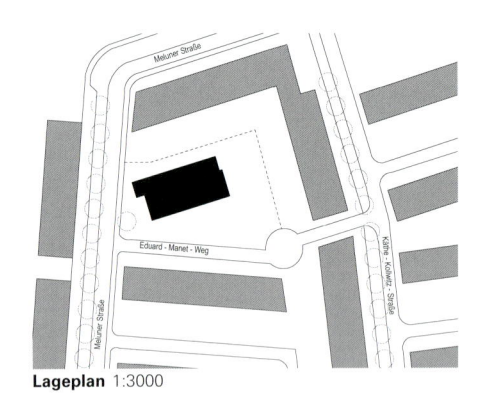

Lageplan 1:3000

Der Bedarf an Plätzen in einer Kindertagesstätte lässt sich in neu entstandenen Wohngebieten nicht immer korrekt einschätzen. Gibt es in den Anfängen einer speziell für junge Familien konzipierten Bebauung einen regelrechten Kinderboom und eine entsprechende Nachfrage nach Kinderbetreuungsmöglichkeiten, so relativiert sich nach ein paar Jahren der Bedarf. Dann braucht man Platz für Jugendliche, oder es werden Räume für Senioren benötigt. Das Kinderhaus 'Junges Gemüse' ist ein gelungenes Beispiel dafür, wie der demographische Wandel und die daraus resultierenden Gebäudeumnutzungen berücksichtigt und die Ausstattung entsprechend angepasst werden können.

Das Quartierzentrum sollte ursprünglich Raum für drei verschiedene Nutzungen bieten: eine Tageseinrichtung für Kinder mit vier Gruppen, ein Jugendtreff mit separatem Zugang sowie Räume für Gemeinwesenarbeit und allgemeine soziale Dienste. Während der Planungsphase kam als zusätzliche Nutzung das Mutter-und-Kind-Café dazu. Drei Monate vor Fertigstellung machte sich das flexible Raumprogramm zum ersten Mal bezahlt, denn kurzfristig musste die Tageseinrichtung auf sechs Gruppen erweitert und der Jugendtreff in einem Provisorium untergebracht werden. Eine Rückführung zum ursprünglich angedachten Modell oder eine Neustrukturierung ist jedoch jederzeit möglich.

Der Neubau ist ein zweigeschossiges Gebäude, gegliedert in einen Nordbaukörper mit Funktions- und Serviceräumen sowie einem zweigeschossigen Mehrzweckraum und einen Südbaukörper mit den Aufenthalts- und Gruppenräumen. Für den Bewegungsraum der Kindertagesstätte gibt es zwei Zugänge. So kann er am Abend oder am Wochenende von externen Gruppen mitgenutzt werden oder seine Funktion als Mehrzweckraum für das Quartier erfüllen. Durch eine offene Anordnung der Garderoben zum Flurbereich hin und einige Garderobenmittelteile auf Rollen kann hier eine zusätzliche Nutzfläche bei Festen gewonnen werden. Im Sommer, wenn weniger Garderobenteile benötigt werden, nimmt der Platz die Funktion eines zentralen 'Marktplatzes' ein.

Das Gebäude ist eine Mischkonstruktion, teils Holzrahmenbau, teils Massivbau. Die Decken sind aus Beton, das Dach als Pultdach ausgebildet und extensiv begrünt. Der große Dachüberstand, der Laubengang im Süden, die Markisen und die Sonnenschutzgläser beim Oberlicht schützen vor Überhitzung. Besonders beliebt ist bei den Kindern die Fluchtrutsche, die statt einer Fluchttreppe das Spielangebot des Kindergartens erweitert. Die klare Raumordnung des Gebäudes wird als kindgerecht verstanden. Räumliche Weite und Großzügigkeit signalisieren die durchbrochenen Zwischenwände.

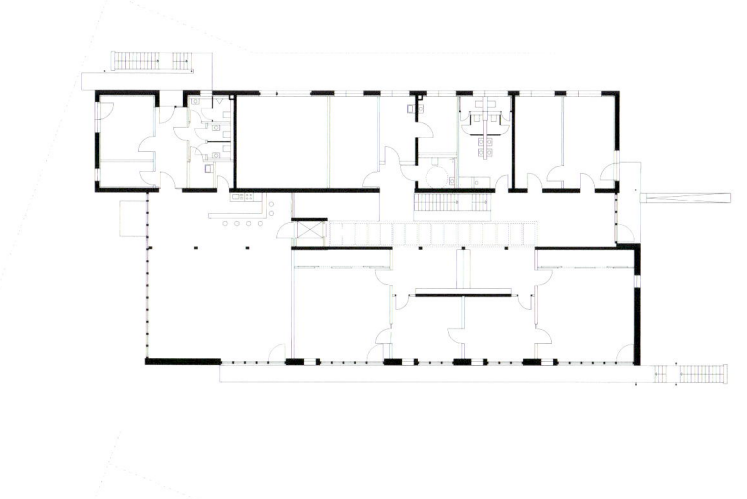

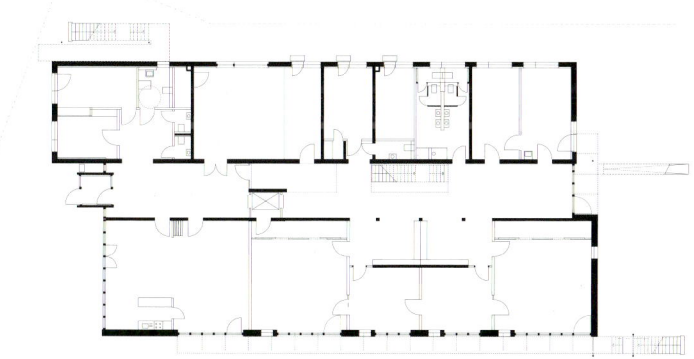

Erdgeschoss und Obergeschoss 1:500

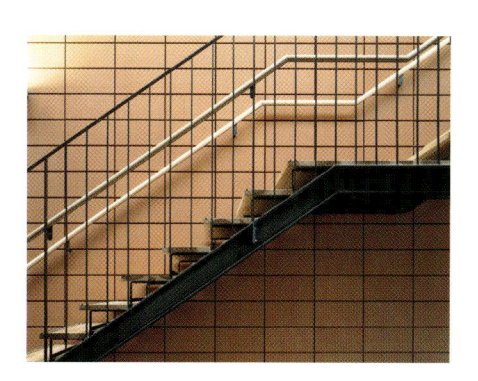

Kindergarten Bruder Klaus
Waldeckstraße in Karlsruhe-Hagsfeld

Architekten
Arno Lederer + Jórunn Ragnarsdóttir + Marc Oei, Stuttgart

Bauherr
Katholische Kirchengemeinde St. Hedwig, Karlsruhe

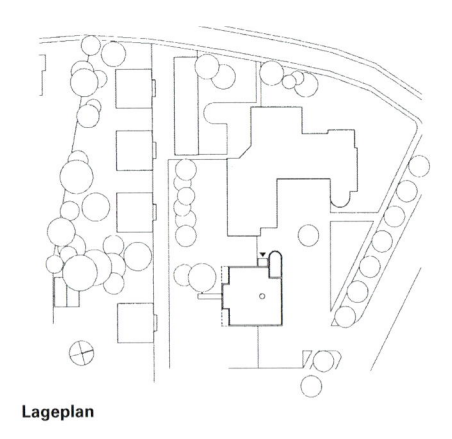

Lageplan

Für zwei Gruppen von Kindern im Alter von drei bis sechs Jahren ergänzt der Neubau des Kindergartens Bruder Klaus in Karlsruhe-Hagsfeld die bereits bestehende Einrichtung der dort ansässigen katholischen Kirchengemeinde St. Hedwig. Die Einrichtung ist täglich sechs bis sechseinhalb Stunden durchgehend geöffnet. Auch hier ist man von den ehemals geteilten Tagesöffnungszeiten abgekommen und bietet eine, wenn auch zeitlich befristete, durchgehende Betreuung an.

Der neue Kindergarten orientiert sich mit seiner Kubatur an der vorhandenen Bebauung aus den 1960er und 1970er Jahren. In einem Abstand von rund sieben Metern zum bestehenden Kindergarten schließt der Neubau in Richtung Osten an und ergänzt das Ensemble aus Kirche, Nebenräumen und Hausmeisterwohnung. Mit dem Neubau ist ein gemeinsamer, deutlich gefasster Vorplatz entstanden. Einen Akzent setzt vor allem das plastisch hervortretende Treppenhaus zwischen Alt- und Neubau. Hier befindet sich der Zugang zum Kindergarten.

Ein großzügiger Garderobenbereich empfängt die Kinder im Erdgeschoss. Über ein nach oben geöffnetes Halboval fällt Licht in diesen Bereich ein. Ein horizontales Fenster, dessen Brüstungshöhe mit den Sitzflächen der Kinder in der Garderobe abschließt, bietet eine reizvolle Aussicht nach draußen, holt den Hof und das gegenüberliegende alte Gebäude auf Augenhöhe der Kinder in den Ankunftsbereich hinein. Gegenüber der Garderobe sind symmetrisch die beiden Gruppenräume angeordnet. Beide Gruppenräume haben jeweils noch einen weiteren Raum zur Verfügung, um die verschiedenen Spiel- und Erlebniswelten klarer voneinander zu trennen. Die Gruppenräume sind untereinander nicht verbunden.

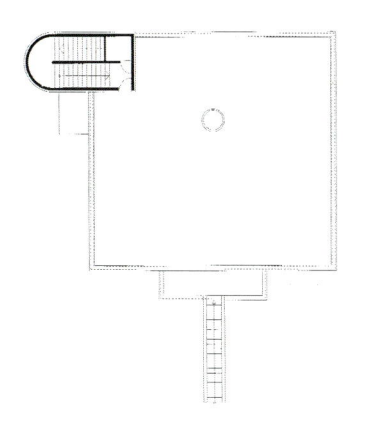

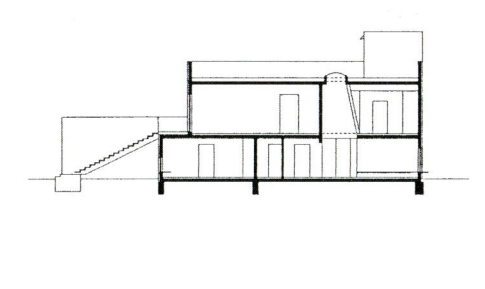

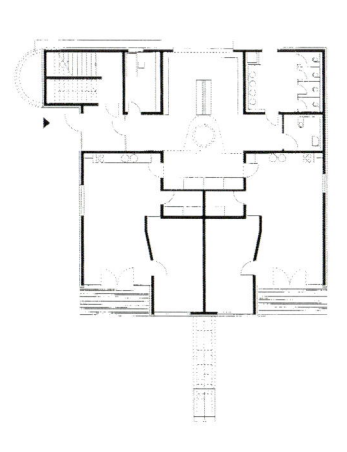

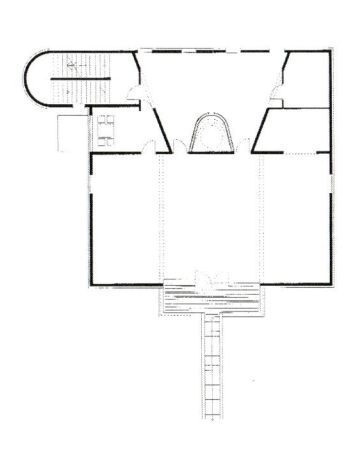

Über den Räumen im Obergeschoss befindet sich ein großer Bewegungsraum. Dieser wiederum ist über einen Balkon und eine einläufige Treppe mit dem südlichen Gartenbereich verbunden.

Der gesamte Neubau ist mit Zedernholz verschalt. Noch hebt er sich mit seiner Holzverschalung von den benachbarten Altbauten ab, wird aber durch die Verwitterung des Holzes bald eine ähnliche Farbnote wie diese annehmen.

Erdgeschoss, Obergeschoss, Dachgeschoss und Schnitt 1:500

Deutsch-Polnisches Kinderhaus St. Franziskus
Antonstraße in Ostritz

Architekten
Stuhr Architekten, Dresden

Bauherr
Pfarrei Mariä Himmelfahrt, Ostritz

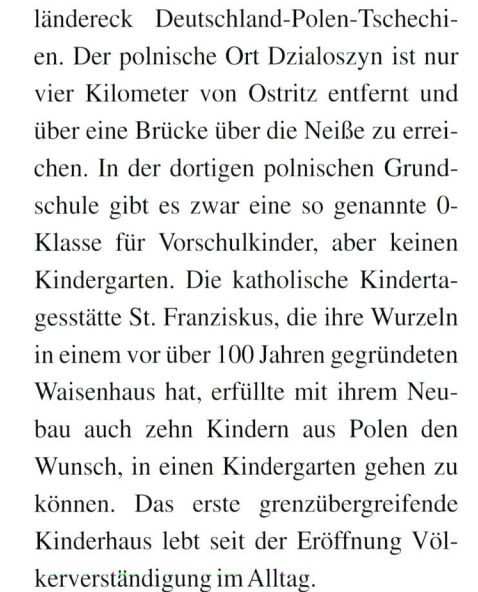

Lageplan 1:2000

Das kleine Städtchen Ostritz liegt im südöstlichsten Teil Deutschlands, im Dreiländereck Deutschland-Polen-Tschechien. Der polnische Ort Dzialoszyn ist nur vier Kilometer von Ostritz entfernt und über eine Brücke über die Neiße zu erreichen. In der dortigen polnischen Grundschule gibt es zwar eine so genannte 0-Klasse für Vorschulkinder, aber keinen Kindergarten. Die katholische Kindertagesstätte St. Franziskus, die ihre Wurzeln in einem vor über 100 Jahren gegründeten Waisenhaus hat, erfüllte mit ihrem Neubau auch zehn Kindern aus Polen den Wunsch, in einen Kindergarten gehen zu können. Das erste grenzübergreifende Kinderhaus lebt seit der Eröffnung Völkerverständigung im Alltag.

Neben den polnischen Kindern sind einige Krippenkinder, in der Hauptsache Kindergartenkinder sowie eine Gruppe von Hortkindern im Kinderhaus untergebracht, das aus zwei zweigeschossigen Häusern besteht, die im ersten Obergeschoss durch eine Brücke miteinander verbunden sind. Die gläserne Brücke, eine Stahl-Glas-Konstruktion, ist ein Symbol für das länderübergreifende Vorhaben. Darunter schlängelt sich der Weg zum Grenzfluss Neiße hindurch. Vor den beiden Häusern stehen zwei Holztürme in Form eines Kegels und eines Kegelstumpfes, die ein Tor zur Neißeaue symbolisieren sollen. Die Kinder sehen in ihnen auch gern die Form einer umgestürzten Zuckertüte und eines Limobechers. In der 'Zuk-

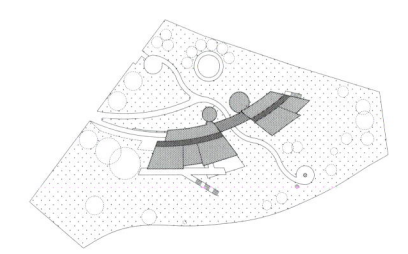

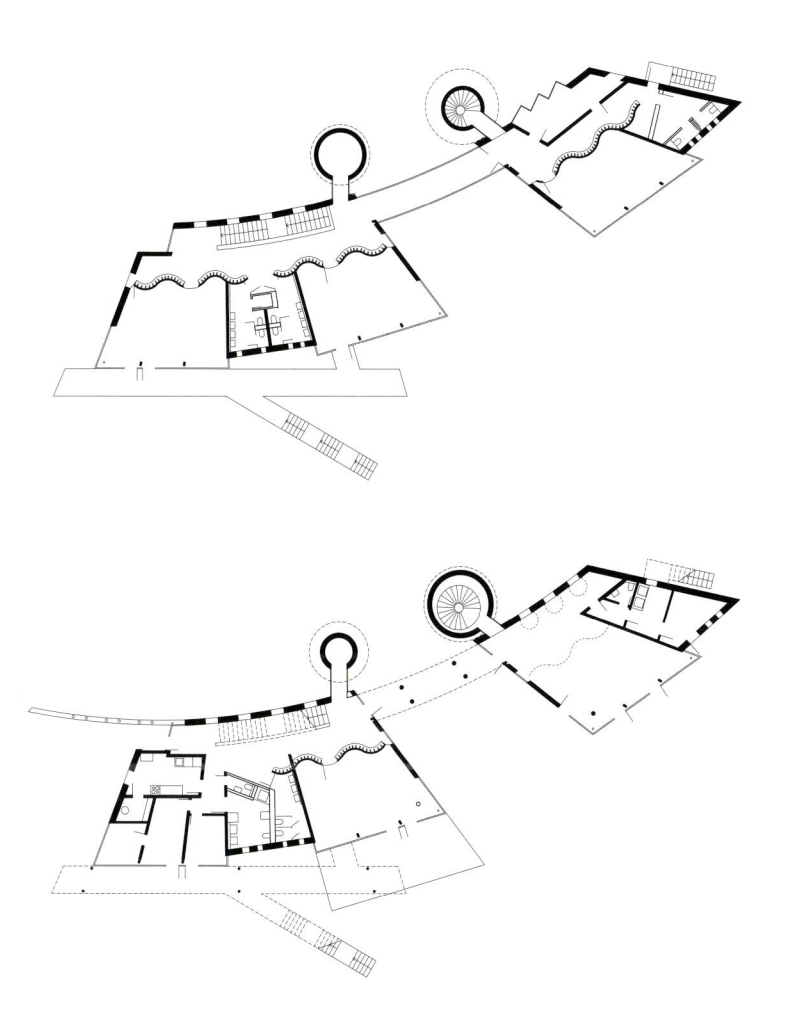

'kertüte' befindet sich eine Wendeltreppe, die die Hortkinder in ihren Bereich führt. Im 'Limobecher' sind im Erdgeschoss die Schuhregale der Kindergartenkinder untergebracht und im Obergeschoss wurde ein Märchenzimmer eingerichtet.

Die vier Gruppenbereiche in den zwei Häusern sind nach Südosten und Süden orientiert, ihnen ist jeweils ein Sanitärbereich unmittelbar zugeordnet. Hinter der weitgehend geschlossenen Nordwestfassade liegen die Flurbereiche und Funktionsräume wie Kinderküche, Garderoben, Hausaufgabenraum und diverse Spielecken. Die großen Gruppenräume öffnen sich auf zwei Ebenen zum Garten. Die großzügig verglasten Fassaden werden mit farbigen Außenrollos gegen zuviel Sonneneinstrahlung geschützt. In einem der Häuser führt vom ersten Obergeschoss über eine Terrasse eine Treppe mit Rutsche hinunter in den Garten.

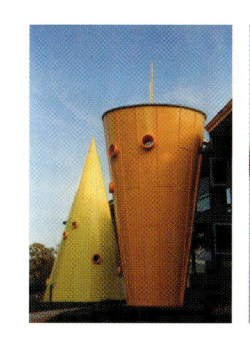

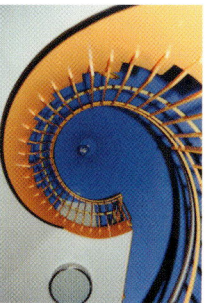

Erdgeschoss und Obergeschoss 1:500

Kinder- und Jugendfreizeitstätte Helsinkistraße in München-Riem

Architekten
Schneider + Schumacher, Frankfurt/Main

Bauherr
MRG, Maßnahmenträger München-Riem GmbH

Das Gelände des ehemaligen Flughafens München-Riem hat ein neues Gesicht bekommen. Wo früher Flugzeuge starteten und landeten, ist ein neues Stadtquartier mit Messe, Gewerbe und Wohnbauten entstanden. Zu der bereits etablierten Infrastruktur für die Bewohner des Stadtteils gehört inzwischen auch eine Kinder- und Jugendfreizeitstätte, das Quax, Zentrum für Freizeit und kulturelle Bildung, München, Messestadt Riem.

Der neue Stadtteil liegt eingebettet zwischen der im Norden angrenzenden Autobahn und einem großen Park im Süden, der auf dem ehemaligen Flugfeld nach Plänen von Gilles Vexlard angelegt wurde. Zwischen Park und angrenzender Bebauung führt eine breite Allee, die so genannte Promenade, von Ost nach West und definiert eine klare Kante zum Park. Südlich davon liegen in lockerer Anordnung einige Sondernutzungen, unter anderem die Kinder- und Jugendfreizeitstätte mit einem Abenteuerspielplatz.

Das Gebäude erstreckt sich als zweigeschossiger Kubus entlang der Promenade. Von der Form her schlicht, in der Fassadengestaltung auffällig, soll der Bau an den ehemaligen Flughafen erinnern. Die gelb-schwarze, weithin sichtbare Schachbrettmuster-Fassade aus abwechselnd Holz und Glas lässt an die Signalmuster der ehemaligen Gebäude und besonders der Fahrzeuge des Flughafens denken. Die Fassadenstruktur erlaubt reizvolle Sichtbeziehungen von innen nach außen.

Der Bau ist in drei Funktionsbereiche gegliedert: einen Kinder- und einen Jugendbereich sowie den Mehrzweckbereich mit Café und Infothek, der von beiden Altersgruppen genutzt wird. Kinder- und Jugendräume werden direkt von der Promenade aus erschlossen. Die Gruppenräume sind nach Osten, Süden und Westen orientiert, Nebenräume und Verwaltung liegen im Norden. Der Mehrzweckraum ist die lebendige Mitte des Hauses und dient gleichzeitig als Puffer zwischen den Altersgruppen. Er kann sowohl vom Kinder- als auch vom Jugendbereich aus betreten werden. Für besondere Veranstaltungen können das abgetrennte Café und der Mehrzweckraum durch Entfernen einer mobilen Trennwand verbunden werden. Dann finden in dem Zentrum auch größere Musik- und Theaterveranstaltungen statt. Der zweigeschossige offene Flur mit den Galerien verknüpft Erd- und Obergeschoss und ist zugleich ein beliebter Aufenthaltsort. Werkstatt, Computerraum und Kinderküche ergänzen das Angebot des Zentrums.

Im Außenbereich gibt es neben vielen Spielgeräten auch Pflanzbeete und Tierställe. Der kulturpädagogische Ansatz der Betreiber sieht vor, die Kinder mit der noch andauernden Planung und Gestaltung ihres neuen Stadtviertels, speziell mit den ökologischen Zusammenhängen, vertraut zu machen.

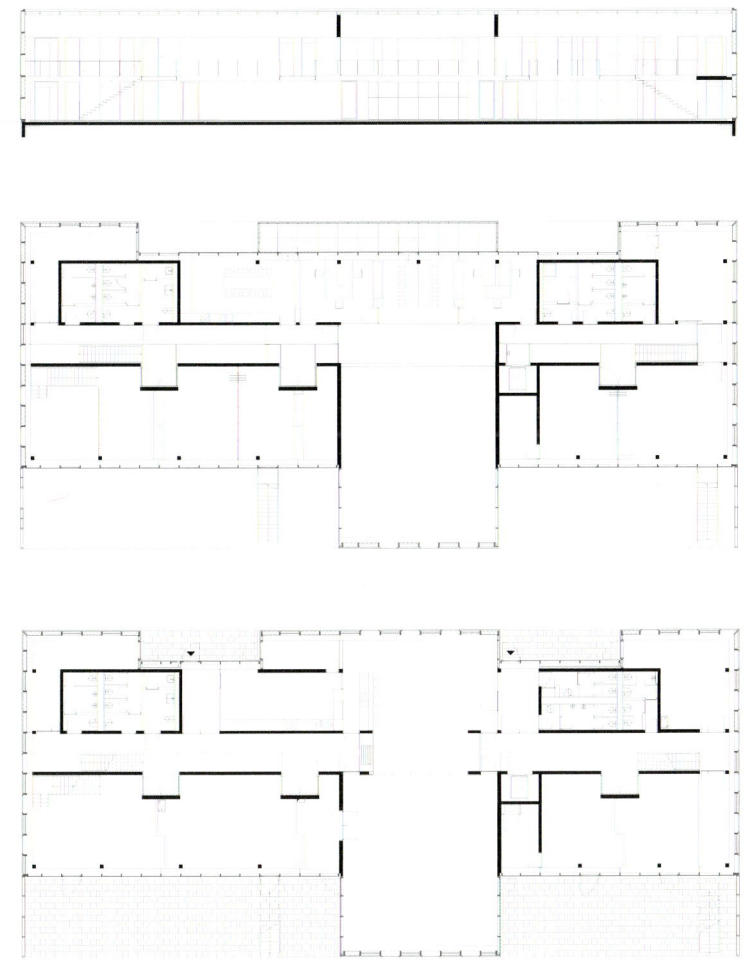

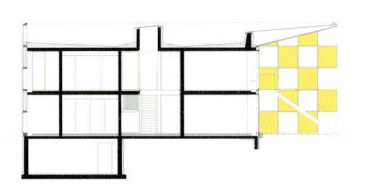

Erdgeschoss, Obergeschoss und Schnitte 1:500

327

Kindergarten Herz Jesu
Lachnerstraße in München-Neuhausen

Architekten
Allmann Sattler Wappner, München

Bauherr
Katholische Pfarrkirchenstiftung Pfarramt Herz Jesu, München, vertreten durch Erzbischöfliches Ordinariat München

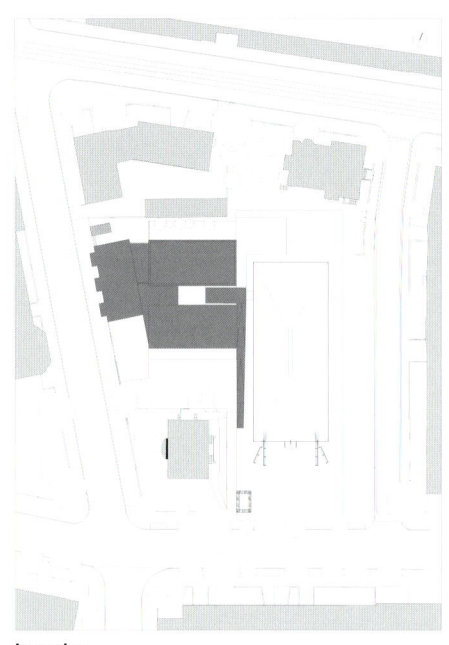

Lageplan

Die im Jahr 2000 wiedereröffnete, neu aufgebaute Herz-Jesu-Kirche in München, die 1944 bei einem Brand völlig zerstört wurde und 1994 das gleiche Schicksal nochmals erlitt, hat ein Kapitel Architekturgeschichte im Bereich Sakralbauten geschrieben. Besonders die 14 Meter hohen Portale aus Glas, auf denen der Glaskünstler Alexander Beleschenko die Passion Christis mit Hilfe eines Alphabets aus Nägeln nacherzählt, beeindrucken den Betrachter. Der lichtdurchflutete Innenraum fasziniert durch seine fast karg zu nennende Ausstattung mit außergewöhnlichen Details. Das angrenzende Pfarrzentrum aus dem Jahr 1970, bestehend aus einem Wohngebäude mit Seniorenclub, einem Kindergarten, Jugendräumen sowie dem Pfarrsaal der Gemeinde, steht räumlich und baulich in engem Zusammenhang sowohl mit der neuen Herz-Jesu-Kirche als auch mit dem gründerzeitlichen Pfarrhaus.

Die Kopplung des neuen Sakristeigebäudes an das Pfarrzentrum mit Kindergarten mittels eines Rampengebäudes und Gartenzugangs ermöglicht eine direkte Anbindung der Freiflächen des Kindergartens und der hauptsächlich vom Kindergarten genutzten Dachterrasse auf dem neuen Kirchplatz. Dies bedeutet für den vier Gruppen umfassenden Kindergarten einen erheblichen Zugewinn an Spiel- und Außenfläche.

Ziel der Sanierung war zum einen die Behebung der baukonstruktiven und feuerpolizeilichen Mängel, zum anderen eine deutliche Verbesserung der Situation auch im Sinne einer modernen Pädagogik. Der größtenteils erdgeschossige Kindergarten verfügte über eine gut angelegte Raumstruktur, die auch nach der Sanierung noch in Teilen ablesbar ist. So blieben die vier Gruppenräume nebeneinander angeordnet bestehen, die Sanitärräume und die Garderoben im Zugangsbereich wurden jedoch umgestaltet. Die Waschräume sind jetzt durch Glasschiebetüren von der Eingangshalle abgetrennt. Das Atrium wurde bis zum Untergeschoss abgesenkt, so dass das Haus eine starke räumliche Mitte erhielt und die angrenzenden Räume wesentlich besser belichtet und belüftet werden. Sämtliche Fassadenflächen wurden mit einem durchgefärbten mineralischen Putz überzogen und homogenisiert. Im Inneren sorgen hochwertige Materialien wie der graue Naturstein im Eingangsbereich, das Eichenparkett in den Aufenthaltsräumen sowie die Wandvertäfelung aus Ahornholz und die intensiv eingesetzte rote Farbe für eine warme Atmosphäre.

Die Sanierung dauerte zwei Jahre und musste bei laufendem Kindergartenbetrieb durchgeführt werden. Zwei Mal mussten die Kinder in dieser Zeit umziehen, im 'Abenteuer Baustelle' waren sie immer mittendrin.

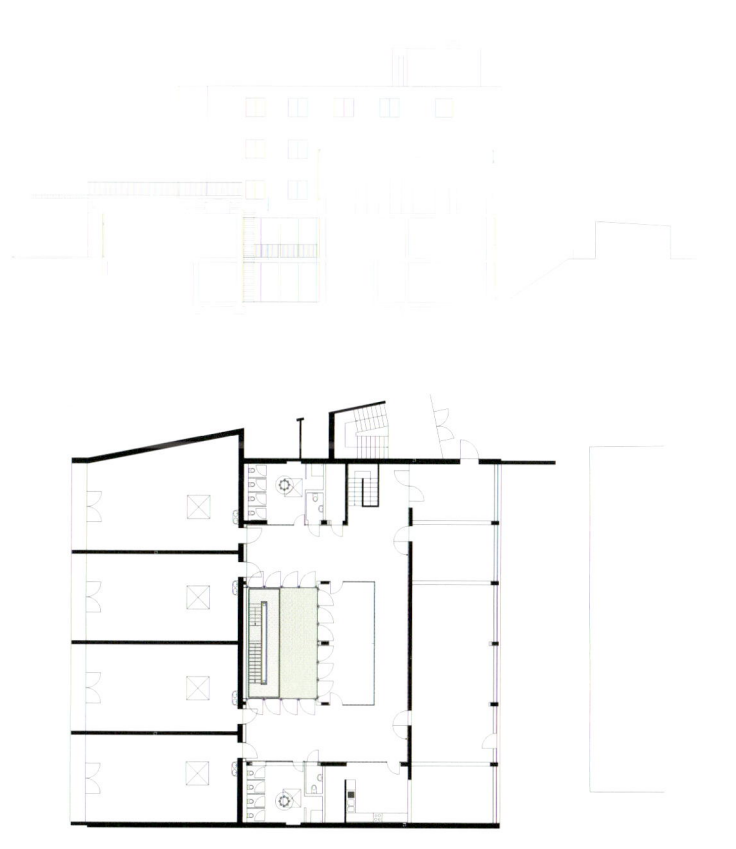

Grundriss und Schnittansicht 1:500

Kindergarten 'Am Badener Hof'
Badener Straße in Heilbronn

Architekten
Arno Lederer + Jórunn Ragnarsdóttir + Marc Oei, Stuttgart

Bauherr
Becker Frank Stiftung, vertreten durch das Hochbauamt Heilbronn

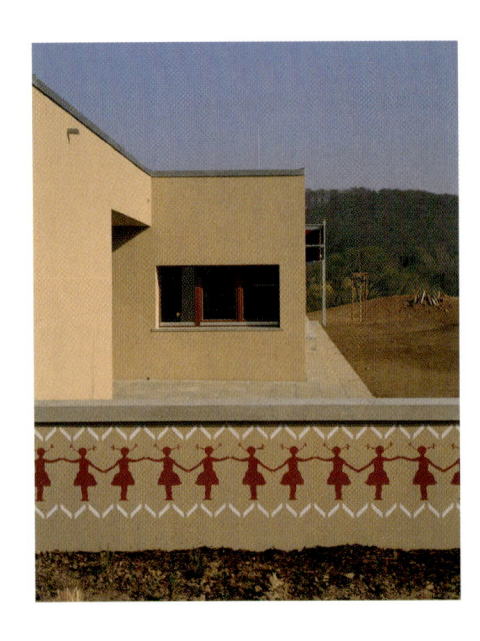

Wohnen im Grünen und doch schnell mit der Innenstadt verbunden sein – das Neubaugebiet Badener Hof im Osten von Heilbronn wirbt mit diesem Vorzug. Auf dem 6,7 Hektar großen ehemaligen Kasernenareal hat die Stadt Heilbronn 128 Bauplätze ausgewiesen, die zu mehr als zwei Drittel verkauft, bebaut und auch schon bezogen sind. Entstanden sind Einzel-, Doppel-, Reihen- und Mehrfamilienhäuser zu relativ günstigen Quadratmeterpreisen; das städtische Wohnungsbauförderprogramm 'Junge Familien' hilft gegebenenfalls beim Kauf einer Immobilie.

Bislang gibt es in diesem Gebiet für Kinder und Jugendliche einen kombinierten Bolzplatz und einen Spielplatz. Der neue, für zwei Gruppen ausgelegte Kindergarten musste mit einem ausgesprochen knappen Budget auskommen. Zudem wünschte man sich von Seiten des Bauherrn einen Grundriss, der den späteren Umbau in Wohnungen ermöglichen sollte.

Entstanden ist eine Art Werkstatt für Kinder, ein einfacher und schlichter Baukörper, der aus Kostengründen auf großflächige Verglasungen verzichten musste. In der Längsachse des Gebäudes ist ein Oberlicht mit einfacher Industrieverglasung integriert. Das einfallende Licht wird über farbige Holzspanplatten und rote Wandflächen reflektiert, um dem Innenraum eine heitere und wohnliche Stimmung zu verleihen.

Die weiße Garderobe der Kinder, die den Flur für die beiden Gruppen teilt, ermöglicht durch beidseitig angeschlagene Türen eine separate Nutzung des Bewegungsraumes am Abend. Die Türen passen sich in der Ausführung an die Garderoben an und sind eigentlich eine Art weiß gestrichener Gartenzaun, der ausgeklappt werden kann. Der Bewegungsraum wiederum kann mittels Schiebetüren mit dem großen Flur verbunden werden.

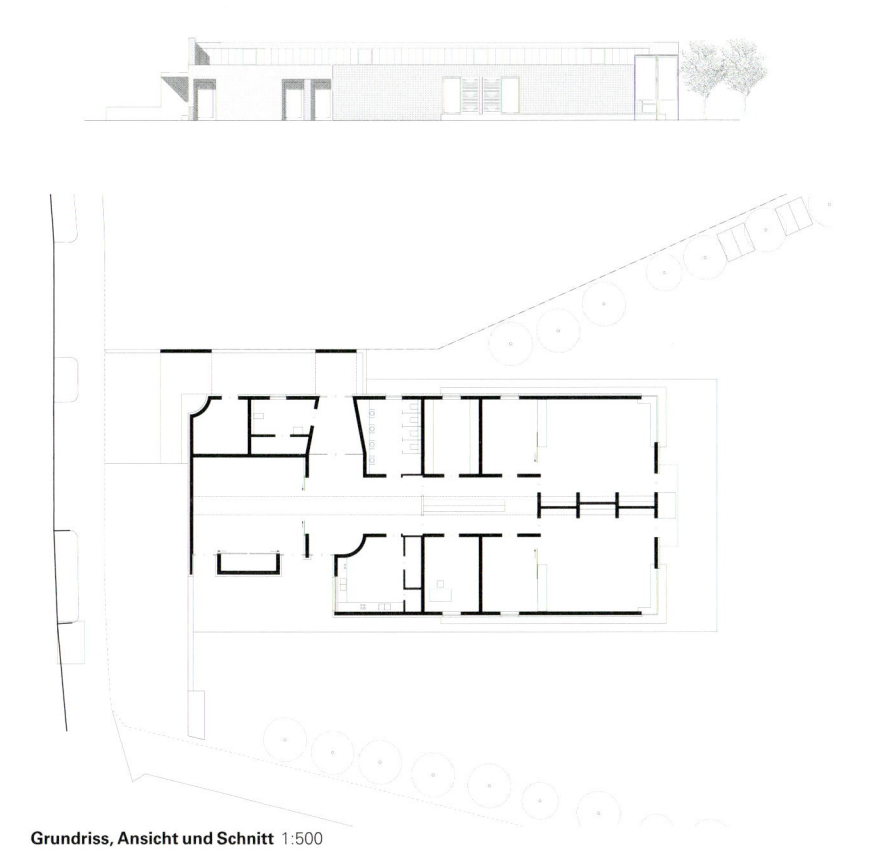

Der Sonnenschutz besteht aus feststehenden Elementen, die außen vor dem Gebäude montiert sind. Die zwischen den schlanken Säulen eingespannten textilen Verschattungsteile korrespondieren in der Farbe mit den innen angebrachten Holzspanplatten. Bei der Bemalung der Eingangsfront haben die Architekten selbst Hand angelegt.

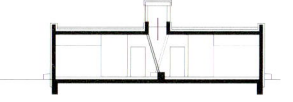

Grundriss, Ansicht und Schnitt 1:500

Kinderhaus Girasole
Schrozbergerstraße in Stuttgart-Zuffenhausen

Architekt
Dipl.-Ing. Rolf Heine, Stuttgart

Bauherr
Komitee Italienischer Kindergarten e. V., Stuttgart

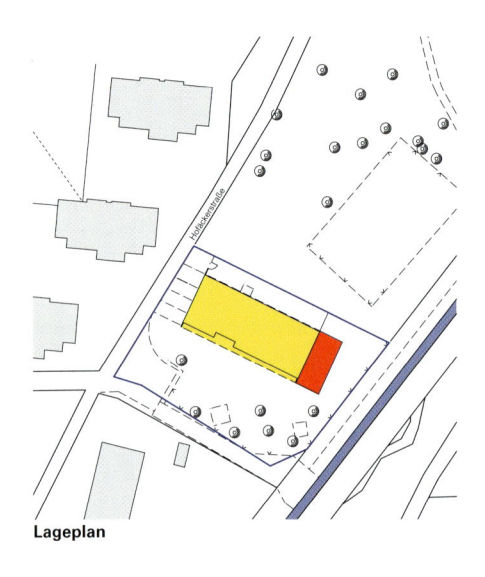

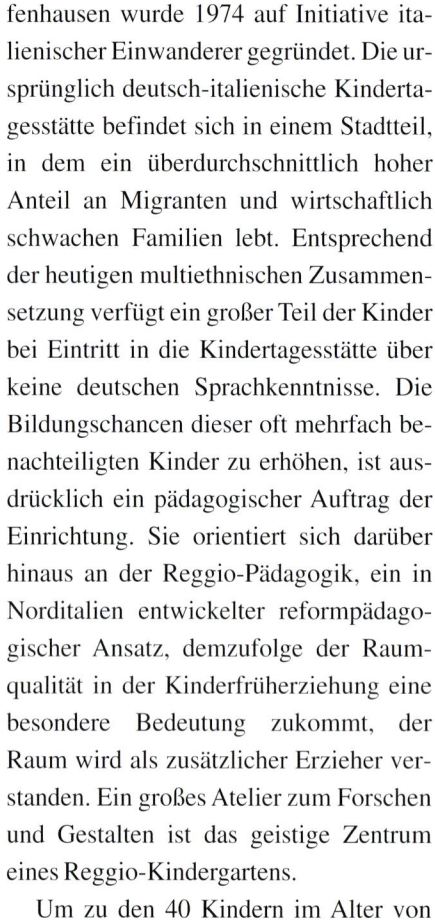

Lageplan

Das Kinderhaus Girasole in Stuttgart-Zuffenhausen wurde 1974 auf Initiative italienischer Einwanderer gegründet. Die ursprünglich deutsch-italienische Kindertagesstätte befindet sich in einem Stadtteil, in dem ein überdurchschnittlich hoher Anteil an Migranten und wirtschaftlich schwachen Familien lebt. Entsprechend der heutigen multiethnischen Zusammensetzung verfügt ein großer Teil der Kinder bei Eintritt in die Kindertagesstätte über keine deutschen Sprachkenntnisse. Die Bildungschancen dieser oft mehrfach benachteiligten Kinder zu erhöhen, ist ausdrücklich ein pädagogischer Auftrag der Einrichtung. Sie orientiert sich darüber hinaus an der Reggio-Pädagogik, ein in Norditalien entwickelter reformpädagogischer Ansatz, demzufolge der Raumqualität in der Kinderfrüherziehung eine besondere Bedeutung zukommt, der Raum wird als zusätzlicher Erzieher verstanden. Ein großes Atelier zum Forschen und Gestalten ist das geistige Zentrum eines Reggio-Kindergartens.

Um zu den 40 Kindern im Alter von drei bis sechs Jahren noch 20 weitere Kinder im Alter von zwei bis neun Jahren aufnehmen und ein großes Atelier in den Bestand integrieren zu können, wurde die Einrichtung saniert und durch einen Anbau erweitert.

Das bestehende Kinderhaus ist ein eingeschossiger Holzbau aus den 1970er Jahren, der sich am Ende einer Wohnstraße befindet. Der Eingangsbereich wurde umstrukturiert, ein verglaster Wanddurchbruch zwischen Foyer und Aufenthaltsraum lässt nun viel Tageslicht herein und gestattet dem Ankommenden Einblick in das Innenleben des Kinderhauses. Im Rahmen einer durchgängigen Erschließungsstruktur wurden die nach Osten liegenden Räume neu geordnet, so dass diese nun flexibel nutzbar und den Kindern frei zugänglich sind. Insgesamt wurde die leicht angestaubte Atmosphäre im Haus verbessert. Jetzt zeigen sich die Räume mit großen weißen Wandflächen und kräftigen Farbakzenten in Rot, Gelb und Blau. In Kombination mit einem neuen Beleuchtungssystem wirkt das Ambiente klar und licht.

Das angebaute Atelier – großformatige Holzrahmen in Holzfertigbauweise – ist an der Nord- und Südfassade großzügig verglast. Die Glastüren können geöffnet werden, so dass die Kinder im Sommer bei frischer Luft malen, töpfern, schreinern oder basteln können. Feststehende Lamellen-Elemente und Außenjalousien sorgen für eine ausreichende Verschattung. In die Längswände ist viel Stauraum integriert. Hier ist auch ein Ausstellungsbereich für die Arbeiten der Kinder entstanden. Die Fußbodenheizung des Anbaus konnte an die bestehende Heizungsanlage angeschlossen werden.

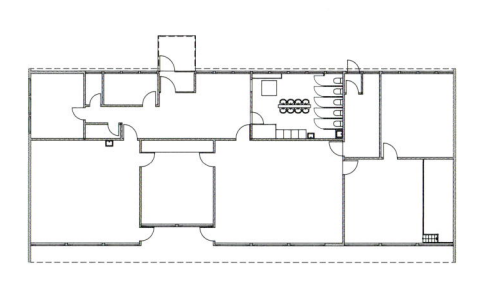

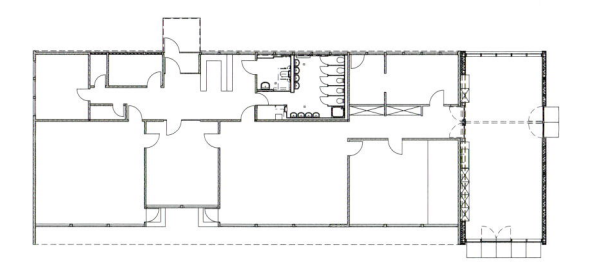

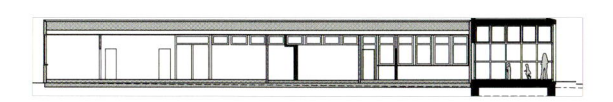

Grundriss Bestand (oben), Umbau und Anbau (Mitte), Schnittansicht 1:500

Abbildungsnachweis

Seite	
27	Aus: Horst Schiffler/ Rolf Winkeler: Tausend Jahre Schule. Belser, Stuttgart, Zürich, 1994
29 oben	Aus: W. Kiess: Urbanismus im Industriezeitalter, Ernst + Sohn Berlin 1991
29 unten	Aus: Franziska Bollerey: Paradies oder Hölle auf Erden. Der Architekt 7/96
30, 31	Aus: Jean-Baptist André Godin: Solutions sociales. 1871
32	Aus: Edith Barow-Bernstorff u. a. (Hg.): Beiträge zur Geschichte der Vorschulerziehung, Volk und Wissen VEB, Berlin, 1977
33, 34	Aus: Wilma Grossmann: Kindergarten. Eine historisch-systematische Einführung in seine Entwicklung und Pädagogik. Beltz, Weinheim, Basel, 1987
35 oben	Aus: V. Plagemann (Hg.): Industriekultur in Hamburg. C. H.Beck, München, 1984
35 unten	Aus: Wilma Grossmann: Kindergarten. Eine historisch-systematische Einführung in seine Entwicklung und Pädagogik. Beltz, Weinheim, Basel, 1987
36 oben	Aus: Wilma Grossmann: Kindergarten. Eine historisch-systematische Einführung in seine Entwicklung und Pädagogik. Beltz, Weinheim, Basel, 1987
36 unten	Aus: A. M. Vogt: Le Corbusier, der edle Wilde; Zur Archäologie der Moderne. Vieweg, Braunschweig/ Wiesbaden, 1996
37	Heinrich Zille
39	Aus: Magistrat der Stadt Altona (Hg.): Neues Altona 1919-1929. Diederichs, Jena, 1929
40 oben	Aus: Wilma Grossmann: Kindergarten. Eine historisch-systematische Einführung in seine Entwicklung und Pädagogik. Beltz, Weinheim, Basel, 1987
40 unten	Aus: Monika Müller-Rieger (Hg.): Wenn Mutti früh zur Arbeit geht... Zur Geschichte des Kindergartens in der DDR. Deutsches Hygiene-Museum Dresden und Argon Vlg., 1997
41	Aus: Monika Müller-Rieger (Hg.): Wenn Mutti früh zur Arbeit geht.... Zur Geschichte des Kindergartens in der DDR. Deutsches Hygiene-Museum Dresden und Argon Vlg., 1997
42	IBA Gruppe Stadterneuerung, Entwicklungsplanung und Kindertagesstätten-Wettbewerb Block 133
43 oben	Walter Gropius
43 unten	Ferdinand Kramer
44 oben	Aus: Claude Lichtenstein (Hg.): Ferdinand Kramer. Der Charme des Systematischen. Anabas, Gießen 1991
47	Margherita Spiluttini, Wien
48 links oben	Marcus Bleyl, Berlin
48 links Mitte	Prof. Weber
48 Mitte	Marcus Bleyl, Berlin
48 unten	Ulrich Schwarz, Berlin
49 oben	Ulrich Schwarz, Berlin
49 unten	Christoph Kraneburg, Köln/Darmstadt
50	Christoph Kraneburg
51	Ursula Schmid Architekten, München
53	©artur/ Tomas Riehle
54	Stefan Müller, Berlin
55 oben	Stefan Müller, Berlin
55 unten	Dinse Feest Zurl Architekten, Hamburg
56	Dinse Feest Zurl Architekten
57	Hendrik Just, zinnober architektur
58, 59	Jan Bitter, Berlin
82	Andrea Petmecky und Herbert Meyer-Sternberg, München
83	Andrea Petmecky und Rüdiger Merz, Baureferat der Landeshauptstadt München
84 oben, unten	Andrea Petmecky
84 Mitte	Petra Wallner
88	Andrea Petmecky
92	Andrea Petmecky
93	Thomas Deutschmann
94	Andrea Petmecky
98	Thomas Wolf, Gotha
100 oben	Aus: Walter Kroner: Architektur für Kinder. Karl Krämer Verlag Stuttgart, 1994
100 unten	Aus: Manuel Cuadra: Der Kindergarten. Berlin, 1996
101	Wüstenrot Stiftung, Ludwigsburg
102	Wüstenrot Stiftung, Ludwigsburg
103 oben	Wüstenrot Stiftung, Ludwigsburg
103 Mitte, unten	Aus: Manuel Cuadra: Der Kindergarten. Berlin, 1996
104 oben	Aus: Manuel Cuadra: Der Kindergarten. Berlin, 1996
104 Mitte links + rechts oben	Aus: Walter Kroner: Architektur für Kinder. Karl Krämer Verlag Stuttgart, 1994
104 Mitte rechts unten	Aus: Manuel Cuadra: Der Kindergarten. Berlin, 1996
104 unten links	BOG GmbH
104 unten rechts	Claus Neumann Architekten
105 / 1	Holzfurtner und Bahner, München
105 / 2	Werner Huthmacher
105 / 3	Lederer + Ragnarsdóttir + Oei
105 / 4	Wallner Pfahler Primpke
105 / 5	Stefan Krämer
106 oben	Ulrich Schwarz
106 Mitte	Stephan Rumpf und Wallner Pfahler Primpke
106 unten	C. Lungwitz
106 ganz unten	Gerd Kuhn
107 oben	Valentin Wormbs
107 Mitte	meister.architekten
107 unten	Wüstenrot Stiftung
110, 111	Studentisches Projekt, Fakultät für Architektur und Landschaft, Universität Hannover, 2005
113	Valentien + Valentien + Partner und Reiner und Weber
116	Stadtmuseum Landeshauptstadt Düsseldorf
117, 118	Sonja Nollenberg
119	Jo Haentges; Ohrt . von Seggern . Partner
121	Municipal Archives Amsterdam
122	Stützer + Neher Landschaftsarchitekten
123	Architekturbüro Johannsen + Fuchs, Husum
126	Claus Neumann Architekten, Berlin
127 oben, Mitte	Archiv Post * Welters
127 unten, unten rechts	C. Suhan
129	Brigida Gonzalez, Stuttgart
130	Uwe Diederich, dtbauplan
131	Städt. Kindergarten Am Sonneneck, Kaufbeuren
134, 135	Wolfram Janzer
138	Sameli Rantanen, Studio Koskinen-Rantanen
139	Oliver Whitehead
141	Heikki Lamusuo
142	Asko Takala
143 oben	Pihla Meskanen
143 Mitte	Matti Karjanoja
143 unten	Mikko Auerniitty
144 oben	Joonas Ahlava
144 Mitte, unten	Heikki Lamusuo
145 oben rechts	Tomi Hangisto
145 alle anderen	Susse Määttänen
146	Lappset
147	Sari Nieminen
148	Pia Helin
149	Hannu Koivisto
150, 151	Mikko Auerniitty
152	Oliver Whitehead
153	Juska Junttila
154	Jussi Tiainen
155	JKMM
156, 157	Pihla Meskanen
161	Archiv Ariane Wilson
162	Aude Lerpinière
163 rechts	Claude Caroly
165	Philippe Delannoy
166	Jean Marie Monthiers
167, 169	NAVIR
170 oben	Jean Marie Monthiers
170 unten	NAVIR
171 oben links, Mitte	SOLUTIA
171 unten	Jean Marie Monthiers
172 links 2. Bild	Philippe Delannoy
172 links 3./4. Bild, rechts	Daniele Fona

173	*Jean Marie Monthiers*	*262*	*Hans Engels+Karl Kroupa, München*
174	*Patrick Tourneboeuf*	*263*	*Stefan Krämer*
175	*Nicolas Lafont*	*264-267*	*Hans Engels+Karl Kroupa, München*
176	*Frédérique Delangle*	*268-273*	*Wolfram Janzer, Stuttgart*
178	*Natalie Smith*	*274*	*C. Lungwitz*
180 links oben	*du Rivau & Associés*	*275*	*Gerd Kuhn*
180 links Mitte, unten	*Ariane Wilson*	*277-279*	*C. Lungwitz*
180 rechts oben	*Ariane Wilson*	*280-281*	*Valentin Wormbs, Stuttgart*
180 rechts unten	*du Rivau & Associés*	*282 oben links*	*Stefan Krämer*
181	*Ariane Wilson*	*282 oben rechts*	*Valentin Wormbs, Stuttgart*
182 oben	*Bertrand Verney*	*282 Mitte*	*Stefan Krämer*
182 unten	*Christophe Bourgeois*	*282 unten*	*Gerd Kuhn*
183	*Ariane Wilson*	*283-285*	*Valentin Wormbs, Stuttgart*
184 oben	*L. Hervé*	*286-291*	*Werner Huthmacher, Berlin*
184 unten	*Photo DR*	*292 oben*	*Kissler und Effgen*
185	*J. P. Zipper*	*292 unten*	*Arne Fentzloff*
186	*Ariane Wilson*	*293 oben*	*Stefan Krämer*
190	*Jean Marie Monthiers, Ariane Wilson*	*293 unten*	*Kissler und Effgen*
191	*Michel Caroussio*	*294 oben*	*Janson + Wolfrum*
192	*Nicolas Waltefaugle*	*294 unten*	*Roland Halbe, Stuttgart*
193	*Serge Demailly*	*295*	*Janson + Wolfrum*
194	*Bertrand Verney*	*296, 297*	*Ralph Müller + Partner*
195 links oben, Mitte	*Christophe Bourgeois*	*298, 299*	*Rudolph Sander – Matthias Teubner*
195 unten, rechts	*Christian Cantin*	*300, 301*	*Professor Schmitz Architekten*
196	*Claude Grosjean, Anne-José Hilaire*	*302 oben links*	*Hille Architekten*
197	*Aude Lerpinière*	*302 oben rechts*	*Stefan Krämer*
221, 222	*Studio Tadi*	*303*	*Hille Architekten*
223-225	*Archstudio*	*304, 305*	*gpp Architekten*
226, 227	*Tullio Zini*	*306, 307*	*Claus Neumann Architekten*
228, 229	*Mirco Simonato*	*308*	*Gerhard Hagen, Bamberg*
230, 231	*Studio Tadi*	*309 oben*	*Gerhard Hagen, Bamberg*
232, 233	*ZPZ*	*309 Mitte und unten*	*Niederwöhrmeier + Kief*
234, 235	*Beniamino Servino*	*310, 311*	*Christian Kandzia, Stuttgart*
236, 237	*Archstudio*	*312, 313*	*treide rapp architekten pg*
238, 239	*Antonio Marconi*	*314, 315*	*BOG GmbH*
240, 241	*Filippo Carnevale*	*316, 317*	*Thomas & Kollegen*
246, 247	*Karl H. Krämer*	*318, 319*	*meister.architekten*
248	*Christoph Knoch, München*	*320, 321*	*Brigida Gonzales, Stuttgart*
249	*Wallner Pfahler Primpke, München*	*322, 323*	*Boris Miklautsch + Arno Lederer*
250	*Stefan Krämer*	*324, 325*	*Stuhr Architekten*
251 oben	*Christoph Knoch, München*	*326, 327*	*Jörg Hempel Photodesign, Aachen*
251 unten	*Wallner Pfahler Primpke, München*	*328, 329*	*Florian Holzherr, München*
252 oben	*Christoph Knoch, München*	*330, 331*	*Roland Halbe, Stuttgart*
252 unten	*Wallner Pfahler Primpke, München*	*332, 333*	*Michael Wonner, Stuttgart*
253 oben	*Wallner Pfahler Primpke, München*		
253 unten	*Stefan Krämer*		
254 oben	*Christoph Knoch, München*		
254 unten links	*Christoph Knoch, München*		
254 unten rechts	*Stephan Rumpf, München*		
255 oben	*Wallner Pfahler Primpke, München*		
255 Mitte	*Stefan Krämer*		
254 unten	*Stefan Krämer*		
256	*Ulrich Schwarz, Berlin*		
257 oben	*Klaus Block*		
257 unten	*Landesdenkmalamt Berlin*		
258 oben	*Ulrich Schwarz, Berlin*		
258 unten links	*Ulrich Schwarz, Berlin*		
258 unten rechts	*Stefan Krämer*		
260	*Stefan Krämer*		
261 oben	*Ulrich Schwarz, Berlin*		
261 unten	*Gerd Kuhn*		

Autoren

Alessandro Busà
Dipl.-Ing. Geboren 1977 in Florenz, Italien. Architekturstudium an der Università degli Studi di Firenze und an der Technischen Universität Berlin. 2004 Preisträger des Erwin Stephan Preises der TU Berlin für hervorragende Studienleistungen. Mitarbeit beim Studio Associato di Architettura Conti - Brugellis, Florenz, Projekt Art City Box. Projekt Traccia di Memoria (Licht-Denkmal in Piazza della Stazione, Florenz) in Zusammenarbeit mit Maurizio Nannucci, Arch. Pino Brugellis; das Projekt wurde von der Senatsverwaltung von Florenz ausgezeichnet. Mitarbeit bei verschiedenen Architekturzeitschriften und Organisation von Konferenzen im Palazzo Vecchio, Florenz, zum Thema Architektur. Drehbuch, Produktion und Regie des Dokumentarfilmes „Ein Berliner Haus – Der Letzte macht das Licht aus". Leitung des akademischen Projektes „Urban Reinvention". Ab November 2005 Promotion an der TU Berlin in Partnerschaft mit der GSAPP der Columbia University New York.

apl. Prof. Dr.-Ing. Gert Kähler
Geboren 1942 in Hamburg. Studium der Architektur an der TU Berlin. 7 Jahre Büropraxis. Hochschulassistent an der Universität Hannover. 1981 Promotion, 1985 Habilitation. Seit 1988 freiberuflich als Journalist und Wissenschaftler tätig. Gastprofessuren in Braunschweig, Berlin und Aachen. Lehraufträge an der Universität Hannover, der Universität Hamburg und der Hochschule für Angewandte Wissenschaften, Hamburg. Zahlreiche Veröffentlichungen zu Themen der Stadt und der Architektur des 20. Jahrhunderts.

Dr. Stefan Krämer
Dr. phil., Diplom-Soziologe. Mehrjährige Lehr- und Forschungstätigkeit an der Universität Mannheim in den Fachgebieten Methoden der empirischen Sozialforschung und Lokale Sozialforschung. Seit 1991 Projektleiter und Referent für wissenschaftliche Projekte der Wüstenrot Stiftung mit den Arbeitsschwerpunkten Demographie, Evaluation, Verwaltungsmodernisierung, Wohnungswirtschaft.

Christian Marquart
ist Publizist und Berater an den Schnittstellen von Kultur und Wirtschaft. Nach dem Studium arbeitete er als wissenschaftlicher Mitarbeiter in einem Institut für Stadt- und Regionalplanung, danach als Redakteur unter anderem bei der Frankfurter Rundschau, der Stuttgarter Zeitung und der Frankfurter Allgemeinen Zeitung. Marquart ist Herausgeber der in Stuttgart erscheinenden Zeitschrift „kultur" und Mitglied der Deutschen Akademie für Städtebau und Landesplanung. Jüngere Buchveröffentlichungen: „Kauffmann Theilig & Partner – Strategien" (2005) und „Mercedes-Benz Brand Places" (2004).

Dr. Susanne Mayer
Redakteurin der Wochenzeitung DIE ZEIT. Veröffentlicht seit vielen Jahren zu den Themen Kindheit, Bildung, Familie, Geschlechterpolitik, zuletzt das Buch „Deutschland Armes Kinderland. Wie die Ego-Gesellschaft unsere Chancen verspielt. Plädoyer für eine neue Familienkultur" (Eichborn Verlag). Mitarbeiterin des Kuratoriums der Stadt Stuttgart für ein kinderfreundliches Stuttgart. Susanne Mayer hat in Freiburg i. Br. Germanistik und Anglistik studiert und mit einer Arbeit über die Autobiographen amerikanischer Autorinnen promoviert. Ihre journalistische Ausbildung fand an der „Stuttgarter Zeitung" statt. Als Volontärin wurde sie mit dem Theodor-Wolff-Förderpreis ausgezeichnet, zweimal erhielt sie den Journalistinnenpreis der Zeitschrift „Emma". Susanne Mayer lebt mit ihren beiden Söhnen in Hamburg.

Tarja Nurmi
wohnt in Helsinki und ist als Architektin SAFA und als freie Architekturkritikerin tätig. Sie hat an der TU in Otaniemi studiert, arbeitete in verschiedenen Architekturbüros und auch als selbstständige Architektin. Seit 1982 schreibt Tarja Nurmi für „Arkkitehtilehti", die finnische Architekturzeitschrift. In den 1990er Jahren verstärkte sie ihre journalistische Tätigkeit; sie hat einige Fernsehsendungen für TV 1 und 2 in Finnland gemacht und war sieben Jahre lang Achitekturkritikerin für „Kauppalehti EXTRA" (Handelsblatt). Als finnische Kuratorin wirkte sie an einer Ausstellung der Berliner Architekturgalerie Aedes mit. 2005 wurde sie von SAFA, dem finnischen Architektenverband, geehrt. Im Jahr 2006 erhält Tarja Nurmi ein staatliches Kunststipendium.

Andrea Petmecky
Geboren 1975 in Hannover. Studium der Sozialen Verhaltenswissenschaften und Geschichte (M.A.). Magisterarbeit zu den Perspektiven der Planer und Nutzer von Kindertagesstätten. Seit 2004 wissenschaftliche Mitarbeiterin am Institut für Psychologie (Lehrgebiet Ökologische Psychologie, Prof. Dr. Kruse) der FernUniversität in Hagen. Derzeit Promotion mit einer empirischen Arbeit zur Umwelteigenung und Architekturwahrnehmung von Mitarbeitern und Kindern von Kindertageseinrichtungen.

Walter Stamm-Teske
1948 in Zürich geboren. Studierte Architektur an der Akademie der bildenden Künste Wien. Seit 1976 arbeitet er als selbstständiger Architekt. Gastvorlesungen und Seminarbegleitungen im In- und Ausland. 1984-1991 Initiator und Genossenschafter von „Amtshaus Kaiserstuhl", einem Weiterbildungshaus für Kinder und Jugendliche. Lehrtätigkeiten als Dozent in der Fachrichtung Architektur, Innenarchitektur und Produktgestaltung in Zürich und Basel. Seit 1993 Professor für Entwerfen und Wohnungsbau an der Bauhaus-Universität Weimar.

Katrin Voermanek
Geboren 1969. 1989 bis 1997 Architekturstudium an der Universität Stuttgart. 1994 machte sie ein alles entscheidendes Praktikum bei der „Bauwelt" in Berlin. 1997 bis 2001 BauNetz-Redakteurin, lebt und arbeitet weiterhin in Berlin, schreibt als freie Autorin Beiträge für Bücher, Ausstellungskataloge, Tageszeitungen und Fachzeitschriften. Seit 2005 wissenschaftliche Mitarbeiterin der Universität Stuttgart.

Hille von Seggern
Geboren 1945 in Oldenburg. 1972 Dipl.-Ing. Architektur, TH Darmstadt. 1982 Dr.-Ing., TH Darmstadt. Seit 1982 Büro für Architektur, Städtebau, Stadtforschung, Ohrt-v. Seggern-Partner, Hamburg. Seit 1995 Prof. für Freiraumplanung, Entwerfen und städtische Entwicklung Hannover. 2005 Gründung „Studio Urbane Landschaften"; Arbeitsgebiete: Mensch-Raum-Zusammenhänge, großräumige urbane Raumentwicklung, Landschaft als Infrastruktur – Schwerpunkt Wasser, strategisches und situatives Entwerfen.

Ariane Wilson
Geboren 1974. Architekturstudium in Paris, M.A. in Geschichte an der Universität Cambridge, M.A. in Kunstgeschichte an dem Courtauld Institute of Art. Lebt als freiberufliche Autorin in Paris. Architekturkritikerin für Fachzeitschriften, vor allem als ständige Mitarbeiterin von „L'Architecture d'Aujourd'hui". Berichte über französische Architekturpolitik, Baukultur und Denkmalpflege für deutsche und englische Verwaltungen.